The xVA Challenge Third Edition

xVAチャレンジ

――デリバティブ評価調整の実際

Jon Gregory＝［著］

KPMG／あずさ監査法人 金融事業部＝［訳］

一般社団法人金融財政事情研究会

Sylvia、Mimsie、Stella、Cara、Eliza-Joy、Stevie、
Peach、Jim、Ginnie、George と Christy に贈る。

The xVA Challenge:
Counterparty Credit Risk, Funding, Collateral and Capital, 3/E

謝　辞

本書の第1版はカウンターパーティ・クレジットリスクに焦点を当て、グローバル金融危機直後の2009年に執筆された。それ以来、この専門的な問題は必然的に広がりをみせ、ファンディング、担保、資本などの側面がより注目されるようになった。第2版が書き上がったのはそれから3年にも満たない頃であったが、当時もまた同じように、この問題は劇的な変化を遂げていた。同様に、本書も実際のところほぼ新版といっていいものであり、内容のほとんどを書き直し、新しい章をいくつか追加している。本書が現在一般的にxVAと呼ばれている問題に関する、包括的な参考書になることを願っている。

本最新版では、数学的な記述を付録として、対応するスプレッドシートとともに著者個人のウェブサイトであるwww.cvacentral.comに置くことで紙面を節約している。本書は数学を深く学んだ読者を対象としているわけでもないので、これは理にかなった妥協策といえるだろう。また、多くの調査結果を文中で使っている。結果の2次利用を許諾していただいたSolum Financial社とDeloitte社には感謝の意を表する。同様にIBM社とMarkit社には計算例を提供していただき感謝している。これらについてはすべて本文中で言及している。

最後に、本書と旧版に対してコメントをいただいた、以下の皆様に御礼を申し上げたい（敬称略）。

Manuel Ballester, Ronnie Barnes,

Raymond Cheng, Vladimir Cheremisin,

Michael Clayton, Daniel Dickler,

Wei-Ming Feng, Julia Fernald,

Piero Foscari, Teddy Fredaigues,

Dimitrios Giannoulis, Arthur Guerin,
Kale Kakhiani, Henry Kwon,
David Mengle, Ivan Pomarico,
Hans-Werner Pfaff, Erik van Raaij,
Uiherme Sanches, Neil Schofield,
Florent Serre, Masum Shaikh,
Ana Sousa, Richard Stratford,
Carlos Sterling, Hidetoshi Tanimura,
Todd Tauzer, Nick Vause,
Frederic Vrins and Valter Yoshida

2015年 5 月

Jon Gregory

著者について

Jon Gregoryは、カウンターパーティリスクと関連する問題に関して専門的知見をもつ独立系の専門家である。以前はバークレイズ・キャピタル、BNPパリバ、シティグループに所属し、キャリアを通じてクレジットリスクに関するさまざまな仕事に従事してきた。Jonは現在Solum Financial Derivatives Advisoryのシニア・アドバイザーであり、数理ファイナンス検定（Certificate in Quantitative Finance、CQF）の教授陣の一人である。

Jonはケンブリッジ大学から博士号（Ph.D）を得ている。

日本語版の刊行に寄せて

クレジット、ファンディング、担保、資本にまつわるコストに関して正しい枠組みをつくりあげたいという金融業界の求めに応じて、本書の取り扱うテーマは近年重要性を増してきた。現状においては、日本の銀行もCVAなどの問題を以前よりずっと緻密に検討するようになってきている。それゆえ、本書の翻訳版をお届けするには最良の時期であり、北野利幸氏とチームメンバーの方々にはこのような素晴らしい翻訳をしてくれたことを深く感謝している。

2017年9月

Jon Gregory

監訳者はしがき

前回のいわゆるグローバル金融危機の始まりが2007年頃とすると、もうかれこれ10年が経過したことになる。その震源が証券化商品とそれにまつわるデリバティブ商品であったこと、またその後の規制強化により資本や流動性の制約が銀行にとってきわめて重要な問題となったことから、これらの複雑な金融商品の価格評価の問題が根本的に見直されることとなった。デリバティブのカウンターパーティリスクを対象とした評価調整であるCVAはよく知られるようになったが、最近では他のさまざまな潜在的コストを反映したxVAが注目を集めており、その実務への定着とともに金融機関のビジネスを少なからず左右するものとなってきている。

本書はJon Gregory氏による『xVA Challenge』第3版の邦訳である。独立系のコンサルタントとして世界中の金融機関の実態に触れ、モデルの理論面と現実の運用の双方を深く知る立場から、実効的なリスク把握のためにいかにxVAを理解しモデル化を行うかに関する、著者のバランスのとれた知見が凝縮されている。また、抽象的で難解になりがちな内容ながら、本文は比較的平易に読み進められると同時に、より技術的な内容に関心のある読者向けに別途情報が得られるようになっている。このため本書は、本件の専門家や研究者だけではなく、海外実務の情報が不足しがちな本邦の金融機関において市場関連業務に従事する実務家・マネジメント層にとっても、広く有意義であるものと確信している。

本書の翻訳についてJon Gregory氏と話を始めたのは、私が金融庁で規制内部モデルや公正価値評価を担当していた際、とあるセミナーで講演者として同席したのがきっかけであった。以来、常に協力的に対応してもらい大変光栄に思っている。またきんざいの皆様にも、およそ2年間という長丁場にわたり、ニューヨーク赴任中の私の監訳作業を支援していただき、誠に感謝している。本書はKPMG／あずさ監査法人のプロジェクトとして、金融アドバイザリー部のクオンツ・チームを中心とする有志で翻訳したものである。訳語に悩むところも多々あったが、今後のビジネスを通して読者の皆様からご意見・ご指摘をいただければ幸いである。

金融機関の健全性確保を通した金融市場の安定を目指すバーゼル規制は、現在最終パッケージ策定の段階に入っており、本書内で紹介されているCVAの新しい資本賦課についても、より実務と親和性が高く経済実態をふまえたものとなることが期待されている。これを受け、いよいよ本邦金融機関も本格的なxVAの計算・管理を行う動きが出てくると考えられる。本書が日本のデリバティブ市場、ひいては金融資本市場全体の健全な発展に資することを心より願っている。

2017年9月

北野　利幸

KPMG/あずさ監査法人「xVA チャレンジ」翻訳プロジェクトメンバー

監　訳：　北野利幸
事務局・翻訳レビュー：佐上啓、藤田直幸、廣田和寿、朴裕希
翻　訳：　寺門聡、藤澤紗誉子、武井紀和、深水翔太、山田奈々

[監訳者略歴]

北野　利幸　Toshiyuki Kitano

KPMG／あずさ監査法人 金融事業部 金融アドバイザリー部 ディレクター
博士（工学)、米国公認会計士（ワシントン州)

東京大学教養学部卒、カリフォルニア大学バークレー校経営大学院、東京工業大学大学院社会理工学研究科博士課程修了。政府系銀行、米系格付会社、米系投資銀行を経て、2009年にKPMG／あずさ監査法人入所。金融アドバイザリー部における市場リスクサービスラインリーダーとして、金融機関の市場・流動性リスク関連のアドバイザリーを担当。2012年から金融庁監督局に出向、公正価値評価と規制内部モデルの専門家としてグローバル金融機関の監督に従事しながら、証券取引等監視委員会の検査官としてオンサイト検査にも参加。バーゼル銀行監督委員会の調査部会において、CVA を含む規制内部モデルの整合性に関するグローバルな実態調査に携わる。2015年より米国 KPMG のニューヨーク事務所に派遣、リスク・コンサルティングにて金融リスク管理・規制対応のアドバイザリーチームに参画すると同時に、現地の日系金融機関との関係強化に努めた。2017年より現職。

スプレッドシート一覧

本書の第3版ならびに第2版の特徴は、内容に沿ったスプレッドシートをみながら、読者がいくつかの定量的な議論についておおよその理解を得ることができるようにしている点である。これらの例の多くは実際の研修でも用いてきたもので、それゆえ直観的かつ使いやすいかたちになっている。

スプレッドシートは、Jon Gregory のウェブサイト（www.cvacentral.com）上部の〔BOOKS〕タブ→〔CVA BOOK〕→〔SPREADSHEETS〕で自由にダウンロードできる。今後新しい例が追加される可能性もある。

付録一覧

数学的詳細に関する追加説明を付録とし、以下に一覧とした。付録はウェブサイト（www.cvacentral.com）の〔BOOKS〕タブ→〔CVA BOOK〕→〔APPENDICES〕から自由にダウンロードできる。

付録7A　正規分布における EE、PFE、EPE の単純な式
付録7B　エクスポージャー形状の簡単な表現
付録7C　通貨スワップのエクスポージャー形状
付録7D　単純なネッティング式
付録8A　LHP の近似と IRB 式
付録8B　ダブルデフォルト方式
付録8C　標準方式
付録8D　レポ取引の EAD の取扱い
付録10A　スワップのエクスポージャーとスワップションのアナロジー
付録10B　アセットクラスごとのエクスポージャーモデルに対するコメント
付録10C　増分エクスポージャーと限界エクスポージャーの計算
付録11A　エクスポージャーに対する担保の影響の単純な式
付録11B　無担保 EPE と有担保 EPE の比率の近似
付録11C　当初証拠金のエクスポージャーに対する影響
付録12A　リスク中立デフォルト確率計算の追加的詳細
付録14A　標準的な CVA 式の導出
付録14B　CVA 計算の詳細
付録14C　近似的 CVA 式
付録14D　オプションの買いポジションの CVA
付録14E　増分 CVA 式
付録14F　双方向 CVA 式
付録17A　単純な誤方向リスクの式
付録17B　誤方向リスクの通貨減価アプローチ
付録17C　カウンターパーティリスクを伴う CDS

目　次

第1章

序　論

まず事実を理解しなさい、そうすれば好きなように曲げて伝えることができる。　Mark Twain（1835～1910）

2007年、いわゆる金融危機は始まった。結果的にこの危機は、予想以上に深刻かつ長期間にわたるものとなった。その過程においては、投資銀行のリーマン・ブラザーズの破綻などの重大な被害をもたらしている。危機に至るまで、多くの金融機関はきわめて無謀であり、従業員や株主等へ利益を還元できないような過剰なリスクテイクを行っていたにもかかわらず、そのリスクに見合う資本が積まれていなかったと考えられている。各国の政府は、米国のアメリカン・インターナショナル・グループ（AIG）や英国のロイヤルバンク・オブ・スコットランド（RBS）などの金融機関を救済せざるをえなかった。こうして、これら金融機関の負うリスクに対応する資本を暗黙のうちに提供しているのは、実質的には各国の納税者であるということが明らかになった。AIGに至っては、過剰なリスクテイクに伴う損失を補うために、1,000億ドルもの公的資金を必要としたのである。以来、多くの納税者が厳しい経済環境に直面し、増税や政府支出の削減等を通して、これら金融機関の救済のための代償を身にしみて経験することとなった。

「グローバル金融危機」（2007年以降に起きた事象を本書においてこう呼ぶ）の結果の一つとして明確に認識されたのは、さらに厳しい規制と、資本水準などの保守的な要求を銀行に課さなければならない、ということである。ここで露見することとなったのは、非常に重大な“too big to fail”（大きすぎて潰せない）の問題であった。これは、大規模な銀行や金融機関は潰すことができないため、さらに厳しいリスクコントロールと監視のもとに置かれるべき、というものである。ゆえに、銀行や大規模な金融機関に対する規制監督に大きな変革が必要ということは明白であった。グローバル金融危機の再発を防ぐためには、現行規制の改善と新たな規制の導入が、明らかに必要だったのである。

このため、その後ドッド＝フランク法などの新規制が迅速に導入されたのも、さほど驚くべきことではない。ドッド＝フランク法は、2010年７月に法律として成立した、1,000ページを超える金融機関に対する規制である。また、バーゼルⅢの規制資本のガイドラインに関しても、（たとえば、以前のバーゼルⅡのときと比べて）比較的迅速に策定・導入された。これらの規制の多くは、グローバル金融危機において、カウンターパーティリスクならびに流動性リスクがきわめて重要であることを示した、店頭デリバティブ市場に焦点を絞ったものである。

新たな規制の導入スピードとその対象範囲の拡大は、かなり劇的なものである。追加的な資本賦課、清算集中義務、相対取引における担保差入れの義務化はすべて、カウンターパーティリスクの削減とコントロールを目的としたものである。流動性カバレッジ比率や安定調達比率による規制は、流動性リスクを対象としたものとなった。また、銀行全体のレバレッジを制限するためにレバレッジ比率規制が導入された。清算集中義務が中央清算機関へのエクスポージャーに対する資本賦課導入につながり、また今度はこれが相対取引に関する新たな資本賦課方式（いわゆるSA-CCR、第8章にて解説）の開発につながった事実からは、店頭デリバティブに対する規制の急増の背景がみてとれる。当然のことながら、トレーディング勘定の抜本的見直し等、複雑な規制体系を正当化しようとする動きも存在する。一般的な銀行にとっては、規制の変化やそれに付随する要件に対応していくだけでも十分大変であり、実際に新たな規制環境のもとで存続できるようなビジネスモデルへの修正が、さらに困難なことはいうまでもない。

規制の変化と同時期に、銀行は、店頭デリバティブのプライシング、価値評価、管理を行う際の前提の大幅な見直しを行った。カウンターパーティリスクは以前から考慮すべきリスクではあったものの、その重要性は以前に比べ増している。これは銀行の財務諸表上に報告されている巨額の信用価値評価調整（Credit Value Adjustment、CVA）からもみてとれる。また銀行は、ファンディングコスト、担保効果、および資本賦課がデリバティブ価値の評価に重大な影響をもたらすことも認識した。会計基準のもとでは、CVAはDVA（Debt Value Adjustment、負債価値評価調整）と奇妙な婚姻関係にある。とはいえこの関係によって、FVA（Funding Value Adjustment、ファンディング価値評価調整）、ColVA（Collateral Value Adjustment、担保価値評価調整）、KVA（Capital Value Adjustment、資本価値評価調整）、およびMVA（Margin Value Adjustment、証拠金価値評価調整）などの、多くの子孫が産み出されたのである。現在、店頭デリバティブ評価はこれらの調整に大きく影響されており、総称してxVAと呼ばれている。

重要なのは、金融機関の活動に注目するだけではなく、自らの被る経済的リスクをヘッジすべく店頭デリバティブを利用する、エンドユーザーのことを考慮することである。これらの企業は、グローバル金融危機の原因になったり危機を深刻化させたりしたわけではなく、むしろ増加するxVAの費用を負担させられているほうである。彼らの取引相手である銀行への規制によって、この負担が増加しているのである。ヘッジコストに対する理解が深まり、これを最適化しようとするにつれて、これら企業の活動も変化している。

以上から、市場のダイナミクスと新たな規制環境の実態をふまえながら、xVAの概念を十分に定義・議論する必要がある。これこそが本書の目的である。第2章から第4章では、グローバル金融危機、店頭デリバティブ市場、xVAの誕生についてより詳しく議論する。第5章から第9章では、カウンターパーティリスクの軽減方法と、関連する規制要件について網羅する。第10章から第12章で、エクスポージャーやデフォルト確率、ファンディングコストといった、定量面における主な要素を議論する。第13章から第16章では、さまざまなxVAとその具体的な影響例について議論する。最後に、第17章から第20章で、全体的なxVAの管理、および予想される将来の方向性について議論する。

グローバル金融危機

人生とは、人前でバイオリン・ソロを演奏しながら、徐々に弾き方を学んでいくようなものである。

Samuel Butler（1835～1902）

2.1 危機以前

カウンターパーティリスクが最初に注目を集めたのは、1990年代後半にアジア通貨危機（1997年）とロシアのデフォルト（1998年）が起こり、デリバティブ契約に端を発する大規模なデフォルトの潜在的な問題が浮き彫りになった時であった。しかし、最も衝撃を与えたのは、ロングターム・キャピタル・マネジメント（LTCM）の破綻（1998年）である。LTCMとは、かの有名なソロモン・ブラザーズの債券アービトラージ・デスク出身者と、ともにノーベル賞受賞者であるRobert MertonならびにMyron Scholesによって設立されたヘッジファンドである。LTCMは数年にわたり素晴らしい利益を生み出したが、1998年に支払不能となった。LTCMは世界の大手銀行すべてにとってきわめて重要なカウンターパーティであったため、カウンターパーティリスク発現による連鎖反応のおそれにより、ニューヨーク連邦準備銀行は、大手銀行14行共同での実質的な業務引継ぎによる救済策をまとめることになった。LTCMの破綻は、デリバティブ取引の危険性に対する教訓であった。というのもLTCMは、有利な担保条件などの特徴をもつ店頭デリバティブ取引を用いることにより、巨額のレバレッジを利かせて取引を行っていた。このような手法は銀行をカウンターパーティリスクにさらし、次々とデフォルトを引き起こす連鎖反応の危険性を高めた。この金融システム全体に対する脅威によって、LTCMの救済がもたらされたのである。

これに対する当時の反応として、1999年6月の、カウンターパーティ・リスクマネジメント・ポリシーグループ（CRMPG）の報告があげられる。CRMPGは、カウンターパーティ信用リスクと市場リスク管理の強化推進を目的とした、国際的な大手銀行12行の集まりである。後のエンロン（2001年）、ワールドコム（2002年）、パルマラット（2003年）等の大規模なデフォルトは、LTCMほどの影響はなかったものの、引き続きカウンターパーティリスクの危険性に対する警鐘となった。多くの銀行（特に大手）はカウンターパーティリスクの計測と管理に莫大な時間とリソースを投入した。2005

年1月のCRMPGの報告では、次のように述べられている。

> 金融市場の動揺が市場へのシステミックな打撃に変わりうるかどうか、またその変化のスピードはどの程度かを決定する、唯一で最も重要な変数はおそらく、信用リスク（特にカウンターパーティ信用リスク）である。

一方で、銀行に十分な資本を確保するための取組みも始まっていた。バーゼル銀行監督委員会（BCBS）は、G10諸国によって1974年に設立された組織である。バーゼル委員会はさまざまな監督基準を策定する委員会にすぎず、正式な法的権限はもたない。しかしながら、関係国の監督当局は、自国の規制を策定する際、バーゼル委員会のガイドラインにのっとることが一般的である。1988年、バーゼル委員会は、現在ではバーゼルⅠ規制として知られる所要自己資本計測に関する枠組みを公表、世界中でなんらかのかたちで導入された。1999年に、よりリスク感応的な手法をとったバーゼルⅡ規制が導入された。現在ではG20諸国を対象とするこの規制は、バーゼル委員会が発表した「自己資本の測定と基準に関する国際的統一化」（BCBS（2006））で明文化されており、次の三つの「柱」によって構成されている。

- **第1の柱：最低所要自己資本**

  銀行は定められたルールにのっとり、規制自己資本比率を計算する。
- **第2の柱：監督当局による検証**

  監督当局は、銀行の活動およびリスク特性を評価することにより、銀行が第1の柱で定められている最低基準を上回る水準で自己資本を確保するべきかどうかを判断する。
- **第3の柱：市場規律**

  銀行が市場に公開すべき情報を定める。これにより、銀行の資本の十分性（所要自己資本の計算方法の開示を含む）に対する有用な情報を提供する。

カウンターパーティリスクに対する所要資本の要件は、バーゼルⅠにて初めて導入され、バーゼルⅡの第1の柱にて明確に示されたものである。

この一方で、デリバティブ市場の拡大や、エンロンやワールドコムなどの大口のデフォルトを受け、銀行は、このようなカウンターパーティリスクをより適切に計測しコスト配賦するべく改善に努めた。一般的には、リスクの高い取引やリスクの高いカウンターパーティとの取引を対象に、カウンターパーティリスクが取引価格に織り込まれるようになった。このリスクは、各トレーダーやセールスがコストとして内部的に負担した後、通常は一カ所で集中管理されていた。これがCVAデスクの始まりである。当初は、カウンターパーティリスクは積極的に管理されておらず、CVAを取引の収益から差し引くことで、ある種の収益の繰延べを行えるようにしていた。通常ヒストリカルのデフォルト確率をもとにして計算していたことから、結果としてCVAは期待損失額に等しく、実質的にカウンターパーティのデフォルト時に対応する引当金となっていた。この時は、通常CVAデスクはカウンターパーティリスクを対象とした保険提供者としての役割を担い、積極的なCVAリスクの管理は行っていなかった。

このようなカウンターパーティリスクに対するアプローチが変化し始めたのは、IAS39（「金融商品：認識及び測定」）やFAS157（「財務会計基準157：公正価値測定」）により、会計基準が「公正価値」の概念を発展させた2005年頃からである。これらの基準では、公正価値での計上が必要なデリバティブは、以下に定義される「出口価格」の概念を適用することとなった。

> 測定日において市場参加者の間の秩序ある取引により資産を売却する際に受け取る、または負債を移転する際に支払う金額

これが示唆するところは、CVAのデリバティブ価格への織込みは必須であるということである。なぜなら、デリバティブの価格は、他の市場参加者がカウンターパーティリスク込みで評価するであろう価格に応じて、調整されるべきであるからである。（たとえば、米国の銀行に適用される）FAS157では、以下のように、より明確に規定されている。

> 公正価値測定においては、商品のキャッシュフローのリスク（不確実

性）に対し市場参加者が求めるであろう金額を反映したリスクプレミアムを含むべきである。

上記は、CVA はヒストリカルのデフォルト確率ではなく、クレジットスプレッドをもとに計算されるべきだと示している。さらにFAS157は以下のように述べている。

報告主体は、自社の負債の公正価値が測定される期間中、自社の信用リスク（信用力）が負債の公正価値に及ぼす影響を考慮すべきである。

上記は自社の信用リスクも出口価格の一構成要素として考慮する必要があることを示しており、これは一般的に負債価値評価調整（DVA）と呼ばれるものである。

上述した、カウンターパーティリスクを対象とするいずれの規制、市場慣行、会計基準によっても、2007年に起きた事象を防ぐことはできなかった。むしろ、カウンターパーティリスクの評価における大きな誤り（例：以降で説明するモノライン保険会社のケース等）、規制所要自己資本を抑制するための規制アービトラージの横行、財務諸表上におけるCVA の都合のよい報告、CVA リスクに対する継続的なヘッジの不在が、大規模な金融危機を引き起こした要因となったのである。

2.2 金融危機

2004年から2006年の間に米国金利は大きく上昇し、米住宅市場の減速をもたらした。金利が低かった時期ですらローン返済がおぼつかなかった多くの住宅所有者たちは、住宅ローンをデフォルトし始めた。サブプライムローン（低所得者やクレジット・ヒストリーがないかきわめて少ない者へのローン）のデフォルト率は記録的な水準となった。また、米国家計の負債も増加し、個人可処分所得に対する負債の比率も上昇した。（すべての国ではないものの）その他多くの国々も、似かよった状況に陥った。何年にもわたる貧弱な貸出基準と低金利が、まさにグローバル金融危機をもたらそうとしており、デリバティブとカウンターパーティリスクはその事実上の触媒となったのである。

いまとなっては有害なことが明らかになった米国サブプライムローンの多くが、米国のリテール銀行や住宅ローン専業業者、ファニー・メイ（連邦住宅抵当公庫）やフレディ・マック（連邦住宅金融抵当公庫）によって保有されていた。ただし、サブプライムローン市場がここまで拡大できたのは、裏付けとなる住宅ローンが、住宅ローン債務証券（mortgage-backed securities、MBS）などの、（金融工学テクニックを駆使した）複雑な商品の一部として組み込まれたからである。結果として、これら住宅ローンのリスクは、投資銀行から米国外の機関投資家に至るまで、住宅ローンの融資を行わない金融機関に保有されることとなった。2007年中頃、米国住宅ローンやMBSの構造的なプライシングの誤りを主因とした信用危機が始まった。これはクレジット市場における過度な変動を引き起こしはしたものの、深刻な金融危機まで発展はしないと考えられていた。たとえば、株式市場の反応は特別に悪いものではなかった。しかし、この危機は終わらなかった。

2007年7月、ベア・スターンズは投資家に対し、サブプライムローンにおける損失のため、二つのヘッジファンドに投じた資金がごく一部しか戻らない見込みであると報告した。また2007年8月、BNPパリバは投資家に対し、「市場の流動性の完全な消滅」のため投資対象資産の評価が不可能であることを理由に、二つのファンドから資金を引き出すことができなくなったと告げた。要するにこれは、資産を適切な価格で売却することができないことを意味した。2007年9月には、英国ノーザン・ロックがイングランド銀行に対し「最後の貸し手」としての緊急融資を求めた。こうして英国において1世紀以上ぶりに取付け騒ぎ[1]を引き起こしたのである。ノーザン・ロックは2008年、預金者や借り手を守るため国有化された。

2007年末までに、「モノライン」と呼ばれる保険会社のいくつかは、深刻

1　これは多くの顧客が、銀行が支払不能となる、もしくはそうなる可能性があると信じ、預金を引き出す際に起こる。

な問題を抱えるようになった。モノラインは、本質的にはデリバティブに類する契約を通じて、銀行の住宅ローンや関連する負債に対し保証を提供していた。モノライン保険会社という呼び名が表そうとしていたものからすれば、それが明らかな誤称であったにもかかわらず、銀行はトリプルA格付けのモノラインの破綻の可能性について、なんら懸念していなかった。モノラインの高格付けが続く限り、銀行はカウンターパーティリスクを積極的に無視し、担保をとることもできずに巨額のエクスポージャーを積み上げていったのである。しかしその後、モノラインが大きな損失を報告し始めると、その信用格付けが下がった場合には例外なく大量のマージンコールが発生し、対応しきれないことが明らかになっていった。2007年12月にはいよいよ格下げが始まり、銀行は突然発生した巨大なカウンターパーティリスクのために、何十億ドルもの損失を被ることとなった。これは誤方向リスクと呼ばれる、特にたちの悪いカウンターパーティリスクの一つであり、カウンターパーティへのエクスポージャーとそのカウンターパーティのデフォルト可能性が、お互い密接に連関するようなものを指している。

2008年3月、ベア・スターンズは、数百億ドルもの連邦準備銀行からの貸出資金によって、1株当りたったの2ドルでJPモルガン・チェースに買収された。同時に連邦準備銀行は、買収を後押しするために、不良資産に起因する300億ドルものベア・スターンズの損失を引き受けることになった。これは米国における公的資金を使った救済措置となった。2008年9月上旬には、米国住宅ローン残高の半数以上のシェアを占める、住宅ローン会社ファニー・メイとフレディ・マックが、米国財務省により政府管理下（一時的な国有化）となった。

2008年9月、信じられないことが起きた。米国で4番目に大きく、1世紀以上の歴史をもつグローバル投資銀行のリーマン・ブラザーズが、チャプター11（連邦倒産法11章）に基づき倒産手続を申し立てたのである（史上最大）。リーマン・ブラザーズの破綻は、主要格付会社（ムーディーズ、スタンダード&プアーズ、フィッチ）にとって予期せぬ事態であった。彼らはリーマンの破綻の時点でも最低でもA格付けを付与しており、クレジットデリバティブ市場でもデフォルトの兆候はみられていなかった。

リーマン・ブラザーズの救済のコストは、もしそれが行われていれば、米国民の税金によってまかなわれるうえ、彼らの過度なリスクテークを罰することにならず、モラルハザードの問題が噴出することになっただろう。ただ、救済するにしてもしないにしても、リーマン・ブラザーズのデフォルトは多くの問題をはらんでいた。第一に、リーマン・ブラザーズに対しおよそ4,000億ドル以上のクレジット・デフォルト・スワップ（CDS）による保険がかかっており、デフォルトによってこのCDSに対する巨額な支払が発生するとみられていた。それにもかかわらず、デリバティブ市場の不透明性により、その多くの取引を行ったのがだれなのかが明確ではなかった。また、リーマン・ブラザーズのプロテクションを売ったために多額の損失を被り、財務上の問題を抱えたカウンターパーティもあっただろう。第二に、リーマン・ブラザーズには8,000以上のカウンターパーティとの間に約100万件の取引があり、それらすべてを解消する必要があった。このプロセスは何年も要するうえ、多くの訴訟につながりうるものであった。リーマン・ブラザーズに対するカウンターパーティリスクが特段の問題となるという事態は、ほとんどのカウンターパーティにとって考えも及ばないものであり、また担保や特別目的会社（Special Purpose Vehicles、SPV）などのカウンターパーティリスク軽減手法の失敗によって、法的問題が引き起こされるなどとは認識されていなかった。

リーマン・ブラザーズが破綻したその日、バンク・オブ・アメリカはメリルリンチに対する500億ドルの救済案に合意した。その直後、残る投資銀行二社であるモルガン・スタンレーとゴールドマン・サックスは商業銀行になる選択をした。これにより彼らはより厳しい規制下に置かれるが、一方で連邦準備制度の緊急融資枠が利用可能となり、最悪の事態を回避することが可能になった。これもまた2008年９月に、米国政府はアメリカン・インターナショナル・グループ（AIG）の５分の４の持分と交換で、850億ドルを上限とする貸付を行った[2]。もしもAIGが破綻させられたとしたら、AIGの取引したデリバティブのカウンターパーティ（大手銀行）は、多大な損失を経験することとなったであろう。AIGは“too big to fail”（大きすぎて潰せない）だったのである。

この頃までには、金融市場すなわちグローバル経済から数兆ドルが消滅した。これは住宅ローンのリスクのプライシングの誤りに関連したものであったが、一方で、カウンターパーティリスクの追加的な認識によるところも大きかった。10月6日、ダウ平均株価は700ドル以上下げ、4年ぶりに1万ドルを下回った。米国大手銀行の破綻を起因とするシステミックな衝撃がもたらしたのは、不良資産救済プログラム（Troubled Asset Relief Program、TARP）による1兆ドル近くをかけた不良資産買収と、失敗した銀行の支援であった。2008年11月、シティグループ（金融危機以前は世界最大の銀行であったが、当時は株価の急落によって混乱していた）はTARPによる200億ドルの資本の注入と3,000億ドルの債権に対する政府保証を必要とした。

サブプライム問題は米国外の国々へ次々と波及した。2009年初頭、ロイヤルバンク・オブ・スコットランド（RBS）は、241億ポンドという英国史上最大の損失を計上した。この損失のほとんどは英国政府によって負担され、2008年10月にRBSの救済に450億ポンドを投じた結果、RBSの筆頭株主となっていた（英国政府は2015年7月、RBSの持分の大部分を取得価格より25％低い価格で売却する計画を発表した）[3]。2008年11月に国際通貨基金（IMF）は、その他欧州諸国とともに、10月に銀行システムが崩壊したアイスランドに対する46億ドルの融資を承認した。これは1976年以来初めて、IMFが西欧の国に行う融資となった。

2009年後半、欧州の国々における高い負債水準や国債の格下げにより、欧州におけるソブリン債務危機に対する懸念が広がった。2010年5月、ギリシャはユーロ圏の国々とIMFから1,100億ユーロの援助を受けた。ギリシャは再度援助を受けることとなり（その後IMF融資に対し債務不履行となった）、続いて、ポルトガル、アイルランド、またスペイン等、その他のユーロ圏の国々も援助を受けることとなった。今度は、銀行は欧州諸国の破綻の可能性

2　AIGは後に、さらなる救済を受けることになる。
3　数千億ポンドがローンや保証というかたちで投入された。

という危険にさらされることとなったのである。サブプライム危機と同様、従前はこれらの法的主体（legal entity）のカウンターパーティリスクは低いと考えられていたが、ソブリン取引では一般的に担保の差入れが行われなかったことから、実際はより状況は悪く、極端に深刻な問題となった。

この頃までには、いかなるカウンターパーティも（トリプルAでも、グローバル投資銀行でも、リテール銀行でも、ソブリンでも）無リスクとはみなしえないということが明確になった。これまでみせかけの信用格付けや担保、法的前提に隠れみえなかったカウンターパーティリスクが、グローバル金融市場の至るところで露見した。カウンターパーティリスクの価格として定義されるCVAは、めったに使われない専門用語から、デリバティブに関して常に語られるような流行語となった。カウンターパーティリスクを（CVAチャージを通じて）取引のプライシングに織り込むことは、いまや例外的ではなく、ルールとなりつつあった。大規模な投資銀行は、CVA管理に必要な、トレーディングデスクや複雑なシステム、モデル等を導入し、すべての銀行（およびその他いくつかの金融機関や大手のデリバティブのユーザー）が、CVA管理能力を向上させることに注力していた。また銀行は、ファンディングや資本調達に要するコストの増加に敏感になっていた。

2.3 規制改革

CRMPGによる取組みや、資本規制、会計基準など、カウンターパーティリスクへの対策があったにもかかわらず、金融危機は発生し、（主要なものをあげれば）AIG、ベア・スターンズ、リーマン・ブラザーズ、ファニー・メイ、フレディ・マック、RBSなどの破綻や救済という事態となった。この危機は、規制体系におけるいくつもの弱点を浮き彫りにした。たとえば、バーゼルⅡ所要自己資本は、不十分な資本水準、過度なレバレッジ、プロシクリカリティ（景気循環増幅効果）、およびシステミックリスクを引き起こすものとみなされた。

2009年以降、急速に始まった新たな金融規制の導入は、カウンターパーティリスクと店頭デリバティブに重点を置いたものであった。米国ドッド＝フランク・ウォール街改革・消費者保護法2009（ドッド＝フランク法）や欧州市場インフラ規制（EMIR）は、店頭デリバティブ市場の安定性向上を目的としたものであった。バーゼルⅢ規制は、金融機関の資本基盤を強化し、流動性とレバレッジに関する新たな要件を追加するために導入された。特に、まったく新しく導入されたCVA資本賦課は、カウンターパーティリスクに対する所要資本を大幅に増やすことを直接の目的としたものである。さらに、G20は清算集中義務の導入で合意し、すべての標準的な店頭デリバティブは中央清算機関を通じて清算することとした。その目的は他の規制と同様、カウンターパーティリスクの軽減であった。後にG20は、上記の清算ができない店頭デリバティブに対して、より多くの担保を要求する規制を導入した（非清算店頭デリバティブ証拠金規制）。レバレッジ比率や流動性カバレッジ比率などのその他の規制も、デリバティブ市場に多大な影響を及ぼした。

直近の金融危機を理由とするものではないが、2013年からはIFRS13が適用され、IAS39やFAS157にとってかわった。IFRS13では、金融商品の公正価値測定に係るガイダンスについて統一のフレームワークを設け、CVAに係る実務慣行の収束を意図し始めた。特にIFRS13は（上述のFAS157のように）出口価格という概念を用いており、これは市場がインプライする情報を可能な限り利用することを意味している。これはデフォルト確率の推定の際に特に重要な点であり、ヒストリカルのデフォルト確率ではなく、市場のクレジットスプレッドを使わなければならないということである。また出口価格は自己の信用リスクという概念を生み出し、（負債の）取引解消の際に次のカウンターパーティによって求められるCVA分に対応した、DVAの概念にもつながるものとなっている。

2.4 反発と批判

以上のような規制変化に対し、論争や批判がないわけではない。当然のことながら銀行は、店頭デリバティブ取引を行うコストが高くなりすぎるという、明確な不満を表明している。これは銀行の収益減につながり、増加したコストは最終的にはエンドユーザーに対して転嫁されることになる。たとえばある航空会社は、「予測不能な旅客数、金利、ジェット燃料価格によるものではなく」、自社の保有する店頭デリバティブが原因で、収益が不安定化するという予測を発表した[4]。デリバティブのエンドユーザーは、その責任がないにもかかわらず、グローバル金融危機の当事者達と同じような被害を受けることになった。一般経済に対する負の影響は、ほぼ避けることができなかった。

しかしながら、カウンターパーティリスクの規制強化が意図せざる結果をもたらす可能性のほうが把握しにくい。CVA に規制が集中したことで、規制資本の軽減を目的としたカウンターパーティリスクのアクティブなヘッジ取引が促進されることとなった。だが、そのようなヘッジの手段として最も重要であったCDS 取引（個別銘柄や、店頭取引のインデックスを参照するもの）は、それ自体が新たにカウンターパーティリスクを生じさせるものであり、モノラインの破綻で明らかになったように、誤方向リスクを伴うものである。実際、CDS 市場は店頭デリバティブ市場全体からみて大幅に縮小しており、近年では市場の流動性は上がるどころかむしろ下がってしまった。この問題は2010年にはすでに表面化しており、たとえばイングランド銀行は以下のようにコメントしている[5]。

……ソブリン CDS 市場の流動性が相対的に低い場合、活発な投資家

4　"Corporates fear CVA charge will make hedging too expensive", *Risk*, October 2011。

5　www.bankofengland.co.uk/publications/Documents?quarterlybulletin/qp1002.pdf を参照。

からの急激な需要の増加により、ソブリンCDSの購入費用が上昇しうる。CVAデスクはソブリンCDS市場における取引の大部分を占めるようになっており、報告によれば彼らのヘッジ活動が、ソブリンのデフォルト確率を反映した水準から価格を乖離させてしまう要因となっている。

CDSのプロテクションの買いを増加させ、明らかに人為的なCDS価格の高騰が起こったのは、まさに新たなCVA資本賦課によるものであった。このため、(金額自体に加え) カウンターパーティリスク追加資本賦課の計算手法に疑問が投げかけられることとなり、異論も多い欧州でのCVA資本賦課の免除につながったのである。これについては第8章で解説する。

莫大な額にのぼる中央清算される店頭デリバティブに関しても、中央清算機関 (Central Counterparty、CCP) 自身が破綻した場合には何が起こるのか、という疑問が呈されるようになった。リーマン・ブラザーズ、シティグループ、AIG等が担っていた、複雑な金融ネットワークにおけるハブとしての地位を、今後はCCPが引き継ぐことになる見込みである。ゆえに、このような疑問はまさに核心を衝くものであったが、これまで特に深く議論されてこなかった。さらに、CCPが要求する証拠金の増加や、非清算店頭デリバティブ証拠金規制の導入についても、重大なファンディングコストや流動性リスクを生む可能性があるとして疑問視された。特に、当初証拠金 (超過担保) がよりいっそう一般的になるということが一つの懸念点であった。

おそらく最も強い批判があがったのは、IFRS13におけるDVAの部分である。DVAは、銀行に対し自身のデフォルトリスクを取引価値に織り込むことを要求するものであり、ゆえにCVA損失を相殺する役割を果たす。しかし、多くの批評家はDVAを会計上のトリックにすぎないと考えた。その理由は単純で、クレジットスプレッドの上昇は将来の銀行のデフォルトの蓋然性が高まったことを意味するはずなのに、その結果DVAによる利益を銀行が計上したからである。同業の銀行のCDSプロテクションを売ることで、自社のDVAをマネタイズしようとする銀行も出てきたが、これはシステミックリスクを減少させるどころか、確実に増加させることになる。バーゼルⅢ資本規制では、「自行の信用力が低下するとその銀行の資本が増える」効果を防ぐため、DVA による利益分は規制資本から控除されることになった。この結果、銀行は、DVA は実在するとする会計基準と、実在しないとする資本規制との間の矛盾に、折り合いをつけなければならなくなったのである。

2.5 新たな世界

デリバティブ市場ではこれ以外の変化も起きていた。従前から、デリバティブ商品のプライシングにおいて基本的な前提とされていたのは、割引金利は LIBOR（London Interbank Offered Rate）でおおよそ代用できる、ということであった。しかし、実務家は OIS（Overnight Indexed Swap）のレートのほうがより適切な割引金利であり、また無リスク金利により近いものだと認識した。LIBOR－OIS スプレッドは、以前は常に10bps 程度で推移してきたもので、LIBOR と OIS レートの間に強い連関があることを示していた。しかし、このような密接な関係はすでに崩れてしまっており、リーマン・ブラザーズ破綻の頃には350bps 程度まで急上昇したほどである。このことが示したのは、過去何十年も同じ手法でプライシングされてきた、最も単純な種類のデリバティブであっても、いまではより洗練された手法で評価される必要があるということである。もう一つの避けられない流れは、（通常のインターバンク取引より長期の無担保調達が可能だったはずの）金融機関のスプレッドの上昇である。それまでは長らく、金融機関の借入コストは数ベーシスポイント付近であったが、この頃までには、大抵の場合数百ベーシスポイントの域に達するようになっていた。

このように、CVA に続いて、いまでは見過ごせなくなったファンディングコストも定量化する必要があることが明確になった。このコストは FVA と呼ばれ、DVA という（少なくとも銀行にとっては）奇妙な会計基準の要請を吸収する、都合のよい効果もあった。当然ながら、ファンディングコストの上昇が自然ともたらしたのは、銀行の担保要求の厳格化であったが、これにより割を食ったのは、流動性やオペレーション上の理由でこれまで担保契約を結べなかったか、あるいは結びたがらなかった、デリバティブのエンドユーザーであった。担保差入れを検討するソブリンも現れた。これは、多額のカウンターパーティリスクやファンディングのコスト分を要求されるのを避けるためだけではなく、銀行のリスクヘッジ目的でソブリンのCDSプロテクションが買われることで、自己のクレジットスプレッドが拡大し、結果的に自分の借入れに問題が発生してしまう可能性を防ぐためでもあった。このようなソブリンのなかには、自国の国債を担保として差し入れた者もおり、カウンターパーティリスクの問題は解決できないながらも、ファンディングの問題には対応しようとしていた。また、担保契約には、ColVAとして考慮されるべき隠れた価値があることも明らかになった。ついには、所要規制資本の劇的な増加によりKVAが、間もなく義務となる当初証拠金の差入れによりMVAが検討されるようになった。

カウンターパーティリスクの軽減を目的とした一連の規制ならびにCVAは、この後より適切に理解され、管理されるようになった。しかしこれが同時に、DVA、FVA、ColVA、KVAやMVAといったほかの調整の重要性を高めた。初めはCVAの一人っ子だったのが、双子となり（DVA)、さらに多くの他の親戚が生まれ、こうしてxVAファミリーは拡大した。皮肉なことに、店頭デリバティブをより単純かつ安全にすることを目的とした規制自体によって、この数々の調整が発達したのである。

店頭デリバティブ市場

私見では、デリバティブは金融の大量破壊兵器であり、その危険性はいまこそ姿を現さないものの、潜在的に致命傷となりうるものである[1]。　Warren Buffett（1930〜）

3.1 デリバティブ市場

3.1.1 デリバティブ

デリバティブ契約が表すのは、将来のある期日、もしくはある期間において、支払もしくは証券の売買を行うことに対する合意である。この期間はさまざまで、数週間や数カ月間（たとえば先物契約）から、何十年（たとえば、長期のスワップ）にもなりうる。デリバティブの価値の変化は、金利、資産、インデックスの水準、そしておそらく契約当事者が行う判断によるものである。多くの場合、取引されるデリバティブの価値は、契約上、取引当事者双方に対して当初ゼロに設定される。

デリバティブは特段金融のイノベーションとはいえない。たとえば、中世の欧州でフォワード取引はすでに普及していた。しかしながら、デリバティブ商品とその市場は、過去30年程で特に拡大し複雑さを増してきた。

デリバティブの長所の一つは、非常に効率的なヘッジ手段を提供するという点である。たとえば、事業会社が被る可能性のある下記のリスクを考えてみよう。

●金利リスク

金利スワップによって変動金利の負債を固定金利に変換するなどして、負債を管理する必要がある。

●為替リスク

さまざまな通貨で支払を受けるため、為替フォワードを通してこれらの通貨建ての現金の流入・流出のヘッジを行う必要がある。

●コモディティ

商品の消費（例：ジェット燃料のコスト）や生産（例：採掘会社）のいずれかの理由で、商品先物取引やスワップによって価格を固定する必要がある。

1　2002年の発言の引用。

デリバティブの利用者は、たとえばソブリン、中央銀行、地方自治体、ヘッジファンド、アセットマネジャー、年金基金、保険会社や事業会社などさまざまである。いずれも、投資戦略の一環として、あるいは事業活動のなかで直面するリスクをヘッジする目的でデリバティブを利用している。

多くの点において、デリバティブは裏付けとなる現物資産と変わりはない。これは単に、非常によく似たポジションをとることを人工的に可能にしているだけである。たとえば、航空燃料の潜在的な上昇に対するエクスポージャーを減らしたい航空会社は、石油先物を買うことができる。これは現金決済であるため、(保管や輸送の費用なしで)「原油の買い」に取り組む非常に簡単な方法となる。ある会社が、特定の資産に対するエクスポージャーを減らしたいとすれば、それはデリバティブ契約で行うことができる。これが意味するのは、その資産を市場で直接売却する必要はないということである。

デリバティブ契約における信用リスクは、通常カウンターパーティリスクと呼ばれる。デリバティブ市場が成長するにつれ、このリスクの重要性が高くなってきた。さらに、ロングターム・キャピタル・マネジメントやリーマン・ブラザーズなどの破綻の経験は(前章にて議論したように)、デリバティブ市場で大手の業者がデフォルトしたときに起こる問題を際立たせた。またこのことによって、今度はカウンターパーティリスクやそれに関連した問題にさらなる注目が集まることとなった。

3.1.2 上場デリバティブと店頭デリバティブ

デリバティブ市場のなかでは、最も簡単な種類の商品は取引所を通して取引されることが多い。デリバティブ取引所は、取引の当事者が、先物やオプションなどの標準化された契約を決められた価格で取引できる金融センターである。取引所が一カ所で集中して取引を行うことで、市場効率が促進され流動性が向上する。こうしてポジションの取組みや解消が行いやすくなるのである。ある金融契約が上場物となる過程は、長い旅のようなものといえる。それにはまず妥当な水準の取引量、標準化、そして流動性がそろわなくてはならない。取引所は効率的な価格発見機能[2]を提供し、さらに通常はカウンターパーティリスクを軽減する手段も提供する。現代の取引所は、業務の遂行を保証するため中央清算の機能をもち、カウンターパーティリスクを減少させている。1980年代中頃からは、すべての取引所にこのような中央清算の能力が備わっている。

上場デリバティブに比べ、店頭デリバティブは仕組みの標準化の度合いが低く、典型的には相対で取引されている。つまり、二者間での取引である。このような取引は業者間の契約であり、以前から開示されていないし、顧客資産保護の制度下にもない。そのため、それぞれの取引当事者は、相手に対してカウンターパーティリスクを負うことになる。店頭デリバティブ市場の参加者の多くは信用力が高くなく、担保を差し入れてカウンターパーティリスクを軽減することもできない。このカウンターパーティリスクは、店頭デリバティブ市場において避けられないものである。店頭デリバティブ取引のかなりの割合を比較的少数の銀行が占めている。一般的にこれらの銀行は大規模で強い相互連関があり、「大きすぎて潰せない（too big to fail）」とみなされている。

3.1.3 市場規模

1986年時点、店頭デリバティブの想定元本の合計は5,000億ドルであり、取引所取引に比べわずかに少なかった[3]。取引所取引より長期の取引であったことから、おそらくこの時点でも店頭市場のほうがより重要であった（たとえば、10年の店頭の金利スワップは3カ月の金利先物契約より何倍もリスクが高い）。しかしながら、続く20年で店頭デリバティブ市場は飛躍的な拡大をとげた（図3.1）。これは、店頭デリバティブが、カスタマイズされたヘッジ商品や投資対象として使われたことが原因である。店頭市場では、まったく新しい商品の開発がみられた（たとえばクレジット・デフォルト・スワップ市場は2003年末から2008年末の間で十倍に拡大した）。店頭商品が比較的人気なの

2　これは市場において売り手と買い手の間の相互作用が資産の価格を決定するプロセスをさす。

3　出典：ISDA survey, 1986、スワップのみを対象としている。

図3.1　店頭および取引所取引のデリバティブ取引の想定元本の合計

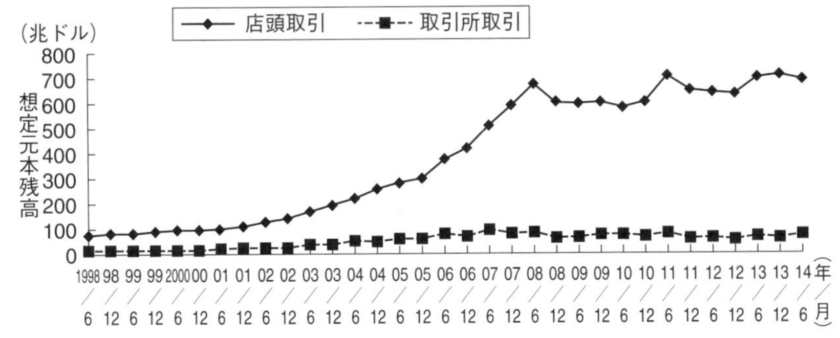

＊この数字は金利、為替、株、コモディティ、そしてクレジットデリバティブ契約を含んでいる。なお、これらの想定元本残高は直接比較することはできない。なぜなら、取引所取引デリバティブは建玉またはネットポジションであり、店頭市場はグロスのポジション（ネッティングなし）であるためである

（出典）　BIS

は、特定の満期日を設定するなど、顧客のニーズにより正確にあったかたちで契約を仕立てることが可能だからである。取引所取引の商品は、その本来の性質上、カスタマイズは行われない。

2010年度末において、デリバティブの想定元本の総合計は601兆ドルであった。図中、時系列の最後に近づくにつれ成長が鈍っているのは、明らかにグローバル金融危機のためであり、このとき銀行はバランスシートを削減、資本の再配分をし、顧客は特に投資商品としてのデリバティブには興味を失ってしまった。とはいうものの、近年の減少は一部コンプレッションの動きによるものでもある。これは、相殺が可能だったり重複したりしているポジションを取り除くことで、カウンターパーティリスクを削減しようとするものである（5.3節でより詳しく議論する）。

相当な金額の店頭デリバティブが担保付きである。つまり、取引当事者は、自らのデリバティブポートフォリオの時価（mark-to-market; MTM）[4]に対して現金や証券を担保として差し入れる。これは、カウンターパーティ間

4　訳注）本書では、実務上のMTM（mark-to-market）の訳語として「時価」を、国際的な会計基準におけるFair Valueの訳語として「公正価値」を用いることとする。

のエクスポージャーを中立化することを目的としている。担保によってカウンターパーティリスクを削減することはできるが、追加的に法的リスクやオペレーショナルリスクを発生させる。さらに加えて、担保を差し入れるには現金や証券を調達しなければならず、ファンディングコストが発生する。さらに、必要な金額や種類の担保が要求された期間内で調達できない場合には、流動性リスクにもつながる。

1990年代後半からは、主にカウンターパーティリスク削減を目的として、一部の店頭デリバティブを中央清算する流れが強まった。中央清算されるデリバティブにも（たとえば相対で取引されるなど）店頭取引の特性があるが、異なるのは、取引所取引のデリバティブ向けに開発された中央清算の機能を利用する点である。これについては、第9章でより詳細に議論する。取引所では取引を行うに十分な流動性がない店頭デリバティブであっても、中央清算することは可能である。しかしそれでも、中央清算のためには店頭デリバティブに一定の標準化と流動性、そして過度に複雑でないことが要求される。つまり、多くの種類の店頭デリバティブは決して中央清算に適したものにはならないだろう。

大まかにいうと、取引の仕方や担保の備え方に応じて、デリバティブは数種類のグループに分類することができる。このグループは複雑さとリスクの低い順に次のようになる。

●取引所取引

これらは最も単純で流動性があり、取引所で取引される短期のデリバティブである。現在はすべての取引所に中央清算の機能があり、担保の差入れが義務化されるので、すべての取引所会員の受払いは保証される。複雑性の低さ、短い満期、そして中央清算の機能のため、これはデリバティブ市場でおそらく最も安全な部分といえる。

●中央清算される店頭取引

これらは店頭デリバティブのうち取引所取引に適していない取引で、その理由は、比較的複雑である、流動性が低い、標準化されていないなどであるが、中央清算はされるものである。実際、今後の規制では標準化された店頭デリバティブに対して中央清算を要求している（9.3.1節）。

●有担保の店頭取引

相対の店頭デリバティブで、中央清算されないものの、カウンターパーティリスク削減のために取引当事者が互いに担保を差し入れるもの。

●無担保の店頭取引

相対の店頭デリバティブで担保の差入れがない（または十分でないか質の低い担保しか差入れをしない）もの。この理由は、典型的には、取引にかかわる当事者の一方（一般的には事業会社のようなエンドユーザー）が担保取引をすることができないからである。カウンターパーティリスクを削減できないので、これらのデリバティブは一般的にリスクやコストに関して最も慎重にみられるものである。

もちろん、問題は上記の各区分がどの程度重要であるかである。図3.2は想定元本合計の内訳である。取引所取引は全体の10分の１程度であり、大多数は店頭取引である。しかしながら、半分以上の店頭市場はすでに中央清算されている。残りのうち、５分の４は有担保取引で、その残りの20％だけが担保不足の取引である。このような理由から、最も危険なのは最後の区分で

図3.2　各種デリバティブの想定元本合計の内訳

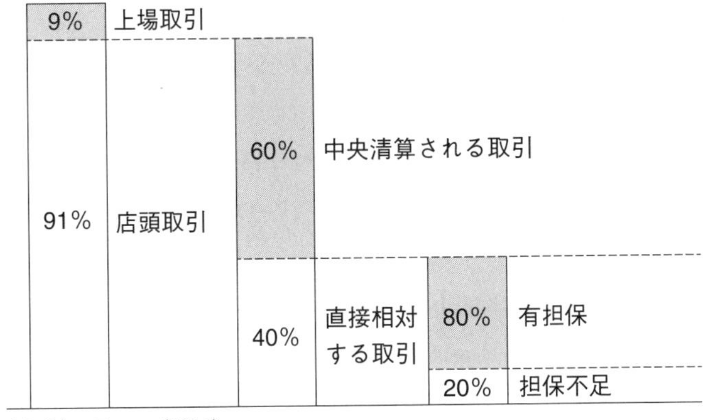

（出典）　Eurex（2014）

あり、カウンターパーティリスクや、ファンディング、資本に関する多くの問題の原因となるものである。

本書の内容の大部分は、この一見少なくみえる、市場の７％（図3.2で91%のなかの40%のなかの20%）に関することである。これは、双方向で十分に担保されておらず、中央清算もされていない。しかしながら、強調すべきはそれでもこれらが数十兆ドルもの想定元本に値することであり、それゆえにカウンターパーティリスクの観点からはきわめて重要である。さらに、ただカウンターパーティリスクという以上に、ファンディング、資本や担保等も考慮することもまた重要である。そうすると結局、図3.2にあるすべてのグループのデリバティブが重要となってくるのである。

3.1.4 市場参加者

カウンターパーティリスクを相当量とるような金融機関の範囲は、近年劇的に変化した。またはより正確には、金融機関は自身が相対するカウンターパーティリスクの程度を十分理解するようになった。店頭デリバティブ市場における各プレーヤーの特徴をみることには意義がある。大まかにいって、この市場は次の三つのグループに分けられる。

●大手のプレーヤー

これは大規模なグローバル銀行であり、しばしば「ディーラー」と呼ばれることもある。彼らのブックには膨大な数の店頭デリバティブがあり、多くの顧客とカウンターパーティを抱えているだろう。通常すべてのアセットクラス（金利、為替、株、コモディティ、クレジットデリバティブ）の取引をしており、ポジションに対し担保の差入れを行うだろう（カウンターパーティが同様に担保差入れを行う場合に限るが、時折例外もある）。

●中規模のプレーヤー

これは典型的には、比較的小規模な銀行や、その他の金融機関で相当量の店頭デリバティブ業務を行っているものである。いくつか特定の商品でマーケットメイクを行っている場合もある。いくつかのアセットクラスをカバーして取引するものの、すべてにおいて活発に取引しているわけではないだろう（たとえばクレジットデリバティブやコモディティは取引しないかもしれないし、よりエキゾチックなデリバティブもおそらく取り扱わないだろう）。さらに、一つのアセットクラスのなかでも、彼らがカバーするのは一部の市場に限られるかもしれない（たとえば、一部通貨の取引しかしない地方銀行など）。顧客数やカウンターパーティ数は比較的少ないものの、自らのポジションに対し担保の差入れをすることが一般的である。

●エンドユーザー

これは一般的に大手の事業会社、ソブリン、または（たとえばヘッジや投資目的で）デリバティブが必要なより小規模な金融機関である。彼らのブックの店頭デリバティブ取引の数は比較的少なく、また数えるほどのカウンターパーティとしか取引していないだろう。一つのアセットクラスでのみしか取引を行わない場合もある。たとえば、一部の事業会社は為替関連の商品しか取引しない場合もあるし、鉱業会社はコモディティのフォワード取引だけ、また年金基金では金利関連とインフレーション関連商品だけ活発に取引するということもあるだろう。元のニーズのせいで、全体的なポジションは非常に一方向で偏ったものとなる（すなわち、彼らは反対取引を行わないということである）。彼らは、担保の差入れを約束することができないか、それを避ける場合が多く、そうでなくても流動性の低い担保を差し入れるか、低い頻度で差し入れるだけのこともある。

店頭デリバティブ市場は最大手の14のディーラーにきわめて集中しており、市場の想定元本合計の約５分の４を占めている[5]。これらのディーラーがともに分け合って、ほとんどの商品の市場流動性を大量に供給している。歴史的に、このような大手のデリバティブ・プレーヤーは他の市場参加者より高い信用力をもっていたので、市場からはこれら大手との取引でカウンターパーティリスクが発生しているとはみられていなかった（2007年以前の、大規模で高格付けの金融機関のクレジットスプレッドは、たった年率数ベー

5　出典：ISDA market survey, 2010。

シスポイントにしかならなかった[6]）。リーマン・ブラザーズのデフォルトは、この仮定がいかに誤りであったかを示した。さらに、ソブリンや保険会社などの一部の小規模なプレーヤーも非常に高い（トリプルAの）信用力をもっていた。実際、これが理由で、このような取引主体は実質的には無リスクだと考えられ、片方向の担保契約等、非常に有利な取引条件を得るのが普通であった。モノライン保険会社の破綻や、AIGが破綻に瀕した危機が示したのは、このような前提の稚拙さである。これゆえに、歴史的に膨大な量のカウンターパーティリスクが無視されてきたことになり、この理由はただ単に、最高の信用格付けがついた大手のデリバティブ・プレーヤーや取引主体は無リスクである、という前提によるものであった。このような点に対応して、ここ数年で市場慣行、規制、会計基準が劇的に変化してきたのである。

最後に、店頭デリバティブ市場には多くのサードパーティの業者がいる。彼らは、たとえば、担保管理、ソフトウェア、取引のコンプレッションや清算サービスなどを提供している。彼らのお陰で、市場参加者は、カウンターパーティリスクとそれに関連するリスク（法的リスク等）の削減が可能になり、この観点からの業務効率の改善ができるようになる。

3.1.5 クレジットデリバティブ

クレジットデリバティブは、信用リスクの移転を効率的に行うニーズから、グローバル金融危機以前の約10年間で急速に発展した。クレジットデリバティブ商品の中心となるクレジット・デフォルト・スワップ（Credit Default Swap、CDS）は簡便であり、信用リスクの取引を変貌させた。しかしながら、CDS自体もきわめて有害になりうることが露呈した。CDSは、他の商品に含まれるカウンターパーティリスクをヘッジするのに利用できるが、CDSそれ自身にもカウンターパーティリスクが含まれている。市場は最近になってこのようなCDSの危険性を過剰に認識したので、その顕在化とともにCDSの利用は一部減少した。クレジットデリバティブは、信用リ

6　これが意味するのは、市場ではこれらの負債の質が高いとされ、実質的に無リスクとしてプライシングされていたということである。

スクの移転に効果的となりうる一方で、反対に正しく使われなかった場合には、破壊的で非常に有害である。金融危機以降、近年では、クレジットデリバティブ市場の成長は行き詰まっている。

標準的な店頭デリバティブの中央清算に向けての動きの主な原動力の一つは、CDS市場に代表される誤方向のカウンターパーティリスクに対応することである。さらに、カウンターパーティリスクのヘッジのように、CDSは倒産隔離を必要とするとみられ、これは明らかに中央清算が提供しているものである。しかしながら、他の清算対象商品より遥かに複雑で、流動性が低く、リスクが高いCDS商品を、中央清算機関が扱う能力はきわめて重要であるものの、これが実際に試されたことはない。

3.1.6 デリバティブの危険性

デリバティブはきわめて強力で有益となりうる。デリバティブはグローバル金融市場の成長を促進し、経済成長の手助けとなった。もちろん、すべてが「社会的に有益」とできるものではない。一部のデリバティブは規制資本、税務要件、また会計ルールなどのアービトラージに使われた。いまでは一般的によく知られているように、デリバティブは大変有害となりうるもので、誤用された場合には莫大な損失と金融市場の崩壊をもたらすことがある。

デリバティブ商品の主な特徴はレバレッジである。大抵のデリバティブは(契約の想定元本と比べて)少額かもしくはゼロのアップフロント支払で実行されるため、相当のレバレッジを提供できる。仮にある金融機関が、米国金利が今後下がるだろうという見込みをもてば、彼らは米国債を購入するかもしれない。この取引の大きさは当然に制限がある。それは米国債投資のために金融機関が調達することのできる資金額である。しかしながら、米ドル建ての固定受け金利スワップの契約をすれば、当初の現金支払はなしで、金利に対するエクスポージャーをおおよそ同じようにとれるだろう[7]。そのため、取引の大きさや実効的なレバレッジは、金融機関自身か、取引のカウン

7　当初証拠金と規制自己資本の要求を除く。

ターパーティ、または規制当局によって制限されなくてはならない。必然的にこれは、上記の米国債購入の場合より相当大きなものとなるだろう。デリバティブが繰り返し露わにしたのは、大規模な市場の混乱を引き起こし増幅する能力があるということであり、デリバティブにつきもののレバレッジがその一般的な原因だということである。

上述のように、店頭デリバティブ市場は、比較的少数のディーラーが集中して扱っており、互いにさまざまな取引を行っている。これらのディーラーは、多数のエンドユーザーにとって共通のカウンターパーティとして振る舞い、互いに活発に取引を行うことにより各自のポジションを管理している。おかしなことに、かつてはこれが実際に市場の安定性を増すと考える者もいた。結局のところ、やはりこのような大手のカウンターパーティは破綻することなどないのだろうか？　現在では、これが大きなシステミックリスクを生むものと考えられている。ある金融機関の金融契約の潜在的な不履行の可能性がドミノ効果を生み、金融市場全体の安定性を脅かす。システミックリスクは実際の損失によってのみ引き起こされるわけではないだろう。損失の認識が高まるだけで問題となりうるのである。

3.1.7　リーマンの経験

2008年のリーマン・ブラザーズの破綻が、デリバティブが生み出す困難のよい例である。リーマンは、21カ国に200以上の子会社をもち、約100万件のデリバティブ取引があった。また、80以上の法域の破産法に関係していた。デリバティブのカウンターパーティとの清算を完了するには、以下の手順を踏まなければいけない。

- 取引全体の突合
- 関連する取引の価値評価
- ネット清算金額の合意

図3.3にもあるように、上記の手順を多数のカウンターパーティの多数の取引にわたって行うのは、大変時間がかかる作業であった。リーマンの店頭

図 3.3　リーマン・ブラザーズの破産財団によるデリバティブ取引の管理

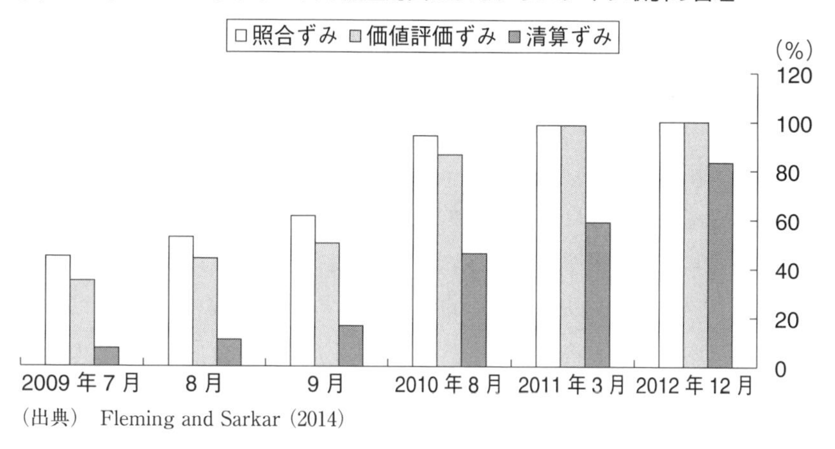

（出典） Fleming and Sarkar (2014)

デリバティブの清算は、何年にも及ぶ長く複雑な手続であった。

3.2　デリバティブのリスク

一つの重要な考え方として、一般的に金融リスクそれ自体が削減されるのではなく、かわりに別のかたちに変換されるということがある。たとえば、担保はカウンターパーティリスクを減らすことができるが、市場リスク、オペレーショナルリスク、そして法的リスクを生みだす。多くの場合これらは無害であるが、必ずそうではない。さらに、一部の金融リスクは 2 種類以上の関連するリスクが複合したものとして認識される（たとえば、カウンターパーティリスクは、一義的には市場リスクと信用リスクの複合したものである）。本書は主にカウンターパーティリスクと、ファンディングのような関連論点について書かれているが、一方でこれを他の金融リスクの文脈のなかで理解することも重要である。

3.2.1　市場リスク

市場リスクは市場変数の（短期的な）変動から生じる。この変動は、線形リスクによる場合があり、価格を左右する数量の動きに対するエクスポージャーから生じるもので、この数量には、株価、金利、為替レート、コモディティ価格、クレジットスプレッドなどがある。また非線形リスクの場合もあり、これらは市場のボラティリティやベーシスリスクから生じるもので、ヘッジポジションで発生しているかもしれない。市場リスクは過去20年間で最も深く研究された金融リスクであり、定量的リスク管理の手法がその測定や管理に広く適用されてきた。これが促進されたのは、1990年代に起きた市場リスク関連の損失（たとえば1995年のベアリングス銀行）や、それに続く1995年のバーゼルⅠ自己資本比率規制の改正によってである。バーゼル規制では、市場リスクの所要資本を金融機関が独自の数理モデルで計算できるようになった。実際のところ、市場リスクによって盛んとなったのは、リスク定量化を目的としたバリューアットリスク手法（3.3.1節）の開発である。

市場リスクは反対取引を行うことにより消去することができる。しかしながら、元のポジションの取引を行ったカウンターパーティと反対取引が行われないならば、カウンターパーティリスクが発生するだろう[8]。もし二つの反対取引のカウンターパーティが異なるならば、どちらかのカウンターパーティが取引に失敗すると、残ったポジションはニュートラルではなくなる。すなわち、市場リスクはカウンターパーティリスクの一部分をかたちづくっているということである。加えて、不均衡な担保契約と市場全体の中央清算の利用によって、ファンディングの不均衡が生み出され、そしてファンディングコストがもたらされている。

3.2.2 信用リスク

信用リスクとは、債務者が支払の約束や契約上の義務を果たせない、または果たさないリスクである。これは一般的にデフォルトとしてよく知られているが、起こった法域によって若干異なった意味と影響がある。エクスポージャーの起こるすべての期間（例：スワップの満期）でデフォルト確率が与

8　もしくは中央清算機関を通して取引するか、または最近なら取引のコンプレッションによって削減できる。

えられることが必要であり、リカバリー価値（またはデフォルト時損失）も同様である。デフォルトほど深刻ではないが、（将来のデフォルト確率の上昇によって）時価評価の損失につながることとなるので、信用力の悪化を考慮することもまた重要であろう。カウンターパーティリスクに関しては、カウンターパーティのデフォルト確率の期間構造を得るのが重要である。

負債性商品の信用リスクは、主にデフォルト確率とそれに関連したリカバリー価値に依存する。なぜなら、エクスポージャーが確定的（例：債券の額面金額）だからである。しかし、デリバティブはエクスポージャーが不確定なうえに、それぞれの取引の市場リスクに左右される。これゆえに、カウンターパーティリスクは信用リスクと市場リスクが複合したものとみなされるのである。

3.2.3 オペレーショナルリスクと法的リスク

オペレーショナルリスクは、人、システム、そして金融機関の内部と外部で起こる事象によって発生する。これに含まれるのは、人的ミス（例：取引の誤入力）、プロセスの不履行（例：取引の決済や担保の差入れ）、モデルリスク（不正確・不適切に調整されたモデル）、不正行為（例：悪質なトレーダー）、そして法的リスク（例：ネッティングや担保契約のような法的契約を実行する能力がないこと）である。一部のオペレーショナルリスクの損失は大したことはなく、よくあること（例：取引のブッキング先の間違い）である一方で、最も重大な損失が起こるのはおそらく、ほとんどありえないシナリオや、複数の事態が同時に起こる「パーフェクト・ストーム（破滅的状況）」の結果であろう。このため、オペレーショナルリスク定量化手法の適用はますます増えてはいるものの、それはきわめてむずかしい。担保のようなカウンターパーティリスク削減手法は、オペレーショナルリスクを必然的に増加させる。

法的リスク（バーゼルⅡではオペレーショナルリスクの特殊な形態と定義されている）は、前提とした法的取扱いが保たれないことにより、損失を被るリスクである。理由として考えられるのは、たとえば契約内容の誤り、カウンターパーティの不正、担保権の不適切な管理、または予想外の裁判所判断などである。一般的に金融リスクの削減により法的リスクは増加する。これは、削減が実行される時点で、なんらかのかたちで法的に異議が唱えられるからである。この観点からは、デフォルトは、比較的まれにしか起こらず、該当する法域により判断が変わりやすいため、特に問題がある。

3.2.4 流動性リスク

流動性リスクは普通、二つのかたちがある。資産流動性リスクは、取引が市場価格で履行されないリスクを指し、大抵はポジションの大きさや関連する市場の流動性の低下が理由となる。資金流動性リスクは、契約上の支払や担保要求のための資金調達ができず、潜在的に早期の資産売却や損失の現実化を余儀なくされるリスクを指す。このような損失はさらなるファンディングの問題をもたらしうるため、資金流動性リスクは損失発生と資金不足の負のフィードバックによる「死のスパイラル」としてそのかたちを顕在化することがある。カウンターパーティリスクの削減は、担保保全や中央清算などの仕組みを通して、資金流動性リスクの増加という潜在的コストをもたらすことが多い。

3.2.5 各種リスクの統合

従来の金融リスク管理の弱点は、特に、異なる種類のリスクの統合について着目していなかった点にあった。金融危機が各種の金融リスクが同時にあわさって起こるということは、もう何年も前からよく知られてきたことである。金融リスクの個別の定量化や管理のむずかしさを考えれば、それぞれの扱いを統合することにあまり労力を注ぎ込まなかったことも驚きではない。前に述べたように、カウンターパーティリスクはそれだけで市場リスクと信用リスクの二つの違った種類のリスクが複合されたものである。これに加えて、カウンターパーティリスクの削減は、流動性リスクやオペレーショナルリスクなどの、ほかの種類のリスクを生み出す。大事なのは、カウンターパーティリスクが多くの種類のリスクの重なった部分であることを見失わないということ、そして、カウンターパーティリスクの削減が、むしろさらに金融リスクを生み出すということである。これこそが、本書が第1版や第2版を経て、担保、ファンディング、資本に関連する内容も網羅するように進化してきた理由である。

3.2.6 カウンターパーティリスク

伝統的にカウンターパーティリスクは、店頭デリバティブのカウンターパーティ間の信用リスクとして考えられてきた。グローバル金融危機以来、店頭デリバティブのカウンターパーティリスクの重要性は規制の主要な論点であった。歴史的に、多くの金融機関は最も健全なカウンターパーティとのみ取引することでカウンターパーティリスクを抑えてきた。カウンターパーティリスクの大きさと広がりはこれまで常に重要であったはずだが、長い間、「大きすぎて潰せない（too big to fail）」金融機関の高い信用力という神話によってあいまいにされてきた。しかし、金融危機が示したのは、このような取引主体こそが、ほとんどのカウンターパーティリスクをもっているということである。一般的にこの問題に対する関心が急速に高まった理由は、すべての店頭デリバティブの相互関係においてカウンターパーティリスクを考慮する必要性と、実際の信用力の低下によるものである。規制の圧力によりこの関心は継続的に保たれてきた。過去には一部の大手のディーラーだけがカウンターパーティリスクの評価に多くの投資を行っていたが、すぐに大手から中小まですべての金融機関の問題となった。同時に、担保、ファンディング、そして資本への影響の評価が主要な論点になった。

3.3 デリバティブのリスク管理

3.3.1 バリューアットリスク（VaR）

デリバティブの金融リスク管理は過去20年程の間に劇的に変化した。重要な変化といえるのは、より定量的なアプローチが導入されたことであり、なかでも最も重要なのはおそらくバリューアットリスク（Value at Risk、VaR）であろう。VaRは当初は市場リスクの測定基準として考案されたが、一つの数で効率的にリスクを要約する手段として、多くの金融分野で次々と使われてきた。たとえば、カウンターパーティリスクの評価に使用される潜在的将来エクスポージャー（Potential Future Exposure、PFE）の概念は、VaRの定義と密接に関連している。

VaRの数値は、特定の信頼水準における、一定のタイムホライズンにおける最大損失を、簡便かつ直観的に説明する。信頼水準α％のVaRが与える数値は、それを超えるであろう確率が（$1-\alpha$）％以下だというものである。図3.4はVaRの計算の一例である。99%信頼水準のVaRは－125（つまり損失）であり、損失がこれを上回る確率は1％に満たない（分布の離散的性質[9]のため、実際は0.92%）。VaRを求めるには、与えられた確率で損失が上回るような最小の値を探せばよい。

分布全体のリスクをわかりやすい一つの数字で要約するのにVaRは有用である。またこれは、正規分布[10]など、分布の性質自身に対する前提をもた

図3.4　信頼水準99%のVaRの考え方

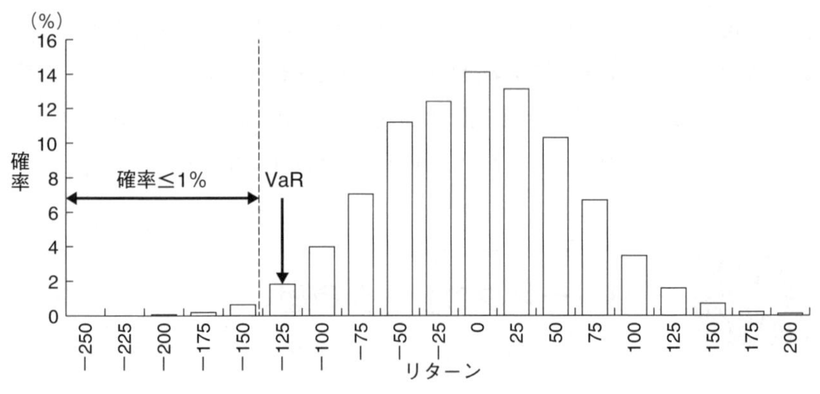

＊VaRは−125であり、これより大きな損失が発生する可能性は1％以下である

9　連続分布の場合、VaRは単純に分位点となる（分位点は、その水準以下となる確率が与えられた数となるような確率分布上の値を指す）。

ない。しかしながら、VaR は定められた閾値（上記の例では1％）を超えたところがどうなっているかについては何も示さないので、誤った解釈がなされる問題が起きやすい。これを示すため、図3.5では同じ VaR でも少し異なる分布とした。この場合、250の損失の可能性は1％であるため、99％の VaR はたしかに125である（損失がその間となる確率はゼロのため）。損失額の250を変えても VaR に変化をもたらさないことがみてとれる。なぜなら、VaR は損失の**発生確率**だけが関係するためである。そのため、VaR は設定された信頼水準外のありうる損失の目安にはならない。VaR への過度な依存は、誤った認識につながるため、かえって逆効果である。

VaR のもう一つの問題は、VaR はコヒーレント・リスク尺度（Artzner *et al*.（1999））ではないという点である。これが基本的に意味するのは、（おそらくめったにない）特定の状況において、直観に反する性質を示す場合があるということである。最も明らかなのは VaR が劣加法性をもって振る舞わないということである。劣加法性が保たれるためには、二つのポートフォリオをあわせたもののリスクが、（分散効果によって）それぞれ個別のリスクの合計より同じか小さくなることが必要となる。

図3.5　図3.4と同じ VaR になる分布

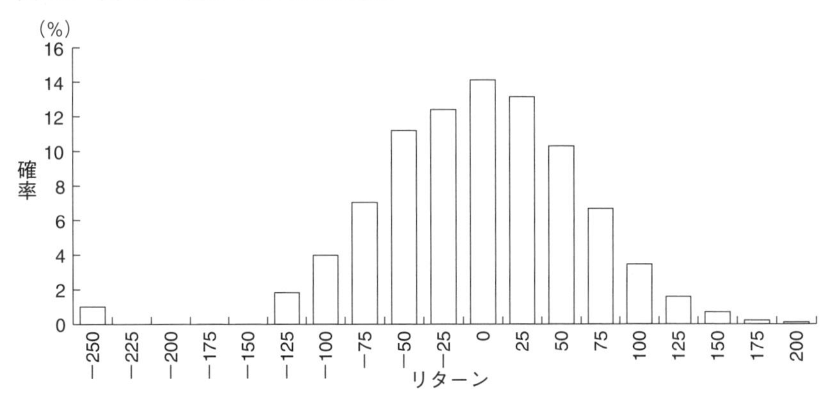

10　VaR モデルの一つの実装のかたちとして（主にいわゆる分散共分散法で）は、正規分布を前提とする場合があるが、これは単純化のために行われるもので、VaR の考え方それ自体は分布の前提を必要としない。

VaR計測を少し改良したものとしてよく知られているのは、期待ショートフォール（Expected Shortfall、ES）である。ESの定義は、VaRに定義された水準と同じかそれ以上となる損失の平均である。あるいは、最低でもVaRと同じとなる損失の平均である。ESはVaRほど説明が直観的ではないが、コヒーレント・リスク尺度であり、大きな損失の影響を完全に無視するわけではないこと（実際、図3.5のESは図3.4のESより大きくなる）など、より望ましい特性がある。このような理由から、**トレーディング勘定の抜本的見直し**（BCBS（2013））では、VaRではなくESを使用して市場リスクを測定することが銀行に提案された（8.7節で議論するように、これは最終的にCVA所要資本の計算にも適用される）。

最も一般的なVaRとESアプローチの実装方法は、ヒストリカルシミュレーションである。この方法では、対象となっているポートフォリオ全体のリスクファクターの挙動を含んだ（一般的には数年分の）過去データの期間をとる。そして、仮に過去と同じ推移を経験したとするならば、現在のポートフォリオがどのように振る舞ったかを多期間にわたって再度シミュレーションする。たとえば、もし4年間のデータを使ったなら、ポートフォリオの日次の動きに関し、約1,000の異なるシナリオを計算することができるだろう。もし長期間の計算をしたい場合には、非常によくあるのは「ルートT倍法」で1日分の結果を単純に引き伸ばす方法である。たとえば銀行の市場リスクVaRモデルでは、規制当局は、$\sqrt{10}=3.14$に1日のVaRを掛けたものを10日のVaRと定義することを認めている。VaRモデルの予測性能を確認するために、実証的にバックテストをすることもできる。バックテストは、モデルによって予測された損失と実際の損失の結果とを事後的に比較するものである。99%のVaRは100の実績値ごとに1回超過するはずなので、バックテストに向いている。

重要な点として覚えておきたいのは、ヒストリカルシミュレーションとバックテストのVaRとESへの適用は、対象となるタイムホライズンが短期（10日間）であるため、比較的直接的でわかりやすいということである。カウンターパーティリスクの評価（そしてxVA全般）はずっと長いタイムホライズンにわたり、それゆえに定量化は遥かに困難である。

3.3.2 モデル

VaRのような計測値の利用は、計算に必要となるリターンの分布を導くための定量モデルに依存している。このようなモデルの利用によって、ボラティリティや依存関係などの市場の複雑な特性をまとめて、一つかもしくは複数のわかりやすい数字にし、リスク量を表すことができる。少なくともモデルは、あらかじめ定義された計測値に基づき異なる取引を比較し、どの取引がよいのかを定量的に示すことができる。これらすべてのことを数分、あるいは数秒の間で行うことができ、急速に変化する金融市場においても金融機関の素早い決定を可能にする。

しかしながら、金融市場は数理モデルと愛憎関係にある。よい時期には、モデルは、複雑なデリバティブ商品の進化や、多くの大手金融機関に採用されるようなダイナミックなリスク管理手法を支える、掛け替えのないものとみられがちである。危険なのは、足元の市場環境次第で、モデルが「良い」ものなのか「悪い」ものなのかが判断される傾向にあることである。現実には、どのようにモデルを使うかによって良くも悪くもなりうる。モデルと金融市場の込み入った関係の素晴らしい説明は、MacKenzie（2006）にある。

金融機関や規制当局にとって、カウンターパーティリスクのモデル化は不可欠である。カウンターパーティリスク管理において重要な要素であるPFE（カウンターパーティリスクにとってのVaR的なもの）を測定できるなど、モデルはきわめて有用となりうる。しかしながら、VaRと同様に、カウンターパーティリスクの定量的モデル化は複雑であり、また、誤解や誤用をされやすい。さらに、VaRとは違い、カウンターパーティリスクは数日先までではなく何年も先まで考慮するもので、これが生み出す複雑さは過小評価できない。当然ながら、モデルの性能を評価するための規制要件としてカウンターパーティリスクモデルのバックテストが導入された[11]。それに加

11 バーゼルⅢ規制において。

え、さらに強調されたのは、モデルによって示されるリスクを超えるものに注目した、カウンターパーティリスクのストレステストである。xVA の計算手法は、一般的にますます疑念の目でみられている。

3.3.3 相関と依存性

金融リスクの理解と定量化において最もむずかしい点は、おそらく異なる金融変数間の共依存関係である。過去のデータで推定された相関は将来のよい予想ではないかもしれない、ということはよく知られている。これは、相関が非常に高くなるような、ボラティリティの高い市場や危機下では特にそうである。これに加えて、（金融市場で使われるような）相関という概念そのものが、共依存関係の特定という意味でひどく限定的な可能性がある。

たとえば従来の VaR モデルと比べれば、カウンターパーティリスクは相関をよりいっそう難解なものにしている。第一に、相関は本質的に不安定であり、時間とともに大きく変化する。これは、たった1日単位で測定される市場リスクの VaR と比べ、何年間にもわたって生み出されるカウンターパーティリスクの評価では重要である。第二に、（金融分野での適用で一般的に定義されるような）相関は依存関係を表す唯一の方法ではなく、ほかの統計的な指標も考えられるだろう。特に誤方向リスク（第19章）の場合、相関以外の基準による共依存関係の取扱いが重要である。一般的に xVA の計算では、信用リスク、市場リスク、ファンディング、そして担保の間の共依存関係の慎重な評価が必要である。

カウンターパーティリスク

成功とは、情熱を失うことなく失敗に失敗を重ねた末に成り立つ。　　Sir Winston Churchill（1874～1965）

4.1 背　景

カウンターパーティ・クレジットリスク（しばしば単にカウンターパーティリスクとして知られる）とは、金融契約を結んだ相手方（契約のカウンターパーティ）が、将来、契約上の合意事項で求められる義務を履行しない（たとえば、破綻した場合の）リスクである。一般的にカウンターパーティリスクの定義では、大別して二つの種類の金融商品、すなわち店頭デリバティブ（例：金利スワップ）と証券金融取引（例：レポ取引）から生じると定義される。前者の区分のほうがより重要である。これは、店頭デリバティブ市場の規模と多様性（前章の図3.1を参照）、そして相当量のリスクが無担保であることによるものである。過去数年間に市場で起きた出来事にみられたように、カウンターパーティリスクは複雑であり、システミックな特質をもち、金融市場の混乱の発生源となり、これを悪化させ拡大する潜在力がある。

4.1.1 カウンターパーティリスク対貸出リスク

伝統的に、信用リスクは一般に貸出リスクと考えることができる。ある当事者が相手に対して債務があり、支払不能によりその一部またはすべてを支払わない可能性がある。これは、ローン、債券、住宅ローン、クレジットカードなどに適用される。貸出リスクは二つの重要な特徴をもつ。

- リスクにさらされる元本は、貸出期間のすべての時点において、通常一定程度の確度でわかっている。金利のような市場変数は、債務額に対して多少の不確実性しか及ぼさないだろう。たとえば債券を購入する際、満期までの期間にリスクにさらされる元本はパーに近い。住宅ローンの返済では時間の経過とともに減価していくが（元本が返済により減少する）、将来のある時点における残高はかなりの精度で予想できる。ローンやクレジットカードには一定の利用限度額があり、信用リスクの計算において、これが全額利用されたものと仮定するのは理にかなっているだろう[1]。

- 貸出リスクは片方の取引当事者のみがとる。債券の保有者は大きな信用リスクをとるが、債券の発行体は、債券の購入者がデフォルトしても損失を被ることはない[2]。

あらゆるタイプの信用リスクと同様、カウンターパーティリスクについても、その損失の原因は、債務者が契約上の義務を果たさない、または果たせないことである。しかし、以下の二つの要素が、カウンターパーティリスクのある契約と伝統的な信用リスクとの間の違いを決定する。

- 契約の将来における価値は不確実であり、ほとんどの場合きわめて不確実である。ある想定デフォルト時点におけるデリバティブの時価評価額は、その契約で要求される、以降のすべてのキャッシュフローのネット価値である。この将来の価値は正の値にも負の値にもなりうるが、概して（評価日時点でみると）不確実性が高い。
- 契約の価値が正の値にも負の値にもなりうることから、カウンターパーティリスクは一般的に双務的である。言い換えると、デリバティブ取引におけるカウンターパーティは、いずれの側も相手に対しリスクを負っている。

4.1.2 決済リスクと決済前リスク

デリバティブのポートフォリオには、取引の合計数の何倍もの数の決済が含まれる。たとえば、スワップ契約においては、定期的にキャッシュフローが交換されるため、多数の決済日があるだろう。カウンターパーティリスクとは主に決済前リスクに付随するものであり、契約の満期（決済）の前にカウンターパーティがデフォルトするリスクである。しかし、決済手続の最中にカウンターパーティがデフォルトする、決済リスクも考慮すべきである。

1　限度額に近いほど返済できない可能性が高いという考えに基づく。
2　クローズアウト金額の市場慣行により修正されうるものの、これは第14章で議論する双方向カウンターパーティリスク（DVA）の場合は厳密には正しくない。

●決済前リスク

取引の最終の決済（満期時）前にカウンターパーティがデフォルトするリスクである。通常「カウンターパーティリスク」と呼ばれるもの。

●決済リスク

決済時に、各取引当事者が契約上の義務を果たすタイミングの違いに起因して発生するリスクである。

決済前リスクと決済リスクの差を図4.1に示している。

例

ある金融機関がある指定の日に100万ユーロと110万ドルを交換する為替フォワード取引を締結したとする。この金融機関のさらされる決済リスクは110万ドルの損失相当となり、これが起こりうるのは、100万ユーロを支払ったものの110万ドルを受け取れなかった場合である。しかし、これは為替フォワードの満期日当日だけに発生する。この種の通貨間の決済リスクはしばしばヘルシュタットリスクと呼ばれる（次の囲みにあるケーススタディを参照）。この金融機関がさらされる決済前リスク（カウンターパーティリスク）は、単にドルとユーロの支払額の市場価値の差である。もし外国為替レートが1.1から1.15へ動いたとすると５万ドルの損失と換算されるだろうが、こちらは取引期間中いつでも起こりうる。

カウンターパーティリスクとは違い、決済リスクは大変大きなエクスポージャーを伴うという特徴がある。その額は、潜在的には取引元本の100％である。決済リスクのほうがずっと大きなエクスポージャーを伴うが、契約満期までにカウンターパーティがデフォルトするというほうが、決済日当日にデフォルトするよりもずっと可能性が高い。しかしながら、受渡しがかなりの期間にわたる場合、決済リスクはさらに複雑になりうる（たとえばコモディティ契約では、特定の期間内に現物商品と引き換えに現金を支払うことが求めら

図4.1　決済前リスクと決済リスクの差異

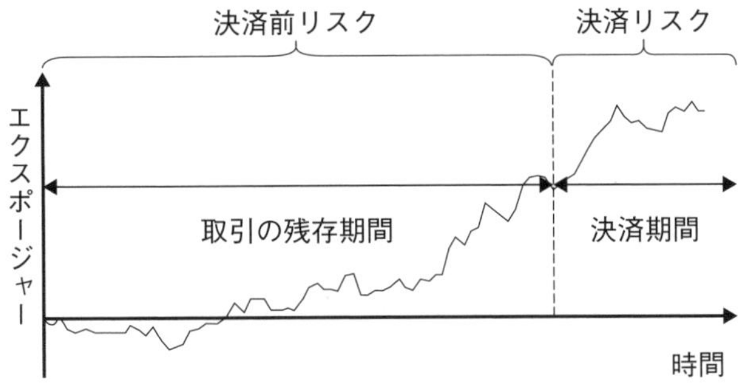

＊通常、決済期間は短いが（例：数時間）、一部の場合では大幅に長くなる場合もあることに注意

れる場合がある）。

厳密には、すべてのデリバティブに決済リスクと決済前リスクの両方が伴うが、両者の大小のバランスは契約によって差があろう。スポット契約には主に決済リスクが伴い、長期のスワップには主に決済前（カウンターパーティ）リスクが伴う。さらに、各種ネッティング（第5章を参照）によって決済リスクと決済前リスクが軽減される。

ケーススタディ：ヘルシュタット銀行

決済リスクの有名な例としては、ドイツの小規模な銀行であるヘルシュタット銀行の破綻がある。1974年6月26日、この銀行はデフォルトしたが、これはドイツのインターバンク決済システムが終了した後であった（現地時間午後3時30分）。ヘルシュタット銀行の一部のカウンターパーティは、日中に独マルクを支払い、同日中の後の時間にニューヨークでヘルシュタット銀行から米ドルを受け取れるものと信じていた。しかし、ヘルシュタット銀行が営業を停止したとき、ニューヨークはまだ午前10時30分であり、ヘルシュタットの口座から仕向けられたすべての米ドル支払は停止され、カウンターパーティはまるまるリスクにさらされた。

決済リスクは、外為市場において重要な関心事である。外為取引では、契約の決済において、ある通貨を支払いながら異なる通貨を受け取るからである。多くの外為取引はCLS（Continuous Linked Settlement）[3]を通り、ほとんどの証券はDVP（Delivery Versus Payment）[4]で決済されるが、通貨スワップのような例外もあり、このような場合は決済リスクも考慮されるべきである。

決済リスクは通常は、ごく短い期間（多くの場合数日、もしくは数時間）でのみ発生する。リスクが存在する期間を高い精度で測定するということは、契約上の支払日、タイムゾーン、異なる通貨建ての口座間の照合作業に要する時間をすべて考慮することである。いかなるフェイル取引も、実際に決済されるまでは決済リスクのエクスポージャーとして引き続き考慮されるべきである。典型的には、金融機関は決済リスクをカウンターパーティリスク評価の一部として含めるというよりは、別途決済リスクのリミットを設定し、これに対してエクスポージャーを測定している。決済リスクを軽減するには、たとえば証券の引渡し前に現金の支払を受けるよう要求するなどの方法がある。

近年における担保差入れの普及は、為替決済リスクを高める可能性をもつ。スタンダードCSA（6.4.6節）、規制上の担保の規制要件（6.7節）、清算集中義務（9.3.1節）では、取引通貨建ての現金による担保差入れを優遇または義務づけている。これは、さらなる決済リスクやそれに伴った流動性の問題を生む可能性がある。なぜなら、ポートフォリオのなかの各通貨部分において、それぞれ別々に多額の現金の受払いをしなくてはならないからである。

4.1.3 カウンターパーティリスクの軽減

カウンターパーティリスクを軽減する方法は多数ある。一部は比較的簡単な契約上のリスク軽減であるが、ほかの方法はより複雑で導入にコストがかかる。もちろんどのようなリスク軽減方法も完璧ではなく、小さいながらも

3　複数通貨の現金決済システム。www.cls-group.com を参照。
4　証券取引における決済リスクを最小化する目的で、証券の受渡しと同時に支払が実行されること。

常にいくらかはカウンターパーティリスクが残る。さらに、このような残余リスクの定量化はさらに複雑で主観的である。この残余のカウンターパーティリスクに加え念頭に置くべき重要な点は、種々のリスク軽減策がカウンターパーティリスクを本質的に取り除くわけではなく、他の形態の金融リスクに変換するものだということである。いくつかのわかりやすい例は以下のとおりである。

●ネッティング

相対のネッティング条項（5.2.4節）により、キャッシュフローを相殺することができ、デフォルト時には、時価評価額を一つのネット金額に束ねることができる。しかしながら、ネッティング条項が法的に強制できない特定の法域では**法的リスク**を発生させ、他の債権者をさらに大きな損失にさらすことになる。

●担　保

担保契約（6.2節）は、時価の損失に対して現金や証券の差入れを契約で定めるものである。カウンターパーティリスクを最小化すべく担保をとることによって、これにまつわる事務処理による**オペレーショナルリスク**が発生する。また、担保の受取りにかかる期間にエクスポージャーが存在するので、**市場リスク**を生みだす。カウンターパーティリスクの担保による保全はさらに**流動性リスク**にもつながる。なぜなら担保差入れには資金調達が必要であり、担保自体に価格変動と為替レートによる変動がある場合もあるからである。ここで再担保（再利用）と担保の分別保全のような要素も重要な検討項目である（6.4.3節と6.4.4節）。ネッティングと同様、カウンターパーティのデフォルト下では、担保は他の債権者の損失を増加させる（6.6.1節）。

●その他の契約条項

リセットや追加的終了事由（5.4.2節と5.4.3節）といったその他の条項は、定期的に時価評価額をリセットしたり、取引を早期に解約したりすることを目的とする。担保と同様、これらは**オペレーショナルリスク**と**流動性リスク**を生み出す。

●ヘッジ取引

クレジット・デフォルト・スワップ（CDS）のような商品を使ったカウンターパーティリスクのヘッジの目的は、将来のデフォルト事象と好ましくないクレジットスプレッドの動きによる損失を避けることである。ヘッジ取引は**オペレーショナルリスク**を発生させ、加えて、ヘッジ手段となる商品の時価の変動により**市場リスク**を発生させる。ある種の担保をとることで**誤方向リスク**（第17章）を発生させる可能性がある。自己増幅効果を通じて、ヘッジ取引は**システミックリスク**につながるかもしれない（2.4節のイングランド銀行による発言を参照）。

●中央清算機関

中央清算機関（CCP）は、清算される取引の支払を保証し、清算会員に担保や財源の拠出を求めることを通して、自らの財務上の安全性を保つことを目的としている。CCPは市場参加者の間でカウンターパーティリスクを集中化する仲介者の役割を果たす。CCPはリスク削減やオペレーションの効率化といった利点をもたらすが、カウンターパーティリスクの集中化、相当量の担保での保全と損失の相互負担を要求する。ゆえにこれらは、**オペレーショナルリスク**、**流動性リスク**、そして**システミックリスク**を生み出すおそれがある。なぜなら中央清算機関の破綻は重大でシステミックな混乱に発展する可能性があるからである。この点は第9章でより詳細に議論する。

カウンターパーティリスクの軽減は諸刃の剣である。一方では既存のカウンターパーティリスクを減らし、金融市場の安定性の向上に寄与するだろう。他方では、所要資本や信用リミットのような銀行に係る制約の削減につながり、結果として取引量の増加につながるだろう。実際に、ネッティングや担保などのリスク軽減手法がなければ、店頭デリバティブ市場は今日の規模にまで発展しなかっただろう。さらに、リスクの軽減は、新たなリスクとそれに対応するコストを発生させるため、本当のところはリスクの移転ととらえるべきである。

上記で述べたリスクの変換を理解するためのもう一つの方法は各xVAに

ある。CVAは削減できるかもしれないが、かわりにほかのxVAがまた生じる。本書の後半でまさに各xVA間の変換について詳しく議論する。さしあたりわかりやすい例は以下のとおりである。

- **担　保**

FVA（差入担保のための資金調達の必要性による）とColVA（担保契約にまつわるオプション性による）を生む。

- **中途解約条項**

（おそらくは格下げトリガーに連動した）早期解約事由のような条件は、MVAを生み出す。これは流動性バッファーに関する規制要件（16.2.1節）により問題視されている。

- **中央清算と非清算店頭デリバティブ証拠金規制**

当初証拠金のかたちでの追加担保差入れの要件によって、MVAが生まれる。

- **ヘッジ取引**

会計目的のCVAヘッジは追加的な所要資本が必要になる可能性があり、ゆえにKVAを増加させる。その一方でKVAの削減はCVAボラティリティの増加につながる可能性がある（18.3.8節）。

以上から、xVAを集中管理し、プライシング、価値評価やリスク軽減に関して一貫した決定を行うことが、資本活用などの面を最適化し**全体的な**経済効果の最大化を達成するために不可欠な理由がわかる。

4.1.4　エクスポージャーと商品種別

店頭デリバティブを商品種別ごとに分けたものが図4.2である。金利商品が想定元本の残高の大部分を占めるが、これは他のアセットクラスの重要度、とりわけ為替とCDSについて、いくらか誤解を与える。多くの為替商品は短期のものである一方、通貨スワップは、その長期性と元本交換の存在から、カウンターパーティリスクが少なからず含まれるということがわかる。CDSはボラティリティが高いだけでなく、顕著な「誤方向リスク」の性質も備えている（第17章にて詳しく述べる）。

以上のことは、図4.3のCVAのアセットクラス別内訳に関する銀行の回答の平均をみると理解できる。金利商品は市場のカウンターパーティリスクの大きな部分を占める（そして確かに実例として最もよく用いられる）ものの、他の商品の重要な（そして時にはより捕捉しにくい）寄与分を過小評価してはならない。また、もう一つ留意すべき重要な点は、大手の銀行はすべてのアセットクラスにエクスポージャーをもつ一方、小規模な銀行はより限られた

図4.2　店頭取引の想定元本のグロスの残高合計を商品種別ごとに分けた図

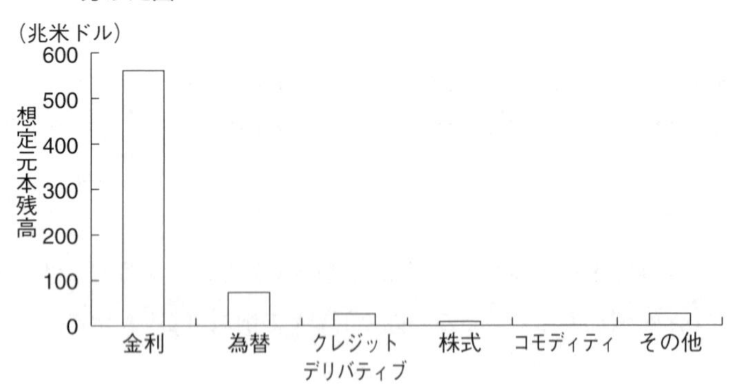

（出典）　BIS

図4.3　アセットクラスごとのCVA（全回答者の平均）

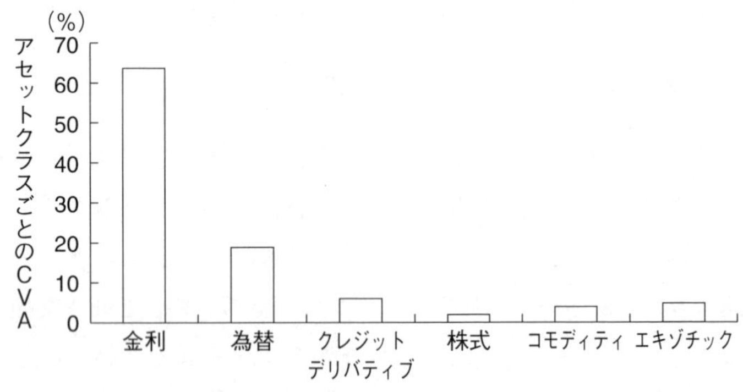

（出典）　Deloitte/Solum CVA survey, 2013

種類のエクスポージャー（たとえば、主に金利・為替系の商品）しかもたない場合があることである。デリバティブのエンドユーザーもまた、限られたエクスポージャーしかもたないかもしれない。たとえば、事業会社では金利スワップと通貨スワップしか使わないところもあるだろう。

デリバティブ商品の重要な特徴は、同じ元本のローンや債券よりもエクスポージャーが大幅に小さいという点である。金利スワップを例にとってみよう。この契約は固定金利と変動金利を交換するものであり、金利キャッシュフローのみが交換されるため元本リスクがない。さらに、金利部分でさえ完全にリスクにさらされているわけではない。なぜなら、利払日には固定金利と変動金利の額の差、つまりはネット支払分のみが交換されるものだからである。このため、表4.1に示されるように、実際のデリバティブの市場価値は、想定元本残高の合計と比較して遥かに金額が小さい。たとえば、金利商品の市場価値合計は想定元本残高合計のわずか3.1％でしかない。より意味のあるのは市場価値である。なぜなら、市場価値はデフォルトシナリオ下で被る損失を表しており、ファンディングや担保での保全を必要とする金額だからである。

4.1.5 セットアップ

大まかにいって、カウンターパーティリスクや、ファンディング、担保、

表4.1 想定元本残高合計とデリバティブの市場価値（兆米ドル）のアセットクラスごとの比較表

	想定元本グロス合計	市場価値グロス合計	比　率
金利	505.5	15.6	3.1%
為替	75.9	2.9	3.9%
CDS	16.4	0.6	3.6%
株式	7.9	0.6	7.8%
コモディティ	1.9	0.3	17.0%

＊データは2014年12月時点。市場価値について、正の値の合計と、負の値の合計の絶対値を足し合わせ、重複を修正して計算した
（出典） BIS

資本といった関連する要素は、二つの状況で生じる。最もわかりやすいのは、エンドユーザーがヘッジ目的で店頭デリバティブを使用する場合である(図4.4)。彼らのポートフォリオは一般的に全体として方向が偏っている（しかし後述するように完全にではない)。なぜなら通常は、ほかの経済的なエクスポージャーを相殺することを目的としてヘッジするからである。その結果、デリバティブ取引の時価の変動は顕著になり、それに伴う担保の授受額も相当上下するだろう。実際に、多くのエンドユーザーが担保契約を結ばない理由の一つが、短期間に相応の担保が必要とされることによる。ポートフォリオが一方向に偏っていることのもう一つの意味合いは、ネッティングによる便益が乏しいということである。実務上、エンドユーザーは自身のビジネスの規模とリスクアペタイトに応じた、適切な数の銀行と取引をするであろう。

もう一つの重要な特徴は、エンドユーザーが個々の取引ベースでリスクヘッジをすることがあることである。たとえば、スワップ契約が、金利のエクスポージャーをマクロベースで全体的にヘッジしているのではなく、発行ずみ債券に直接紐づけられている場合がある。取引解消のための反対取引の際に、エンドユーザーは困った事態に直面することもある。なぜなら、元の取引のカウンターパーティが必ずしも好ましい条件で価格提示してくれるとは限らないからである。さらに、もし彼らが反対取引を実行した場合、たとえば国際機関が自身の貸付をヘッジするために固定受け金利スワップを締結する一方で、自身の借入れをヘッジするために固定払い金利スワップを締結する場合には、それらの契約はリスク全体をマクロヘッジした場合より不利な条件となるだろう。これが借入れや貸付を一対一でヘッジした場合の帰結である。同様の理由で、カウンターパーティのデフォルトの際も問題が起こ

図4.4　標準的なエンドユーザーのカウンターパーティリスクの構造

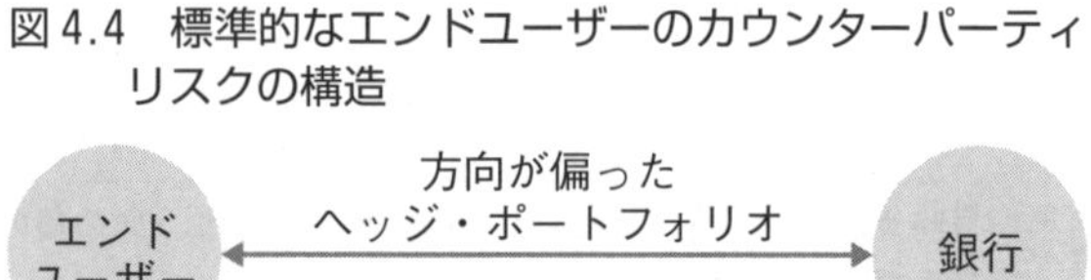

るだろう。なぜなら、エンドユーザーはデフォルトしたカウンターパーティに対するエクスポージャーをマクロヘッジするのではなく、個々の取引の再構築を望むかもしれないからである。おそらくこれにはより費用と時間がかかると考えられる。

銀行の場合、伝統的なカウンターパーティリスクの構造は多少異なったものになる（図4.5）。銀行は一般的に、市場リスクの観点から比較的フラットな（すなわちヘッジされた）ポジションのブックを運用することを目指している。つまり、ある顧客との取引は、他の市場参加者との取引で（マクロベースにしろ、個別にしろ）ヘッジされるという意味である。これはインターバンク市場における一連のヘッジにつながり、最終的に反対のエクスポージャーをもつ別のエンドユーザーにたどり着く。このような状況では、銀行には時価の変動や市場リスクはほとんどないか、あるいはまったくないかもしれない。しかし一方で、銀行はカウンターパーティAとBのどちらに対してもカウンターパーティリスクは負っている。なぜなら、もしどちらかが破綻したとすれば、もう片方の取引の市場リスクが残るからである。

この状況においてもう一点重要な特徴は、顧客との取引は往々にして無担保取引であるが、その取引に対するヘッジは有担保取引（または中央清算される）であるという点である。カウンターパーティリスクの問題は主に無担保取引に存在する（ヘッジにも依然見過ごせないリスクがあるが）。このため、全体的な時価が市場に対してニュートラルである一方で、担保の受払いには非対称性を生み、これが問題となる可能性がある。ディーラーも同様に、顧客からの方向の偏ったヘッジの需要に苦しめられている。たとえば、彼らは事業会社の顧客と固定受け金利スワップを主に取引しているだろう。金利低下局面では、銀行のエクスポージャーは大きく増加し、これらのスワップの

図 4.5　標準的な銀行の構造

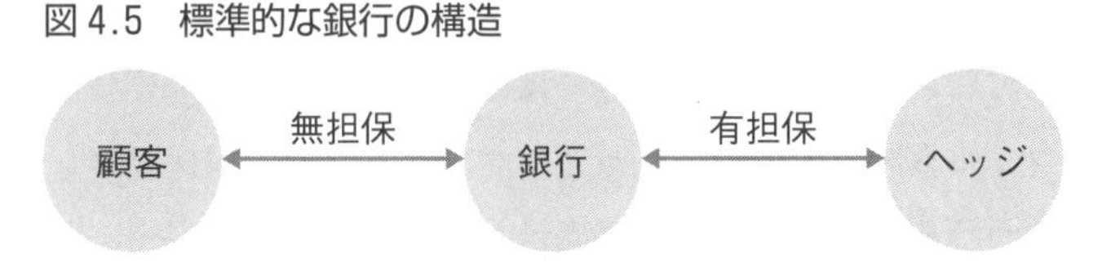

ヘッジに相当の担保差入れが必要となろう。図4.5はさまざまな形の分析をするうえでの出発点として大変重要であり、本書でも今後何度か参照することになる。

4.2 構成要素

カウンターパーティリスクは、エクスポージャーを決定する市場リスクと、カウンターパーティの信用力を決定する信用リスクがあわさったものである。デフォルト確率が高く、エクスポージャーが小さいカウンターパーティは、エクスポージャーが大きく、デフォルト確率が低いカウンターパーティより好ましいとされるかもしれない。しかし、これは自明ではない。CVA はカウンターパーティリスクを数値化し、上記の違いを数量的に区別する一つの方法である。CVA については後で詳しく議論するが、まずはカウンターパーティリスクとそれに関連する計測値を決定する、重要な構成要素を定義しよう。

4.2.1 時価と再構築コスト

時価は、カウンターパーティリスクと関連要素の分析の出発点である。現在の時価は、取引当事者が相手に対して支払を要する負債額ではなく、その当事者が見込むすべての受取りから、必要とされる支払を差し引いたものの現在価値である。これらの支払は、将来の何年にもわたって生じる予定であり、市場変数に強く依存することがある。時価は残存する支払の大きさと市場実勢に応じて正にも負にもなる。

特定のカウンターパーティに対する時価はすべてのポジションのネット価値として定義されるので、いますぐデフォルトが発生した場合に被る損失に直接関係している。しかし、この点ではほかの要素が大変重要になる。たとえば、デフォルト時に取引をネッティングできるかや、担保でポジションを調整できるかである。この二つの要素は、契約上の合意内容や、その合意に関して裁判所がとりうる解釈に依存する。

取引における契約上の取決め、たとえばクローズアウト・ネッティングや解約の取決めは**再構築コスト**に影響する。明らかに時価は再構築コスト、つまり同等の取引を別の者と取り組む際のコストと密接に関係している。しかし実際の状況はより複雑である。取引を再構築するには、ビッド・オファー・スプレッドのような費用も考慮しなければならず、これは特に流動性の低い商品で大きくなる可能性がある。なお、標準的で流動性の高い契約であっても、デフォルト時点では標準的でなく、非流動的になっているかもしれない。そのような場合には、コストのかかる非標準的なデリバティブで再構築するのか、またはより標準的ではあるが元の契約と厳密には同じではないデリバティブで再構築するのかを決定しなければならない。大規模なポートフォリオは、個別でもマクロヘッジでも再構築できる。詳細については後にクローズアウト金額の定義を通して議論する（5.2.6節）が、おおよそのところ、契約書によれば、デフォルトコストが再構築コストの概念で実質的に代替できるという想定になっている。

契約では多くの場合、再構築コスト（時価ではない）はデフォルトシナリオ下における生存側の当事者の立場で定義したものとなっている。これはデフォルト時の現実の経済性を表しているものの、さらなる問題を引き起こすかもしれない。再構築コストはその性質上 CVA（そしてより一般的に xVA）を内包すると考えられるが、これが再帰的な問題を引き起こすのである。なぜなら、将来の xVA を知らずに現在の xVA を決定することはできないからである。第14章でこの問題をより詳細に扱う（14.6.5節）。ここでは単純化のため、定量化においては時価（MTM）が実際の再構築コストのよい代理変数であり、通常は概算として問題ないものと仮定している。

4.2.2 クレジットエクスポージャー

クレジットエクスポージャー（以下、単にエクスポージャーとする）は、カウンターパーティがデフォルトした際の損失を決定する。これは、ほかの各 xVA にみられる、資本やファンディングといったほかのコストも表している。エクスポージャーは、ポートフォリオの価値が正の場合はデフォルトしたカウンターパーティに対する請求額に相当し、一方で負の場合は、取引当事者は依然、契約上の支払を（少なくともカウンターパーティが支払うべき額を超える分については）義務づけられている、という事実に基づき特徴づけられている。これは、ある当事者が債権者であれば、カウンターパーティのデフォルト時に損失を被る一方、逆の場合には、債務が免除され利益を得ることはない[5]、ということを意味している。

エクスポージャーは、明らかに時点に強く依存する値である。なぜなら、カウンターパーティは将来いつの時点でもデフォルトする可能性があり、その影響をいまから何年にもわたって考慮しなくてはならないからである。本質的に、エクスポージャーを規定するには、以下の二つの質問に答えることになる。

- カレントエクスポージャー（現時点でカウンターパーティがデフォルトしたときの最大の損失）はいくらか？
- 将来エクスポージャー（カウンターパーティが将来のある時点でデフォルトするとした場合の損失）はいくらか？

一部の単純な場合を除き、当然上記の二つ目のほうが一つ目に答えるよりずっと複雑である。

実務慣行上、すべてのエクスポージャー計算において、デフォルト時のリカバリー額は考慮されていないと考えられる。したがって、エクスポージャーとは損失であり、これはリカバリーをゼロと仮定して発生する価値または再構築コストとして定義される。エクスポージャーはカウンターパーティがデフォルトしてはじめて意味をもつため、エクスポージャーの定量化はカウンターパーティのデフォルトの条件付きで行われることとなろう。とはいうものの、われわれは往々にしてエクスポージャーをデフォルト事象と独立したものとして考えており、「誤方向リスク」がないことを暗黙のうち

5　特別で非標準的な一部の場合を除く。

に仮定している。読者は常に条件付きのエクスポージャーを念頭に置くべきであるものの、この仮定はカウンターパーティリスクの対象になるほとんどの商品について問題ない。エクスポージャーとカウンターパーティのデフォルトとの関係を決定する誤方向リスクについては、この後第17章で詳しく述べることにする。

なお、ほかの観点（最も自明なのはファンディング関連）におけるエクスポージャーは、カウンターパーティのデフォルトの条件付きである必要はない。

4.2.3 デフォルト確率、格付推移、クレジットスプレッド

カウンターパーティリスクを評価する際、関連する取引の全期間を通じたカウンターパーティの信用力を考慮する必要がある。このタイムホライズンは大変長期に及ぶこともある。究極的には、考慮すべき点として以下の二つがある。

- タイムホライズンを通して、カウンターパーティがデフォルト[6]する確率は？
- タイムホライズンを通して、カウンターパーティの信用力が低下（たとえば、格下げやクレジットスプレッドが拡大）する確率は？

信用力の推移や信用力の非連続な変化（たとえば格付けの変更によるもの）は、デフォルト確率の期間構造に影響するため、きわめて重要である。これらが考慮されるべきもう一つの理由は、カウンターパーティがデフォルトしていなくても問題を引き起こす可能性があるからである。仮に現時点から将来１年間のカウンターパーティのデフォルト確率が既知であるとしよう。この年間デフォルト率に対応するものがその後の４年間でどうなるかを検討するのも重要である。言い換えると、４年後と５年後の間にデフォルトする確率である。そこには考慮すべき三つの重要な要素がある。

6　カウンターパーティに影響するあらゆる「クレジットイベント」に「デフォルト」という用語を汎用的に使用することとする。

- 上記で定義された将来のデフォルト確率[7]は、低下していく傾向がある。なぜならそれぞれの対象期間が始まる前にデフォルトする可能性があるからである。カウンターパーティが将来20年後から21年後の間にデフォルトする可能性はきわめて低いだろう。これはこのカウンターパーティの信用力が非常に高いというわけではなく（おそらくはまったく逆で）、むしろ20年間生存する可能性が低いからなのだ！
- 信用力が低下すると予想される[8]カウンターパーティは、時間とともにデフォルト確率が高くなる（ただしどこかの時点で上記の現象がこれを逆転させるだろう）。
- 信用力が向上すると予想されるカウンターパーティは、時間とともにデフォルト確率が低下し、上記一つ目の現象によってそれが加速されるだろう。

スプレッドシート4.1　フォワード契約のカウンターパーティリスクのエクスポージャー

経験的に、信用力には平均回帰性があることが知られており、これは過去の格付変更の実績で裏付けられている。これが意味するのは、優れた（平均以上の）信用力をもつ会社は信用力が低下する傾向があり、逆もまた然りということである。なので、信用力の高いカウンターパーティのデフォルト確率は時間とともに上昇する傾向がある一方、信用力が低いカウンターパーティは短期間でデフォルトする可能性が高く、より長期ではその可能性が低くなるだろう。デフォルトの期間構造の考慮は大変重要である。

最後に、デフォルト確率は実確率でもリスク中立確率でも定義できること

7　ここではたとえば年率といったように、特定の期間におけるデフォルト確率を指している。
8　これは現実の期待（ヒストリカル）である場合と、または後述するようにマーケットスプレッドから逆算された（リスク中立の）期待の場合がある。

に触れておく。前者の場合はカウンターパーティの**実際の**デフォルト確率を問題にする。これは多くの場合ヒストリカルデータから推計される。後者の場合、市場のクレジットスプレッドに基づいてリスク中立（または市場からインプライされる）確率を計算する。現実世界とリスク中立上のデフォルト確率の違いは第12章で詳述するが、近年CVA計算ではリスク中立デフォルト確率の使用が事実上必須となったことは強調に値する。これは会計のガイドライン、規制の取決め、そして市場慣行があわさったことによるものである。

4.2.4 リカバリー率とデフォルト時損失率

リカバリー率とは一般に、カウンターパーティがデフォルトした際の未払請求のうち、回収された割合を指す。リカバリー率のかわりとなる変数としてはデフォルト時損失率（Loss Given Default、LGD）があり、「100％－リカバリー率」となる。デフォルトに伴い請求できる額はばらつきが激しく、それゆえLGDは大変不確実性が高い。クレジットエクスポージャーは従来から独立して計測されるが、LGDもまたCVAの定量化にあたり重要である。

破綻の際、デフォルトしたカウンターパーティとの間で店頭デリバティブ契約を保有する者は、通常シニア債の保有者と同順位で返済を受ける[9]。店頭デリバティブ、債券、CDSは一般的に無担保シニアの信用リスクとして関連し、同じLGDを共有するようにみえるかもしれない。しかし、そこにはタイミングの問題がある。債券の発行体がデフォルトしたときは、債券を市場で売却することができ、直ちにLGDが現実化する。CDS契約もまた、所定の「クレジットイベント」から数日内にCDSオークションを通じて決済され、同じようにLGDが決定される。しかしながら、店頭デリバティブは、特にカウンターパーティがデフォルトした場合、自由な取引や売却ができない。これは本質的に、デリバティブが潜在的に異なるLGDをもつことにつながる。このような点は、2008年のリーマン・ブラザーズの破綻（前章

9　これが意味するのは、これらの商品が同じ優先順位であり、それゆえに同じリカバリー価値を受け取ることを期待すべき、ということである。

の図3.3を参照）において大変重要であったが、これについては12.2.5節でより詳細に論じる。

4.3 コントロールと定量化

カウンターパーティリスクのコントロールや定量化にあたり、まず理解する必要があるのは、対象となる取引の内容やカウンターパーティといった要因次第で、このリスクは大きく異なるということである。加えて、関連する可能性のあるさまざまなリスク軽減策（たとえばネッティングや担保）による便益を正しく加味することが重要である。従来、カウンターパーティリスクのコントロールは信用リミットによるものであり、これはほとんどの銀行が優に10年以上にわたり利用してきたものである。

しかしながら、信用リミットはカウンターパーティリスクに上限を設けるだけである。これは明らかに第一の防衛線であるが、もう一つ必要なのは、それを正しく定量化し、取引当事者がとるカウンターパーティリスクに見合った正しい報酬を確保することである。これはCVAによって達成できる。CVAは近年ますます普及してきており、カウンターパーティリスクに経済的価値を賦課したり、会計上の要件を満たしたりするために用いられている。一部の事例では、CVAが（たとえばヘッジなどを通して）アクティブに管理されている。

以降では、信用リミットとCVAについて、またこれらがいかにして互いを補完するかについて分析する。

4.3.1 信用リミット

まず最も初歩的なエクスポージャーの使い方を考えよう。エクスポージャーは、あるカウンターパーティに対する期間を通したリスク量をコントロールする一つの手段である。カウンターパーティリスクは分散でき、個々のカウンターパーティに対しておおよそ認識されるデフォルト確率に沿ったかたちで、エクスポージャーを制限することで可能となる。これが信用リミット（またはクレジット・ライン）の基本原則である。取引当事者がより多数のカウンターパーティと取引すれば、そのいずれか一つが破綻してもさほどリスクにさらされないことになる。カウンターパーティの分散が常に現実的とは限らない。これは、特定の重要な顧客との取引から得るリレーションシップ上の便益があるためである。このような場合、エクスポージャーは非常に大きくなるおそれがあり、可能ならほかの方法で削減されるべきである。

図4.6に示されるように、信用リミットは一般にカウンターパーティレベルで設定される。この考え方は、あるカウンターパーティに対する潜在的将来エクスポージャー（Potential Future Exposure、PFE）を期間中定め、これが一定の値（信用リミット）を超えないとするものである。PFEは最悪ケースのシナリオを表すもので、3.3.1節で解説した有名なVaRに似ている。信用リミットはそれぞれの取引当事者のリスクアペタイトに従って主観的に設定されることになる。将来の各時点のエクスポージャーが違った目線で判断されることを反映して、リミットは時点によって変わるものでもよい。PFEは7.2.2節でより詳細に解説するが、大まかには定量化において以下の点を

図4.6　カウンターパーティリスクのコントロールにおける、PFEと信用リミットの利用

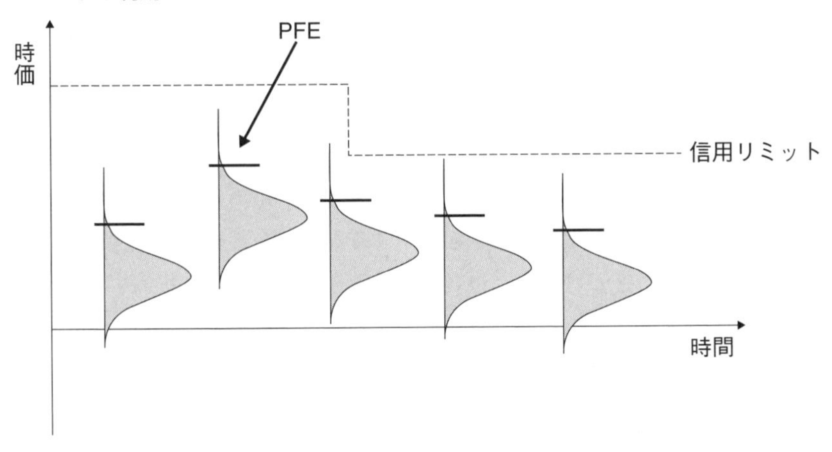

考慮しなければならない。

- 対象となる取引
- 関連する現在の市場変数（例：金利とボラティリティ）
- カウンターパーティを同じくする既存取引と新規取引のネッティング
- カウンターパーティとの担保契約（有担保の場合）
- ヘッジに関する観点

信用リミットはしばしば時間とともに減少していくことになり、実質的には長期のエクスポージャーより短期のエクスポージャーを有利に扱っている。これは長期のタイムホライズンではカウンターパーティの信用力の悪化がより起こりやすいことによるものである。実際に、高信用力（投資適格）の金融機関のデフォルト確率は、経験的なものでも市場からインプライされるものでも、時間とともに上昇する傾向があり、信用リミットが減少することを示唆している。低信用力（非投資適格）のカウンターパーティの信用リミットは、おそらく時間とともに上昇することとなろう。なぜなら、そのカウンターパーティがデフォルトしなければ、信用力はいずれ改善することが期待できるからである。なお信用リミットは、対象時点でカウンターパーティが非デフォルト状態である、という条件のもとで計算されるべきである。なぜなら、それ以前にデフォルトが起こる確率は、その時点以前の信用リミットに反映されているからである。

信用リミットは、典型的にはトレーディングの実態をダイナミックに評価するのに用いられる。将来時点のどこかでリミットを超過してしまうような取引は、特別な承認がない限りおそらく拒絶されるだろう。リミット超過の原因としては二つあり、新規の取引によるものか、市場の変動によるものである。前者はリミット超過を引き起こすような取引を拒否することによって容易に対処することができる。後者はより困難で、銀行は時折ハードリミット、ソフトリミットという概念を使うことがある。ソフトリミットは新規取引では超過できないが、市場の変動で超過することはでき、一方でハードリミットの超過は是正措置（例：取引の解消、再構築、もしくはヘッジの実施など）を必要とするものである。たとえば、1,000万ドルの信用リミット（「ソフトリミット」）では、PFEがこの金額以上になる取引は制限されるかもしれないが、市場環境の変化の結果であれば1,500万ドル（「ハードリミット」）までは許容されるかもしれない。リミットに近づいた場合は、リスクを削減する取引のみが承認されることになろう。店頭デリバティブ市場でのエンドユーザーの取引は方向が偏る性質があることから、これは難題となる[10]。

信用リミットは各カウンターパーティのエクスポージャーを統一的な観点からみることを可能にする、ポートフォリオベースでのカウンターパーティリスク管理への第一歩である。しかし、その性質上かなりデジタル的であるため、問題を引き起こす。リミットがすべて使われてしまい、より収益性の高い取引を阻むことがありうる。リミットに近い（が超過はしていない）取引に対してペナルティを科し、より高い収益性を求める基準を銀行が設けることがあるが、これらは総じて場当たり的なものである。

4.3.2　信用価値評価調整（CVA）

従来のカウンターパーティリスク管理は、上述のようにデジタル的なやり方で機能している。この問題は、新たな取引のリスクだけが考慮の対象となっているところであり、そうではなく間違いなくリターン（利益）も検討すべき点であろう。CVAを通じてカウンターパーティリスクをプライシングすることにより、カウンターパーティリスク部分を価格に「織り込んだ」うえで利益が出るか否かが問題になる。CVA（そしてDVA）の計算は第14章で詳しく論じるが、上記のPFEの定量化に必要な要素に加えて、以下の点もまた重要である。

- カウンターパーティのデフォルト確率と期待LGD
- 取引当事者自身のデフォルト確率（双方向での評価とDVAの場合）

CVAの重要な点は、カウンターパーティレベルでの計算だという点であ

10　たとえば、"Consumers exceeding bank credit lines slows oil hedging", *Risk*, 2nd April 2015を参照。

る[11]。エクスポージャーの増加（または減少）を考慮し、その増減分についてCVAを計算するべきであり、その際にはカウンターパーティとの既存の取引とのネッティング効果をふまえることが必要である。これが意味することは、CVAは各カウンターパーティにわたっておしなべて加法的であり、集中度の高いカウンターパーティのポートフォリオ間に対して特別な扱いはなされないということである。このような集中は、一つのカウンターパーティに対する非常に大きいエクスポージャーか、もしくは強い相関（例：同じ地域や業種）をもつ複数のカウンターパーティに対するエクスポージャーから生じる。

4.3.3 CVAと信用リミット

従来の信用リミットとCVAには、それぞれ固有の弱点がある。取引のカウンターパーティリスクの評価には、おおよそ三つの段階があるべきである。

- **取引レベル**

取引のすべての特徴と、関連するリスクファクターを織り込む。これは取引のカウンターパーティリスクを「単独の（stand-alone）」レベルで定める。

- **カウンターパーティレベル**

各カウンターパーティ（もしくはネッティングセット）ごとにそれぞれで、ネッティングや担保といったリスク軽減策の影響を織り込む。これにより、ある取引が既存取引に追加的に与える影響を定める。

- **ポートフォリオレベル**

すべてのカウンターパーティに対するリスクを考慮する。ここで、与えられた一定期間内ではごく一部のカウンターパーティだけしかデフォルトする可能性がないとする。これによって、１件の取引が、金融機関が直面するカウンターパーティリスク全体に対してもつ影響を定める。

11　厳密にはネッティングレベルでの計算。一つのカウンターパーティとの間で複数のネッティング契約が存在することがあるため。

図 4.7　カウンターパーティリスク管理のための CVA と信用リミットの補完的利用の概念図

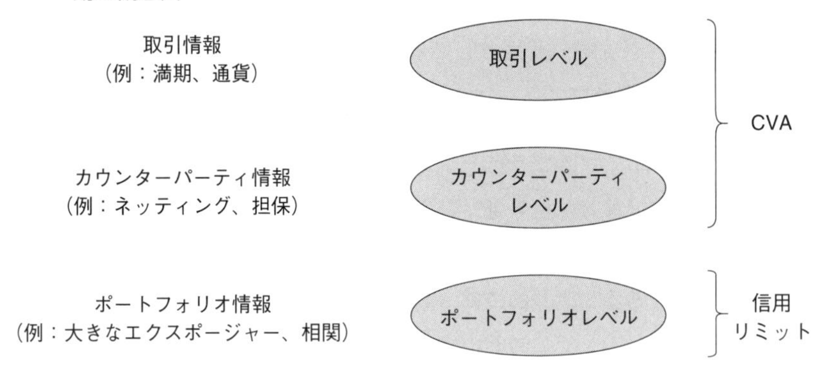

CVA では、カウンターパーティリスクを（対象取引の特徴すべてを織り込んだ）取引レベルと、（リスク軽減効果を織り込んだ）カウンターパーティレベルで評価することに主眼を置いている。対照的に信用リミットは、集中を避けるべくエクスポージャーを制限することにより、本来的にはポートフォリオレベルで機能する。このようにみると、図4.7に図示されているように、CVA と信用リミットは互いを補完するように機能することがわかる。実際、ネッティングの便益を最大にできるので、CVA は取引を行うカウンターパーティの数を最小にすることを促進する。一方で信用リミットは、エクスポージャーを小さくして分散効果を高めるため、カウンターパーティの数を最大にすることを促進する。ゆえに、カウンターパーティリスクの定量化と管理のために相互補完的とするべく、CVA と信用リミットは一般的に併用される。実務上でいえば、銀行の信用リスク管理部が取引を承認し（または拒否し）、そして承認された場合には、xVA デスクが CVA の部分を価格に織り込み、取引の前に実際の価格を決定するということになるだろう。

4.3.4　CVA は何を表すか？

一般に金融商品の価格は次のうちどちらかで定義できる。

- リスク調整（リスクプレミアム）を加味した将来キャッシュフローの期待値として表される価格。これを**数理計算上の価格**（actuarial price）と呼ぶ。
- 対応するヘッジ戦略の費用としての価格。これは**リスク中立**（または市場インプライド）**価格**である。

後者はデリバティブのプライシングにおいて銀行に広く知られている考え方であり、一方で前者は他分野、最もわかりやすいところでは保険分野でより広く普及しているものである。上記二つの定義における最大の違いはデフォルト確率である。典型的には、数理的アプローチではヒストリカルのデフォルト確率が、そしてリスク中立アプローチではクレジットスプレッドからインプライされたデフォルト確率が使用される。これは12.2節においてより詳細に説明する。

上記二つの大きく異なる定義に関して、CVAがどのように定義されるべきかを客観的に決めることは困難である。一方では、CVAはリスク中立でのプライシングが基本となるデリバティブと関連づけられ、ヘッジ可能な手段が存在している（例：CDS）。他方では、CVAを定義するときの信用リスクがしばしば非流動的でヘッジ不能であるので、これを数理的に評価したほうがより自然なのかもしれない。従来から、銀行の実務はこの対立を反映したものであった。過去においては数理的アプローチが一般的で、CVAはカウンターパーティリスクによる将来の期待損失の統計的推計値と解釈され、リザーブとして計上された（銀行の貸倒引当金に似ている）。より近年では、CVAは典型的にはリスク中立の形態で定義され、カウンターパーティリスクの時価と解釈され、またヘッジ戦略と密接に関連づけられている。より洗練された大手銀行はこのリスク中立アプローチをいち早く導入している。

近年はCVAに対するリスク中立アプローチが支配的になったため、上記のような定義の問題は議論する必要がない。これをもたらしたのは以下のような要因である。

- **市場慣行**

大手の銀行、特に米銀はリスク中立CVAアプローチを早期に適用した。

このことは、ノベーション時の価格づけなどを通じて、他の銀行からも知るところとなっただろう。実際的にいえば、顧客のポートフォリオに対して、ある銀行が他の銀行に立ちかわると異なったCVAが算出されるということになりうる。そして今度は、元の銀行のCVA計算が市場基準に沿っているかどうかという疑問に至るであろう。

●会　計

FAS157とIFRS13では（2.3節）、明確に出口価格の概念に言及し、リスク中立デフォルト確率の使用を暗に示している。そして監査人の解釈も徐々にこのようになってきている。注意したいのは、多くの欧州の銀行（IAS39の会計基準に従う）が依然として数理計算上のCVAを使用していた時に、米国とカナダの銀行はFAS157に従って財務報告を行い、リスク中立CVAを早期に適用していたことである。2013年からのIFRS13の導入は、これらの会計基準を収斂させるのに貢献した。しかしながら、出口価格の概念によれば、一般的に負債価値評価調整（DVA）を通じて銀行自身のクレジットスプレッドを認識する必要がある。この部分が問題となっているのは、DVAを通じた利益は明らかに実質的でないとみられるためである（詳しい解説は第14章を参照）。

●バーゼルⅢ

バーゼルⅢ規制資本ルール（第8章）はCVAをクレジットスプレッドの観点から明確に定義しており、リスク中立アプローチを提唱している。しかし規制のルールではDVAは認められず、会計基準と齟齬が生じている。

●規制当局の見解

各国当局もCVAの算出にクレジットスプレッドを使用することの必要性についてコメントしてきた。典型的な発言[12]としては、「リスクプレミアムを無視した、期待損失やヒストリカルな推計に基づいたCCR（Counterparty Credit Risk）モデルの利用は許容されない」というものと、「市場からインプライされるリスクプレミアムはCDSや債券市場のような活発な市場で観

12　FMA（2012）からの翻訳。

測することができる」というものがある。

上記の結果、CVAの計算にヒストリカルのデフォルト確率が使用される事例はますます珍しいものになりつつある（ただし、他のヒストリカルパラメーターは依然広く使われており、特に相関のように観測不能なもので顕著である）。たとえば、2012年の調査では、アーンスト・アンド・ヤング[13]は次のようにコメントした。

> 二つの銀行は市場データとヒストリカルデータを併用した混合アプローチ、四つの銀行は主にヒストリカルデータを使用しており、これは基本的に彼らのバーゼルⅡ上の報告とおおよそ整合的である。IFRS13の要件を前提として、これら6行は、より市場の動きに敏感なCVA手法への移行、デリバティブの負債としてのDVAの計上、そして近い将来のヘッジ方針の改訂、を準備中である。

このことは、クレジットスプレッドが実際の取引で観測できない場合、どのようにリスク中立デフォルト確率を定義するかという問題を引き起こす。これについては第12章で議論することとする。

4.3.5　カウンターパーティリスクのヘッジ

クレジットデリバティブ市場の成長は、カウンターパーティ・クレジットリスクのヘッジを容易にしてきた。ヘッジ（図4.8）のわかりやすい利用例は、カウンターパーティのCDSプロテクションを購入し、信用リミットを増額するというものであろう[14]。カウンターパーティリスクをより直接的にヘッジするため、コンティンジェントCDS（CCDS）のように、よりつくり込まれたクレジットデリバティブが開発された。CCDSは本質的にCDSであるが、プロテクションの想定元本が特定のデリバティブ契約（またはデリバティブのポートフォリオのこともある）のエクスポージャーに連動する。こ

13　www.ey.comを参照。
14　誤方向リスクの可能性等、テクニカルな要素も考慮されるべきである（第17章）。

図 4.8　信用リミットを増額するための CDS ヘッジ（ここでは CDS 契約の満期が図中の全期間よりも長いものと仮定する）

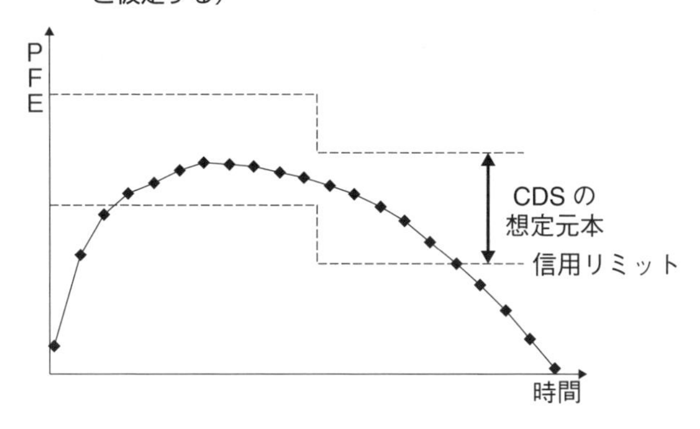

れによって、特定の取引やカウンターパーティに付随するカウンターパーティリスクを、そのまま第三者に転嫁することが可能になる。しかしながら、CCDS 市場が十分な流動性を得たことはこれまで一度もない。

より実務的には、CVA のヘッジは、クレジットスプレッド（しばしば CDS インデックスを通して）とその他の市場変数（金利、為替レートなど）を参照しダイナミックに行われる。この点は第18章でより詳細に議論する。

4.3.6　CVA デスク

CVA デスク（または xVA デスク）の概念は、大手銀行では何年も前から存在していた。しかしながら近年では、より小さな銀行、その他の金融機関、またはエンドユーザーでさえなんらかの CVA チームを内部ですでにもっている。CVA デスクの発展は4.3.4節で言及したいくつかの理由で後押しされてきており、会計上の要求が特に重要な影響を及ぼした。クレジットデリバティブ市場の発展によりカウンターパーティリスクのヘッジが容易になり、CVA デスクが CVA をよりダイナミックに取り扱うことが可能となった。ただし、最近では CDS の流動性はさほど大きく上昇していない。

一般的な CVA デスクの役割を、上述の4.1.5節の議論を参照しながら図4.9で示している。正確な構成はさまざまであり、これは第18章で説明する

図 4.9　銀行におけるCVA デスク（xVA デスク）の役割

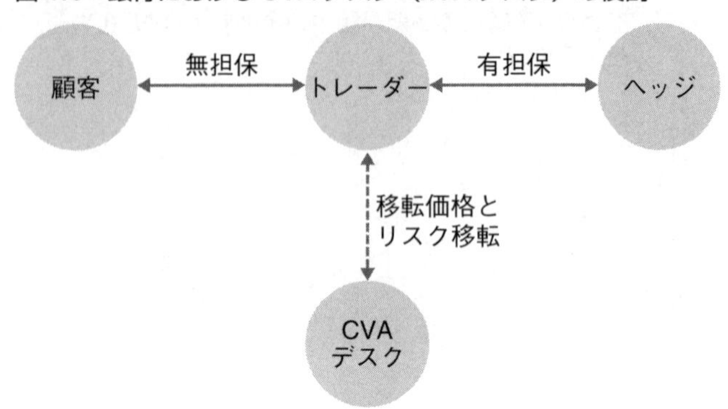

が、一般的な目的はトレーディングデスクやセールスデスクで生じたカウンターパーティリスクをプライシングし、CVA デスクで管理することである。当然ながら、CVA の観点からは、ある種の取引はほかより重要となるので（よりわかりやすいのは、リスクが高いか、無担保のカウンターパーティとの長期の取引）、CVA デスクは特定の取引のみをプライシングする場合がある。ただ、CVA デスクが高度化するほど対象範囲は広くなる傾向にある。以降で議論するように、担保、ファンディング、そして資本といった点を考慮するために、CVA デスクもまた対象範囲を広げる必要があった。まさにここからは、より包括的な呼び名である「xVA デスク」を使うこととしよう。

4.4　CVA を越えて

4.4.1　概　　説

グローバル金融危機の混乱の後、CVA は多大な関心を集めた。これはカウンターパーティリスクにまつわる諸問題、バーゼルⅢのCVA 資本賦課(8.7節)、そしてIFRS13における会計基準の変更によるものである。しかしながら、これらの変化に関連して、例外なくCVAとつながりがあり、強い関心を集め出した追加的な論点がある。これらの論点を理解するには、図4.5に示される典型的な状況をみるとわかりやすい。ここでは無担保のデリバティブが有担保のデリバティブによってヘッジされている。市場が動くと何が起こるか考えよう。議論の便宜上、無担保取引の時価は正であり、よって有担保のヘッジの時価は負であると仮定しよう。明らかなカウンターパーティリスクの問題に加え、以下の経済的側面も重要となる。

● ファンディング

ヘッジに対する担保を差し入れる必要があり、またこのための資金を調達する必要があるだろう（なお、第16章で詳しく議論するように、ファンディングは無担保取引の正の時価によって左右されるとみるのがおそらく現実的である）。加えて、差入当初証拠金も調達する必要があるだろう。

● 担　保

負の時価に対して担保を差し入れる際、現金の通貨や証券の種類に選択の余地があるだろう。

● 資　本

規制上要求される資本水準があり、そしてそれは将来的に変化するだろう。資本はコストであるから、これは重要である。無担保取引に対する資本はインザマネーになるに従って増加する。ヘッジに対する資本は有担保取引であるため相殺されないし、無担保の場合でさえ、おそらくコンベクシティの影響があるだろう（ある取引に要する資本の増加額は、ヘッジ対象に要するもう一方の資本の削減額以上だろう）。

4.4.2　店頭デリバティブの経済的コスト

店頭デリバティブの全期間のコストを評価するべく、上記の分析を拡張することにより、xVAの概念が実際に現れることとなる。この評価の対象は、図4.10に示されるような経済的に関連する事項をすべて含んでいる。各論点は以下のとおりである。

●正の時価

取引がインザマネーにあるときは（中央の線の上部）、無担保の部分によりカウンターパーティリスクとファンディングコストが発生する。取引の一部または全部が担保で保全される場合、カウンターパーティは差し入れる担保の種類を（契約で指定された範囲内で）選択できる。

●負の時価

取引がアウトオブザマネーにあるときには、取引当事者自身のデフォルトからカウンターパーティリスクが発生し、担保の差入れが不要な部分まではファンディング利益が発生する。担保を差し入れる場合は、担保の種類を当事者が選択できる。

●全　体

取引の時価が正であるか負であるかにかかわらず、取引に対応して保有が必要となる資本を調達するコストや、差入れが必要となる当初証拠金によるコストがある。

上記が、デリバティブの全期間における経済的コストに関する一般化した

図 4.10　店頭デリバティブの全期間のコスト

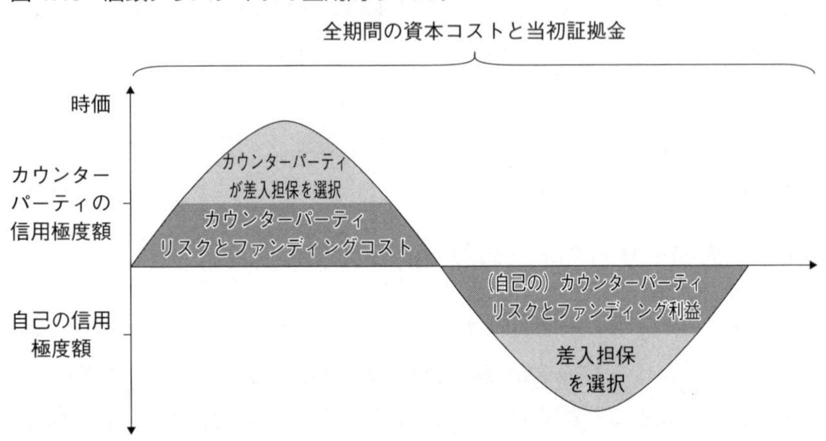

＊この表現は一般化したものであり、現実には信用極度額はしばしばゼロまたは無限大（無担保）となる

説明である。担保、ファンディング、そして資本に関連する経済的効果は後の章で議論することにする。

4.4.3 xVA の用語

各 xVA の一般的な概念を図4.11に示した。xVA は、カウンターパーティリスク、担保、ファンディングや資本などの各部分の価値を定量化したものである。なお、通常それぞれの xVA はコスト（Y 軸の正の部分）に対応するが、場合によっては利益にもなることがある（負の値になるような場合）。xVA を計算するには、関連するコストや利益に対して現れる特性を取り入れる必要がある。このようなコストや利益には、クレジットスプレッド、担保、ファンディングや資本コストといったものがある。

デリバティブの価値評価を行う際、通常は、ある特定のケースで有効となるような理想化された基本的な価値評価からまず始めることになるが、これは第13章で議論することにする。そうすると、次のようなさまざまな xVA の用語が定義される。

● CVA と DVA

カウンターパーティリスクの価値評価を双方向で決定する。DVA（負債価値評価調整）は、取引当事者自身のデフォルトとしてみたカウンターパーティ

図 4.11　xVA の総合的な図示

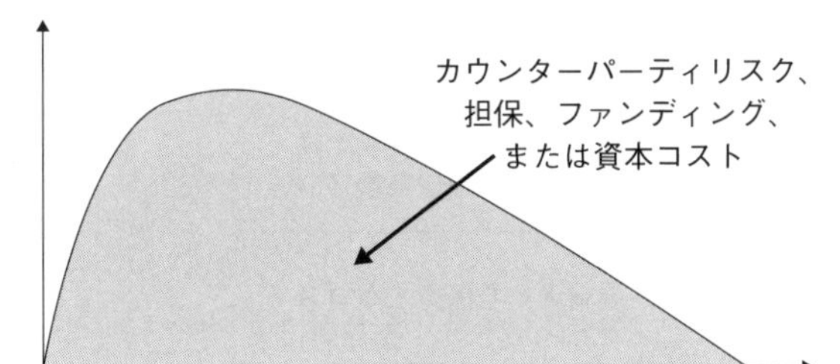

＊一部の xVA はコストではなく利益を表し、Y 軸の負の部分に現れる

リスクを表す。この部分は第14章で議論する。

● FVA

取引に対するファンディングから発生するコストと利益を決定する。これは第15章で議論する。

● ColVA

担保契約に付随するオプション性（差入担保の通貨や担保種類が選択可能など）や、その他の（理想化された基本ケースと比べて）非標準的な担保条項から発生するコストと利益を決定する。これは第13章で議論する。

● KVA

取引の全期間を通した、資本（通常は規制資本）を保持するコストを決定する。これは第16章で議論する。

● MVA

取引の全期間を通した、差し入れられる当初証拠金のコストを決定する。これも第16章で議論する。

図4.12　xVAの各調整の役割

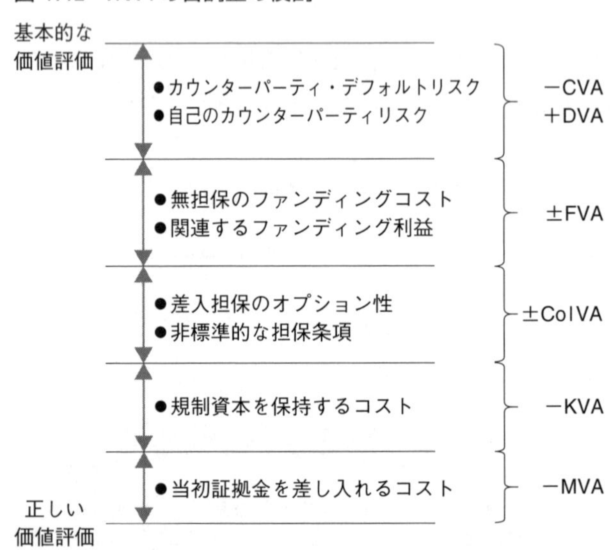

また、上記の各 xVA の間に重複の可能性があることに留意することも重要である。たとえば、DVA と FVA の間では、自己のデフォルトリスクが広い意味ではファンディング利益とみなされる。このような重複は重要な点であり、第18章と第19章で議論することにする。

4.5 まとめ

本章では、カウンターパーティリスクを定義し、クレジットエクスポージャーの重要な構成要素であるデフォルト確率とリカバリー率を紹介した。また、リスク軽減手法としてのネッティングと担保について概観し、カウンターパーティの定量化と管理のさまざまな手法について議論した。これには従前の方法である信用リミットから、より洗練された CVA を通じたプライシング、そして、ポートフォリオとヘッジ要素の考慮までである。さらに、担保、ファンディング、そして資本の経済的影響を表すための、他の xVA の出現についても説明した。

ネッティングとクローズアウト

愚者と天才との違いは、天才には限度があるという点である。

Albert Einstein（1879～1955）

5.1 序　　説

5.1.1 概　　要

本章では、店頭デリバティブ市場におけるネッティングとクローズアウトの役割について解説する。ネッティングは、カウンターパーティに対して正の価値や負の価値の取引が多数ある場合に、カウンターパーティリスクを削減するための伝統的な方法である。クローズアウトとは、デフォルトしたカウンターパーティについて、契約を終了し清算する手続のことをいう。ここでは、ネッティングとクローズアウトについて、契約などの法的根拠と、そのリスク削減やxVAへの効果に関する影響について説明する。また、取引のコンプレッションや中途解約条項など、その他いくつかの関連するリスク削減の形態についても議論する。

5.1.2 ネッティングとクローズアウトの必要性

店頭デリバティブ市場の動きは速く、市場参加者（銀行やヘッジファンドなど）は常にポジションを変化させている。さらに、デリバティブのポートフォリオは大抵非常に多くの取引を含んでいて、少なからずお互い相殺（ヘッジ）しあっているであろう。これらの取引自体は、契約上ある期間にわたる現金や資産の受払いを要求している。この受払いのキャッシュフローは、（ネッティングが）可能であれば、理論的には一回の支払に単純化できるものである。さらに、このような状況では、カウンターパーティの破綻（とりわけ大手の場合）が深刻な事態となりうる。そのカウンターパーティに対して数百、あるいは数千といった数のデリバティブ契約を有している取引当事者もいるかもしれない。彼らにとっては、迅速に取引を終了し、すべてのポジションを入れ替える（ヘッジしなおす）仕組みが必要である。さらに、デフォルトしたカウンターパーティに対して有する債権を、相手側が自分に対して有する債権でもって相殺できることが望ましい。

図5.1　相対取引におけるネッティングの必要性

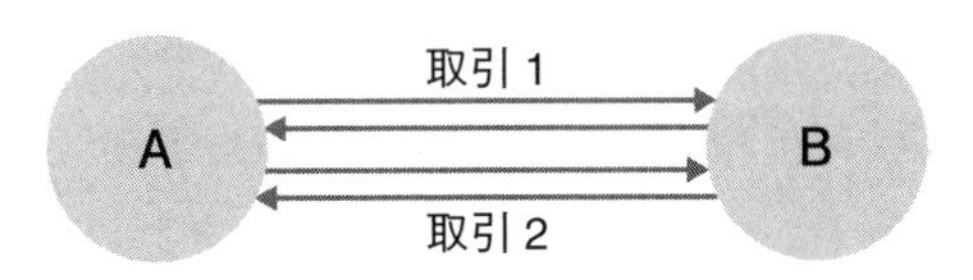

ネッティングとクローズアウトをより詳しく理解するために、図5.1の状況を考えよう。取引当事者AとBが相対で取引しており、それぞれキャッシュフローの受払いを伴う二つの取引を両者間で契約していたとしよう。この状況は、以下の二つの原因で非常に複雑となりうる。

● **キャッシュフロー**

AとBは、取引1と取引2に基づいて定期的に現金や資産を交換している。しかし、同額のキャッシュフローが同日に発生する場合、グロスの金額の交換が要求され決済リスクが生じる。したがって、受払金額を合算しネットの金額のみを交換するのが望ましいだろう（決済リスクに関する議論は4.1.2節を参照）。

● **クローズアウト**

AとBのどちらかがデフォルトした場合、生存したほうとしては、負けていた取引は支払義務を負うのに、勝っていた取引のほうからは支払を得られないことで困ることがある。これによって、キャッシュフローの支払や、他のカウンターパーティへの取引移転の実現性が危うくなる。

近年、店頭デリバティブのリスク軽減の必要性が強調されてきた。たとえば、リーマン・ブラザーズの破綻は、異なる債務同士の相殺の法的可能性と、店頭デリバティブの資産ならびに負債の価値評価に関して、広範にわたる訴訟を引き起こした（図3.3参照）。この例が示すのは、カウンターパーティのデフォルトの際に発生する手続を定義し、文書化することの重要性である。

5.1.3　ペイメント・ネッティングとクローズアウト・ネッティング

相対の店頭デリバティブ市場では長らく、取引当事者双方が互いの支払義務を相殺できるネッティングの手法を発展させてきた。5.1.2節で取り上げた二つの点に対応した、次の二つの仕組みによって、ネッティングが容易となる。

- **ペイメント・ネッティング**

これによって、同じ日に起こるキャッシュフローを相殺し、差額での受払いができるようになる。異なる通貨間でこれが可能な場合もある。これは概して決済リスクと関係している。

- **クローズアウト・ネッティング**（一括清算ネッティング）

これによって、すべての取引の価値を（勝ち分負け分両方について）相殺することで、支払不能のカウンターパーティと生存側の相手との間の契約をすべて終了させることができる。これはおおよそカウンターパーティリスクに関係している。

主要な金融市場のあるほとんどの国では、ネッティングがデリバティブ取引に適用できるよう法的に整備されている。国際スワップデリバティブ協会（International Swaps and Derivatives Association、ISDA）は、クローズアウト条項とネッティング条項を支持する法律意見書を、ほとんどの重要な法域から得ている（本書の執筆時点では54の法域）。37カ国でネッティングが法的に実施可能であることが明文化されているが、デフォルトシナリオにおいてネッティングの実施可能性が明確になっていない法域も残っている[1]。

1　たとえば、"Malaysia close to becoming a clean netting jurisdiction", *Risk*, 16th February 2015を参照。

5.2 デフォルト、ネッティング、クローズアウト

5.2.1 ISDA マスター契約

店頭デリバティブ市場の急速な発展は、基本的な契約書の普及なしには起こりえなかった。これで、効率性を高め、カウンターパーティリスクのような点を軽減させることができるようになった。ISDA は店頭デリバティブ取引の実務家のための業界団体である。店頭デリバティブの契約書の業界標準は ISDA マスター契約と呼ばれるもので、1985年に最初に導入され、いまでは店頭デリバティブの取引を契約するのに市場参加者の多くが利用している。

ISDA マスター契約は契約当事者が相対する双務的な枠組みであり、複数の店頭デリバティブ取引をつかさどる契約条件を規定している。一般的なマスター契約の対象は複数の取引となっており、多数もしくはすべての取引に対して、期限の定めなしに効力を及ぼすような単一の契約となっている。マスター契約は、共通の本文と、取引当事者間で合意される変更可能な条件を含む付則（schedule）で構成される。ここで規定しているのは、ネッティング、担保、解約事由、デフォルトの定義とクローズアウトの手続などの契約条件である。これが目指すのは、法的な不確実性の排除や、カウンターパーティリスクを軽減する仕組みの準備である。個々の取引上の経済的な諸条件は、取引確認書（confirmation）で明文化され、より一般的な条件についてはマスター契約を参照するかたちとなる。マスター契約の締結には交渉にかなりの時間を要する場合もあろうが、締結後は一般的事項の更新や変更の必要なく取引されるのが普通である。通常は英国法やニューヨーク法が適用されるが、他の法域の法律が用いられることもある。

カウンターパーティリスクの観点からは、ISDA マスター契約には以下のようなリスク軽減効果がある。

- 担保差入れに関する契約条件（第6章で詳細に述べる）
- デフォルト事由と解約事由
- 指定されたすべての取引はネッティングされ単一の債権に一本化される
- クローズアウトの手続に関連する仕組みが定義される

5.2.2 デフォルト事由

カウンターパーティリスクに関連して、デフォルト事象の発生により、当初満期日以前に取引が終了し、クローズアウト手続が開始となる。ISDAマスター契約に定められるデフォルト事由は以下のとおり。

- 支払または引渡しの不履行
- 契約条項違反
- 信用補完（credit support）上のデフォルト
- 不実の表明
- 指定取引の不履行
- クロス・デフォルト
- 倒産
- 債務の継承を伴わない合併

上記のうちで最も一般的なものは、支払の不履行（あらかじめ定められた限度額を超えたもの）と倒産である。

5.2.3 ペイメント・ネッティング

ペイメント・ネッティングでは、同一の取引に関する、同一通貨の取引当事者間の受払いがネッティングされる。たとえば、金利スワップの固定金利と変動金利の同日の受払いをネッティングする場合が該当する。例として、当事者AからBに対する金利スワップの固定払いが60、BからAに対する変動払いが100あったとする。ペイメント・ネッティングとは、BからAに差額の40を支払うことである（図5.2参照）。複数の取引で、同日に同一通貨で行われる受払いに対してネッティングを行うことを選択することもでき

図5.2　ペイメント・ネッティングの効果

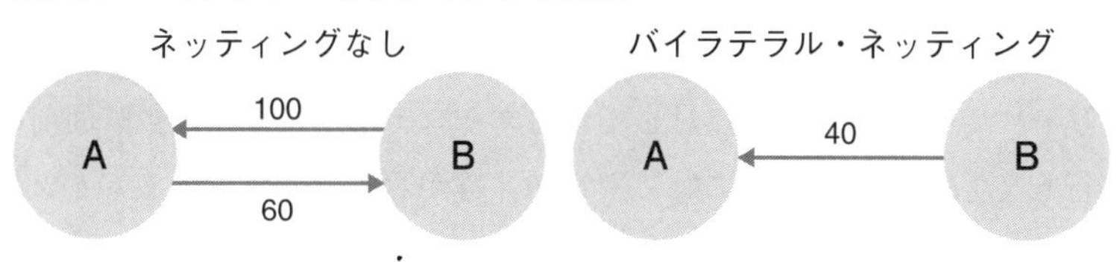

る。これにより、決済リスクと事務的な負担はさらに軽減される。

為替市場では、約定の決済で支払う通貨と受け取る通貨が別になるので、ここでも決済リスクが重大な関心事になる。このような場合、ネットベースで複数の通貨を決済するのは、大抵不便か、もしくは不可能である。為替取引の決済リスクを軽減するため、2002年に銀行は共同で多通貨同時決済システム[2]（Continuous Linked Settlement、CLS）を設立した。たとえば、銀行AがCLSに1億ユーロを送金し、銀行BがCLSに1.25億ドルを送金したとする。両者の送金が到着した時点で、CLSはAとBに支払を行う。これはPVP（Payment Versus Payment）決済と呼ばれる。取引当事者は意図したとおり双方のキャッシュフローを得ることができるものの、CLSでは一方のキャッシュフローが発生しない間はもう一方を止めることになっている（これは取引当事者の一方がデフォルトした場合にリスクとなる）。決済の際に負う金額もまた、CLSメンバー間のマルチラテラル・ネッティングによって削減されることになる。

ペイメント・ネッティングは、同日に起こる支払から発生するあらゆるリスクを最大限に軽減する簡単な仕組みにみえるかもしれない。しかしながら、オペレーショナルリスクは確実に残っている。これについては、金融危機時に際立った事例として示された（以下のケーススタディを参照）。

ケーススタディ：ドイツ復興金融公庫（「ドイツで最も残念な銀行」）のケース

リーマン・ブラザーズを取り巻く状況が深刻化してくると、ほとんどの

2　www.cls-group.com を参照。

カウンターパーティは取引を停止した。しかし、ドイツ政府保有の銀行であるドイツ復興金融公庫（KfW）は、彼らがいうところの「自動送金」をリーマン・ブラザーズに対して3億ユーロ、まさに破綻の数時間前に実行してしまった。これに対し激しい非難が巻き起こり、あるドイツの新聞はKfWを「ドイツで最も残念な銀行」[3]と呼んだ。KfWの二人の取締役（うち一人はこの後の解雇に対して訴訟を起こした）とリスク管理部門の責任者は、この「間違い」の直後の混乱のなかで停職となった。

KfWの取引での問題点は以下のとおりである。その取引は通常の通貨スワップで、ユーロがリーマンに対して支払われ、ドルがKfWに入金されるものであった。リーマン・ブラザーズが破綻を申請したその日に、苦境に陥ったリーマンは反対側のドル払いができなかったと考えられたにもかかわらず、KfWは3億ユーロを自動送金してしまったのである。現在だったら、このような通貨スワップはCLSで安全に決済できただろう。ただし、もしKfWが支払を止めていたとしたら、リーマン・ブラザーズの破産財団の管財人が異議を唱えていたかもしれないという点は、留意すべきである。

5.2.4 クローズアウト・ネッティング

上述のように、ある個別のカウンターパーティとの間に多数の店頭デリバティブ取引を保有することは珍しいことではない。このような取引のなかには単純なものもあれば複雑なものもあり、また、その範囲も小さい場合もあるし、異なるアセットクラスにわたる場合もあるだろう。さらに、（特に銀行の観点からは）取引は次の三つの区分のうちの一つに当てはまるだろう。

- ヘッジ（ないし部分的なヘッジ）を構成する場合。それぞれの価値が必然的に反対方向に動くことになる。
- ポジションの解消（unwind）の場合。取引自身を取り消すのではなく、む

3　たとえば、"German bank is dubbed 'dumbest' for transfer to bankrupt Lehman Brothers", *New York Times*, 18th September 2008を参照。

しろそれと反対の売買により実現される。これで、同一のカウンターパーティとの二つの取引は、逆方向に等しい価値をもち、当初の取引は事実上取り消されたことになるだろう。

- 互いに関係なく独立している場合。たとえば異なる複数のアセットクラスや、原資産が異なる取引。

破綻処理は、その性質上、長期で予測不能なプロセスである。この一連の手続の間、処理がいつ終わるかわからないなかで、カウンターパーティリスクで被る可能性のある損失が積みあがっていく。支払不能の会社の負債を保有する債権者なら、エクスポージャーはすでにわかっており、最終的なリカバリー率は不確定なまでも、損失上限を見積もり備えることができる。しかしながら、デリバティブではそうはいかず、通常ヘッジポジションを保持するための継続的なリバランスが必要となる。さらに、カウンターパーティがいったんデフォルトするとキャッシュフローが止まり、生存側の取引当事者はかわりの新契約を実行したいか、実行せざるをえなくなるだろう。

ペイメント・ネッティングは決済リスクを減少させる一方で、クローズアウト・ネッティングは決済前のリスクを低減させるため、カウンターパーティリスクに影響を与える。ネッティング条項は、同一のカウンターパーティとの取引の相殺の便益を得るのに欠かせない。クローズアウト・ネッティングはカウンターパーティのデフォルト発生時に効力を発揮し、そのカウンターパーティとのすべての取引を迅速に終了させ、ネット価値の受払いを可能にするものである。これは本質的に以下の二つの部分からなる。

- **クローズアウト**

デフォルトしたカウンターパーティとの取引を終了し、契約上の支払をすべて停止する権利

- **ネッティング**

複数の取引に対する価値[4]を相殺し、最終的なクローズアウト金額として正の価値と負の価値を合計した**ネット残高**を決定する権利

図5.3　クローズアウト・ネッティングの影響

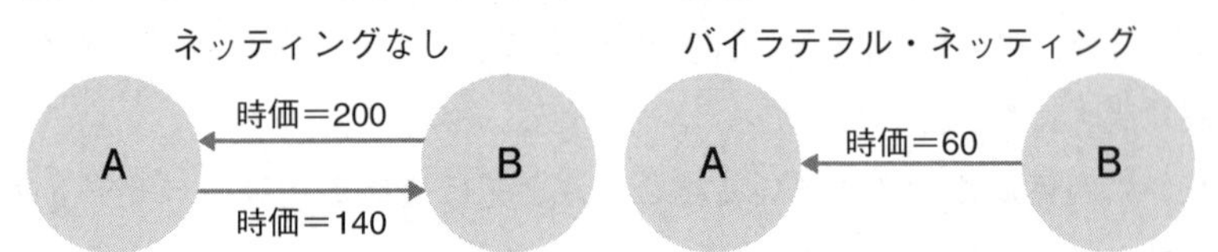

＊ネッティングなしで取引当事者Aがデフォルトしたとすると、当事者BはAに200を支払う必要があり、140の債権の全額を回収できなくなる。ネッティングがあるならば、当事者Bは60をAに支払うのみとなり、損失はない

クローズアウト・ネッティングによって、デフォルトしたカウンターパーティとのすべての契約を即時に終了させ、ポートフォリオ全体の価値に基づくネット金額の決済が可能になる（図5.3)。つまり、（満期やポジションの勝ち負けに関係なく）対象となるすべての取引が一つのネットの価値に集約される。結果、もし生存側の取引当事者が債務を負っていればそれを支払い、逆に債権があればその金額を請求することとなる。またこれによって、生存した金融機関は勝っている取引の利益と負けている別の取引の損失とを即時に実現することができ、図5.3で示したように、個別の債権請求をせずネットのエクスポージャー額だけで手続をすることができる。なお、クローズアウト・ネッティングはデフォルト時点の時価だけに依存した大まかなものであり、キャッシュフローを細かくマッチングさせるわけではない。

ネッティングが重要なのは、それがエクスポージャーを削減するというだけでなく、カウンターパーティのデフォルト時の取引のクローズアウトにまつわる複雑さを軽減するからでもある。店頭デリバティブ市場では、生存側の取引当事者は、デフォルトした取引を再構築するのが普通である。もしネッティングがなかったとしたら、再構築しようとする金額や取引数が増加してしまい、市場の混乱をより引き起こしやすくなるだろう。

4　生存側の取引当事者による計算結果は、その後訴訟によって争われるかもしれない。しかしながら、価値評価に関する紛争がありうるし、リカバリー率も不確かだとはいうものの、即時に契約を終了したり別のカウンターパーティと契約をし直したりすることが、訴訟によって妨げられるわけではない。

5.2.5 ネッティングの商品範囲と相殺の権利

金融機関によっては多数の金融商品を取り扱っており、ローンやレポに加え金利、為替、コモディティ、株式、クレジットなどの商品を取引している。エクスポージャーを削減するためには、これらのすべて、あるいはほとんどの取引にネッティングが適用できることが望まれる。しかしながら、ネッティングの実行可能性に関する法的な問題が生じる。これは、異なった地域のさまざまな別の法的主体に取引がブックされるためである。ネッティングによってもたらされる法的リスクやその他のオペレーショナルリスクも無視すべきでない。

相対での（バイラテラル）ネッティングは、店頭デリバティブ、レポ形式の取引、そしてオンバランスのローンや預金などで一般的にみられる。異なる商品間のネッティングは、通常これらのなかで単一の区分に属するもの同士で可能である（たとえば、金利の取引と為替の取引など）。しかし、異なる商品区分間の取引（たとえば店頭デリバティブとレポ取引など）については、契約が別となるため一筋縄ではいかない。

しかしながら、「相殺（set-off）」というクローズアウト・ネッティングに近い法的概念がある。これによれば、関係する二者間の債権債務同士がキャンセルされ消滅し、その差額に対応する単一の債務となる。通常、「相殺」は債務の存在にかかわる一方で、クローズアウト・ネッティングは計算上の金額を示すだけである。この「相殺」は、異なる法域では別の扱いとなりうるが、しばしば「クローズアウト・ネッティング」と同じ意味で使用されることがある。それゆえ、他の契約での債権債務金額と、店頭デリバティブを対象としたISDAマスター契約のクローズアウト金額とを帳消しにするために、この「相殺」を適用できる可能性があるかもしれない。銀行におけるわかりやすい事例は、同一のカウンターパーティに対し、ローンとデリバティブの両方を実行する場合である。最もありそうな具体例としては、銀行があるカウンターパーティにローン契約に基づいて資金を貸し付け、（そのローンと契約条件が対応した）金利スワップでもって、そのローンに付随する金利リスクをヘッジし、実質的に固定金利ローンとしようとするものである。

2002年版ISDAマスター契約では、標準的な相殺条項が含まれ、取引終了時の支払のすべてについて、カウンターパーティとの他の契約（たとえばローン基本契約で、契約書にてこれを許容する場合）に基づく債務金額との相殺を認めている。それゆえ、法的にはデリバティブをローンなどの異なる商品と相殺することは可能となっている。しかしながら、これは契約書上の厳密な文言や、関係する法的主体と対応する法域における法律の解釈次第である。一部の銀行は、ローンとデリバティブのような複数の契約にまたがる相殺の可能性について調査し、エクスポージャーやCVA（そしておそらくはCVA所要資本）を削減しようとしているが、これは業界標準のプラクティスとはいえない。

5.2.6 クローズアウト金額

クローズアウト金額とは、デフォルト時において、ある取引当事者がその相手の当事者に対して負っている金額である。この金額がデフォルトしていない側の当事者からみて正であるならば、デフォルトした側の当事者の財産に対して請求権をもつことになる。負であれば、その金額をデフォルトした当事者に対して支払う義務がある。デフォルトした当事者はすべての請求に対して満額支払うというわけにはいかないだろうが、それでも請求額を確定させることは重要である。取引当事者同士は当然合意に至らないであろうから、適切なクローズアウト金額の決定は困難である。デフォルトしなかった生存側の当事者は、代替契約を実行できる金額（再構築コスト）を経済合理性のあるクローズアウト金額として考えるであろう。一方デフォルトした当事者はこの評価を認めないだろう。なぜなら再構築コストには、実績に基づかないビッド・オファーコストなどが反映されていると考えられるからである。

再構築コストの概念は、クローズアウト金額を定義する手段としての「マーケット・クォーテーション」の発展につながった。これは1992年

ISDAマスター契約において、「ロス方式」として知られる代替方法とともに規定されている。これらは次のように特徴づけられる。

●マーケット・クォーテーション

価値決定者（デフォルトしていない取引当事者）は最低3社のマーケットメーカーから価格提示を受け、それらの平均値をクローズアウト金額とする。当然この方法では、対象となる取引に十分な市場流動性があることが求められる。このような流動性は常に存在するわけではない。特に、大規模なデフォルト（例：リーマン・ブラザーズ）の渦中にある場合や、よりエキゾチックな取引や特殊な取引の場合はそうである。それゆえ、現実に大規模なデフォルトが発生した後には、複雑な取引のプライシングを進んで行うマーケットメーカーが見つからないことが問題となったのである。

●ロス方式

これは補助的な仕組みであり、価値決定者にとって、マーケット・クォーテーションに必要な最低三つの価格提示の取得を、関連するすべての取引に対して行うには困難な状況下における方法である。このような場合、価値決定者は合理的な前提をおいて誠実に損失額を算定する必要がある。この手法は価値決定者に大きな裁量を与え、手続に多分に主観を持ち込むことになる。

一般にマーケット・クォーテーションは、比較的穏やかな市況下の複雑でない取引に対してよく機能する。しかしながら、1992年以降、より複雑で仕組まれた店頭デリバティブ取引の数が増加していった。これがもたらしたのは、マーケット・クォーテーション金額の決定における多数の重大な紛争であった（図3.3参照）。それだけではなく、ロス方式もあまりに主観的で、価値決定者にあまりに多くの裁量を与えているとみなされた。この問題は英国と米国の裁判所のお互いに矛盾した決定により、さらに複雑化した。

上述の問題と市場の発展（たとえば、プライシングに関する外部の情報源がより多く利用可能になったことなど）によって、2002年ISDAマスター契約においては、マーケット・クォーテーションやロス方式といった概念から、「クローズアウト金額」という単一の定義に置き換えられた。これが目的としていたのは、価値決定者により高い柔軟性を与えることであり、また、市場のストレス状況下で複雑な取引に対してマーケット・クォーテーションを適用する際の実際的な問題を、いくらか解決することであった。

クローズアウト金額とは、本質的にはより軽いかたちのマーケット・クォーテーションである。つまり、実際に取引可能な価格提示を要求するかわりに、参考値、公表されている価格情報や市場データ、そして商取引上理にかなった価格を算出する内部モデルに依拠することができるようになった。それに加え、価値決定者自身の信用力を考慮に入れることもできるし、ファンディングやヘッジのコストの考慮もできるだろう。

まとめると、マーケット・クォーテーションは、実際に取引可能な外部からの提示価格を用いる客観的な手法の一つであった。ロス方式はより柔軟なものであり、価値決定者が損益の決定にあらゆる合理的な手法を選択できるというものであった。クローズアウト金額の方法はその中間にあり、価値決定者に手法を選択する柔軟性を与える一方で、そのような手法が商取引として理にかなったものであることを確保することをねらっていた。2002年ISDAマスター契約の公表の後も、一部の取引当事者は、より客観的な結果を得られるという根拠をもって、1992年ISDAマスター契約のもとマーケット・クォーテーションを使い続けた。しかし、グローバル金融危機のなかで（とりわけリーマン・ブラザーズの破綻に関連して）この方法に伴う問題が再び注目された。結果として、2002年のクローズアウト金額の定義を用いる流れが加速した。2009年には、クローズアウト金額のプロトコルが公表され、従来のマスター契約を効率的に修正する方法を市場参加者に提供した。この修正では、取引当事者双方の契約書を変更するかわりに、単一署名の契約書でクローズアウト金額へ変更することができた。

なお、クローズアウトに関する契約上の定義は、カウンターパーティのデフォルトの経済性を決定するのに不可欠であり、それゆえクレジットエクスポージャー（第7章）や、それに関連するCVA（第14章）などを定義するうえで、鍵となる要素である。

5.2.7 ネッティングの効果

クローズアウト・ネッティングは唯一で最大のカウンターパーティリスク削減法であり、店頭デリバティブ市場の成長に不可欠なものであった。ネッティングがなければ、今日の市場規模と流動性は存在しなかったであろう。ネッティングが意味するところは、市場全体のクレジットエクスポージャーの増加スピードが想定元本そのものよりも遅くなるということである。ネッティングはまた（少なくとも部分的には）規制資本ルールでも認識されており、これも店頭デリバティブのビジネスの成長を銀行にもたらした一つの要因であった。デリバティブ市場の拡大と集中度の高まりにより、ネッティングの範囲はこの10年間で着実に拡大してきた。これにより、いまやネッティングで90％近くのエクスポージャーが削減されている（図5.4）。ただ注意が必要なのは、ネッティングされたポジションはその性質上、されていないポジションよりもボラティリティが高く、システミックリスクを生み出しかねないことである。

図 5.4　店頭デリバティブのエクスポージャーに対するネッティングの影響

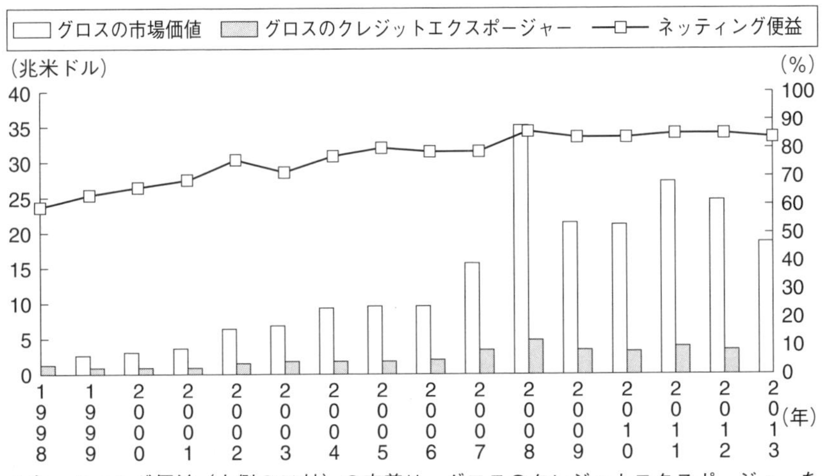

＊ネッティング便益（右側のＹ軸）の定義は、グロスのクレジットエクスポージャーをグロスの市場価値で割った比率を、100% から差し引いた値である

（出典）　BIS

ネッティングは店頭デリバティブ市場のダイナミクスに微妙な影響を及ぼす。たとえば金融機関があるポジションを解消する取引を行いたいとしよう。新しく別の市場参加者との間でそのポジションを相殺する反対取引を実行することで、望みどおり市場リスクが削減される。一方で、元のカウンターパーティと新しいカウンターパーティの双方に対しカウンターパーティリスクが残ることになる。ある別のカウンターパーティが、相手の金融機関がポジションを解消する取引を強く望んでいるという事実を知っているなら、自分の経済的利益を最大限に引き出すために不利な条件を提示するかもしれない。そしてその金融機関は不利な条件を受け入れるか、あるいはカウンターパーティリスクを甘受してでも別のカウンターパーティと取引するだろう。

上記の点は、別々のリスクのエクスポージャーに対してポジションを複数もつ場合についても同様にいえる。たとえばある金融機関が、金利と為替のヘッジを両方必要としているとしよう。これらの取引は完全ではないまでも相関している。このため、その金融機関にとっては、両方のヘッジ取引を同一のカウンターパーティと行えば、全体的なカウンターパーティリスクを減少させることができ、もっと有利な条件を引き出せるかもしれない。しかしながら、これは同一のカウンターパーティと繰り返し取引を行う誘因になり、潜在的に集中リスクにつながる。

ネッティングのもう一つの意味合いとしては、ある特定のカウンターパーティへのリスクが増大しているという認識に対する、市場参加者の反応が変化するということがある。もしクレジットエクスポージャーがグロスの金額に左右されるのであったならば、困難に陥ったカウンターパーティとの間の既存取引を終了させようとする強い誘因が働き、すべての新規取引を中止するであろう。このような行動は、苦境にあるカウンターパーティをむしろより破綻に近づかせることになるだろう。ネッティングがあれば、カレントエクスポージャーがない（時価がマイナスの）金融機関はずっと心配が少ないだろう。潜在的将来エクスポージャーの懸念により担保を求められるかもしれないものの、ネッティングは破綻に直面したカウンターパーティへの懸念を弱め、その結果システミックリスクを減少させることになる。

興味深いことに、店頭デリバティブの清算集中義務の流れによって、ネッティングの便益は脅かされている。なぜなら、中央清算が可能な取引がポートフォリオから分離され（中央清算機関によって清算される）、残った相対取引のポートフォリオではネッティングの潜在的な便益が失われていくからである。この点については第９章でより詳しく議論する。

5.3 マルチラテラル・ネッティングと取引のコンプレッション

5.3.1 概　要

ネッティングは店頭デリバティブのエクスポージャーをほぼそのまま規模に応じて削減するものであるが、それでもまださらに削減する方法を見つける必要がある。一般的なISDAのネッティング契約は、その性質上、取引を行う二者間だけで互いに結ばれる。取引のコンプレッションによれば、それ以上に多数の取引当事者の協力を通じて、マルチラテラル（多者間）・ネッティングの恩恵を得ることができる。

コンプレッションは市場におけるグロスの想定元本を最小化することを目的としている。これで市場リスクの特性が変わるわけではなく、変えることもできないが、以下が実現する可能性がある。

- 多数のカウンターパーティに対する全体的なエクスポージャーを削減することによる、カウンターパーティリスクの削減。
- 取引数を削減することによる事務コストの削減。
- 先進的モデルを採用しない（標準的手法の）銀行の規制資本の削減。その計算は一部グロスの想定元本に依存する（たとえば、8.2節で議論するいわゆるカレントエクスポージャー方式）。

- 先進的モデルの承認を受けた銀行の規制資本の削減。コンプレッションが行われない場合は、マージンリスク期間（6.6.2節参照）が延長される必要があるだろう。
- レバレッジ比率（8.8.2節参照）など、その他の構成要素の削減。これは、バーゼルⅢではこの指標がグロスの想定元本に一部基づいているため。
- ネッティングにまつわる法的な不確実性の削減。これは相殺しあう複数の取引がネットされて等価な単一の取引に置き換わるため。

5.3.2 マルチラテラル・ネッティング

取引当事者Ａが当事者Ｂに対してエクスポージャーをもつとし、一方で当事者Ｂが当事者Ｃに対してエクスポージャーをもち、当事者Ｃが今度は元の当事者Ａに対してエクスポージャーをもつとする。二者間の相対のネッティングを行ったとしても、三者はすべてエクスポージャーをもつ（ＡはＢに、ＢはＣに、ＣはＡにエクスポージャーをもつ）。なんらかの三者間の（そして多者間への拡張による）ネッティングを、三者（かそれ以上）の間で行うことで、図5.5で示されるように、エクスポージャーをさらにネッティングすることが可能になろう。

図5.5　マルチラテラル・ネッティングによってもたらされる潜在的エクスポージャーの削減

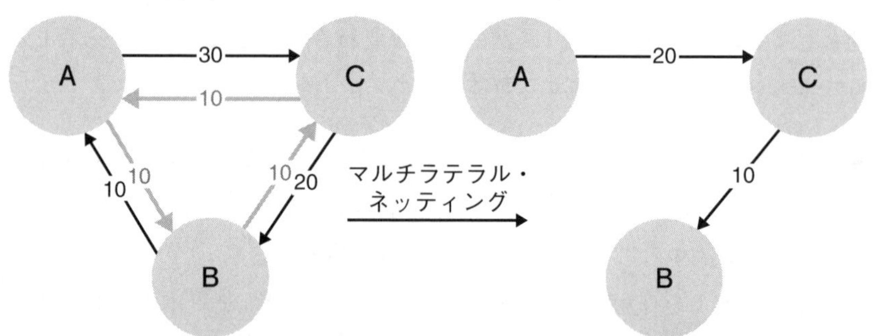

＊黒と灰色のエクスポージャーは契約として同一のポジションを示し（ゆえに代替可能であり）、違いは想定元本のみである。灰色のエクスポージャーは完全に消去され、黒のエクスポージャーは10単位削減される

5.3.3 相対取引のコンプレッションサービス

取引所取引や中央清算取引の市場におけるコンプレッションは、トレーディングや集中機関による清算のやり方を素直に拡張したものである。しかしながら、直接相対する店頭デリバティブ市場におけるマルチラテラル・ネッティングの導入は容易ではなく、明らかになんらかの第三者がこのプロセスを促進する必要がある。

トライオプティマ社のTriReduce[5]サービスのような取組みにより、主要な店頭デリバティブ商品に対するコンプレッションのサービスが提供されている。その対象は、（主要通貨の）金利スワップ、シングルネーム、インデックス、トランシェのCDSとエネルギースワップなどで、約200の会員に提供される。これは、とりわけクレジットデリバティブ[6]のような急成長分野における、店頭デリバティブのエクスポージャーの削減に寄与してきている。

コンプレッションが開発された理由は、店頭デリバティブのポートフォリオが著しい増大を続けてきた一方、そのなかにはトレーディングの性質上重複した取引（たとえば取引の解消に関するもの）を含まれいるからである。このことが示すのは、全体のリスクの特性を変化させることなく、取引とグロスの想定元本の数が削減できるということである。また、コンプレッションは事務コストを削減し、カウンターパーティリスクを最小化するであろう。さらに、カウンターパーティがデフォルトした際に再構築が必要な契約の数が減少することにより、システミックリスクも削減されるだろう。マルチラテラル・ネッティングが最大限達成されていくに従い、コンプレッションの限界的な便益は徐々に減少せざるをえない。またカウンターパーティがすんなり入れ替えられるか、つまり入替えには取引当事者それぞれが同程度の信用力を有する必要がある、ということにもある程度縛られる。

典型的なコンプレッションの一連の手続は、参加者が関連する取引を提示

5　www.trioptima.com を参照。
6　たとえば、"CDS dealers compress $30 trillion in trades in 2008", Reuters, 12th January 2009を参照。

するところから始まる。そこでこれらの取引はカウンターパーティの情報と照合され、取引報告の蓄積内容と相互に照会される。全体として最適なコンプレッションの結果においては、二者のカウンターパーティ間のポジションでみると増加したり感応度が反転している場合があるかもしれない。このような理由により、参加者は制限（たとえば参加者の社内の信用リミットに関係する可能性のある、カウンターパーティに対するエクスポージャーの総額など）を定めることができる。参加者はまた、許容範囲を定める必要がある。なぜなら、コンプレッションの目指すところは、市場リスクや損益にはいっさい影響を与えないことである一方で、時価の評価とリスク特性の少々の変化を許容することにより、コンプレッションが可能な範囲が広がるためである。取引の母集団と許容範囲に基づき、多者間の取引全体からの重複をみながら変更が決定される。いったんこのプロセスが完了したならば、すべての変更は法的な拘束力をもつ。このような変更は、取引の一部を解消したり、新規の取引を実行したり、他のカウンターパーティに対してノベーションを行うことなどによって効力を発する。

コンプレッションサービスは中央清算[7]を補完するものでもある。なぜなら、想定元本の総額と契約の数を削減するのが、事務的により効率的であろうし、清算参加者のデフォルト事象発生時のクローズアウトポジションの複雑さを緩和するからである。しかしながら、取引実行後きわめて素早く清算されるのが一般的なため、取引のコンプレッションの手続はCCPのレベルで行われなければならない。

将来、店頭デリバティブの取引のコストを最適化するためには、さらに高度なコンプレッションのサービスの開発が重要かもしれない。特に、相対取引と中央清算される取引の双方にまたがってコンプレッションを行ったり、グロスの想定元本の代替としてxVAのような指標を用いたりすることが重要かもしれない。

7　たとえば、www.swapclear.com/Images/lchswapcompression.pdf を参照。

5.3.4 標準化の必要性

取引のコンプレッションには、その性質上、標準的な契約すなわち代替可能性が求められる。そのため標準的なデリバティブ商品の雛形にそぐわない店頭デリバティブはコンプレッションすることができない。この手の標準化を生み出した一つのよい例がCDS市場である。グローバル金融危機の結果、大手銀行はISDAとともに、コンプレッションを後押しすべく（そしてまさに中央清算を容易にすべく）CDS契約のクーポンと満期日の標準化を迅速に進めた。今日では、CDS契約は固定のプレミアムとアップフロント支払に加え、契約終了日を3月20日、6月20日、9月20日、12月20日のいずれかとしている。これが意味するのは、裏付けとなる参照企業（シングルネームやインデックス）と満期に従ってポジションを区分でき、その他は（以前の基準のようにクーポンや満期が違うというような）いかなる差異も生じないということである。

コンプレッション促進のための契約の標準化は常に可能なわけではない。たとえば、更改型固定金利スワップは通常はさまざまな固定金利を適用することによりパーで取引される。このようなケースでは標準化はより困難であり、同一満期の異なるクーポンレートを束ねる「クーポンブレンディング[8]」のような手法が開発されている。

5.3.5 具 体 例

取引のコンプレッションを理解するために、「市場」が図5.6で表されるとしよう。これが示しているのは、ある代替（交換）可能な商品の、各カウンターパーティ間のポジションの大きさ[9]である。なお、カウンターパーティ間のグロスの想定元本の合計は1250である。

8　たとえば、www.cmegroup.com/trading/otc/files/cme-otc-irs-clearing-coupon-blending.pdfを参照。

9　これは想定元本とされるだろうが、エクスポージャーやその他の指標でもありうる。なぜならそれは相対的な値として重要だからである。

図5.6　代替（交換）可能な契約のポジションで構成される単純な「市場」

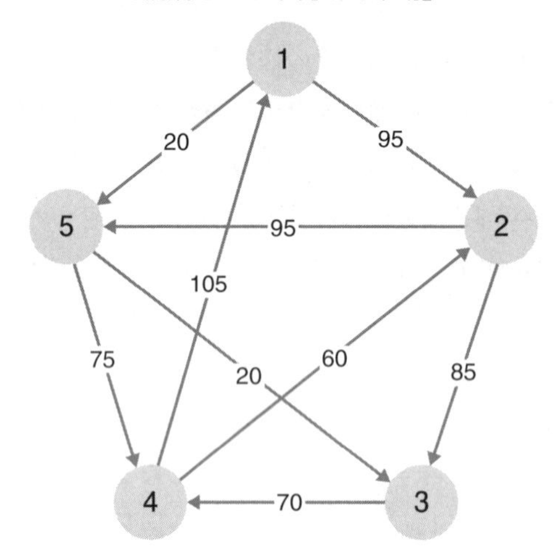

コンプレッションの目的は、図5.6でカウンターパーティへのネットポジションをどれも変えずに、グロスの想定元本を減らすことである。しかし、多くの理由でこれは主観的な作業になりがちである。第一の理由は、何が最小化されるべきか明確でないからである。わかりやすい選択肢は全体の想定元本であるが、大きいポジションや、ゼロでないポジションの総数（が多いこと）を不利に扱うわけではない。かわりの選択肢としては想定元本の二乗和やポジションの総数を用いることができる。こうすればそれぞれ大きいポジションや相互連関を削減できるだろう（O'Kane（2013）がこの点をより詳細に議論している）。第二の理由は、最適化に適用される制約条件が必要となるときがあるためである。たとえば、単一のカウンターパーティに対するポジションの上限などといったものである。上記の例でいえば、カウンターパーティ1と3の間には取引がない。両者またはいずれかの者が、ポジションの上限を制約条件として組み込むことを要求するかもしれない。上記の市場を最適化するにはさまざまな種類のアルゴリズムが使用可能であろうが、商用のアプリケーションでは比較的単純なアプローチをとりがちであった（たとえばBrouwer（2012）を参照）。次の例では、非常に小さい市場を取り上げる

図5.7　図5.6のシステムで想定元本の総額を削減するための、カウンターパーティ2、3、および4の間での三者間ネッティング

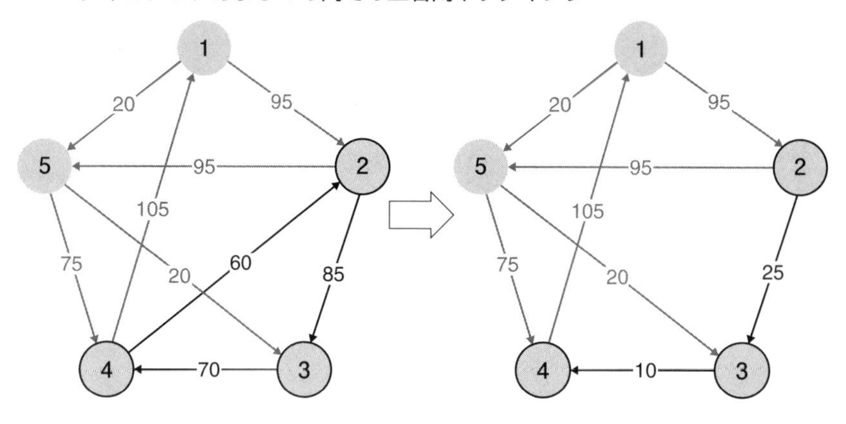

ものの、それが実際にどのように振る舞うかについて、いくらかの洞察を与えてくれるだろう。

想定元本の合計を削減する一つの明らかな方法は、市場の輪のなかでネッティングの可能性を探すことである。（図5.7に示されるように）カウンターパーティ2、3、4の間に三者間での削減可能性がある。ここでは想定元本で60、70、そして85が環状に発生しており、ゆえに最小の想定元本である60（ポジションの逆転はできないとする）でもって削減できる。このことにより、図5.7の右側にあるように、コンプレッション後のシステムにおける想定元本の総額は（1250から）890に削減される。

このような作業を続けると、何通りもの実行可能解にたどり着く可能性がある。そのうちの二つが図5.8に示されている。なお、左側の解ではカウンターパーティ4と5のエクスポージャーが逆転している。その一方で右側では、1と3の間に前には存在しなかった取引がある。後者の解は想定元本の総額が110であり（前者の130に比べて）より小さい。しかしながら、同時にこれが示すのは、各カウンターパーティによって定められた制約条件（たとえば、1と3はお互いにエクスポージャーをもつことを望まないなど）がコンプレッションの効果を弱めるであろうということである。第3章の図3.1で示しているのは過去数年間に店頭デリバティブのコンプレッションがより重視

図5.8　図5.6の当初の市場をコンプレッションした後の最終結果としての、想定元本総額130（左側）と110（右側）の二つの実行可能解

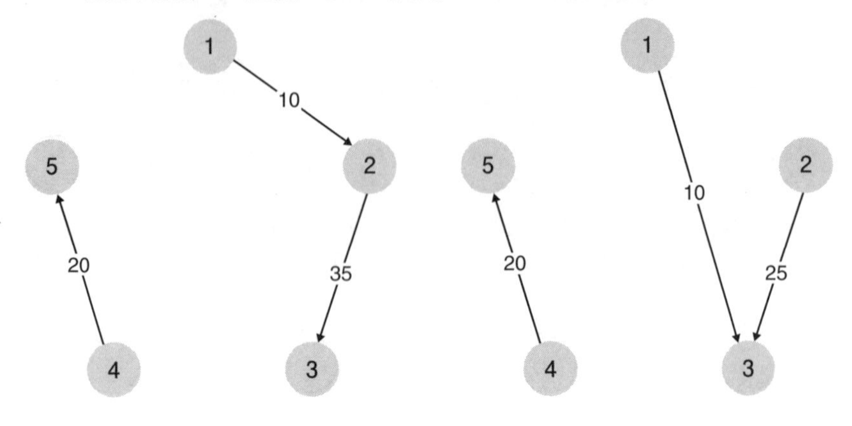

表5.1　シングルネームCDS取引のコンプレッションの簡単な図示

参照	想定元本	ロング／ショート	満期	クーポン	カウンターパーティ
ABCインデックス	40	ロング	2019/12/20	200	A
	25	ショート	2019/12/20	150	B
	10	ショート	2019/12/20	300	C
ABCインデックス	5	ロング	2019/12/20	250	A

＊ある取引当事者が、同一の参照企業と満期の、異なるカウンターパーティと交わした三つの契約を有している。この三つの契約を一つのネットの契約、すなわちロングとショートをあわせた想定元本を表すものに「コンプレッション」することで便益を得る。これにより自然とカウンターパーティAの当初の取引は削減されるかもしれない。新しい契約のクーポンは当初の3本の加重平均となる

された影響である。

表5.1には、ある市場参加者を想定したCDSコンプレッションの問題として、ありうる結果の簡単な例が示されている。これによると、三つのカウンターパーティとの間の取引からなるネットロングポジションが、いずれか一つのカウンターパーティとの間の単一で同一のロングポジションに削減されている。なお、この例では、クーポンはそれぞれ異なり、加重平均されたクーポン[10]で継続されると想定している。これはCDS市場においては必ず

しも当てはまらないものの、上述[11]のようにアップフロントのプレミアムでの取引を行わない、金利スワップのようなほかの商品のコンプレッションにおいては、問題になるかもしれない。

5.4 終了の仕組みとリセット

長期のデリバティブの抱える問題とは、足元のエクスポージャーは比較的小さく制御可能かもしれない一方で、数年後にエクスポージャーは容易に増加して、比較的大きく制御不能な水準になりかねないことである。この問題を緩和する簡単な方法は、大きなエクスポージャーの削減を可能にするような契約条項を取引に付与することである。これが中途解約条項やリセットの取決めのような終了の仕組みの役割である。

5.4.1 ウォークアウェイ条項

いまでは一般的ではないが、以前は「ウォークアウェイ」もしくは「テア・アップ」条項が契約に含まれた店頭デリバティブがあった。これは、カウンターパーティがデフォルトした場合に金融機関が取引を解消できるようにする効率的な仕組みである。これらは当然、カウンターパーティに対して負債を負う場合にのみ実行を選択するようなものであった。このような仕組みはカウンターパーティリスクを削減しない一方で、生存した側の取引当事者にとっては、支払を停止できたり、カウンターパーティに対して負う支払履行の義務がなくなったりという恩恵を与える。この種の契約は、1992年ISDAマスター契約以前には一般的であったが、次第に廃れ、いまではスタンダードなISDA契約書には記載されていない。しかし1992年以降も時折使

10　(40×200)－(25×150)－(10×300)＝(5 ×250)

11　CDSは100bpsと500bpsという少なくとも 2 種類の異なるクーポンで取引され、それぞれ投資適格、非投資適格に対する基準値となっている。クレジット取引やインデックス取引では、両方の種類のクーポンで流通する取引が存在しうる（たとえば、過去信用力に大きな変化があったなど）。

われている。ウォークアウェイ条項はカウンターパーティリスクそのものを緩和するわけではないが、デフォルト時の潜在的な利益で潜在的な損失のリスクを相殺するものであることは確かである。

ウォークアウェイの取決めは、1990年のドレクセル・バーナム・ランバート（Drexel Burnham Lambert、DBL）の破綻でみられた。興味深いことに、このケースではDBLのカウンターパーティは債務の支払なしで解約することは選ばす、ネットでの債務の清算を行った。この主な理由は、ウォークアウェイによって比較的小さな利益しか得られないのに対して、条項の有効性を主張しなければならない潜在的な法律的コストや、DBLの破綻を利用しているかのようにみられることによるレピュテーションのコストが大きかったからである。

明示的なウォークアウェイの取決めがない場合であっても、負けている契約をクローズアウトせず、対応する支払を停止することで、カウンターパーティのデフォルト時に利益を得ようとすることができる。もう一つの興味深い事例はエンロン（Enron Australia）とTXU（TXU Electricity）の間の事例である。2002年の初頭にエンロンが清算手続に入った時には、TXUに対する多くの電力スワップ契約が存在した。これらの契約はウォークアウェイ条項付きの取引ではなかったが、ISDAの契約書を根拠として、TXUは取引を解約（クローズアウト）せず、デフォルトしたカウンターパーティへの支払を停止することで、エンロンに対して負う負債の時価（330万豪ドル）の支払を回避した。エンロンの清算人は訴えを起こし、TXUにそれらのスワップの清算をさせようとしたが、ニューサウスウェールズ州最高裁はTXUに有利な判決を下した。それは、TXUは個々の取引の満期日まで支払う必要はない（つまり、支払義務は解消されないが延期された）という内容であった。

リーマン・ブラザーズのカウンターパーティのなかでも（TXUのように）スワップをクローズアウトせず、（ISDAマスター契約で支持されると考えられるような）契約上の支払の停止を行ったものがある。これらのスワップはカウンターパーティからみれば大きく負けているポジション（それゆえリーマンにとっては大きな勝ちポジション）であったので、このことによって利益を得る可能性があったのである。リーマンの管財人はこれを法廷に訴えた。米国と英国の裁判所はこの「ウォークアウェイ事象」の法的実効性に関して異なった結論に至った。米国の裁判所[12]はこの行為が不適切であったとの判決を下し、英国の裁判所[13]は支払の保留を支持するとしたのである。

ウォークアウェイの仕組みは、それがどんな形態であっても、まず間違いなく不愉快なものであり、避けるべきである。これによって、デフォルトの際にカウンターパーティが負う追加的なコストとモラルハザードが発生する。なぜかといえば、ウォークアウェイによって得られる金銭的利益のためにカウンターパーティのデフォルトを促進させる誘因が、金融機関にもたらされる可能性があるからである。

5.4.2 終了事由

ISDAマスター契約のもう一つの重要な点としては、追加的終了事由（Additional Termination Event、ATE）がある。これは定められた状況において、取引当事者が店頭デリバティブ取引を解約することを可能にするものである。最も一般的なATEは、取引当事者のいずれかの側、もしくは両方の（たとえば非投資適格などへの）格下げに関するものである。ヘッジファンドのような無格付けの取引主体に対しては、時価総額、純資産、または主要人物の退職など、ほかの指標が用いられる場合もある。ATEが用意されたのは、明らかにカウンターパーティリスクの削減のためであり、カウンターパーティの信用力の悪化の際に、取引当事者が取引の解約を行ったり、ほかのリスク軽減策をとったりすることによって行われる。ATEが特に有用と考えられるのは、比較的良好な信用力をもつカウンターパーティとの取引であったり、長期の取引であったりする場合である。期間を通して考えれば、取引の時価が大きく正となるのにも、カウンターパーティの信用力が低下するのにも、いずれにも十分な時間がある。もしATEが行使されたならば、

---

12 ニューヨーク州南部破産裁判所（The Bankruptcy Court for the Southern District of New York）。

13 イングランド・ウェールズ高等法院（High Court of England and Wales）。

取引当事者は、現在の再構築価格でもって取引を解約することができる。この際、再構築のコストの定義や、たとえば新契約の相手の信用力を織り込むかという点が（デフォルト時のクローズアウトに関する5.2.6節の議論と同様に）問題の複雑さを増すことになる。ATEは必ずしも取引の解約にはつながらず、かわりに影響を受けるほうの当事者が（追加的な）担保の差入れや、第三者のクレジット・プロテクションを付与することを要求されるかもしれない。

ATEは、ISDAマスター契約が締結されるとその下のすべての取引に適用されるが、そのかわりに、個々の取引で言及できる類似の文言がある。これはしばしば「中途解約条項（break clauses）」や「ミューチュアル・プット（mutual put）」とされるものである。全期間にわたって大きなカウンターパーティリスクをもつ長期の（たとえば10年超の）取引に対して、このような文言を付与するのは有利であると考えられるかもしれない。例としては、ある15年スワップについて5年後に最初の、以降2年ごとにミューチュアル・プット条項が付与されているというものがある。このような中途解約条項には、強制の場合、任意の場合、または条件付きの場合があり、取引における片方の当事者だけに適用される場合もあるし、両方に適用される場合もある。

近年では、特に以下の観点から、ATEやその他の中途解約条項の潜在的な危険性が注目されている。

●リスク低減の便益

あるカウンターパーティの個別要因によって格下げが起こった状況では、リスクの削減が可能であろうが、システミックな信用力の悪化を無効化するのは、遥かに困難である。グローバル金融危機でみられたように、このようなシステミックな悪化は、規模の大きい銀行に対してより起こりやすい。

●信用格付けの弱点

当然ながら、中途解約権が行使されるのは、カウンターパーティの信用力が顕著に悪化したり、実質的にエクスポージャーが増加したりする前である必要がある。「最後の瞬間」にそれを行使するのは、システミックリスクの問題から得策ではないであろう。信用力のダイナミックな指標としては、信用格付けはいくらか反応が鈍いことが知られている。格付会社が格下げするときにはすでに、カウンターパーティは中途解約を実効的ならしめるには手遅れなほどの財務的困難に見舞われているだろう。このことは、グローバル金融危機においてモノラインの保証人（2.2節参照）のようなカウンターパーティに関連して顕著にみられた。実際に、バーゼルⅢの資本配賦のルールのもとでは、信用格付トリガーに対してなんらの便益も認められていない（後ほど8.6.1節で議論する）。

それだけではなく、信用格付けは多くの状況において、ネガティブな信用情報に反応するのが極端に遅かった。これにより、以下の問題を引き起こしてきた[14]。

●クリフ効果

多くのカウンターパーティが同様の条項をもちうるという事実によって、クリフ効果を引き起こす可能性がある。これは、1ノッチの格下げといったような比較的小さなイベントによって、複数のカウンターパーティの皆が取引を終了させようとしたり、皆がほかのリスク軽減策を要求したりするなどの、劇的な結果をもたらす可能性がある、というものである。AIGの破綻寸前の状況（以降の6.2.2節の議論を参照）はこのよい例である。

●終了事由発生時の価値評価の決定

クローズアウト金額の定義について5.2.6節で議論したように、取引終了時に用いられる市場価格は算定がむずかしく、主体的に定義できるものではない。

14　この考え方の単純な発展形は、クレジットスプレッドのような、より連続的な値に基づいたトリガーを設定することである。しかしながら、これでは問題としてはほとんど改善しないうえに、クレジットスプレッドの定義などの、さらなる懸念を引き起こす可能性がある。

●顧客との関係の問題

中途解約条項を行使することによって、カウンターパーティとの関係を取返しがつかないほど傷つけるかもしれない。そのため、契約上可能であっても多くは行使されないだろう。顧客は一般的に中途解約条項が行使されるものであると予期しておらず、銀行は顧客とのリレーション上の理由から、昔から行使を避けてきた。近年銀行は中途解約条項をよく利用するようになっていたが、いま考えればその多くは無駄な飾りでしかなかった。これは本質的にはモラルハザードの問題の一種である。つまり、フロント部門の人間は、取引を実行せんがために中途解約条項の存在を利用するかもしれないが、後になって顧客との関係の悪化を避けるためにその行使には抵抗するのである。銀行は、権利行使可能な中途解約条項の行使と、この条項の付与によるリスク削減の観点からの便益について、明確で一貫した方針をもつべきである[15]。銀行のなかで、ATEやその他の中途解約条項を行使する権限をだれがもつかについては、内部的に明確化されていない場合が多い。

●モデル化の困難さ

多くの場合、中途解約はモデル化が困難である。なぜなら、潜在的なデフォルト事由に後でつながるような格付変更の挙動や、中途解約条項が行使される蓋然性を見極めることがむずかしいからである。デフォルト確率とは異なり、格付推移確率は市場データからは推定できない。これが意味するのは、格付推移確率にはヒストリカルデータを使わざるをえないということであり、その成立ちからいってもともと、サンプル数が乏しく、(サンプルがとれたとしても) なんらかの大きな区分に基づくものに限られるということである。これがもう一つ意味するのは、こういったトリガーをヘッジする明確な方法がないということでもある。一つの例外は (あまり一般的でないが) 中途解約が義務である場合で、モデルでは単純にそれが100%の可能性で起こると仮定することができるだろう。

---

15 さらにいえば、中途解約条項の実際の利用方法は浸透してきた。取引当事者は中途解約条項を行使するか、そうでなければこの条項の存在を梃子に、ほかのリスク削減策を合意しようとするのである。

中途解約条項は、銀行のクレジット部門やセールス部門では伝統的に支持されていたが、xVA デスクにとっては、問題を相当複雑にする割には、きわめて限られた恩恵しかもたらしえないものとみられている。中途解約条項は概してあまり一般的ではなくなってきており、追加担保の差入れなどの対応を許容するように修正されるか、または完全に削除されるようになっている。CDS スプレッドのようなほかの信用力の指標の利用により、上記で言及した中途解約条項の問題が（すべてではないが）多少は解決されるかもしれないが、CDS 市場の流動性の低さのため、いまのところこれは実務的ではない。

金融危機以前には、ある種の（多くは無担保の）カウンターパーティと銀行が取引する際には、中途解約条項が通常求められた。グローバル金融危機時に、銀行業界において前例のない信用力の問題があったために、近年では、資産運用会社や年金基金といったカウンターパーティは、銀行自身の信用格付けに紐づいた中途解約条項を要求するのが一般的になった。このような中途解約条項もまた問題がある。なぜなら銀行の格付けと信用力の低下によって、一般的に重大でシステミックな問題につながりやすいからである。これが意味するのは、既存取引に対して代替のカウンターパーティを見つけることは容易ではないだろうということである。さらに加えて、最近では流動性カバレッジ比率（8.8.4節）でこのような条項の影響を反映しており、規制要件では、銀行は、信用格付けの最悪の変化に応じた流動性バッファーを確保することになっている。

5.4.3 リセット条項

リセット条項は少し違った種類のもので、取引が大幅なインザマネーになるのを（双方の取引当事者に対して）避けるような条項である。これは、商品ごとに決まったパラメーターを調整し、よりアットザマネーに近くなるように取引をリセットすることによって行われる。リセット日は支払日と対応している場合もあるし、なんらかの市場の値を超えたときにトリガーされ有効になるものもある。たとえば、リセット可能な通貨スワップでは、リセット

図 5.9　長期の通貨スワップのエクスポージャーにおけるリセット条項の効果

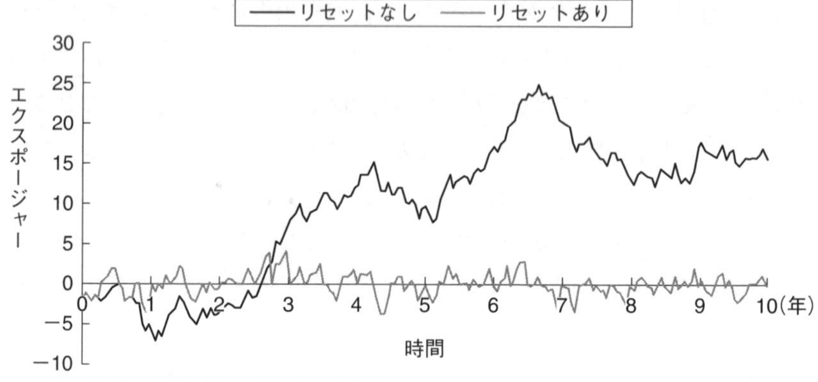

＊リセットは四半期ごとに行われると想定

日ごとにスワップの時価（最後の元本交換時の為替レートに主に左右される）を現金で交換する。さらに、為替レートは（典型的には）実勢のスポットレートでリセットされる。このリセットが意味するのは、スワップの片方のレッグの想定元本が変化するということである。このようなリセットは、効果としては取引をクローズアウトし、市場実勢で取引を再構築することに似ており、結果としてエクスポージャーは縮小する。このようなリセットの効果の例が図5.9に示されている。これは次章で議論される担保差入れの不完全なかたちとしてみることもできる。

5.5　まとめ

本章では、エクスポージャーの削減を通じてカウンターパーティリスクを軽減するための主な方法について述べた。ペイメント・ネッティングは、相殺しあうキャッシュフローをまとめることで単一の金額とし、決済リスクを減少させる。クローズアウト・ネッティングは、エクスポージャーをコントロールするのに不可欠な方法であり、カウンターパーティのデフォルト事象の際に、正と負の時価をもつ取引を相殺することを法的に可能にすることによってもたらされる。コンプレッションは、グロスの想定元本を削減し、より効率的にするが、対応するネットのエクスポージャーはほとんど減少しない。ATEや中途解約条項は、信用格付けの格下げといったカウンターパーティの信用力の低下と関連づけることで、取引の終了を可能としエクスポージャーを軽減するものである。リセット条項は定期的なエクスポージャーのリセットを可能にする。

次章では、エクスポージャーを削減する別の主要な手法である、担保の利用について議論する。しかしながら、担保について論じる際は、それに伴うファンディングへの影響を考慮することが重要である。

担　保

不信と用心は安全の両親である。

Benjamin Franklin（1706～1790）

6.1 序　論

本章では、カウンターパーティリスクの削減において、前章で述べたネッティングなどの手法の便益以上のものをもたらす、担保（証拠金[1]とも呼ばれる）の役割について解説する。また、担保保全とファンディングの重要なつながりにも焦点を当てる。

6.1.1 担保の正当性

担保は法的に強制力のある方法でリスクを補うための資産である。店頭デリバティブの担保による保全の基本的な考え方は、カウンターパーティリスクを削減する手段として、主に現金または有価証券を（実際の所有権は変わる場合も、変わらない場合もあるが）、ある取引当事者から他の当事者へ渡すことである。中途解約条項およびリセット（後の章で述べる）はリスク軽減の便益をいくらかもたらす一方、担保はよりダイナミックで包括的な概念となる。実際に、担保の利用は本質的には中途解約条項やリセットの自然な拡張である。中途解約条項は、一括での担保の支払と取引のキャンセルとみなすことができる。リセット条項は、本質的にはエクスポージャーをゼロにするための定期的な（典型的にはそれほど頻繁ではない）担保の支払である。標準的な担保条項は、単にこれをより頻繁な担保差入れへと変更したものである。

担保契約でリスクを削減するためには、エクスポージャーの保全の目的で、ある取引当事者のカウンターパーティに対する担保差入れの義務を明示することになる。もし担保を差し入れた側がデフォルトしたならば、担保の受取側は（訴訟提起の可能性は別として）単にその担保の経済上の継続的な所

1 「担保」は上場デリバティブや中央清算されるデリバティブに対して一般的に用いられる用語である。本書は主に直接相対する店頭デリバティブに注目しているため、変動証拠金や当初証拠金など、特定の用語を参照する場合以外は、担保という用語を用いることにする。

有者となる。デフォルト事象に際し、デフォルトしなかった当事者は、担保を保持し自らのポートフォリオの時価に対するあらゆる損失の相殺に使うことができる。ネッティング契約のように、担保契約は双方向とすることができる。これはいずれのカウンターパーティも負の時価（それぞれの見地から）に対して担保差入れが要求されることを意味する。双方のカウンターパーティは定期的にすべてのポジションの時価を洗い替え、そのネットの価値を計算する。そして、担保契約に照らして担保受取りや差入れが必要かどうかを算定する。事務負担を適切な量にとどめるため、担保の差入れは連続的なものではなく、あらかじめ定められたルールに従ってまとめて発生することになろう。担保契約は、カウンターパーティ間のいかなる取引よりも前に交渉が行われ、また、取引量の増加やその他の条件の変更の前に、合意や更改がなされるだろう。

担保による保全の基本的な考え方を図6.1に示している。取引当事者AとBの間で店頭デリバティブの取引を行っている。その結果、AとBの一方または両方が担保をやりとりすることになり、担保がなかったら存在していたであろうエクスポージャーを相殺することが可能になる。タイミング、担保金額、担保種類に関するルールは、当然ながら対象取引が開始する前に合意されるべきである。デフォルト事象においては、生存側の当事者は一部またはすべての担保を保持することで、被っていたであろう損失を相殺することができる。

なお、担保契約はしばしば双方向であるため、エクスポージャーが減少したときには、担保は返還されるか、反対方向に差し入れられなければならな

図6.1　基本的な担保

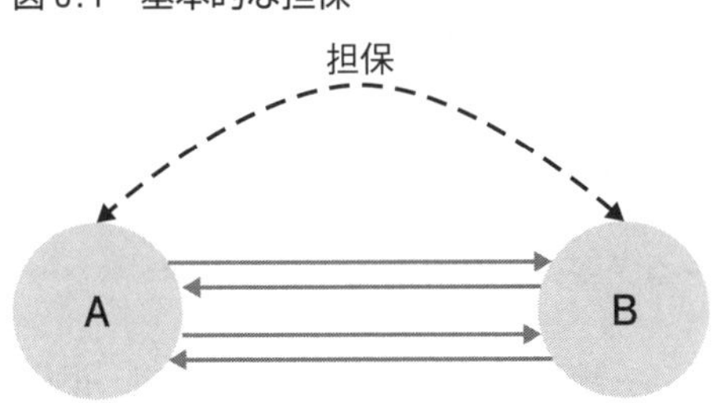

い。したがって、時価が正である場合、取引当事者は担保を要求するだろうし、時価が負である場合には、自らが担保差入れを要求されるだろう（ただしカウンターパーティが要求しなければ担保を返却する必要はない場合がある）。担保を差し入れることと、以前受け取った担保を返却することは実質的にはそれほど差がない。一つ違うのは、返還のときは、特定の有価証券を請求することができるという点である。

店頭デリバティブのポジションに対して差し入れられた担保は、ほとんどの場合、カウンターパーティの管理下にあり、デフォルト事象の発生時には直ちに処分されるだろう。これはデリバティブ契約が準拠する法律および担保の性質（現金または流動性の高い証券）に起因するものである。理論的には、カウンターパーティリスクに対して十分な金額の担保が確保されている限り、リスクは完全にゼロとなるはずである。しかしながら、これには法的な障害と、再担保などの問題がある。リーマン・ブラザーズやMFグローバルのような破綻が証拠として残したのは、再担保にリスクがあることである（6.4.3節参照）。それゆえここで重要な点は、担保はカウンターパーティリスクを削減するために使われる一方で、新しいリスクも生み出すということである。それはたとえば市場リスク、オペレーショナルリスク、そして流動性リスクである。これらのリスクについては本章の後半で詳細に議論することにする。

担保はまた、ファンディングとも密接な関係がある。4.1.5節で示した伝統的な状況のうちの一つを考えよう。担保を差し入れるエンドユーザーは、これを調達する必要があるだろう。無担保の取引を有担保の取引によりヘッジしている銀行は、非対称的な担保差入れをしなくてはならない。こういった点からファンディングの考慮が必要となるだろう。これについては6.6.6節で議論する。これはまたファンディング価値評価調整（FVA）の基礎でもあり、第15章で議論する。

6.1.2　住宅ローンからのアナロジー

簡単で日常的な住宅担保を例として考えることで、担保についておそらく最もよく理解することができるだろう。この例によって、担保による保全から生じるいくらかのリスクについての知見も得られる。住宅ローンの貸し手は**信用リスク**を負っている。なぜなら、借り手は将来、住宅ローンの支払ができなくなる可能性があるからである。このリスクは、借入れの価値に対して住宅を担保として供することで軽減される。この取決めのなかに、数多くの残存リスクがもたらされていることは注目に値する。

- 対象となる担保物件の価値が住宅ローンの残高を下回るリスク。これはよく「負の資本（negative equity）」として知られており、**市場リスク**に相当する。なお、これは物件の価値と住宅ローン（エクスポージャー）価値の両方に左右される。
- 住宅ローンの貸し手が、借り手のデフォルト時に担保物件の所有権を取得できないか法的な障害に見舞われ、所有者を立ち退かせ物件を売却するのにコストを被るリスク。これは**オペレーショナルリスク**または**法的リスク**に相当する。
- 担保物件を公開市場ですぐに売却することができず、不動産価格が下落した際に価値が下がるリスク。売却を実現するためには、もし買い手が不足しているなら、公正価値に対し割引して物件を売らなければならないだろう。これは**流動性リスク**である。
- 担保物件の価値と住宅ローンの借り手のデフォルトの間に強い依存関係があるリスク。たとえば、景気後退時の高い失業率と不動産価格の下落によって、これが生じる可能性はかなり高くなる。これは**相関**（またはさらに**誤方向**）**リスク**の一形態である。

なお、上記の例には変動証拠金に相当するものがない。たとえば、住宅ローンの借り手は、住宅の価格が下落したり金利が上昇したりしても、追加の担保を差し入れる必要はない。しかしながら、当初証拠金に相当するものは組み込まれているのが一般的である。また、住宅ローンの担保価値に対する比率（Loan to Value ratio、LTV）は通常100％より低い[2]。担保のこのような側面は6.1.3節で議論する。

6.1.3 変動証拠金と当初証拠金

最初に説明すべき、根本的に異なる2種類の担保がある。店頭デリバティブにおいて、担保は取引の時価を最も明確に反映するだろう。一般的にこの時価はそれぞれの取引当事者からみて正にも負にもなりうる。この考え方は変動証拠金（時には「時価（market-to-market）証拠金」と呼ばれる）の基礎を成している。時価が変動証拠金の計算に使われる理由は、いずれか一方の当事者のデフォルトから生じる実際の損失額の代理変数を定義するのに、最もはっきりしていて簡単な方法だからである。しかしながら、実際のデフォルトシナリオにおいては、変動証拠金では十分でないかもしれない。なぜなら、担保授受の遅延やクローズアウトコスト（例：ビッド・オファー）などの点があるからである。このような理由により、当初証拠金が追加的な担保として利用されることがある。図6.2は変動証拠金と当初証拠金の役割を概念的に示したものである。

従来、相対の店頭デリバティブ市場は、ほぼ完全に変動証拠金のかたちで

図6.2 担保による保全形態としての変動証拠金と当初証拠金の違い

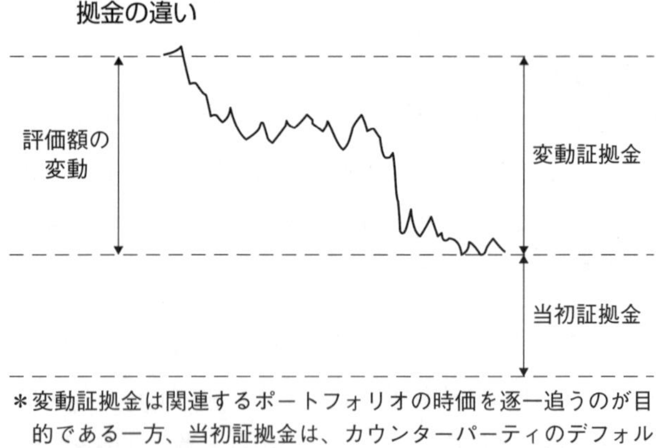

＊変動証拠金は関連するポートフォリオの時価を逐一追うのが目的である一方、当初証拠金は、カウンターパーティのデフォルト事象における遅延やクローズアウトコストによって必要となる、追加的な金額に対応するものである

2 グローバル金融危機の一因となったものなど、きわめてリスクの高い住宅ローンを除く。

担保を用いてきており、当初証拠金のかたちはまれであった。当初証拠金はデリバティブ取引所や中央清算機関（CCP）において、よりずっと一般的な概念である。しかしながら、相対市場における担保差入れを対象とする将来の規制によって、当初証拠金はよりいっそう一般的になるだろう（6.7節）。

6.2 担保の条件

6.2.1 クレジット・サポート・アネックス（CSA）

店頭デリバティブ契約では、いずれの取引当事者にも担保を差し入れる義務はない。しかしながら、ISDAマスター契約（5.2.1節を参照）では、クレジット・サポート・アネックス（Credit Support Annex、CSA）の追加が可能である。これにより各当事者は、契約上の担保差入れに同意することで、カウンターパーティリスクのさらなる軽減ができる。CSAは相対市場における標準的な担保契約となっている[3]。ネッティングと同様に、ISDAは数多くの法域で、CSAの各条項の法的強制力に関する法律意見書を取得している。通常、CSAはマスター契約に含まれるものと同じ取引範囲を対象としており、そしてこれら取引のネット時価を担保請求額の基礎としている。ただし、CSAのなかで取引当事者は、多くの重要なパラメーターや条件を選択することができ、これが差入担保の請求額（「必要担保額」として知られる）を詳細に決定することになる。これらは以下のような多くの種類の観点を網羅している。

- 担保計算に係る価値評価の方法とタイミング
- 差入担保の金額計算
- 担保授受の仕組みとタイミング
- 適格担保

3　利用されている担保契約のうち、87%はISDA契約である。出典：ISDA（2013）。

- 担保の差替え
- 紛争の解決
- 差入担保に対する付利
- 担保有価証券に適用されるヘアカット
- 担保有価証券で可能となる再担保（再利用）
- 担保条件を変更することのできるトリガー（たとえば、担保所要額の増加を要請する格下げトリガー）

相対のCSA契約作成上の一つの重要なポイントは、CSAの締結の際に担保条件はあらかじめ合意され、契約書の修正を通じ双方の合意によってのみ変更が可能ということである。これは明らかに手間のかかる手続であり、市場環境の変化に対して敏感とはならない。対照的に、CCPは市場の変化に応じて一方的に条件の変更ができる（たとえば、一部のCCPは、近年市場の流動性が低下しボラティリティが高まった際に、担保所要額を増加したり制限したりしたことがある)。このCSAの柔軟性の不足は、資金流動性リスク（6.6.6節）の一つの要因となっている。

双方のカウンターパーティが各々のエクスポージャーに対する担保の授受に合意するまでの手続は、以下のようにまとめることができる。

- 各取引当事者は、CSAの内容を交渉し締結する。CSAは担保事務に際しての取決めと条件を含んでいる。
- 担保計算の対象となる取引は定期的に時価評価され、ネッティングを考慮した全体の価値評価額が合意される（後に述べるように、この金額で紛争とならない限り)。
- 時価が負となる側の当事者は担保を引き渡す（後に述べるように、最低引渡金額と信用極度額に従う)。必要に応じて、当初証拠金も差し入れられるか更新される。
- 担保ポジションを更新して、現金または有価証券の受渡しを反映する。
- 紛争のリスクを削減するために、定期的な照合も行われることがある（6.3.2節を参照)。

6.2.2 CSAの種類

CSAの各条件は双方の取引当事者間の交渉事項[4]であり、多くの場合強い（信用格付けをもった）ほうや規模の大きいほうの当事者が条件を決定できる。店頭デリバティブのカウンターパーティの性質が大きく異なることから、多くの種類の担保契約が存在する。一部の取引主体（例：事業会社）は担保を差し入れることができない。一般的にこの理由は、契約で生じるオペレーションと流動性の要件への対応ができないからである。その他の取引主体（例：国際機関）は担保を受け取るものの差入れはせず、ポジションは例外的な（一般的にはトリプルAの）信用力で部分的に支えられている。担保差入れをしない取引主体は、カウンターパーティリスク（CVA）、ファンディング（FVA）、担保契約（ColVA）そして所要資本（KVA）の対価を軽減するために担保を差し入れることに同意するよりは、その分を支払ってしまい、リスクを銀行に押し付ける[5]ほうを選ぶ（または選ぶしかない）のが一般的である。

大まかにいって、実際には以下の3種類の担保契約が存在する。

●CSAなし

一部の店頭デリバティブの取引関係ではCSAは使われない。これはいずれか、もしくは双方の当事者が担保差入れに対応できないためである。この典型的な例が銀行と事業会社の関係である。後者は担保を差し入れることができず、このためCSAが交わされないことがある（たとえば、事業会社の財務部門はCSAのもとで必要となる流動性の管理を非常に困難だと考えるだろう）[6]。

●双方向CSA

双方向CSAは金融機関同士でより一般的であり、双方の取引当事者が担保を差し入れることに合意する。インターバンク市場では、双方向CSAで

4　ただし、将来の規制上の要件が交渉の必要性を軽減するであろう（6.7節）。

5　FVAおよびColVAは、コストと同様に利益にもなることに注意。これらはそれぞれ、以降の対応する章で説明する。

6　一部の大手の事業会社は担保差入れを行うが、ほとんどの会社は行わない。

低い信用極度額とするのが標準的であり、これは双方にとって（少なくともカウンターパーティリスクの観点からは）有益とすることを目的としている。

●片方向 CSA

一部の状況では、片方の当事者のみが担保を受け取る片方向 CSA が使われる。これは実際のところ担保の提供側に追加的なリスクをもたらし、CSA なしの取引より不利な状況に置かれてしまう。典型的な例は銀行と取引をするトリプル A のソブリンや国際機関のような高い信用力の取引主体である。銀行自身は一部のヘッジファンドと取引する際に、彼らの都合のよいように片方向 CSA を求めることが普通は可能であった。近年特に、ファンディングや資本コストが考慮されることにより、そのような契約は問題視されるようになった（7.5.3節）。

なお、上記は一般的な分類であり、契約上で識別されるわけではない。たとえば、片方向 CSA は、担保差入れをしない取引当事者の信用極度額（6.2.3節）を無限大とすることで実現するだろう。ゆえに、次節以降で定義していくような契約条件に基づいて、現実には無数の種類の CSA 契約が存在している。

過去、店頭デリバティブ市場では、担保請求を信用力（最も一般的には信用格付け[7]）に関連づける方法が一部存在した。この目的は、カウンターパーティのデフォルトが起こりそうにないときには事務負担を最小化するが、信用力が悪化した際には担保による保全の条件を厳格化できるようにしておくことである。この種の契約は問題をもたらす可能性がある。なぜなら、カウンターパーティの格下げがかなり遅れて発生することがあり、担保差入れの要求によりさらなる信用問題を引き起こすためである（5.4.2節の ATE をめぐる議論に似ている）。グローバル金融危機前には、モノライン保険会社のようなトリプル A の取引主体は片方向の担保契約を通じて取引していた（すなわち担保を差し入れていなかった）が、格下げされた場合には担保を差し入

7　ほかにまれにある例としては、正味資産価値、株式や取引のあるクレジットスプレッドの市場価格がある。

れる義務があると規定したトリガーがついていた。そのような契約はむしろ好ましくない非連続性をもたらすこととなりうる。なぜなら、カウンターパーティの格下げは実際の信用力の悪化に対してかなり遅れることがあり、担保差入れの要求によりさらなる信用上の問題を引き起こしかねないからである。まさにこれがグローバル金融危機においてAIG（以下のケーススタディを参照）とモノライン保険会社（2.2節）に起こったことであり、信用格付けや一般的な信用力に関連づけた担保に対するよい反論である。

ケーススタディ：格付トリガーの危険性

アメリカン・インターナショナル・グループ（AIG）の事象は、おそらく担保差入れが引き起こす資金流動性問題の最もよい例であろう。2008年9月、AIGは実質的に支払不能となった。これは金融商品子会社であるAIGFPにより実行されたクレジット・デフォルト・スワップ取引からの担保請求によるものである。この例における重要な点は、AIGFPが自らの信用格付けに連動して担保を差し入れていたことであった。AIGの流動性問題は、社債の格下げの結果である200億ドル[8]の追加担保請求に起因していた。AIGのシステミックな重要性のため、連邦準備銀行はAIGFPに最大850億ドルの担保付与信枠を準備して必要な担保の差入れを可能にし、AIGの破綻を回避した。

担保契約では担保保全に関するすべての条件を明示的に定義し、起こりうるすべてのシナリオを考慮に入れなくてはならない。しばしば条件の決定は担保授受の事務負担とリスク軽減の便益とのバランスに帰着するだろう。ファンディングにおける意味合いは、従来は重要だと考えられていなかったが、これも考慮されるべきである。ここで、担保の手続を構成する要素を分析していこう。

8　AIGの2008年のForm 10-Kより。

6.2.3　信用極度額

信用極度額は、これを超えない限りは担保が要求されないという金額であり、**過少担保**につながる。もし時価が信用極度額より小さいと、担保をまったく要求できないため、対象となるポートフォリオは過少担保となるのである。もし時価が信用極度額を超えれば、そこからの**追加分**の金額のみ担保を請求できる（たとえば、信用極度額が5で時価が8である場合、3の担保が必要となる）。これは明らかに、担保でリスクを削減する便益を限定的とするものの、事務負担と流動性コストを減少させる。

信用極度額が存在する典型的な理由は、取引当事者のいずれか、もしくは双方がオペレーションや流動性コストの面で利益を得ることができ、これと担保による保全が不完全となることの不利益とが見合うからである。一部のカウンターパーティには、一定の水準まで無担保のカウンターパーティリスクが許容できるかもしれない（たとえば、銀行はそのカウンターパーティに対する信用リミットまでは問題視しないだろう。4.3.1節を参照）。信用極度額がゼロということは、どのような状況でも担保が差し入れられるということを意味し、信用極度額が無限大ということは、（たとえば片方向CSAのときのように）どのような状況でも担保が差し入れられないということを指すのに用いられる。

双方の取引当事者に対して信用極度額をゼロとするのは、ますます一般的にみられるようになっている。なぜなら担保契約は、純粋なカウンターパーティリスクの問題（CVA）のみならず、ファンディング（FVA）や資本（KVA）のコストにもおおいに関係しているからである。信用極度額はゼロで当初証拠金が当たり前である中央清算へ向かう動きと、間もなく導入される非清算店頭デリバティブ証拠金規制（6.7節）とによって、さらにこれが後押しされている。信用極度額がゼロではないCSAの規制資本上の取扱いも、かなり保守的となる傾向にある（第8章）。

6.2.4　当初証拠金

当初証拠金は、対象となるポートフォリオの時価にかかわらず差入れが必要となる、上乗せの担保の金額を規定する。一般的に時価とは独立であり、通常は取引開始時に一括して請求される。この通常の目的は、**超過担保**という追加的な安全性を提供して、担保受領の遅延やクローズアウト手続でのコストなどの潜在的なリスクに対する緩衝材とすることである。

従来から、「独立担保額」という用語が（CSAを通して）相対市場で用いられてきた。「当初証拠金」は取引所やCCPで使われる同等の用語である（今後はこちらが使用されるだろう）。当初証拠金は相対市場では珍しいものだったが、明らかな例外として、ヘッジファンドが銀行に差し入れる場合と、銀行がソブリンや国際機関に差し入れる場合の二つがある。これらはどちらも、一方の取引当事者の信用力が著しく劣るか、または優れている場合のものであり、よりバランスのとれた関係（例：インターバンク市場）においては、当初証拠金は一般的ではなかった。しかしながら、当初証拠金は相対市場で最近より普通になってきている。この理由は、きたる店頭デリバティブ証拠金規制（6.7節）にあり、これが金融機関同士の取引に特に重要となるからである。また留意したいのは、従来、当初証拠金は比較的変化の少ない金額（例：想定元本に対する割合）だったが、徐々によりダイナミックな手法で決定されるようになってきていることである。

なお、信用極度額と当初証拠金は本質的に反対方向に働き、当初証拠金は負の信用極度額と（直観的かつ数学的に）考えられる。この理由により、これらの用語が同時に使われることはない。信用極度額（当初証拠金はゼロ）によって過少担保が定められるか、当初証拠金（信用極度額ゼロ）によって超過担保が定められるかのどちらかである。

当初証拠金は「ギャップリスク」に対する緩衝材として働く。これは、ポートフォリオの価値が短期間に非連続的な変動をするかもしれないというリスクである。事実、当初証拠金はクレジットデリバティブなどの商品でより一般的である（金額も大きい）。これらの商品では、そのような非連続的な事象が起こりやすくかつ深刻であるからである。当初証拠金の計算方法に市場標準はないが、VaR モデルに基づく方法が一般的になりつつある。当初証拠金を設定する際、そのねらいは、カウンターパーティのデフォルトの十分ありうるシナリオにおいてもポートフォリオの超過担保状態を確保することであり、それゆえに、損失に苦しむということはほぼなくなるだろう。当然ながら、当初証拠金のリスク感応的な統計的推定においては、99% かそれより高い信頼水準が用いられるだろう（6.7.3節参照）。

6.2.5　最低引渡金額と端数処理

最低引渡金額は、担保の授受が可能となる最低金額である。これは、少額の（現金でない場合もある）担保の頻繁な受渡しによる事務負担を避けるために用いられる。最低引渡金額の大きさも、前と同じようにリスク軽減と事務負担の間のバランスによって決まるものである。エクスポージャーが最低引渡金額と信用極度額の合計を超えてはじめて担保を請求できるという意味で、この二つは加法的である。ただ、これは最低引渡金額を信用極度額のなかに含めることができるという意味ではない。これは担保請求が可能となる時点を定義するうえでは正しいだろうが、担保請求額の観点からは正しくない（6.2.8節でより詳細に述べる）。

半端な額の取扱いを避けるために、担保を請求・返却する金額を特定の単位金額の倍数に丸めることができるだろう。これが特に役に立つのは、有価証券で担保を差し入れるときである。有価証券はその性質上、現金のように無限に分割できない。端数処理は常に切上げ（または切下げ）でもよいだろうし、もしくは常に一方のカウンターパーティに有利なものになるかもしれない（つまり、彼らが担保を請求する際には切り上げ、返却する際には切り下げる）。端数処理は通常は比較的少額であり、担保による保全の効果に与える影響は小さいだろう。しかしながら、その影響は上記の他の要因とともに考えることができ、エクスポージャー全体に小さいものの確実な影響を与えるだろう（第11章）。

なお、最低引渡金額と端数処理の金額は、少額の受渡しが問題となる非現金担保で重要となる。現金のみの担保を用いる場合（例：変動証拠金や中央清算機関）は、一般的にこれらの事項は無視できる。

6.2.6 ヘアカット

現金は差入担保として最も一般的な種類のものである（担保全体のうち約4分の3が現金である）。しかしながら、CSAにおいては、各取引当事者は担保として受取りが可能な資産を指定することができ、加えて各資産の価格変動を許容するべく「ヘアカット」を決定することができる。ヘアカットとは資産価値の引下げであり、これで反映しようとしているのは、直近の担保請求からカウンターパーティのデフォルト事象における清算までの間に、資産価格が下落する可能性があるという事実である。それゆえ、ヘアカットは理論上、資産のボラティリティと流動性に左右される。実際には、ヘアカットの水準はCSAの交渉時に設定され、市場の変化に応じて調整されるものではない。主要通貨の現金担保にはヘアカットは必要ないだろうが[9]、有価証券には個別の特性に応じて事前に設定されたヘアカットが充てられるだろう。x％のヘアカットが意味するのは、担保として差し入れられる有価証券1単位に対して、（1－x）％の信用（「評価掛け目」）しか与えられないということである。これを示しているのが図6.3である。担保提供者は担保を差し入れる際にヘアカットを考慮に入れなければならない。

ヘアカットは主に市場リスクを考慮するために用いられるが、このリスクは差入担保の価格ボラティリティからくるものである。信用リスクまたは流動性リスクが大きい担保は一般的に敬遠される。なぜなら、実際にはヘアカットは担保資産のデフォルトを補うのに十分な大きさにまでは大きくすることができず、そうでなくてもこのような担保は大幅に価格を下げて清算しなければならないからである。これとは別に、価格変動が大きい株式や金などの資産はそれほど問題にならない。これは、デフォルトシナリオ下でのこれらの資産の挙動は予測しやすく、比較的大きなヘアカットをとることに

9　ただしこれは、6.7節で議論する非清算店頭デリバティブ証拠金規制が導入されると変わるかもしれない。

図 6.3　担保に適用されるヘアカット

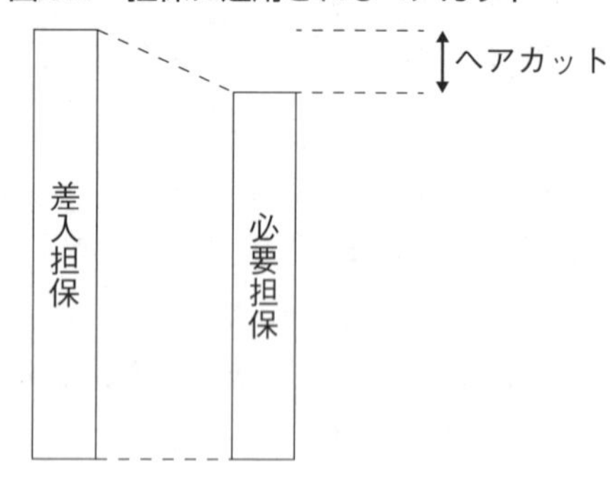

表 6.1　ある担保契約におけるヘアカットの例

	当事者A	当事者B	評価掛け目	ヘアカット
適格通貨建ての現金	○	○	100%	0%
米国、英国、ドイツ政府が発行した債務証券で満期が1年未満のもの	○	○	98%	2%
米国、英国、ドイツ政府が発行した債務証券で満期が1年以上10年以下のもの	○	○	95%	5%
米国、英国、ドイツ政府が発行した債務証券で満期が10年超のもの	○		90%	10%

よって、価格ボラティリティと潜在的な流動性の低下を補うようにできるからである。

ヘアカットの例を適格担保の種類とともにいくつか示したのが、表6.1である。たとえば、信用力の高い長期の国債や社債は、満期の長さのせいで金利による価格ボラティリティは大きいが、デフォルトリスクや流動性リスクはおそらく大きな懸念にはならないだろう。したがってこのような有価証券は数パーセント程度のヘアカットになじむかもしれない。

適格担保の決定とヘアカットの設定において検討すべき重要な点は以下のとおりである。

- 担保の清算にかかる時間
- 担保価値を決定する市場変数のボラティリティ
- 有価証券のデフォルトリスク
- 有価証券の満期
- 有価証券の流動性
- 担保価値と、カウンターパーティのデフォルトやエクスポージャーとの間の関係性（誤方向リスク）

上記の最後の点は、既存の方法では大抵実現がきわめて困難となる。たとえば、信用力の高い（ある信用格付け以上の）ソブリン債はおそらく適格担保とみなされるだろう。これらは流動性が高く、デフォルトリスクは低く、（満期の長さにもよるが）価格ボラティリティも十分低いだろう。しかしながら、CSAでは（たとえば）銀行による自国ソブリン債の差入れは妨げないだろう。CSAは通常はそのような詳細の記述にまでは至っておらず、時折後から判明して慌てることがある。

最後に、エクスポージャーと担保価値評価の間の潜在的な相関を検討することが重要である。これらの点はすべて第11章でより定量的に議論しよう。

例

5％のヘアカットが設定されている有価証券を考え、10万ドルの担保請求をカバーするために差し入れられるとしよう。この有価証券価値のうち95％のみが担保目的として認められる（評価掛け目）ことから、差入担保の実額は以下のようになるはずである。

担保の市場価値＝10万5,263ドル
ヘアカット＝5,263ドル（10万5,263ドルの5％）
担保認定額＝10万ドル（上記の差分）

担保差入れ時にヘアカットを考慮するのは担保提供者の責任である。もし上記のように担保請求が行われた場合、（担保金額に関して紛争がないと仮定すると）現金ならばカウンターパーティは10万ドルを差し入れることができただろうが、5％のヘアカットが設定されている有価証券の市場価値では10万5,263ドルとなる。

6.2.7 信用力との関連づけ

前に述べたように、信用極度額、当初証拠金、最低引渡金額はいずれも信用力と（通常は格付けのかたちで）関連づけられている場合がある。その例を示したのが表6.2である。この裏にある論理とは明らかに、カウンターパーティの信用力が悪化すると担保が重要になるということであり、また担保をより多く（信用極度額を低く、できれば当初証拠金も加え）より頻繁に（最低引渡金額を低く）とることに価値があるということである。格付けが低いカウンターパーティと相対した際、担保管理の事務コストの増加に見合った価値があり、これによってカウンターパーティリスクのさらなる軽減を実現できる。なお、双方向CSAの場合は、当事者の双方が信用極度額と最低引渡金額の影響を受ける。

かつて格付トリガーは有用なリスク軽減策とみなされていたが、グローバル金融危機ではその無力さが際立った。これは、信用格付けの反応の遅さ

表6.2　格付けと関連づけられた担保のパラメーターの例

格付け	当初証拠金	信用極度額	最低引渡金額
AAA/Aaa	0	250百万ドル	5百万ドル
AA+/Aa1	0	150百万ドル	2百万ドル
AA/Aa2	0	100百万ドル	2百万ドル
AA-/Aa3	0	50百万ドル	2百万ドル
A+/A1	0	0	1百万ドル
A/A2	1%(注)	0	1百万ドル
A-/A3	1%(注)	0	1百万ドル
BBB+/Baa1	2%(注)	0	1百万ドル

＊これはCSAが片方向でも双方向でも適用できる
(注)　ポートフォリオの想定元本合計に対して。

と、生み出されるクリフ効果のためである（たとえば、6.2.2節のAIGのケーススタディを参照）。一方では、もしカウンターパーティの信用力が悪化しているなら、このような格付トリガーの便益は（仮にあったとしても）限定的だろう。他方では、自己の格下げに苦しんでいる金融機関は、担保差入額の増加の要求とこれによってもたらされうるファンディングの困難な課題に、さらに苦しむ可能性がある。したがって、このような担保条件と信用力との関連づけは一般的ではなくなってきている。ただ、CSAの条件は頻繁には変更されない（おそらく今後長らく交渉されない）ので、いまでもよくみられるものである。間もなく導入される流動性カバレッジ比率（8.8.4節）の規制ルールは、銀行の3ノッチ以内の格下げから生じる担保差入れを資金流出に含むよう求めている。これが意味するのは、表6.2の一覧で定義されるような信用極度額の減少や当初証拠金の差入れの観点から、銀行は（自己の格付けだけに関して）最悪ケースのシナリオを考慮しなければならない、ということである。

6.2.8 必要担保額

ISDAによるCSAの契約書では、「必要担保額（Credit Support Amount）」を任意の時点で要求できる担保の金額と定義している。CSAの条件では通常、事務コストや流動性の要請から連続的な担保差入れは意図していないだろう。前に議論した信用極度額と最低引渡金額はこの目的に資するものである。

スプレッドシート6.1　信用極度額と当初証拠金を含む担保の計算

もしポートフォリオの時価から信用極度額を差し引いたものが、どちらかの取引当事者からみて正の値となっていれば、その者は最低引渡金額に基づいて担保を請求することができる。ある時点において、どちらかの当事者が請求できる担保金額は、以下の手順によって決定される。

1　次式を用いて信用極度額を考慮に入れたうえで、仮の担保金額を計算する。

$$\max(MTM - threshold_C, 0) - \max(-MTM - threshold_I, 0) - C \quad (6.1)$$

ここで、MTM は関連する取引の現在の時価[10]、$threshold_I$ と $threshold_C$ はそれぞれ金融機関とそのカウンターパーティの信用極度額、C はすでに保有している担保の金額を表している。もし上記の計算結果が正の値になれば、担保を請求する（または返却を要求する）ことができる。一方で負の値になれば、（以下の条件のうえで）担保を差し入れる（または返却する）必要があることを示している。

2　上記で計算した金額の絶対値が最低引渡金額を超えるか否かを判断する。超えなければ担保請求はできない。

3　計算した金額が最低引渡金額を超えていれば、それを適切な値に端数処理する。

4　すべての当初証拠金の価値を別途計算する。これは通常、当初証拠金が上記の変動証拠金から独立して決定されるからである。なお、双方の取引当事者が当初証拠金を差し入れる場合（従来は一般的ではなかったが、6.7節で述べるように将来の規制下では必要となる）には、当初証拠金はネッティングされず別々に支払われる。理論的には、当初証拠金は式6.1のなかに含めて表せるはずなのだが、一方で、実際には分別保全（以下で議論する）などの点があることから、おそらく別扱いとするのが最善だろう。

担保計算の仮定として、双方向CSAにおいて信用極度額が100万ドル、最低引渡金額が10万ドル、端数処理単位が２万5,000ドルに等しいとしよう。まず表6.3で示した例では、エクスポージャーの結果として77万5,000ドルの担保が請求されている。取引の時価または「ポートフォリオ価値」が175万4,858ドルである一方で、最初の100万ドルのエクスポージャーは信用極度額のため担保で保全ができない。担保請求額は順次切り上げられ最終金額は77万5,000ドルとなる。もちろん、カウンターパーティがすべての計算

10　5.2.4節での議論と比較すると、これは通常実際の時価の値と定義され、クローズアウトの定義に関連するもののようなほかの要素はまったく含んでいない。

表6.3　担保計算の例

	担保の計算
ポートフォリオ時価	1,754,858ドル
保有する担保の時価	—
必要な担保（6.1式）	754,858ドル
最低引渡金額を超えているか？	はい
必要担保額	775,000ドル

表6.4　既存の担保がある場合の担保計算の例

	担保の計算
ポートフォリオ時価	1,623,920ドル
保有する担保の時価	775,000ドル
必要な担保（6.1式）	−151,080ドル
最低引渡金額を超えているか？	はい
必要担保額	−150,000ドル

に合意すると仮定すれば、彼らは−77万5,000ドルという値を計算するだろう。これは彼らがこの金額の担保差入れに合意することを意味している。

表6.4では状況が変化している。なぜなら、金融機関が担保を受け取っており、エクスポージャーが減少したからである。結果として彼らは担保を返却する必要がある。なお、依然として無担保のエクスポージャーがある一方、信用極度額の存在により担保を返却する必要がある。すなわち、彼らが担保を返却しなければならないのは、ネットのエクスポージャーである84万8,920ドル[11]が信用極度額以下まで減少したからである。

6.2.9　担保がエクスポージャーに与える影響

担保が典型的なエクスポージャーの形状に与える影響を示したのが図6.4である。担保がエクスポージャーを完全にはなくせないのには、本質的に二つの理由がある。第一に、信用極度額の存在[12]で、一定の額のエクスポー

11　これはポートフォリオの時価である162万3,920ドルから、保有する担保の時価77万5,000ドルを差し引いたものである。

ジャーには担保による保全ができないことになる。第二に、担保受領の遅延や最低引渡金額のような条件によって、離散的な効果が生じる。これは、エクスポージャーの動きは完全に追跡できないからである[13]（これは図6.4において灰色の領域で示されている）。なお、当初証拠金は信用極度額を負にするものとして考えることができ、それゆえ大きさによってはエクスポージャーをゼロにまで削減できる。

カウンターパーティリスク軽減の便益を最大化するためには、理想的には担保価値とカウンターパーティの信用力の間に不都合な相関があるべきではない。これは誤方向リスクのことである。自己の発行する債券を差し入れているソブリンがこの一例となる[14]。この不都合な相関は現金担保でもありうることに注意しよう。一つの例は、欧州ソブリンまたは欧州系銀行からユーロを受け取る場合であろう。さまざまな種類の担保の便益を検討する際には、ファンディングに関する検討も含まれるべきである。これは6.4節で議論する。

図6.4　担保がエクスポージャーに与える影響

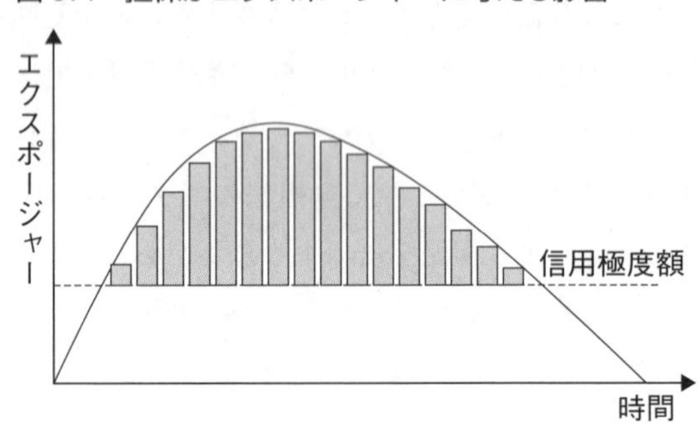

＊担保額は灰色の領域で描かれている

12　なお、信用極度額はゼロとすることができ、その場合にはこれは問題にならない。しかしながら、インターバンクのCSAでさえも、多くは信用極度額がゼロではない。

13　当初証拠金の目的は、バッファーを設けることでこのリスクを軽減することである。

14　この形式で担保を取得することには利点があることを付言しておく。第一に、ソブリンの信用力が悪化するにつれて、より多くの担保を請求できる。第二に、突発的デフォルト事象の発生であっても、債券のリカバリー価値が担保で提供される。この後、無担保債権者として二次的なリカバリー価値を得る機会があるだろう。

6.3 担保の仕組み

6.3.1 担保請求の頻度

担保請求の頻度とは、担保の請求と返却を行える定期的な時間間隔のことである。より長い間隔の担保請求頻度で合意されることもあるだろうが、その目的は大抵、事務負担を減らすことと、適切な価値評価が実行できるようにすることである。大手のカウンターパーティから要求され、日次の担保請求にまつわるオペレーションやファンディングの要請に苦労している一部の小規模な金融機関もあるだろう。日次よりも長い担保請求頻度は、さほど変動が大きくないアセットクラスや市場では実務的かもしれないが、一方ではとんどの店頭デリバティブ市場では日次の請求が標準となっている。さらに、レポなどのより単純で標準的な商品や、中央清算機関（第9章）を通して清算されるデリバティブでは、日中の担保請求が一般的となっている。

6.3.2 計算代理人、紛争、照合

計算代理人とは必要担保額の計算を行う当事者を指している。小規模なカウンターパーティと取引する大手のカウンターパーティは、すべての目的において自らが計算代理人になることを固持するかもしれない。このような場合、「小規模な」カウンターパーティは、もし期待される通知がこなければ担保の返還や差入れを行う義務はない。このとき、計算代理人のほうは必要に応じて返還する義務を負うことがある。あるいは、カウンターパーティの双方が計算代理人となる場合もあり、エクスポージャーをもつ（あるいは負の時価が小さくなる）ときに、双方が互いに担保を請求（返還）することになる。このような状況では、担保について紛争（dispute）が起こる可能性が高い。

担保計算における計算代理人の役割は、以下を計算することである。

- ネッティング考慮下での現在の時価
- 以前に差し入れられた担保の市場価値と、その適切なヘアカットによる調整
- 無担保エクスポージャーの合計
- 必要担保額（いずれかのカウンターパーティが差し入れる担保金額）

担保請求をめぐる紛争は普通に起こるもので、以下のうち一つ以上の要因で発生しうる。

- 対象取引の範囲
- 取引の価値評価手法
- CSA条件の適用（例：信用極度額や適格担保）
- 市場データや市場のクローズ時間
- 以前に差し入れられた担保の価値評価

店頭市場は透明性が低く、また分断しているという性質をふまえれば、互いの担保要求額について顕著な相違が発生することはあるだろう。価値評価や紛争対象額の差異が担保契約に明示された許容範囲内であれば、カウンターパーティ同士で「差異を分け合う（split）」こともある。そうでなければ、食い違いの原因を見つける必要があるだろう。このような状況は明らかに理想的ではなく、これが意味するのは、少なくとも紛争対象額の原因が追跡され、合意され、修正されるまでは、取引当事者のうちの一方が部分的に無担保のエクスポージャーをもつことになるということである。紛争の場合に通常踏む手順は以下のとおりである。

- 紛争の当事者はカウンターパーティ（あるいは第三者の計算代理人）に対して、エクスポージャーや担保計算につき紛争とする旨を、担保請求の翌営業日のクローズ時点までに通知する必要がある。
- 紛争の当事者は紛争対象外の金額を受け渡すことに合意し、両者は一定の期間（「紛争処理時間（resolution time）」）内で解決を試みようとする。紛争の原因は特定されるだろう（例：どの取引が価値評価に重要な差異を及ぼすか）。

- もし両者が紛争処理時間内で紛争を解決できなかったならば、彼らは紛争対象のエクスポージャー（既存担保の価値が紛争対象である場合は、その価値）について、数社（一般的には4社）のマーケットメーカーから時価のクォートを取得することになる。

受身で紛争処理に注力するよりもむしろ、能動的に紛争を早期に防止しようとするほうが好ましい。照合（reconciliation）の目的は、取引の評価額に互いに合意することで紛争の機会を最小化することであり、結果として得られるネットのエクスポージャーが担保の授受につながらないこともある。カウンターパーティ同士が取引を行う前であっても、架空の取引を用いて照合を行うことができる。定期的（たとえば、週次や月次）に照合を行うことは適切な実務であり、そうしてカウンターパーティ間の評価差異を最小化することができる。このような照合を行うことによって、より困難な時期になってから生じる可能性のある問題をあらかじめ避けることができる。照合はかなり詳細に行えるので、通常であれば紛争の許容範囲に収まったり、偶然互いに相殺されていたりしたような差異を、浮き彫りにできるかもしれない。ゆえに、他の状況では一時的にしか現れないであろう問題が、綿密な照合によれば捕捉されるはずである。現在では店頭デリバティブのポートフォリオの約32%が日次で照合されているが、取引全体のうちの多くは、一般的にはそれより少ない頻度でしか照合されていない[15]。第三者の計算代理人は事務の効率化をもたらし、相対で担保を授受する関係においてありがちな紛争を防ぐのに役立つ可能性がある。紛争管理の改善をねらって、特に非清算デリバティブに対する担保要件の観点から、ISDAは、"ISDA 2013 EMIR Portfolio Reconciliation, Dispute Resolution and Disclosure Protocol"を作成した。これは欧州の規制要件に基づいたものである。

なお、中央清算される取引では中央清算機関が計算代理人なので、担保の紛争は問題にならない。しかしながら、中央清算機関は明らかに、自己の評価手法が市場標準で、透明性があり、強固であることを確保するべく努めて

15 出典：ISDA（2014）。

いくことになる。

グローバル金融危機は銀行の担保管理実務における多くの問題を明らかにした。規制当局はマージンリスク期間（8.6.3節）に対するバーゼルⅢの提案でこの問題に答えた。これによって、担保によって実現できる資本の節約度合いが（一部の場合）縮小する。担保管理実務は継続的に進歩してきた。その一例は、担保管理を手作業の事務プロセスから解放することを目的とした、電子メッセージングの増加である。ISDA（2014）は、近年この顕著な増加を報告している。

6.3.3　権原移転と担保権

実務上、担保の移転には二つの方法がある。

● **担保権**（security interest）

この場合には、担保の所有者は変わらない。担保受領者は担保資産の金利は得るものの、契約で定義された一定の事象（例：デフォルト）下でしか担保資産を利用できない。それ以外は、一般的に担保提供者が有価証券を所有し続ける。

● **権原移転**（title transfer）

ここでは、担保の法的な所有権をもつ主体が変わり、対象の担保資産（あるいは現金）が完全に移転される。しかし、その利用には制約が課されるときがある。そのような制約は別とすると、担保保有者は一般的に資産を自由に利用することができ、それゆえ法的実効性はより強いものとなる。

ISDA（2014）の報告によると、担保契約の47.6％はニューヨーク法上の質権（担保権の一形態）であり、28.3％は英国法上の権原移転である。担保受領者にとっては権原移転のほうが有利である。なぜなら、彼らは物理的に資産を保有し、法的リスクなどの問題に悩まされにくいからである。担保提供者にとっては担保権のほうが望ましい。なぜなら、彼らは依然として担保資産を保有しており、もし担保受領者がデフォルトしても、超過担保などの問題にさらされにくいからである（権原移転のもとでは、追加担保が破産財団の一部となり返還されないだろう)。

6.3.4 クーポン、配当、付利

担保提供者がデフォルトしていない限りは、経済的にみれば彼らが担保所有者のままである。ゆえに、担保受領者はクーポンの支払、配当、その他のキャッシュフローを渡さなくてはならない。このルールにおける一つの例外は、すぐに担保の請求が発生するような場合である。この場合には、担保受領者は通常、適切に担保で保全された状態を維持するために、最低限のキャッシュフロー(例:債券のクーポン)を保持するだろう。

担保契約ではまた、現金に対して支払われる金利のレートと、取引当事者間でいつ金利が受け渡されるかについても規定することになる。これは権原移転と担保権のどちらを用いるかによらない。現金担保に対して支払われる金利は、典型的には翌日物金利スワップ(Overnight Indexed Swap、OIS[16])レート(たとえば、欧州ではEONIA、米国ではフェデラル・ファンド金利)となるだろう。一部のカウンターパーティ、典型的にはソブリンや機関投資家は、現金に対するスプレッドを差し引いて現金での担保の受取りを避けようとする(そして有価証券の担保を促そうとする)場合がある。なぜなら、現金は金利を得るために投資するか、銀行システムに戻さなければならないからである。

OISレート使用の背後にある論理は、(時価が日次で相当変動する可能性があるので)担保が短期間しか保有されないという理由から、短期金利しか支払われない、というものである。しかしながら、OISは必ずしも最も適切な担保レートとは限らない。特に相当額の担保を長期間差し入れる必要もある長期の店頭デリバティブではそうである。これはネガティブ・キャリーという問題を引き起こすかもしれない。これは、取引当事者が担保をファンディングするのに支払うレートが、彼らの受け取るOISレートよりもかなり高いために起こる。これがFVA(第15章)の一つの源泉である。時折、担保

16 13.2.2節でより詳しく議論する。

受領者は、OIS よりも高いレートの支払に合意することにより、このファンディングレートの不一致を埋め合わせたり、あるいは現金担保の差入れを促したりすることがある。これらキャリーの不一致は、一般的にColVA（第13章）によって定量化される。

6.4 担保とファンディング

6.4.1 概　　要

近年、ファンディングコストが重要とみなされるにつれて、担保の適格性と再利用が多くの関心を集めてきた。それゆえに、やりとりしようとする担保の種類を検討することは重要である。なぜなら、担保の形態によってファンディングコストや付利レートが異なるからである。担保を受渡しするときに、この手続を最適化してファンディング効率を最大化する必要があることに、金融機関は徐々に気づいている。担保管理は、もはやバックオフィスの事務センターではなく、重要な資産最適化ツールであり、これによって最も費用対効果が高いように担保を引き渡す（そして差し替える）ことができる。取引当事者は最も割安となる現金担保を検討し、ヘアカットの影響と非現金担保の再担保可能性を考慮すべきである。たとえば現金の通貨が違えば、異なるOIS レートが支払われ、非現金担保が再担保されるならば、異なるレポレートが支払われる。第13章ではこれらの側面についてより深く検討する。

直接相対する店頭デリバティブにおける担保の伝統的な役割は、カウンターパーティリスクの軽減であった。しかしながら、担保にはファンディングの提供というもう一つの役割がある。担保がなければ、ある取引当事者が勝っていたとしても、その資産に対する即時の支払は受けられないだろう。金融機関はしばしばヘッジ取引に取り組むため、ファンディングの問題が生じる可能性がある（たとえば、ある取引で担保を受け取らない銀行が、対応するヘッジ取引に対しては担保を差し入れる必要がある場合もあるだろう）。担保はカウンターパーティリスクの削減と同様ファンディングにも関係するため、念頭に置くべき点の一つは、担保の種類によって、異なるカウンターパーティリスクやファンディング利益がもたらされるだろう、ということである。カウンターパーティリスク軽減策としての担保は、定義上、実際のデフォルトシナリオでのみ使われるが、他方で、ファンディング手段としての担保はすべてのシナリオに関連する、ということを区別するのは大事である。たとえば、自己の債券を担保として差し入れる取引主体は相手にファンディング利益を提供するが、相手のカウンターパーティリスク軽減策としては無意味である。このカウンターパーティリスクとファンディングの間のバランスは、再担保と分別保全（後に議論する）などの点でみられ、xVA を理解する際の重要な特徴となる。

6.4.2 差替え

時折、取引当事者が担保有価証券の返還を要求または希望する場合がある。これはオペレーション上の理由（たとえば、なんらかの理由で特定の有価証券が必要となる[17]）か、そうでなければ最適化の理由によるものだろう。このような場合に、差替えの要求をして、（適切なヘアカットを適用した後の）同等の金額の適格担保に交換することができる。もし差替えについて同意を得る必要がなければ、（担保種別が契約で認められるものである限り）このような要求を拒否[18]することはできないが、かわりの担保を受領するまで、要求された担保を手放す必要はない。より一般的には、担保の保有者が同意する場合にのみ差替えが認められる。担保が自由に差替えできるかどうかは、ファンディングコストと担保の便益、そして担保契約に付随する最割安銘柄のオプション性の価値評価の観点から、重要な検討事項である。しかしなが

17　なお、返還される担保は完全に同一のものである必要はないが、同等のもの（例：同じ発行体の債券）でなければならない。
18　たとえば、その原因としては、もともとの担保がレポに出される、別のカウンターパーティに差し入れられる、売却される、その他アクセスを制限されるなどがある。

ら、状況によっては、差替え要求に同意することに関しては紳士協定があるように見受けられる。これについては、第13章でより詳しく議論する。

6.4.3 再担保

ファンディングの効率性に関連するもう一つの点は、担保の再利用である。担保がファンディングコストを上回る便益を提供するためには、何かに利用できなければならない。現金担保、そして権原移転で受け取った担保は、本来的には再利用可能なのだが、それ以外の担保は再担保の権利がなければならない。これが意味するのは、担保の保有者なら担保を（たとえば、他の担保契約やレポ取引で）利用することができるということである。店頭デリバティブ市場の性質上、銀行などの仲介機関は一般的にヘッジ取引を行うため、再担保は重要である。これを示したのが図6.5である。

再担保の権利がある場合は、（図6.6からわかるように）この権利は利用されることが多い。これは再担保によりファンディングコストや高品質の担保に対する需要を減らせるからであり、当然である。

多くの取引当事者がいくつものヘッジや相殺取引を行う店頭デリバティブ市場では、再担保は当たり前にみえるだろう。このような状況では、再担保

図6.5　再担保の重要性

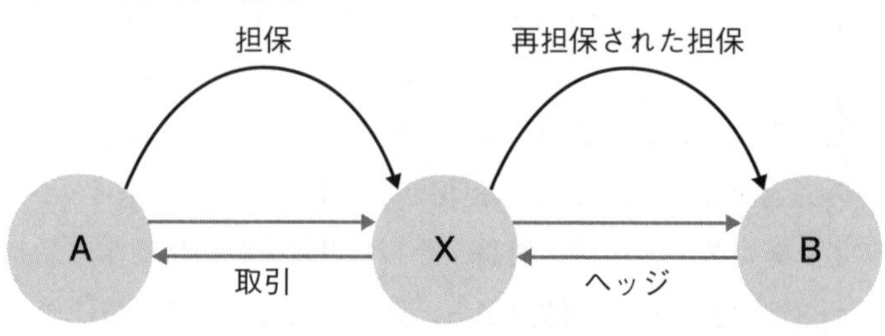

＊取引当事者Xはカウンターパーティ A と取引をし、この取引のヘッジをカウンターパーティ B とで行う。いずれの取引も担保契約下にある。カウンターパーティ B が担保を差し入れるとすれば、再利用あるいは再担保が意味するのは、この担保をカウンターパーティ A にそのまま渡せるということである。この時ヘッジ取引の価値は同額で符号が逆だからである

図6.6　再担保の内容（大手ディーラーのみ）

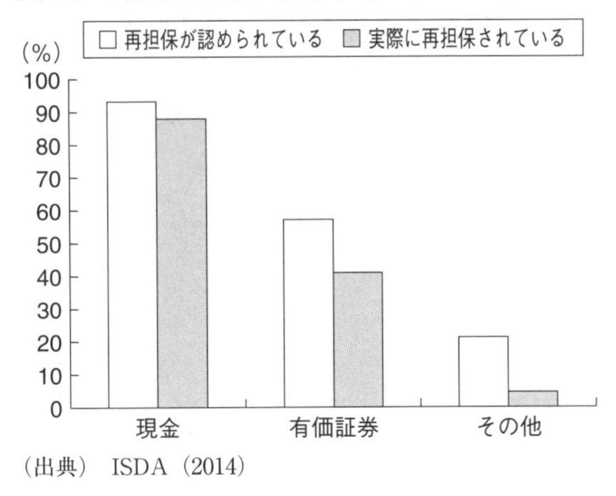

（出典）　ISDA（2014）

によって追加的な流動性の問題を起こすことなく市場システム内を通じた担保の流れを実現できる。ファンディングの観点からは再担保は重要である。しかしながら、カウンターパーティリスクの観点からは再担保は危険である。なぜなら、デフォルトシナリオにおいて再担保された担保が受け取れない可能性が生じるからである（図6.7）。この観点から取引当事者は以下の二つの潜在的リスクに直面している。

- 担保契約に基づき、カウンターパーティへの負の時価のポジションに対して差し入れられた担保が、再担保され（カウンターパーティのデフォルト事象発生時に時価の上昇を伴っても）結果的に返却されないリスク。
- 取引当事者Aが受け取って、その後当事者Bへ再担保された担保が、当事者Bのデフォルト時に回収されず当事者Aに対する債務が生じるリスク。

グローバル金融危機以前、再担保は普通であり、また不可欠な機能と考えられてきた（例としてSegoviano and Singh（2008））。しかしながら、リーマン・ブラザーズやMFグローバルの破綻によって、再担保された資産が返還されないという潜在的な問題が明らかになった。一つの例は、再担保され

図 6.7　再担保の潜在的リスク（○印は再担保された担保、●印は実際の担保を表している）

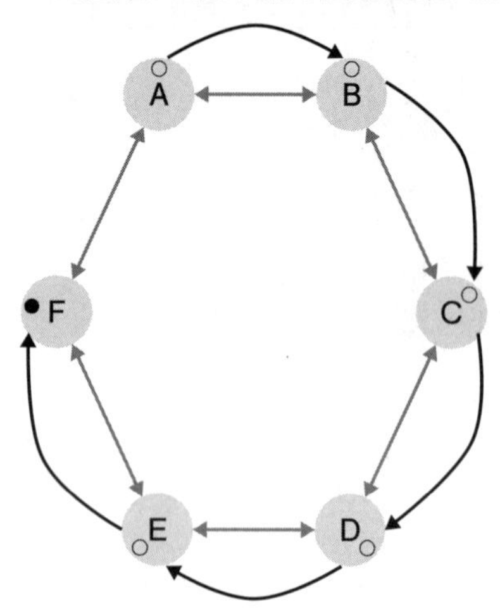

た資産の返還に関して、リーマン・ブラザーズ・インク（米国）の顧客のほうがリーマン・ブラザーズ・インターナショナル（欧州）の英国の顧客よりも有利に扱われたことである（顧客保護における英国と米国の間の差異による[19]）。Singh and Aitken（2009）の報告によると、危機の直後には再担保が大きく減少した。これはカウンターパーティリスクの観点からはより安全だが、ファンディングコストを上昇させることになる。

6.4.4　分別保全

もしたとえ担保が再担保されていなくても、デフォルトシナリオにおいて担保が回収されないリスクは存在する。担保の分別保全はカウンターパーティリスクを削減するために設けられるものであり、担保の受領側のカウンターパーティが支払不能となったときに、差入担保が法的に保護されることを要求している。実際にこれを実現する方法は、必要ない担保をすべて返還

19　リーマン・ブラザーズの清算人（プライスウォーターハウス・クーパース）は、リーマンの破綻直後の2008年10月に、リーマン・ブラザーズ・インターナショナル（欧州）に提供された一部の資産が再担保されており返還されない可能性があると述べた。

することを保証する法的ルール（いかなる倒産法制よりも優先される）によるものか、あるいは当初証拠金を保管する第三者のカストディアンによるものである。したがって、分別保全は再担保の慣行とは両立せず相いれない。分別保全の基本的な概念を示したのが図6.8である。

分別保全された担保を保有する方法としては、次の三つが考えられる。

- 担保受領者によって直接的に行われるもの
- ある取引当事者の代理としての第三者によって行われるもの
- 第三者として担保を保有し、他の二者と三者間契約を締結している、トライパーティ・カストディによって行われるもの

重要な点として知っておくべきは、法的な分別保全（上記三つのうちいずれも実現できる）という概念と、オペレーション上の分別保全（上記のうち後者二つのみで実現できる）という概念があることである。MFグローバルのデフォルトにおいて、取引当事者はいずれも法的な分別保全のみでオペレーション上の分別保全はしておらず、詐欺行為により返還されると期待していたはずの担保を失った（6.6.4節を参照）。現金はその性質上代替可能であるため、担保受領者のバランスシート上で分別することはむずかしい。したがって、担保が指定口座で保有され、いかなる方法でも再担保や再投資が行われない三者間契約が望ましいだろう。他方で、これによって投資の選択肢は狭まり、担保提供者が自らの保有する現金に対するリターンを得ることが

図6.8　担保の分別保全に関する概念

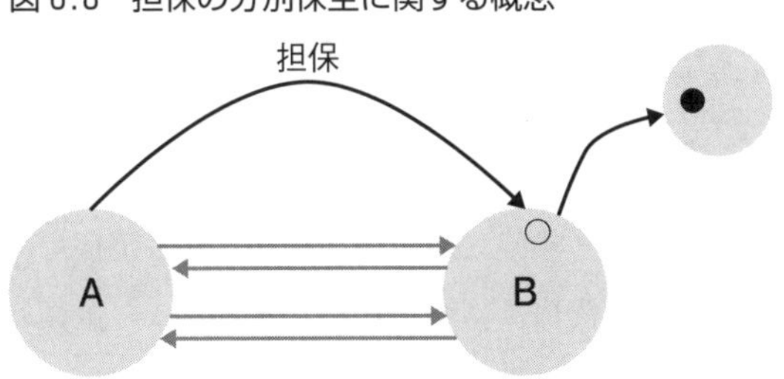

＊取引当事者Aは当事者Bに分別保全された担保を差し入れる

むずかしくなる。たとえもし担保が第三者あるいは三者間契約の代理人に保有されていたとしても、そのような第三者への潜在的な集中リスクについて考えるのは重要である。

6.3.3節で述べたように、担保の差入れには二つの方法がある。すなわち権原移転と担保権である。このうち担保の分別保全と再担保禁止が意味をもち実際的となるのは後者である。権原移転では、担保受領者のデフォルト時に担保提供者は無担保債権者のままとなる。なぜなら、譲渡時に担保資産の所有権が担保受領者へ移る（そして再担保時には権原は次に渡される）からである。店頭デリバティブ市場の約半分は、権原移転によって担保設定されており、これが英国法CSAの基礎を成している。分別保全が必要となる担保は理想的には、担保権型の関係か、または追加的な法的要件で押さえられるべきである。

なお、カウンターパーティリスクを削減するには分別保全が明らかに最適な方法である一方で、本来であれば単に再担保することができた分の資金のために、潜在的なファンディングの問題を生む。これは、カウンターパーティリスクとファンディングの間、そして中央清算と非清算店頭デリバティブ証拠金規制の規制要件との間の、費用対効果のバランスの核心部分である。

6.4.5　変動証拠金・当初証拠金の再担保と分別保全

では、再担保はカウンターパーティリスクを削減するために避けられるべきだろうか、あるいは、ファンディングコストを最小化するために促されるべきだろうか？　この質問に対する明確な答えはないが、2種類の担保について個別に考えればより自然な答えがある。その二つとは変動証拠金と当初証拠金（6.1.3節）である。

変動証拠金は一般的に、時価に基づいて計算される担保で、ある取引当事者からもう一方に対する債務に基づくものである。この金額は直接的に負債となるため、これを再担保するのは自然な考え方である。ただし、これは以下の二つの理由でカウンターパーティリスクを生じさせる可能性がある。

- 時価が回復し上昇したことで返還が必要となった担保によって生じるカウンターパーティリスクがある。しかしながら、担保が頻繁に交換されるなら（例：日次）、比較的小さな問題のはずである。
- ヘアカットが適用される担保資産では超過担保が求められ、差し入れた余分な担保によりカウンターパーティリスクが生じる。これも、多くの有価証券はヘアカットが小さいため比較的わずかな影響しかない。

したがって、変動証拠金の再担保は特に問題とはならない。しかしながら、当初証拠金は債務とならないので、もし再担保されたり分別保全されなかったりすれば、カウンターパーティリスクを増加させるだろう。なぜなら、デフォルトシナリオにおいて返還されない可能性があるからである。事実、6.4.3節で述べた過剰な再担保の問題は主に当初証拠金から生じている。当初証拠金は受領した際にしばしば変動証拠金と混ざってしまい、分別保全されないのである。近年、ヘッジファンド（多額の当初証拠金を差し入れている）は当初証拠金の再担保をますます許容しなくなってきている。

ゆえに上記の質問に対する答えは、概して変動証拠金は分別保全されることはなく、普通に再担保したり再利用したりすることができる、ということになる。この理由は、変動証拠金は超過担保とはならず、担保提供者が受領者に対して負っている金額と密接に連動すべきものだからである（図6.2参照）。デフォルト事象発生時には、対応するポジションと相殺を行う権利によって、変動証拠金を回収することができる。他方で、当初証拠金は分別保全や再担保禁止という保護的な扱いを受けることがますます増えており、追加的なカウンターパーティリスクが生じるのを防いでいる。当初証拠金は担保提供者の債務ではないため、この保護は妥当である。そうでなければ、担保受領者のデフォルト時に失われてしまうと考えられるからである。

以上に沿ったかたちで、相対の担保差入れに対する規制要件（後ほど6.7節で議論する）では一般的に、当初証拠金の分別保全は要求するが、変動証拠金には要求しない。

6.4.6 スタンダードCSA

ほとんどの双方向CSAに、多くのオプション性が存在する。なぜなら、受け渡す（差し替える）ことができる担保の種類には、通貨、アセットクラス、満期などとても多くの選択肢があるからである。「最割安銘柄（cheapest-to-deliver）」担保として知られる概念が発達してきたが、これは差入担保として選べるなかで最も都合のよい担保種別のことである。この担保の選択は、第一には受け取る付利によって左右される（13.4.3節でより詳しく議論する）。将来の最割安銘柄担保が何かは多くの点に依存する。たとえば、将来エクスポージャー、さまざまな通貨のOISレート、通貨ベーシススワップのスプレッド、ヘアカット、担保差替えの基準などである。これらの理由から、CSAは一般的に単純化されてきており、スタンダードCSA（SCSA）の概念が開発された。

ISDAのスタンダードCSAが目指しているのは、標準化を達成しCSAに付随するオプション性を大きく減らすことである。また一方で、標準的なプライシングの採用を奨励している（たとえば、13.2.5節で議論する、現在一般的にOISディスカウンティングとして知られているもの）。同時にSCSAの仕組みは、中央清算の担保実務と綿密に整合性をとることに注力している。

通常のCSAでは、各時点でポートフォリオに対し一つの金額が計算されるが、このポートフォリオは多くの通貨を含む場合がある。したがって、現金担保の差入れはさまざまな通貨で行われうるし、通常は他の有価証券でも行われるだろう。加えて、信用極度額と最小引渡金額は普通ゼロではない。SCSAでは、以下を要求することで担保の処理をより堅固なものにしている。

- 現金担保のみ（変動証拠金に関して。当初証拠金は他の有価証券が許容される）。
- 最も流動性のあるOISカーブをもつ通貨（USD、EUR、GBP、CHF、JPY）のみが適格となる。
- 信用極度額と最低引渡金額はゼロ。
- 通貨ごとに担保要求額は一つ（クロスカレンシー商品は米ドルの区分に含ま

れる)。

SCSAでは、各取引当事者が1日1通貨につき担保要求額を一つ計算することが求められる。担保の授受は対応する各通貨で別々に行われる。これにより決済リスク(4.1.2節)が発生する。これを軽減するために、各通貨の金額を七つの「移送通貨(transport currency)」のうちの一つで単一の金額に換算することができる。これには金利調整のオーバーレイが伴う。これは通貨間の金利差を修正するためのもので、インプライドスワップ調整(Implied Swap Adjustment、ISA)方式として知られているものである。

SCSAは、すでに述べた通貨サイロの問題によって、まだそれほど普及しておらず、SCSAに似た要求を課している相対の担保差入れに関する将来の規制ルール(6.7節)に、おそらくかなりの部分はとってかわられるだろう。

6.5 担保の利用

本節では、近年大きく変化している店頭デリバティブ市場における市場慣行について説明する。

6.5.1 有担保取引の広がり

市場における担保差入れは、組織の種類によってさまざまである(表6.5)。差異の主な理由は、厳格な担保契約下における現金や高信用力の有価証券の差入れに関連した、流動性の必要性や事務負担にある。ほかの側面としては、内部的・外部的な制約や(たとえば、2.2節で述べたように、モノライン保険会社はただ担保を差し入れなかったためにトリプルA格付けを得ることができた)、無担保取引のほうが有担保取引より(流動性コストを考慮すれば)安いという経済的な観点があるだろう。

それにもかかわらず、過去10年程の間に担保の利用は顕著に増加した。これを図6.9において、担保額とグロスのクレジットエクスポージャーの推定

表6.5　組織種別ごとの担保差入れの状況

組織種別	担保差入れ
ディーラー銀行	非常に高い
ヘッジファンド	非常に高い
バイサイド銀行	高い
年金基金	高い
事業会社	低い
国際機関	低い
ソブリン	非常に低い

（出典） ISDA（2010）

額を表したもので示している。これらの金額の比は、担保で保全されているクレジットエクスポージャーの比率の推定値になる。この比率は年々増加して50％近辺に至った。ただし、これは若干誤解を招く数字である。なぜなら、本質的に以下にあげるような多岐にわたるケースが混在しているからである[20]。

- 無担保（CSA なし、担保ゼロ）
- 有担保（双方向CSA、担保がおおよそ100％あるか、あるいは信用極度額への依存度が低いもの）
- 超過担保（当初証拠金を要求するCSA、担保が100％を超えるもの）

にもかかわらず、有担保化の影響で全体のエクスポージャーが約5分の4に減少するとの報告がある（Ghosh *et al*.（2008））。まずネッティングを通じてクレジットエクスポージャーが減少し、残りのネットエクスポージャーは担保によってさらに減少するという事実をあわせると、マーケットエクスポージャーの合計は93％近く減少する（Bliss and Kaufman（2005））。

20　片方向CSAの場合は、時価の方向（符号）によって無担保あるいは有担保のいずれかになろう。

図6.9　中央清算されない店頭デリバティブの担保額と、グロスのクレジットエクスポージャーとの比較、そして店頭デリバティブの全体の有担保化度合いを示す比率

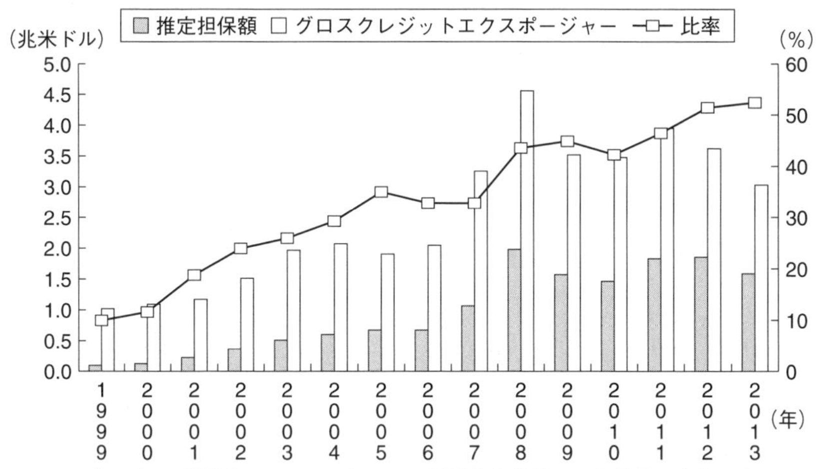

＊ ISDA（2014）で議論されているように、二重計算を考慮して担保額は半分になっていることに注意

（出典）　BIS（2013）およびISDA（2014）

6.5.2　担保保全の範囲

図6.10に示されるように、店頭デリバティブ取引全体のうちの大部分が担保契約下で行われている。有担保取引の比率としてはクレジットデリバティブ[21]が最も高い。これは特に驚くべきことではなく、クレジットスプレッドのボラティリティが高いことや、これらの取引が（エンドユーザーではなく）金融機関のカウンターパーティに集中していることが理由である。

加えて、為替取引の比率が相対的に小さくなっているのは、このアセットクラスの多くが短期であるからとみられる。

担保契約では、ある特定のカウンターパーティとの一部かすべての取引のネット価値を参照することになる。リスク削減の観点からはできるだけ多くの取引を含むべきであるが、すべての取引を実効的に評価する必要性とのバ

21　さらに、クレジットデリバティブに付随する誤方向リスクが、この傾向を助長しているのかもしれない。

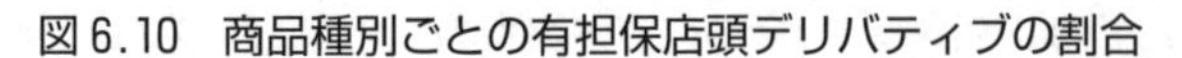
図6.10　商品種別ごとの有担保店頭デリバティブの割合

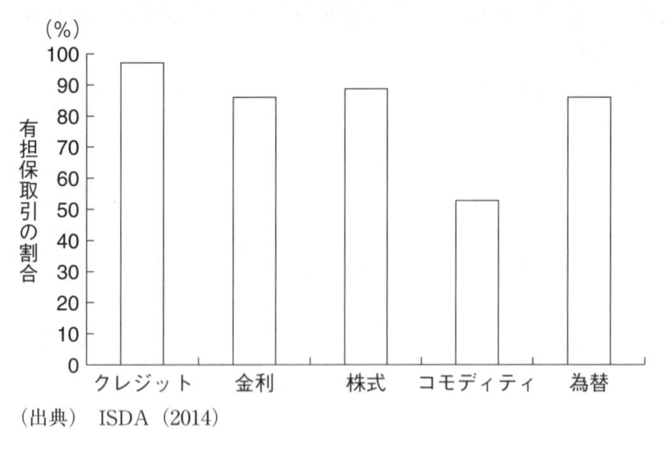

(出典) ISDA (2014)

ランスをとるべきである。担保契約から特定の取引群を除外するときには、しばしば商品性や地域の影響が考慮される。担保契約では紛争外の金額(undisputed amount) を即時に送金することが求められる。これが意味するのは、小さな部分に紛争がある場合であっても、商品の大部分は担保で保全されるべきだということである。にもかかわらず、そのような商品を担保契約から除外するという、より明確な手法が好まれる場合もある。

6.5.3　担保の種類

非現金担保が引き起こす問題として、再利用または再担保 (6.4.3節)、差入担保の価格の不確実性による追加的なボラティリティ、そして元のエクスポージャーとの間で起こりうる望ましくない相関関係がある。反対に現金は、一般的に差し入れるのにはよりコストがかかり、極端な市場環境においては供給が限られることがある。

現金は、店頭デリバティブのエクスポージャーに対する代表的な担保形態である (図6.11)。担保を他の形態で差し入れることができる能力をもつことは、流動性の理由で常に大変好ましい。しかしながら、グローバル金融危機がもたらしたのは、まぎれもなく高い信用力および流動性をもつ担保が、一瞬にしてリスクが高く流動性に乏しいものに変わりうるということの冷徹

図6.11　非清算店頭デリバティブに対して受け取られた担保種類の内訳

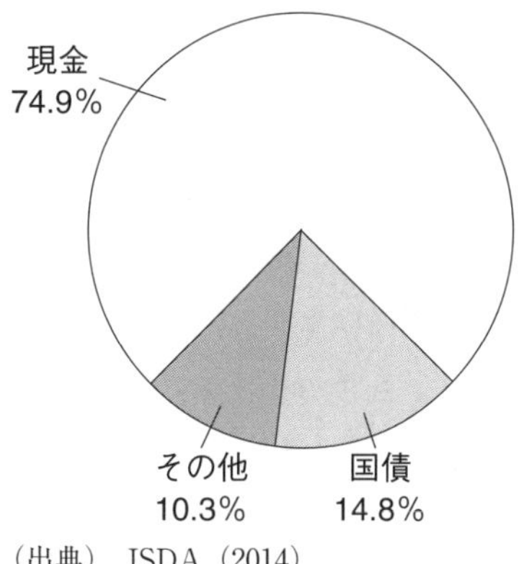

（出典） ISDA（2014）

な証明である（たとえば、ファニー・メイやフレディ・マックの発行した有価証券やトリプルA格付けの住宅ローン担保証券）。現金担保はここ数年でますます普及してきており、この流れは戻らないであろう。この理由は特に、中央清算などにおいて変動証拠金が現金で要求されるからである。国債は担保全体の14.8%を占めており、残りの10.3%は政府機関証券、国際機関債、米国地方債、カバードボンド、社債、信用状（letter of credit）および株式からなっている。

もし担保として保有されている有価証券の信用格付けが担保契約で定めた水準を下回れば、通常この有価証券は即座に取り替える必要があることになる。カウンターパーティの双方が同じ現地通貨でない場合は、いずれかの者が差入担保からくる為替リスクをとらなければならないだろうし、これはたとえ現金担保の形態であってもそうである。利用可能な担保としてさまざまな通貨建ての有価証券が指定されている場合があるが、同時に追加的な為替リスクがあるためヘアカットを入れるようになるだろう。差入担保による為替リスクはスポットおよびフォワードの為替市場でヘッジできるが、これは担保の価値の変動に従いダイナミックに行われなければならない。

6.6 担保のリスク

担保による保全はカウンターパーティリスクを削減するのに便利な仕組みであるが、一方で考慮すべき重要な制約がある。ネッティングと同様、担保は全体としてのリスクを減らさず、単に再分配するだけであるということは強調に値する。本質的に、担保はカウンターパーティリスクを他の形態の金融リスクに変換している。最もわかりやすいのは、担保の資金流動性リスクの増加との関連である（6.6.6節）。想定された条項が関連する法域内で支持されない場合、担保による保全は法的リスクをはじめとしたほかのさまざまなリスクも生みだす。また、ほかの潜在的な問題、たとえば、誤方向リスク（担保がエクスポージャーに対して望ましくない相関をもつ）、信用リスク（担保の有価証券がデフォルトしたり、その他望ましくない信用上の影響を受けたりして困難な状況となる）、為替リスク（取引と別の通貨での担保差入れによる）もまた重要である。

6.6.1 店頭デリバティブ市場の外での担保の影響

担保のようなリスク軽減策はしばしば杓子定規にとらえられ、デフォルトしたカウンターパーティに対するエクスポージャーを削減する効果しか認識されない。しかしながら、より正確には、実際に起こっているのはリスクの**再分配**である。つまり、デフォルトシナリオにおいて、店頭デリバティブの債権者は他の債権者の犠牲により多く弁済を受けられるということである。図6.12は、店頭デリバティブ取引に対する担保差入れの影響を示している。取引当事者Ｂのデフォルトを想定すると、当事者ＡおよびＢの他の債権者（OC）は、同じ弁済順位（パリパス）である。当事者Ｂはデリバティブの債権者であるＡに50、他の債権者に100の支払義務があり、100の資産を保有している。

図6.12の差入担保の金額について、以下の三つの場合を考慮するとわかりやすい。

図 6.12　デリバティブの担保が他の債権者（OC）に与える影響の例

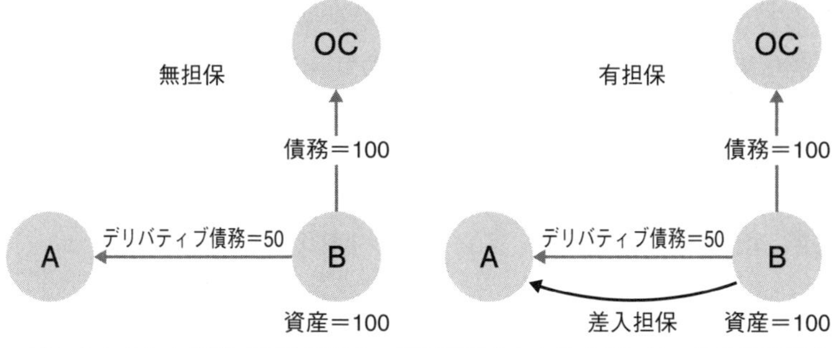

＊差し入れられた担保（変動証拠金、当初証拠金もありうる）は、他の債権者の請求額を減らすであろう

● **無担保**

無担保の場合、他の債権者（OC）はＢの債務の３分の２（100÷150）に当たる請求権をもち、Ａのデリバティブ請求権が残りの３分の１を受け取る。デリバティブの債権者と他の債権者はともに請求額の67％を回収するだろう。

● **変動証拠金**

もし取引当事者Ｂが、自分のデリバティブ債務の全額に対して50の変動証拠金をＡに差し入れたならば、これによってデフォルト時に他の債権者が受け取る額は減少するだろう。ここでデフォルト時に残っているＢの資産は50だけであり、これが他の債権者に支払われる（リカバリー率50％）。店頭デリバティブの債権者は請求額の100％を受け取るだろう（クローズアウト費用は無視）。

● **当初証拠金**

取引当事者Ｂが50の変動証拠金と25の当初証拠金を支払うとしよう。そして当事者Ａにより、当初証拠金の全額が当事者Ｂとの取引のクローズアウト費用と再構築コストに利用されるとする。このような場合には、他の債権者は残った25しか受け取れないだろう（リカバリー率25％）。（もちろん、いくらかの当初証拠金が戻ることもあるという議論もできるだろうが、ほとんどの金額はクローズアウト費用に利用されるだろう。）

担保はリスクを減らすのではなく、ただ単にそれを再分配しているだけである（ただし多分有益な方法で）。他の債権者はより大きなリスクにさらされ、その（店頭デリバティブ以外の）市場においてリスクの上昇をもたらすだろう。さらに、他の債権者は優先順位を失うことに対して反応するであろう。たとえば貸出の際により多くのコストを賦課するなどである。

6.6.2　市場リスクとマージンリスク期間

担保によってカウンターパーティリスクをいっさいなくすことは不可能であり、担保契約下で残っている残存リスクを考慮しなければならない。残存リスクは担保の授受を事実上遅らせるような契約条件によって発生し、そのなかには信用極度額や最低引渡金額がある。これは市場リスクであり、カウンターパーティが直近で担保を差し入れた時点からの市場変動として定義される。

信用極度額と最低引渡金額を小さな値（またはゼロ）に設定することは、もちろん可能である。しかしながら、もう一つの重要な点は、担保の受取りに避けられない遅延である。契約に基づく頻繁な担保請求は、たしかにリスク削減の便益を最大化するが、オペレーションや流動性の問題の原因となることがある。変動証拠金については、日次の担保請求が店頭デリバティブ市場においておおよそ標準となったが、日次より長い期間の担保請求も一部存在している。それは当初証拠金に対してであり、より低い頻度で担保が調整されるときがある。マージンリスク期間（Margin Period of Risk、MPR）という用語は、カウンターパーティの担保の差入れが止まってから、すべての対象取引が首尾よくクローズアウトされ、再構築（もしくはヘッジ）されるまでの実質的な期間を指すのに用いられる。これを図6.13に示した。この期間はきわめて重要である。なぜなら、これが定めるのは担保を受け取れない期間の実質的な長さであり、この間に増加したエクスポージャー（クローズアウト費用を含む）は無担保のままだからである。なお、マージンリスク期間は、（デフォルトに関連しているため）カウンターパーティリスクに特有の概念であり、ファンディングコストの評価時には意味をもたない（第15章で

図6.13　マージンリスク期間（MPR）の働き

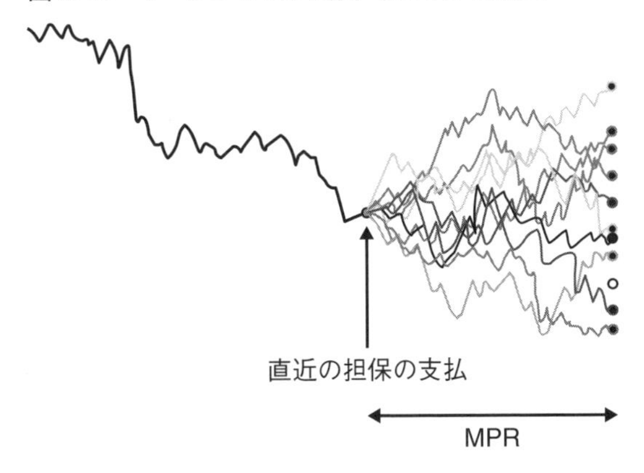

より詳しく述べる）。

通常、マージンリスク期間は二つの期間の組合せとして定義すると理解しやすい。

●デフォルト前

これはカウンターパーティがデフォルト状態となる前までの期間を表し、以下の要素を含む。

○価値評価・担保請求

これは、現在の時価とすでに保有している担保の市場価値を計算し、正当な担保請求ができるか検討のうえで請求を行う、という作業にかかる時間である。これには契約上の請求間隔による遅延分も含まれる。

○担保の受取り

カウンターパーティが担保の要求を受けてから、担保を引き渡す時点までの時間差。紛争（すなわち、担保の出し手が請求額に同意しない）の可能性はここで考慮されるべきである。

○決　済

担保は即座に受け取れるわけではなく、種類によっては決済期間が存在する。現金は日中に決済されるが、一方で他の有価証券であればより長い時間がかかるだろう。たとえば、国債は１日、社債は３日の決済期間となる場合がある。

○**猶予期間**

有効な担保請求が行われた後に適切な担保が受け取れない場合でも、そのカウンターパーティがデフォルトしたものとみなされる前に相応の猶予期間があろう。時折これは治癒期間（cure period）とも呼ばれる。

●**デフォルト後**

これは、カウンターパーティが契約上デフォルトとなりクローズアウト処理が開始可能となった後の手続を表す。

○**取引のクローズアウト**

契約上の取引の終了であり、将来のキャッシュフローを単一の時価として表す。

○**再ヘッジと再構築**

デフォルトした取引の再構築または再ヘッジ（マクロヘッジを含む)。

○**担保の処分**

担保有価証券の処分（売却)[22]。

なお、マージンリスク期間の見積りは、通常の場合、普通の市場状態で（おそらくは小さな額の）担保の受領にかかる時間よりもずっと長くなるだろう。なぜなら、（少なくともカウンターパーティリスク軽減の観点からは[23]）この状況では担保は用をなさないからである。そのかわり、カウンターパーティがデフォルトし市場の状態が通常からかけ離れた場合のシナリオを、取引当事者は検討しなければならない。上記の問題を反映し、バーゼルⅡ資本規制では銀行は店頭デリバティブのモデル化において**最低**[24]10日のマージンリスク期間を使用すべきであると明示された。バーゼルⅢの取決めでは、特定のケースにおいてより保守的な最低期間20日を定めている。対照的に中央

22　この点は担保資産に対して定められたヘアカット率に含まれていることに注意。
23　たとえば、この状況においては担保からファンディング利益が得られるかもしれない。
24　日次の担保請求の前提。そうでない場合には、用いる時間間隔に追加日数を加えなくてはならない。

清算機関では、おおむね5営業日を想定している（9.3.4節を参照）。

マージンリスク期間はまた、「ISDA レゾリューション・ステイ・プロトコル[25]」によっても延長されるはずである。これはカウンターパーティのデフォルトの際に、デフォルトで発生する一部の権利を一時的に（24時間か48時間）制限するものである。主要なグローバル銀行18行がこのプロトコルを承認した。これは大手銀行が財務的に困窮した際に、秩序だった破綻処理を容易にする時間を規制当局に与えることを意図している。これは一義的には、グローバルなシステム上重要な金融機関（G-SIFIs）への適用を意図したものだが、やがて他の市場参加者にも適用される可能性はある。

マージンリスク期間は、当初証拠金の必要性を最も左右するものである。変動証拠金だけという前提ならば、カウンターパーティリスクの削減の**ベストケース**は、おおよそ対象ポートフォリオの満期のマージンリスク期間に対する比率の、平方根の2分の1として表せる（より詳細な議論は11.3.3節を参照）。5年の店頭デリバティブポートフォリオで10営業日のマージンリスク期間であれば、おおよそ$0.5\times\sqrt{5\times250/10}\approx5.6$倍の削減をもたらすだろう。現実には、信用極度額や最低引渡金額といった要因により、その改善度合いはそれ以下となり、カウンターパーティリスクをさらに減らすためには追加的な当初証拠金が必要となるだろう。図6.13で明示されているように、当初証拠金の選択は前提となるマージンリスク期間と密接に結びついている。これは11.3.3節でさらに議論する。

第11章の例では、10日（またはその倍数）の期間を用いることにする。マージンリスク期間はかなり単純な「キャッチオール（catch-all）」的なパラメーターであり、文字どおりに取引のクローズアウトや再構築を行うのにかかる実際の時間であるなどとみなすべきではない。これは11.2節でより詳細に説明する。

25　たとえば、2014年11月12日、"ISDA publishes 2014 resolution stay protocol"、www.isda.org を参照。

6.6.3 オペレーショナルリスク

担保事務の、時間がかかり非常にダイナミックな性質をかんがみれば、オペレーショナルリスクは非常に重要な論点であるといえる。具体的なオペレーショナルリスクの例は以下のとおりである。

- 担保請求の見逃し
- 担保引渡しの失敗（フェイル）
- コンピュータのエラー
- 人的エラー
- 不正行為

オペレーショナルリスクは、特に最大規模クラスの銀行にとって重要となりうる。このような銀行は、比較的標準的でない担保契約を何千本と抱えており、1日に何十億ドルの担保の授受が求められるからである。これは人的資源や情報技術などの点で、大きなオペレーショナルコストを生みだす。6.6.2節で言及したように、バーゼルⅢでは、取引数が5,000を上回る、もしくはポートフォリオのなかに市場のストレス状況下で評価が困難となるような流動性の低い担保やエキゾチックな取引がある場合のネッティングセットに対して、20日のマージンリスク期間を要求することでオペレーショナルリスクを認識している（8.6.3節）。さらに、あるカウンターパーティとの間の担保請求に関する紛争で、マージンリスク期間より長いものが過去2四半期において二回を超えた場合、そのカウンターパーティに対するマージンリスク期間は、次の2四半期間は二倍にしなければならない。

以下は、オペレーショナルリスクに関して考慮すべきポイントである。

- 契約は正しくかつ強制可能でなければならない。
- ITシステムは必要とされる大量の日次事務あるいはチェック作業を自動化する能力がなければならない。
- 通常の担保請求と返還の手続は複雑であり、市場のボラティリティが高まったときの作業量の増加により、極端に時間がかかる場合がある。

- すべての取引と担保を適時かつ正確に評価することが最優先される。
- 当初証拠金の情報である、最低引渡金額、端数処理、担保種別、通貨は、カウンターパーティごとに正確に管理されていなければならない。
- 担保の引渡しのフェイルは潜在的に危険な兆候であり、素早く回復されねばならない。

バーゼルⅢの第二の柱における監督上の検証プロセスで定めるところでは、担保管理部署は、ストレス期においても適時に担保請求を処理できるように十分に手当（人員やシステム）されるものとなっている。加えて、担保管理部署は上級管理職向けに報告書を作成し、受け渡した担保の金額と種類、資産の集中度合い、紛争の発生やその原因といった内容を明らかにしなくてはならない。

6.6.4 法的リスク

上述のとおり、再担保および分別保全は法的リスクの原因となりうる。担保の保有が法的リスクを生むのは、デフォルトしていない側の取引当事者は、保有している担保については、デフォルトしたカウンターパーティの管財人から法的な異議を申し立てられることはないと確信しているはずだからである。

MF グローバルの事例（以下のケーススタディ参照）では、分別保全が有効ではなく、結果として顧客は金銭を失った。これは特にストレス時における分別保全の法的な強制力に対して疑問を呈した。なお、分別保全された顧客担保の利用における MF グローバルの上級社員による極端な行為は、破綻を避けるための苦し紛れで起こった。そのような可能性に直面した際に、極端かつともすれば非合法な行為が行われうることは驚くべきことではない。明らかに必要なのは、担保の分別保全に関する非常に明確かつ強制可能なルールである。

ケーススタディ：MF グローバルと分別保全

MF グローバルの事例は、分別保全の潜在的リスクのよい実例である。MF グローバルは、2011年10月に破産を申請した大手のデリバティブブローカーである。分別保全の目的は、再担保を防止し、担保の受取側のデフォルト時に担保を安全に保つことである（これは6.4.5節で述べたように、当初証拠金の形態の超過担保に主に適用された）。不幸なことに、破綻の前に MF グローバルは、分別保全された計16億ドルの顧客担保を、当座借越や担保請求への対応のために第三者に非合法に引き渡していたことが明らかになった。

6.6.5 流動性リスク

担保の保有によって流動性リスクが発生するのは、カウンターパーティのデフォルトの後、担保が処分（売却）されねばならないときである。このような場合には、デフォルトしなかった側の取引当事者がデリバティブ取引を再ヘッジするのに必要な現金を得るべく担保証券を売却するが、その際に取引コスト（例：ビッド・オファー）と処分期間中の市場のボラティリティに直面することになる。このリスクを最小化するには、適切なヘアカットを設定し、カウンターパーティがデフォルトしてから担保証券を市場で売却できるまでの間の価格下落に対するバッファーに充てればよい。また、市場での取引量に比較して大きな金額の有価証券を処分することで、価格の下落がさらに起こり、より大きな（ヘアカットを大きく上回る）損失を招くリスクもある。もし取引当事者がポジションを小分けにして徐々に処分するようにしたならば、今度はより長期にわたって市場のボラティリティにさらされることになる。

担保の差入れに合意したときと担保として有価証券を受け取ったときの、重要な検討事項として以下がある。

- 担保として差し入れられた有価証券の総発行額や時価総額。
- 担保価値とカウンターパーティの信用力の間の連関性。これは明らかではなく、二つの変数の間の相関をみることで予想できるかもしれない[26]。
- もし問題のカウンターパーティがデフォルトしたならば、対象の有価証券の相対的な流動性はどのように変化するか。

流動性への影響を理由に、カウンターパーティがデフォルトした際の深刻な処分リスクを避けるため5％から10％の集中リミットが課される場合がある。ほとんどの店頭デリバティブの担保は、ストレス時においても良好な流動性を確保できるような、現金や国債、政府機関債である（図6.11）。

6.6.6　資金流動性リスク

流動性に関する上記の検討内容は、実際にカウンターパーティがデフォルトしたときにのみ意味をもつ。流動性リスクのより重要な側面として、担保条件によってファンディングの必要性が生じる点がある。これはとりわけ、担保が分別保全されなくてはならなかったり、再担保ができなかったりする場合に重要となる。これを資金流動性リスクと呼ぶ。

店頭デリバティブのエンドユーザーが重大な資金流動性リスクをもつ可能性がある事情について、理解することは容易である。多くのエンドユーザー（たとえば事業会社）は、差入担保にできるような潤沢な現金準備や流動性の高い資産をもたない（仮にもっていたならば、むしろ将来プロジェクトの資金として使えるようにしたいと思うだろう）。一部のエンドユーザー（年金基金など）は、国債や社債といった流動性のある資産をもっているが、現金の保有量は限定的である。また重要な点として、エンドユーザーはヘッジの必要性があるので、一方向に偏ったポジションをもつことがある（たとえば、変動金利の借入れをヘッジするために金利スワップで固定金利を支払う）。これが意

26　ロングターム・キャピタル・マネジメント（LTCM）の破綻の際、非常に大きなロシア国債の自己勘定ポジションによって、この国債は担保として理想的とは到底いえないものとなっていた。上述のように、ユーロ通貨で現金を差し入れる欧州の銀行でさえも、潜在的に問題となりうるような連関性を発生させるのである。

味するのは、市場変数（たとえば金利）が大きく変動することにより、店頭デリバティブのポートフォリオに相当の時価の変動が起き、それに伴い多額の担保が必要になるということである。これが理由で、多くのエンドユーザーは銀行のカウンターパーティとの間でCSAを結ばない。

機関投資家、大手の事業会社、ソブリンのような金融機関以外の顧客の一部は、銀行とのCSAのもとでたしかに取引を行っている。彼らがそうしているのは、取引可能なカウンターパーティの範囲を広げ、（xVAチャージ削減によって）より低いコストで取引するためである。ボラティリティの高い市場状況においては、そのようなCSA契約による多額の担保の要求から資金流動性の問題を生む可能性がある。ある事業会社が担保付きの5年の通貨スワップに取り組み、他国通貨建ての債券発行をヘッジしようとしたとしよう。時価変動の可能性があることから、担保金額は通貨スワップの想定元本の55%にまでなりうる[27]。担保契約を結んだ顧客は、資金管理とファンディングの計画に際し最悪ケースの担保必要額を見積もり、適格担保をどのように調達するかを整理しておく必要がある。これについては、第11章で説明する（11.3.8節）。

上述したAIGの事例（6.2.2節）では格付トリガーが非難の対象となるだろうが、一方でヘッジ取引を行うエンドユーザーのほかの事例も、資金流動性リスクの問題を浮き彫りにしている（下記アシャンティのケーススタディを参照）。

ケーススタディ：アシャンティの事例

アシャンティ（現在はAngloGold Ashanti Limitedの一部）は、ガーナの産金会社である。1999年9月に金の価格が上昇した際、アシャンティは店頭デリバティブ契約（金フォワード契約およびオプション）で4億5,000万ドルという多額の損失を被った。この取引は金価格の下落リスクのエクスポージャーに対する（おそらく過度な[28]）ヘッジであった。アシャ

27　これは5年間の為替変動について、95%の信頼水準で15%の為替ボラティリティと仮定したものである。

ンティのヘッジ勘定の負の時価によって、店頭デリバティブのカウンターパーティに対して約2億8,000万ドルの現金による変動証拠金の支払義務があった。アシャンティは資金流動性の問題を抱えており、契約を満たせるだけの金の現物を保有してはいたが、契約で定められた担保の支払のための現金や有価証券は保有していなかった。自身の流動性危機を解決するため、アシャンティは3年間に限り担保差入れの免除を受ける契約に行き着いたのである[29]。

担保差入れ時に、エンドユーザーは流動性リスクに直面する。なぜなら支払能力があっても、定められた期間内に適格な有価証券で担保の要求に応えられないならば、デフォルトする可能性があるためである。そのかわりに、デフォルトを避けるためカウンターパーティである銀行が担保の受取りを放棄することもあるので、銀行が部分的にリスクを抱えているのかもしれない。この明らかな問題点は、この銀行にとっては、無担保カウンターパーティリスクとファンディングの必要性の問題に戻ってしまうということである。資金流動性リスクのもう一つの意味としては、もし担保差入れが合意されると、格付会社が会社の信用力に対してよりネガティブな意見をもつ場合があるということである（なお、モノラインはもっぱら担保を差し入れないことでトリプルA格付けを達成できていた。2.2節を参照）。

銀行では、顧客取引の性質によって資金流動性の問題が生じる。多くの銀行は、主にフラットな（ヘッジされた）店頭デリバティブのブックを運用することを目指しているため、ヘッジの性質からファンディングコストが生じる（図6.14）。すなわち無担保の取引が有担保の契約に基づいた取引でヘッジされるという性質からである。無担保（顧客）取引が銀行にとって有利な勝ちポジションになったときは、ヘッジ取引に対して担保を差し入れるため

28 アシャンティの最高経営責任者であるSam Jonahは、「私たちは無謀だったという事実を認める覚悟でいる。金の価格に対して賭けをした。金の価格が下落すると考え、ポジションをとった」とコメントした。

29 “Ashanti wins three-year gold margin reprieve”, Ghana Web, 2nd November 1999

図6.14　銀行が顧客と無担保取引を行い、その取引をヘッジするために担保を必要とするカウンターパーティと取引した際に生じる、ファンディングに関する問題

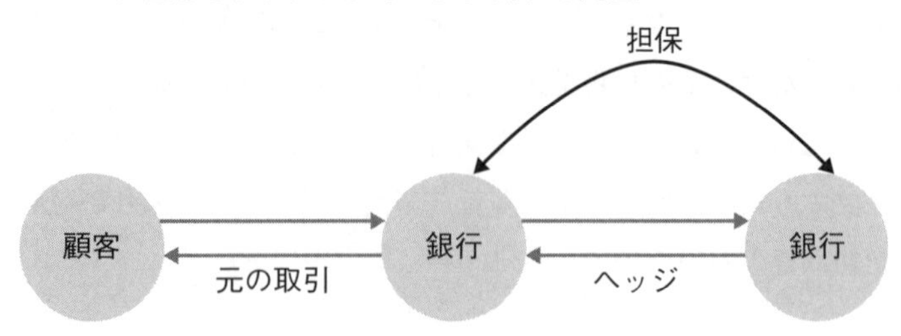

のファンディングが必要となり、その逆が起きたときには便益を得るだろう。多くの銀行は一方向に偏った顧客ポートフォリオをもっており、そのヘッジのために多くの担保を必要とする可能性がある。この問題は、FVAの必要性を説明する一つの方法であり、第15章でより詳細に議論される。これでまたわかるのは、図6.14で示す状況で銀行がより多くの顧客と担保契約を結び、担保の流れのバランスを保とうとする理由である。

担保の問題とは、カウンターパーティリスクを資金流動性リスクに変換することにある。この変換は、ファンディングコストが低い通常の流動性の高い市場では有益となるだろう。しかしながら、流動性の低い異常な市場では、ファンディングコストは顕著となることがあり、取引当事者にとってはきわめて重圧となろう。6.8節で議論するように、これは、カウンターパーティリスク（CVA）を資金流動性リスクの要素（FVAおよびMVA）に変換することとみなすことができる。

6.7 規制上の担保の要件

6.7.1 背　　景

すでに策定されている、標準的な店頭デリバティブに関する清算集中義務

(9.3.1節) と中央清算されない取引に対するより厳しい規制所要資本 (8.6節) に加えて、2011年のG20で合意されたのは、中央清算されない店頭デリバティブに対する相対の担保要件 (いわゆる非清算店頭デリバティブ証拠金規制) の追加である。これらの担保要件は主に洗練された店頭デリバティブの取引参加者 (例：銀行) に対して適用され、エンドユーザーは一般的に免除される。なお、これら導入予定のルールが意味するのは、該当する取引の担保の取決めのうち一定の部分が規制によって決定されるようになり、単に二者間の相対の交渉によるものではなくなるということである。

この担保要件では変動証拠金と当初証拠金の両方がカバーされる。後者は相対の市場ではとても珍しいため、より重要である。当初証拠金は、システミックリスクの削減に加え、中央清算される取引とされない取引の間を埋めることを意図したものである (さもなければ規制のアービトラージを促すことになりうる)。これらの規制が批判[30]を集めることになったのは、従来の店頭デリバティブ市場において行われてきたものより劇的に高い水準での担保による保全を求めるためである。批判の論点は大きく二つに分けられる。一つ目は、当初証拠金の要件を満たすには非常にコストがかかり、この結果銀行は他の分野 (例：融資業務) から資金を流用して新たなファンディングの手段としたり、単に店頭デリバティブ市場から撤退したりするだろうということである。ISDA (2012) による当初証拠金必要額の推計によれば、総額が1兆7,000億ドルから10兆2,000億ドルに及ぶ見込みとされている (内部モデルや標準的な担保条項の利用と、信用極度額の水準次第ではある)。またISDAは、市場のストレス状況下においては、当初証拠金の必要額は劇的に、おそらくは三倍程度に増加する可能性があると示唆している。批判の二つ目は、6.6.6節でも議論したように、より多くの担保が要求されることによって資金流動性リスクを生みだす可能性があるというものであり、これは市場環境が非常に悪化した状況において問題となりうる。

これらの規制はBCBS-IOSCO (2015) に記載があり、その目的は「中央清

30 たとえば"WGMR proposal raise procyclicality fears", *Risk*, 5th April 2013を参照。

算されないすべてのデリバティブ取引に対して適切な担保取引の実務が行われる」旨を確保することであるとされている。以下はこれらのルールの概要であり、Gregory（2014）にてさらに詳細に議論されている。

6.7.2 対象組織

当初証拠金ならびに変動証拠金の要件は、金融機関とシステム上重要な非金融機関（「対象組織（covered entity）」）に対し適用されることとなる。これらのルールは以下には適用されない。

- ソブリン
- 中央銀行
- 国際開発金融機関
- 国際決済銀行
- システム上重要でないその他非金融機関

対象組織の正確な定義は、地域によって若干違った解釈となりそうである。さまざまな組織に対する適用免除に加えて、特定の金融商品についても免除される。わかりやすいのは為替フォワード、通貨スワップ、レポ、そして証券貸借取引である。取引主体の性質か取引種類そのものの性質かのどちらかの理由で、適用除外となることがある。

6.7.3 一般的な要件

変動証拠金と当初証拠金の考え方は、それぞれ現在のエクスポージャーと将来のエクスポージャーを反映しようというものである。それぞれに関して、中央清算されないデリバティブ取引を行う対象組織として、規制では以下を授受すべきと定めている。

- **変動証拠金**
  - 双方向で定期的（例：日次）に授受されなければならない。
  - 全額担保でカバーされなければならない（すなわち信用極度額ゼロ）。

○最低引渡金額は50万ユーロ（65万ドル）を超過してはならない。
○施行日後の新規取引すべてに対して全額差し入れなければならない（後述）。

● **当初証拠金**

○双方の取引当事者よりネッティングを行わないで授受される。
○倒産から保護されなければならない。
○対象ポートフォリオ価値の99% 信頼区間での極端かつ妥当な動きを想定したものでなければならない。
○日次の変動証拠金の授受とは別に10日間のタイムホライズンを想定しなければならない（6.6.2節でも説明したとおり、これはMPR に対するバーゼル規制の所要資本と整合的である）。
○（検証ずみの）内部モデルや規制で定められた数値表に基づいて算出してもよい。
○段階的に導入され、導入日以降の新規取引のみに適用される。これには信用極度額も含まれる（下記参照）。

当初証拠金は分別保全することが求められるため、変動証拠金とは別に保有されることになる。証拠金規制の段階的導入は2016年９月１日（2015年12月１日から延期された）から徐々に低下する閾値に従って行われる。表6.6にこれを示している（各国当局次第でもあるだろう）。担保金額に対する意見の相違に備え、綿密で強固な紛争処理の手続が整備されるべきである。これは重要なポイントであり、その理由はリスク感応的な当初証拠金の算出手法は、その性質上相当に複雑となり、紛争につながりやすいためである。注意点として、取引当事者の店頭デリバティブ取引の想定元本が80億ユーロ未満ならば、この要件は免除されたままとなる。

したがって、この規制要件は段階的な影響を及ぼすだろう。対象組織はおそらく、将来の取引をカバーし、かつ現行のCSA 下での古い取引も維持できるような新たなCSA で合意すると考えられる。新たな、または修正されたCSA は、以下の点を考慮する必要があるだろう。

- 信用極度額と最低引渡金額
- 担保の適格性
- ヘアカット
- 計算方法、タイミング、受渡し方法
- 紛争の解決
- 当初証拠金計算と、分別保全の仕組み

当初証拠金の質に関しては、担保は「高い流動性をもち」、特にストレス下にある市場で（ヘアカットを考慮して）価値を維持できなければならない。リスク感応的なヘアカットが適用されるべきであり、担保は過度な信用、市場、為替リスクにさらされるべきではない。担保は「誤方向」、すなわちカウンターパーティのデフォルトと相関するものであってはならない（たとえ

表6.6　対象組織とその取引に対する担保要件の導入予定

日　付	要　件
変動証拠金	
2016年９月１日	想定元本合計額の平均が３兆ユーロを超える場合、非清算デリバティブの新規取引には変動証拠金を授受
2017年３月１日	同上だが金額制限なし
当初証拠金	
2016年９月１日～2017年８月31日	想定元本合計額の平均が３兆ユーロを超える場合は当初証拠金を授受
2017年９月１日～2018年８月31日	想定元本合計額の平均が2.25兆ユーロを超える場合は当初証拠金を授受
2018年９月１日～2019年８月31日	想定元本合計額の平均が1.5兆ユーロを超える場合は当初証拠金を授受
2019年９月１日～2020年８月31日	想定元本合計額の平均が0.75兆ユーロを超える場合は当初証拠金を授受
2020年９月１日～	想定元本合計額の平均が80億ユーロを超える場合は当初証拠金を授受

＊判定基準は、中央清算されない（非清算）デリバティブ（現物決済される為替フォワードと通貨スワップを含む）であり、直前の６～８月の間のグループ全体の想定元本の月末平均

ばカウンターパーティが自らの発行した社債や株式を差し入れるなど)。要件を満たす担保の例は以下のとおり。

- 現金
- 高信用力の国債や中央銀行の発行する有価証券
- 高信用力の社債・カバードボンド
- 主要株式インデックスの構成銘柄である株式
- 金

次節でも説明するように、担保にはヘアカットを適用しなくてはならない。なお、米国の規制案では変動証拠金の適格担保を米ドル建てまたはデリバティブ取引の支払通貨建ての現金に限定している。

上述のとおり、業界のロビー活動の結果、通貨スワップと為替フォワード取引は証拠金規制から免除されている。中央清算の適用除外に類似したこの点については異論も多い(たとえばDuffie (2011) を参照)。このような為替関連商品は多くの場合短期であり、カウンターパーティリスクよりも決済リスクがより起こりやすいともいえるが、対して、為替レートは非常に不安定になることがあるうえ、場合によってはソブリンリスクと結びつく場合もあり、さらに通貨スワップは通常長期ではないか、という見方もある。

担保要件に起因する流動性への影響を管理するために、当初証拠金に閾値を適用できる(6.2.3節で論じたCSAで定義される信用極度額と混同しないように)。この閾値の導入は定量的影響調査(Quantitative Impact Study、QIS)の結果を受けたものである。QISでは、これにより流動性コストの総額を56%(5,000億ドル以上に当たる)削減できると試算した[31]。これは典型的なCSAの信用極度額とまったく同じであるかのように働く。すなわち、当初証拠金は閾値に達するまで差し入れる必要はなく、閾値を超える部分では超えた分のみが差し入れられることになる[32]。閾値は5,000万ユーロを超えることは

31 www.bis.org/press/p130215a.htm を参照。
32 たとえば、閾値が50で算出された当初証拠金が35であれば、担保は必要ない。しかしながら、もし算出された証拠金が65ならば、15を差し入れる必要がある。

なく、該当する場合には連結グループに対して適用されなければならない。これはつまり、ある会社がデリバティブ取引を約定した複数のカウンターパーティが、同一の大きな連結グループ（たとえば銀行持株会社）に所属していた場合、これらのカウンターパーティ間においてなんらかの方法で閾値が本質的に**共有**されなければならないということである。

この閾値のルールが暗黙に要求しているのは、各社がグループ全体にわたって単一のカウンターパーティとしてのエクスポージャーを特定するシステムを整備しなければならないということである。そうすると、閾値によってもたらされる便益の認識方法を決定することも必要になるだろう。これはグループ内の各構成主体に**事前に**配分しておくことも、取引開始順で使うこともできるだろう。

なお、5,000万ユーロの閾値は担保要件で生み出された流動性への負担を和らげるが、担保金額が市場環境にさらに敏感になりプロシクリカリティの問題を増大させるだろう。

6.7.4　ヘアカット

ヘアカットの設定にあたっては、当初証拠金のモデルと同様、当局の基準に合致する限り、承認ずみのリスク感応的な内部モデルやサードパーティの定量モデルを使用できる。BCBS-IOSCO（2015）が定めるところでは、ヘアカットの水準はリスク感応的であるべきで、かつ通常時とストレス時の市場環境において適格担保の価値に影響するような市場リスク、流動性リスク、信用リスクを反映すべきとされている。当初証拠金と同様、ヘアカットの設定はプロシクリカリティを軽減するよう、そしてストレス時に突発的な急上昇を招かぬようになされるべきである。ヘアカットを計算するためのタイムホライズンと信頼水準は明示的に定められているわけではないが、当初証拠金計算のそれよりは短く（たとえば２～３日）すべきと主張できるかもしれない。なぜなら、担保はポートフォリオをクローズアウトし、再構築するよりも早く別途処分できるからである。

対象組織は、モデルに基づいたヘアカットのかわりに、表6.7に定められ

表6.7　BCBS-IOSCO（2015）が定義する標準化されたヘアカットのスケジュール

	0～1年	1～5年	5年以上
高信用力の国債や中央銀行の発行する有価証券	0.5%	2%	4%
高信用力の社債・カバードボンド	1%	4%	8%
株式・金	15%		
現金（同一通貨）	0%		
異なる通貨のための為替アドオン	8%		

＊為替アドオンはデリバティブ取引の通貨が担保資産の通貨と異なる場合に対応する

るような標準化されたヘアカットを使用することが許されている。為替アドオンの８％が特に問題なのは、担保が「誤った通貨」で差し入れられた際に大幅な超過担保を強いることになるからである。これは欧州での現地規制では不要となる可能性があるとみられている[33]。

6.7.5　分別保全と再担保

6.4.5節でも述べたとおり、変動証拠金は再担保やネッティングができるのに対して、当初証拠金はグロス基準（つまりお互いに差し入れた金額は打ち消しあわない）で授受されなければならない。そして、（可能性として後述する一つの場合を除き）再担保も再利用もできず分別保全しなければならない。このような分別保全を実現するために第三者を利用するのは適切である。第三者のカストディアンがおそらく最も強固な保護を提供すると考えられる。ただし、これがもたらす問題は、保有を求められる担保の量と相まって、このような金融機関（現状、その数はきわめて少ない）がシステミックリスクの原因になるのではないかということである。担保保全の取決めは各法域の倒産法制によって異なっており、適切な法律のもとで有効であることと、定期的に更新される法律意見書で支持されることが必要である。

当初証拠金の再担保が認められるのは非常に限定的な状況である。それは、取引が顧客のポジションのヘッジであり、かつその顧客が該当する破綻

33　たとえば "EU revision to uncleared margin rules address industry fears", *Risk*, 10th June 2015を参照。

処理制度のもとで優先的な請求権をもっており、再担保がいったんなされても適切に保護されると考えられる場合である。強調しておきたいのは、当初証拠金は一度だけ再担保できるが、顧客が再担保の知らせを受けたうえで合意する必要がある、ということである。インターバンク市場では顧客取引に端を発するヘッジの長い連鎖があると考えられるので、再担保の便益は限定的である[34]。

6.7.6 当初証拠金の計算

そこでポートフォリオの当初証拠金の金額はどのように決めるのかという疑問が沸く。規制では、当初証拠金は異なるアセットクラスごとに別々に計算し、全体の必要額はこれらをすべて足し上げたものとするよう求めている。このため、これらのアセットのリスクファクター間の過去の相関が低いことがあったとしても、恩恵を受けることはできない。対象となるアセットクラスは以下のとおり定義されている。

- 通貨・金利
- 株式
- クレジット
- コモディティ

別々のネッティング契約のもとにあるデリバティブに対しては別々の計算を行わなければならない。当初証拠金の計算は次の二通りの手法が選択可能である。

- 規制により定義された担保率の表（標準表）
- 対象組織自身の、またはサードパーティの定量モデル（関係する監督当局による審査が必要）

状況ごとにどちらの方法の必要額が最小となるかをみながら、両方の手法

34 たとえば、"Industry 'won't bother' with one-time rehypothecation", *Risk*, 12th September 2013を参照。

を使い分けて「いいとこ取り」をすることはできない。ただし、これらの手法間の切替えをしない限り、異なるアセットクラスに対して違った手法を選ぶことは可能と考えられる[35]。

対象組織が担保の計算に自前の定量的モデルを使用する場合は、パラメーターの推計期間は（均等ウェイトで）ストレス期間を含み5年以内としなければならない。これらの要件、特にストレス期間の使用はプロシクリカリティを避けることを目的としている。突発的な多額の当初証拠金の請求（担保モデルのプロシクリカリティによって発生するとも考えられる）は、クリフ効果を生み出しやすいため避けるべきである。

自前の担保計算モデルを使用しない対象組織は、当初証拠金の標準表を利用できる（表6.8）。表中に示された値は想定元本に掛けてグロスの当初証拠金必要額を計算するのに用いられる。標準表を利用しながらポートフォリオ効果を織り込むために、よく知られているネット・グロス比率（Net Gross Ratio、NGR）の式が使われる（8.2.2節参照）。これは取引のネットの再構築コストをグロスの再構築コストで割ったものとして定義される。標準的手法によるネット当初証拠金必要額を計算するためには、次のようにNGRを適用する。

表6.8　BCBS-IOSCO（2015）の定義による当初証拠金の標準表

	0～2年	2～5年	5年超
金利	1%	2%	4%
クレジット	2%	5%	10%
コモディティ	15%		
株式	15%		
外国為替	6%		
その他	15%		

35　BCBS-IOSCO（2015）の正確な記述は次のとおりである。「したがって、明確に定義された同一のアセットクラス内の取引すべてに対して、当初証拠金計算のモデルベースの手法と数値表ベースの手法の間の選択は、期間にわたり統一されたものとされるべきである」

$$\text{ネット当初証拠金} = (0.4 + 0.6 \times NGR) \times \text{グロス当初証拠金}$$

NGRはポジション間の将来の相殺効果を単純に模したものである。その理屈は、現在ある相殺効果の60%は将来のエクスポージャーに対しても想定できるというものである。たとえば二つの4年物金利商品について考えよう。これらはそれぞれ想定元本が100と50、時価（再構築コスト）評価額が10と－3とする。これはNGRが70%ということを意味している（ネットエクスポージャーの7をグロスエクスポージャーの10で割る）。表6.8よりこれらの二つの取引のグロスの当初証拠金は150の2%となり、NGRを掛けるとネットの当初証拠金である2.46が得られるだろう。

6.7.7 当初証拠金の標準モデル（SIMM）

内部モデルと担保の標準表の間の選択はむずかしい。後者はごく単純で透明性が高いが、より保守的な必要額が算出される。しかしながら、内部モデルの機能設計には大幅な解釈の余地があるので、カウンターパーティ同士の紛争を招き、さまざまなモデルの当局承認を得るべく多大な労力を要することが避けられないだろう。ISDAは主要な銀行とともにSIMM（Standardized Initial Margin Method）[36]を開発してきたが、これは別々の証拠金モデルが方々で使われてしまい、当初証拠金に関する紛争が避けられなくなるような事態を防ぐためである。

一般的な当初証拠金モデルは以下の特徴をもたなければならない。

- リスク感応度と分散効果の認識
- 比較的導入が容易であること
- 紛争が管理でき予測可能となるような透明性
- できればモデルの使用を望む取引当事者が属するすべての主要な法域において、規制当局の承認を受けていること

---

36 "Dealers plan standard margin model for WGMR regime", *Risk*, 21st June 2013を参照。更新やより詳細な情報はwww.isda.orgで得られる。

なお、非清算店頭デリバティブ証拠金規制は中央清算ができない取引に対して適用される。したがって定義上モデルはより非標準的で、複雑かつ流動性の低い店頭デリバティブを扱う必要があることになる。

上記の目的を満たすため、SIMMは感応度アプローチ（Sensitivity Based Approach、SBA）を採用している。これはバーゼル委員会のトレーディング勘定の抜本的見直し（8.8.1節）における、所要資本計算の標準的手法をもとにしている。取引は規制の要請に従って四つのアセットクラスに分けられる（6.7.6節を参照）。各アセットクラス内の当初証拠金必要額は次の要因に左右される。

- さまざまなリスクファクターへの感応度（例：特定の通貨の金利デルタ）
- リスクウェイト（実質的にリスクファクターの変動度合いを決定する）
- 相関と合算（同一のアセットクラスにあるポジション同士の相殺効果を決定する）

担保の必要額が大きく上下してしまうような大幅な変化を避ける目的で、リスクウェイトなどのインプットは定期的に再調整される。

6.8 カウンターパーティリスクの資金流動性リスクへの変換

本章で説明した論点に関連して、ハイレベルの問題を強調しておくことは大事である。それは、有担保取引の普及によりカウンターパーティリスクは減少するかもしれないが、資金流動性リスクは増加するという点である。図6.15では、無担保取引から典型的なCSAを通じた有担保取引への移行に始まる、担保の利用形態の強化が示されている。非清算店頭デリバティブ規制により当初証拠金が要求されることでさらに担保が増加し、中央清算によってこれがさらに強化され、清算基金に加え、ともすればさらに保守的な当初証拠金の要請が追加されている[37]。

図6.15　カウンターパーティリスクと資金流動性リスクに対する、担保の影響度合いの高まり

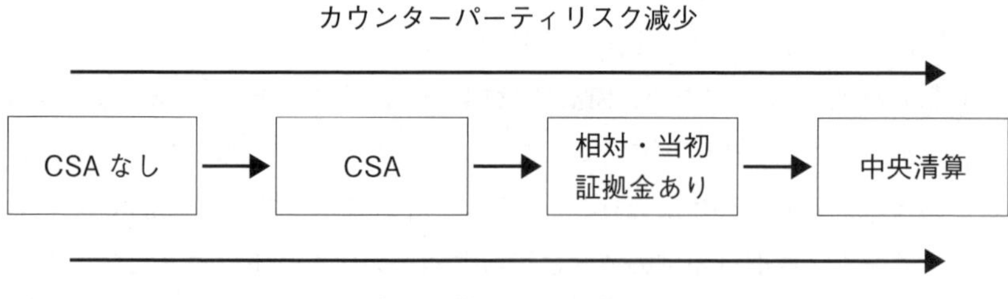

カウンターパーティリスクを資金流動性リスクへ変換することは、純粋に現実的な担保取得の必要性からの当然の帰結である一方で、行き過ぎもありうるということは認めるべきである。市場参加者や規制当局などにとって重要な判断となるのは、図6.15で示される各段階のどこにさまざまな取引が集まっているかということと、それがもたらすリスクである。右のほうへもっていけばカウンターパーティリスクは最小化されるが、より不透明で複雑な資金流動性リスクが増加することにもなる。実際にカウンターパーティリスクとCVAやKVAの削減が、FVAやMVAなどのほかのxVAが生み出される原動力となってきた。FVAとMVAについてはそれぞれ第15章と第16章で説明する。

6.9　まとめ

本章では店頭デリバティブ取引における担保の利用について議論した。これはカウンターパーティリスクを削減するためにきわめて重要な手法である。ここでは担保管理と差入担保の金額を決定する変数の仕組みについても

37　当初証拠金の計算手法において、CCPは一般的により保守的である。これはCCP自身が当初証拠金を差し入れる義務がないことから当然である。ただし、所要証拠金を低くすることによりCCPの競争力を高めることもできる。

解説した。さらに店頭デリバティブ市場における担保の利用についても復習した。担保の利用により生じる重要なリスクについても考慮し、とりわけ担保の利用が資金流動性リスクを増加させることを強調した。中央清算されない店頭デリバティブの担保差入れに対し新しく導入される規制についても解説した。

第7章 クレジットエクスポージャーとファンディング

会議が楽しい人たちは、何も責任を負うべきではない。

Thomas Sowell（1930〜）

エクスポージャーはxVAにおける重要な決定要因である。なぜなら、エクスポージャーが表すのは、デフォルトシナリオにおいてはリスクにさらされ、そうでなければファンディングが必要となるような、根源的な価値だからである。実際、エクスポージャーはなんらかのかたちで、あらゆるxVA調整に共通の構成要素となっている。本章での関心は、エクスポージャーのより詳細な定義と、基本的な特徴の説明である。まず、クレジットエクスポージャーと、その定量化に用いられる重要な指標から始める。さまざまな商品における典型的なクレジットエクスポージャーの特徴について議論し、次にクレジットエクスポージャーに対するネッティングおよび担保の効果を説明する。さらに、クレジットエクスポージャーとファンディングコストとの間のつながりについても解説する。これら二つはよく似た要因によって変動するが、特に分別保全の要素などが絡むときには、いくらか違った特徴をもつことになる。こうしてファンディングエクスポージャーを定義できるようになり、クレジットエクスポージャーに似ているが、いくつか明確な差異があることがわかる。

7.1 クレジットエクスポージャー

7.1.1 定　　義

カウンターパーティリスクを定義づける特徴は、デリバティブ取引の価値[1]に関する潜在的な損失が非対称なかたちとなっている点にある。カウンターパーティがデフォルトした際、生存している側は対象の契約をクローズアウトし、将来の支払をやめるだろう。この後、双方の取引当事者は、カウンターパーティとの間で負債となっているネットの金額を計算し、本来なら授受されたであろう担保をすべて考慮に入れることになる。なお、担保を保

1　価値については以下でより厳密に定義する。

有することでエクスポージャーは減少するが、差し入れた担保のほうはすべてエクスポージャーを増加させる。また、ネッティングと担保の正確な影響については、7.4節で詳しく説明する。

上記の流れに沿えば、そのネットの金額が正なのか負なのかということが最初の問いとなる。クレジットエクスポージャー（以下、簡潔に「エクスポージャー」と呼ぶ）を定義づける主な特徴は、デリバティブ契約の（担保を含めた）実際の価値が、正の値（有利な状態）か、負の値（不利な状態）かということに関連している。これを図7.1に示している。

●負の値の場合

このケースでは、カウンターパーティに対して負債を有していて、法的にその金額を支払う義務をまだ負っている（特定のケースを除き、取引当事者は取引から「逃れる」こと（ウォークアウェイ）ができない。5.4.1節を参照）。したがって、価値評価の観点からは、ポジションに見かけ上の大きな変化はない。このケースでは一般的に、カウンターパーティのデフォルトから利益を得たり損失が出たりすることはない。

●正の値の場合

カウンターパーティがデフォルトすると、取引当事者は将来の支払の約束に関する合意を保てなくなり、ゆえに生存している側は、通常は無担保の債権者として、デフォルト時点での正の価値分の支払を請求することになる。こうして、請求額のうちいくらかのリカバリーが見込まれるだろう。これは

図7.1　カウンターパーティのデフォルト時の、取引価値の正負による影響

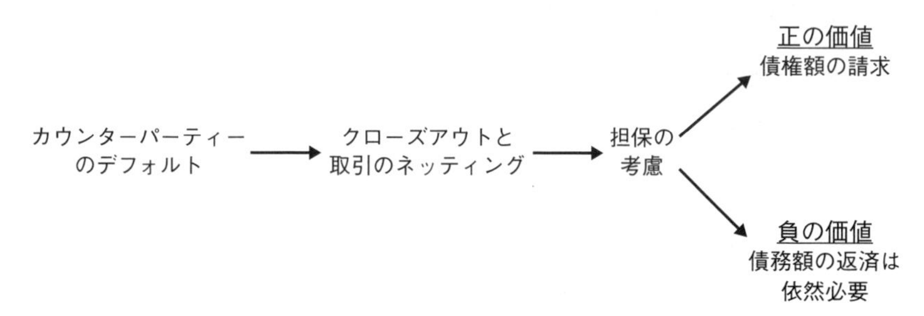

ちょうど、社債権者が額面金額の一部を回収するのと同じである。慣例的に、この未知のリカバリー価値はエクスポージャーの定義に含まれない。

この、デリバティブ価値が正の値であれば損失を被るが、負の値であっても利益が得られないという点は、カウンターパーティリスクを定義づける特徴である。エクスポージャーは次のように簡潔に定義することができる。

$$Exposure = \max(value,\ 0) \tag{7.1}$$

これが意味するのは、所与の時点のエクスポージャーを定義するのは比較的簡単ということであろう。対象の契約をただ評価し、契約上のネッティングのルールに従って合計し、そのポジションに対して保有されるすべての担保に見合った調整を行い、そして最後にその調整後のネット金額の正の値をとる、ということである。

7.1.2 相対取引のエクスポージャー

カウンターパーティリスクの重要な特徴は、相対という点である。取引当事者双方がデフォルトしうることから、いずれも損失を被る可能性がある。十分な網羅のためには、両方のデフォルトから生じる損失を考慮する必要があるだろう。一方の側からみると、自己のデフォルトは、負債ポジションとなっているすべてのカウンターパーティに対して損失を引き起こすことになるだろう。これはネガティブエクスポージャーとして定義され、対称性から以下のようになる。

$$Negative\ Exposure = \min(value,\ 0) \tag{7.2}$$

ネガティブエクスポージャーは利益をもたらす。これが適切なのは、カウンターパーティにとっては損失[2]を生んでいるからである。

2　これは対称的な効果であり、一方の利益は必ずもう一方の損失になっている。取引当事者の自己のデフォルトの際の利益をどう定義するかという悩ましい問題があるだろう。これについては第14章でより詳しく議論する。

7.1.3　クローズアウト金額

上記の議論で「価値（value）」とされている金額が表すのは、カウンターパーティ（もしくは取引当事者自身）のデフォルト時における関連契約の実質的価値であり、これにはネッティングや担保のようなリスク軽減策の効果が含まれている。しかしながら、これは、カウンターパーティ（デフォルトの管財人）と合意された実際の価値であり、厳密な定義のうえでモデル化が可能となるような、明示的な表現にはなじまないかもしれない。取引当事者は、必要な契約書の整備や法的手続の履行に努めることで、デフォルト後に双方で合意する実際の価値を、デフォルト前の自らの一方的な見方による価値に沿ったものにしようとするのは当然だろう。

5.2.6節で論じたように、クローズアウト金額という概念があり、これは関連する契約書と適切な法域での法的解釈によって決定されるものである。クローズアウトの文言をできるだけ適切なかたちで定義するとともに、過去の破綻における問題から学習するという努力がこれまでなされてきた一方で、明らかにこれからも金額に関する紛争の可能性はあるだろう。取引当事者が当然にして求めるのは、エクスポージャーを表す際に用いる自身の定義による価値が、デフォルトシナリオ下で合意される実際の価値に合致することである。エクスポージャーと他のxVAを定量化するときには、上記の7.1式と7.2式が基本的な出発点となる。この式は通常は時価の定義を必要とするが、これは標準的な価値評価モデルによるものとなるだろう。理論的な価値の定義では、用いられた契約書の種類や法域、あるいはデフォルト時の市場の振る舞いといった観点を実際には考慮することができないなかで、このような問題がはらむ不確実性が小さいことが望まれるだろう。

したがって、エクスポージャーの定量化やxVAに必要となるのは、どちらかといえばすっきりした価値の指標であり、その価値は対象となる取引の時価に左右され、難なく定量的な計算を行うことができるものであろう。しかしながら、契約書上では少し違ったかたちで機能しがちなことは覚えておくべきである。たとえば、「クローズアウト金額」には、生存側の当事者の信用力に関連する情報を含むことができるということが、ISDA契約書(5.2.6節）で具体的に謳われている。これが暗黙に意味するのは、取引当事者が、可能性として、デフォルトしたカウンターパーティに対して負っている負債金額を減らしたり、逆にカウンターパーティのデフォルト状況において取引の再構築のために必要となった費用に見合うように請求額を増やしたりできる、ということである。この費用はそれ自身xVA部分から生じるものかもしれず、そうであればxVAの計算に用いられるエクスポージャーに依存していることになる。とどのつまり、これは循環した再帰的な問題であり、(xVAの計算に必要な）カレントエクスポージャーの定義そのものが、将来起こりうるxVA部分に依存しているということである。この問題については、第14章でより詳細に議論する。それまでは、ベースとなるエクスポージャーの定量化を、定義とモデル化が比較的容易な価値の概念をもとにして行うが、これは一般的な市場慣行であり、発生する誤差は大抵の場合比較的小さい、ということを強調しておく。

クローズアウト金額の決定における上記の問題について最後のポイントとなるのは、時間的な遅延である。合意が結ばれるまで、取引当事者は、正確な負債金額や無担保の債権者としての請求額に関する確証が得られない。これはカウンターパーティリスク管理に独特の問題を生み出すだろう。(リーマン破綻の際の店頭デリバティブのように）多数の契約が関係する破綻の際には、そのような大量の価格評価の合意までに、事務量をこなす時間がただ必要になるのである。

7.1.4 オプションの売りとしてのエクスポージャー

7.1式にて示されているように、カウンターパーティリスクは非対称のリスク特性を生み出す。カウンターパーティが破綻したとき、もしデリバティブ取引の価値が正であるなら、取引当事者は損失を被るが、負であったとしても利益は出ない。この特性はオプションの売りポジション[3]にたとえるこ

3 エクスポージャーが損失となるため、オプションの売りポジションが生じる。

とができる。基礎的なオプションの価格評価理論を知っていれば、エクスポージャーの定量化に関する二つの当然の結論に達するだろう。

- エクスポージャーはオプションのペイオフと似ているので、鍵となる変数は（関連契約と担保の価値の）ボラティリティになるということ。
- オプションをプライシングするのは比較的（少なくとも原資産となる商品に比べれば）複雑であること。よって、簡単な商品でさえもエクスポージャーを定量化するのはかなり複雑であろうこと。

  対称性により、取引当事者は、自己のデフォルトリスクから発生するオプション性の買いポジションをもつことになる（第14章で議論するDVAを通して）。

オプションのアナロジーはさらに拡張することができる。たとえば、あるカウンターパーティとの取引のポートフォリオがバスケットオプションに似たエクスポージャーをもつとか、担保契約がオプションの**行使価格**を変えるなどというようにである。しかしながら、xVAをある一つの巨大なエキゾチックオプションのプライシングの問題として考えることは正しいが、誤解を招きうる。この理由の一つは、7.1.3節ですでに述べたように、オプションのペイオフ、正確にはエクスポージャーを正しく記述することすらできないからである（なぜなら、7.1式の*value*の部分を正確に定義できないため）。さらに、xVAは、信用力やファンディングカーブ（第12章）、誤方向リスク（第17章）のような、他の主観的な要素を多く含んでいる。エクスポージャー算出の中核となる部分にはオプションプライシングのような問題があるが、この問題は、通常このような問題に対して払われるような正確さや洗練度をもって扱えない。この理由は、含まれるオプションが本当に複雑であることと、xVAを左右する他の要素によるものである。xVAの定量化を純粋に理論的なオプションの価格評価の問題として扱ってしまうと、その他の重要であるが定性的な側面を見落としてしまいがちである。

7.1.5　将来エクスポージャー

現時点における、対象となるすべてのポジションと担保の価値評価によって、カレントエクスポージャーを算出することができる。ただ、7.1.3節で述べたように、実際のクローズアウト金額に関する多少の不確実性は確かに残る。しかしながら、エクスポージャーが将来のある時点でどうなる可能性があるかを把握するほうが、むしろさらに重要である。この概念は図7.2で図示されており、こうして考えることによって、単一の取引からネッティングと担保契約を含む巨大なポートフォリオまで、どのような状況も示すことができる。現在（と過去）のエクスポージャーは確実なものとして認識されるものの、将来エクスポージャーは、不確実な市場動向や取引の契約条件に従って将来起こりうる事象により確率的に定義される。したがって、将来エクスポージャーを理解するには、エクスポージャーの**水準**とともに、裏にある**不確実性**についても定義しなければならない。

エクスポージャーの定量化はきわめて複雑である。これは、長期にわたる

図7.2　将来エクスポージャー

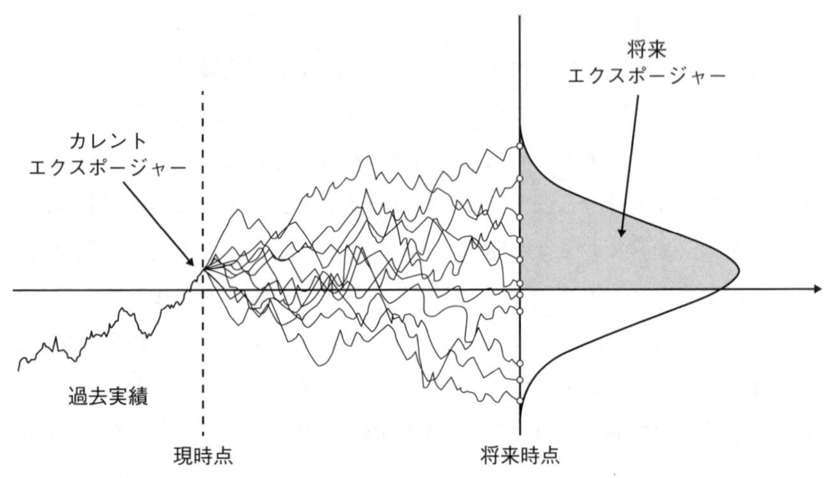

＊灰色の部分がエクスポージャー（正の将来価値）を示し、白色の部分は負のエクスポージャーを示している

こと、エクスポージャーに影響を与えうる市場変数が多いこと、そして、ネッティングや担保差入れといったリスク軽減策があること、などによる。エクスポージャーの定量化については第10章と第11章に譲り、本章では、次の事項に焦点を当てる。

- エクスポージャーの定義
- ネッティングと担保による影響の直観的な議論
- ファンディングエクスポージャーの概念の導入

7.1.6 バリューアットリスクとの比較

金融リスク管理において、バリューアットリスク（VaR）の手法（3.3.1節）は、約20年間にわたり、市場リスク計量の普及した手法であった。VaRになじみのある読者なら、図7.2をみると、エクスポージャーとVaRとには似たような特徴があるということがわかるだろう。実際そのとおりなのだが、エクスポージャーの定量化にあたっては、VaRに増して複雑な点に直面することになる。特に以下の点がある。

●タイムホライズン

VaRとは異なり、エクスポージャーは複数のタイムホライズン（しばしば遠い将来の時点まで）にわたって計算する必要がある。これは、時間経過や元となる契約が及ぼす影響を十分に把握するためである。

○第一に、取引の「経年変化（ageing）」を考慮しなければならない。この意味は、将来のすべての契約上の支払とその変更という観点から取引を理解するということである。理解すべき点には、キャッシュフローや終了事由、行使判定や担保差入れなどといったことが含まれる。この影響で、ある時点のエクスポージャーがそれより前の時点に定義された事象によって変わるというような、経路依存性も発生しているかもしれない。VaRモデルにおいてはこの点は無視することができる。タイムホライズンとして10日が用いられるからである[4]。

○第二の重要な点として、長期のタイムホライズンをみるとき、市場変数のトレンド（ドリフトともいう）、加えて、そのボラティリティや変数間の依存構造についても考慮する必要がある（これは図7.2で示したとおりである）。VaR においては、これも対象のタイムホライズンが10日と短いという理由で、これらの点を無視できる。

●リスク軽減策

通常、エクスポージャーはネッティングや担保のようなリスク軽減策によって削減される。そして将来エクスポージャーの適切な推定には、これらの軽減策の影響が考慮されなければならない。このためには、正しいネッティングの規定を反映するというような、関連する契約上の合意内容と、対象の法域におけるその法的解釈とに関する知識が必要となることがある。将来の担保金額については、受け取る担保の種類や正確なタイミングが定まらないことから、さらにもう一段の主観的な判断が入る。終了事由（5.4.2節）のような他の契約上の取決めもまた、主観的なものとなるかもしれないが、そのような要素もすべてモデル化しなくてはならず、よりいっそうの複雑さと不確実性を生み出すことになる。

●適用対象

VaR はリスクマネジメントの手法である。エクスポージャーは、リスク管理とプライシング（つまり xVA）の両方の目的で定義しなければならない。このことがエクスポージャーの定量化においてさらなる複雑さを生み出しており、結局２種類のまったく異なる計算となる可能性がある。つまり、エクスポージャーの定義を、一つはリスク管理の目的で行い、もう一つはプライシングの目的で行うというようにである。この論争については10.4節で議論する。

言い換えれば、エクスポージャーは VaR よりもずっと複雑なものであるものの、カウンターパーティリスクやさまざまな xVA を構成する一要素にすぎないのである。

4　多くの場合、これは１日間のホライズンを単純に10日間にスケーリングしたものである。

7.2 エクスポージャーの測定指標

本節では、エクスポージャーの定量化において一般的に用いられる指標を定義する。紹介する各指標にはそれぞれ適切な用法がある。標準的な呼び名のルールがあるわけではなく、ほかでは異なった文脈で使われたりする用語もあるだろう。ここでは、規制当局によるオリジナルの定義（BCBS（2005））に従う。

まず、与えられたタイムホライズンに対するエクスポージャー指標を定義することから始めよう。なお、以下のエクスポージャーの議論では、適切にネッティングされ、対応する担保をすべて含めた対象取引全体を指す。今後これを「ネッティングセット」と呼ぶことにする。

7.2.1 期待将来価値（EFV）

この指標は、ネッティングセットの、ある将来時点におけるフォワード価値（期待価値）を表している。上述のとおり、カウンターパーティリスクの計測には比較的長いタイムホライズンを考慮に入れるため、期待価値が重要な指標になる。その一方で、市場リスクのVaR計測（タイムホライズンとして10日間しか考慮しない）では、期待価値は重要ではない。期待将来価値（Expected Future Value、EFV）が示すのは、なんらかの想定された確率測度（後程議論する）のもとで計算した将来価値の期待値（平均値）である。期待将来価値が現在価値と大きく異なる理由は以下のようにいくつもある。

●キャッシュフローの差異

デリバティブ取引のキャッシュフローはかなり非対称になりうる。たとえば、金利スワップにおいて、最も一般的な右上がりのイールドカーブを仮定すると、通常、契約期間の初めのほうでは固定キャッシュフローのほうが変動キャッシュフローを上回るだろう。もう一つの例としては、通貨スワップにおいて､異なる金利を交換することから､それぞれの支払額に1年で数パーセントの差異が発生することがある。キャッシュフローが非対称であることの帰結として、この取引の価値が将来非常に大きく（小さく）なることが期待できる。これは、ネットのキャッシュフロー支払（受取り）が行われているためである。なお、最後の受渡しがあるために、満期が間近の取引にもこれは当てはまる（例：通貨スワップ）。

●フォワードレート

フォワードレートが現在のスポットレートと大きく異なることもあるだろう。この差異によって、関連する変数の将来変動モデルにおいて暗黙上のドリフト（トレンド）がもたらされることになる（このドリフトの適用が正しいとすることを仮定しており、この詳細は10.4節で議論する）。市場変数のドリフトによって、ボラティリティの影響を考慮する前であっても、ネッティングセットの将来価値は高くなったり低くなったりする。なお、これは、上記のキャッシュフローの差異と関連している。というのも、キャッシュフローの差異のいくらかは、フォワードレートとスポットレートの差異に起因するからである。

●非対称な担保契約

担保契約が非対称である場合（片方向の担保差入れなど）には、担保条件の有利不利に従って、将来価値はそれぞれ高くなったり低くなったりすることが期待されるだろう。担保条件の影響については第11章でさらに議論する。

7.2.2　潜在的将来エクスポージャー（PFE）

リスク管理において、将来のある時点で起こりうる最悪のエクスポージャーがいくらになるのかを把握するのは自然なことである。ある信頼水準における潜在的将来エクスポージャー（Potential Future Exposure、PFE）がこの問いに対する答えになるだろう。たとえば、信頼水準99％の PFE は、それを実際に超過する確率が１％（100％－信頼水準）以上にならないエクスポージャー水準と定義される。PFE は VaR に似た指標であり、図7.3に示している。このように、分布の中心が必ずしもゼロとはならないことに注意

図7.3　潜在的将来エクスポージャー

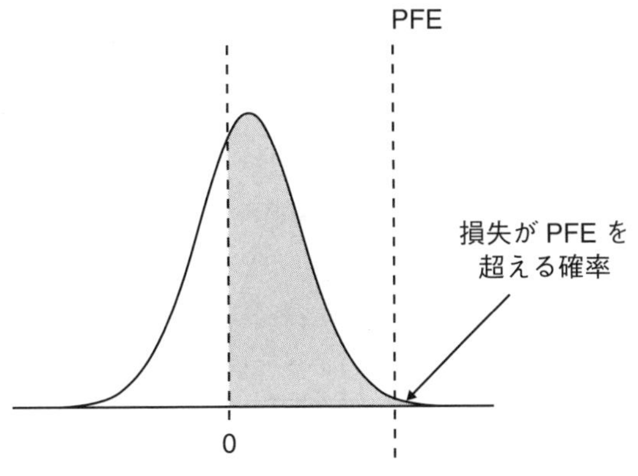

＊灰色の領域は（正の）エクスポージャーを示す

したい（これは、取引の将来期待価値がゼロではないということを表している）[5]。

7.2.3　期待エクスポージャー（EE）

明らかなリスク管理指標であるPFEに加えて、いくつかのxVAのプライシングでは期待エクスポージャー（Expected Exposure、EE）が用いられる。これを示したのが図7.4である。期待エクスポージャーはすべてのエクスポージャー値の平均である。なお、正の値（灰色の領域）のみがエクスポージャーとしてカウントされ、その他の値はゼロとなり寄与しない（ただし、それらが起こる確率はカウントされる）。つまり、EEは7.2.1節で定義した期待将来価値（EFV）より大きくなるということであり、これはオプションが原資産のフォワード契約よりも価値が高くなることと同様の考え方である。また、EEは期待ポジティブエクスポージャー（Expected Positive Exposure、EPE）と呼ばれることがある。

5　ここでは将来価値の分布を描くのに正規分布を用いたが、必ずしも正規分布を仮定する必要はない。また、PFEはしばしば99％以外の信頼水準で定義される。

図7.4　期待エクスポージャー

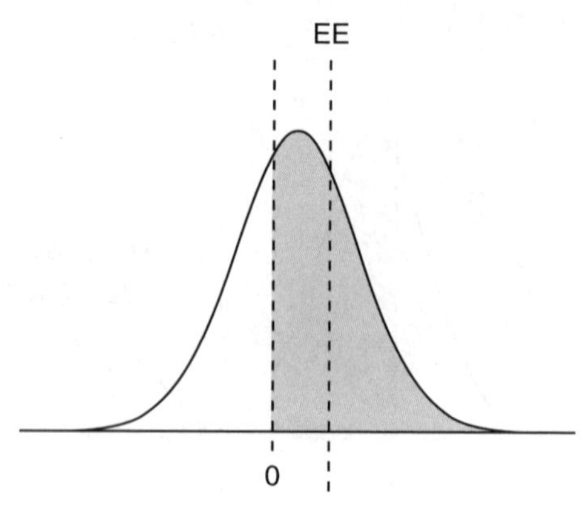

＊灰色の領域は（正の）エクスポージャーを示す

7.2.4　正規分布に対するEEとPFE

付録7Aでは、正規分布に対するEEとPFEの簡便な式を示している。これらの式は計算するのに適度に簡素化されており、また例として有用である。

> **スプレッドシート7.1**　正規分布に対するEEとPFE

> **例**
>
> 将来価値が、平均2.0、標準偏差2.0の正規分布によって定義されるとしよう。付録7Aの式で計算すると、（信頼水準99%の）EEとPFEは以下のとおりとなる。
>
> EE=2.17
>
> PFE=6.65
>
> 標準偏差を4.0に増やすと、以下の値が得られる。
>
> EE=2.79
>
> PFE=11.31

なお、EE も PFE と同様、標準偏差（ボラティリティ）が影響する。

7.2.5 最大 PFE

最大 PFE、またはピーク PFE は、単純にある期間における PFE の最大値を表しており、したがって、すべての時点での最悪ケースにおけるエクスポージャーを表している。これを示したのが図7.5である。最大 PFE は、信用リミットの指標に用いられることがある。

7.2.6 期待ポジティブエクスポージャー（EPE）

期待ポジティブエクスポージャー（Expected Positive Exposure、EPE）は、全期間にわたる平均のエクスポージャーとして定義される。したがって、図7.6にあるように、EPE は、EE を全期間にわたって加重平均したものとなる。（この例のように）EE の観測時点が均等に置かれている場合、ただ各時点の EE の単純平均になる。

この EPE は単独の値であり、実質的にカウンターパーティに貸し付けられる金額の平均となることから、しばしば「貸付相当額」と呼ばれる。非常に不確実なエクスポージャーを一つの EPE（または貸付相当額）の値とすると、相当粗い概算になりうるというのは明白であろう。なぜなら、市場変動

図 7.5 最大 PFE

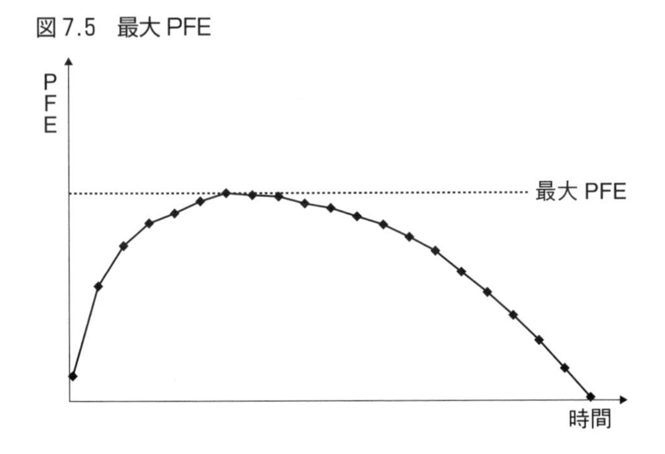

図7.6　期待ポジティブエクスポージャー

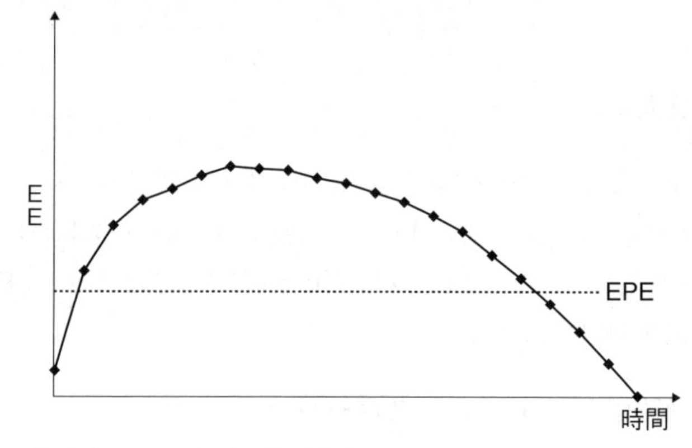

＊各時点のEEの加重平均（時間区間の長さでウェイトづけ）である

のランダム性と時間の影響のすべてを平均してしまうためである。しかしながら、後述するように、EPEは規制資本の計算（第8章）やxVAの定量化（第14章）における強固な理論的基礎となっている。

7.2.7　負のエクスポージャー

エクスポージャーは正の将来価値で表される。逆に、負の将来価値で表されるものとして、負のエクスポージャーを定義できる。これが意味するのは当然、カウンターパーティの視点からのエクスポージャーとなるだろう。したがって、EEやEPEと正反対のものとして、負の期待エクスポージャー（Negative Expected Exposure、NEE）や期待ネガティブエクスポージャー（Expected Negative Exposure、ENE）といった指標を定義できる。このような指標は、DVA（第14章）やFVA（第15章）といった値の計算に利用されることになる。

7.2.8　実効EPE（EEPE）

ここで定義する最後の指標は、規制資本計算のみに用いられるもので、実効EPE（Effective Expected Positive Exposure、EEPE）として知られている。

実効 EPE を使う必要性は、EPE をより保守的にすることで、以下の二つの問題に対処することにある。

- EPE は、エクスポージャーの平均を表しているため、ある短い期間のみに実現する非常に大きいエクスポージャーを無視してしまうかもしれない。
- EPE は、短期の取引に対するエクスポージャーを過小に見積もってしまい、「ロールオーバーリスク」を正確にとらえていないかもしれない。このリスクは、現在の短期取引を満期時点で新規取引に巻き直すことから生じる。

これらの理由から、実効 EPE が規制資本計算に導入された(BCBS(2005))。実効 EPE は実効 EE(EEE)を平均したものである。実効 EE とは、ただ単に EE を(各時点までの推移の最大をとることで)減少しないようにしたものである。図7.7で、これらを EE と EPE との比較のうえで示している。大雑把にいうと、実効 EPE では、EE 推移の減少はすべて取引の満期の結果起こるものであり、取引はすぐにロールされると仮定している[6]。なお、規制資本計算の定義から、実効 EPE の定義では必要なタイムホライ

スプレッドシート7.2　EPE と実効 EPE の例

図7.7　実効 EE と実効 EPE

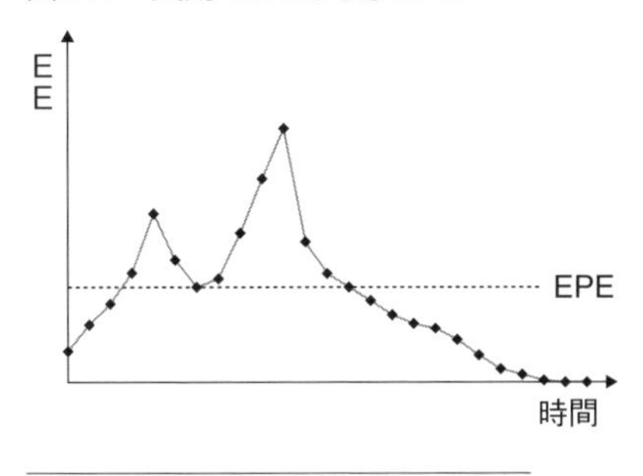

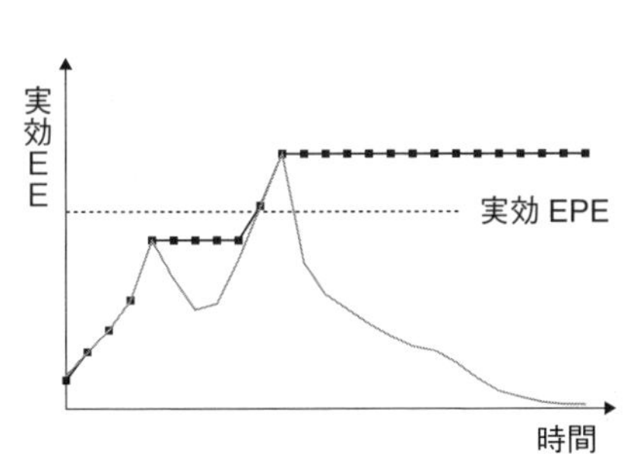

6　実効 EE や実効 EPE は、本質的にエクスポージャーの減少がすべて取引の満期到来によるものと仮定しているが、これが常に正しいとは限らない。

ズンは1年に限られている。規制資本計算における実効EPEの利用および定義については、第8章でより詳しく論じる。

上記で定義したエクスポージャー指標は、一般的な定義ではあるが、常に用いられるものではないということを強調しておく。特に、銀行はしばしば、ここでEEとして定義したものをEPEと呼ぶことがある。上記の定義はBCBS（2005）で導入されたものであり、本書（以前の版を含む）でも一貫して用いているものである。

7.3 エクスポージャーの変動要因

本節では、エクスポージャー変動の主な要因についていくつか例をあげ、満期、支払頻度、権利行使、期中支払、デフォルトなどが及ぼす重要な影響を解説する。ここでは、把握すべき重要な特徴を説明することにして、第10章で、実取引をもとにした例をあげることにする。以下であげるすべての例において、図中のEEは対象の取引の想定元本に対する割合（%）である。

7.3.1 ローンと債券

一般的にはカウンターパーティリスクには区分されていないが、ローンや債券のような負債性商品のエクスポージャーは、通常ほぼ確定的とすることができ、元本金額にほぼ等しい。一般的に債券は固定金利を支払うので、追加的な不確実性があるだろう。この理由は、金利が低下するとエクスポージャーが増加する（逆もまたありうる）からである。ローンの場合は、典型的には変動金利の商品であるものの、繰上返済がありうるので、エクスポージャーが期間中減少する可能性がある。

7.3.2 将来の不確実性

エクスポージャーを変動させる第一の、そして最も明らかな要因は、将来の不確実性である。金利先渡取引（Forward Rate Agreements、FRA）や為替フォワード取引のようなフォワード契約の一般的な特徴は、通常はある1日、つまり契約における満期日において、二つのキャッシュフローや原資産（しばしば単一の受払いにネッティングされるが）を単に交換するだけ、という点である。これが意味するのは、このエクスポージャーは単純増加関数的だということであり、これは、時間の経過とともに最終引渡時の価値の不確実性が増す、という事実を反映したものである。広く一般的な仮定[7]に基づけば、このような特徴はいわゆる「ルートT倍法」に従い、時点（t）の平方根に比例するとされる。

$$Exposure \propto \sqrt{t} \tag{7.3}$$

上記のより数学的な詳細は付録7Bにて解説しており、この特徴は図7.8に示したとおりである。7.3式からわかるのは、契約の満期のタイミングは（この日以降エクスポージャーがゼロとなるという明らかな点を除いて）エクスポージャーに影響しないということである。同様の理由で、プレミアムが前払いのバニラオプションでもほとんど同じ形状がみられる。ただし、よりエキゾチックなオプションはもっと複雑な特徴をもちうる（たとえば7.3.5節参

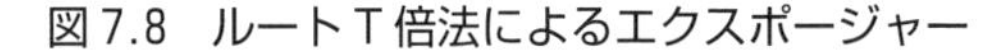
図7.8　ルートT倍法によるエクスポージャー

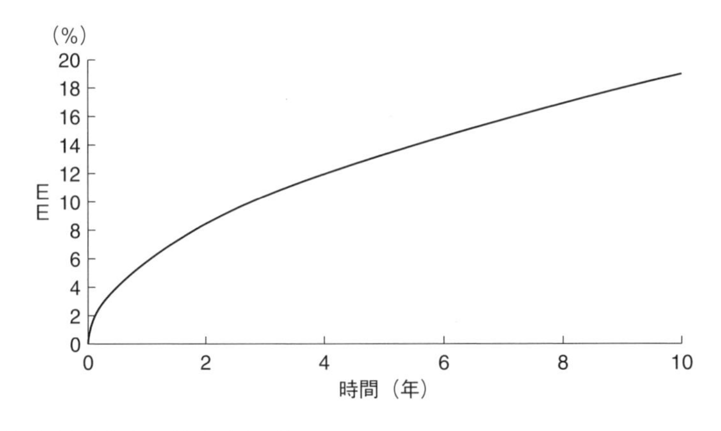

7　具体的には、原資産となる市場変数（例：為替レート）の変動率が、互いに独立同一の分布に従うとする。

照)。

7.3.3 定期的なキャッシュフロー

多くの店頭デリバティブは、定期的な受払いキャッシュフローを含んでおり、将来の不確実性の影響を逆転する効果がある。最もわかりやすく有名な例は金利スワップで、図7.9に示されるように、山なりの形状という特徴がある。この形状は、将来の受けと払いの不確実性のバランスに加え、時間とともに変動払い・固定払いの将来キャッシュフローが減少していくことから生じる。これはおおよそ次のように表すことができる。

$$Exposure \propto (T-t)\sqrt{t} \qquad (7.4)$$

ここでTはこの取引の満期を示している。さらなる数学的な詳細については、付録7Bで解説している。上記の関数は、当初は$\sqrt{t}$の項によって増加していくが、その後$(T-t)$の部分によりゼロまで減少する。$(T-t)$は、将来時点tにおける取引の残存期間の大まかな表現である。時点T/3において、上記の関数が最大値となることを示すことができる。すなわち、契約期間の3分の1の時点でエクスポージャーが最大となる。

図7.9からわかるように、より長期のスワップにはもっと多くのリスクが

図7.9　異なる満期のスワップのEE

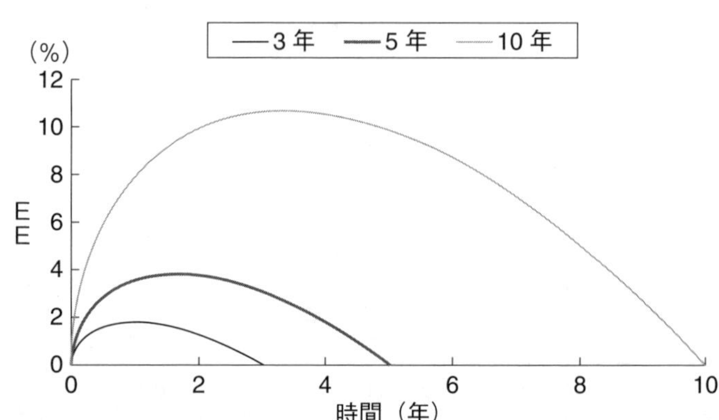

ある。これは、契約期間の長期化と、利払回数の増加の両方によるものである。スワップのキャッシュフローは、図7.10にて示されている。

エクスポージャーの形状は、取引中のキャッシュフローのさらに特定の性質により大きく変化しうる。ベーシススワップのような、支払のほうが受取りよりも頻繁に行われる（もしくはその逆の）取引は、受払いの頻度が等しい同等のスワップよりも、よりリスクが多い（または少ない）だろう。この効果は図7.11および図7.12に示している。

キャッシュフローがエクスポージャーに対して与えるもう一つの影響は、反対方向の取引との間で非対称性を生み出すことにある。金利スワップでこれが起こるのは、異なるキャッシュフローが交換されるためである。「固定払い金利スワップ」では、決まった金額の固定キャッシュフロー（スワップレート）を定期的に支払い、同時に変動キャッシュフローを受け取る。当初時点では、変動キャッシュフローの（リスク中立確率上の）期待値が固定キャッシュフローと等しい。だが、将来の変動キャッシュフローの価値は、将来の金利決定日にならないとわからない。予想される[8]変動キャッシュフローの価値は、参照金利のイールドカーブの形状に依存する。典型的な順

図7.10　異なる満期のスワップのキャッシュフロー
（半年ごとの支払頻度を想定）

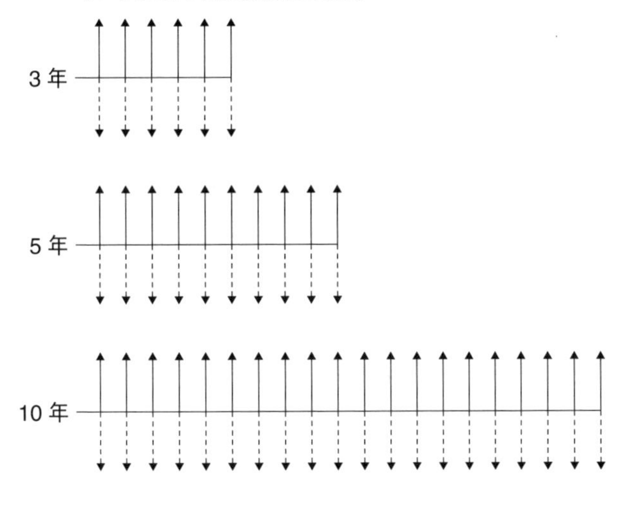

図7.11　受払いの頻度が同一なスワップと同一でないスワップのEE

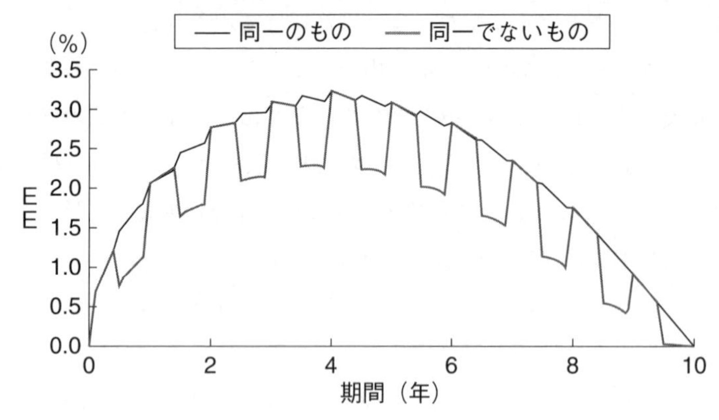

＊後者はキャッシュフローの受取りが四半期ごとであるが、支払は半年ごとのスワップに対応

図7.12　異なる支払頻度のスワップのキャッシュフロー

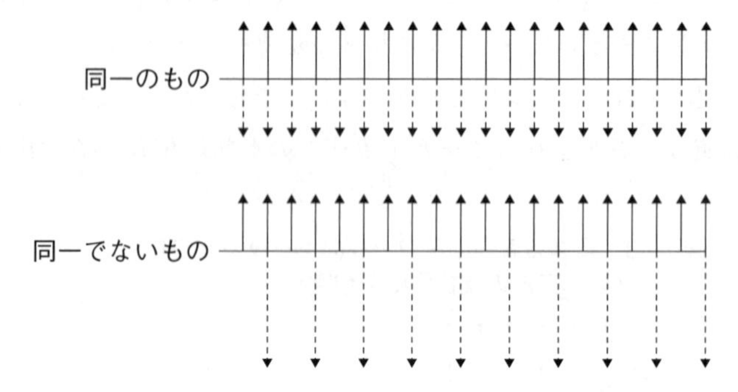

イールドの場合、変動キャッシュフローは最初固定金利の支払額よりも小さいが、スワップの期間の後半では、その傾向が逆になると予想される。これを図として表現してみると、図7.13のようになる。

この効果のもとで受払いをネットすると、固定払い金利スワップのEEのほうが固定受けスワップのEEより高くなるという結果になる。これは、スワップ期間の最初にはネットキャッシュフロー（固定金利からそれより低い変

8　ここで「予想される」とは、各々のキャッシュフローのリスク中立確率における期待値を意味している。

図7.13　順イールド時における、スワップの固定キャッシュフロー（実線）に対する変動キャッシュフロー（点線）

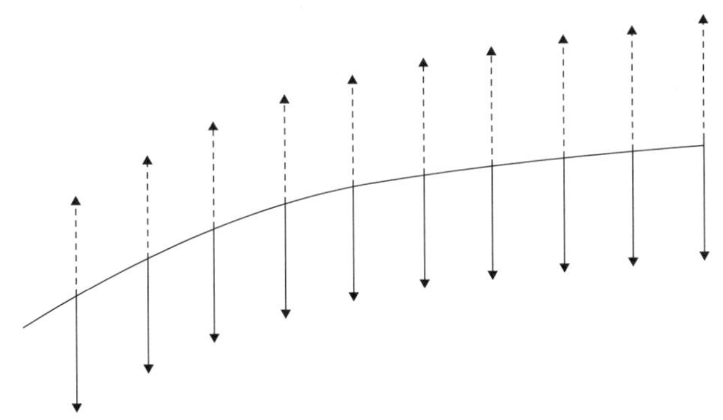

＊変動キャッシュフローと固定キャッシュフローの（リスク中立確率上の）期待値は同一であるのに対し、予想される変動キャッシュフローはスワップ期間の当初はより小さく、最後にはより大きくなる

動金利を引いたもの）を支払い、後半にはネットキャッシュフローを受け取るという予想によるものである（図7.14）。これに対応したかたちで負の期待エクスポージャー（NEE）のマイナス幅がより小さくなる。言い換えれば、スワップの期待将来価値（EFV、7.2.1節にて解説）が（期待ネットキャッシュフローで決定される金額に基づき）正になる、ということである。反対に「固定受け」金利スワップでは、この効果が抑えられてEEが低くなり、NEEのマイナス幅がより大きくなり、EFVの符号が負へと逆転する。

上記の効果がさらにもっと顕著になるのは、金利の高い通貨を支払い、それより低い金利の通貨を受け取るような通貨スワップである（この具体例は、たとえば、2008～2009年の米国の急激な利下げまでの長期間にわたり広く取引されていた、ドル円の通貨スワップである）。これを図7.15に示している。全体として、契約の満期時の元本交換による利益によって、高い支払金利が相殺されることが期待される[9]。そして、元本交換によって期待される収益は、高い金利の払い手にとって大きなエクスポージャーをもたらす。逆方向

9　リスク中立の観点から。

図7.14　固定払い金利スワップのEFV、EEおよびNEE

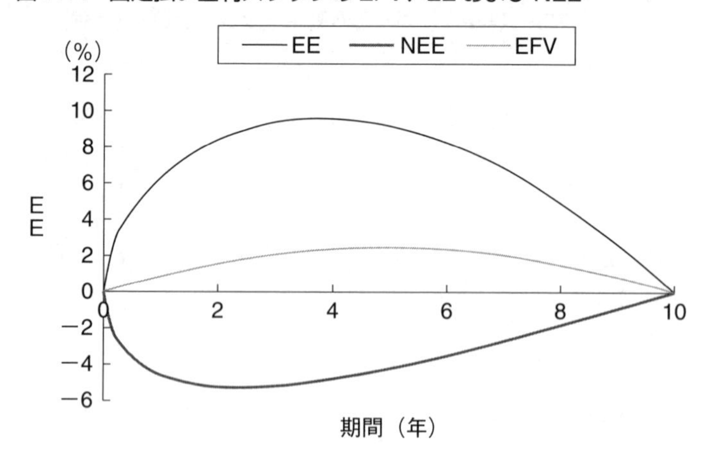

図7.15　支払通貨のほうが金利の高い通貨スワップのEFV、EE、NEE

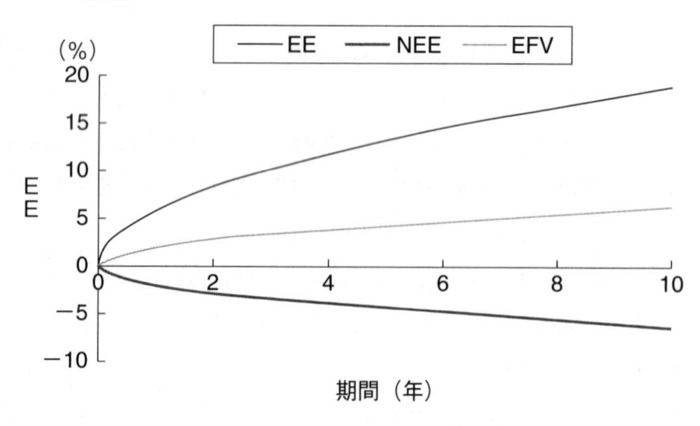

のスワップ取引では、金利の低い通貨を支払う際にスワップの時価がマイナスになるだろう。これが「負のドリフト」を生み出し、エクスポージャーはずっと小さくなる。

7.3.4　エクスポージャーの特徴の組合せ

いくつかの商品では、裏付けとなる複数のリスクファクターの組合せによって、エクスポージャーが変動するものがある。わかりやすい例は通貨スワップであり、これは実質的には金利スワップと為替フォワードを組み合わせたものである[10]。したがって、通貨スワップのエクスポージャーは、図7.8および図7.9で示した特徴をあわせたものとして表現される。より数学的な詳細は付録7Cにある。図7.16は、二つの特徴をあわせたものを示している。通貨スワップのエクスポージャーは相当大きくなりうるが、これはリスク変動要因である為替ボラティリティの上昇が、長い満期と最後の元本交換にともに影響するためである。図のとおり、金利スワップの及ぼす影響は通常小さい。2通貨の金利と為替レートの間の相関がエクスポージャーの重要な変動要因であることもわかる（図7.16では、実務でよくみられる、比較的低い相関を仮定している。これによって為替エクスポージャーが増加する[11]）。

スプレッドシート7.3　通貨スワップのエクスポージャーの特徴の簡単な例

図7.17では、満期の異なる通貨スワップのエクスポージャーを示している。期間が長いほうが金利の支払回数が多いことから、少しリスク量が大き

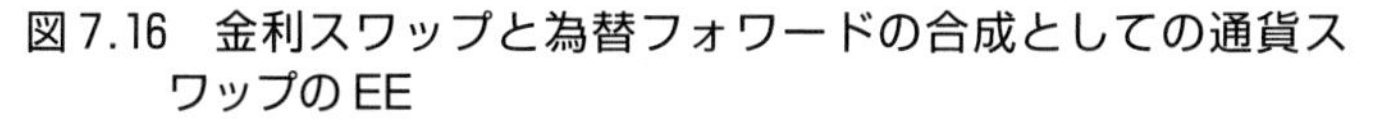

図7.16　金利スワップと為替フォワードの合成としての通貨スワップのEE

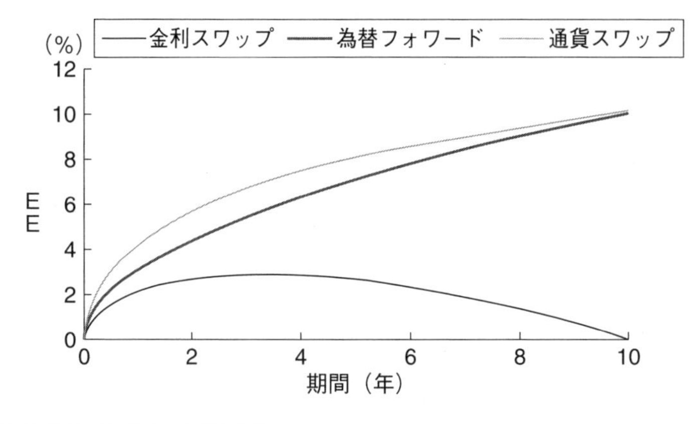

10　金利の支払と、取引終了時における2通貨の元本交換とがあわせて行われるため。
11　相関の影響はスプレッドシート7.3で確認できる。

図7.17　異なる満期の通貨スワップのEE

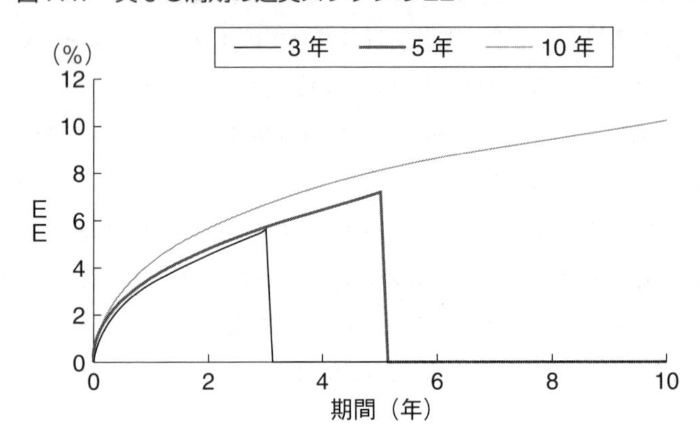

くなっている。

7.3.5　オプション性

権利行使判定の影響は、エクスポージャーの特性を複雑にしている。なぜなら、権利行使日の後で、対象取引はある確率のもとでは「生きている」ものの、そうでないかもしれないからである。これが特に重要となるのは、現物決済の場合である。図7.18は、現金決済ではなくスワップ決済（現物受渡し）の、ヨーロピアンの金利スワップションのエクスポージャーを表している[12]。また、原資産となるスワップは支払頻度が異なっている。原資産のスワップを、同等のフォワード（先スタート型）スワップと比較しよう。権利行使時点の前では、スワップションのエクスポージャーはフォワードスワップよりも常に大きくなくてはならないが[13]、その後、この傾向は逆転する。なぜなら、フォワードスワップは正の価値をもつが、スワップションは行使

12　現金決済のスワップションでは、権利行使期日までは同じエクスポージャーとなるが、その後のエクスポージャーはゼロになる。現物決済のスワップションは一部の金利市場では標準的なものである。通貨によるものの、現金決済と現物決済のいずれも可というのが最も一般的かもしれない。

13　取引を開始できる権利が同一取引を開始する義務より価値が小さくなることはありえない。

図7.18　スワップ決済（現物決済）の金利スワップションと、同等のフォワードスワップのEE

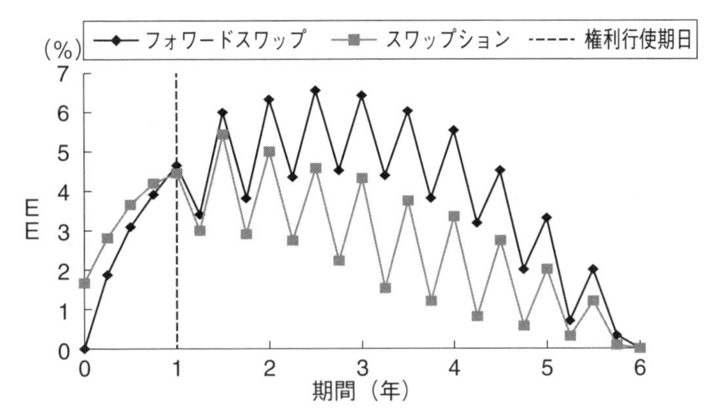

＊オプション満期は1年、スワップ期間は5年

されなかった、というシナリオが存在するはずだからである。この効果を表したのが図7.19であり、あるシナリオでは、フォワードスワップのエクスポージャーが発生するが、スワップションのエクスポージャーは発生しない。

スワップションの例について最後のコメントをしておくと、権利行使の際には、その時点でのカウンターパーティリスク、ファンディング、資本といった点の見通しを確実に考慮に入れるべきである。言い換えれば、将来のxVAを、権利行使するかどうかの判断材料とすべきである。それゆえ、権利行使境界をもつ商品のxVA計算に、再帰的な問題を引き起こすことになる。

7.3.6　クレジットデリバティブ

クレジットデリバティブは、誤方向リスクによってエクスポージャーの評価が困難になる代表例である。この点は第17章で議論する。これを考慮しなかったとしても、クレジットデリバティブのペイオフが離散的であるため、エクスポージャーの形状を特徴づけるのは困難である。シングルネームCDSのエクスポージャーを考えよう。図7.20に、(CDSのプロテクションの買いについて）EEとPFEを示している。EEが典型的なスワップ的形状と

図7.19　現物決済のヨーロピアンスワップションの権利行使

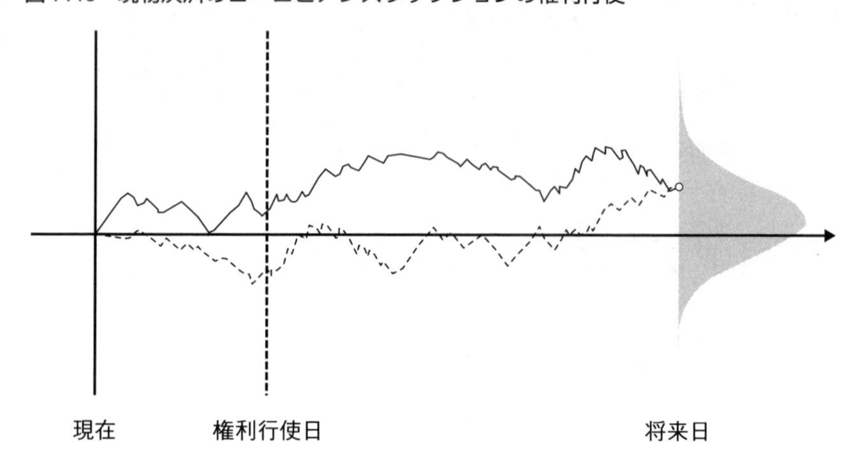

＊原資産となるスワップの将来価値のシナリオのうちの二つを示している。実線は、スワップションを権利行使し、それ以降もエクスポージャーが発生するシナリオに対応している。点線は、同じエクスポージャーが発生するが、スワップションを権利行使しないと判断され、以降エクスポージャーがゼロになるシナリオを表している。x軸を権利行使境界と仮定している

なっているのに対し、PFEは参照企業のデフォルトによるジャンプがある。これはかなり不自然な効果である[14]（Hille et al.（2005）も参照されたい）。なぜなら、これが意味するのは、PFEは実際発生するクレジットイベントを表すかもしれないし、そうでないかもしれないということであり、加えて、用いる信頼水準に敏感に反応するということだからである。期待ショートフォール[15]のような指標を使うことで、この問題は一部解決する。この効果はインデックスCDSにおいても目立たなくなるだろう。なぜなら、参照クレジットが多数あり、一企業のデフォルトはそれほど大きな影響を及ぼさないからである。

スプレッドシート7.4　CDSエクスポージャーの簡単な計算

14　なお、上記の影響の大部分は、モデル化における一般的な仮定の一つによるものだと主張できるかもしれない。その仮定とは、デフォルトは突然の予期しないジャンプ事象であり、既知のリカバリー価値（40%）を伴うとすることである。

図7.20　シングルネームCDSのプロテクション買いに対するEEとPFE

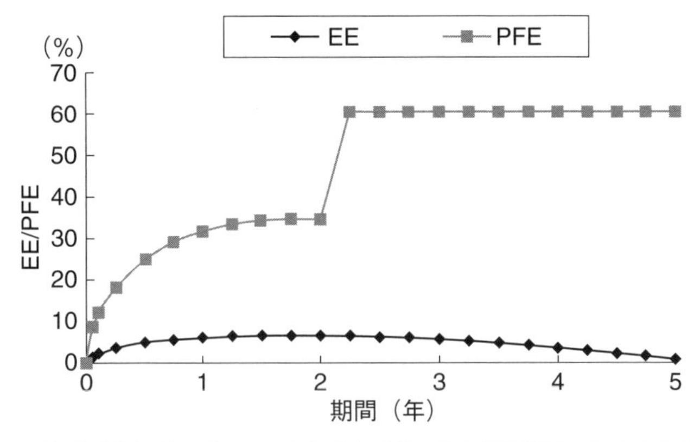

＊PFEの60%は、デフォルトとリカバリー率の仮定40%からくるもの

7.4 ネッティングと担保がエクスポージャーに与える影響

ネッティングの契約条項（5.2節）のおかげで、さまざまな取引の将来価値を互いに相殺することが効果的に可能になる。これが意味するのは、ネッティングセットに含まれる全取引合算での効果を考慮しなければならないということである。後で述べるように、ネッティングがエクスポージャー全体に与えるすべての影響を理解する前に、特定のネッティングセットとカウンターパーティについて考えるべき点がいくつかある。第10章ではより詳細で定量的な観点からネッティングを分析するが、その前に考慮すべき一般的な点を述べよう。

15　期待ショートフォールは、トレーディング勘定の抜本的見直し（8.8.1節）によって推奨されており、時にはVaRより好ましいとして利用される指標である。これは、より数学的に便利な特性があり、VaRとは違って、「コヒーレント・リスク尺度」であるからである。この例では、ここでのPFEの値を超えるという条件付きの期待エクスポージャーに対応している。

7.4.1　ネッティングが将来エクスポージャーに与える影響

正反対の取引に関して、ネッティングがエクスポージャーに与える影響を図7.21に示している。ネッティングを可能とする法的合意がない場合、エクスポージャーは加法的とみなされなければならない。これはつまり、ポジションが互いに相殺されないということである。ネッティングが認められている（そして実行できる）場合、エクスポージャー計算前にネッティングセット内で価値を足し合わせることができ、したがって、図中のエクスポージャー形状は将来の全時点においてゼロとなっている。これが意味するのは、（この例に示されるように）二つの反対取引は、ネッティングすればエクスポージャーがゼロになるということである。

7.4.2　ネッティングと相関の影響

スプレッドシート7.5　ネッティング効果に関する単純な二取引の例

図7.21　ネッティングがエクスポージャーに与える影響

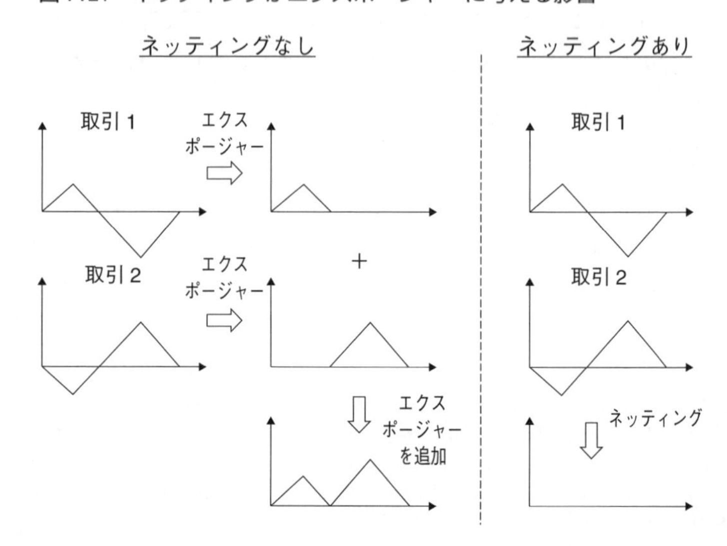

ネッティングとは、本質的には分散効果である。複数の取引におけるネッティングの便益について考える際、将来価値（したがって同様にエクスポージャー）同士の相関を検討するのはきわめて当然である。二つの取引が高い正の相関であるということは、将来価値が同じ符号になりやすいことを意味する。これはつまり、ネッティングによる便益が小さいか、もしくはゼロにもなるということである。これを示したのが表7.1であり、ここでは二つの価値がネッティングの便益をほとんど生み出さない。ネッティングは、取引の価値の符号が反対の場合にのみ役立つが、それはこの表だとシナリオ３でしか発生していない。EE（各シナリオの均等加重を仮定すればエクスポージャーの単純平均となる）の減少は少額にとどまっている。

なお、将来価値（表7.1の第２列と第３列）の相関は100％であるが、エクスポージャー（将来価値の正の部分のみをとったもの同士）の相関は96％となる。後者の数値は、ネッティングの便益が小さいことを表している。実際上これは、現時点の時価の値は異なるものの、その他は同じような取引（たとえば、通貨や満期は同じだがスワップレートの異なる２件の金利スワップ）に対応する。このような場合、これら時価の値はお互いに相殺されネッティング効果を生み出す。このことは以下の7.4.3節でも論じる。

一方で、負の相関は明らかにより有用である。これは、将来価値が反対の符号になる可能性がよりいっそう高く、したがって、ネッティングの便益が

表7.1　時価の値に正の相関がある場合のネッティングの影響

シナリオ	将来価値		エクスポージャーの合計		
	取引１	取引２	ネッティングなし	ネッティングあり	ネッティング便益
シナリオ１	25	15	40	40	0
シナリオ２	15	5	20	20	0
シナリオ３	5	−5	5	0	5
シナリオ４	−5	−15	0	0	0
シナリオ５	−15	−25	0	0	0
EE			13	12	1

＊期待エクスポージャーは、各シナリオが均等加重されるという前提での値である

より大きいからである。表7.2でこれを示しており、ここでは五つのシナリオのうち四つで、ネッティングが有益であることがわかる。EEの値は、ネッティングがない場合のほぼ半分である。このケースでは、将来価値の相関は−100%だが、エクスポージャーの相関は−81%である。反対取引の場合はエクスポージャーが完全な負の相関となる極端なケースに該当し、ネッティングの便益が最大となり、エクスポージャーの合計はゼロになるだろう[16]。

ネッティングの大半は、低い相関しかないとみなされるような異なったアセットクラスの取引間でしか起こらないかもしれない。留意すべきは、それでも正の便益を生み出しうることである。実際、付録7Dの簡単な例にて、平均がゼロで分散が等しい正規分布に従う確率変数間のケースに対応した、エクスポージャーの削減を示している。将来価値が多変量正規分布に従うという仮定のもとで、エクスポージャーに関する「ネッティングファクター」を表す式が次のように得られる。

$$\text{ネッティングファクター} = \frac{\sqrt{n + n(n-1)\bar{\rho}}}{n} \tag{7.5}$$

ここで、nはエクスポージャーの数、$\bar{\rho}$は平均の相関を示している。このネッティングファクターとは、ネッティング後のエクスポージャーとグロス（ネッティング前）のそれとの比率を表しており、ネッティングの便益がない場合（$\bar{\rho}$＝100%）は＋100%、ネッティングの便益が最大の場合は0％にな

表7.2　将来価値に負の相関がある場合のネッティングの影響

シナリオ	将来価値		エクスポージャーの合計		
	取引1	取引2	ネッティングなし	ネッティングあり	ネッティング便益
シナリオ1	25	−15	25	10	15
シナリオ2	15	−5	15	10	5
シナリオ3	5	5	10	10	0
シナリオ4	−5	15	15	10	5
シナリオ5	−15	25	25	10	15
EE			18	10	8

＊期待エクスポージャーは、各シナリオが均等加重されるという前提での値である

る[17]。上記式をグラフにしたのが図7.22であり、期待されるとおり、エクスポージャーの数が増え、また相関が低くなるほど、ネッティングの便益が改善する（ネッティングファクターの値が小さくなる）ことがわかる。この理由は、このような条件が分散による便益を最大化するからである。ここでは、定型的な例ではあるものの、相関とネッティングセットの大きさが及ぼす一般的な影響が示されていることがわかる。

相関がない場合、この単純な式によれば、全体のネッティングファクターは$1/\sqrt{n}$になる。これが意味するのは、たとえば、平均がゼロでボラティリティが等しい二つの独立した取引は、ネッティング後のエクスポージャーはネッティング前の71%に削減されるということである。エクスポージャーが五つあれば、ネッティングファクターは45%まで減少する。

7.4.3 ネッティングと相対的時価

表7.1では、将来価値同士の相関は100%だが、エクスポージャーの相関

図7.22 付録7Dで導出した単純な例における、ネッティングセットの大きさ（取引件数）と相関との関数としての、ネッティング便益

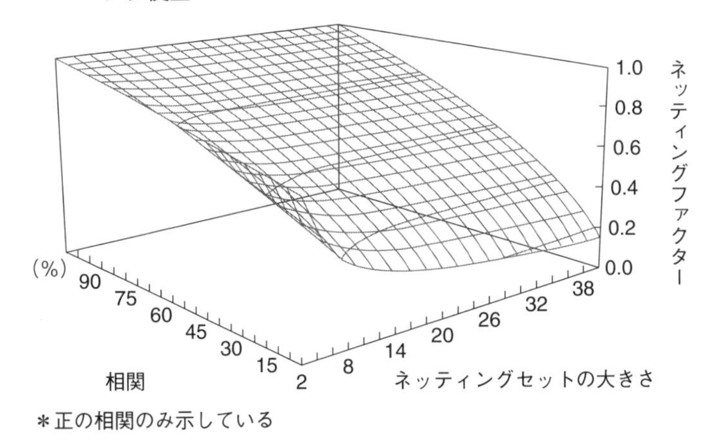

＊正の相関のみ示している

16 これを確認するには、たとえば、表7.2の各シナリオで、取引2から10を引けばよい。

17 ここでの相関水準$\bar{\rho}$には$-(n-1)^{-1}$の下限がある点に注意しよう。これで7.5式の平方根のなかが非負であることが保たれる。これは付録7Dで説明している。

図7.23　負の将来価値がネッティングに及ぼす影響の模式図

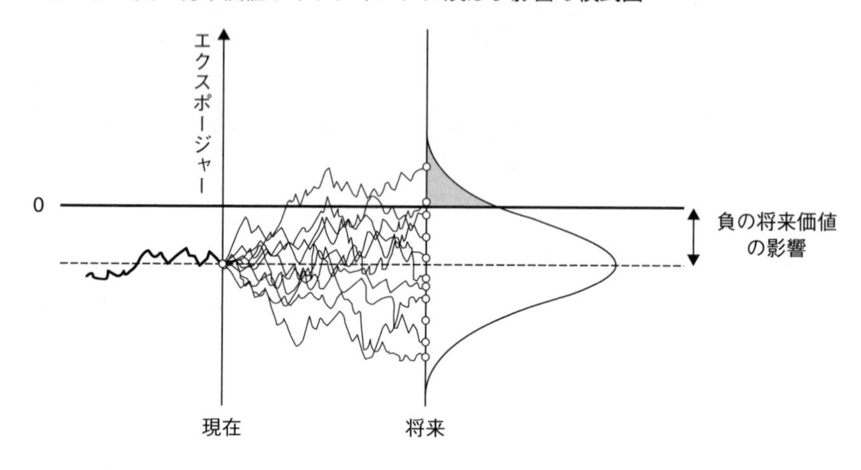

は96％である。よってここでわかるのは、ネッティング便益は将来価値の相関だけでなく、相対的な相殺の存在にも左右されるということである。

ネッティングセットにおける負の将来価値が与える影響を、図7.23に示している。負の将来価値は、取引間の構造的な相関の有無にかかわらず、ネッティング便益を生み出すだろう。この理由は、アウトオブザマネー（時価が負）のポートフォリオは、取引の時価が著しく変動しない限りは、エクスポージャーを発生させる可能性が低いことにある。

正の将来価値の場合でも、ネッティングによって有益な影響をもつと考えうる。ネッティングセットの正の将来価値の影響は、図7.24に示している。新規取引の時価が負であれば、インザマネー（時価が正）のポートフォリオを相殺する影響を及ぼすだろう。このことは、一方向に偏ったポートフォリオであっても、無視できないネッティング効果をもちうることを示しており、このような効果は重要である。

7.4.4　担保がエクスポージャーに与える影響

担保がエクスポージャーに与える影響の簡単な例を表7.3に示した。ここでは双方向の担保契約を仮定している。シナリオ1～3では、担保の保有によりエクスポージャーが著しく減少している。エクスポージャーは担保で完

図 7.24　正の将来価値がネッティングに及ぼす影響の模式図

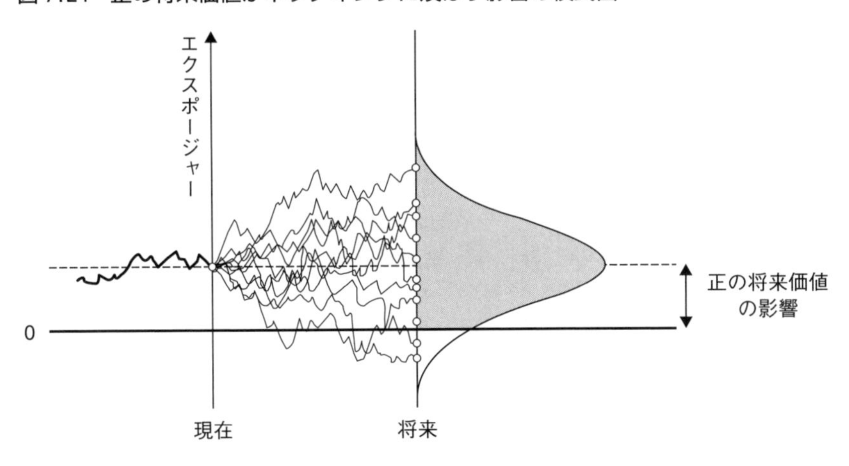

表 7.3　担保がエクスポージャーに与える影響

シナリオ	将来価値		エクスポージャー		
	担保なし	担保あり	担保なし	担保あり	便益
シナリオ1	25	23	25	2	23
シナリオ2	15	12	15	3	12
シナリオ3	5	3	5	2	3
シナリオ4	−5	−2	0	0	0
シナリオ5	−15	−18	0	3	−3
EE			9	2	7

＊期待エクスポージャーは、各シナリオが均等加重されるという前提での値である

全にカバーされてはいないが、これが実際に起こるのは、たとえば時価の急上昇のほかに、信用極度額や最低引渡金額（6.2節）のような契約上の条件などの要因による。シナリオ4では、ポートフォリオの価値は負であり、したがって担保を差し入れる必要がある。しかし、これではエクスポージャーは増加しない（繰り返しになるが、実際には信用極度額や最低引渡金額などの条件による）。最後のシナリオ5では、担保差入れによりエクスポージャーを**生み出している**[18]。他のシナリオでみた便益と比べると、これは取り立てて重要な効果ではない。しかし、担保によってエクスポージャーが減少するだ

けでなく増加するかもしれない、という点に留意しておくことは重要である。これらの効果については、第11章にて例をみながら確認する。

通常、担保はエクスポージャーを減少させる。しかし、真のリスク削減の程度を正しく評価するためには、多くの（時にはとらえにくい）考慮すべきポイントがある。担保の現実の影響を正確に考慮するためには、信用極度額や最低引渡金額といったパラメーターが正確に理解され、適切に算出されねばならない。さらに、マージンリスク期間を注意深く分析し、担保の移転に関する真のリスク期間を決定しなければならない。担保によるリスク削減の便益の定量化は、どうでもよいつまらない論点ではなく、多くの、時に主観的な仮定を必要とする重要なものである。

担保がリスク削減の完璧な形態ではないということをふまえると、考慮すべき事項が三つある。これらを示したのが図7.25である。

- グラニュラリティ効果が存在する。なぜなら、信用極度額や最低引渡金額のようなパラメーターの存在により、必要な担保のすべてを常に要求できるとは限らないからである。このことは、時に（図7.25でわかるように）

図7.25　担保がエクスポージャーに与える影響

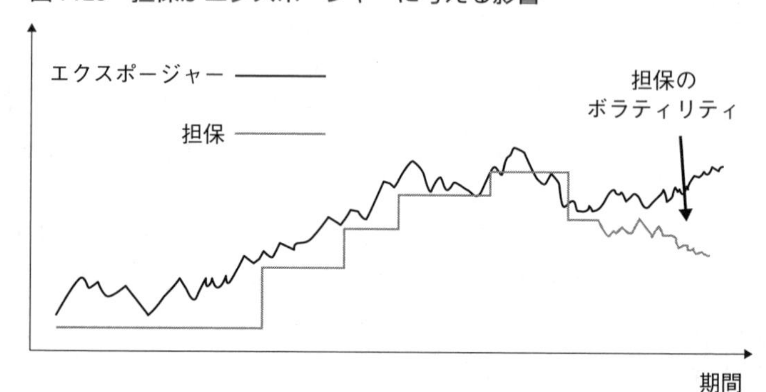

＊担保受領の遅延と、不連続に授受する担保金額の粒度とを示している。担保自体のボラティリティの影響も示している（図の都合上、最後の期間のみ）

18　実際にこれが起こりうるのは、以前に差し入れた担保がまだ要求どおりに返却されていない場合である。

有利な超過担保につながることもあり、このような場合には担保額がエクスポージャーよりも短期間だけ大きくなる。ただし、ここでは、取引当事者自身が差し入れるべき担保の影響も考慮する必要がある。

- 担保の受取りには遅延がある。これは、たとえば、担保授受におけるオペレーション上の問題から、担保における紛争の可能性まで、多くの要因が含まれる。これらはマージンリスク期間の見積りに含まれている。
- 担保自体の価値の変動の可能性を考慮しなければならない（担保が、エクスポージャー評価に適用される通貨建ての現金ではない場合）。

担保の取扱いが経路依存であるということも強調しておく。なぜなら、ある時点で必要となる担保額は、過去に要求された（あるいは差し入れられた）担保額に依存するからである。これが特に重要になるのは、双方向の担保契約の場合である。

担保がエクスポージャーに与える影響については、第11章でより詳細に議論する。しかしながら、図7.26では、大きく三つの場合に分けて定性的な影響を示している。

●部分担保

ここでは、信用極度額のような契約条件が存在することで、エクスポー

図7.26　異なる担保保全の水準における金利スワップのEE

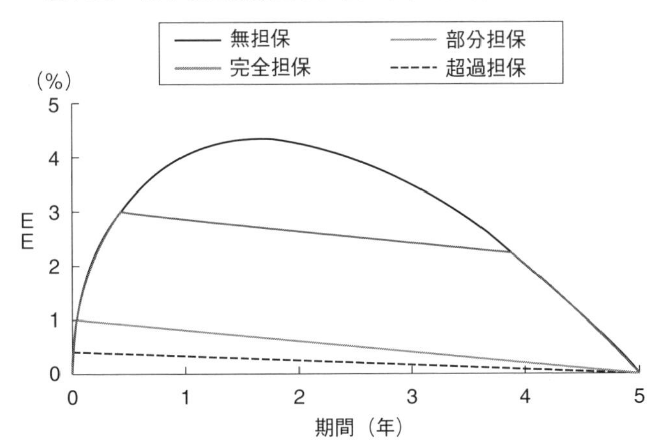

ジャー削減が不完全になる。おおよそ信用極度額がエクスポージャーの上限となっているようにみえる。

●完全担保

完全担保のケースでは、信用極度額などの条件をゼロと仮定しており、このためエクスポージャーは顕著に減少している。しかしながら、マージンリスク期間によってある程度の金額がまだ残っている。

●超過担保

このケースでは、当初証拠金（6.2.4節）があると仮定しており、このためエクスポージャーは上記のケースと比べてさらに減少する（当初証拠金が十分大きければゼロになる）。

7.5 ファンディング、再担保、および分別保全

7.5.1 ファンディングコストとファンディング利益

近年の市場のコンセンサスによれば、無担保デリバティブのエクスポージャーはファンディングの必要があるためコストが生じ、このコストは一般的にFVAを通して認識される、ということになる。したがって、ファンディングエクスポージャーの概念を定義するのは適切であろう。基本的な理屈は、エクスポージャー（正の時価）はファンディングコストである一方、負のエクスポージャー（負の時価）はファンディング利益（図7.27）に相当するということである。ファンディングコストのより詳細な解説や論点は第15章で議論するが、基本的な説明は次のとおりである。正の時価が表すのは、経済的にマネタイズできない（たとえば、国債とは違って、正の時価のデリバティブをレポに出して現金は受け取れない）デリバティブ資産である。このため、ほかのあらゆる資産と同様に、必要なコストをかけてファンディングしなければならない。反対の状況においては、負の時価はデリバティブ負債を生み出すが、これは直ちに支払う必要がない損失でいわばローンのよう

図7.27　正あるいは負の時価がファンディングに与える影響

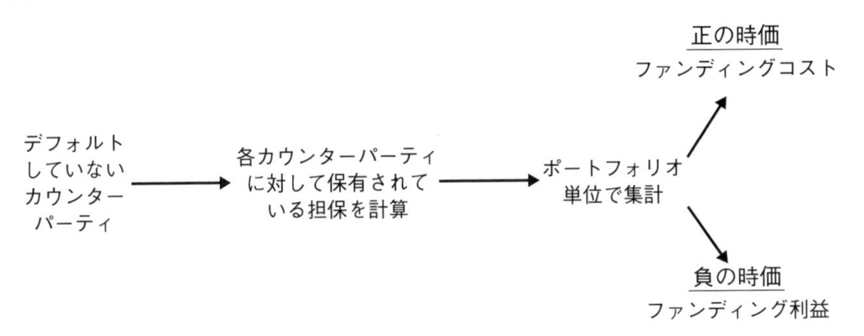

に作用し、ファンディング利益を発生させる。

7.5.2　ファンディングエクスポージャーとクレジットエクスポージャーの差異

ファンディングコストとファンディング利益の概念は、それゆえに、上述のエクスポージャーの定義との間で、明確な対称関係にあるとみることができる（図7.27と図7.1を比較されたい）。正の価値（7.1式のエクスポージャー）は、カウンターパーティのデフォルト時にリスクにさらされるものである。これは一方で、非デフォルト時のファンディングの必要金額でもある。負のエクスポージャー（7.2.7節）はファンディング利益に関係している。しかしながら、クレジットの目的で定義したエクスポージャーがファンディングエクスポージャーと明確な対称関係にある一方で、これらの間には考慮すべきはっきりした相違点がいくつかある。

●クローズアウト

クローズアウト調整（7.1.3節）の発生可能性の考慮に意味があるのは、デフォルトシナリオにおけるクレジットエクスポージャーの定義においてのみである。ファンディングの観点を考慮する際には、時価に基づくべきであり、これは当てはまらない（図7.1では価値、図7.27では時価、と用語が異なる点に注意）。

● **マージンリスク期間**

これはカウンターパーティのデフォルトを想定して定義される概念であり、クレジットエクスポージャーに関係する。デリバティブポートフォリオに対する担保受領の遅延相当分を評価する際には、標準的な担保差入頻度(こちらのほうがずっと短いだろう)を仮定するべきである。第15章で議論するように、これが、担保付デリバティブのFVAはゼロとなりうるが、同等のCVAはゼロにならない一つの理由である。

● **ネッティング**

クローズアウト・ネッティングは、デフォルトシナリオで適用される概念である。それゆえに、クレジットエクスポージャーの定義はネッティングセットレベル(これはカウンターパーティレベルと一致するか、あるいはその部分集合となる)である。その一方で、ファンディングの適用はポートフォリオ全体のレベルである。なぜなら、別々の取引の時価(エクスポージャー)はお互い加法的となり、あるカウンターパーティから受領した担保でも、ほかに差し入れられるかもしれないからである。

● **分別保全**

7.5.3節で議論するように、分別保全はクレジットエクスポージャーとファンディングに対して異なる影響を及ぼす。

上記の差異にかかわらず、信用、負債、ファンディング各々の価値評価調整(CVA、DVA、FVA)には多くの類似点があるので、きわめて明らかに、これらは共通の方法によって定量化されるべきものである。

7.5.3 分別保全と再担保の影響

店頭デリバティブ取引において、担保は二つの目的に資するとみなせるだろう。担保は、カウンターパーティリスクを軽減するという伝統的な役割をもちながら、資金調達のポジションを生み出す。前者は担保の伝統的な用途である一方、後者は近年とみに重要視されてきているところである。担保はカウンターパーティリスクとファンディングコストの両方を軽減する意味で、補完的なものだろう。たとえば、正の時価に対してカウンターパーティから担保を受け取ることには、二重の便益がある。

- カウンターパーティリスクの削減。カウンターパーティのデフォルト時において、担保を保持する（もしくは権利を得る）ことで、クローズアウト損失をカバーできる。
- ファンディング利益。担保は、別の取引の負の時価に対する担保として再度差し入れるなどの他の目的[19]に利用できる。実際、（定義からして当然に負の時価をもつ）ヘッジ取引に対して差し入れられるかもしれない。

しかしながら、表7.4で示しているように、この種の担保がカウンターパーティリスクとファンディングコストの両方に対して便益を提供するためには、ある特徴が必要である。第一に、カウンターパーティリスク軽減の便益を最大化するために、担保とカウンターパーティの信用力の間に不都合な相関（誤方向リスク）があってはならない。二番目に重要な点として、担保をファンディングの目的で用いるためには、再利用可能でなければならない。これが意味するのは、担保は分別保全されてはならず、非現金担保は再利用可能（権利譲渡による移転や再担保が可能）でなければならないということであり、その結果として担保が再利用できるようになる。現金担保の場合

表7.4　担保の種類がカウンターパーティリスクとファンディングに与える影響

	担保が利用可能	分別保全必要または再担保不可
誤方向リスクなし	カウンターパーティリスク削減とファンディング利益	カウンターパーティリスク削減のみ
誤方向の担保	ファンディング利益と限定的なカウンターパーティリスク削減	限定的なカウンターパーティリスク削減

19　後で議論するように、分別保全する必要がなく、再担保が可能な場合に限る。

には問題にはならないが、非現金担保の場合は再担保が許されていなければならず、そうすれば、再利用や、レポ取引を通した担保化が可能となる。

ある状況下における、さまざまな種類の担保によるカウンターパーティリスク削減とファンディング利益について考えてみよう。

- **現金で、分別保全される必要のないもの**

先に議論したように、これはカウンターパーティリスクとファンディングの両方で便益を生む。

- **有価証券で、再担保可能なもの**

上記と同様である。ただし、ヘアカット水準が十分で、いかなる不利な価格変動に対しても備えられており、また、その再利用（例：レポ市場、または他の取引の担保条項）におけるヘアカット水準と一致しているという前提である。

- **現金や有価証券で、分別保全が必要か再担保できないもの**

デフォルトシナリオにおいては現金化されうるので、カウンターパーティリスク削減の便益を生むが、非デフォルトシナリオにおいては再利用できないので、ファンディング利益は生まない。

- **（再担保可能な）自己の債券を担保に差し入れているカウンターパーティ**

カウンターパーティリスクの削減効果をもつかは疑わしい。なぜなら、これが必要となる時には当然デフォルトしているだろうからである[20]。しかしながら、それが再担保可能である（そして、ヘアカットがその目的に十分な水準である）限りは、ファンディング利益を生む。

上記の間のバランスをとっている一つの例は、ソブリン、国際機関、政府機関（Sovereign, Supranational and Agency、SSA）といったカウンターパーティの近年の行動にみられる。彼らは高い信用力（典型的にはトリプルA）

20　なお、これらはある程度、カウンターパーティリスク削減による便益を生む。第一に、もし債券価値が下落すれば追加担保を求めることができる。第二に、債券はデフォルト時でもいくらかの価値はあるだろう。しかしながら、カウンターパーティが突然デフォルトし、さらにリカバリー価値が低かった場合、このようなかたちでの担保はほとんど無価値になるだろう。

のおかげで、これまで伝統的に銀行との間で有利な片方向CSAが締結でき、担保差入れを行っていなかった。SSAは双方向CSAに移行を始めており、場合によっては自己の債券で担保を差し入れている[21]。この理由は、伝統的な片方向の契約は、銀行にとって非常に大きなファンディング債務を生み出し、逆にこのことがSSA自身の借入金や貸付金のヘッジを目的としたスワップのコストに跳ね返ってしまうからである。銀行が上昇するファンディングコストに徐々に敏感になっているため、双方向CSAへの移行が意味するのは、カウンターパーティが取引価格に大きな優位性を得られるということである（後の19.4.2節の例を参照）。信用力の高いカウンターパーティにとっては、自己の債券の差入れが最適とみなせるかもしれない。なぜなら、他の担保を差し入れたら直面してしまうような流動性リスクが最小化されるからである。さらに、彼らの強い信用力のおかげで、彼らが課すカウンターパーティリスク[22]はファンディングコストに比べれば大したことはなく、ゆえにきわめて明らかに、ファンディングコストを削減する必要性のほうが高い。

7.5.4 担保がクレジットおよびファンディングエクスポージャーに与える影響

以上より、エクスポージャーに対する担保の便益を考える際には、要求される担保の種類をみながら、カウンターパーティリスク部分とファンディングエクスポージャー部分のそれぞれを慎重に定義しなければならない。一般的に、担保をカウンターパーティから受け取った（カウンターパーティへ差し入れた）ときには、これをエクスポージャーから差し引く（エクスポージャーに加える）べきである。しかしながら、分別保全や再担保の場合はまったく

21　たとえば、以下を参照。"Bank of England to post collateral in OTC derivatives trades", *Risk*, 22nd June 2012, "Europe's SSAs embrace two-way collateral", IFR SSA Special Report 2014.

22　第8章で議論するように、カウンターパーティリスクのチャージ自体（CVA）は重要でなかったとしても、カウンターパーティリスクに対する所要自己資本（KVA）は、依然とても重要だろう。

違うことになる。より一般的な7.1式より、カウンターパーティリスクの観点からのクレジットエクスポージャーは、次のように表される。

$$Exposure_{CCR} = \max(value - CR + CP_{NS}, 0) \tag{7.6}$$

ここで、$value$ は7.1.3節で定義したとおりであり、CR はカウンターパーティから受け取った（誤方向リスクがないと仮定した）担保の合計、CP_{NS} はカウンターパーティに差し入れた担保であり、分別保全されていないとする。分別保全や再担保のいかんにかかわらず、受け取った担保はすべてデフォルト状況で利用できる。しかしながら、差し入れた担保が分別保全されていないならば、追加のカウンターパーティリスクが生じる。なぜなら、カウンターパーティのデフォルト時において、担保を回収できないからである[23]。

また一方で、ファンディングの観点からみたエクスポージャーは、次のように定義される。

$$Exposure_{Funding} = MTM - CR_{RH} + CP \tag{7.7}$$

ここでは、7.5.2節で議論したように $value$ のかわりに MTM（時価）が用いられている。CR_{RH} は再担保（またはより一般的には再利用）が可能な、受け取った担保を表しており、CP は分別保全や再担保のいかんによらず、差し入れた担保の合計を表している。

この定義をより正確にするために、一般的な担保の種類を二つに分けることができる（6.1.3節）。

●当初証拠金

7.6式でみたように、これは分別保全される必要がある。そうでなければ、差し入れた当初証拠金はクレジットエクスポージャーを増加させるだろう。さらに、もし当初証拠金の差入れと受取りが同時に行われていれば、その金

23　なお、負のエクスポージャーの定義は異なっている。なぜなら、これは取引当事者自身がデフォルトするケース（DVA）で意味をもつからである。$Negative\ exposure_{CCR} = \min(value + CR - CP_{NS}, 0)$

額は互いに相殺されるだろう。実際にそうなったら、受け取った当初証拠金をただ単にカウンターパーティへ返却できるだろう！　この理由によって、片方向の当初証拠金は理想的には分別保全されるべきであり、双方向の当初証拠金は必ず分別保全されなければならない。双方向の当初証拠金は、担保に関する規制（6.7節）で将来実際に分別保全が要求されることになっている[24]。

●変動証拠金

7.7式からわかることは、ファンディング利益を生むためには、変動証拠金は再担保可能（あるいは再利用可能）であるべきということである。担保差入れの際カウンターパーティリスクをさらに生み出す可能性があるものの、これは特段懸念すべきことでもない（なぜなら、変動証拠金は、通常は時価損失に対してすでに差し入れるべき負債だからである）。変動証拠金は分別保全されることはなく、通常は再担保可能である。なぜなら、それは時価損失に対して差し入れるもので、超過担保には相当しないからである。

当初証拠金と変動証拠金に関して上記の仮定を置くことで、上の式はより具体的に、次のように書ける[25]。

$$Exposure_{CCR} = \max(value - VM + IM^{R}, 0) \tag{7.8}$$

$$Exposure_{Funding} = MTM - VM + IM^{P} \tag{7.9}$$

カウンターパーティリスクの目的でのエクスポージャーは、変動証拠金（正負どちらにもなりうる）と、受け取った当初証拠金（IM^{R}）で相殺することができる。ファンディングのためのエクスポージャーは、変動証拠金によって完全に調整され、差し入れた当初証拠金（IM^{P}）の分だけ増加する。

24　6.7.5節で述べた、当初証拠金の一度きりの再担保を除く。

25　なお、上述したように、カウンターパーティリスクのためのネガティブエクスポージャーの概念は、$Negative\ exposure_{CCR} = \min(value + VM - IM^{R}, 0)$と定義される。ここで、差し入れた変動証拠金は負である。ファンディングエクスポージャーは正負どちらにもなり、7.9式で直接定義される。

なお最後に、当初証拠金がなければ、上記の二つの式は7.5.2節の初めの三つの点を除いて同一になる。これが、IMのファンディングをMVAとして切り出すと、残ったCVAとFVAの目的でのエクスポージャー同士がよりきっちり整合することの一つの理由である。

またそのほかにも、上記において考慮の必要がありうる点が、いくつか存在する。たとえば、受け取った当初証拠金は、ファンディングコストが伴うとみなされるかもしれない。これは、第三者のカストディアンによって分別保全する必要があるからである。上記式の表現は、後のCVA、DVA（第14章)、FVA（第15章)、MVA（第16章）の定義において関係してくる。

7.5.5 具体例

これまでに紹介した概念を理解するために、以下でいくつか例をあげて、カウンターパーティリスクとファンディングの観点からエクスポージャーを説明する。

例1

ポートフォリオの現在の時価が20であり、変動証拠金を15保有、（片方向の）分別保全された当初証拠金を6保有しているとする。クローズアウトコストを無視すると、$value \equiv MTM$である。このとき、

$$Exposure_{CCR} = \max(20 - 15 - 6, 0) = 0$$

$$Exposure_{Funding} = 20 - 15 = 5$$

現在のカウンターパーティリスクエクスポージャーはゼロであり、一方でファンディングしなければならない金額は5である。なぜなら、保有する当初証拠金はファンディング利益を生まないからである。

例2

ポートフォリオの現在の時価が20、変動証拠金を15保有、分別保全された当初証拠金5が双方向に差し入れられているとする。このとき、

$$Exposure_{CCR} = \max(20 - 15 - 5, 0) = 0$$

$$Exposure_{Funding} = 20 - 15 + 5 = 10$$

現在のカウンターパーティリスクエクスポージャーはゼロである。なぜなら当初証拠金が時価と変動証拠金の差を補っているからである（これは時価が急上昇したからかもしれない）。ファンディングの必要な金額は10であり、これは時価のうち変動証拠金でカバーされない部分（5）と差し入れられた当初証拠金の合計である。

例3

ポートフォリオの現在の時価が－20、差し入れられた変動証拠金が25、分別保全された当初証拠金6が双方向に差し入れられているとする。このとき、

$$Exposure_{CCR} = \max(-20 + 25 - 6, 0) = 0$$

$$Exposure_{Funding} = -20 + 25 + 6 = 11$$

現在のカウンターパーティリスクエクスポージャーはゼロである[26]、なぜなら差し入れられた変動証拠金の超過分を当初証拠金がカバーしているからである。しかしながら、超過担保となっている変動証拠金（5）と当初証拠金（6）によって、少なからずファンディングコストがかかっている。

26　なお、負のエクスポージャーもゼロである。

7.5.6 まとめ

本章では、エクスポージャーについて議論した。潜在的将来エクスポージャー、期待エクスポージャー、期待ポジティブエクスポージャーなどの、いくつかの重要な定義が与えられた。次に、将来エクスポージャーに影響を与える要因を説明し、ネッティングと担保の影響について議論した。また、ファンディングエクスポージャーの概念を導入した。これは後にFVAとMVA（第15章と第16章）を定義するのに重要となる。最後に、分別保全と再担保といった側面と、これらがクレジットとファンディングのエクスポージャーに与える影響について議論した。

第8章

所要資本と規制

ラクダとは、委員会がつくり出そうとした駿馬である。

Sir Alexander Arnold Constantine Issigonis（1906～1988）

本章ではカウンターパーティリスクの所要資本について議論する。これは近年、規制がより懲罰的になり資本自体のコストが上昇しているなかで、ますます重要となっている。また、レバレッジ比率、流動性カバレッジ比率、健全な価値評価（prudent valuation）などの、いずれも銀行の資本や流動性の必要性に影響を及ぼすような論点についても解説する。

この規制の基本的な体裁は、銀行が保有すべき最低資本額の決定に関する事項である。資本は、市場の混乱時に被る損失を吸収するためのバッファーとして機能し、それゆえにその銀行の信用力を決定するのに大きな意味合いをもつ。最終的には、規制上の所要資本は銀行が業務を遂行できる資本のレバレッジ度合いを少なからず決定している。過度に楽観的な規制資本の危険性はしばしば強調されてきた。これには、損失がただ資本を超えているというだけではなく、備えとしての資本を小さくしているということがある。銀行は自己の利益のために奮闘している。それゆえに銀行は自然と、必要最小限の資本しか保有せずに自らのビジネスの規模と取れるリスクを最大化しようとしている。銀行の所要資本の決定はバランスである。非常に低い破綻の可能性にも備えて十分に手厚くなければならないが、しかし不当に銀行に対して懲罰的であったり、銀行の顧客や経済全体に悪い影響を及ぼすような厳しすぎるものであったりしてもならない。

健全な規制資本バッファーの定義は、その計算手法の複雑さによってもまた悩ましいものになっている。単純な手法は透明性が高く導入がより容易であろうが、銀行がしばしば取るような、複雑に入り組んだポジションから生じるリスクの重要な特徴などはまったくとらえることができないであろう。こうして、付随するリスクを相応に減らすことなしに規制資本を削減できることからくる、規制要件の「アービトラージ」の可能性が発生する。より洗練されたモデルベースの手法によれば、規制資本と実際の金融リスクとをより厳密に関連づけられるだろうが、透明性が低く導入がより困難になるであろう。また加えて、大手の銀行は複雑な規制資本の計算手法を導入するためのリソースや専門知識を有しているのは事実だが、一方、より小規模な銀行は、たとえ最終的に所要資本がより保守的になったとしても単純な手法に頼らざるをえないかもしれない。規制当局は一般的に、洗練度の違った複数の代替的な手法を定めている。

所要資本もまた、市場、信用、流動性、オペレーショナルリスクといったさまざまな別々の分野に分けられている。これがもたらすのは、潜在的な二重計上やリスク間の相殺効果の見逃しである。カウンターパーティリスクのような一見独立したリスク区分でさえも、所要資本は複数の異なった要件で定義され、それぞれを足し上げて全体の所要資本とするようになっている。最後の問題として、規制は必ずしも常にグローバルに整合的ではない。たとえば、バーゼルⅢはグローバルな資本規制を構成しているが、導入の詳細に関しては各国当局によって決定され、地域ごとに異なっていることがある。CVA資本賦課の欧州における一部免除（8.7.7節）は、このわかりやすい例のうちの一つである。

1988年のバーゼル合意以来、銀行はカウンターパーティリスクに対し資本を保有するよう求められてきた。しかしながら、バーゼルⅠはリスクに対する感応度がなく、銀行に不適切なインセンティブを与え、銀行がもつ経済的なリスクを実際に減らすことなく規制資本を削減することを可能にしてきた。これに対処するため、新しい自己資本比率規制（バーゼルⅡ）が2006年に義務づけられ、一部の銀行は（監督当局により承認された場合）自前のモデルを利用し、エクスポージャーの計測とデフォルト確率・デフォルト時損失率の推定を行うことができるようになった。しかしながら、バーゼルⅡはCVAによる信用リスクの時価の変動の損失を含んでいなかった。金融危機の間、カウンターパーティリスクの損失のうちおよそ3分の2がCVAの損失に起因し、実際のデフォルトに起因するものは残りの3分の1しかなかった。バーゼルⅢの枠組みはこの点をふまえ、重要なCVAに対する新たな資本規制に乗り出したのである。

8.1 信用リスク資本の背景

カウンターパーティリスクの所要資本は、より全体的な信用リスクの資本ルールに基づいている。最初に議論するのは、ローンのような典型的な信用リスク商品のデフォルトリスクの資本計算に採用されている一般的な手法である。1995年以降、市場リスクの所要資本は、バリューアットリスク（VaR）を用いた自前のモデルベースの計算となった（3.3.1節参照）。しかしこれは信用リスクには当てはまらない。このような制約は、信用リスクのデータの少なさや考慮すべきタイムホライズンがより長期であることと相まって、モデル化の一層の複雑さがその理由とされている。通常、信用リスク資本を決定するのに用いられる手法は、標準的手法と内部格付手法の二つがある。

8.1.1 標準的手法

この単純な手法では、銀行は外部格付けを用いてエクスポージャーのリスクを評価する。すべての事業性のエクスポージャーは各リスク区分に割り当てられる。BCBS（2006）では、それぞれのリスク区分で資本賦課が決まるように掛目表が用意されている。この手法はバーゼルⅠを基礎としているが、より区分が細かい。格付けに応じて0％、20%、50%、100%、150％のリスクウェイトが債務者に割り当てられ、必要なリスクアセット（Risk Weighted Asset、RWA）が得られる。そして、このリスクアセットに8％を乗じることで、資本賦課額へと換算される。

8.1.2 内部格付手法（IRB）

本手法では、銀行は自前のリスク要素の推定値に頼ることになるが、それが一部だけだと「基礎的内部格付手法」となり、すべてであれば「先進的内部格付手法」となる。これらのリスク要素とは、デフォルト確率、デフォルト時損失率、デフォルト時エクスポージャー、実効マチュリティである。先進的内部格付手法であっても比較的単純な計算式を用いているものの、この計算式の由来には確固たる理論的根拠がある。この理論は大規模な均質プール（Large Homogeneous Pool、LHP）の近似に基づいており、付録8Aで解説している。これは、Vasicek（1997）によるLHPの仮定と、Gordy（2004）によるグラニュラリティ調整式のもとで、信頼水準99.9%における最悪ケースの損失（非期待損失）を定義するために用いられている。内部格付手法において、所与の商品に対する規制資本（RC）は、以下の計算式によって定義される。

$$RC = EAD \times LGD \times PD_{99.9\%} \times MA(PD, M) \tag{8.1}$$

それぞれの定義は以下のとおりである。

EAD　デフォルト時エクスポージャー（例：債券あるいはローンの元本残高）

LGD　EADに対するデフォルト時損失額（景気後退期の条件で推定された額）

$PD_{99.9\%}$　債務者のデフォルト確率（下限0.03%）、$PD_{99.9\%}$は、信頼水準99.9%の非期待デフォルト確率[1]を表す。この計算には資産相関係数が含まれ、より相関が高いかシステミックなエクスポージャーに不利に働き、金融機関に対して高くなる（8.6.1節）。

MA　マチュリティ調整項。これは債務者の信用力は低下しうる（たとえば、格下げによる格付遷移）という事実を一部考慮しており、信用力の高い債務者に対してより効果が大きい。

上記の計算式は直観にあうものである。それは、規制資本は対象ポジションの大きさ（EAD）、デフォルト確率、デフォルト時損失率、実効マチュリティ、対象ポートフォリオ内の相関に依存するべきという点においてである。カウンターパーティリスクの観点からみると、上記計算式は、後でデフォルトリスクの資本賦課（CCR資本賦課としても知られる）と呼ぶものの一部を構成している。

内部格付手法をより詳細に議論することは本書の範囲を超えている。さらなる情報についてはBCBS（2006）を参照されたい。

1　なお、このデフォルト確率は最悪ケースのデフォルト確率から差し引かれる。これは付録8Aで説明している。

8.1.3　ダブルデフォルト

スプレッドシート8.1　同時デフォルト確率の計算

あるエクスポージャーの信用リスクが、クレジット・デフォルト・スワップや第三者保証によってヘッジされるとしよう。このようなヘッジは、xVA デスクでは極めて普通に行われる（第18章）。このリスク削減の取引により所要資本の軽減がもたらされるべきである。なぜならこうすれば、後は双方の取引当事者（もともとのカウンターパーティと保証を提供する当事者）がデフォルトした場合のリスクだけになるからである。バーゼルⅡ以降では、ヘッジや保証されたエクスポージャーを考慮に入れる二つの方法がある。

●置換方式

「保証人」（プロテクションあるいは保証の提供者）のデフォルト確率をもともとの「債務者」（もともとのカウンターパーティ）のデフォルト確率のかわりに用いることができる。保証人が債務者より高い信用力を有するとすれば、いくらかのリスクが削減されることになる。

●ダブルデフォルト方式

「ダブルデフォルト効果」は、同時デフォルトからのみリスクが生じるという事実を考慮した計算式によって認識される。この式の重要な検討事項は、もともとのカウンターパーティと保証人との間の相関関係である。

ダブルデフォルト方式[2]（BCBS（2005））は、付録8Bで示すように両方のデフォルトが起こった場合の取扱いに基づいており、同時デフォルト確率は二変量正規分布関数で表現される。規制資本が削減されるのは（実効マチュリティとデフォルト時損失率がさほど変化しないことと ともに）、規制資本の計算式中のデフォルト確率の低下によるものが主である。図8.1では、ヘッジ

2　この選択肢は内部格付手法でのみ利用可能である。

図8.1　ヘッジなし・ヘッジありのエクスポージャーに関する、バーゼルⅡの計算式におけるデフォルト確率関数（8.1式における非期待デフォルト確率 $PD_{99.9\%}$）

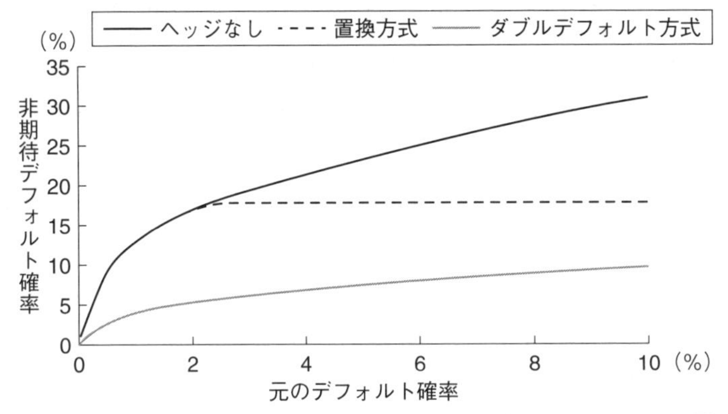

＊後者では置換方式とダブルデフォルト方式の双方が示されている。詳細はすべて付録8Bにある。保証人のデフォルト確率は2％と仮定されており、非期待デフォルト確率は17％である

なしのエクスポージャー、置換方式、ダブルデフォルト方式の間の違いを対比している。置換方式が有用となるのは、保証人の非期待デフォルト確率が債務者のそれより低い場合に限られる。ダブルデフォルト方式が常に有用であるのは、債務者と保証人が両方デフォルトする確率が債務者単独でデフォルトする確率よりも通常ずっと低い、という事実をこの方式が認識していることによる。バーゼル委員会は単純なパラメトリックな式も提案している。付録8Bに示されている近似式は、債務者のデフォルト率が低い債務者には適しているが、デフォルト確率が高い債務者にはあまり正確でない。事実、調整係数によってヘッジなしのエクスポージャーよりも所要資本が多く算定される可能性もある。

8.1.4　デフォルト時エクスポージャー（EAD）

バーゼルⅡの枠組みで主に強調されたのは、ローンのように比較的エクスポージャーが固定している金融商品であった。そのような場合は、8.1式におけるEAD（Exposure at default）の定義は自明である。しかしながら、デ

リバティブポートフォリオのEADの定義は、そのエクスポージャーにもともと不確実性があるためむずかしい。デリバティブポートフォリオ（ネッティングセット）のクレジットエクスポージャーは双方向であり、リスクファクター（例：金利、為替レート）や相関の変化、ネッティングや担保に関する契約条件に左右される。これは複雑で、それゆえ単純な規制式で表すのはむずかしい。

バーゼルⅡの枠組み（BCBS（2006））で開発されたのは、銀行が相対する各カウンターパーティのEADを計算する際に用いる手法を選択する方法である。EADはネッティングセットごとに計算される。ネッティングセットとは、カウンターパーティ一社との間の取引の集合として法的に有効な相対のネッティング契約に基づいたものであり、これはBCBS（2006）の付録4にある、契約上ならびにオペレーション上の基準を満たしたものである。法的に有効な相対のネッティング契約に基づかない取引は、それぞれの取引自体がネッティングセットとみなされる。ゆえに、バーゼルⅡに従ったネッティングセットの解釈は、前に議論したクローズアウト・ネッティングの定義（5.2.6節）と整合的である[3]。

バーゼル規制下でEADを計算するのに、従来から利用可能な手法は以下のとおりである[4]。

- カレントエクスポージャー方式（Current Exposure Method、CEM）
- 標準方式（Standardised Method、SM）
- 内部モデル方式（Internal Model Method、IMM）（いわゆるショートカット方式を含む）

上記のうち最初の二つのアプローチは、通常非内部モデル方式といわれる。これらの手法は、クレジットエクスポージャーを内部でモデル化するほ

3　クローズアウト・ネッティングが強制可能とみなすに十分な法律意見があると銀行が考えるような状況が時折発生するが、規制当局は規制資本の計算目的にはこれを許容していない。

4　加えて、レポ取引を取り扱うための別の手法がある（付録8Dを参照）。

ど洗練されていない銀行に対し、単純で扱いやすい監督手段を提供するためにつくられたものである。IMMでは、すべての関連するリスクファクターの精巧なモデル化が行われる。ゆえにIMMの当局承認を得る（そして維持する）にはコストがかかる。この理由で、カウンターパーティリスクのIMMの承認を取っているのはグローバルな最大手の銀行だけなのである。

図8.2でみられるように、一般的に銀行はカレントエクスポージャー方式かIMMのどちらかを用いている。標準方式は一般的ではなく、また一部の規制当局（例：米国やカナダ）はこの手法を認めていない。この理由により、以下では標準方式については解説しないが、詳細は付録8Cに記載している。また、より基本的なカレントエクスポージャー方式を利用する多くの銀行が、将来的にIMMの承認を得ようとしている現状もわかる。これについては後の第18章で議論する。最後に、カレントエクスポージャー方式は、2017年にカウンターパーティ信用リスクエクスポージャーの計測に係る標準的手法（Standard Approach for Counterparty Credit Risk、SA-CCR）に置き換わるとみられている。これについてはBCBS（2014d）を参照されたい。それゆえに、以下のEAD計測手法を検討する必要がある。各手法の詳細については次節以降で述べることにする。

●**カレントエクスポージャー方式**

現時点で利用可能なうち最も単純な手法であり、ほとんどの銀行で利用さ

図8.2　デフォルト時エクスポージャー計測の市場慣行

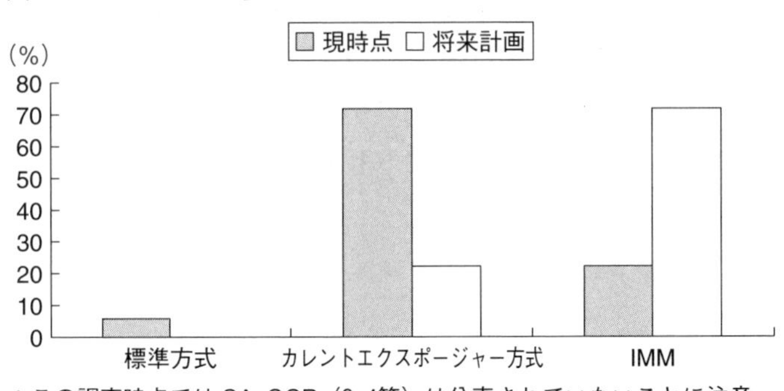

＊この調査時点ではSA-CCR（8.4節）は公表されていないことに注意

れているが、さまざまな点でリスク感応度が欠けている。

● IMM

先進的なモデルベースの手法である。最も洗練された銀行が当局から利用承認を得ている。リスク感応的であるが、導入コストが非常に高い。

● SA-CCR

カレントエクスポージャー方式よりリスク感応度の高い新たな手法である。簡単さとリスク感応度とのバランスを目指したものであり、2017年に導入予定である。

なお、カレントエクスポージャー方式とSA-CCRは決められた式に基づいており客観的であるが、一方でIMMはモデル化のための複雑な一連の前提に基づいており、主観的である。

8.1.5 発生CVA

EADは発生したCVAの分だけ調整することが可能である。「発生CVA(incurred CVA)」の定義は、企業のバランスシート上のCVAの値である。これは損失の計上を伴うことから、リスクを消化したものと認識すべきであり、それゆえCVAはEADの定義からさらに差し引くことができる。この点はデフォルトに近いカウンターパーティを考えることで最もよく理解できるかもしれない。このときCVAは非常に大きな値となるだろうが、資本賦課はおおよそ不要となる。なぜなら予想されるデフォルト損失のほとんどはCVAに織り込まれているからである。EADからCVAを除外することによって、資本賦課は順次相応に削減されることになる。これはCVA資本賦課(8.7節)の決定においては適用されず、(バーゼルⅡの)デフォルト関連のリスク資本賦課の決定にのみ適用される。Pykhtin (2012) は、この点についてより詳細に解説している。

8.2 カレントエクスポージャー方式（CEM）

8.2.1 アドオン

カレントエクスポージャー方式（バーゼルⅠに由来する）は、EADが二つの要素に起因するという基本的な考えに基づいている。それは、カレントエクスポージャー（Current Exposure、CE）と潜在的将来エクスポージャー（Potential Future Exposure、PFE）である。図8.3にこれを示している。カレントエクスポージャーは比較的容易に定義できる（7.1.1節）のは明らかだが、一方でPFE（7.2.2節）は、将来起こりうるエクスポージャーを表すためより複雑なものになる。

カレントエクスポージャー方式の取決め（BCBS（2006）を参照）では、ある取引のEADは以下の式に従って計算される。

$$EAD = RC + AddOn \tag{8.2}$$

再構築コスト（Replacement Cost、RC）はカレントエクスポージャーを定

図8.3　カレントエクスポージャー方式でのEADとカレントエクスポージャー（CE）および潜在的将来エクスポージャー（PFE）との関係

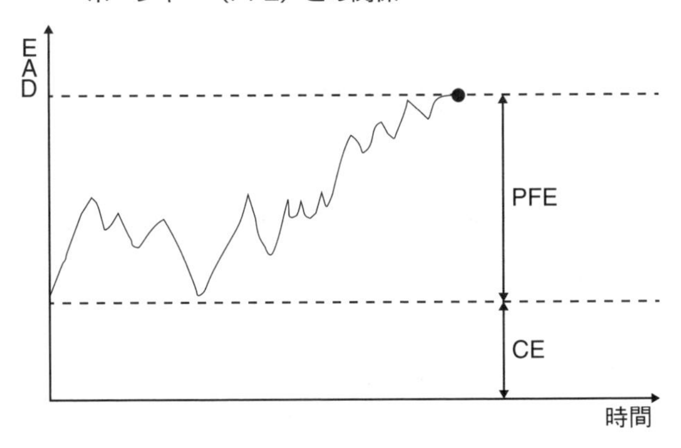

表8.1　カレントエクスポージャー方式における期間と原資産ごとのアドオンファクター

残存期間	金利	為替および金	株式	貴金属（金を除く）	その他のコモディティ
1年未満	0.0%	1.0%	6.0%	7.0%	10.0%
1年以上5年以下	0.5%	5.0%	8.0%	7.0%	12.0%
5年超	1.5%	7.5%	10.0%	8.0%	15.0%

義するために用いられており、ポートフォリオの正の時価、つまり max (MTM,0) である。$AddOn$ は、契約の残存期間にわたる PFE の推定値であり、単一の取引に対しては、取引の想定元本とアドオンファクターの積として計算される。アドオンファクターは、表8.1に従い期間と原資産のアセットクラス（例：金利、為替等）に基づき決定される。たとえば、CE が1％の6年の金利スワップでは1.5％であり、結果 EAD は2.5％と計算される。

カレントエクスポージャー方式は、アセットクラスと期間に基づいてさまざまなかたちになるデリバティブのエクスポージャーの性質をわかりやすくとらえるのだが、特にリスク感応的ということではない（たとえば、2年および5年の金利スワップは同じアドオンの値となる）。もう一つの明らかな問題は、負の時価となる取引が、時価がゼロの取引と同じエクスポージャーをもつことになるということである（CE がゼロでかつアドオンが同一となる場合）。現実には「負のエクスポージャー」は取引のリスクを下げると期待されるべきだろう。

8.2.2　ネッティングと担保の取扱い

カレントエクスポージャー方式は、クローズアウト・ネッティングも認識できるようになっているが、その方法は非常に単純である。CE に関して、法的に有効な相対のネッティング契約に基づく取引を完全にネッティングすることが可能である。これは当たり前のことである。なぜなら、この計算は現時点のエクスポージャーに関するものであり、ネッティングセットに対する RC は、ネットのポートフォリオのエクスポージャーである RC_{NS} = max

$(\Sigma_{i=1}^{n} MTM_i, 0)$ と定義されるからである。また、n 個の取引から成るネッティングセットのアドオンは、以下の式で与えられる。

$$AddOn_{NS} = (0.4 + 0.6 \times NGR) \times \sum_{i=1}^{n} AddOn_i \tag{8.3}$$

ここで $AddOn_i$ は、取引iに対するアドオンであり、NGR（Net Gross Ratio、ネット・グロス比率）は、現時点でのネッティングの効果をパーセント単位で決定する係数である（NGR がゼロということは完璧なネッティングを意味し、NGR が100% ということはネッティングの便益ゼロを意味する）。NGR は、ネッティングセット中の全取引について、ネットのカレントエクスポージャーとグロスのカレントエクスポージャーの比率として定義される[5]。

$$NGR = \frac{RC_{NS}}{\sum_{i=1}^{n} \max(MTM_i, 0)} \tag{8.4}$$

この手法は、現時点におけるネッティングの便益の60% を、将来のエクスポージャーに対しても認めるものとみなすことができる。本来なら個々の取引の時価の変化につれて、ネッティングの便益は時間とともに大きく変わりうるので、これは妥協した方法といえる。時価が正負逆で等しく、現時点で完璧にネッティングされる二つの取引を考えよう。この二つが完全に反対取引である場合に限り、ネッティングは将来にわたり完璧であり続けるだろう。その取引同士がたまたまネッティング関係にあるだけならば、この便益は時間とともに少なからず、場合によってはすべてが失われるだろう。本質的に、現時点のネッティングの便益の60% のみを認めるということは、認識としてネッティングの便益のなかに（ヘッジのように）構造的なものもあれば、一時的かつ偶発的に発生しただけのものもあるということである。この取扱いは現時点のネッティングの便益が時間とともに失われていくと仮定しており保守的にみえるが、実はその逆もまた起こりうる。一般に（ネッティングの便益が特段大きくない）片方向のポートフォリオに関しては、上記

5　NGR は銀行の所要資本において用いられ、その定義はバーゼルの資本の枠組みのパート5、パラグラフ969（iv）、付録4にある。バーゼルⅡ：「自己資本の測定と基準に関する国際的統一化：改訂された枠組」（www.bis.org/publ/bcbs128d.pdf で参照可能）。

の取扱いがさほど懲罰的でないと銀行は理解している。しかしながら、ネッティングの便益が大きい、よりバランスのとれたポートフォリオに関しては、懲罰的にみえるかもしれない。

カレントエクスポージャー方式では、現時点でのネッティングセットに対する担保保有の効果は、以下のようにRCの中に織り込まれている。

$$RC = \max(RC_{NS} - C_A, 0) \tag{8.5}$$

C_Aは、ボラティリティ調整後の担保額（つまり、ヘアカット調整後の有価証券担保のネット価値）である。つまり、ネッティングセット中の取引の現時点のエクスポージャーは担保の現時点の市場価値によって削減できるということであり、その市場価値は保有されているさまざまな有価証券担保にわたって適用された（かなりの額となりうる）ヘアカットによる調整後のものということである[6]。本質的には、カレントエクスポージャーの担保の便益はCEの削減によっては認識されるが、将来のエクスポージャーに対して担保を請求できることについては認識されない。さらに、超過担保（例：当初証拠金）は、8.5式で示されるようにCEにのみ適用されることから、PFEを削減することにはならない。導入予定の非清算店頭デリバティブ証拠金規制（6.7節）で定められる当初証拠金が今後急激に増加することを考えれば、これは特に問題となる。

8.3 内部モデル方式（IMM）

8.3.1 背　景

内部モデル方式（IMM）は、バーゼル規制の枠組みのなかで利用可能なEAD計算手法のうち、最もリスク感応度の高いものである。IMMでは、

6 これは「ボラティリティ調整後担保」と呼ばれる。www.bis.org/publ/bcbs116.pdf.を参照。

8.1式におけるEADとマチュリティ調整項の両方が、銀行の潜在的将来エクスポージャーを計算するための内部モデルの結果を用いて計算される。内部モデルは銀行監督当局による承認が必要である。IMMの承認を受けた銀行は、より基本的なカレントエクスポージャー方式の銀行よりも多少の資本の節約ができる。IMMはほかにもメリットがあり、これは第18章で後述する。

おおまかにいえば、IMMの導入によって算入できるのは以下の点である。

- 全リスクファクターの正確なモデル化と、結果としての全取引の将来エクスポージャー
- 契約上およびオペレーション上の一定の要件が満たされたアセットクラスにわたる完全なネッティング
- 担保の便益、これには信用極度額や当初証拠金、将来受け取る担保のモデル化を含む

8.3.2 乗数αと実効EPE

IMMによって、カウンターパーティレベルのエクスポージャーの正確な分布の計算が可能になる。しかしながら、カウンターパーティリスクに対する規制資本の計算では、カウンターパーティごとに一つのEADの値が必要となる[7]。このため、簡単な方法でエクスポージャーの分布を表現できることがIMMの重要な特徴である。

EADの定義の核となる基礎的理論は、Wilde（2001）によって提案された。彼は、以下の条件のもとでEADがEPEを通して定義できることを示した。

- 無限に少額のエクスポージャーによる、（カウンターパーティ数が）無限に多数のポートフォリオ（つまり無限に分散している）

7　これは明らかにデフォルトリスク資本賦課（CCR資本賦課）の場合であり、EADは先進的CVA資本賦課では直接的には用いられない（8.7.3節を参照）。

- エクスポージャー間の相関はゼロ
- 誤方向リスクあるいは正方向リスクはない

これは理論的な結果としての意味しかないものの、それでもEPEがよい出発点になることを暗に意味している。それゆえPicoult（2002）は、上記の理想的条件からの乖離を考慮するために補正を行うことを提案している[8]。この補正は、乗数αとして知られており、対象となるポートフォリオの規模が有限であることやエクスポージャーの集中などを補正するものである。IMM採用行は、規制当局から承認された手法を用い、1.2を下限として自前のαの推定値を計算できる。しかしながら、銀行自身が推定することは比較的珍しく[9]、IMMの承認を受けた銀行の大半は、監督当局が定める値を用いており、その値は通常1.4かそれ以上である。

スプレッドシート8.2　乗数αの計算

表8.2は、公表されている乗数αの推定値を示している。表8.3は、スプレッドシート8.2を用いて計算した、さまざまなポートフォリオ条件の関数値としての乗数αを示している。以下の条件のいずれもが、乗数αの減少をもたらすことがわかる[10]。

- より多数のポートフォリオ
- より高い平均デフォルト確率
- より高い相関
- より高い信頼水準

規制当局は、IMMへのもう一つの保守的な補正として、銀行に実効EPE

8　Picoult（2002）によれば、乗数αは「完全なシミュレーションによる経済資本計算と、各カウンターパーティのエクスポージャーの形状が固定的に表現されうると仮定したシミュレーションによる経済資本計算の間の相違を表現する」ものとされている。

9　たとえば、図8.2に示した調査結果では、IMM採用行のうち一行のみが自前のモデルで推定したαを用いていると報告されている。

表8.2　規制上の結果と公表されている乗数αの推定値

	乗数α
理想的な無限に多数のポートフォリオ	1.0
Canabarro et al.（2003）	1.09
Wilde（2005）	1.21
ISDA（2003）	1.07～1.10
規制で定められた値	1.4
監督上の下限（自前の推定値を用いる場合）	1.2
集中ポートフォリオに関してありうる値	2.5以上

* Wilde（2005）の研究は誤方向リスクを含んでいる。ISDA の調査では、四つの銀行がそれぞれ自己のポートフォリオと内部モデルに基づく推定を行った

表8.3　さまざまなポートフォリオ条件（大きさ、デフォルト確率、相関）に基づき計算された乗数αの変化

債務者数	乗数α	デフォルト確率	乗数α	相関	乗数α	信頼水準	乗数α
50	1.45	0.5%	1.45	0%	1.80	90%	1.27
75	1.39	1.0%	1.35	10%	1.39	95%	1.26
100	1.25	1.5%	1.25	20%	1.25	99%	1.25
200	1.09	2.0%	1.16	30%	1.12	99.9%	1.22
400	1.04	2.5%	1.15	40%	1.05	99.97%	1.21

の使用を要求している。実効 EPE は定義上、EPE と同じかより高い水準となる。実効 EPE は7.2.8節で定義されているが、これが捕捉しようとしているのは[11]、満期に近づいたが実際は巻き直されると考えられる取引のロールオーバーの影響である。これが特に当てはまるのは、たとえば短期の為替ポジションのようなポートフォリオに対してである。実効 EPE は、時として

10　また、もう一ついえることとして、Canabarro et al.（2003）で示されるように、個別のポートフォリオ内のエクスポージャーの分散も乗数αの増加をもたらす。これは特に驚くべきことではなく、ポートフォリオの規模を小さくするのと似たような効果があるためである。

11　これは、1年の期間内の最悪のデフォルト時刻を想定していることに等しいとみなすことができる。

不必要に保守的になる可能性があることが議論の対象となるかもしれない。たとえば、非常に短期間でエクスポージャーが（たとえば大きなキャッシュフローにより）スパイクするような形状をとったならば、EPEよりも遥かに高い実効EPEとなるであろう。

最後に、IMMのもとでのデフォルト時エクスポージャーは、以下で定義される。

$$EAD = \alpha \times EEPE \tag{8.6}$$

カレントエクスポージャー方式と比較して、IMMではEADがネッティングセットレベルで計算されることから、商品間の完全なネッティングと適切な担保のモデル化が許されている。ネッティングと担保の潜在的な便益を考えれば、これは明らかに大きく有利な点である。なお、IMMでは担保のモデル化でいわゆるショートカット法の利用もできるが、これは徐々に珍しくなってきており、SA-CCRの実装でもあまり意味がない。

8.4 カウンターパーティ信用リスクエクスポージャーの計測に係る標準的手法（SA-CCR）

8.4.1 背　　景

カレントエクスポージャー方式（またある程度は8.1.4節の標準方式についても）は、EADの推定において多くの欠点がある。

- アドオンは何年も前に推定されたものであり、直近のストレス期間、特にグローバル金融危機の期間に観測されるボラティリティを反映していない。
- アドオン手法は本質的に、市場実勢から外れた（負の時価をもつ）取引は同等の時価ゼロの取引よりエクスポージャーが小さくなるはず、という事実をとらえていない。

- ●ネッティングの便益の認識が単純化されており、ネッティングの便益が大きいネッティングセット（反対取引およびヘッジ取引）に対して、かなり保守的な推定値となる可能性がある。
- ●担保の取扱いも単純化されており、将来受け取る担保や、超過担保（例：当初証拠金）の便益を考慮していない。

上記の点を解決するため、SA-CCR（カウンターパーティ信用リスクエクスポージャーの計測に係る標準的手法）が開発され、2017年1月よりカレントエクスポージャー方式（および標準方式）と置き換わることになっている。SA-CCRの開発の目的は、過剰に複雑にすることなく、よりリスク感応的にすることであった。また、SA-CCRは、銀行からベンチマークとして得られたIMMの計算結果に対して、保守的になるように調整された。

SA-CCRの導入には二つの大きな目的がある。一つ目は、相対の店頭デリバティブに対し、簡単だがリスク感応的な規制資本計算の手法を提供することである。二つ目は、中央清算機関に対する資本規制に向けて、同様によりリスク感応的な計算の土台を提供することである。この規制でも、2017年までは、非常に単純なカレントエクスポージャー方式に基づく計算を行うこととなっている（Gregory（2014）に、より詳細な解説がある）。

カレントエクスポージャー方式と比較した場合のSA-CCRの利点は、以下のとおりである。

- ●期間をより連続的に表現
- ●ネッティング効果のより適切な認識（ただし以下で議論するように、ネッティングは同じアセットクラスの取引に限定される）
- ●担保の取扱いにおけるリスク感応度の向上（特に当初証拠金）
- ●負の時価の認識

上記の点は一般的に規制資本を削減する傾向にあるだろうが、もとになるパラメーターの再調整があったために、SA-CCRはより保守的なパラメーターを使用することになり、可能性としては所要資本がより大きくなるだろう[12]。

以降では、SA-CCRの重要な要素について基礎を概観する。しかしながら、この手法の解説はある程度の詳細さまでにとどめ、先スタートの取引、オプション、CDOトランシェなどについては説明しない。より正確な詳細についてはBCBS（2014d）を参照されたい。以降の用語の一部はBCBS（2014d）と共通だが、説明の目的でいくつか追加的な用語も用いている。

8.4.2 基本的なアプローチ

SA-CCRでは、カレントエクスポージャー方式と同様に、デフォルト時エクスポージャーをRCとPFEをあわせたものとして取り扱う。

$$EAD = \alpha \times (RC + PFE) \tag{8.7}$$

係数αは、前節で解説したIMMと整合性を保つために用いられ、このため1.4に設定される。現時点の時価がこの係数で実質的に上昇するのが意外に思えるかもしれないが、これはIMMにおける$\alpha \times EEPE$の取扱い（8.6式）と整合性を保つために必要となる。無担保取引については、カレントエクスポージャー方式（8.2.1節）と同じように、RCは対象となる複数の契約のネット時価として定義される。PFEは、カレントエクスポージャー方式と同様、本質的にはアドオンファクターと関連づけられ、また契約期間に対する直接的な感応度ももつようになる。ある取引に対するアドオンは、次式で表される。

$$AddOn_i = SF_i \times SD_i \tag{8.8}$$

SF_iは、アセットクラスごとに監督当局が設定した値であり、1年（無担保の場合）もしくはより短い期間（有担保の場合）における損失をとらえようとするものである。SD_iは、デュレーションの測定値の近似である[13]。時価

---

12 たとえば、"Counterparty calamity: inside Basel's new standard charge", *Risk*, 26th June 2015を参照。

がゼロの７年金利スワップ（デュレーション5.91）であれば、これは2.95%という値になるであろう（比較として、表8.1において、カレントエクスポージャー方式でこれに相当する値は1.5%）。これは、金利スワップに対する当局設定値が0.5%であることによる。このことは、SA-CCRがもとにしている推定値が一般的により保守的であることを示している。

8.4.3 ネッティング

SA-CCRにおけるネッティングの取扱いは、カレントエクスポージャー方式の基本的なNGR式（8.3式）よりも遥かに洗練されている。これは似通ったリスク感応度をもつ取引を表す、ヘッジセットの概念に基づいている。一つのヘッジセットのなかで、原資産の種類や満期に応じて、完全ネッティングか部分ネッティングのいずれかが認められる。ヘッジセット並びに相殺は、五つのアセットクラスのそれぞれで次のように定義される。

●金　利

ヘッジセットは、通貨と三つの満期区分（１年未満、１年以上５年以下、５年超）で定義される。完全な相殺効果が得られるのは、同じ満期区分の取引に対してであり、異なる満期区分の取引には部分ネッティングが認められる。部分ネッティングは、隣接した区分間で70%の相関、隣接しない場合は30%の相関と定義される[14]。

●為　替

ヘッジセットは、同じ通貨のペアを参照するすべての取引として定義される。完全ネッティングは、同一ヘッジセット内で可能であり、そうでない場合はネッティングが認められない。

●クレジットおよび株式

これらのアセットクラスのそれぞれが一つのヘッジセットとなる。同じ銘柄やインデックスを参照する取引間で完全な相殺が認められる。その他部分

13　$SD_i = [1 - \exp(-0.05 \times M_i)]/0.05$（$M_i$ は満期）

14　これらの相関係数は、相関の連続表現に対して推定されたものであるが、このバケット化の手法は扱いやすさのために用いられていることに注意が必要である。

的な相殺として認められるものは、相関が64%（インデックス対インデックス)、40%（インデックス対個別銘柄)、25%（異なる銘柄間）となる。

● コモディティ

四つのヘッジセット（エネルギー、金属、農作物、その他）がある。同一ヘッジセット内において、完全ネッティングが適用されるのは同じ商品銘柄を参照する取引同士であり、そうでない場合は部分ネッティングが適用される（相関係数は16%)。

なお、上記の相関については、BCBS（2014d）が実質的にネッティングセットごとのシステマティックファクターを決定しており、相関を得るためにはそれを掛け合わせなければならない（例：個別株式と株式インデックスに対しては、80%×50%＝40%)。PFEを決定する監督当局設定のファクター値は、上記ヘッジセットごとに、格付けで信用度を区分けしたものに対して定義される。

上記の相関係数でネッティング効果を特定しているが、さらにこれが対応する取引の方向と結びつけられなければならない。これはデルタの調整によってなされる。線形のペイオフをもつ取引（オプションやCDOトランシェでないもの）のデルタは＋1か－1のいずれかであり、これは最も重要なリスクファクターがロング[15]であるかショートであるかで決まる。したがって、デルタは次の二つの目的で利用されている。

● 最も重要なリスクファクターについて、取引の方向を特定する。
● 最も重要なリスクファクターに対して、非線形である取引（例：オプション）のスケーリングファクターとして機能する。

オプションとCDOトランシェに対するデルタの正確な計算は、BCBS（2014d）においてより詳細に説明されている。

15 ロング（ショート）とは、最重要のリスクファクターが増加するにつれて時価が増加（減少）することを意味する。

8.4.4 担　　保

SA-CCRにおける担保の取扱いでは、変動証拠金と当初証拠金のそれぞれを異なる方法で算入している。非現金担保を現金相当額へ換算する目的でヘアカットが適用される。これによって、受け取った（差し入れた）担保の価値を削減（増加）させる。

重要な要素としてネット独立担保額（Net Independent Collateral Amount、NICA）がある。これはデフォルト時に利用可能な担保のネット金額と定義される（変動証拠金は含まない）。7.6式と前章の関連する議論をふまえると、以下のようになる。

$$NICA = CR - CP_{NS} \tag{8.9}$$

これは受取担保（CR）から分別管理されていない差入担保（CP_{NS}）を引いたものである。カウンターパーティに差し入れられた分別管理ずみの担保は無視される。これは、倒産隔離でありデフォルトシナリオ下で回収可能と仮定されているからである。ここでの用語としては、$NICA$は当初証拠金のことを指すが、BCBS（2014d）では「独立担保額」のように異なる用語が用いられているため、同じような定義となっているわけではない。比較的大きな額の当初証拠金が差し入れられ、分別管理されていない場合、$NICA$は負の値になる可能性があることに注意が必要である。しかしながら、非清算デリバティブ証拠金規制（6.7節）では、差し入れた当初証拠金は分別管理が必須であり、したがっておそらく$NICA$は受け取った当初証拠金にちょうど相当することになるだろう。

担保がある場合の最初の疑問は、どのように再構築コストを定義するかということである。これは、以下の二つの値でより高いほうがとられる。

- 現在の有担保エクスポージャー（変動証拠金と$NICA$を含む）
- ありうる最大の無担保エクスポージャー。これは変動証拠金の請求が起こらない範囲での最大エクスポージャーである（信用極度額（TH）、最低引渡金額（MTA）、当初証拠金を考慮する）。

さらに、再構築コスト（RC）は負になりえないため、次のようになる。

$$RC = \max(V - C, TH + MTA - NICA, 0) \tag{8.10}$$

例として、$V=7$、$C=0$、$TH=10$、$MTA=1$、$NICA=0$と仮定する。カレントエクスポージャーは7であるが、RCは11であり、これは担保（変動証拠金）の受取りがなくても、エクスポージャーがこの水準にまでなりうるという事実を表している（なお、信用極度額と最低引渡金額は、CSAで加法的に扱われていることに注意。6.2.5節）。上記の表現は、比較的大きな信用極度額や最低引渡金額がある場合にはかなり保守的となることがある。非清算店頭デリバティブ証拠金規制（6.7節）では、それぞれ0および50万ユーロと指定されている。

有担保取引のPFEは、以下のファクターを乗じることができる。

$$\frac{3}{2}\sqrt{MPR/250} \tag{8.11}$$

ここでマージンリスク期間（MPR）は、相対の店頭デリバティブに対しては一般に10営業日である（6.6.2節の議論を参照）。上記のファクターによる調整は、より短いリスクホライズンの有担保取引のために行われる。これは第11章でより詳細に議論する。8.4.2節で言及した金利スワップの例では、PFEは2.95%から0.89%に減少する[16]（担保の便益は認識されないため、表8.1にあるようにカレントエクスポージャー方式は1.5%となるだろう）。

8.4.5 超過担保と負の時価

SA-CCRの最後の構成要素は、超過担保（当初証拠金）とアウトオブザマネー（負の時価）の状態のネッティングセットの認識である。ちなみにこれら二つの効果は似通っている。なぜならいずれの場合も、時価が増加してもエクスポージャーは増加しないからである。SA-CCRでは、この効果は次

16　$1.5\times\sqrt{10/250}=0.3$から計算される。

の乗数によって認識される。

$$\min\left(1; Floor + (1 - Floor) \times \exp\left(\frac{V - C}{2 \times (1 - Floor) \times AddOn^{aggregate}}\right)\right) \quad (8.12)$$

ここで $Floor$ は5％である。$AddOn^{aggregate}$ は、8.4.3節で説明したルールを適用した後のネッティングセットに対するアドオンの合計である。$V-C$ の項が負になる可能性があるのは、（無担保の）ネッティングセットが負の時価になったり、C によって決定される担保総額のなかに当初証拠金の分があったりするためである。そして、これがアドオン減少の原因となる。なお、正の時価が有益となりうる点（7.4.3節）は認識されない。また、フロアーの存在が意味するのは、非常に大きな当初証拠金あるいは極端な負の時価の場合であっても、規制資本はゼロにはならないということである。

8.5 EADの手法の比較

規制資本の計測手法の比較がむずかしいのは、考慮すべきさまざまなアセットクラスや多くの効果（例：時価、ネッティング、担保）があるためである。このため以降の結果は簡単な金利スワップの例をもとにするものの、重要なリスク削減効果をいくつか検討することにする。なお、IMMの結果はモデル化やパラメーター推定手法の選択などの個別の実装に依存するが、ここでは典型的なIMMの手法を代表するようなものを意図している（米ドル通貨を想定）。対照的に、カレントエクスポージャー方式とSA-CCRの手法は、あらかじめ定められたものであり通貨に依存しない。

8.5.1 満期の効果

図8.4で、想定元本1,000のパー（時価ゼロ）である金利スワップのEADを、満期に対する関数として検討する。カレントエクスポージャー方式の離散的な挙動はアドオンの粒度によるものであり、アドオンが相関の連続表現

図8.4　想定元本1,000、期間10年でパーの米ドル金利スワップのEADを、三つの資本計測手法ごとに満期に対する関数としたもの

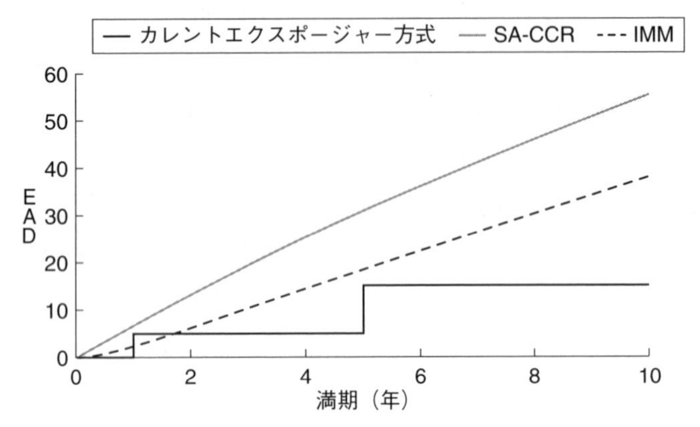

に対して推定されているものの、バケットで区分（表8.1）されているためである。SA-CCRは、より現実的な形状を示しており、洗練されたIMM手法と比較可能である。また、SA-CCRにはより保守的な性質があるということもわかる。

8.5.2 担　　保

図8.5では、担保契約があると仮定したうえでの、前節と同じ結果を示している。具体的には、信用極度額と最低引渡金額がゼロ、マージンリスク期間が10営業日の双方向CSAを仮定している。これによって、IMMとSA-CCRの結果の値は大きく減少する。IMMが減るのは担保のモデル化が完全になされているからであり、SA-CCRが減るのは8.11式で定義されるファクターとして0.3が出てくるためである。カレントエクスポージャー方式では、将来受け取る担保の便益は認識されず、したがって結果は変化しない(なぜなら、スワップの時価がゼロであり、現時点の担保は意味がないからである)。

図 8.5　想定元本1,000、期間10年でパーの担保付き米ドル金利スワップのEADを、三つの資本計測手法ごとに満期に対する関数としたもの

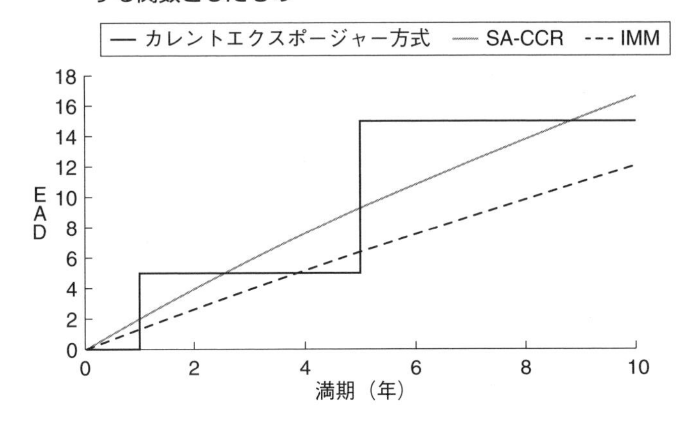

図 8.6　想定元本1,000、満期10年で市場実勢から外れた（負の時価の）米ドル金利スワップのEADを、三つの資本計測手法ごとに時価に対する関数としたもの

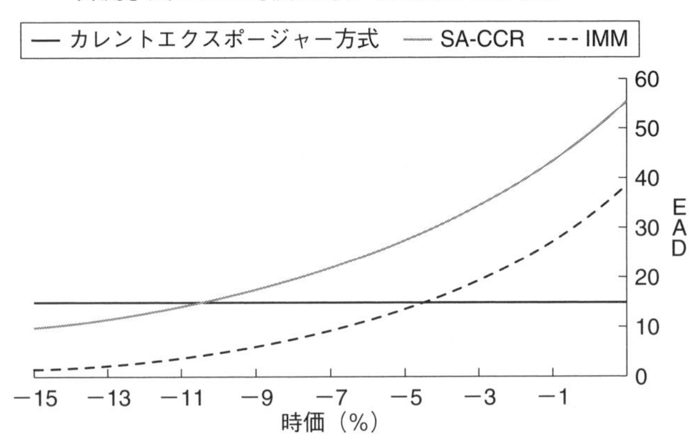

8.5.3　負の時価

規制資本の計測手法でもう一つ困難となるのは、市場実勢から外れた（負の時価の）取引のほうが一般的に小さなPFEとなる事実（7.4.3節）に対してメリットを与えることである。これが特に当てはまるのは、図8.6の例で

検討している負の時価の取引の場合である。IMMではEADの減少をとらえている一方で、カレントエクスポージャー方式では負の再構築コストに対する調整がなくこれができない（8.5式参照）。SA-CCRは、IMMと比較して高いものの、IMMの挙動を再現するという点ではまずまずである。これは比較的保守的なアドオンと8.12式に含まれるフロアーが原因である。

8.5.4　当初証拠金と信用極度額

当初証拠金があれば超過担保となり、信用極度額があれば担保不足となる。図8.7は両方の効果を示しており、いずれも最低引渡金額がゼロの双方

図8.7　想定元本1,000、満期10年の米ドル金利スワップのEADを、三つの資本計測手法ごとに双方向の当初証拠金（上図）と信用極度額（下図）に対する関数としたもの

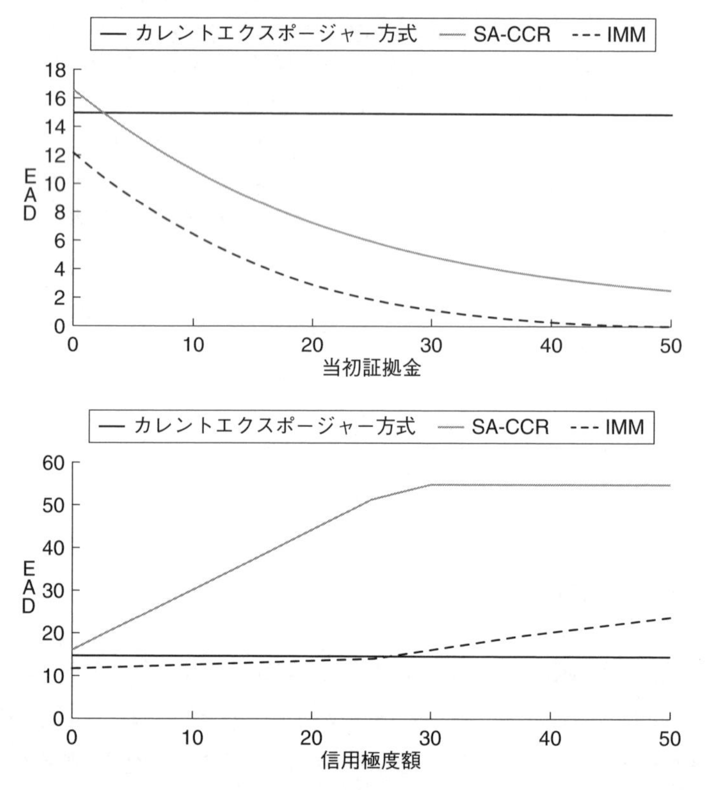

向CSAを仮定している（当初証拠金がある場合の信用極度額はゼロ）。

当初証拠金の影響は、前に検討した負の時価の場合と似ている。SA-CCRではこれも非常によくとらえられており、明らかに5％の下限が効いている。カレントエクスポージャー方式では、8.2.2節で議論したように再構築コストが負とならず、超過担保を認識しない。当初証拠金はますます一般的になっていくと考えられるため（6.7節）、この点は明らかに重要である。

カレントエクスポージャー方式は担保の便益を認識せず、信用極度額は計算に入らない。SA-CCRの手法は再構築コストに信用極度額（と最低引渡金額を足した額）を超えるところの金額を仮定しているため、非常に保守的である。実際、信用極度額が十分大きい（30かそれ以上）場合、SA-CCRでは担保つきのEADが無担保のEADよりも大きくなり、したがって後者が適用される。担保契約において、多額の信用極度額の必要性は失われてきており、この点でSA-CCRの比較的保守的な挙動はおそらくさほど重大な問題ではないだろう。

8.5.5 ネッティング

最後に、ネッティングの効果を検討するために、相殺関係にある二つの金利スワップ（つまり、一つは固定金利を支払い、もう一つはそれを受け取る）を、同通貨同士および異通貨同士で取り上げる。三つの手法それぞれでネッティングの効果をみるために、一方のスワップの満期を10年に固定し、もう一方を0年から20年の間で変化させる（図8.8）。

同通貨のケースにおいて、カレントエクスポージャー方式の結果は非常にお粗末である。満期がそろっていないにもかかわらず60％のネッティング効果を与えており、このため完全に誤った挙動を示している。SA-CCRでは、二つのスワップが同じヘッジセットにあることからネッティングの便益を与えられており、IMMの結果ともかなりよくあっている。ここからわかる点として、SA-CCRで用いられる三つの満期区分のために1年と5年のところで不連続が生じていることがある。またもう一ついえるのは、二つ目の金利スワップの満期が10年超であるとき、SA-CCRはテナー同士が無相

図8.8　それぞれ想定元本1,000である二つの相殺関係にある同通貨（上図）と異通貨（下図）の金利スワップのEADを、三つの資本計測手法ごとに、一方のスワップの満期に対する関数としたもの（もう一方の金利スワップの満期は10年）

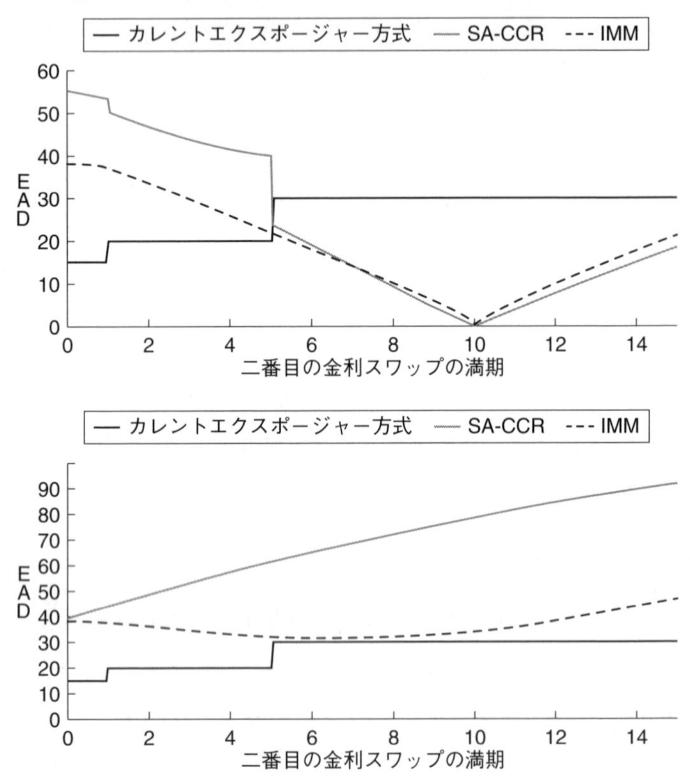

関であることを認識しないので、IMMの結果のほうがこの範囲で高くなるのかもしれないということである。異通貨同士の金利スワップについては、SA-CCRがIMMに比べて過度に保守的になっているが、これは二つのスワップがそれぞれ別のヘッジセットで扱われ、ネッティングの便益が与えられないからである。

8.6 バーゼルⅢ

8.6.1 概　　要

第1章で述べたように、グローバル金融危機が規制の変更をもたらし、その多くが店頭デリバティブ市場におけるカウンターパーティリスクの削減を目的としていた。この観点からの非常に重要な取組みが、清算集中義務（CCPについては次章で議論する）および非清算店頭デリバティブ証拠金規制（6.7節）の二つである。加えてバーゼルⅢ（BCBS（2009）、BCBS（2011b））のもとでは、店頭デリバティブに対する所要資本が増加することになる。バーゼルⅢの変更点は、主にカウンターパーティリスクおよび信用価値評価調整（CVA）に関連するものである。本節では、2013年1月1日（地域による）から発効したバーゼルⅢの、カウンターパーティリスクに関連する論点を説明する。変更点の概要は以下のとおりである（なお、一部は全体の信用リスクにも影響する）。

● 資産相関に対する乗数

金融機関同士の相互連関性は高いという見方から、バーゼルⅡのIRB式（8.1.2節）の相関パラメーター値を上げるために、総資産が1,000億ドル以上の規制対象の金融機関とその他の金融機関に対し、1.25の乗数が課される。なお、この変更は一般的に信用リスクの規制資本に対するものであり、カウンターパーティリスクに固有のものではない。

● IMM

これはEADの計算に関するIMMの承認を受けている銀行に適用される。

○ストレスEPE

期待ポジティブエクスポージャー（EPE）は、ストレス期のデータに基づいて推定されたパラメーターを用いて計算されなければならない。これが定められたのは、ボラティリティの低い市場状況で小さなリスク値となり所要資本が減ってしまうという、ヒストリカルデータの使用によるプロシクリカリティ問題によるものである。また、ストレスデータの利用による一般誤方向リスクの捕捉も意図している。

○バックテスト

EPE モデルの妥当性評価では、少なくとも1年のタイムホライズンでバックテストを実施しなければならない。

○マージンリスク期間の増加

定められた条件に当てはまると、10日のマージンリスク期間の最小値を20日以上に延ばさなければならない。この追加は、金融危機時の担保管理の実務が一部ほとんど機能を果たさなかったこと、担保の紛争などの問題により担保の適時の受取りに深刻な支障が出たことによるものである。

○トリガーの無視

IMM のもとでは、カウンターパーティの信用力悪化に基づいて要求担保額の変更が可能ということを理由にして、デフォルト時エクスポージャーの削減をすることはできない。この除外規定は明らかに AIG やモノライン保険会社（6.2.2節）のような状況を想定したもので、当時は当たり障りのない格下げ（例：トリプル A からダブル A へ）でさえ死のスパイラルを引き起こし、結果リスク軽減効果としては無意味だった。いまだ格付トリガーのようなリスク軽減策を契約に入れ、プライシングや価値評価で考慮している取引当事者もどこかにいるかもしれないが、規制資本目的では有益な効果は一切モデル化できない。

● ストレステスト

カウンターパーティリスクエクスポージャーに対するストレステストへの関心が高くなっている。

● 個別誤方向リスク

個別誤方向リスクを特定し処理する手続が必要となる。過去の経験、たとえばモノライン保険会社の事例により、この点を無視することで破壊的な効果をもたらしうることが示された。

● **CVA 資本賦課**

既存のカウンターパーティリスクに対する資本賦課に**加えて**、CVA のボラティリティに対する資本賦課が含まれなければならない。

上記はすべてカウンターパーティリスクの所要資本を増加させるが、これは追加的な CVA 資本賦課と、EAD の計測手法における一部のより保守的な仮定によるものである。かわりにこれによって、能動的なカウンターパーティリスク管理（例：CVA ヘッジ）や担保差入れの増加、また CCP 利用の増加に対してインセンティブが与えられることになるだろう。なお、よりリスク感応的な手法である SA-CCR（8.4節）の2017年からの導入もまた、上記の変更と関係している。SA-CCR は、無担保の取引に対してはおそらくより保守的であるが、一方で担保（当初証拠金を含む）の便益が認識される。

次節では、上記の変更点の一部をより詳細に議論し、8.7節では CVA 資本賦課についてより詳細に説明する。

8.6.2 ストレス EPE

ストレス EPE に対する規制要件は、バーゼル2.5（BCBS（2011a））のもとで市場リスクに対して導入された要件と同様の関係にある。比較的最近のヒストリカルデータを用いてリスクモデルのパラメーターを推定するのが危険なのは、平常時の穏やかな期間の後に重大な危機がきがちだからである。つまり、リスク推定値が考えうる最悪のタイミングでとりわけ低くなってしまうということである。そのような低いリスク指標によって最終的に許容される高いレバレッジ水準は、危機が起こる蓋然性やその深刻度を高める可能性がある。この問題は一般的にプロシクリカリティとして知られている。

上記問題に対処するためには、IMM を採用する銀行が EPE を計算する際に、ストレス後のインプット（例：ボラティリティや相関）を用いることが必要である。ストレス後のインプットとして、1年間のストレス期間（一般的に CDS スプレッドの上昇時と定義される）を含めた3年間のヒストリカルデータか、あるいはストレス期間の市場価格からインプライされたデータを用いなければならない。ストレス期間は、最低3年のヒストリカルデータである「平常」の期間と別に追加的に用いられなければならず、それ自体であらゆる経済状態をカバーするべきとされる（EBA（2015b)。なお、現在ほとんどの銀行は2008～2009年のストレス期間を適用）。デフォルト時エクスポージャーは（カウンターパーティではなく）ポートフォリオレベルで最大のEPEをもたらすほう、すなわち平常時とストレス時でエクスポージャーの計算値が大きくなるほうのパラメーターに基づかなければならない[17]。どの程度頻繁にこの比較を行う必要があるかは明確ではなく、規制当局によって決定される。日次での比較は計算量として膨大なものとなり、同時にEPEの不必要な変動を招きかねない。

ストレス期間の適用により、金融市場の穏やかな時期にEPEが不自然に低下しないことが確実となり、プロシクリカリティの問題は軽減されるはずである。それに加えて、ストレスEPEの利用により一般誤方向リスクの把握度合いが改善されるはずだとみられている。これは、誤方向リスクを引き起こす依存関係が、ストレス期間の適用によってみえるようになる可能性があるからである。それ以外は、EPEに乗数αを掛けるという一般誤方向リスクの取扱いは、乗数αの計算の頑健性に関するいくつかの点によるものを除き、変わることはない[18]。

8.6.3 マージンリスク期間の延長

一定の状況下においては、店頭デリバティブのマージンリスク期間は（6.6.2節で解説された）最低10日から延長されなければならない。このような状況とは次のとおりである。

- 四半期間で常に取引数が5,000を超えるようなすべてのネッティングセットに対して[19]、次の四半期間には延長した20日のマージンリスク期間を適

17　なお、これは後ほど議論する、ストレス後とストレスなしのCVA資本賦課を合計する点とは大きく異なっている。
18　特に、銀行はなんらかの方法で誤方向リスクをモデル化することなしに、IMMの承認を得ることはできないと思われる。

用しなければならない。

- ネッティングセット中に、非流動的な担保あるいは再構築の困難な店頭デリバティブのいずれかが一つでも含まれているとき。
- 特定のネッティングセットに対して、過去2四半期期間における担保請求に関する紛争のうち（本要件を考慮する前の）もともとのマージンリスク期間より長くかかったものが3回以上あるならば、元の2倍以上の期間を用いなければならない。

各ネッティングセットに対して適切なマージンリスク期間を決定するために、より多くのデータが必要となるのは当然である。なお、マージンリスク期間には契約上の担保差入れの頻度であるN日をさらに含む必要がある。頻度が日次（N＝1）でない場合、想定期間はさらにN－1日だけ延長されなければならない。

上記の要件には、潜在的な問題や曖昧さがあり、これで担保管理の実務を改善することになるか否かは明らかではない。たとえば、担保のわずかな部分が非流動的なだけならば、20日間の仮定はかなり懲罰的であろう。また、(5,000取引に近いような）境界領域では、10日と20日が切り替わることでEADの好ましからぬ変動が発生し、ネッティングセットから過度なボラティリティが発生しうるであろう。最後に、市場参加者が不合理な振る舞いをする可能性がある。たとえば、20日間に延長するのを避けるべく担保請求に対する紛争を起こさず、担保管理に消極的となりながらも規制資本は減少するなどである。

8.6.4 バックテスト

バーゼルⅢでは、EPEモデルのバックテストが（市場リスク）VaR手法に対する要件を満たすことを求めている。VaRやPFEのような分位点基準に適用できるバックテストの手順を図8.9で示した。VaRは一般的に1日のタ

19 なお、マージンリスク期間はネッティングセットに適用され、（ネッティングセットが一つでない限りは）カウンターパーティレベルではない。

図8.9　一定のタイムホライズンで実現した経路とリスク推定値（分位点と仮定）との比較によるバックテスト

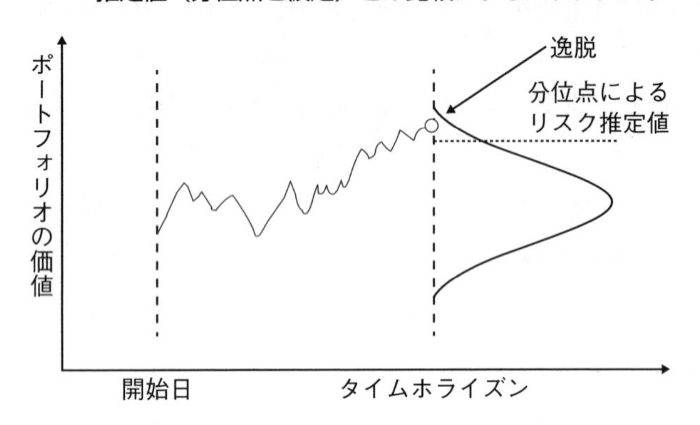

イムホライズンにおける99％の信頼水準として定義される[20]。日々の予測が独立であると仮定すると、VaRの超過または逸脱の回数は単純な二項分布に従うこととなる。年間（250営業日）の逸脱回数の期待値は2.5回となり、95％信頼水準では、6回超もしくは1回未満で棄却される[21]。それゆえ、VaRモデルのバックテストは比較的簡単である。VaRの性質により、超過の度合いは検討不要である。

EPEのバックテストは、さまざまな理由により市場リスクのVaRのそれよりも困難である。

- 複数のタイムホライズンを考慮する必要があり、大量のデータの蓄積と処理が必要である。より長いタイムホライズンをみる必要があるということは、より大きな実績データを扱わねばならず、データの陳腐化といった問題が起こることを意味する。また、EPEモデルを四半期ごとに推定し直し、絶えず注意を払う必要もある[22]。

20　前に言及したように、これは要求される10日間にスケーリングすることができる。
21　これは対応する二項確率、またより頑健にはKupiec（1995）の2テイルの手法を用いることによって示される。
22　たとえば、今日生成される3カ月と6カ月の分布は、いまから3カ月後に生成される3カ月の分布とは整合しない。なぜならモデルの再推定が行われると考えられるからである。

- EPE はカウンターパーティ（あるいはネッティングセット）レベルで定義され、バックテストはさまざまな取引ポートフォリオに対して行わなければならない。しかしながら、そのようなポートフォリオが互いに独立であるとは仮定できない。たとえば、あるポートフォリオが他のポートフォリオのヘッジを含むならば、二つが同時に高いエクスポージャーをもつような状況は決して予想されない。
- EPE のような指標は期待値に基づいており、（VaR の定義のように）分位点に基づいていない。分位点でない指標は、バックテストを行うことが困難である。

上記の点に現実的に対処するために必要な検討事項がいくつかある（BCBS（2010c）における解説を参照）。一つは、重複した観測ウインドウの利用である（図8.10を参照）。しかしながら、こうすると今度は依存したデータを扱う必要がある（例：ある期間にエクスポージャーを超過すれば、重複する期間に超過する可能性はより高くなる）。ほとんどの簡易な統計的検定は観測データの独立性を仮定しているので、むずかしい問題となる。

バックテストは、最初にリスクファクターレベルで実施されるべきである。この目的は、個々のリスクファクターに対する分布の仮定を一つずつテストすることであり、ポートフォリオレベルで問題が薄まったり、みえなくなったりするのを避けることである。次に、バックテストはネッティング

図 8.10　バックテストにおける、重複なしの観測ウインドウ（上図）と重複ありのもの（下図）の利用

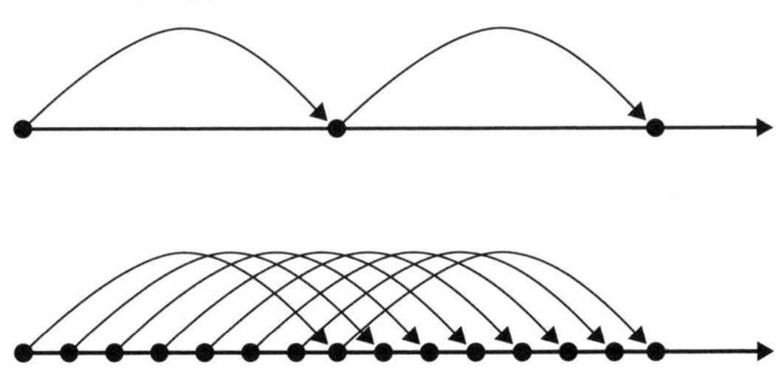

セットレベルあるいはポートフォリオレベルで実施されなければならない。リスクファクターのバックテストが許容範囲の結果を示していると仮定すると、リスクファクター間の重要な共依存性を捕捉する能力をテストするのに、ポートフォリオレベルのバックテストは意味がある。

バックテストは、少なくとも1年までの複数のタイムホライズンと、複数の開始時点によらなければならない。さらに、さまざまな分位点を用いると、エクスポージャーの分布全体を効果的にテストすることができる。典型的には、巨大な店頭デリバティブブックのなかに通常数百万もの取引が存在する可能性があることを考えれば、作業を単純化するために「代表的ポートフォリオ（representative portfolio)」のバックテストを行うこともできるだろう。このポートフォリオは、銀行がさらされている重要なリスクファクターの感応度と相関係数に基づいて選択されなければならない。これを行うには、回帰分析や主成分分析、あるいは、おそらくよりアドホックな手法（例：最大のカウンターパーティ、エクスポージャーもしくは資本寄与度をベースにした手法）がありうる。いったん代表的ポートフォリオが選ばれれば、一般的なバックテストを行うことが可能である。たとえば、週次で開始時点をとり、間隔を（1週、2週、1カ月、3カ月、6カ月、1年、2年）で定義し、1％、5％、25%、75%、95%、99%分位点でのテストを行うなどである。この実施によるデータとシステムへの負担は相当なものである。加えて、代表的ポートフォリオは、定期的な見直しが行われるべきであろう。通常のポートフォリオは短期間で著しい変化はないと考えられる一方で、大きな市場の変化や特定のアセットクラスにおける多額の取引があれば、銀行のポートフォリオに新たな感応度を生む可能性があり、代表的ポートフォリオに含まれる必要がある。

8.6.5 誤方向リスク

誤方向リスク（Wrong Way Risk、WWR）という用語は、カウンターパーティのエクスポージャーと信用力との間の正の依存関係、つまり、カウンターパーティのデフォルト確率が上昇すると、エクスポージャーも増加するという関係を表現するのに一般的に用いられる。バーゼルⅢでは誤方向リスクを大きく二つの形式で分類している。

● **一般誤方向リスク**

マクロ経済の挙動によって左右されるもの（たとえば、クレジットスプレッドと金利の変動は共依存性を示すなど）

● **個別誤方向リスク**

個別取引やカウンターパーティエクスポージャーの構造的な性質に関係するもの（たとえば、自己の株式に対するプットオプションを売っている会社）

IMM採用行にとっては、一般誤方向リスクはストレスEPE計算で一部捕捉されるものとみられる。しかしながら、そのうえさらに、エクスポージャーの変動要因とクレジットスプレッドとの間の相関などのマクロ経済要因に左右されるような一般誤方向リスクのモデル化を、IMMのエクスポージャーのシミュレーションに含む必要があるだろう（第17章で後述）。一般誤方向リスクは乗数α（8.3.2節）の推定に直接含めることもできる。当然、規制当局が一般誤方向リスクの捕捉が十分と考えない場合には、銀行により高い乗数αを課することができる。

IMMを採用しない銀行は誤方向リスクのモデル化を必要としない一方で、一般誤方向リスクの識別と管理の観点から、次のようなより大きな負担が生じる。

- 大きな一般誤方向リスクをもたらすエクスポージャーの識別
- 発生する誤方向リスクの要因を具体的に含むようなストレステストとシナリオ分析の設計（例：金利や為替の変動と強い相関をもつクレジットスプレッド）
- 地域、産業、その他の区分による誤方向リスクの継続的なモニタリング
- 誤方向リスクとリスク緩和措置を説明する、適切な上級管理職と取締役会への報告書の作成

バーゼルⅢでは、個別誤方向リスクは大抵設計の誤った取引に起因するも

のであり、おそらくは存在すらしてはならないとみているようである。また求められるのは、個別誤方向リスクの取引を識別し、モニタリングし、コントロールする手続がそれぞれの法的主体ごとに存在しなければならないということである。カウンターパーティとの取引で個別誤方向リスクが識別されれば、エクスポージャーのEADを計算する際に違った取扱いをする必要がある。

- 銀行が取引にて相対する法的主体には、それぞれ別々に格付けが付与されなければならず、連結グループ内の会社の個別誤方向リスクを識別するための取扱いに関して、規程がなくてはならない。
- 個別誤方向リスクが識別されたカウンターパーティとの取引におけるエクスポージャーのEADを計算する際には、別の取扱いが必要である。
- カウンターパーティと原資産の発行体との間に法的なつながりがあり、個別誤方向リスクが識別されるような商品は、そのカウンターパーティとの間の他の取引とは、別のネッティングセット中にあるとしなければならない。

さらには、シングルネームのクレジット・デフォルト・スワップに対して、カウンターパーティと参照組織との間に法的なつながりがあり、個別誤方向リスクが識別される場合、EADは100%から（たとえばCVAを通して）すでに考慮された損失を引いたものとしなければならない。これは、株式デリバティブ、債券オプションおよび、カウンターパーティと法的つながりのある単一企業を参照する証券貸借取引などの、他の商品にも適用される。そのような場合、EADは原資産証券のデフォルトを仮定したうえで決定されなければならない[23]。

個別誤方向リスクのこのような取扱いは非常に簡単にみえる一方で、これによって取引の正しい法的情報をもつ能力を備える必要性が生じる。それに加え、法的なデータだけではなく、そもそも誤方向リスクに基づくネッティ

23 LGDは、ほかで低い値を用いているかどうかにかかわらず、100%に設定されなければならない。

ングセットの定義ができなければならない。

8.6.6 ストレステスト

バーゼルⅢでは、ストレステストに関連する正式な要件として、すべての主要な市場リスクファクター（金利、為替、株式、クレジットスプレッド、コモディティ価格）にストレスをかけることに加え、カーブリスクやベーシスリスクのような重要な非線形リスクを少なくとも四半期ごとに評価する必要があると求めている。BCBS によって言及されているその他の要件は、以下のとおりである。

- 特定の感応度に対する集中や、業種や地域に対する集中を積極的に識別する。
- ストレステストにおいてエクスポージャーとカウンターパーティの信用力を同時に考慮することで、一般誤方向リスクを識別する。これで市場と信用の同時イベント時の誤方向リスクのシナリオを深めることができる。
- エクスポージャーと非現金担保の誤方向リスクを評価するため、ストレステストを同時に行う。
- 不利なシナリオのもとでのすべてのヘッジのミスマッチを考慮した、金融機関のパフォーマンスを評価するための CVA のストレステスト（過去発生した、または今後発生しうる深刻な経済事象が考慮される）。
- カウンターパーティリスクのストレステストを金融機関全体のストレステストへ統合すること。リバースストレステスト（事前に想定した損失を発生させるようなシナリオを逆算するもの）も用いられるべきである。

ストレステストの枠組みを設計するために、一般的な原則として考えられるものに以下がある。

● **複数のテストアプローチ**

ストレステストは、モデルベースのシナリオ、過去起こった事象、仮想シナリオの組合せでもよい。

●整合性を保ったシナリオの決定

それぞれのシナリオは整合性を保つべきであり、独立してバラバラに動く可能性のあるシナリオの組合せに基づくことは避けるべきである。

●複数のシナリオ算定手法

市場変数に対してショックを発生させるための複数の手法があるべきである。

カウンターパーティリスクのストレステスト計画の枠組みがふまえるとよい点としては、以下がある。

●個々の市場リスクのストレス

個別の市場リスクファクターとそのボラティリティに適用される別々のストレス。

●多次元のストレスシナリオ

すべての市場リスクファクターの同時変動。組合せが指数関数的に増加することから、リーマン・ブラザーズの破綻前後のような過去の時期をとることで可能な限りで決定されることが多い。

●信用リスクのストレス

デフォルトと格付遷移に基づき、クレジットスプレッドの拡大を仮定したシナリオ（たとえば、ストレスを反映したデフォルト確率とデフォルト相関によって生成される）。

●市場ストレスと信用ストレス

金利とクレジットスプレッドのような、市場リスクと信用リスクファクターの同時共変動。

●担保のストレス

担保価値の変動と、さまざまな種類の担保の差入れや差替えといったカウンターパーティの選択に基づくシナリオ。

ストレステストの結果は、時価の変化、資本の変化、担保必要額への影響などを通して、いくつもの違った方法で示すことができる。

8.7 CVA 資本賦課

8.7.1 その正当性

CVA 資本賦課の目的は、デフォルト（と格付遷移）による潜在的損失に対してだけしか資本の備えを行わないバーゼルⅡの要件を補完することである。BCBS（2009）で述べられているのは、前回の金融危機におけるカウンターパーティリスクに関連する損失のうち、デフォルトによる損失は3分の1にすぎず、残り3分の2は時価ベースの損失であったということである。これはカウンターパーティリスクに備える資本がおおよそ3倍必要であることを暗に意味しており、明らかに非常に重要な記述である。大事な点として、バーゼルⅢでは、主としてCVA に関連する新たな追加要素を通してカウンターパーティリスクの所要資本を増やしており、たとえば単により高い乗数を課したり、既存のルールの運用をより保守的にしたりするようなものではない。

3分の2という数字に対する正確な実証的根拠は公表されておらず、おそらくこの数字はモノライン保険会社（2.2節参照）との取引を解消した銀行などの見方に頼ったものであろう。当時のモノラインが非常に困窮した状況にあったことで、時価損失が実際にはデフォルト損失と同じようなものだと主張するために使われたのかもしれない。しかしながら、会計上のCVA のボラティリティがかなりのリスクに相当し、それゆえ資本で備えなければならないという事実に対して、反論することは困難であると思われる。CVA リスクはVaR によれば最もわかりやすく表現できる。なぜならCVA は銀行のトレーディング勘定に対する市場リスクとみることができるからである。CVA のVaR を明確に計算するのは、EAD の計算と同様に困難な作業である。洗練された内部モデルをもつ大手銀行と、これを開発するに十分な人的リソースやインセンティブをもたない銀行とのそれぞれに適合するような別々の手法が必要となる。

CVA 資本賦課に対して銀行が用いる手法を決定する際には、次の二つの点が重要である。

●IMMの承認

銀行がカウンターパーティリスクに対するIMMの承認を得ているかどうか。

●個別リスクの承認

銀行が個別リスクのVaRモデルを用いるための承認を得ているかどうか。このモデルは、基本的にカウンターパーティのクレジットスプレッドを含む同時シミュレーションを可能にするものである。これはCVA資本を定量化する場合に明らかに必要となる。

表8.4は、デフォルトリスク（カウンターパーティ・クレジットリスク、CCRとも呼ばれる）とCVA資本賦課に対して用いられる手法を示している。上述したように、承認ずみの銀行は、デフォルトリスクの資本賦課を（EADを通して）決定するのに自前のIMM手法を用いることができる。そうでなければより簡単な手法を用いなくてはならないが、これは多分カレントエクスポージャー方式であり、2017年からはSA-CCRとなるだろう。CVA規制資本については、もし銀行がカウンターパーティリスクに関するIMMの承認（以降でさらに解説する）と、個別リスクの承認との両方を得ているならば、先進的CVA資本賦課を適用できる。銀行がこれらの承認のいずれか、もしくはどちらも得ていないならば、標準的CVA資本賦課を適用する。なお、標準的CVA資本賦課はEADの定義に依存しており、このことがIMM

表8.4　デフォルトリスクとCVA資本賦課に対して用いられる手法

	デフォルトリスク資本賦課	CVA資本賦課
IMMの承認と個別リスクの承認	IMM	先進的リスク測定方式
IMMの承認のみ IMMの承認なし	カレントエクスポージャー方式かSA-CCR	標準的リスク測定方式

の承認をより一層望ましいものにしている。なぜなら、カレントエクスポージャー方式のようなより単純化されたEADの計測手法が、デフォルトリスクとCVA資本賦課の両方を左右することになるからである。

以降の議論では、バーゼルⅢにおけるCVA資本のための算定式と要件を示すことにする。特段独自のものというわけではないものの、BCBS（2009）に含まれないような解釈と分析も含むことにする。標準的CVA資本賦課の算定式の詳細についてはPykhtin（2012）も参照されたい。最後に注意したいのは、バーゼル委員会はCVA資本賦課の代替となる計算仕様に関する市中協議文書（BCBS（2015））を最近公開したことである。これは結果的に8.7.5節で議論されるいくつかの批判を解決することになるだろう。

8.7.2 標準的リスク測定方式

下記の式の導出を含む数学的詳細についてはPykhtin（2012）を参照のこと。関連するIMMの承認が得られていない銀行には、CVA資本賦課を決定するのにかなり単純な式が用いられる。より説明を簡単にするために、まず、CDSのヘッジがないと仮定した場合の資本（K）の式を示す（ただしこれはBCBS 2009では記されていない）。

$$K = 2.33\sqrt{h}\sqrt{\left(\sum_i 0.5.X_i\right)^2 + \sum_i 0.75.X_i^2} \tag{8.13}$$

各定義は以下のとおりである。

h：タイムホライズン（1年に設定される）

n：カウンターパーティの総数

X_i：CVAの変動

上記式の解釈は、1年のタイムホライズンと99%の信頼水準（正規分布の値では2.33と表される）におけるCVAの最悪の変動の単純な表現となる。CVAの変動は三つの項の積であるX_iによって表される。

$$X_i = w_i.M_i.EAD_i^{total}$$

w_i　　カウンターパーティiの格付けに応じたウェイト。AAA、AA、

A、BBB、BB、B、CCCの格付けに対して、0.7%、0.7%、0.8%、1.0%、2.0%、3.0%、10.0%となる。この最もわかりやすい解釈は、カウンターパーティに対するクレジットスプレッドの（年間の）ボラティリティを表すものであり、格付けが低いほどボラティリティが高くなる。

M_i　実効マチュリティであり、近似的にカウンターパーティに対するエクスポージャーのデュレーションを表す（より長いデュレーションは、より大きなボラティリティを意味することになる）。

EAD_i^{total}　カウンターパーティに対する対象のネッティングセットの、ネッティングと担保を考慮したうえでの全エクスポージャーであり、いずれかの手法（カレントエクスポージャー方式、SA-CCR、IMM）に基づいて決定される。

この式は、カウンターパーティのクレジットスプレッドの拡大によるCVAの増加を、簡単な表現で定量化しようとするものと考えられる。しかしながら、クレジットスプレッド同士は完全に相関しておらず、分散効果があるだろう。すべてのカウンターパーティが同等であると仮定し、カウンターパーティごとの資本がどうなるかをみることによって、分散効果がわかるようになる。

$$\frac{K}{n} = 2.33.n^{-1}\sqrt{h}\sqrt{\left(\sum_i 0.5.X_i\right)^2 + \sum_i 0.75.X_i^2} \qquad (8.14)$$

$$= 2.33.\sqrt{h}.X^2\sqrt{0.25 + 0.75/n}$$

この式でわかるのは、カウンターパーティごとの資本賦課がカウンターパーティ数の増加に伴って減少し、当初の0.5倍に近づくということである（図8.11）。これは、式のなかのそれぞれのカウンターパーティのポジション間に、暗に25%の相関係数が想定されている結果である。この最もわかりやすい解釈はクレジットスプレッドの相関である。

標準的CVA資本賦課の式は、シングルネームCDSとインデックスCDSのかたちでのヘッジを許容している。これらを含むと算定式は以下のようになる。

図8.11　均質ポートフォリオにおける1カウンターパーティ当りの標準的CVA資本賦課に対して、カウンターパーティ数の増加が与える影響

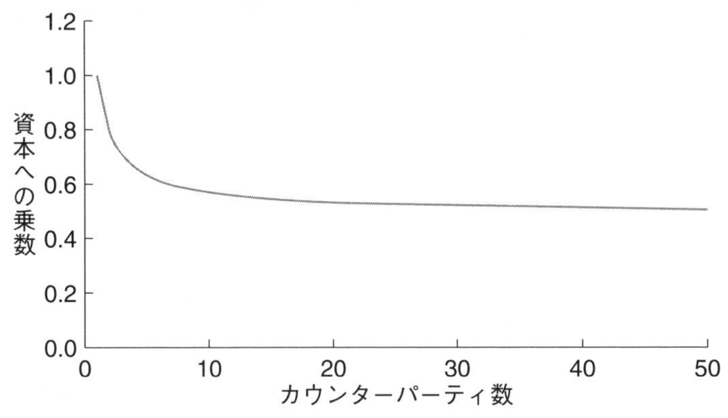

＊資本への乗数は、$\sqrt{(0.25+0.75/n)}$と定義される

$$K=2.33\sqrt{h}\sqrt{\left(\sum_i 0.5.w_i.N_i-\sum_{ind} w_{ind}.M_{ind}.B_{ind}\right)^2+\sum_i 0.75.w_i^2.N_i^2}$$

$$N_i=M_i.EAD_i^{total}-M_i^{hedge}.B_i \qquad (8.15)$$

加わった定義は、以下のとおりである。

B_i　シングルネームCDSの想定元本

B_{ind}　インデックスCDSの想定元本

M_i^{hedge}　シングルネームCDSのヘッジの満期

M_{ind}　インデックスCDSのヘッジのウェイト後の満期

上記式の第一項と第二項は、システマティックな項と固有の項として解釈することができる。上記0.5と0.75の係数が実質的に仮定しているのは、クレジットスプレッドの構成要素の一部はシステミックなものであり、それゆえに（満期効果に対して調整したうえで）インデックスCDSでヘッジできるということである[24]。インデックスヘッジで削減できるのは算定式のうちシ

24　各スプレッドの変動過程は、1ファクターモデルにおける「グローバル」インデックスで表されるため、スプレッド間の25％の相関は、50％×50％であるとみることができる。

ステミックな項だけであり、固有の項ではない。シングルネームCDSは両方の項を削減でき、よって仮にM_i^{hedge}を上記のN_iの項がゼロになるように選択できるならば、理論的にはそのカウンターパーティへの規制資本をゼロにすることができる。ただしかし、過大ヘッジは過小ヘッジと同じように資本賦課を増加させることには注意が必要である。これは、(少なくとも式から読み取る限りは) ヘッジポジションが過度に大きいことによる、オープンなポジションに対するペナルティである。シングルネームとインデックスのヘッジで達成できる資本軽減を示した例は、後の8.7.4節で示されている。

8.7.3 先進的リスク測定方式

上述したように、カウンターパーティリスクに関するIMMと個別リスクの内部モデル方式の両方の承認を得ている銀行は、CVA資本賦課について先進的リスク測定方式を用いなければならず、反対に標準的リスク測定方式は選択できなくなる[25]。

CVA資本計算のためのリスク感応的な手法の開発は非常に困難である。なぜなら、この目的がCVA自身の不確実性を定量化することであるからである。第10章で説明するが、CVA自身を計算するのにすでにモンテカルロシミュレーションが必要となる。多重のモンテカルロシミュレーションを要求する手法を避ける必要があるのは明らかで、したがって、ある程度の簡略化が求められよう。最初の提案 (BCBS (2009)) では、相応の簡略化として「債券相当アドオン方式」が提示された。しかし、これは批判を受け (例：Rebonato et al. (2010) 参照)、その後バーゼルⅢの最終規則で改められることになった (BCBS (2011b))。この最終規則でさえ、一部潜在的な欠点がある。最も明らかなのは、市場リスクのヘッジの取扱いに誤りがあるという事実にある。このことが、最近になってBCBS (2015) が代替案を公表した理由の一つである。

25　これはバーゼル委員会のガイドラインに従っている。一部の規制当局 (例:米国) は、先進的リスク測定方式の適用が可能な銀行が、標準的リスク測定方式を用いることを許容するかもしれない。

先進的リスク測定方式では、CVA を以下のように定義する。

$$CVA = LGD_{mkt} \sum_{i=1}^{T} PD(t_{i-1}, t_i) \left(\frac{EE_{i-1}D_{i-1} + EE_i D_i}{2} \right) \quad (8.16)$$

$$PD(t_{i-1}, t_i) = max\left(0; exp\left(-\frac{s_{i-1}t_{i-1}}{LGD_{mkt}}\right) - exp\left(-\frac{s_i t_i}{LGD_{mkt}}\right)\right)$$

各定義は以下のとおりである。

LGD_{mkt}　　カウンターパーティのデフォルト時損失率

$PD(t_{i-1}, t_i)$　　期間［t_{i-1}, t_i］におけるデフォルト確率

s_i　　時点 t_i をテナーとするカウンターパーティのクレジットスプレッド

EE_i　　時点 t_i における期待エクスポージャー

D_i　　時点 t_i におけるディスカウントファクター

上記は、［$t_0, t_1, \cdots, t_n$］で定義される1次元積分の近似的表現とみることができ、第14章で議論するような市場慣行における標準的なCVA 式に似ている。デフォルト確率 $PD(t_{i-1}, t_i)$ は、期間の開始時点と終了時点のクレジットスプレッドに基づいた近似であり、確率なので下限がゼロである（さらなる議論は第12章を参照）。CVA は、クレジットスプレッドを参照した市場からインプライされる量として、非常に明確に定義されている。デフォルト時損失率 LGD_{mkt} もまた市場の期待に基づくものであり、他の資本賦課計算に一部使われるようなヒストリカルな推定値に基づくものではない。なお、上記式の分子と分母の両方には同じLGD を用いなければならない。ただしBCBS（2012）では、対象のデリバティブの優先劣後上の順位が異なる場合、これを反映するとしている。LGD の感応度については、第12章でより詳細に議論することにする。

強調に値するのは、バーゼルⅢのCVA の定義中のCDS スプレッド s_i は、明らかに市場からインプライされたパラメーターとして定義されていることである。事実、BCBS（2011b）は以下のように述べている。

　カウンターパーティのCDS スプレッドが利用可能なときには、常に

これを用いなければならない。そのようなCDSスプレッドが利用可能でない場合、銀行は常に、カウンターパーティの格付け、産業、地域に基づいた適切な代理（proxy）スプレッドを用いなければならない。

このことが重要なのは、これが暗に意味するのが、ある銀行が会計目的のCVAを計算するために過去の実績デフォルト確率に頼っていたとしても、CVA資本の計算には、市場がインプライした（リスク中立な）確率を用いる必要がある、ということだからである。注意すべきもう一つの点は、この式のEEは承認を受けた規制資本モデル（IMM）で計算されたものであり、会計目的のCVAを計算する際のモデルを使ったものとして定義されているわけではないということである。これはおそらく、規制資本目的のエクスポージャー計算とCVAデスクがプライシングやヘッジの際に用いるエクスポージャー計算との間の平仄を保とうとする取組みを促すだろう。この点については、第18章でより詳細に議論する。

単純化の仮定で決定的に重要なのは、エクスポージャー（8.16式におけるEE_i）が一定に保たれなくてはならず、クレジットスプレッドの変動の影響だけが考慮されることである。これでおそらくは極端な計算コストはかからなくなるものの、一方で相当大胆な近似である。なぜなら金利、為替、ボラティリティのようなパラメーターが変化しないと仮定されており、対象のCVAのボラティリティに影響しないからである。これは一見もっともらしく思えるが、つまりは固定された項に適用されるヘッジ（具体的にいえばクレジットヘッジ以外すべて）は、まったく規制資本計算に組み込まれないということである。これは重要な意味をもち、8.7.5節で議論する。

上記のCVAの定義において、先進的リスク測定方式では、上述の固定のエクスポージャーという単純化により、VaR計算エンジンを用い直接CVAのVaRを計算することを銀行に求めている。CVAのデルタとガンマについても上述のものと似たような式が銀行に提供され、その近似式を用いて銀行自身がVaRを計算する。承認ずみの個別リスクモデルを使えば、8.16式のCVAを計算するために必要となるクレジットスプレッドをシミュレーションできるようになる。このような手法では、格付けやおそらく地域、セクターによって定義されるような、汎用的（generic）または代理のカーブからスプレッドをシミュレーションすることが多い。よってこれは、会計上のCVA計算に使うクレジットスプレッドの推定のためにすでに必要となっているマッピングの手続とおおむね同じである。CDS市場と債券市場の流動性の低さから、規制当局は、一般的にCDSスプレッドに代理データを用いることは標準的であり、ある程度の主観性が入るのはやむをえないと許容している。この点は第12章でより詳細に議論する。

先進的リスク測定方式を図で示したのが図8.12である。本手法は一般的に市場リスクVaRの計測方法に似ており、99%の信頼水準、10日間のタイムホライズン、乗数3を用いている（ただし、トレーディング勘定の抜本的見直しのもとで変更される可能性がある。8.8.1節参照）。この乗数は各国当局が増やすことができ、バックテストで示されるようなモデルの性能によって決定されることもある。加えて、上述したストレス時の市場データを用いたシミュレーションによる追加計算が必要というルール変更も同様に適用される（これは8.6.2節で解説されたEPEの要件と似ている）。ストレス時の市場データは、CVA式におけるエクスポージャー計算とクレジットスプレッドのシミュレーションの両方に同じく用いられ、最終的な値は、通常時とストレス時のそれぞれの市場データを用いた計算値の合計となる[26]。このストレス期間の選択は主観的なものである。欧州銀行監督機構（EBA（2015b））の報告では、大抵の銀行は2008〜2009年頃の期間を用いており、これによって通常よりも3倍から4倍大きいストレスCVA VaRになるとしている。一方で、2010〜2012年頃の期間を用いる銀行もあり、同様に1倍から2.5倍の増加としている。したがって、ストレス期間の選択は、明らかに資本コストに対して大きな影響を与えうる。なお最後に、CVA資本賦課の計算は、銀行の一

26　しかし、出てきた数値は、追加的リスクに係る資本賦課（Incremental Risk Charge、IRC）を含んでいない。これは、1年間のタイムホライズンにおけるデフォルトリスクや信用遷移リスクのような効果の影響を測定するもので、ゆえにバーゼルⅡの内部モデル手法に近いものである。

図8.12　CVA先進的リスク測定方式

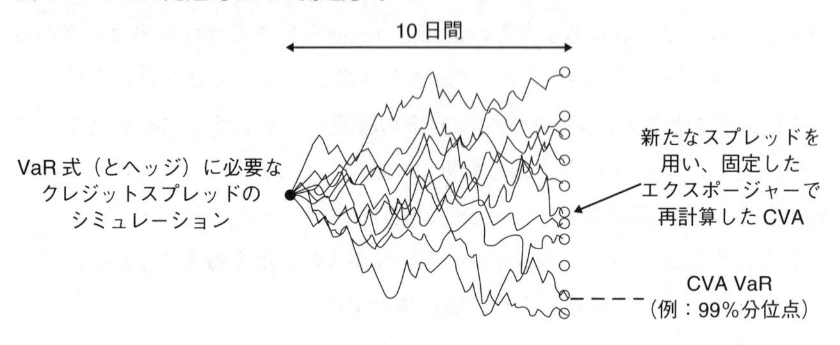

般的な市場リスクVaRに近いにもかかわらず、別々に行われなければならない。

標準的リスク測定方式と同様に、上記手法でCDSによるヘッジは考慮されている。エクスポージャーの変動が考慮されないため、クレジットスプレッドの変動に関連する以外のヘッジは、明らかに認識できない。それゆえに適格ヘッジは、シングルネームCDS[27]（あるいはシングルネームのコンティンジェントCDS）、カウンターパーティを直接参照するその他同様のヘッジ、そしてCVA VaR手法のなかで扱うことが許されているインデックスCDSとなる。CVAリスクを軽減するために用いられ、かつそのように管理されるヘッジのみが適格となる（すなわち、あるカウンターパーティのCDSプロテクションを銀行がたまたま他の目的で買っていたならば、これは適格ではない）。適格ヘッジは通常のVaR計算から除外することができる。代理ヘッジ（銀行が、同じではないが高い相関をもつシングルネームのプロテクションを買った場合）は、規制資本の軽減には不適格となる（ただし、上述のBCBS（2015）の市中協議文書では適格とすることが提案されている）。

インデックスCDSは明らかに不完全なヘッジとなり、カウンターパーティのCDSスプレッドとインデックス・スプレッドとの間のベーシスは、図8.12で示されるようなシミュレーション計算で考慮されなければならな

27　債券の売りポジションは、ベーシスリスクがとらえられるならば許容される。

い。このスプレッドが、関連するインデックスとどの程度相関するかがヘッジの便益を決定する。インデックスは構成銘柄の線形結合としてモデル化できるだろう。しかしながら、「ベーシスに関して当局の納得を得られない場合、銀行はインデックスヘッジの想定元本の50%しかVaRに反映してはならない」(BCBS (2011b))。これは、良好なヘッジのパフォーマンスをもたらすような高い相関に対しては、規制当局が疑義を挟むことがありうることを示唆している。

8.7.4 計 算 例

CVA資本賦課が多額になることは容易にわかる。CVAの変動に適用される乗数を直観的に考えてみよう。10日間のタイムホライズン、99%の信頼水準、乗数3により、全体の乗数は1.4となる[28]。平常時とストレス時における計算での規制資本額を合計するという要件により、全体としてはこの2倍以上になるに違いない。クレジットスプレッドのボラティリティが比較的高いことから、CVA資本賦課がCVA自身の値よりも遥かに大きくなることは想像にかたくない。

先に述べた標準的リスク測定方式および先進的リスク測定方式を用いたCVA資本計算の例を示し、ヘッジの影響をみることにする。EADが三種類すべての規制資本算定手法で近い値となるように、前の8.5.2節と同じ有担保の10年金利スワップ取引を用いることにする。いうまでもなく、異なる取引やポートフォリオではまったく異なる結果が得られるだろう。図8.13では、例示のポートフォリオのCVA資本賦課をCVA自身と比較している。後者は比較的小さいが、ここでは資本賦課額のみをみており、規制資本の保有コストをみていないことには注意が必要である(KVA、第16章)。IMM手法ではデフォルトリスクへの資本賦課が低くなる一方CVA所要資本が大きくなり、よって合計値は高くなっている。これは、平常時とストレス時の各CVA資本計算額を合算することから生じているのはきわめて明らかである。

28 $\sqrt{10/250}\times 2.33\times 3=1.4$

図8.13　規制上の各手法でのCVA資本計算における賦課額をCVA自身と比較した例

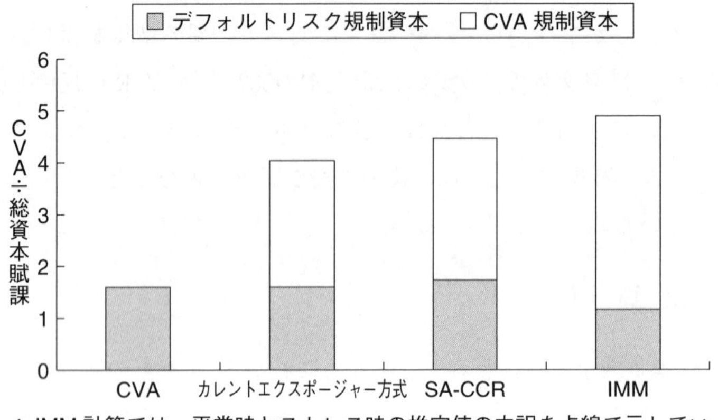

＊ IMM計算では、平常時とストレス時の推定値の内訳を点線で示している

次に、図8.14で、インデックスヘッジの結果起こるCVA資本賦課の削減を示す。この計算では、（ヘッジの程度をコントロールする）銀行のCVAデスクが認識するCVAと、先進的リスク測定手法のCVA計算との間の完全な一致を仮定した。第18章で述べるように、これが完全な一致となるかは疑わしい。よって現実には、ヘッジによる資本賦課の軽減効果はもっと弱いだろう。このような状況下でも、シングルネームのヘッジで可能性としては資本をゼロまで削減することができる。インデックスヘッジによる資本賦課の削減度合いはインデックスヘッジの性質上それほど高くない。これは、インデックスとカウンターパーティのクレジットスプレッドとの間の相関が不完全であるということと、インデックスヘッジはデフォルトリスク資本賦課を削減しないという事実によるものである。IMM手法の削減効果はより高い。これは、標準的リスク測定方式（8.13式）に使われる50%の相関よりも高い相関を仮定しているためである。なお、単一の取引ではなくポートフォリオを想定した場合、インデックスヘッジの効果は向上する。この理由は、個別リスク（たとえば、図8.11参照）が分散され、残りのシステマティックなリスクはインデックスでヘッジできるためである。このことは、第18章の

例でもより詳細に議論することにする。

上記が示すのは、インデックスやシングルネームCDSによるヘッジを行っているときには、大きな便益が得られる可能性があるということである。しかしながら、明らかに生じる疑問としては、これらのヘッジが会計上のCVA自身の削減目的のものとどの程度合致するかということや、どのようなポートフォリオ効果がありうるかといったことがある。これについては、後の第18章で議論することにする。

図8.14　インデックスヘッジを単一の取引に対して用いた場合（上図）とポートフォリオ効果を仮定した場合（下図）の総資本賦課のありうる削減値

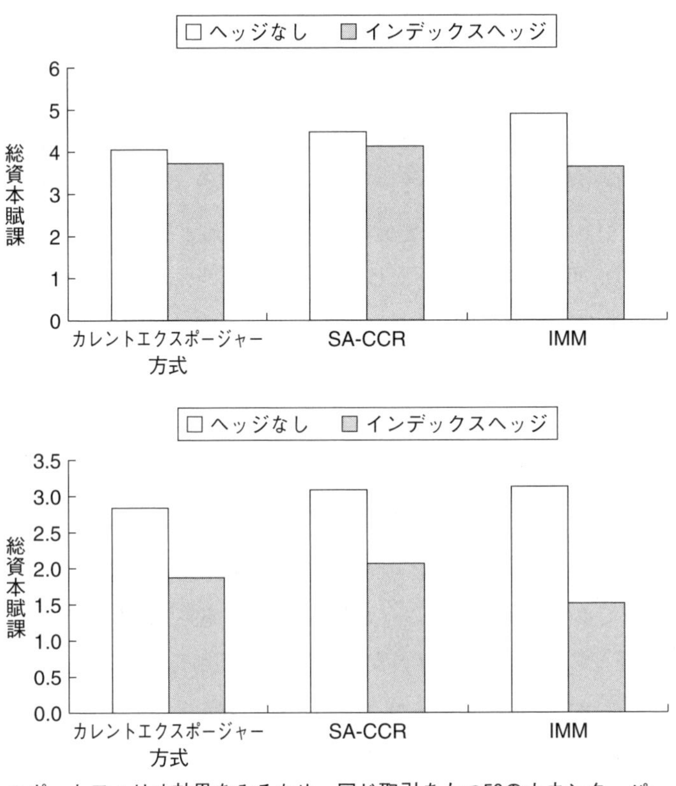

＊ポートフォリオ効果をみるため、同じ取引をもつ50のカウンターパーティを考え、カウンターパーティ単位での平均の資本賦課を示した

8.7.5 批　　判

CVA資本賦課にはとても異論が多く、批判を招くものとなっている。批判のなかには、所要資本の大幅な増加に対する懸念もある一方、より鋭い、手法の正確性に関連した指摘もある。EBA（2015b）では、調査対象のほとんどの銀行のCVAが10日間で10倍から20倍増加する可能性があることを示し、このCVAの潜在的な増加のために、CVA資本賦課は「非常に保守的になっている」と報告している。

もう一つの重要な検討事項は、CVA資本賦課の計算の仕組みによって、CDSを用いたヘッジを優遇しているようにみえる点である。なぜなら、これが（担保を差し入れない）重要なカウンターパーティへの資本賦課を軽減するための実用的な唯一の方法だからである。だが、近年CDS市場の流動性は改善していない。BIS（2013）は、（特にシングルネームの）CDSの想定元本が全体的に減少していると報告している。ISDA（2013）の報告では、CDSの流動性の明らかな減少は、実際にはポートフォリオのコンプレッションによって引き起こされた想定元本の減少であるとしているが、シングルネームのCDS取引の減少も指摘している。これゆえに、インデックスやシングルネームのヘッジに関係したCVA資本賦課の計算の仕組みが、これらのヘッジ手段の市場流動性の改善が十分でなかったなかで、望ましいものだったかは疑問である。

したがって、CVA資本賦課の潜在的な問題は以下のとおりとなる。

●コスト

銀行は、カウンターパーティリスクに対する所要資本と関連するコストの増加について不満を訴えている（先進的リスク測定方式のもとでは、基本的に平常時とストレス時のCVA VaRの合算値の3倍が規制資本となる）。デリバティブのエンドユーザーは、そのようなコストが自分たちに転嫁された場合、自分の経済的なリスクのヘッジが非効率になってしまうことを不満がっている。実際一部のエンドユーザーは、いくつかの商品について、その価格にかかわらず銀行と取引することすら困難な状況になった。

●DVA の認識の中止

二番目の主な批判は、会計基準の要求で報告が義務づけられているにもかかわらず（4.3.4節）、DVA による利益が認識に含まれないことである[29]。第14章で説明するように、これはDVA の異論の多い性質を考えれば驚くべきことではないが、より一般的に、銀行がより多くの要素（xVA）の重要性を検討しているなか、CVA に対する規制資本だけに注目するのは問題がある。この点は第18章でより詳細に議論する。

●ヘッジの認識

標準的リスク測定方式と先進的リスク測定方式の双方が、CDS（シングルネームとインデックス）によるクレジットヘッジを反映している。このようなヘッジの効率性については第18章で議論することにする。ただし先に言及したように、CDS 市場の流動性はそれほど改善していない。一方、他の市場リスクのヘッジはいずれも反映されておらず、いわゆる「ヘッジの分離（split hedge）」の問題を生んでいる。この場合、これらのヘッジは、資本賦課全体を減少というよりむしろ増加させる。したがって、銀行は、CVA の市場リスク部分をヘッジしないという規制資本上のインセンティブをもつことになる。米国とカナダの規制当局は、CVA に関連する市場リスクヘッジを除外するようにして、この問題を解決している。他の地域はこの先例に従うことが期待される（たとえば、EBA（2015b）を参照）[30]。なお、市場リスクモデルにCVA の感応度を含むことによって、この問題を解決しようとした銀行もある。

---

29 "Application of own credit risk adjustments to derivatives", Basel Committee on Banking Supervision, www.bis.org/press/p111221.htm。「加えて、銀行の信用リスクの増加が負債価値の減少を通して株主資本の増加をもたらさないことを確保するために、DVA による利益は株主資本の計算では認識の中止をしなければならない」www.bis.org/press/p120725b.htm 参照。

30 ただし奇妙なことに、EBA（2015b）の報告では、もしそのようなヘッジが除外されても、目立った利益を報告したのは18の銀行のうち三つだけであり、実際いくつかの銀行はこの除外により負の影響を受けるだろうとしている（つまり、ヘッジがトレーディングブックのほかのリスクを相殺しているということ）。

● プロシクリカリティ

CVAの先進的リスク測定方式はプロシクリカリティを起こしやすい。なぜなら、CDSスプレッドのボラティリティは、スプレッド増加に伴い増加する傾向にあるためである。経済の状況が良好な時には、CDSのボラティリティは低くなり、それに応じて低い資本賦課をもたらすだろう。しかしながら、経済が荒れている期間ではボラティリティと資本賦課は増加しがちになるだろう。ただし、ストレス期のCDSスプレッドのデータを用いることで部分的にこの問題を軽減することができる。このような挙動は、市場リスクVaRのそれと同様であり、一見するとそれほど問題ないようにみえるかもしれない。しかしながら、CVAは（全体の水準とボラティリティについて）一義的には強い周期性があるクレジットスプレッドによって決定されるので、伝統的な市場リスクのようにうまくはヘッジできない。したがって、銀行にとって、経済が荒れている期間のCVA資本賦課の増加をコントロールする手段は限られている。

● 負のフィードバックループ

上記の点に関連して、CDSヘッジが負の循環（doom loop）を生み出す可能性が訴えられた（例：Murphy（2012））。これが起こりうるのは、銀行がCDSのプロテクションを購入し、そのこと自体がCDSスプレッドを拡大させた場合、高いCVAとCVA資本が発生し、さらに多くのCDSヘッジが必要となり、これを繰り返すことが可能性として考えられる（CDSの「負の循環」と呼ばれる）。CDS市場の流動性が相対的に低いとすれば、明らかにこのような影響はより大きくなる。事実、Kenyon and Green（2013）が示したのは、シングルネームCDSスプレッドの大きな部分（最大50%）は、（デフォルト確率や関連するリスクプレミアムではなく）ただヘッジによる資本軽減が可能かに関係している可能性があるということであり、このとき人為的にクレジットスプレッドは上昇する。この点は、2012年頃の欧州におけるソブリン債務問題の時期に特に重要な意味をもったと考えられ、以降で検討されるCVA資本賦課の免除の一部の要因となっている。

BCBS（2015）の提案は、特にヘッジの認識が向上しており、上記の一部を改善するであろう。しかしながら、これはプロシクリカリティを悪化させるかもしれない。

8.7.6 米国における導入

上記で述べた市場リスクヘッジの除外に加え、CVA 資本賦課の米国での導入内容には、バーゼルⅢ文書と比較してほかにもいくつか逸脱がある。

- 米国規制では、銀行が標準的リスク測定方式と先進的リスク測定方式のいずれかを選択することを許容している。これが意味するのは、もし納得できる正当な理由があるならば、先進的リスク測定方式の利用に対する適切な承認を受けた銀行が、標準的リスク測定方式を用いることが許されるということである。
- ドッド＝フランク法は信用格付けの利用を禁じているため、標準的リスク測定方式の算定式中の信用力は、結果的には似たものである、デフォルト確率に関連したウェイトで表される。
- 米国規則では、EAD の計測において標準方式（8.1.4節）を使うことはできない。これはその他の地域（例：カナダ）でもある事例である。

8.7.7 欧州における免除措置

CVA 資本賦課の意図しない結果と負の循環の可能性について、一部の監督当局が懸念するようになるまでにはそれほど時間はかからなかった。たとえば、イングランド銀行は、2010年の第２四半期報告[31]において以下のように述べている。

> ソブリン CDS 市場の流動性が相対的に低い場合、活発な投資家からの急激な需要の増加により、ソブリン CDS の購入費用が上昇しうる。CVA デスクはソブリン CDS 市場における取引の大部分を占めるように

31 www.bankofengland.co.uk/publications/quarterlybulletin/index.htm を参照。

なっており、報告によれば彼らのヘッジ活動が、ソブリンのデフォルト確率を反映した水準から価格を乖離させてしまう要因となっている。

ここからわかるのは、CVAのヘッジが、負の循環を通してクレジットスプレッドを過度に大きな水準にする一つの要因となっているということだろう。

バーゼルⅢは所要資本のグローバルな基準を決定しており、地域によって多少の差異や導入時期の違いはあるものの、一般的には整合的に実施されている。しかしながら、欧州ではきわめて重要な逸脱が一つ、欧州連合（EU）がバーゼルⅢ資本規制を現地法制化している資本要求指令Ⅳ（Capital Requirement Directive Ⅳ、CRD IV）において発生した。ソブリン債務危機やそれにまつわる上述の負の循環を背景にして、CRD IVでは、ソブリンのカウンターパーティ[32]に対する銀行のCVA所要資本が免除されている。これに続いて2013年に、非金融機関のカウンターパーティ（中央清算に該当しないもの）や年金ファンド（一時的に適用）に対して同様の免除措置がとられた。中央清算機関を通した清算参加者とクライアント・クリアリングの顧客との間の取引も、清算参加者が顧客と適格中央清算機関（9.3.7節）の間で実質的な仲介者となる場合には除外される。これらの免除措置はEUの銀行に対してのみ効力をもつが、実際にはEU域外のカウンターパーティに対しても適用される。また、重要性の低いカウンターパーティだけに関する措置ではなく、実際まったく正反対で、多くは担保を差し入れず比較的長期の取引を行っている取引主体が対象となる。この免除措置は、おそらく以下のような多くの要因が複合してもたらされたものであろう。

●欧州市場の構造的差異

米国市場と比べ、EUの方がエンドユーザーの経済的リスクをヘッジするのにデリバティブに頼っているので、CDS市場の流動性が低くなる。

32　公共団体、国際開発銀行、中央政府所有の公的組織、中央政府、中央銀行が含まれる。

● コスト

銀行は顧客に対し、資本の増加に伴うコストを転嫁しているので、店頭デリバティブのエンドユーザーは、コストの急激な増加に見舞われるだろう。懸念点として特に注目されているのは、カウンターパーティリスクを軽減するために担保を差し入れることができず、よってエンドユーザーが遥かに高い価格を支払うケースである。

● 清算集中義務

相対の店頭デリバティブに対して大きな資本を要求する目的の一つは、中央清算に移行するインセンティブを与えることである。通常は[33]ソブリンと非金融機関のカウンターパーティは清算集中義務を免除されているため、このインセンティブの必要はない。年金ファンドに対するCVA資本賦課の一時的免除は、清算集中義務に関する免除と同様のものとなっている。

● 負の循環

これらのカウンターパーティは通常担保を差し入れず、多額のCVA資本賦課の発生により大規模なヘッジが必要となるので、著しい負の循環を生み出す可能性がある。特に問題なのはソブリンであり、これは債券発行のヘッジのために通常多額の想定元本の金利スワップを取引しているからである。これがもたらしうるのは、銀行のソブリンエクスポージャー全体が、金利やクレジットスプレッドの大幅な変動によって同時に増加する事態である。上述したように、関連するヘッジ活動により負の循環が起こるかもしれない。(シングルネームの) CDS市場の流動性が改善していないため、これは現実問題として考えられる。

CVA資本賦課の免除は多大な影響を与え、結果として欧州の銀行は所要資本の大幅な低下を報告している[34]。EBAによる調査では、免除措置がなかったとすると、調査対象の18行のCVA資本の総額は124億ユーロから311億ユーロへと二倍以上になり、このうちソブリンの免除額が最も大きく、年

33 なお、重要な店頭デリバティブ活動を行う非金融機関のカウンターパーティ (Non-Financial Counterparty、NFC) は中央清算対象 (NFC+) となり中央清算の要件に従う。
34 たとえば、"UK banks face CVA exemption tension", *Risk*, 28th June 2013を参照。

金ファンドは最も小さいと報告した（EBA（2015b））。また、負の循環に対する議論（例：IMF（2013））の妥当性について疑問の声があがり、欧州の一部の規制当局は免除形態に対して明確に反対した[35]。この免除措置は他のいかなる地域でも適用されておらず[36]、本書執筆時点では、欧州でどこかの時点で元に戻される可能性があるようである[37]。ただしこれは、なんらか他の法規制で似たように資本を要求することでしか実現できないのかもしれない。

8.8 他の重要な規制要件

本節では、xVA評価そのものについてではないが、一部関連して影響のある他の規制変更について検討する。

8.8.1 トレーディング勘定の抜本的見直し

トレーディング勘定の抜本的見直し（Fundamental Review of Trading Book、FRTB）（BCBS（2013b））は、市場リスクの規制資本ルールの一貫性をより高いものにし、リスク感応度と計算の複雑さのバランスをとり、全体的整合性を高めるものとみることができる。その主要な目的は、銀行勘定とトレーディング勘定の間の境界の問題を解決し、トレーディング勘定の信用リスクと流動性リスクに対する資本を強化することにある。

xVAに関連するFRTBの論点の一つに、内部モデル方式に基づく市場リスク資本のリスク計測にVaRにかわり期待ショートフォール（Expected Shortfall、ES）を用いることがある。これはESがテイルリスクをうまく捕捉できるという見方のためである。VaRは単一の分位点のみを計測し、この水準を超える損失の大きさのいかんにかかわらないのに対して、ESは信

35　たとえば、"Bafin weighing CVA charge despite European exemptions", *Risk*, 19th June, 2013を参照。
36　たとえば、"No CVA exemptions in US Basel III rules", *Risk*, 3rd July 2013を参照。
37　たとえば、"Corporate CVA exemption should be removed, says EBA", *Risk*, 5th December 2014を参照。

頼水準以上のすべての損失の平均をとる。当然ESのほうが保守的な指標であることから、99%VaRを97.5%ESに置き換える（同一の正規分布では両者はほぼ同じ値となる）ことが提案されている。VaRでは標準的に10日間としていたタイムホライズンも、対象のデリバティブの流動性に基づき複数の区分に分割される。以上の点は、CVAの先進的リスク測定方式に影響を及ぼすことになる（8.7節）。

FRTBで考慮されているもう一つの論点は、CVAのリスクを「独立した(standalone)」資本賦課ではなく、他の形態の市場リスクと統一されたかたちでとらえることができるかということであった。これによって、資本の軽減どころか資本を上乗せしてしまうような、一部のCVA関連のヘッジの問題を回避することができるだろう（8.7.5節）。提案された枠組みでは、計算がおそらく複雑になりすぎ、そのせいでモデルリスクがもたらされてしまうことから、そのような統一は予定されていない。

8.8.2 レバレッジ比率

グローバル金融危機の原因としてよくいわれるのは、一見リスクベースの自己資本比率が堅固に適用されていたときでも、銀行のオンバランスおよびオフバランスのレバレッジは過大となっていたという点である。深刻かつ長期化したグローバル金融危機は、急速なレバレッジの解消が主な原因として考えられた。これが、BCBS（2014b）でのレバレッジ比率の導入につながっている。

所要資本が増加するに伴いレバレッジは減少するはずであるが、この計算は内部モデル（例：IMM）に基づくことができ、これは銀行によって著しく違いがある。レバレッジ比率は規制上の所要資本を補完するものとみられ、リスクベースでない手法でレバレッジを計測し、銀行全体である一定の水準を超えないようにすることを目的にしている。したがって、レバレッジ比率は所要資本に対するバックストップとみることができ、規制資本計測の各手法に内在する不確実性を緩和するものである。レバレッジ比率の導入は、各国監督当局への報告とディスクロージャーを通してすでに開始されている。

最終規則はまだ確定していないが、2018年からの施行が予定されている。

レバレッジ比率では、銀行のエクスポージャー（リスクアセットではない）と Tier 1 資本の比率によってレバレッジを定義する。銀行は、リスクアセットではない資産額の3％の Tier 1 資本を最低限保有することが求められることになる。すなわち以下のとおりである。

$$\text{レバレッジ比率} = \frac{\text{Tier 1 資本}}{\text{エクスポージャー}} \geq 3\%$$

Tier 1 資本は、普通株式、剰余金、その他包括利益から構成される。上式のエクスポージャーを構成するのは、オンバランスシート資産、デリバティブエクスポージャー、証券金融取引（例：レポ取引）、その他オフバランスのエクスポージャーである。デリバティブに対しては、カレントエクスポージャー方式（8.2節）を用いてエクスポージャーを算定するので、この手法の欠点を一部持ち込むことになる。一般的に、担保やその他の信用リスク軽減手段は、エクスポージャーを相殺するために用いることができない。これは、先に議論したSA-CCRやIMM手法におけるリスク感応的な資本の取扱いと根本的に異なる点である。（当初のレバレッジ規制から修正された）免除規定では、現金の変動証拠金は一定の条件のもとでエクスポージャーを削減することができる。

レバレッジ比率は、特にレポ取引と中央清算される取引についてペナルティを与えている（もう一つの改訂により、クライアント・クリアリングの間接参加者に対するエクスポージャーの二重カウントは除外されている）。なお、米国においては、バーゼルⅢとは別に「強化された補完的レバレッジ比率（enhanced supplementary leverage ratio）」として、大手銀行に対してより保守的な最低5％の比率を要求することを提案している。

レバレッジ比率の制約を受ける（あるいは間もなく受けることになる）銀行は、実際の資本賦課よりも重要な問題としてこれを検討するかもしれない。しかしながら、レバレッジ比率は実質的に銀行のバランスシート全体に対する上限となるため、ここで要求される資本がKVAのような指標を通してどのようにプライシングされるのかは明確ではない。

8.8.3 フロアー

レバレッジ比率に関連して、標準的手法の結果を用いて内部モデルに対する資本賦課のフロアーとする要件がある（BCBS（2014f））。これが求められるようになったのは、同じエクスポージャーに対して、各行の内部モデルが大きく異なった結果を出しており、一定の状況下において非常に小さい資本賦課となっているという調査結果によるものである。このような結果は、重大なモデルリスクと、銀行の内部モデル中のおそらく過度に楽観的な仮定の存在を示唆している。フロアーを適用することによって、過度に低い資本賦課を防ぐことができ、結果の値の差異も小さくなるであろう。

カウンターパーティリスクの観点から、フロアーはIMM適用行に適用され、その銀行の資本が標準的手法（例：SA-CCR）を用いて計算された値の一定割合を下回らないことが求められる。したがって、IMM適用行は、自身の先進的な枠組みと一緒にこのような標準的手法を実装する必要があることになる。

内部モデルに基づく規制資本計算にフロアーを組み込むことは、モデルリスクにまつわる問題の根本原因に直接対処しているわけではない。フロアーはリスク感応的なモデルのメリットを損なうことにもなり、逆のインセンティブを生み出す可能性もある[38]。また、このフロアーは75％以下であるべきであり、そうでなければ、もはや銀行が規制上の所要資本をモデル化するインセンティブはなくなるだろうといわれている[39]。

8.8.4 流動性カバレッジ比率と安定調達比率

流動性カバレッジ比率（Liquidity Coverage Ratio、LCR）は、銀行により厳格な流動性管理の態勢を求め、ストレス事象に耐えられるようにすること

38 たとえば、"Capital floors could spur risk-taking-Swedish FSA", *Risk*, 25th March 2015を参照。

39 "Basel floors must be below 75% to preserve models, banks say", *Risk*, 26th January 2015を参照。

を目指している。ストレス事象の想定は、市場ボラティリティの増加、担保付・無担保の資金調達機会の損失、外部信用格付けの格下げから生じる追加の資金流出というような点に関連づけられている。LCR は、30日のストレス期間中でのネットの資金流出額に対応するのに十分な、用途が限定されない（unencumbered）高品質の適格流動資産を、銀行が確実に保有することを目的としている。これは次のようになる。

$$\frac{\text{適格流動資産}}{\text{30日間に必要となるネット資金流出額}} \geq 100\%$$

特に xVA にとって意味をもつ点の一つは、LCR は評価対象のデリバティブ取引に格付トリガーが含まれる場合に流動性を要求することである。銀行が算出する資金流出額には、追加される可能性のある差入担保の100% や、その他銀行の外部格付けが３ノッチ下がった場合の契約上の資金流出額を含まねばならない。これは、MVA のプライシングなどに影響し、たとえば格下げに伴い（当初証拠金による）追加的な担保の差入れが求められる可能性がある。第16章で議論するように、これは格下げ時に適格流動資産を保持する必要性としてプライシングに含まれるので、実際に当初証拠金を差し入れることと大きく違わない。

LCR は比較的短期間であり、30日間のストレスシナリオに耐えるに十分な、現金化が容易な適格流動資産を銀行が確実に保持することを目的としている。一方で、安定調達比率（Net Stable Funding Ratio、NSFR）の目的は、１年のタイムホライズンにわたって、銀行の資産や業務を反映した資金流動性の特徴に基づき、安定調達額の最低額を確実に保持することにある（BCBS 2014b)。NSFR は、銀行の利用可能な安定調達額を所要安定調達額で割って計算する。LCR と同様、この比率は常に100% を上回る必要がある。

8.8.5　健全な価値評価

EU の規制当局（EBA（2015a））は、金融商品の価値評価に関係するリスクを反映するために、追加的な価値評価調整（Additional Value Adjustment、AVA)を通した健全な価値評価（Prudent Valuation）の考え方を導入した。

AVA は、健全な（保守的な）価値評価と会計上で計上される価値との差額と考えることができる。この価値は会計の数値には影響しないが、普通株等 Tier 1 から控除する必要があり、したがって追加的な資本賦課とみられている。

AVA で評価すべき要素の中には次のようなものがある。

- 未収入のクレジットスプレッド
- モデルリスク
- 運用と調達のコスト

上記の最初の点に対しては、明らかになんらかのかたちで信用価値評価調整（CVA）を考慮する必要がある。二番目として、CVA の不確実性は、計算に用いるクレジットスプレッド、およびカウンターパーティのエクスポージャー計算に用いるモデルが原因となりうる。さらに、三番目の点は、ファンディング価値評価調整（FVA）に関連して、一部検討が必要と考えられよう。しかしながら、第15章で議論したように、FVA の報告はいまだ完全には業界標準ではなく、多くの疑問点が残されている。したがって短期的には、FVA は AVA の現実的な構成要素としてはみなされないかもしれない。

8.9 まとめ

この章では、カウンターパーティリスクに対する規制上のアプローチを説明した。特に注目したのは、バーゼルⅡとバーゼルⅢの取決めによる規制上の所要資本ルールである。ここでは、単純なアドオンルールから、より洗練された内部モデル手法まで、カウンターパーティリスクに対する資本賦課を計算するために利用可能な複数の手法を検討した。また、2017年から導入される予定の新しい SA-CCR の資本計算手法についても説明した。バーゼルⅢの最新の要求として、CVA 資本賦課、ストレス EEPE、バックテスト要件についても扱った。最後に、レバレッジ比率、流動性カバレッジ比率、健全な価値評価といったその他重要で差し迫った規制についても説明した。

カウンターパーティリスクの仲介

もし大きすぎて潰せないなら、その金融機関は大きすぎて存在できないということだ。 Bernie Sanders（1941～）

9.1 序　論

本章で検討するのは、デフォルト事象に関連した仲介業者や保証・保険を提供する業者を通したカウンターパーティリスクの削減である。これは、デリバティブ商品組成会社（Derivative Product Companies、DPC）およびモノライン保険会社によるものを含んでいる。議論の多くは過去の歴史に関することであるが、意義深い背景があり、そのような取引主体が引き起こしうる隠れた問題に関していくらかの教訓を与えるものである。また、店頭デリバティブのカウンターパーティリスクの軽減における中央清算機関（CCP）の役割についても言及する。これは標準的な店頭デリバティブの清算に対する規制要件により、一つの重要な要素となっている。

上場デリバティブでは、カウンターパーティリスクをコントロールするために長らくCCPを利用してきた。ずっと以前、2007年のグローバル金融危機までは、主要なデリバティブ取引業者に破綻はなかった。一方で、相対で清算する大手のディーラーが主流であった店頭市場は、カウンターパーティリスクの面で取引所市場よりも本質的に脆弱であるとみられていた。この大きく複雑な店頭デリバティブ市場では、カウンターパーティリスクの軽減を達成する多くの手法が開発されてきた。CCPを通した取引はそのうちの一つである。このような手法はすべて、カウンターパーティリスクの仲介という概念に何かしら基づいている（図9.1）。この場合、カウンターパーティリスクの削減を目的に、第三者である保証人が仲介し、片方ないし両方のカウンターパーティの支払を保証する。これを有用なものとするために、保証人

図9.1　相対の二つのカウンターパーティ、C1とC2の間のカウンターパーティリスクの仲介の基本的な概念

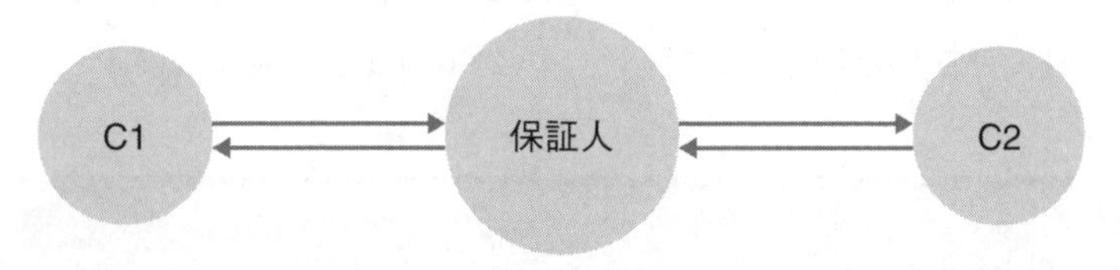

図 9.2　カウンターパーティリスクの仲介手段の発展

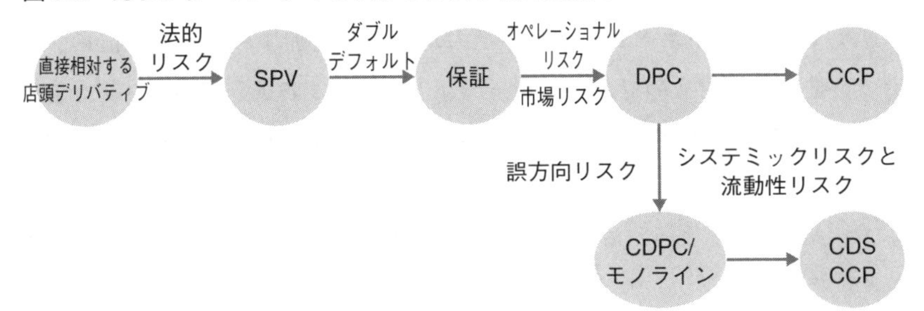

には明らかにより高い信用力が求められるだろう。

カウンターパーティリスクの仲介には、多くの異なる形態がある。これは中央清算に向けた進歩（必ずしも年代順とはなっていないが）とみることができる。それゆえにその過程では多くの他のリスクを生み出してきた（図9.2）。

●特別目的事業体（Special Purpose Vehicle、SPV）

SPVは、倒産隔離された取引主体を設立し、デフォルト事象発生時にカウンターパーティ間で債権者としての優先順位を与えることを目的とする箱である。それゆえに、もしデフォルト事象の発生時にこの有益な取扱いが保持されなかった場合には、法的リスクを引き起こすことになる。

●保　証

保証では第三者がデリバティブのカウンターパーティの支払を保証する。これがもたらしたのは、「ダブルデフォルト」（8.1.3節）という概念であり、これは元のデリバティブのカウンターパーティと保証人の両方が破綻してはじめて損失となるということである。一般的で単純な保証の例としてグループ内の保証があり、取引相手である子会社がその親会社によって保証される形態である。別の例は銀行からの信用状であり、通常は一定金額について保証を与えるものとなる。当然のことながら、これが機能するには、保証を提供する当事者は元のカウンターパーティより高い信用力をもつべきであり、両者の間に明らかな関係があってはならない。

● **デリバティブ商品組成会社（DPC）**

DPCは、資本やオペレーション上のルールを追加することで上記のアイデアを推し進めたもので、オペレーショナルリスクおよび市場リスクを含んでいる。DPCは仲介の特別な形態であり、組成側の銀行が倒産隔離のSPVを設立し、資本を注入することで優先構造や高い信用格付け（典型的にはトリプルA）を得るようになる。モノラインおよびクレジットDPCは、このアイデアのクレジットデリバティブ商品への特別な適用例とみなすことができ、誤方向リスクが特に問題になる。なぜなら、カウンターパーティと契約上の参照企業の間に明らかな関係があるからである。

● **中央清算機関（CCP）**

担保差入れおよび清算基金を要求することでDPCの概念を拡張したものがCCPであり、支払を保証するべく損失の相互負担などの手法を採用している。これがもたらすのは流動性リスクであり、デフォルト事象に際してCCPが契約を入れ替えようとするために起こる。CCPの大きさによりシステミックリスクも生んでいる。クレジット・デフォルト・スワップを清算するCCPは、クレジットDPC（CDPC）の進化形とみることができ（9.2.4節参照）、内包する誤方向リスクのため、よりむずかしい役割を担っていることは疑いない。

他のほとんどすべての市場でそうであるが、デリバティブ市場においても、リスクの移転や損失の相互負担を目的とした、ある種の保険や再保険が必要である。しかしながら、もしこの保険や相互負担が失敗した場合、壊滅的になりうる。以降、モノライン保険会社ではこれがいかに当てはまったかを議論する。そしてそれがなぜ起こったのか、そこから学んだものはあるかを、将来の店頭デリバティブ市場でCCPがもつことになる、その急速に拡大した役割の観点から、特に問いかけることにする。

9.2 SPV、DPC、CDPC、モノライン[1]

9.2.1 倒産隔離と「大きすぎて潰せない」

ここで議論の中心となる概念は「倒産隔離主体（default remote entity）」である。一般的な考え方では、倒産隔離主体はカウンターパーティからみて十分に高い信用力があるので、それに対する倒産確率とカウンターパーティリスクは基本的に無視できることになる。信用格付けが正確かつダイナミックな信用力評価を提供すると考えられていた時には、一般的にトリプルAの信用格付けが与えられていた。昔から、このような取引主体はカウンターパーティリスクを軽減するために非常に有用であることを証明してきたが、これはカウンターパーティの倒産が非常にまれであるという議論に基づくものである。これができすぎた話であり市場実務の怠慢を意味するように聞こえるなら、それはおそらく実際にそのとおりだからであろう。

倒産隔離の概念と関連して、有名な「大きすぎて潰せない（too big to fail）」という考え方がある。そのようなカウンターパーティは破綻する可能性はあるが、単純に大きすぎ、他のリスクと相関がありすぎて、破綻が「許されない」のである。それゆえに、カウンターパーティリスク評価においても先と同じ怠慢が当てはまるだろう。「大きすぎて潰せない」カウンターパーティは、より形式的にはSIFIs（Systemically Important Financial Institutions、システム上重要な金融機関）として知られてきた。規制当局は、（たとえば、資産規模や関連性の強さと金融活動からの収入の規模をもとに）SIFIsの特定を目指しており、SIFIsは分離して小さくされるか、そうでなければより大きな資本が要求されたり厳しい規制監督下に置かれたりすることになる。このような取組みが回避しようとしているのは、リーマン・ブラザーズ

---

1 本節の内容の多くは過去形で述べることができるのかもしれない。ここでは現在形で述べるが、SPV、DPC、モノラインなどの概念の多くは、歴史的な観点でのみ意味のあるものである。

の破綻とそれに続く店頭デリバティブ市場の混乱、そして、さらなる混乱を防ぐべく、ベア・スターンズやAIGなどの金融機関を救済する必要に迫られたような事態の再来である。これらは有効な対策ではあるだろうが、モラルハザードの問題が残るだろう。なぜなら、他の金融機関は、ただ政府と中央銀行による暗黙の支援を想定しただけで、SIFIsと取引するかもしれないからである。

倒産隔離や「大きすぎて潰せない」という考え方は、カウンターパーティリスクに関する金融市場のアキレス腱であることが明らかとなった。カウンターパーティや法的主体に付与されてきたトリプルAの格付けは、付随するビジネスモデルや法的な仕組みなどの面で欠陥のある論理に基づいていた。トリプルAの格付けは正しかったのかもしれないが、その意味が誤解されていたのだろう。さらに、モラルハザードによって市場参加者は、「大きすぎて潰せない」という認識前提での行動をするようになり、その認識がカウンターパーティリスクはほとんどないか、ゼロであるという幻想をさらに強めることになる。モノライン保険会社などの金融機関の破綻やAIGの救済は、カウンターパーティリスクの見方や管理の方法に強烈な影響を与えることとなった。

以降、店頭デリバティブ市場のなかでのDPCとモノライン保険会社の役割、そして、それらの倒産隔離の考え方が、どれだけまずい根拠に基づいていたかをいま一度確認する。多くは後講釈になってしまうが、ここでの議論は後ほど中央清算機関の概念を詳しく吟味する際の議論の基礎となるだろう。

9.2.2　特別目的事業体（SPV）

特別目的事業体（Special Purpose Vehicles、SPV）は、ときにSPE（special purpose entity）と呼ばれるが、たとえば、株式会社や有限責任組合のような法的主体である。典型的にはカウンターパーティリスクから取引当事者を隔離するためにつくられる。会社は管理のために資産をSPVに移転したり、会社全体またはカウンターパーティを危険にさらすことなく大プロジェクトの資金調達をするためにSPVを利用したりする。法域によってはSPVがその設立により代理する当事者自身に所有されないことが求められるかもしれない。SPVの本質的な目的は、倒産のルールを変えることであり、その結果、もしデリバティブのカウンターパーティが支払不能となってもなお、顧客が自分の投資を他のあらゆる請求権（たとえば社債権者やその他の債権者）に優先して全額回収できるようにすることである。SPVは仕組債の組成に最もよく利用されており、仕組債の元本のカウンターパーティリスクを発行体よりもよい水準（典型的にはトリプルA）に保つための仕組みである。SPVの信用力は格付会社によって評価され、彼らは格付けを付与する前に、その仕組みや法的な詳細をみている。

SPVはカウンターパーティリスクを法的リスクに変換する。明らかな法的リスクは破産裁判所がSPVの資産とオリジネーターの資産とを連結（consolidation）することである。連結の基準は、SPVは実質的にはオリジネーターと同一主体ということである。そしてこの連結が意味するのは、SPVに移転された資産はオリジネーターの資産であるかのように扱われるということであり、SPVの分離が無意味となる、ということである。連結は法域など多くの面によって判断が変わりうる。米国の裁判所は伝統的に連結の判断なのに対して、英国の裁判所はそれには消極的だった。

不幸なことに、法的な契約書作成はしばしば経験のなかで変化していき、SPVの法的仕組みの強制力は長らく試されてこなかった。法域次第ではあったものの、リーマン・ブラザーズの事例でそれが試されたときに問題が生じた。リーマンがSPVを利用したのは、本質的には、債務担保証券（CDO）のような複雑な取引において、リーマン自身のカウンターパーティリスクから投資家を保護するためである（いまにして思えば、素晴らしい考えである）。契約書の鍵となる条項は「フリップ（flip）」条項と呼ばれたものである。これが本質的に意味したのは、リーマンが破綻した際には投資家が一番に投資を回収できるということであった。しかしながら、米国の破産裁判所はフリップ条項には法的強制力がないという判決を下した。この結果、フリップ条項には強制力があるとした英国の裁判所と論争となった。

フリップ条項が（そしてそれゆえにSPVが）が有効な法的仕組みかどうかという法域に特有の問題について付け加えると、リーマンは法廷外でこれを解決してしまった[2]。確信をもっていえる唯一のことは、SPVの考え方が示したように、さらなる法的リスクを伴う仕組みによるカウンターパーティリスクの軽減は、危険な方法であるということである。

9.2.3 デリバティブ商品組成会社（DPC）

デリバティブ商品組成会社（Derivative Product CompanyもしくはCorporation、DPC）は、店頭デリバティブ市場においてカウンターパーティリスクを軽減するための手段として発達した（例：Kroszner（1999）参照）。DPCは一般的にはトリプルA格付けであり、これを得るため、SPVとは異なり、資本関係のない一行または複数行の銀行によって設立されたものである[3]。DPCの仕組みが外部のカウンターパーティに提供しているのは、DPCの親会社の破綻から守られることによる、カウンターパーティリスクに対する一定の保護である。ゆえにDPCは取引所取引の便益のいくらかを提供しながら、店頭市場の分散化と柔軟性を確保している。初期のDPCの例として、Merrill Lynch Derivative Products、Salomon Swapco、Morgan Stanley Derivative Products、Lehman Brothers Financial Productsなどがあげられる。

DPCは資本、担保、事業制約の組合せによりトリプルA格付けを維持している。各々のDPCは、現在の信用リスクを定量化するための独自の定量的リスク評価モデルをもっており、そのモデルはトリプルA格付けに要求される信用リスク量に対して逐一平仄がとられている。DPCの格付けは典型的には以下によっている。

---

2 たとえば、"Lehman opts to settle over Dante flip-clause transation"を参照。www.risk.net/risk-magazine/news/1899105/lehman-opts-settle-dante-flip-clause-transaction

3 ほとんどのDPCの信用度は仕組み的には資本によるものであるが、DPCのなかにはより単純にそのスポンサーの格付けによるものもある。

●**市場リスクの最小化**

市場リスクの観点から、DPC は相殺取引を行うことで、市場に対して中立なポジションに近づけようとすることができる。理想的には、DPC はすべての取引を両側に立て、「ミラー取引」によってブック上の取引を全体的にマッチングさせることになるだろう。通常は、ミラー取引は DPC の親会社との取引となる。

●**親会社からの支援**

DPC はよりよい格付けを得るため、(SPV のように) 親会社から倒産隔離となることによって支援される。親会社がデフォルトした場合、DPC は別の十分な資本をもつ金融機関に引き継がれるか、秩序だったかたちで停止し、取引は市場価格で処分することが意図されている。以下に述べるように、おおよそこれが起こったためしはない。

●**信用リスク管理およびオペレーション上のガイドライン（リミット額、担保条件など）**

(外部の) カウンターパーティの信用力とその活動 (ポジションのリミット額、担保など) にも制約が課される。カウンターパーティリスクの管理は日次の値洗いと担保の差入れによって達成される。

DPC は非常に良好な信用力をもつ一方で、秩序だった破綻処理のプロセスを定義することによりさらなる安全性を提供する。DPC はどのような事象が自身の破綻のトリガーとなるか (たとえば親会社の格付けの引下げなど) を定義し、同時に、続いて生じる破綻処理のプロセスをいかにして実現するかを定める。結果として生じる「事前計画ずみの破綻処理」は、それゆえおそらくは店頭デリバティブのカウンターパーティの標準的な破綻よりも単純であった (同時によりまれであった)。

DPC のアイデアは、1990年代初頭の開発からグローバル金融危機まで、見かけのうえでは機能していた。一つの問題は、信用力のダイナミックな指標として信用格付けに依存していることが危険だという認識であった。たとえば、リーマン・ブラザーズは破綻の時点で、まずまずよいといえるシングルA格付けを有しており[4]、アイスランド銀行はその完全な破綻のわずか数週間前まで、最もよい信用度であるトリプルA格付けを有していたのである。リーマン・ブラザーズの二つのDPCによるチャプター11（連邦倒産法第11章）の自主申請は、DPCの資産を保護するための戦略的な試みであったが、これによりDPCの運命とその親会社の運命は分けがたいものであるようにみえた。ベア・スターンズの複数のDPCは、親会社が倒れた後、JPモルガンによって処理された。当然のことながら、露見したDPCの自律性の欠如に格付会社が反応し、格付けが引き下げられた[5]。

SPVの事例のように、DPCのコンセプトには明らかに欠陥があり、DPCのトリプルA格付けはほとんど信用に値しなかった。そしてカウンターパーティが実際に相対していたのは、一般的に格付けがより低いDPCの親会社であった。したがって、DPCが示したのは、カウンターパーティリスクを他の金融リスクへ転換すること（この場合はSPVのように法的リスクのみならず、市場リスクやオペレーショナルリスクもあるが）が効果的ではない場合もあるということである。しかしながら、このような仕組みは市場および規制環境に応じて時折また出現するかもしれない[6]。

9.2.4　モノラインとCDPC

先述のとおり、店頭デリバティブの取引の際に信用力の高いカウンターパーティが必要であったことが、DPCの開発の主な原動力であった。しかしながら、1998年頃以降のクレジットデリバティブ市場の誕生および飛躍的な成長によって、この必要性は格段に上がった。CDSの契約は特別な問題を呈するものである。なぜなら、価値はクレジットスプレッドの変化に依存

4　この反論として、主要な信用格付会社の一つであるスタンダード＆プアーズは、リーマン・ブラザーズの破綻は「ファンダメンタルな信用分析が予期できなかったであろう信頼の喪失」の結果であると主張した。www2.standardandpoors.com/spf/pdf/fixedincome/Lehman_Brothers.pdf参照。

5　たとえば、"Fitch withdraws Citi Swapco's ratings", www.businesswire.com/news/home/20110610005841/en/Fitch-Withdraws-Citi-Swapcos-Ratings を参照。

6　たとえば、"RBS sets up first Moody's rated DPC in 14 years", *Risk*, 7 th May 2014. を参照。

しているが、その一方でペイオフはもっぱら一つ以上の信用事由に結びついているからである。このいわゆる誤方向リスク（第17章）が意味するのは、CDSにとって、カウンターパーティの信用力が他の店頭デリバティブよりもさらに重要であることである。なぜなら、CDS契約は比較的発生がまれなデフォルト事象というものを参照しており、それは市場が非常に困難な状況のもとでトリガーされると考えられるからである。

モノライン保険会社（およびAIGのような[7]類似の会社）は、トリプルA格付けをもった金融保証会社であり、金融保証を提供するためにその格付けを活用している。モノラインはアメリカの地方債発行のための金融保証を提供するために設立された。彼らは、無格付けの借り手に効率的にトリプルA格付けを提供し、地方債を投資家に魅力的な価格で販売できるようにした。これらのモノラインは、さまざまなストラクチャード・クレジット商品に「信用のラッピング（credit wrap）」を通じてCDSプロテクションを販売するように変化していった。この目的は、リスクの分散やより良好な利回りの獲得を目的としたものである。モノラインには、自らの格付けを正当化するために、その仕組み上の潜在的な損失額に応じた必要資本額があった。この必要資本額は、モノラインがラッピングする資産のポートフォリオにもまた連動しており、これはDPCの仕組みに似たものである。重要なのは、モノラインは概して自らの取引に対して担保を差し入れなかったことである。

クレジットDPC（CDPC）は、本質的に上述のDPCおよびモノラインの概念からヒントを得た導管体であり、DPCのやり方をクレジットデリバティブ商品に応用したものである。CDPCはレバレッジをかけてクレジットデリバティブ商品に投資するために設立されたSPEであり、典型的には、事業会社、ソブリンや資産担保証券に対するプロテクションを、シングルネームもしくはポートフォリオの形態でCDS契約として販売する。DPCが単に金融機関の倒産隔離の子会社であるのに対して、CDPCはクレジットデリバティブのプロテクションの販売で利益を得ることを目的として設立された会

7　この分析のために、モノライン保険およびAIGを同じ種類の会社として分類するが、これは、クレジットデリバティブ市場における彼らの活動に基づけば妥当である。

社である。伝統的なDPCと異なり、CDPCは相殺取引を行わないため顕著な市場リスクをもっている。モノラインのように、CDPCは高信用力のカウンターパーティとして振る舞うが、それは大体プロテクションの売り手として、市場の片側に立って行うものである。

グローバル金融危機以前、市場は一般的に、モノラインおよびCDPCが財務的に安定的であることに好意的であった。たとえば次のとおりである。

例

モノラインの信用力（2001年時の引用[8]）「主要なモノラインの債券保証人は、完璧な強い信用力に恵まれ、投資家に対して質の高いクレジット・プロテクションを提供しており、そのプロテクションは債券の発行体の信用力とあわせれば、トリプルAリスクよりよいも同然である。実際に、投資家にとっての元本毀損のリスクは実質的にゼロであり、格下のリスクはわずかにそれより大きいだけである。彼らの現在のリスクの内容を考えると、モノラインのトリプルA格付けは強固である。主要4社のモノラインのすべてが示しているのは、十分な資本の水準、リスクポジションに対して豊富な請求支払の原資、そして限定的なエクスポージャーの集中である」

モノラインやCDPCが、取引に担保を差し入れる義務がないことを理由に通常トリプルAを達成できたという点において、彼らに対する格付けは興味深い。担保の差入れがあれば時価損失が具現化されたはずなので、これは重要な点である。

2007年にグローバル金融危機が発生した際、モノラインが大きな問題を経験したのは、彼らが販売した保証の時価損失によるものであった。彼らのト

8 "Monolines deserve a good wrap", National Australia Bank Capital Markets, April 2001を参照。注目すべきは、このレポートはグローバル金融危機の何年も前、モノラインがその衰退を招いたストラクチャード・クレジットのビジネスを実行する前に書かれたことである。

リプルA格付けに対する懸念が出始め、格付けを正当化するには資本が不十分であった。決定的だったのは、モノラインの格下げ（トリプルA未満でという事例すらあった）をトリガーとして、担保の差入れが必要となる条項があったことである。たとえば、2007年11月にACAフィナンシャル・ギャランティー・コーポレーションが表明したのは、もしシングルA格を失えば担保差入れが必要となるが、そうなっても対応できないであろうということであった。格付会社はすぐには反応しなかったものの、いったんモノラインの格下げが始まると、財務状況の悪化は急激で、担保の差入れの必要性からデフォルトに陥った。図9.3では、モノライン会社であるMBIAとAMBACの極端に速い悪化を示している。

多くの銀行は、彼らが購入したプロテクション価値の大幅な上昇により、モノラインに対して多大なエクスポージャーを抱えていることに気づいた。たとえば、2008年6月の時点で、UBSはモノライン保険会社に対して64億ドルのリスクがあると見積もられ、同じくシティグループおよびメリルリンチはそれぞれ48億ドルと30億ドルであるとされた（*Financial Times*（2008））。

図9.3　モノライン保険会社であるAMBACとMBIAの株価（左軸）とS&P500株価指数（右軸）との比較

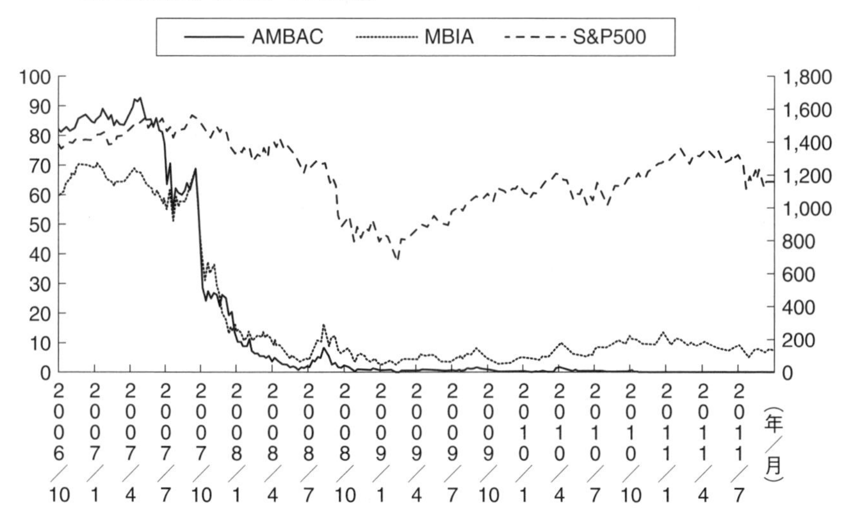

AIGの状況も多かれ少なかれ同じであり、格下げとAIGのポジションが急速に悪化したこととの相乗効果で、多額の担保差入れの必要性に迫られた。これは本質的にAIGに巨額の損失を具現化させるきっかけとなり、もし万一破綻した場合にはカウンターパーティに対して多額の損失を引き起こすものであった。これらのうち後者は現実には起こらなかったが、これは、米政府により約1,820億ドルもの額による救済が行われたためである。なぜAIGは救済され、モノライン保険会社は救済されなかったのかという疑問は、AIG[9]の規模および問題のタイミング（リーマン・ブラザーズの破綻およびファニー・メイやフレディ・マックの問題に近かった）のためとできるかもしれない。

CDPCはモノラインのように高レバレッジであり、概して担保を差し入れない。CDPCはグローバル金融危機を何とかうまく乗り切ったが、単にタイミングがよかっただけであった。多くのCDPCは2007年7月の金融危機の始まり頃にはまだ完全には稼働していなかった。そのためCDPCは（特にスーパーシニアの[10]）プロテクションを販売していたすべての当事者を苦しめたような、最初の損失の「波」は少なくとも避けられた。それにもかかわらず、CDPCのビジネスモデルがモノラインのそれに近いという事実は見過ごされることはなかった。たとえば、2008年10月には、フィッチは付与していた五つのCDPCの格付けを取り下げた[11]。

モノラインやCDPCのビジネスモデルには致命的な欠陥があったという強い主張がある。それらは中央機関のように振る舞い、多額のカウンターパーティリスクに保険を提供しながら、それゆえにある種のシステミックリスクの緩衝材と自らなったのである。しかし、システミックリスクの保険というのは誤った呼び名である。なぜなら、保険とは、一定のレベルのリスク分散を必要とするからである。モノラインおよびAIGの失敗から得た教訓

9　モノラインは各社あわせてAIGと同じ位のエクスポージャーをもっていたものの、幸い互いにそれほど結びついてはいなかった。

10　2007年後半、スーパーシニアのクレジットスプレッドの拡大は、相対的にみれば、クレジットスプレッド全般の拡大よりもずっと大きかった。

11　たとえば、“Fitch withdraws CDPC ratings”, Business Wire, 2008. を参照。

は、特にCCPが将来似た役割を果たすことを考慮すると重要である。CCPは運営の方法に多くの相違点があるものの、カウンターパーティリスクの緩和のための取引の結節点としてまさに同様のポジションをもっており、システミックリスクを一箇所に集中させる可能性がある。CCPは、すべての「大きすぎて潰せない」取引当事者のなかでも最大のものになるかもしれない。

9.3 中央清算機関

これまでの教訓として、SPV、DPC、モノライン保険会社、CDPCを検討した結果、主なカウンターパーティとして倒産隔離主体に依存するのは、カウンターパーティリスクの軽減のためには劣った方法であるように見受けられる。そうすると、中央清算機関が規制当局から近年多大な支援を受けてきたのが、奇妙にみえるかもしれない。だが、中央清算機関は明らかに特有の複雑性やリスクをもつとはいえ、運営手法には多くの相違点がある。

本章の以降の部分では、店頭デリバティブの清算業務を行う中央清算機関の運営について概説する。より詳細な内容についてはGregory (2014) にある。

9.3.1 清算集中義務

2007年以降のグローバル金融危機はカウンターパーティリスクに深刻な懸念を引き起こした。これは、リーマン・ブラザーズの破綻、モノライン保険会社の失敗、アイスランドの銀行の倒産などによって増幅されたものである。店頭デリバティブにおけるカウンターパーティリスク、特にクレジットデリバティブは、金融システムに対する主要なリスクとして認識された。また、オペレーション上や法律上の問題もあった。これらの問題は、担保管理やクローズアウト処理と関係しており、カウンターパーティリスクの軽減の結果直接的に発生するものである。中央清算機関は、上記の問題に対する一つの実行可能な解決策を提供する。それは、カウンターパーティリスクを保証し、中央の取引主体となって担保やデフォルトなどの管理を行うからである。

直接相対する店頭デリバティブ市場について、最も広く知られている問題の一つは、大規模なデフォルトが発生した際のクローズアウトの処理である。この処理には何年も要し、(たとえば図3.3のように) 広範な法的手続の対象になることがある。対照的に、中央清算機関ではこの処理プロセスを改善することができる。これは、クローズアウトのルールを確立し実効的にすること、継続性を確保すること、そして、それによってシステミックリスクを低減させることによるものである。リーマン破綻の混乱の後では、中央清算機関による店頭デリバティブのデフォルト管理は、相対市場より遥かに優れたものとみられた (たとえば、5.2.6節で議論したISDA クローズアウト・プロトコルの適用について参照されたい)。依然としてこの点では、相対市場は中央清算機関並みに整備されているとは言いがたい。

2010年、欧州 (店頭デリバティブ、中央清算機関、取引情報蓄積機関に関する欧州委員会の正式な法案を通じて) および米国 (ドッド=フランク・ウォール街改革・消費者保護法を通じて) が推し進めた案では、2012年末までにすべての標準的な店頭デリバティブは中央清算機関で清算が行われる旨をうたっていた。この理由の一つは、2008年9月のリーマン・ブラザーズの破綻後、金融市場がメルトダウン状態の時に、中央清算機関だけは多少なりともうまく機能したからである。事実上、ほかのすべての金融システムの構成要素が軋んだり壊れたりするなか、たとえばLCH クリアネット[12]やシカゴ・マーカンタイル取引所 (CME) は、リーマンの破綻に対し首尾よく対処したとみられた。結果として、政策立案者は、特にCDS のようなより危険性の高い商品に関して、カウンターパーティリスクに対する万能薬のようなものとして、中央清算機関に注目しているように見受けられた。

以下では、店頭デリバティブの清算業務に対する議論に着目することとし、上場デリバティブにおける、中央清算機関のより広い役割については言

12 ロンドン・クリアリング・ハウス (LCH) とクリアネットの合併により発足した。

及しない。

9.3.2 店頭取引での中央清算

清算（clearing）とは、取引実行後に発生するプロセスであり、その際に中央清算機関がカウンターパーティ同士の間に入り、支払を保証することができる。したがって、店頭取引における中央清算機関の主要な機能は、カウンターパーティ同士の間に直接的もしくは間接的に割って入り、すべての売り手に対して買い手となり、また買い手に対しては売り手となることで、それぞれの権利義務を引き継ぐことである。このことが意味するのは、取引のもともとの相手であるカウンターパーティに対しては直接のリスクはなくなり、あらゆる意味で、中央清算機関が新たなカウンターパーティとなるということである。中央清算機関は、本質的には、ネッティングや担保差入れ、損失の相互負担などのさまざまな方法を通じて、デフォルトによる損失を再分配している。当然ながら、この意図するところは、全体のプロセスを通じてカウンターパーティリスクやシステミックリスクを削減することである。

中央清算機関には多くの利点がある。その一つは、中央清算機関が、自らを通して行われたすべての取引のネッティングを可能とすることである。相対市場において、ある取引当事者がカウンターパーティAとのポジションをもち、同時にカウンターパーティBに対してそれと同じ反対のポジションをもつ場合には、カウンターパーティリスクが存在する。しかしながら、両方の契約が中央清算されていれば、ネッティングされたポジションにはリスクがなくなる。また、中央清算機関は、清算参加者の必要担保（証拠金）の管理を行っており、清算参加者のポートフォリオの価値変動にまつわるリスクを低減させている。以上のすべての点は、ほぼ間違いなく、相対市場における取引のコンプレッション（5.3節）や担保の増額（6.7節）といった仕組みを通じても達成できるものである。

しかしながら、中央清算機関は相対市場にみられる以上の機能もまた提供している。その一つが、損失の相互負担である。あるカウンターパーティの損失は、悪影響を及ぼしそうな少ない数のカウンターパーティが直接被るのではなく、すべての清算参加者に広く分配される。それに加えて中央清算機関は、デフォルトした参加者の契約上の債務を多数の参加者間でネッティングすることで、再構築の必要な全体のポジションを削減し、これをオークションにかけることで、秩序だったクローズアウトを促進することができる。このことで、価格への影響と市場のボラティリティを最小にできるだろう。中央清算機関はまた、財務的に行き詰った清算参加者からの、顧客ポジションの秩序だった移管を促進することもできる。

中央清算機関の一般的な役割は以下のとおりである。

- 清算参加者のために一定の基準やルールを策定すること
- デフォルトした清算参加者の全ポジションをクローズアウトする責任を負うこと
- 上記を容易にするため、清算参加者のデフォルト時の損失をカバーする財源を維持すること
  - ○市場変動によく追随する変動証拠金
  - ○変動証拠金を上回る清算やクローズアウト費用の最悪ケースをカバーする当初証拠金
  - ○深刻なデフォルトの際に相互に損失を負担するための清算基金

中央清算機関はまた、すべての財源（当初証拠金[13]や清算基金）が枯渇するような極端な状況に備えた計画も明文化している。

- 清算基金への追加拠出要請
- 変動証拠金のヘアカット[14]
- ポジションの選択的な強制解約[15]

銀行の一部や店頭デリバティブの最終利用者（例：年金基金）のほとんどは、清算参加者を通じて中央清算機関にアクセスすることになり、清算参加

13 デフォルトした者の当初証拠金だけが使われる場合もあることに注意。
14 より詳細についてはElliott（2013）、Gregory（2014）を参照。
15 脚注14を参照。

者自体にはならないことに留意することが重要である。これは、清算参加者となるための、参加資格、オペレーション上および流動性の要件によるものであろう。特に、定期的な「消防訓練（fire drills）」への参加と中央清算機関によるオークションへの入札の要件が、清算参加者になれない主な理由となっている。

中央清算機関の世界では、カウンターパーティの破綻は、それがリーマン・ブラザーズのように大きく市場で相互につながりあった金融機関であっても、おそらくさほど劇的とはならないだろう。これは中央清算機関が市場の真ん中で緩衝材となることで、「ドミノ効果」を吸収するからである。清算参加者のだれかがデフォルトした時には、中央清算機関はいかなる損失も被ることなく、そのカウンターパーティとのすべての金融上の関係をすみやかに終了させようとするだろう。デフォルトしていない参加者からみれば、中央清算機関は自分たちの取引の履行を保証しているということになる。これは通常、それぞれの取引（一般的にはサブ・ポートフォリオ単位で行われる）について、デフォルトしたカウンターパーティが他の清算参加者と置き換わることで可能となる。これは通常は、デフォルトした参加者のポジションを、中央清算機関が他の参加者にオークションにかけることで実現する。こうして、生き残った清算参加者の取引の継続性が保たれるのである。

9.3.3　中央清算機関の全体像

中央清算機関とは、一連のルールと運用上の取決めに相当し、相対市場におけるカウンターパーティリスクを分配し、管理し、削減するように設計されている。図9.4に示すように、中央清算機関は買い手と売り手の間に割って入ることにより、金融市場の構造図を変化させる。この文脈においては、Dとした六つの取引当事者が大きなグローバルバンク（ディーラー）を表すと考えると理解しやすい。この単純化した見方からわかる中央清算機関の利点が明らかに二つある。第一に、中央清算機関は金融市場における**相互連関**（interconnectedness）を削減することができるということであり、これにより清算参加者の支払不能の影響を低下させることができよう。第二に、中央

図 9.4　相対市場（左）と中央清算される市場（右）の比較

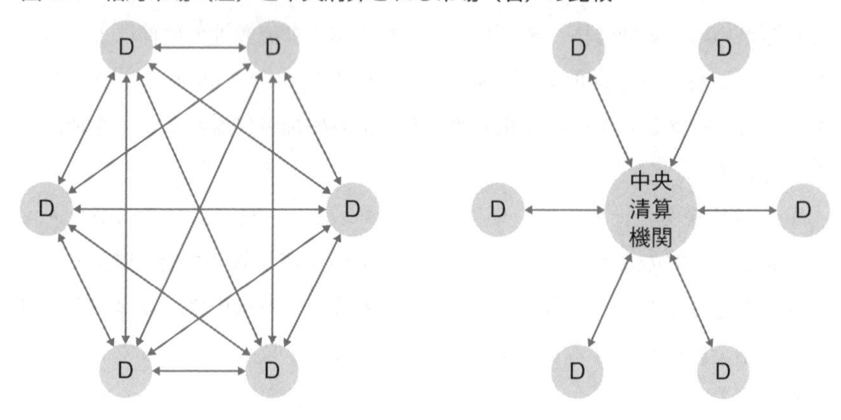

清算機関が取引の中心部に位置することで、清算参加者のポジションの**透明性**を高めることができる。ここで明らかな問題点は、「ハブ・アンド・スポーク」システムの中心となるため、結果として中央清算機関自身が破綻したならば、壊滅的な事象になりかねないことである。

上記の分析は、明らかに幾分単純化しすぎであり、全般的な論点は正しいものの、中央清算機関の真の全体像は遥かにもっと複雑である。これは、上記では次の側面を捨象していることによる。

● **クライアント・クリアリング**

中央清算機関の清算参加者になれない者は、参加者を通じて清算する必要があるだろう。これは、担保の移転やデフォルトの場合の対応などのオペレーション上の観点で、追加的な複雑性をもたらす。

● **相対取引**

すべての店頭デリバティブがクリアリングに適しているというわけではなく、一定程度は相対取引として必ず残ることとなるだろう。

● **複数の中央清算機関**

当然ながら世界にはさまざまな中央清算機関が数多くあり、それらは共通の清算会員を通じて暗黙のうちに相互連関している可能性がある。

9.3.4　中央清算機関のリスク管理

中央清算機関が巨大な金融市場の中心に位置することから、中央清算機関が有効なリスク統制や十分な財源を有していることは不可欠である。この最もわかりやすく重要な対策は担保によるものであり、中央清算機関がクリアリングの対象とする取引の市場リスクをカバーするのに必要となる。上述したように、中央清算機関は変動証拠金と当初証拠金を要求する。変動証拠金は、清算参加者のポジションにおけるネットの市場価値の変動をカバーする。当初証拠金は追加的な金額であり、清算参加者のデフォルト時に、中央清算機関にとっての最大のクローズアウトのコストをカバーすべく用意されるものである。

清算参加者のだれかがデフォルトしたときには、中央清算機関はいかなる損失も被ることなく、すべての金融上の関係をすみやかに終了させようとするだろう。これは通常、それぞれの取引について、デフォルトしたカウンターパーティが他の清算参加者と置き換わることによって可能となる。これは通常は、デフォルトした参加者のポジションを、中央清算機関がサブ・ポートフォリオ単位（例：特定の通貨の金利スワップ）で他の清算参加者に対してオークション（他の方法も可能だが）にかけることで実現する。清算参加者はオークションに参加する強いインセンティブを有するだろう。これは、望ましくない結果、たとえば清算基金やその他の仕組みによる損失などにさらされることなしに、参加者全員で望ましい処理を達成するためである。このことが意味するのは、実質的に取引の解消やノベーションを行うのに、取引当事者が事前準備なしに相対市場で行うよりも、中央清算機関が行ったほうが、遥かに有利な価格でできるだろうということである。しかしながら、もし中央清算機関のオークションが不調となった場合には、より大胆なほかの損失配分の方法へと移行することとなるので、結果は深刻なものとなる可能性がある。

清算参加者のデフォルトとそれに伴うオークションで発生した損失は、まずは中央清算機関が保有する担保で吸収される。中央清算機関の担保の要求水準は、直接相対するデリバティブ市場よりも一般的にずっと厳しい。特に、変動証拠金は日次、場合によっては日中ベースで差し入れる必要があり、通常は取引通貨の現金である必要がある。当初証拠金の要求水準も保守的であり、市場動向によって左右され、現金か流動性の高い資産（例：国債）で提供する必要がある。当初証拠金の要求と担保の流動性の向上は、どちらも過去相対市場にはなかったものであるが、これら二つが組み合わさることで、担保要件を通じて中央清算のコストが高くなってしまう可能性がある。しかし、今後の規制要件（6.7節）により、直接相対する市場でも、将来的には同様に担保コストが高くなるだろう。

当初証拠金と清算基金への拠出が不十分なことがわかった場合やオークションが不調となった場合のために、中央清算機関はその損失をカバーするための別の財源を有している。一般的に「損失ウォーターフォール」は、財源が利用されることとなるさまざまな方法を定義している。それは中央清算機関によってさまざまではあるが、典型的には図9.5のように表される。

清算参加者にとって財源を拠出する理想的なやり方は、「デフォルター・ペイ」方式である。これは、すべての清算参加者が、将来における自らの潜在的なデフォルトに必要となる資金のすべてを拠出することを意味している。ただし、この方法は現実的ではない。なぜなら、各清算参加者に非常に多額の金銭拠出を強いるため、コストがかかりすぎるからである。このため、ある清算参加者から金銭拠出の目的は、その本人のデフォルトシナリオにおいて高い信頼水準での損失額をカバーすることとなる。デフォルトした参加者の当初証拠金や清算基金への拠出を使い果たすような極端なシナリオ下では、それ以上の損失は、まだ問題なく機能しているであろう中央清算機関の拠出分から（「身銭を切って（skin in the game）」）カバーされるだろう。以上のような要素が十分である限り、「デフォルター・ペイ」方式は実施されると考えられる。

中央清算機関における店頭デリバティブの当初証拠金の算出にあたっては、典型的にはヒストリカルシミュレーション法が採用される。これによれば、まずある一定の期間（通常は数年間）における、対象ポートフォリオ全

図9.5　清算参加者のデフォルトを吸収する方法を規定する、典型的な損失ウォーターフォール

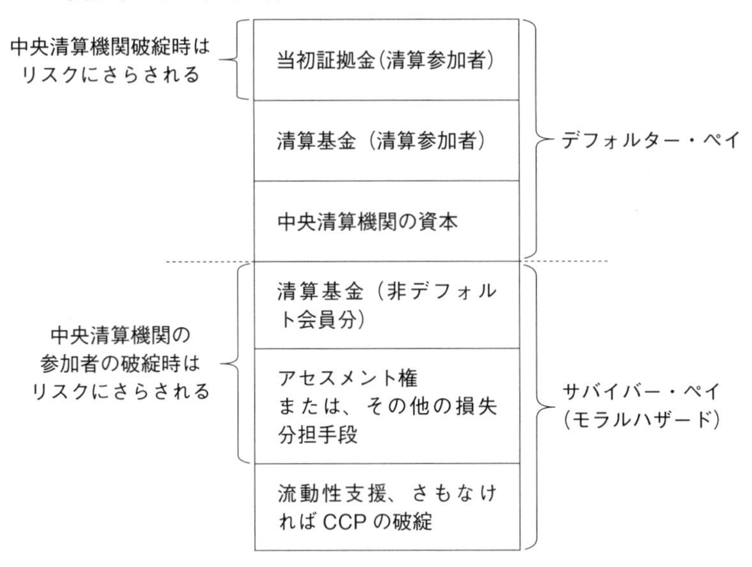

体のリスクファクターの推移を含むヒストリカルデータを取得する。次に、過去と同じリスクファクターの推移を仮定したならば、現在のポートフォリオがとったであろう挙動を長期にわたって再現する。たとえば、もし4年分のデータを使用するのであれば、そのポートフォリオにつき約1,000の異なる日次変化のシナリオが計算できよう。中央清算機関は一般的に、バリューアットリスク（VaR）か期待ショートフォール（ES）（3.3.1節）を採用し、少なくとも99%信頼水準を用いて、上記のシナリオに対する最悪ケースの損失の基準値としている。これには、当初証拠金が、デフォルトシナリオ下の損失を非常に高い確率でまかなえるようにするという明確な意図がある。直接相対する市場における当初証拠金のアプローチもまた、大体似たようなものとなるだろう。それは、SIMM（6.7.7節）について、中央清算機関による店頭デリバティブの当初証拠金計算手法の簡易版としてみなせることからもわかる。

中央清算機関が、現金担保（決済の遅延がない）のみを、日次で、場合に

よっては日中に要求することにより、マージンリスク期間を短縮していることも言及に値するだろう。また、中央清算機関はすべての計算について完全な権限を有している（紛争は禁じられている）。これによって、清算参加者が担保差入れのオペレーション上の要件を遵守し、必要とあらば顧客の代理として担保差入れを保証することが確実となる。また、直接相対する市場よりも素早くポジションをクローズアウトすることが可能である。なぜなら、外部のいかなる干渉も受けることなく清算参加者のデフォルトを宣言し、迅速かつ有効なデフォルト処理手続の発動に動けるからである。こうした理由から、概して中央清算機関では当初証拠金の計算に5日間という前提が用いられる[16]。これに対し、8.6.3節で議論したように、直接相対する取引に対しては、バーゼルⅢで最低10日間とされている。

中央清算のもう一つの基本原則は、損失の相互負担である。これは、デフォルトした参加者によって拠出された財源を上回る損失は、清算参加者間で分け合って負担されるというものである。一般的に、すべての清算参加者は中央清算機関の「清算基金」へ拠出しており、これが使われるのは、通常は、デフォルト参加者の拠出分を損失負担に用いた後である。清算基金への拠出額の参加者ごとの大きさは、概して当初証拠金の負担割合に左右されると考えられるが、これはさほど頻繁に変動するものではない。すべての清算参加者が清算基金に払込みを行うことから、極端な金額のデフォルト損失の吸収のために全参加者が資金を拠出していることになる。当然、中央清算機関の清算基金の大部分が消し飛ぶような損失は、きわめて例外的であることが求められる。しかしながら、もし損失が起きたならば、残りの清算参加者は中央清算機関を支えるため、清算基金への追加的な拠出を引き受けなければならない（「割当負担金（rights of assessment）」）。この拠出は無制限ということではなく、大抵はモラルハザードを軽減する手段として（しばしば清算参加者の当初拠出額に従って）上限がある。中央清算機関は、損失処理時のオークションのほかに、取引の選択的な強制解約や変動証拠金のヘアカッ

16　この期間は一般的に店頭取引の中央清算機関に適用される。上場デリバティブについては、前提となる流動性の高さから、1日もしくは2日の前提がより一般的である。

ト[17]といったような別の手段ももっている場合がある。清算基金で損失を吸収するのと比較して、こうした手段は、損失の負担をより不公平なものにするかもしれない。損失割当の手段の選択は、公平でかつすべての清算参加者に正しいインセンティブを与えるものであることが望まれる。

いくつかの損失割当方法は、理論上無限責任である。すなわち、中央清算機関は決して破綻することはなく、むしろいかに大きな損失であっても、これを清算参加者に課すことで自らの存続を可能とするだろう。当然ながら、こうした割当方法（例：強制解約や強制割当[18]）は実に厳しいものであり、残った清算参加者が破綻する原因にさえなりうる。

損失割当の方法に限界があるのであれば、中央清算機関は（中央銀行からの救済によるなどの）外部からの流動性支援を受けない限り、破綻することも可能性としては考えられる。なお、損失のウォーターフォールの最後まで達するには、多数の金銭的支援の階層が完全に毀損しなければならない。このため、比較可能な精度で計るのは不可能であるものの、きわめて低い確率の事象でなければならない。また重要なのは、中央清算機関は実際に破綻に瀕していなくても、清算参加者に対し清算基金を通じて損失を押しつけることができる、ということである。このため、清算参加者は中央清算機関の「ミニデフォルト」に苦しむ可能性[19]がある。なお、ある清算参加者が起こしたデフォルトで被る損失は、その清算参加者との取引に直接関係したものではない。実際には、デフォルトした参加者のカウンターパーティではなくても、また、中央清算機関にネットのポジションをもっていなくても、その参加者のデフォルトにより損失を被りうるのである。

9.3.5　相対取引と中央清算の比較

表9.1は直接相対する取引と中央清算される取引の店頭市場での比較であ

17　脚注14を参照。

18　脚注14を参照。

19　最近の例としては、“Banks launch clearing review after Korean broker default”, *Financial Times*, 7 th March 2014. を参照。

る。中央清算が可能なのは、標準化され、エキゾチックではなく、流動性のある商品に限られている。中央清算機関は清算参加者に対して厳しい担保要件を課している（ただ、この点では、相対市場の規制も厳しくなりつつある）。中央清算機関の資本賦課は相対的に穏やかであり、取引の水準（例：当初証拠金）と清算基金のエクスポージャーに連動する。相対市場では、参加者はデフォルトリスクと、前章で議論したCVA資本賦課とにさらされている。

表9.1　相対取引と中央清算される取引の店頭デリバティブ市場での比較

	相対取引	中央清算
カウンターパーティ	独自	中央清算機関
商品	すべて	標準的、単純さ（プレーンバニラ）、流動性などが必要
参加者	すべて	清算会員は通常規模の大きい銀行であり、その他担保を拠出する取引当事者は清算参加者を通じて清算することができる
担保	相対で取引に応じて合意される。カウンターパーティの信用度に依存し、調整可能。新しい規制が2016年9月に導入される（6.7節）	中央清算機関によって要請される当初証拠金を含む、完全な担保保全
資本賦課	デフォルトリスクおよびCVA規制資本	取引水準や清算基金に関するもの（下記参照）
損失バッファー	規制資本と（差し入れられている場合は）担保	当初証拠金、清算基金および中央清算機関自身の資本
クローズアウト	相対	デフォルト管理のプロセスが整備（例：オークション）
コスト	カウンターパーティリスク、ファンディングコストおよび資本コスト	ファンディングコスト（当初証拠金）および（相対的に低い）資本コスト

上で述べたとおり、中央清算の機能の一つは、デフォルトが起きた際の統一化されたオークションの実施であり、相対取引でこれに相当するものが任意に行われることと比較すれば、これは重要である。相対市場では、コストはカウンターパーティリスクやファンディングコスト、資本コストから発生する一方、中央清算機関の市場では、そのコストは主に（当初証拠金およびその他金銭拠出の）ファンディングコストであり、これらに関連する資本賦課はより小さい（9.3.7節参照）。

9.3.6　中央清算機関の長所と短所

明白な長所があるにもかかわらず、店頭デリバティブの清算集中義務には批判がないわけではない。中央清算機関は過去に破綻したことがある（例：Hills *et al*.（1999）を参照）。事実、以前の金融危機、すなわち1987年の株式市場の暴落時に、中央清算機関が困難に直面したため、金融システム全体への深刻な脅威となった。

中央清算機関には多くの利点があり、より高い透明性とより安全な市場を実現する可能性がある。そのような市場では、契約の代替可能性がより高くなり流動性が向上する。以下が、中央清算機関の長所の要点である。

●透明性

中央清算機関は、特定の市場において清算参加者が行う取引の大部分を取り扱うため、相対市場ではわからなかったであろう取引の集中を把握することができる。もしある清算参加者が際立って極端なエクスポージャーをもったなら、中央清算機関はこれに対処し取引を制限する立場となる。この特長により、もし相対市場であったなら金融機関がもつエクスポージャーに関する情報不足によって起こる可能性のあるパニックを、消失させるかもしれない。

●相　殺

上述のように、異なるカウンターパーティ間で取引された契約であっても、中央清算機関を通じて取引されれば、相殺が可能となる。このことにより、新しい取引に取り組んだり、既存の取引を終了させたりする柔軟性が高まり、コストが削減される。

●損失の相互負担

デフォルトによりその会員からの拠出金を上回るような損失が発生するような場合であっても、その損失は中央清算機関を通じて清算参加者に配分され、清算参加者一人分の影響を軽減する。このため、あるカウンターパーティの損失は部分的に市場に拡散され、その影響はさほど劇的なものとはならず、システミックな問題が発生する蓋然性を弱めている。

●法的取扱いおよびオペレーション上の効率性

中央清算機関によって遂行される、担保、ネッティング、決済機能はオペレーション上の効率を上げ、コストを削減する。また、ルールや仕組みを統一的に提供することで、法的リスクの削減につながる可能性がある。

●流動性

中央清算機関により、市場参加者の取引が容易となり、マルチラテラル・ネッティングの便益が享受されることで、市場流動性が改善されるかもしれない。市場への参入障壁は低くなるだろう。また、日次の担保請求により、商品の価値評価の透明性が高まるだろう。

●デフォルト管理

よく管理された統一的なオークションによれば、清算参加者のデフォルト後の混乱期にバラバラにポジションの再構築を行うよりも、小さな値崩れですむ結果となるだろう。

中央清算機関は本来的に会員組織であるため、参加者からの拠出金をある程度プールすることになる。つまり、ある清算参加者のデフォルトによる損失のうちのある程度は、残った参加者の間で分担される可能性があるということであり、そしてこのことが、いくつかの潜在的な問題の主因として横たわっている。以下が、中央清算機関の短所の要点である。

●モラルハザード

これは保険業界でよく知られている問題で、（すべてのリスクが中央清算機関にわたってしまうため）清算参加者が優れたカウンターパーティリスク管理を行うインセンティブを損なう効果のことである。第三者がリスクのほとんどを取ってくれるため、参加者には、お互いの信用力をモニタリングし、適切に対処しようとするインセンティブがほとんどない。

●逆選択

中央清算機関はまた、逆選択に対して脆弱である。逆選択は店頭デリバティブ取引を行う清算参加者が、そのリスクについて中央清算機関よりもよく知っている場合に起こる。このような状況において、清算参加者は、リスクを過小評価している中央清算機関に対して、よりリスクの高い商品を選択的に渡すかもしれない。いうまでもなく、店頭デリバティブに精通した大手銀行は、中央清算機関よりも価格評価やリスクについて優れた情報や知識をもっているだろう。この点に関して伝え聞くところでは、中央清算機関が固定金利を払い、参加者が受ける金利スワップの場合、中央清算機関によっては安いところがある、と気づいた市場参加者がすでに現れている。

●ポジションの分離（bifurcation）

標準的な商品に対して清算義務があることによって、清算される取引とされない取引の間に望ましくない分離状態が生じるかもしれない。このため、顧客のキャッシュフローに高いボラティリティが生じてしまう可能性や、一見ヘッジされているポジションのミスマッチが起こってしまう可能性がある。

●プロシクリカリティ

プロシクリカリティとは、経済状態に対して正の依存関係があるということである。中央清算機関が生み出す可能性のあるプロシクリカリティ効果としては、たとえば、ボラティリティが高い市場や危機的な状況のときに、担保要件（またはヘアカット）を引き上げることによるものがある。また、（直接相対する店頭市場では担保実務がより多様で柔軟であるのに比較して）中央清算機関がより頻繁により高い流動性の担保を要求すれば、これもプロシクリカリティを悪化させる恐れがある。

前世紀かそれ以前には、清算対象は取引所で取引される上場デリバティブに限られていた。相対の店頭市場は非常に成功し、その成長はこの20年間以上にわたって上場商品よりも大きかった。店頭デリバティブを清算するうえでの問題点は、それが上場デリバティブと比べて流動性が低く、期間が長く、複雑であるということである。

9.3.7 中央清算機関の資本賦課

中央清算機関に対するエクスポージャーは、前章で議論した、相対取引に係る資本賦課の対象ではない[20]。しかし、中央清算機関を対象とした資本賦課もあり、これは、中央清算機関はリスクフリーではなく、また実際に破綻しなくとも清算基金への拠出から損失が生じうるという事実を反映したものである。その詳細は、BCBS（2014c）にある。

適格中央清算機関（Qualified CCP、QCCP[21]）を対象とした資本要件は、次の二つの形態に分類できる。

●トレード・エクスポージャー

このエクスポージャーは、現在の時価のエクスポージャーや変動証拠金に加え、将来の潜在的エクスポージャー（PFE）や中央清算機関に差し入れた当初証拠金からも生じる。こうしたエクスポージャーは（他の清算参加者の破綻ではなく）中央清算機関の破綻の場合にだけリスクにさらされる。この部分の資本の準備額として、２％という相対的に小さいリスクウェイトが用いられる。他と比較すると、8.1.2節で議論した内部格付手法で、最も低いリスクウェイトは約34％である[22]。そのため、トレード・エクスポージャーが（中央清算機関が要求する当初証拠金が相当額であるため）非常に大きくなり

---

20 これは、中央清算機関に対する直接的なエクスポージャーについては正しい。清算参加者を通じて間接的に清算される取引に関しては、その取扱いは仕組み次第である。詳細についてはGregory（2014）参照。

21 QCCPは国際的な原則にのっとっており、各地域で提供される清算業務に関連して、中央清算機関として運営する許可を得ている（適用免除によるものを含む）。

22 リスクウェイトは、8.1式の右側三つの項の積となり、資本賦課から変換するためにこれに12.5を掛ける。この数字の導出においては、0.03％という規制デフォルト確率の下限と40％のデフォルト時損失率、そして５年の満期を用いている。

うる一方で、資本賦課は相対的に小さくなる。

●清算基金エクスポージャー

これは中央清算機関の清算基金への拠出によるエクスポージャーである。この部分は、中央清算機関が破綻しなくてもリスクにさらされる。このエクスポージャーの計量化は困難である。というのも、清算参加者は、拠出した清算基金をいくらか、もしくは全部失う可能性があるからである。これは、たとえ中央清算機関自身が破綻しなくても、清算会員のデフォルトや、オペレーション上や投資上の損失といったその他の事象が起こることによる。加えて、他の清算会員のデフォルトから比較的大きな損失が生じると、清算基金への追加拠出（割当負担金）が必要になる場合もある。それぞれの中央清算機関が清算基金の制度を設定しているという事実そのものが、各中央清算機関に固有のリスクがあるということを暗に意味しており、問題をよりいっそう複雑にしている。最後に、上記以外の損失分担方法が適用される可能性もあり、清算参加者の顧客までが損失を被ることになるかもしれず、またさらに複雑になっている。規制上の計算式は、基準値として一対一に対応した資本賦課を想定しており、清算基金への拠出は当初証拠金の必要額と比べて比較的小さいが、それでもかなり懲罰的である。しかし、2017年から適用される規制では、対象の中央清算機関がSA-CCR（8.4節）対比で十分な資本を有しているとみなせる限りは、負担は軽くなりそうである。より詳細についてはGregory（2014）にある。

9.3.8 xVAに対する中央清算の意義

店頭デリバティブの中央清算は、中央清算機関のリスクマネジメントの実務、特に彼らが要求する担保の観点から、カウンターパーティリスクを減少させることを厳格な目的としている。このことが示唆するのは、中央清算機関を通じて清算すれば、CVAとそれに伴う資本賦課（KVA）はもはや問題ではなくなるだろうということである。中央清算される店頭デリバティブの額の増加をふまえると（図9.6）、CVA（やxVA）は清算集中義務にかんがみあまり問題ではなくなっていくということになろう。

図 9.6　相対および中央清算される店頭デリバティブ

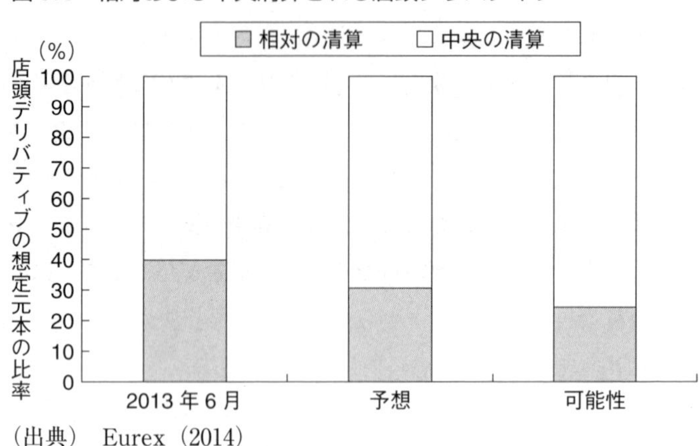

（出典）Eurex（2014）

しかしながら、上記のような見込みには二つの問題がある。第一に重要なのは、カウンターパーティリスク、ファンディング、資本の問題（CVA、FVA、KVA）は、その大多数が非金融のエンドユーザーとの無担保の店頭デリバティブから生じる、ということを理解することである（たとえば3.1節を参照）。こうしたエンドユーザーは清算集中義務を免除されることになるため、自主的にそうしない限り中央清算へ移行しないだろう。こうしたエンドユーザーのほとんどは担保の差入れが困難なことを理解しており、自主的な清算をする見込みが薄い。ゆえに xVA の観点から最重要の、無担保の相対取引は残るだろう。

第二に重要なのは、中央清算や、今後導入される店頭デリバティブ証拠金規制（6.7節）は、CVA のような要素を減少させるかもしれないが、しかし、他の要素も増加させるだろうという点である（最も顕著なのは第16章で議論するような FVA や MVA である。これらはそれぞれ変動証拠金と当初証拠金のファンディングから生じる）。それゆえ、さまざまな効果のバランスを理解するために、xVA を全体的に考えることがむしろいっそう重要になるだろう。

9.4 まとめ

本章では、リスク仲介を通じたカウンターパーティリスクのさまざまな軽減策について、その歴史的な発展を紹介した。SPV や DPC、モノライン保険会社といった取引主体について、主に歴史的観点から議論してきた。この目的は、そのオペレーションや生み出した金融リスクの観点から潜在的な問題を理解するためである。また、店頭デリバティブ市場における中央清算機関についてもより詳細に説明を行った。清算集中義務により、店頭取引の中央清算は今後重要性が増していき、それゆえ、これが xVA 評価の重要な一部となるだろう。中央清算機関は xVA の姿を変化させる。それはすなわち、CVA、FVA、KVA といった部分が減少し、一方で MVA は増加し、KVA は性質を変える。だからこそ、xVA のあらゆる側面を全体像として検討することが非常に重要なのである。

クレジットエクスポージャーの定量化

いまの時代の問題は、未来がこれまでとは違うということだ。

Paul Valery (1871～1945)

10.1 序　論

本章では、エクスポージャーの定量化に用いられるさまざまな手法の概要を紹介する。最も普及しており一般的なアプローチであるモンテカルロシミュレーションに主に注目する。さまざまなアセットクラスのリスクファクターとその共依存性のモデル化手法に加え、数値計算上の議論も含んだエクスポージャーの定量化手法について説明することにする。また、多くの概念を紹介するため事例を多数示すことにする。特にモデル選択やパラメーター推定、そしてネッティングの効果などの影響をみていく（担保は次章で議論する）。

エクスポージャーの定量化の問題の根幹をなすのは、次の二つの効果の間のバランスである。

- より未来をみようとすると、われわれは市場の変数について次第によくわからなくなってくる。つまり、時間の経過とともにリスクが増大する。
- 多くの店頭デリバティブには全期間にわたって支払われるキャッシュフローがある。そして対象のポートフォリオは時間に伴い「アモチ」して、それに従いリスクは減少する傾向がある。

また、実際のエクスポージャーの計算は必然的に、洗練度とリソースの問題のバランスも伴っている。

10.2 クレジットエクスポージャーの定量化

10.2.1 パラメトリックな手法

この手法はモデルをもとにしたものではなく、かわりにいくつかの単純なパラメーターをもとにしてエクスポージャーを定式化することを目的としており、ともするとより複雑な手法に見合うように調整されたものである。この長所は簡便であることだが、特にリスク感応度が高いわけでもなく、しばしば複雑な特性を表しきれなかったりする。

このような手法で最も単純なのは、カウンターパーティリスクの資本計算に用いられるカレントエクスポージャー方式（CEM）であり、8.2節で議論した。規制資本のための新しいSA-CCRのアプローチ（8.4節）はより洗練されているものの、やや複雑さを増している。これらの手法は、現在の正のエクスポージャーに将来のPFEの不確実性を反映させた「アドオン」部分を加算することで将来エクスポージャーを推計する。「アドオン」部分は取引レベルにおいて以下を考慮したものでなければならない。

- 計算対象のタイムホライズン
- 対応するアセットクラスのボラティリティ

たとえば、タイムホライズンが長くなるほど大きなアドオンが必要となり、為替やコモディティのようにボラティリティの高いアセットクラスにはより大きいアドオンが求められるべきである。アドオン手法は導入が速く簡単ではあるが、下記のような微妙な効果の取扱いについては、限界があるかもしくは不可能である。

- 対象取引の詳細条件（通貨、キャッシュフローの特性）
- 取引の時価がゼロから大きくかけ離れている場合（正の値の時は、この時価を追加する以外の場合）
- ネッティング
- 担保

かなり粗いルールでないと、こうした効果を織り込むことはむずかしい（たとえばカレントエクスポージャー方式は、現在のネッティングの便益の60%を将来エクスポージャーに適用することを認めている）。より洗練されたアドオン手法も開発され（例：Rowe（1995）やRowe and Mulholland（1999））、すでに議論したSA-CCRアプローチ（8.5節の比較結果を参照）もその一つであるが、特に複雑な商品の場合は、単純なパラメトリックな手法によってエクスポージャーを正確に表すのはきわめて困難である。

10.2.2 準解析的手法

準解析的手法はモデルに基づいているため、一般的に単純なパラメトリックな手法より洗練されている。この手法の長所は時間のかかるモンテカルロシュミレーションを避けられることである。準解析的手法は一般に以下に基づくものになる。

- エクスポージャーを左右するリスクファクターに関して、いくつかの単純な仮定を置く。
- 上記のリスクファクターによって定義されたエクスポージャーの分布を特定する。
- そのエクスポージャーの分布のリスク量の準解析的な近似値を計算する。

第7章において、非常に単純で一般的な準解析的手法の表現のいくつかを説明し、その式は付録に収めてある。ある商品特有の有名な準解析式がSorensen and Bollier (1994) にある。彼らは、金利スワップのエクスポージャーを複数の金利スワップションで表現できることを示した[1]。直観的には、カウンターパーティは将来のあらゆる時点でデフォルトする可能性があるので、(相手のデフォルト時に) スワップの未回収の価値を事実上手放すということは、経済的には反対側[2]のスワップションが権利行使されることと等価だというものである。

スワップのエクスポージャーとスワップションのアナロジーは図10.1に示しており、数学的な詳細は付録10A にある。スワップの期待エクスポージャー (EE) は、スワップションのペイオフと原資産であるスワップのデュ

1　なお、これらの準解析式は、一般的にスワップションの取引価格などをもとにしたリスク中立エクスポージャーの計算と関係している。このような手法は (PFE で普通に行われるように) 実確率での計算にも使えるが、それほど簡単ではない。
2　カウンターパーティからみた場合。

図10.1　スワップションの価値で計算されたスワップのEE

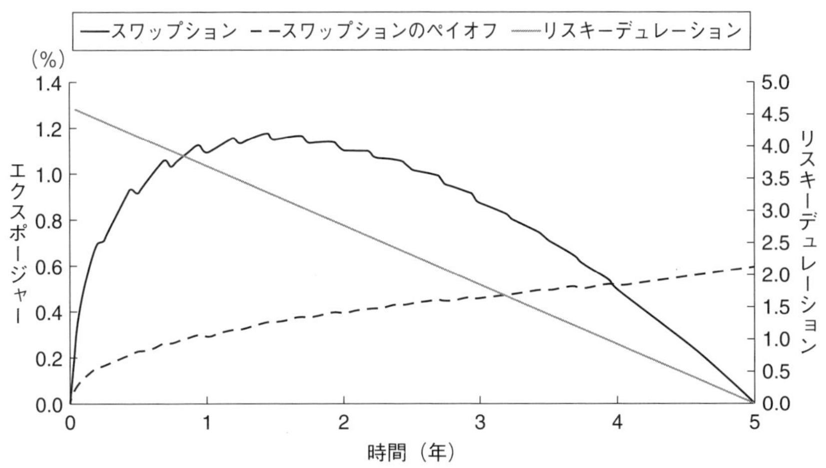

＊スワップションのペイオフとリスキーデュレーション（Y第2軸）の積で与えられる

レーションの二つの要素の相互作用で決定されよう（これらは7.3.3節の7.4式で示した単純な手法における二つの構成要素である）。これらの値は時間に対して単調増加・単調減少する。ゆえにスワップションの価値全体は中間地点で最大となる。

スプレッドシート10.1　スワップのエクスポージャーの準解析的計算

この手法では、固定払いと固定受けの金利スワップの間の非対称性（図10.2）や、ベーシススワップのような支払頻度の不一致（図10.3）を自然にとらえられる。前者の場合、対応するスワップションは、固定払いの金利スワップではインザマネーとなり、固定受けではアウトオブザマネーとなる。後者の場合、金融機関が四半期ごとのキャッシュフローを受け取る一方で半期の支払は（まだ）ないときに、スワップションの行使レートが大きくアウトオブザマネー方向に動く。

Sorensen-Bollierの式はエクスポージャーの定量化に有益な洞察を与えてくれる。具体的には、エクスポージャーの計算はもとのデリバティブ商品の

図10.2　スワップションの価値で計算した、固定払いと固定受けの金利スワップのEE

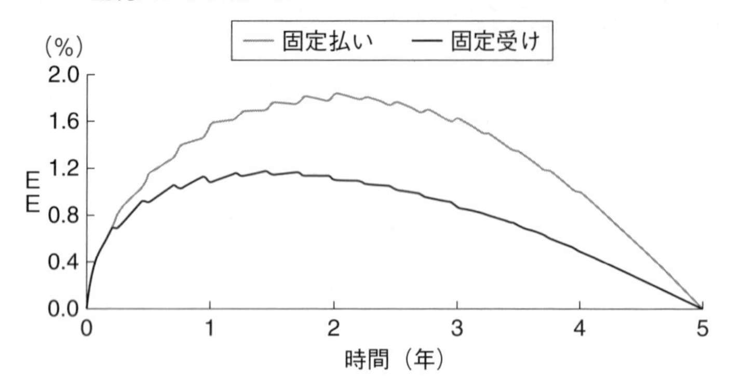

図10.3　スワップションの価値で計算した、利払い頻度が不一致な（半期払い、四半期受け）スワップのEE

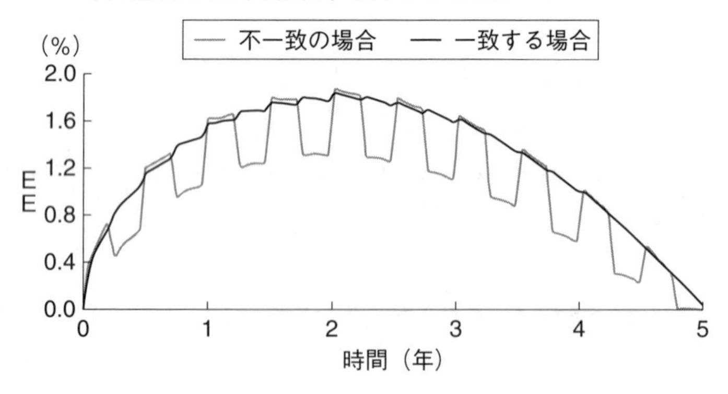

プライシングよりも複雑になるという点である。スワップのエクスポージャーの定量化にあたっては、スワップションの（期間やストライクごとの）ボラティリティをはじめ、スワップそのもののプライシングに必要な情報よりもずっと多くのものが必要である。スワップの価値はボラティリティの影響をそれほど受けないが、スワップのEEは大きく影響を受ける。

経路依存の取引でないものはいずれも複数のヨーロピアン・オプションの組合せとして表せるため、上記のアナロジーは他の商品へ拡張できる。準解析的手法は明らかに単一取引のエクスポージャーの評価手法としては選択肢となるものの、通貨スワップのような一部の取引に対しては依然として問題があろう。ある条件のもとでは、準解析近似は単一の取引のレベルを超えて拡張できる。たとえば、Brigo and Masetti（2005b）で議論されているような、単一通貨の金利スワップのポートフォリオがある。これが可能であれば有益である場合は多いだろう。エンドユーザーとしてのカウンターパーティのなかにはかなり狭い範囲のデリバティブ商品しか取引していないところがあり、そのエクスポージャーは準解析的にモデル化できると考えられるからである。しかしながら、多次元の市場変数を含むネッティングセットであれば、通常もっと包括的な方法で取り扱う必要がある。

こうした準解析手法の明らかな欠点としては以下がある。

- 準解析的な計算は、リスクファクターに対する単純化の仮定に依存している。したがって、概して複雑な分布を前提として取り入れることができない。
- 経路依存性（権利行使や解約）をとらえるのが困難となる。担保も経路依存でありむずかしくなる。ただし、有担保のエクスポージャーの計算は定式化が比較的簡単だろう（これは次章で議論する）。
- こうした計算は、通常ネッティングの効果を無視する（Brigo and Masetti（2005b）は一つの例外である）。ネッティングの効果を最も一般化したやり方で織り込むのはむずかしい。ただし、多くのネッティングセットは（特に無担保のカウンターパーティについては）、店頭デリバティブのエンドユーザーの特定のニーズでできたものであり、実際には非常に単純であろう。
- このような手法は将来にわたって頑健とはいえないかもしれない。特に、新しい商品や、市場慣行の変化（例：当初証拠金の普及）を考慮する必要がある場合には、これをとらえるのはむずかしいかもしれない。

ネッティングセットが単純な場合や有担保の場合は、モンテカルロ法よりもずっと速い解析的計算ができる可能性がある一方で、運用面から困難を生じさせることもあるだろう。単一通貨のスワップを取引しているカウンターパーティが為替フォワード取引をしようとするならば、これまで用いてきた解析的な近似ではもはや対応できないネッティングセットとなるかもしれない。プレーンバニラのプライシングは簡単であるが、より仕組みの複雑な取引では問題が起きるかもしれない。したがって、モンテカルロ法は時折必要以上に複雑となることもあるものの、その適用範囲の広さは大きな優位性である。

10.2.3 モンテカルロシミュレーション

モンテカルロシミュレーションは、エクスポージャーを評価するのに最も複雑で時間のかかる手法である一方で、適用範囲が広く、単純な手法ではとらえることができなかったりむずかしかったりするような複雑性（取引条件、経路依存性、ネッティングおよび担保など）の多くに対処できる。また、多次元のネッティングセットを比較的多数のリスクファクターとそれらの間の相関を用いながら現実的に取り扱うことができる、唯一の手法である。

このような汎用的な手法を用いれば、市場慣行や規制が変わる際も柔軟性を保つことができる。たとえば、これまでは当初証拠金は珍しかったが、清算集中義務（9.3節）や非清算店頭デリバティブ証拠金規制（6.7節）に伴って重要性が増してきている。単純な手法では当初証拠金の考慮は容易にはできないと思われ、近似が必要だろう。一方モンテカルロ法ではより直接的にできるだろう（ただし、11.4.2節で議論するように、特にダイナミックな当初証拠金はむずかしいだろう）。

このため、アドオンや解析的手法は依然として一部存在はするものの、エクスポージャーのモンテカルロシミュレーションが最先端だとしばらく考えられてきた。銀行では、一部で解析的な計算が実現可能だとしても、一般的にはすべての商品とカウンターパーティにわたってモンテカルロ法を適用している。モンテカルロシミュレーションの明らかな短所は計算時間であり、つまりは、実装を行うには相当な能力のハードウェアが必要になる点である。

10.3 モンテカルロ法

本節では、モンテカルロ法によるエクスポージャー計算の一般的手法を定義する。ここではモデル選択やパラメーター設定といったより具体的な点には触れないが、これは後の節で解説することにする。

スプレッドシート10.2 金利スワップのエクスポージャーの簡単なシミュレーション

10.3.1 シミュレーションモデル

最初にすべきことは、関連するリスクファクターの定義と、その変動モデルの決定である。しかしながら、現実どおりのモデル化と粗末なモデル化との間でバランスをとることは重要である。たとえば、金利カーブを決定するには50〜60もしくはそれ以上のリスクファクターがある。一方で最も単純な金利モデルはファクターを一つしか用いない。二つか三つのファクターを用いるモデルが妥協策となるだろう。こうした手法は、1ファクターのモデルと比べ起こりうるカーブの動きをよりよくとらえると同時に、個々のリスクファクターのモデルの結果が非現実的なカーブ形状や裁定機会のある価格を生み出すことはないだろう。より先進的なモデルは、パラメーター設定をより正確に、かつより広い範囲の市場価格（例：スワップションのボラティリティ）に対して行うこともできるだろう。

モデルが複雑すぎてはいけないことは明らかである。なぜなら、離散的なリスクファクターのシナリオ・シミュレーションをモデルによって実現し、実務的にしなくてはならないからである。通常は細かい時点区分で数千のシナリオが必要となるだろう。ゆえに、これら多数のシナリオを生成する効率的な方法がなければならない。リスクファクターに対してより単純なモデルを用いるもう一つの理由は、共依存（相関[3]）を取り入れて、シミュレーション対象のネッティングセットの多次元の挙動を捕捉する必要があるからである。含まれるリスクファクターや相関の正しい記述のためには、相当な数のモデルのパラメーターが必要となる。与えられた複数のリスクファクター（金利カーブなど）のモデル化や、これらと別の複数のリスクファクター（異なった通貨の金利カーブなど）との相関のモデル化を考える場合には、バランスが重要となる。洗練された単変量モデルや浅はかな多変量モデルをもつことには何の意味もない。金融機関はさまざまな商品領域に精通しているため、金利、為替、インフレーション、コモディティ、株式、クレジットそれぞれに関する優れた単一変量のモデルがあるだろう。しかしながら、これらを結びつけるのに浅はかな相関の適用をしているかもしれない。具体的なモデルの例は10.5節で示すことにする。

関連する市場変数のモデル選択は検討の鍵となる一方、これらモデルのパラメーター設定も同様に重要である。なぜなら将来のシナリオがこれによって決まるからである。ヒストリカルデータを用いて推定したモデルでは、過去に観測された統計的パターンに基づいて将来シナリオの予測を行い、過去の挙動は将来の良い指標であると仮定している。このようなモデルは市場環境の変化への反応が遅くなることがある。市場価格に対してパラメーターを推定したモデルはよりフォワードルッキングな傾向があるが、リスクプレミアムや保管コストのような要素を含んでおりバイアスがある。そのうえ、ボラティリティが高い期間などに、エクスポージャーを劇的にジャンプさせる結果になるかもしれない。これについては10.4節でさらに議論する。

強調に値するのは、非常に複雑なネッティングセットの評価に必要となるような多数のリスクファクターのシミュレーションを整合的に行うために、シミュレーションモデルは包括的でなければならないということである。パラメーター設定もまた、ネッティングセットや取引ごとに個別に行われるよりはむしろ、全体として包括的に行われる傾向がある。これは、通常多数の

3　相関は共依存を表す具体的な方法としてよくあげられ、非常に広範に用いられる。われわれも相関を用いるが、共依存のモデル化には他の方法もあることに注意したい（第17章でさらに議論する）。

モデル（とそれぞれに対する別々のパラメーター設定）が用いられるような、店頭デリバティブの伝統的なモデル化とは大きく異なっている。これによって、xVA システムにおける足元の価値評価と、関連するフロントオフィスのシステムのそれとの間には、避けられない（願わくは小さな）相違が生じる。これについては10.3.3節で議論する。

10.3.2 シナリオ生成

リスクファクターとモデルを選択した後は、シミュレーションによるリスクファクターのシナリオ生成が必要となる。各シナリオは、さまざまな時点における複数のリスクファクターが同時に実現する値のセットである。リスクファクターのシナリオ同士は整合的であるべきである。なぜなら、少なくとも与えられたネッティングセット内では、互いに相殺し合うさまざまなリスクの影響を確認できなければならないからである[4]。リスクが加法的であることから、ネッティングセット外の場合のシナリオの整合性はカウンターパーティリスクの検討において重要ではないが、ファンディングには重要な場合がある（第15章）。

初めにシミュレーションのグリッドを選択する必要があるだろう。これを示したのが図10.4である。なお、グリッド選択の議論は、エクスポージャーを可視化する必要がある潜在的将来エクスポージャー（PFE）の評価などの観点からは重要である。CVA などの指標を定量化する際には特に意味はない。

グリッド点の数は、エクスポージャーの細部の主なところをとらえられる

図10.4 エクスポージャーシミュレーションのタイムグリッド

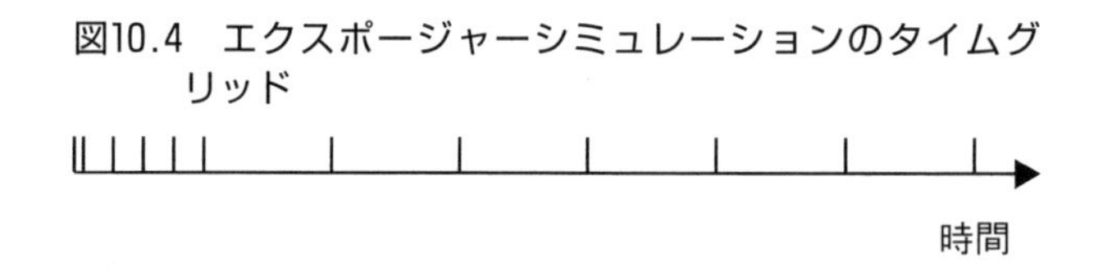

4 その結果、ある与えられたシナリオが表すのは、すべての取引に対して等しく想定される、市場のある一つの状態ということになる。

よう、ある程度多くなければならないが、計算不可能になるほど多くしてはならない。典型的な数は50～200の範囲である。当然、シミュレーションの最終日付までの期間は、検討対象取引の満期のなかで最も長いもの以上でなければならない。なお、上記日付の間隔は一様である必要はない。これは、ロールオフ（以下で議論する）や決済リスクの識別などの理由による。加えて、しばしばシミュレーション時点の間隔がマージンリスク期間（6.6.2節）より長くなってしまうことから、担保の影響をシミュレーションするためには、追加的な「ルックバック」ポイントを含める必要があるかもしれない（図10.5）。これについては次章でより詳細に議論する。加えて、カウンターパーティに応じてグリッド点を変更できるようにすると有益である。なぜなら、最長の満期日、担保条項、対象取引種別に違いがあるからである。

エクスポージャーを離散時点でのみ計算した場合、リスクが高まる範囲、すなわち「ホットスポット」を見逃す可能性がある。満期日、オプションの行使、キャッシュフローの支払や解約条項などにより、取引期間中のエクスポージャーの形状は非常に不連続となりうる。ともすればジャンプを引き起こし、期間は短くても変動の規模は大きいかもしれない。日次でのジャンプは決済リスク（4.1.2節）に対応する。ロールオフリスクの影響を示したものが図10.6である。

上記のジャンプから生じるリスクは、（図10.4にあるような）時間に対して不均一なタイムグリッドを用いることで軽減することができ、乖離が小さくなるほど良い定義だとはいえるだろう。しかしながら、これがまた意味するのは、PFE は日々大きく変動するかもしれないということである。これは、エクスポージャーのジャンプが、より細かい短期のグリッドのなかへ徐々に含まれていくためである。よりよい方法としては、（たとえば、満期日、決済

図10.5　エクスポージャーシミュレーションのタイムグリッド

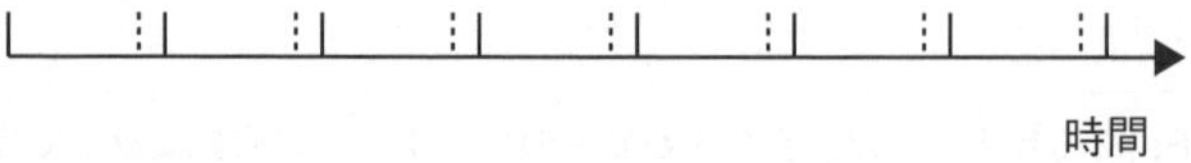

＊担保計算のための追加的なグリッド点がある

図10.6　あるカウンターパーティに対するPFEを異なるレベルの細かさで計算したもの

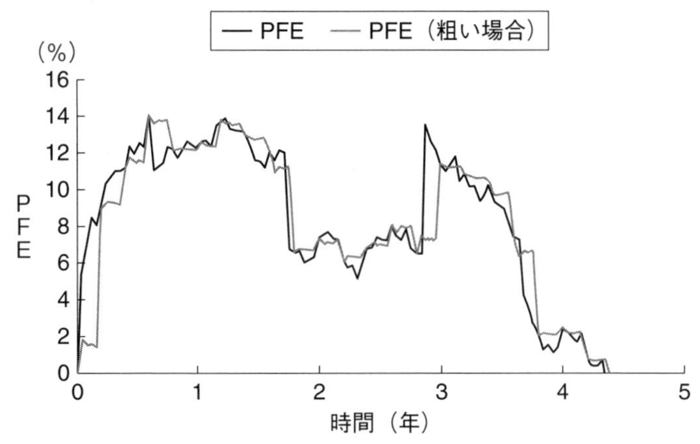

＊通常のケースでは、10営業日の時間間隔が取られている一方で、粗い場合は間隔が5倍大きい

日、キャッシュフロー支払日によって）エクスポージャーが大きく変化する決定的に重要な時点をタイムグリッドに含めることである。これは各ネッティングセットに対して別々に行わなければならない。グリッドを変更する機能は重要である。たとえば、特定の取引種別や短い満期の場合に、より細かくするなどである。

もう一つ決めるべき課題としては、シミュレーションを経路（パス）として行うべきか、あるいは直接将来時点を計算すべきか、という点がある。これを示したのが図10.7である。Pykhtin and Zhu（2007）で説明されているように、すべての実現可能な推移をシミュレーションする経路的な手法がある一方で、各時点を独立にシミュレーションする直接的な手法もある。どちらの手法も同じ分布と結果に収斂するはずである。しかしながら経路的手法は、経路依存のデリバティブ、バミューダン型のデリバティブ、担保のモデル化により適している。したがって、PFEのような目的のため（ただし必ずしもCVA計算ということではない）のエクスポージャーのシミュレーションの場合、経路的な手法が最善である。

図10.7　経路的と直接的シミュレーションの違い

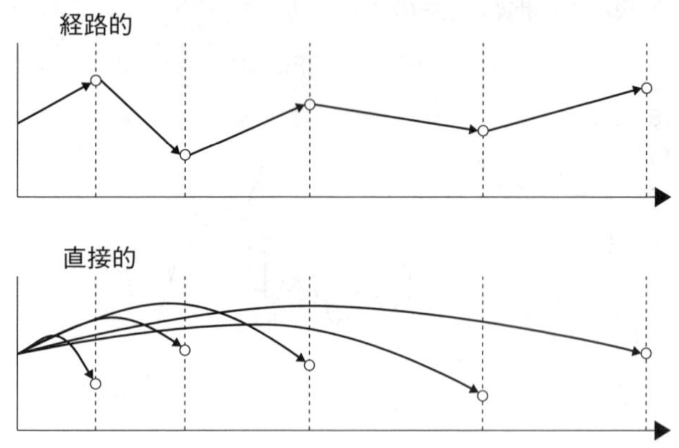

＊なお、直接的なシミュレーションはより時間がかかる可能性があり、そして隣接グリッドの値同士が独立なので、経路依存の捕捉の点で問題があるかもしれない

10.3.3　再評価

一度シナリオを生成したら、将来の各時点におけるポジションを一つずつ再評価（revaluation）する必要がある。たとえば、ある与えられたシナリオと時点において金利スワップを再評価するためには、対応するリスクファクター（金利）を計算したうえで、金利の関数としてのスワップの標準的な価格関数を用いなければならない（たとえば、特定の時点におけるイールドカーブを再構築する式などを通して行う）。

再評価の処理では、効率的な価値評価モデルとアルゴリズムを用いることが明らかに必要となる。例として、取引数とエクスポージャー計算を以下のとおりとしよう。

- カウンターパーティ250社
- 各カウンターパーティとの取引数が平均40件
- 100ステップのシミュレーション
- 1万シナリオ

この場合、商品再評価の計算回数は、250×40×100×10,000=10,000,000,000(100億）回となる。これはプライシングモデルの計算速度に関して非常に重要な示唆を与える。なぜなら、大抵この処理がPFEやxVAの計算におけるボトルネックとなるからである。

プレーンバニラな商品の価格関数は高度に最適化される必要がある。その際、共通の機能（フィキシング計算など）をすべて外して、可能な限り計算を最適化する。通常こうした価格関数は比較的高速であるが、プレーンバニラな商品の取引数の膨大さのため最適化が重要となる。もう一つの重要な最適化としては、単一通貨のキャッシュフローを同一区分としてまとめて計算することにより、プライシングの評価回数を減らすことがある（図10.8）。かなり大きく離れたタイムステップを用いるために近似が避けられないことをふまえると、この最適化がさらなる大胆な近似となるはずはない。

エキゾチックな商品はさらに多くの問題を現出させるだろう。なぜなら、取引数は少ない一方、しばしばプライシングに用いられる格子法やモンテカルロ法の計算が遅すぎることがあるからである。この問題を回避する方法はいろいろあるが、例としては次のものがある。

図10.8　単一通貨のキャッシュフローの区分計算の例

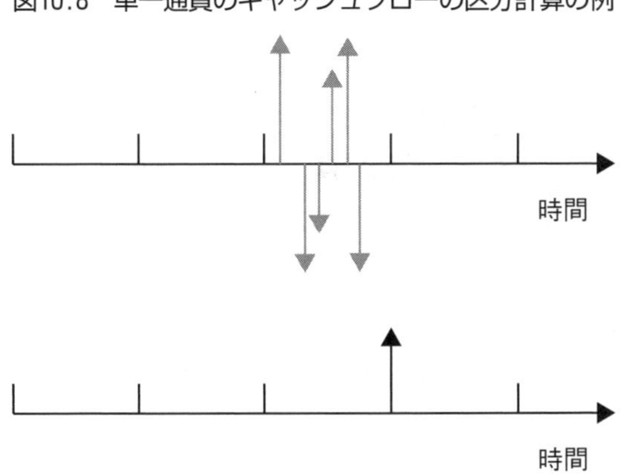

＊各期日のキャッシュフロー（上段）は、時価やもしくはその他の感応度などの性質を変えないで、現実性を保ちながら一回の支払（下段）に集約することができる

● **近　似**

大雑把でアドホックな近似が、時には十分に正確とみなされることもある。たとえば、バミューダン・スワップションをヨーロピアン・スワップションとして近似する（これで解析式が使えるようになる）などである。

● **グリッド**

取引の時価があらかじめ計算してあるグリッド（換算表）は、対象となる問題の次元数が高すぎない限りは利用可能である。こうしたグリッドはフロントオフィスのシステムで作成されるので、トレーディングデスクの価値評価モデルに沿った結果となっているであろう。エクスポージャー計算は、コストのかかるプライシングを行うというよりは、グリッド上の適当な値を（おそらく補間したうえで）参照することになる。

● **アメリカン・モンテカルロ法**

これは、モンテカルロ法による将来時点のシミュレーションを利用することにより、所与の時点におけるエクスポージャーの良い近似を得るための大まかな手法である[5]。本手法や関連手法の例としては、Longstaff and Schwartz（2001）、Glasserman and Yu（2002）および Cesari *et al*.（2009）がある。これは xVA の定量化の目的では最善の解決策かもしれないが、PFE やリスク管理にはあまり適さないかもしれない（14.4.5節を参照）。

再評価処理の効率を向上させる方法は多数ある一方で、数百や数千もの CPU を搭載した、非常に大規模なハードウェアによってこれを支えなければならないだろう。大手金融機関では、数百のタイムステップ、数千通りの経路、数百万件の取引について、エクスポージャーを毎日計算する必要があることを考慮すると、これは驚くことではない。そのうえ、エクスポージャー計算と新規取引案件のプライシングを、時には数秒以内に行う必要があるという要件に対しても、高い計算能力が必要となる。

5　これは（xVA 目的の）期待エクスポージャーと（リスク管理目的の）PFE のどちらにも使用できるものの、後者の場合の精度は通常悪くなる。さらに、これは大まかな手法なので、フロントオフィスの評価と正確にあわないだろう。

図10.9　定率で移動させることにより、エクスポージャーのシミュレーションを正式な時価に修正した例

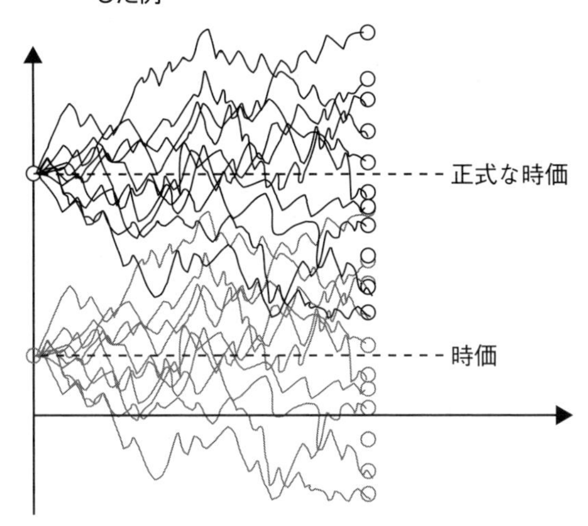

単純な商品であっても、エクスポージャー計算と正式な価値評価との間では、必ず時価の差異がある。図10.9で示すように、この差異は平行移動で修正できることもある。このような平行移動は（図のような）定率とするか、逓減させることで行うことが可能である。後者のケースが当てはまるのは、時価の差異がモデルの違いから生じる場合である。なぜならこの場合、取引が満期に近づくにつれて時価がお互い収斂する傾向があるからである。前者のほうがより適しているのは、評価の差異が契約上の問題（たとえば、キャッシュフローの条件記述の不備）から生じている場合である。なお、取引が違えば契約上の特徴や評価手法が大きく異なることから、平行移動は取引レベルで適用すべきである。

10.3.4 集　　計

いったん再評価の処理が終わると、取引（k）、シミュレーション（s）、時点（t）に対応した三次元のデータが大量に得られる。ここでは将来価値をこれら三つの各要素の関数として $V(k,s,t)$ と表す。この情報はどこかの段

階で集計する必要があるだろう。これは典型的にはネッティングセットレベルで求められるが、時にはカウンターパーティレベルあるいはポートフォリオレベルで集計する必要があるかもしれない。取引を$k=1$からKまで集計する必要があると仮定しよう。将来の集計値は次のように行列で表される。

$$V_{Agg}(s,t)=\sum_{k=1}^{K}V(k,s,t) \tag{10.1}$$

ここで、$V_{Agg}(s,t)$が定めるのは、シミュレーションs、時点tにおける、集計対象取引のネッティング後の将来価値である。個別取引の情報$V(k,s,t)$をすべて保持する必要はないだろうが、特定の数値を計算するために必要となるかもしれない（たとえば、10.7.3節の限界エクスポージャーに関する議論を参照）。

10.3.5　事後処理

前の段階ですべてのシナリオとタイムステップにおける将来価値が計算され、適切なレベル（例：ネッティングセット）での集計が行われる。事後処理の目的はこれらの値を通して特定のリスク軽減策に対応するロジックを適用することであり、最もわかりやすいのは担保の効果の反映である。有担保エクスポージャーに対する事後処理が意味するのは、各シミュレーションの経路を分析し、適切なロジックを適用することで、各時点でどれだけの担保が差し入れられるのかを求めることである。担保のパラメーターがどの市場変数にも依存せず、ネッティングセットのエクスポージャー合計にのみ依存するという仮定のもとで、通常この処理は前の段階とは独立に（しかしその後に）行うことができる。

事後処理は終了事由（5.4.2節）やリセット（5.4.3節）といった仕組みにも適用することができる。ただし注意したいのは、これらは通常は取引レベルで考慮しなければならないということである。これらの点は次章において、担保のモデル化とあわせてより詳細に議論する。

10.3.6 抽　出

最後に、以上の工程がすべて完了したら、（たとえば、リスク管理、プライシング、あるいは規制上の用途で）必要とするあらゆる指標を抽出できる。多数のシナリオがCVAなどの指標に集約されてしまうこともあるだろう。しかしながら、特定の計算を容易にすべく途中経過の値を保持しておくのは、大抵非常に望ましい。よく知られた例としては、値を保持しておくことで増分CVA（あるいはxVA）の計算を容易にするというものがあり、これについては後ほど10.7.2節で議論する。

10.4 現実世界かリスク中立か

10.4.1 二つの根本的に異なるアプローチ

リスク管理目的のシナリオ生成と無裁定価格理論とで、それぞれ異なる「測度」を用いることも多い。裁定の存在をもとにしたプライシングでは、いわゆるリスク中立測度が用いられるが、これはヘッジや裁定取引を考えることで正当化される。ドリフトやボラティリティなどのパラメーター（ゆえに確率分布も）は市場にインプライされたものであり、現実の分布に対応している必要は（または常識に従う必要さえ）ない。リスク管理への適用にはリスク中立測度を用いる必要はなく、むしろ現実世界（real-world）の測度、たとえばヒストリカルデータを用いた推定などが注目されるだろう。リスク中立のパラメーターは通常プライシング用途（xVA）に用いられる一方で、現実世界のパラメーターは一般的にリスク管理モデル（PFE）の基礎となる。このため、エクスポージャーのシミュレーションには二つの根本的に異なる方法が存在する。

● **現実世界**

これが指すのは、期待されるマクロ経済の動きに基づいて市場変数をシミュレーションしようとすることである。これは必然的に、パラメーターの設定にヒストリカルデータを用いる傾向がある。

● **リスク中立**

これが指すのは、無裁定の枠組みで市場変数をシミュレーションすることである。これはパラメーターの設定に市場データを必要とする。

たとえば、リスク中立の枠組みでは、金利のボラティリティ（と平均回帰などの関連するパラメーター）は、過去の時系列から推定するというよりは、金利スワップション、キャップ、フロアーの価格から求められるものであろう。加えて、原資産の変数（金利や為替レートなど）のドリフトも、ヒストリカルやその他の現実世界の分析から来るというよりは、フォワードレートにあうように設定される必要があるだろう[6]。

上記のとおり、現実世界とリスク中立のどちらを使うかという選択は用途によって決まる。リスク管理目的では、モデルは取引で生じうるリスクに関して理にかなった分布を算出し、将来のありうるシナリオの大部分を説明しなければならない。このモデルでは通常、現実世界の枠組みでヒストリカルデータにあわせてパラメーターが設定されるだろう。伝統的なVaRモデルはこの古典的な例である。プライシング目的で最も重要な点は、ヘッジの観点から、現在の市場データとそれで説明可能な時価の変動とを一致させることであり、それゆえにリスク中立の枠組みがより望ましい。一般的に、それぞれのアプローチの用途は次のとおりである。

● **現実世界**

信用リミットのためのPFEシミュレーションや、内部モデル方式（IMM）を用いた資本計算。これはP測度としてよく知られている。現実世界のパラメーターがよく用いられる理由は、真の経済の現実を反映し、リスクの市

6　以下10.4.5節で述べるとおり、しばしばリスク管理目的でのエクスポージャー計算にも、リスク中立のドリフトがやむをえず用いられることがある。

場価格や需給の効果などの観点を入れて焦点がぼやけないようにするためである。

●リスク中立

CVA（とxVA）のプライシングと価値評価は、一般的にQ測度のもとで行う。デリバティブのプライシングと価値評価において、市場参加者は、可能な限りリスク中立のパラメーターを推定しようとし、残りの観察不可能なパラメーターだけやむなく現実世界のものとするのが一般的である。ヘッジが機能するのは市場の商品を用いて時価変動を中立化するときだけなので、これは直観にあっている。もう一つ重要な留意点として、会計基準（例：IFRS13）がリスク中立でのパラメーター設定を提案していることがある。なぜなら、会計基準では、可能な限り市場の観測値を用いるよう求めているからである。

現実世界とリスク中立のどちらのアプローチを選ぶかはむずかしい。なぜなら、それぞれにさまざまな長所と短所があるからである。これをまとめたのが表10.1である。一般的にヒストリカルのアプローチは、対象の現実世界の性質をより適切に反映するものの、過去実績が将来の良い予測値だと仮定している。他方で、市場にインプライされる情報を用いるアプローチでは、現在の市場環境をより反映するかもしれない。だがたとえこれが正しいとしても、リスクプレミアムがあるので、システマティックな上方バイアスがかかるだろう。また、時間とともにリスクの市場価格のような要素が変動し、過度に不安定となりプロシクリカリティをもたらすかもしれない。後者のポ

表10.1　現実世界とリスク中立のアプローチの比較

	長所	短所
現実世界	バイアスがない	フォワードルッキングでない
リスク中立	よりフォワードルッキングと考えられる 個別取引のプライシング手法との整合性が保たれる	システマティックなバイアスがある プロシクリカリティ効果がある

図10.10　リスク管理とプライシング・価値評価のためのシナリオモデルのそれぞれの要件

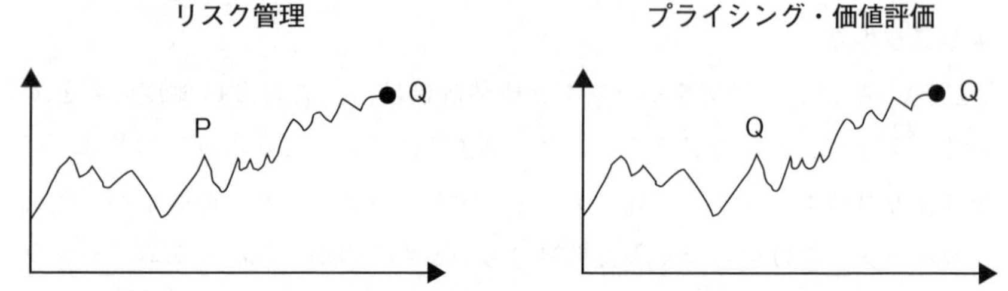

＊リスク管理では、シミュレーションは現実世界の（P）測度で行われる傾向がある一方で、再評価はリスク中立（Q 測度）で行わなければならない。プライシングの目的では、シナリオと再評価のいずれもリスク中立である

イントは、リミット超過がより頻繁に起こるであろうことを暗に示している。

現実世界とリスク中立のアプローチ間の乖離における、よりとらえにくい問題を示しているのが図10.10である。将来時点での取引の再評価は、常にリスク中立の価値評価（Q 測度）を用いて行われるべきであり、実際そうされている。もし現実世界（P 測度）でシミュレーションすると、その結果生じる矛盾によって、たとえば10.3.3節で議論したアメリカン・モンテカルロ法の適用などが困難となるかもしれない。他方で、Q 測度でシミュレーションをすれば自己矛盾のない建付けとなる。

ハイレベルな問題として重要なのは、エクスポージャーのシミュレーションを現実世界で行うべきか、リスク中立か、あるいは本当に両方のアプローチを用いるべきか、というものである。これは答えるのがむずかしい問題であり、以下で理論的な議論を追加でいくつか行い、その後、第18章でより実践的な観点からこの問題に立ち返ることにする。銀行のなかには、概してリスク中立アプローチに従うフロント部門と現実世界のアプローチに従うリスク管理部門で、カウンターパーティリスクならびにxVA のための実装を別々に行っているところもある。

図10.11に示しているように、現実世界とリスク中立のどちらのアプローチを用いるかに関する論争が一部たしかにある。しかしながら、現実世界とリスク中立のパラメーターの間の一般的な差異を理解することが重要であ

図10.11　現実世界とリスク中立のパラメーターを用いた、エクスポージャーモデルのボラティリティと相関の設定

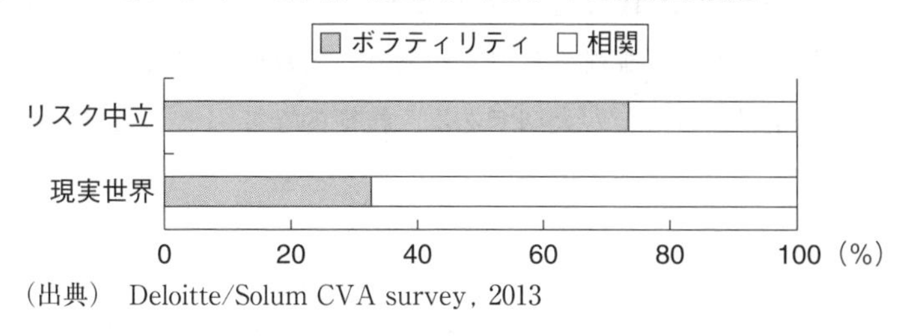

（出典）　Deloitte/Solum CVA survey, 2013

る。これらはだいたい3種類に分けられる。

- ドリフト……市場変数のトレンド
- ボラティリティ……市場変数の将来の不確実性
- 相関……市場変数間の同時変動

これらについて、以下では別々に検討することにする。

10.4.2　ドリフト

市場リスクのための（たとえば）バリューアットリスク（VaR）分析と、xVA目的でのエクスポージャー定量化の重要な違いは、関心の対象となるタイムホライズンである。比較的短い市場リスクにおけるホライズン（たとえば、VaR手法の10日）では、原資産のドリフトはボラティリティに比べると重要性が劣るため、しばしば無視される。しかしながら、エクスポージャーとxVAの評価ではより長いタイムホライズンが必要となり、ドリフトはボラティリティと並んで重要な検討事項となる。言い換えれば、基となる変数のトレンド（またはドリフト）はその不確実性とまったく同じくらい重要となりうる。

ドリフトの検討が重要である理由は、ボラティリティの影響ではおおむね期間の長さの平方根で広がるのに対し、ドリフトの影響ではより線形に広がるからである。そのため、強いドリフトのほうが結局は支配的となる。先物（また同様にフォワード）価格は、長い間金融市場における重要な価格発見メ

カニズムとなってきた。将来のある時点において期待される需要と供給の交点を、これらの価格は明確に表すからである。フォワードレートは時折スポットレートから大きく乖離することがあり、これが本当に「市場の見方」なのか否かを理解することが大切である。技術的な要因として重要なものには以下がある。

●金　利

イールドカーブは右上りや右下り（またさまざまな他の形状）の場合がある。これは、短期、中期、長期の金利リスクに対するリスク選好や、金利が上がるか下がるかについての見方によるものである。

●為替レート

フォワード為替レートは、関連する通貨ペアの金利カーブ間の裁定関係で決定される。期待される先物為替レートが、対応する通貨の現在の金利カーブに影響を与えるかもしれない。しかしながら、長期のフォワード為替レートによる将来のスポット為替レートの予測能力は長らく疑問視されている。たとえば、Meese and Rogoff（1983）や、Sarno and Taylor（2002）による検討を参照のこと。

●コモディティ（商品）価格

商品価格の方向性に関する市場参加者の見方に加えて、保管コスト（あるいは倉庫不足）、在庫、季節効果によって、商品先物はスポットレートから乖離することがある。在庫が多いと、先物価格はスポット価格よりも高くなる（コンタンゴ）。在庫が少ないと、コモディティのスポット価格は先物価格よりも高くなり得る（バックワーデーション）。

●クレジットスプレッド

クレジットカーブは上昇も下降もするだろうが、これはある満期のクレジットリスクに対する需要や、デフォルト確率が時間とともに上昇したり下落したりするという見方によるものである。これまでは、クレジットカーブの形状は将来のクレジットスプレッド水準の良い予測とはなっていない。

さまざまな市場において、スポット価格と先物・フォワード価格との間の関係に関する実証分析が多数行われてきた。一般的に信じられていることとして、フォワードレートの将来のスポットレートに対する予測にはバイアスがかかっているというものがある。もしフォワードレートが将来のスポットレートの最善の予想であるという見方をとると、ドリフトに対する強い仮定が導かれるだろう。もしこの見方が誤っていれば、それはリスクをひどく過大もしくは過少評価することになるだろう。次の例がこれを示している。

例

将来価値が１年で10%のボラティリティと５%のドリフトをもつ取引を考えよう。

一般的な式（付録7A）に基づいた期待エクスポージャー（EE）は次のようになる。

$$[5\% \times \Phi(5\%/10\%) + 10\% \times \phi(5\%/10\%)] = 6.98\%$$

他方で、反対の取引を考えてみる。期待されるドリフトは－５%となり、期待エクスポージャーは、

$$[-5\% \times \Phi(-5\%/10\%) + 10\% \times \phi(-5\%/10\%)] = 1.98\%$$

となるだろう。つまり、ドリフトの仮定が異なることでEEは約3.5倍の差となる。

10.4.3 ボラティリティ

ボラティリティに対してヒストリカルの推定を用いるとき、そこには過去が未来の良い指標となるという暗黙の前提がある。どの過去データを使うか決める必要もある。期間が短いと貧弱な統計量となり、かといって期間が長いと「古く」意味のないデータに重きが置かれてしまうだろう。平穏な市場では、過去の時系列の変動が小さいことでボラティリティは低くなり、誤解を招くようなリスク値となりうるし、プロシクリカリティをもたらすかもし

れない。ストレス期のヒストリカルデータを用いればこれを軽減できるが、それでも正しいストレス期を選ぶのに多くの主観が入ってしまう。

インプライドボラティリティの情報はおそらくほとんどの市場にあるだろう。場合によってはオプションの行使価格と満期の関数として得られる。しかしながら、インプライドボラティリティはアウトオブザマネーのオプションや長い満期では観察されないだろう。インプライドボラティリティは市場の不確実性が増すと素早く反応するので、「市場がいちばんよく知っている」（あるいは少なくとも、市場はヒストリカルデータよりはよく知っている）という考え方で、その利用を正当化することができる。しかしながら、市場がインプライするボラティリティにリスクプレミアムが含まれることで、全体のリスクをシステマティックに過大評価することにつながる。インプライドボラティリティは、時系列アプローチによるヒストリカルな推定と比べて、将来のボラティリティに対する優れた推定値であると主張されてきた（例：Jorion（2007）第9章参照）。ボラティリティのリスクプレミアムが安定していることや、ボラティリティの過大評価は常により保守的[7]なリスク値をもたらすという事実から、この考え方はより信憑性を高めている。

ヒストリカルボラティリティとインプライドボラティリティのもう一つの違いは、期間構造の影響（モデルの平均回帰性などの点を含む）である。期間によるボラティリティのゆがみ（例：長期のボラティリティは短期のボラティリティよりも高い）は、フォワードボラティリティがスポットボラティリティよりも高いことを意味している。しかしながら実証結果からは、フォワードボラティリティが実際の将来のボラティリティを予測できることが常に支持されているわけではない。

10.4.4 相　　関

ボラティリティを高く想定することは少なくとも保守的ではあるものの、

7　インプライドボラティリティを用いると、リスクプレミアムによって上方バイアスが生じることが期待される場合がある。これはより高い（より保守的な）リスク値をもたらす。

同じことが他の数値に対しても当てはまるわけではない。エクスポージャーをモデル化するために相関を推定する際、大小（あるいは正負）どちらの値がより保守的となるかを知る明確な方法はないだろう。事実、複雑なポートフォリオでは、相関に対するエクスポージャーの挙動は単調ですらないかもしれない[8]。それゆえ、結果のリスク値が保守的に高くなるからといって、市場がインプライするなんらかのパラメーターを用いるというのは正当化できることではない。

インプライド相関は場合によっては市場から取得可能である。たとえば、クウォントオプションは異なる通貨のペイオフがあるので、関連する為替レートと原資産の間のインプライド相関の情報が得られる。相関の重要な側面の一つに、誤方向リスクの決定がある。たとえば、クウォントCDS（プレミアムとデフォルト・レグが異なる通貨となるCDS）からは、関連する為替レートと、CDSの参照組織の信用力との間の相関情報が得られるはずである（17.4.4節）。

インプライド相関が計算できることもあるが、ほとんどの場合市場価格は取得できないため、ヒストリカルデータが用いられるだろう。つまりは、相関に対するxVAの感応度は一般的にヘッジできないということである。特定の相関パラメーターの重要性を理解するのには、相関の感応度分析が役立つだろう。

10.4.5　市場慣行

表10.2は、現実世界とリスク中立のパラメーターの使用について、一般的な市場慣行をまとめたものである。ドリフトに関していえば、推定には一般的にリスク中立のパラメーター（例：フォワードレート）を用いる。なぜなら、これはモデル化の観点でより便利であり（図10.10参照）、経済予測をしなくてよいからである。なお、リスク管理上や規制上のエクスポージャー計算において、一部の銀行では特定のリスクファクターについてフォワード

8　つまり、たとえば、最悪の相関というのは100％や−100％ではなく、その間のどこかかもしれないということである。

レートを用いたドリフト値の設定を行わず、ゼロとすることがあるようである。経験則としてフォワードレートは将来のスポットレートの予測値として大抵できが悪いというのがこれを行う動機であり、またこうすることで、10.4.2節で議論した金利差やリスクプレミアム、保管コスト（例：バックワーデーション）などの存在による、リスクや資本の数値へのバイアスを回避しているのである。また、有担保のエクスポージャーに対してはドリフトの重要性がより低いということは言及に値する。もう一方の極端な点としては、通常相関を現実世界（ヒストリカルデータ）をもとにしたものとしていることがある。その理由は、インプライド相関を決定することができるバスケットオプション、クウォントオプション、スプレッドオプションという商品では、市場価格があまり取得できないからである。これによって、ボラティリティの評価が最も主観的で重要な検討分野として残ることになる。

CVA や FVA の定量化では、リスク中立アプローチが標準的な方法になった。こうした要素に対するより能動的な管理や会計基準の存在がこのアプローチを後押ししてきた。市場慣行に差異があるのは、どちらかというと PFE（信用リミット）と資本計算に関連するところである。KVA は通常は移転価格の対象とならない（すなわち、よくあるのはハードルレートとしての管理で、コスト賦課はされない）ので、資本に対しては現実世界のアプローチがより適切であると主張できるかもしれない。しかしながら、一部の銀行では IMM 資本計算に対してリスク中立アプローチをたしかに用いており、これで xVA デスクが実行するクレジットヘッジからの資本軽減は向上するに違

表10.2　エクスポージャー定量化における現実世界のパラメーターと市場がインプライするパラメーターの比較

<table>
<tr><th></th><th>現実世界の選択</th><th>リスク中立の選択</th><th>一般的な市場慣行</th></tr>
<tr><td>ドリフト</td><td>経済予測</td><td>フォワードレート</td><td>リスク中立</td></tr>
<tr><td>ボラティリティ</td><td rowspan="2">ヒストリカルの時系列</td><td>インプライドボラティリティ・サーフェス</td><td>併用</td></tr>
<tr><td>相関</td><td>スプレッドオプション、クォント、バスケット</td><td>現実世界</td></tr>
</table>

いない。そうはいってもこれに問題がないわけではない。規制所要資本では依然として、ストレス期を用いたパラメーターの設定（例：過去のある期間におけるストレス時のインプライドボラティリティ）を用いることが要求されるだろう。これでは、現在の市場のインプライドボラティリティに対してxVA デスクがもつ見通しと平仄があわないだろう。そのうえ、リスク中立でパラメーターの設定を行うと、バックテストの結果（8.6.4節）を解釈するのがよりむずかしくなるだろう。8.7節で言及したように、BCBS（2015）はこれらの論点に関してより良い資本計測の枠組みを提供するかもしれない。これについては第18章でさらに議論する。

10.5 モデル選択

本節では、エクスポージャーのシミュレーションに用いるモデルについて幅広く詳細を説明する。その際、さまざまなアセットクラスのモデル化におけるいくつかの基本的なポイントを検討する（追加的な詳細は付録10B も参照されたい）。パラメーター設定の問題や、複雑なモデルと単純なモデルの間のバランスについて検討し、さまざまなアセットクラスについていくつか言及する。ここでは概要のみを示すことにし、より数学的な取扱いを知りたい読者には、Cesari *et al*.（2009）や Brigo *et al*.（2013）を勧める。

10.5.1 リスク中立か現実世界か

上述の議論と関連するが、最初の問題は、モデルを現実世界とリスク中立のどちらの文脈で用いるか、あるいは本当は両方に対応する必要があるのか、というものである。これが重要なポイントである理由は、現実世界とリスク中立のアプローチでは通常、異なるモデル選択に行き着くと考えられるからである。たとえば、ヒストリカルデータを用いて金利をモデル化する場合、ヒストリカルのイールドカーブの変動をとらえる手段として主成分分析などの手法が好ましいかもしれない。しかしながら、リスク中立での金利モデルは、自然とHull-WhiteのショートレートモデルやLIBORマーケットモデル（LMM）などの無裁定期間構造アプローチとなるだろう。現実世界とリスク中立の両方のパラメーター設定に対応するためには、無裁定モデルを用い、これをヒストリカルと市場データにあうよう推定する必要があるだろう。これを行うか、もしくは別々に導入するかについては第18章で議論する。

実際、現実世界とリスク中立でのパラメーター設定を比較すると、次の二つの効果が発生しうる。これらの効果が現れるのはPFEだけである。なぜなら、EE（CVAやFVAの定量化などに使われる）は通常リスク中立でのみ計算されるからである。

● ドリフト

リスク中立のドリフトはフォワードレートから導かれる一方、現実世界のドリフトにはヒストリカルデータを用いたり、経済的な観点で単純にゼロと設定したりするだろう。ドリフトの差異はエクスポージャーの分布を「ゆがめる」だろう。これを金利スワップについて示したのが図10.12である。この例では、金利カーブは右上り（長期金利が短期金利よりも高い）であるため、リスク中立のドリフトは正であり、99%PFEは1%PFEよりも絶対値として大きくなる（この効果は7.3.3節で説明した）。

● ボラティリティ

ボラティリティが高いと両方のPFEが（絶対値として）大きくなる。図10.13で示しているのは、現実世界とリスク中立の両方のボラティリティの前提で求めた、通貨スワップの期待エクスポージャーである。ここでの主な影響は、単にリスク中立のボラティリティは現実世界のものより高くなる傾向があり、よってEEとNEEはどちらも大きくなるということである。なお、ストレス期のヒストリカルボラティリティを用いた場合、これは当てはまらないかもしれない。リスク中立のボラティリティを用いる場合は、図10.14で示すように、期間構造もまた重要である。ボラティティの期間構造が右上がりだと、満期が長くなるほどエクスポージャーは大きくなる。

なお、パラメーター設定の選択のほかにも、決めるべき主観的な選択が多

図10.12　期間5年の金利スワップのPFEを、現実世界とリスク中立のドリフトによりシミュレーションして計算したもの

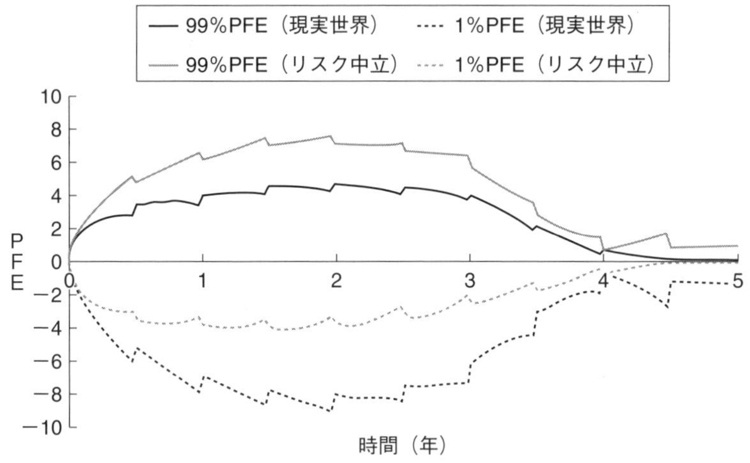

＊なお、ドリフトの影響だけを取り出すために、どちらのケースでもヒストリカルボラティリティを用いている

図10.13　期間10年の通貨スワップのPFEを、現実世界とリスク中立のボラティリティによりシミュレーションして計算したもの

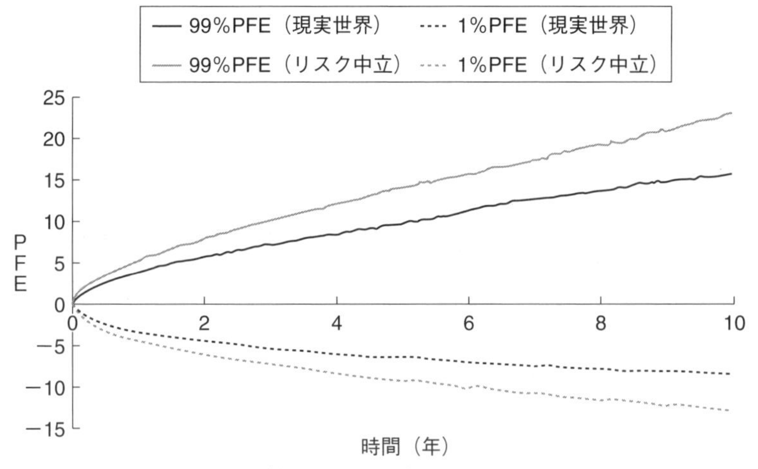

＊なお、ボラティリティの影響だけを取り出すために、どちらのケースでもリスク中立のドリフト（フォワードレート）を用いている

図10.14　期間10年の通貨スワップのPFEを、ボラティリティ期間構造に一定と右上りのものを用いて計算したもの

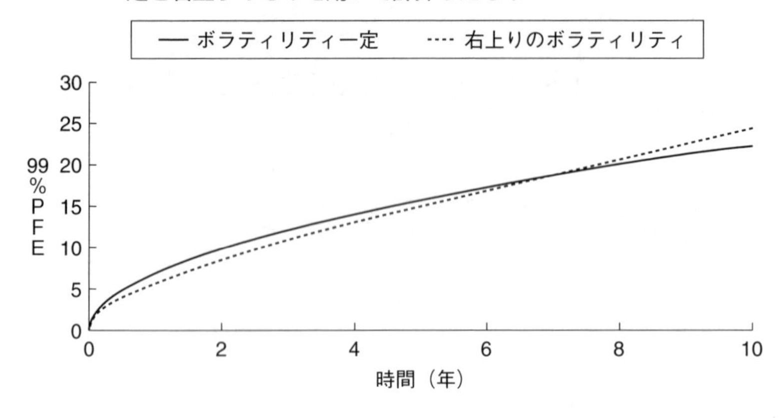

数ある。たとえば、現実世界でのパラメーター設定では、データセットに加え過去のどのストレス期を用いるかを決めなければならない。リスク中立におけるパラメーター設定では、インプライドボラティリティを外挿することで、市場価格を通しては観測できない点まで推定する必要があるだろう。過去には、現実世界とリスク中立でどちらの確率を用いるかについて多くの論争があったが、現在の研究（たとえば、Hull *et al*.(2014)）では、両方を利用する可能性が検討されている。

10.5.2　複雑さの度合い

リスクファクターの選定やエクスポージャーのモデル化はむずかしい問題である。その理由は、一方では扱いやすいが粗末なモデル、他方では洗練されたモデル、という要求のバランスをとる必要があるからである。この問題に関する市場の実務はいくぶん分かれており、xVAが本来的に不確実であるため、先進的なモデルは正当化できない、と考える人もいれば、カーブのダイナミクスやボラティリティ・サーフェスなどの側面を、もっと複雑に表現することを考える人もいる。

以下の例はこの問題を理解するうえで参考になるはずである。図10.15で示しているのは、金利キャップのPFEを、同じヒストリカルデータに対し

図10.15　金利キャップのエクスポージャーを1ファクターと3ファクター両方のモデルで求めたもの

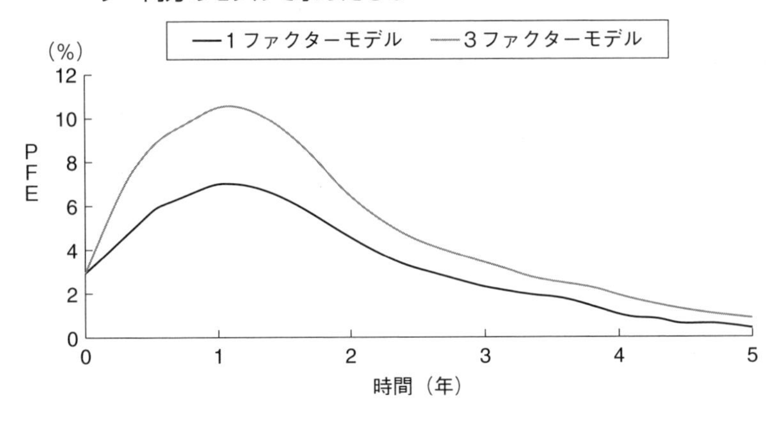

てパラメーターを推定した1ファクターと3ファクターの両方の手法で計算したものである。1ファクターモデルでは全体としてイールドカーブのパラレルシフトだけしか捕捉できず、スティープ化やフラット化の動きは限定的にしかとらえられない。他方で、より洗練された3ファクターの手法では、イールドカーブの形状により複雑な変化が生じることで、エクスポージャーは非常に大きくなる。なぜなら、キャップはイールドカーブの形状変化に対して感応度が高いからである。

これと似たリスク中立の例を金利スワップについて示したのが図10.16である。ここでEEが大きく異なっている。これは、インプライドボラティリティ・サーフェス（スワップション価格）への当てはまり度合いが両モデルで異なるからである。なお、もし一般的なパラメーター推定の手法を用いるとすると、この問題は大きくなる。なぜなら、インプライドボラティリティを用いたパラメーター推定を、個別取引に対してあつらえることができないからである。たとえば、もし対象ポートフォリオのスワップの満期が広い範囲に散らばっているならば、スワップション価格に対するパラメーター推定の当てはまりは良くならないだろう。

上記の問題は、エクスポージャーの定量化の検討対象が比較的単純な商品であれば、そこについては基本的なモデルが使えるという点である。しかし

図10.16　金利スワップのエクスポージャーを1ファクターと3ファクター両方のモデルで求めたもの

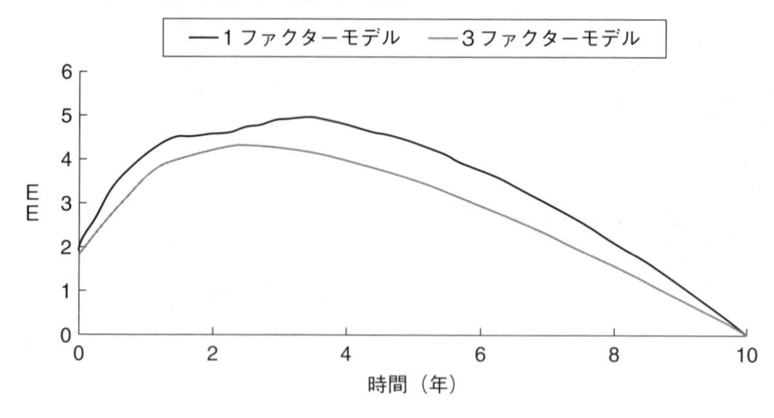

ながら、おそらくは少額ながら複雑な商品が含まれ、こちらに対してはより洗練された手法を用いるほうが適切であろう。だが、複数手法を併用するのは実用的ではないし、より複雑な手法をポートフォリオ全体にわたって用いるのは非常にリソースがかかるだろう。

したがって、モデル化の選択は取り扱う問題の性質に非常に強く左右される、ということを念頭に置くことは大事である。重要な検討事項は以下のとおりである。

●ポートフォリオの複雑さ

上記のとおり、主にプレーンバニラの取引からなる単純なポートフォリオでは、あまり洗練されたモデル化手法を用いることは正当化されない。このため、プレーンバニラの商品を正しく取り扱うことに注力するほうが適切である（例えば、スワップションのパラメーター設定の妥当性など）。

●担保差入れ

有担保のポジションに対してもより単純なモデルを使うことが勧められる。その理由は、担保の性質として、タイムホライズンを短縮し、インザマネーやアウトオブザマネーといったオプション性をアットザマネーに変えるからである。そのうえ、マージンリスク期間（MPR）の選択のほうが、エクスポージャーのシミュレーションモデルの選択よりも重要性が圧倒的に高い。

● **次元性**

高次元（例:所与のカウンターパーティに対する複数の金利や為替のリスクファクター）の場合は、より簡素なモデルが勧められるだろう。なぜなら、裏にある共依存性のモデル化を検討することが重要だからである。

● **誤方向リスク**

もし誤方向リスクモデルを実装するのであれば、基本的な設定は単純なままにしておくことがさらに重要になる。

● **計算負荷**

迅速なプライシング、感応度計算、およびシナリオ分析の必要があると見込まれるため、過度なハードウェア要件を求めるようなモデル化の枠組みを選択しないことが大事である。

10.5.3 一般的なコメント

以下では、さまざまなアセットクラスに関して一般的なコメントをしておく。上記のコメントに沿ったうえで留意するに値する点は、エクスポージャーをモデル化している多くの銀行やその他の金融機関のもつポートフォリオは、ほとんどが金利系と為替系の商品で占められているということである。このため、これらのアセットクラスに対しては、おそらくほかより多くの注意が向けられるだろう。

● **金　利**

上記のとおり、マルチファクターモデルが重要となりうる。この文脈では、ショートレートかLMMという、二つの基本的な種類のモデルのうちのいずれかが選ばれることが多い。ショートレートモデルの長所は、通常パラメーター設定やシミュレーションの点で数値計算上単純であり、たいてい他のアセットクラスのモデルとの組合せが簡単になるという点である。LMMモデルは数値計算的にはより複雑になる傾向があるが、キャップレットやスワップションなど他の商品に対するパラメーター設定に関してはより柔軟である。なお、LIBOR-OISベーシス（第13章）などの要素は、確定的な調整としてしかとらえることができないだろう。

●為　替

単純な幾何ブラウン運動を為替に適用する手法は、依然として大変広く使われており、ヒストリカルの時系列またはオプション市場を参照してパラメーターを推定する。長期のボラティリティと平均回帰性をどのように扱うか、という相互に関係した問題に対する明らかな解決策はなく、さまざまなアドホックな手法が実務では用いられている（たとえば、ボラティリティの単純な外挿など）。ジャンプ拡散過程は新興市場やペッグ通貨の特徴を表すためにしばしば用いられてきた。タイムホライズンが短くなるほど、こうしたジャンプをとらえる重要性は高くなる（例：Das and Sundaram（1999）を参照）。

●インフレーション

インフレーション商品は、為替と似た方法でモデル化することができる。なぜなら、裏付けとなる実質レートと名目レートを現地通貨と外国通貨のように扱うことができるからである。標準的なイールドカーブが実質的に現地通貨を決定するとするのと同時に、物価連動債を外国通貨のパラメーター推定に用いることができる。ボラティリティはインフレーションオプションにあうように推定されるだろう。

●コモディティ

コモディティは決まった水準へ平均回帰する傾向が強く、この水準は生産の限界費用を表している（例：Pindyck（2001）、Geman and Nguyen（2005）を参照）。さらに、多くのコモディティは価格に季節性がみられる。この理由は、収穫のサイクルや年間を通した消費量の変動があるからである。コモディティのPFEに対してリスク中立のドリフトを用いるのは特に危険かもしれない。これは、原資産によっては強いバックワーデーションやコンタンゴがあるからである（10.4.2節参照）。しかしながら、貯蔵できない商品（たとえば電力）はスポットとフォワードの価格の間に裁定関係がなく、それゆえにフォワードレートが将来の期待価格について意味のある情報を含んでいるのかどうかについて、議論となるかもしれない。

●株　式

株式の標準的なモデルは幾何ブラウン運動であり、株式の収益率は正規分布に従うと仮定する。原資産のボラティリティも市場がインプライするものか、ヒストリカル分析から決定するかのいずれかになるだろう。実務上の目的では、原資産の株式一つひとつについてシミュレーションを試みるのは得策ではないかもしれない。非常に時間がかかるだけではなく、必要となる大きな相関行列が適切なかたちにならない可能性がある[9]。むしろ、すべての主要なインデックスをシミュレーションし、個別株式の価格変動をその株式のベータ[10]を用いて推定することが選択されるだろう。

モデル選択には平均回帰性などの効果の決定も含まれる[11]。平均回帰性を入れ間違うと、長いタイムホライズンにおいて非現実的に大きいエクスポージャーが生じることがある。しかしながら、これらの数値の設定は簡単ではないだろう（平均回帰性は、たとえば、ヒストリカルデータと市場データのどちらから推定するにしても簡単な話ではない)。平均回帰性について他の点（負の金利を許容するモデルなど）と一緒に誤った設定を行うと、PFE に対しては特に問題となりうる。なぜなら、高い分位点のところで経済的に説明のつかない事象になっているとみられることがあるからである。Sokol (2014) はこの論点についてさらに詳しく論じている。

用途からいって、エクスポージャーモデルに確率ボラティリティなどの要素を取り入れるのは簡単ではない。ボラティリティスマイルなど、さらにエキゾチックな特徴は通常、近似的にしか組み込まれず、ボラティリティの時

9　こうした点は解決することができる。特に、相関を正則化して、可能な限り妥当なものに近い（半正定値）相関行列を得る方法がある。しかしながら、これには時間がかかり、より簡単な方法が求められるなかで複雑すぎるとみなされるかもしれない。株式がエクスポージャー全体のうちそれほど大きな部分を占めていない場合は特にそうであろう。

10　資本資産価格モデル（CAPM）で定義されるように、ベータはある株式の収益率と株式インデックスの収益率の共分散を、株式指数の収益率の分散で割ったものとして表される。

11　なお、このコメントはPFE モデルに対してより意味がある。CVA の目的では、平均回帰性の問題は、ボラティリティの期間構造に対して行うパラメーター推定と関係がある。

間変動などは通常は完全に無視される。

10.5.4 相　　関

典型的なエクスポージャーシミュレーションでは、数百、あるいはおそらく数千のリスクファクターをモデル化することになる。次に、多次元の依存関係を特定するのに大きな相関行列が必要になる。単一取引の場合でさえ、この依存関係は重要なものとなることがある。たとえば、通貨スワップは為替レートと二つの金利に対するリスクがある。ゆえに、少なくとも三つのリスクファクターとそれらの間の三つの相関が考慮されなければならない。しかしながら、将来エクスポージャーを決定するうえで、それぞれの相関の重要性は大きく異なるだろう。通貨の異なる二つの金利スワップに対しては、各金利間の相関は非常に重要なパラメーターであろう。しかしながら、たとえば原油価格と為替レートの相関は重要でないか、あるいはまったく関係がないだろう。同一アセットクラス内の相関とアセットクラス間の相関とを区別することで得るものは多い。

銀行の行う多くの顧客ビジネスの性質として、カウンターパーティごとにアセットクラスが特定されていることがある。たとえば、金利商品はあるカウンターパーティと取引されるが、コモディティは別のカウンターパーティと行われるという具合である。同一アセットクラス内の依存関係（たとえば、異通貨金利間の相関）は重要な要素であろう。事実、これはイールドカーブの微妙な動きの影響よりも重要かもしれず、このため、比較的素朴な（ファクター数の少ない）金利モデルを使うことが正当化される。こうした相関は時系列から推定することができ、スプレッドオプション、バスケットオプション、クウォントオプションなどの商品の取引価格を通して観測できることもある。

場合によっては、あるカウンターパーティとの取引全体が二つ以上のアセットクラスに存在していたり、通貨スワップなどのアセットクラスを跨いだ取引を含んだりすることもあるだろう。このときは、アセットクラスを跨ぐリスクファクター間の相関は慎重に検討されなければならない。アセットクラス間の相関は過去の時系列データから推定するのがよりむずかしい。なぜなら、アセットクラスを超えた関係性はとらえにくいため、その相関は不安定となる可能性が高いからである。そのうえ、これらは市場商品の価格からインプライできないことが多いだろう。特に担保差入れをしないカウンターパーティの場合、単一のアセットクラスの取引しかなく、アセットクラス間の相関の重要性が低いことがしばしばある。そうはいっても、比較的単純なデリバティブのエンドユーザーでさえ、たとえば航空会社のように、理論的にはコモディティ、為替、金利の商品に跨って取引することがありうるので、その場合は将来エクスポージャーが多数のアセットクラス間および同一アセットクラス内の相関パラメーターに依存することになる。

通常、エクスポージャーのシミュレーション・システムでは数百のリスクファクターが必要となり、そこから数万の相関が発生するが[12]、その多くが将来エクスポージャーに対してほとんど影響を示さないだろう。しかしながら、なかには非常に重要なものがあるので、こうした影響を理解し、感応度分析を行うことで、時系列データを用いた浅はかな相関推定だけに頼らないようにすることが必要である。

10.6 数値例

10.6.1 データセット

ここでは、いくつかの例を用いて、ネッティングの便益の実現について検討する[13]。検討した取引は以下のとおりである。

●基本ケース

7年固定払い米ドル建て金利スワップ(「7年固定払い金利スワップ」)

---

12 この値は$N(N-1)/2$となる。ここでNはリスクファクターの数である。

13 これらの例のシミュレーションデータの作成には、Markit AnalyticsのxVA分析ツールである、Integrated Resource Managementを使った。当社に感謝したい。

図10.17　例として用いられる取引の EE と PFE の形状

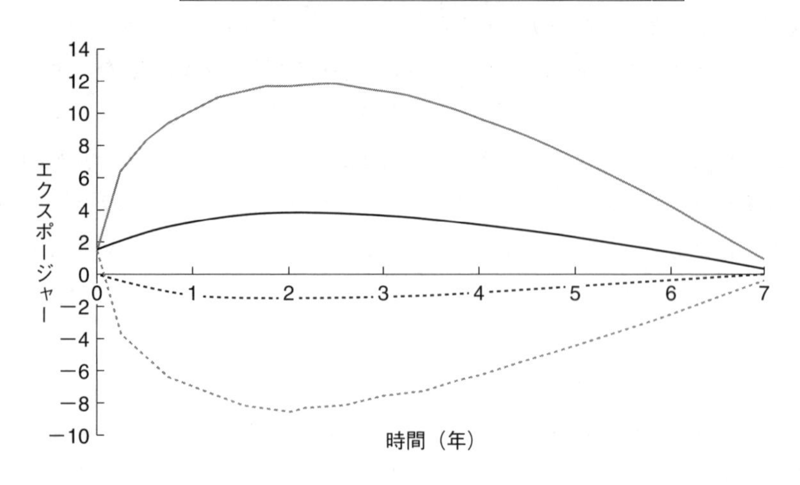

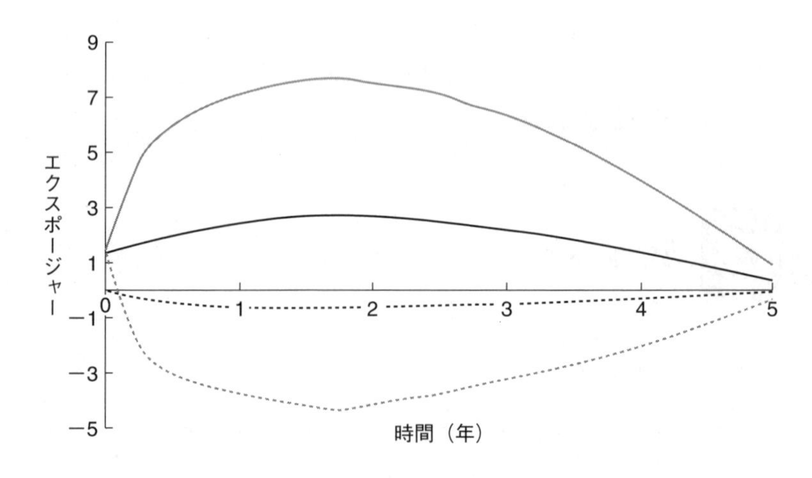

●取引１a

５年固定払い米ドル建て金利スワップ（「５年固定払い金利スワップ」）

●取引１b

上記の反対（つまり固定受け）（「５年固定受け金利スワップ」）

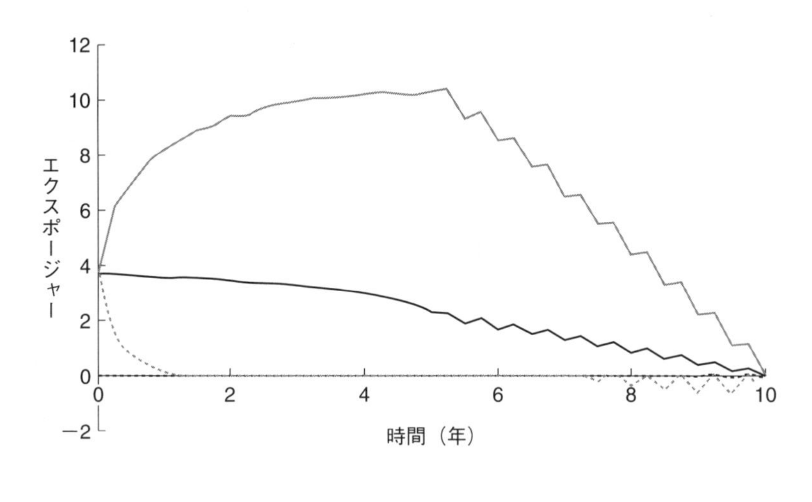

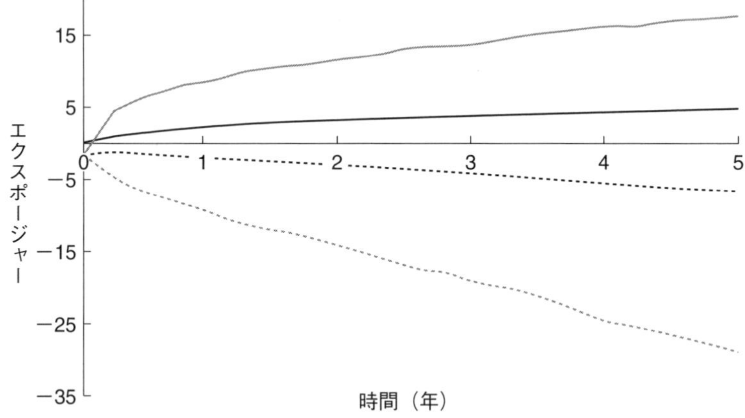

＊左ページ上から基本ケース、取引1a､右ページ上から2、3。カウンターパーティ側からみたエクスポージャーはNEEおよび5％PFEで表されている。なお、固定受けの金利スワップ（1b、記載なし）は単に固定払い（1a）の逆となる

●取引2

5年固定払い米ドル建て金利スワップ（現物受渡し）を原資産とした5年スワップション（「5年・5年ペイヤーズ・スワップション」）

●取引3

米ドル払い日本円受けの5年通貨スワップ（「ドル円通貨スワップ」）

通貨スワップ以外のすべての取引は想定元本100ドルであり、通貨スワップは１万円と相対的に小さくなっている[14]。エクスポージャーは３カ月間隔でシミュレーションを行い、全体で2,000回である。図10.17には取引レベルのEEとNEE、およびPFEの形状（正と負の両方）を示している。結果はすべて米ドルで表示される。

10.6.2　エクスポージャーの形状

ここでは、いくつかの異なるケースで生じるエクスポージャーの形状を検討する。すべての例において、ベースケースとしての「７年固定払い金利スワップ」から始め、これを上述のその他四つの取引でネッティングした影響を検討する。対象取引間の関係によるさまざまな影響をみることにする。

スプレッドシート10.3　ネッティングの影響の図示

ケース１：５年固定払い金利スワップ

この取引は、満期日が違うだけであり、ベースケースとの間に強い正の相関がある。図10.18に、シミュレーションで得られた将来価値のシナリオの例を示している。構造的に相関が強いということは、7.4.2節の例と同様、これらの値同士が互いに強く依存しているということである。二つのスワップの関係は、イールドカーブの形状の細かな変化に多少依存しているが、この変化はモデル化の手法によるところが大きい。例示したエクスポージャーの経路（パス）をみると、２～４年の時点で若干のネッティングの便益が出ている。しかしながら、大部分の経路ではこの小さな影響ですら発生しておらず、全体としてネッティングの効果はごくわずかである。図10.19にEEとNEEの値を示しているが、平均のネッティングファクター[15]はEEで

14　これは本来リスクがより大きい通貨スワップの結果が全体を左右することを避けるためである。米ドルの想定元本は43.5ドルである。

15　7.4.2節にあるように、ネッティングファクターはネットエクスポージャーのグロスエクスポージャーに対する比率である。ここでは、平均ネッティングファクターをネッティングありEPEのネッティングなしEPEに対する比率と定義している。

図10.18　5年と7年の金利スワップの将来価値のシナリオ例

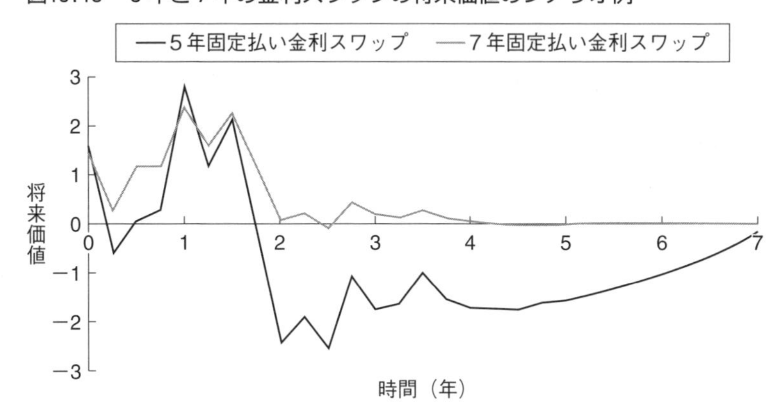

図10.19　金利スワップ（5年および7年）のエクスポージャー形状

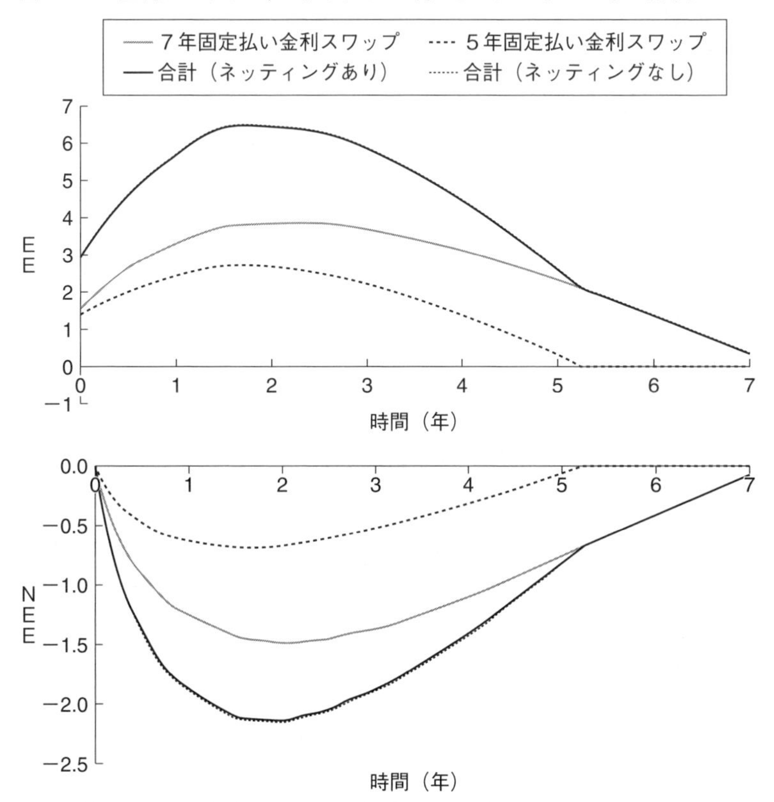

＊EE（上）とNEE（下）のネッティングありの場合となしの場合を示している。EEとNEEは非常に高い相関があるため、ほぼ純粋に加法的となっている

図10.20　金利スワップとスワップションのエクスポージャー形状

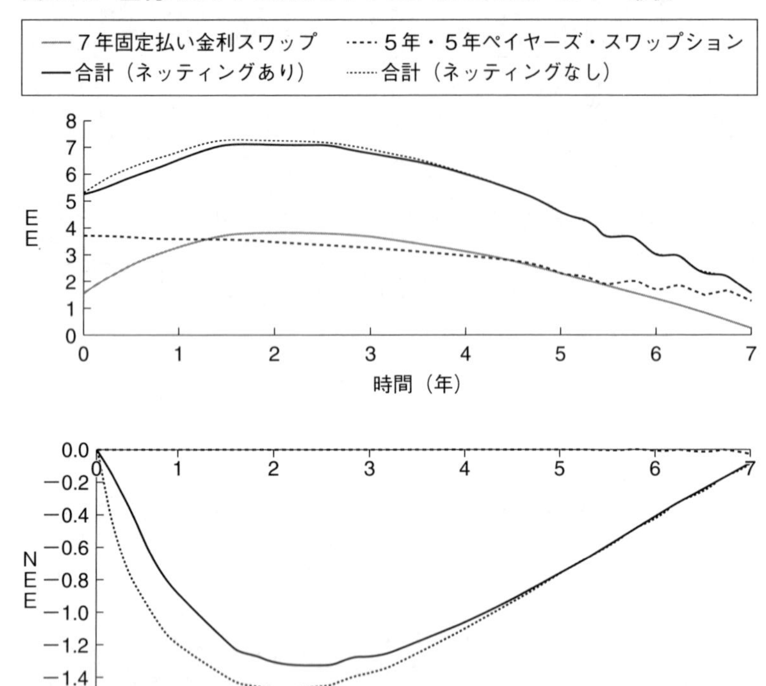

＊EE（上）とNEE（下）のネッティングありの場合となしの場合を示している

99.8%、NEEで99.3%にとどまり、ほぼ純粋に加法的となっている。

ケース2：5年・5年ペイヤーズ・スワップション

このケースでは、スワップと、原資産の満期が異なるスワップションとの比較を行っているが、それでも相関は高い。これはそれぞれの取引の一次感応度が同じためである。図10.20に示したように、相対的にネッティング効果は小さく、平均のネッティングファクターは98.1％（EE）と88.7％（NEE）である。なお、NEEの減少のほうが大きくなっているのは、スワップションが買いポジション、すなわち時価が正であるからである。

ケース3：ドル円通貨スワップ

ここでは、ベースケースである金利スワップと通貨スワップの組合せを検

図10.21　金利スワップと通貨スワップのエクスポージャー形状

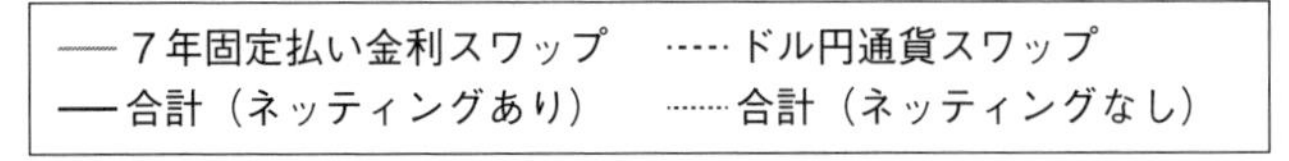

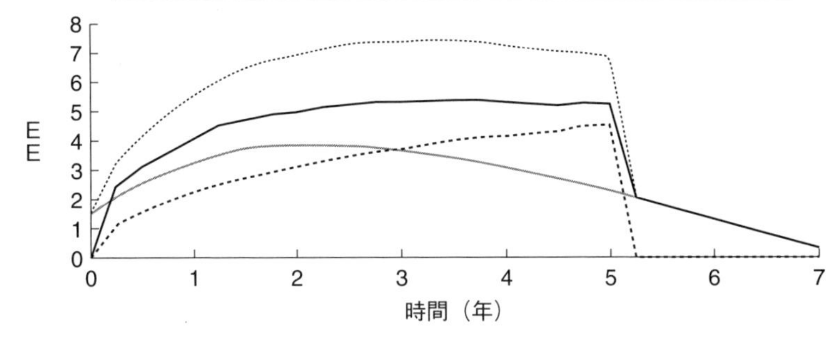

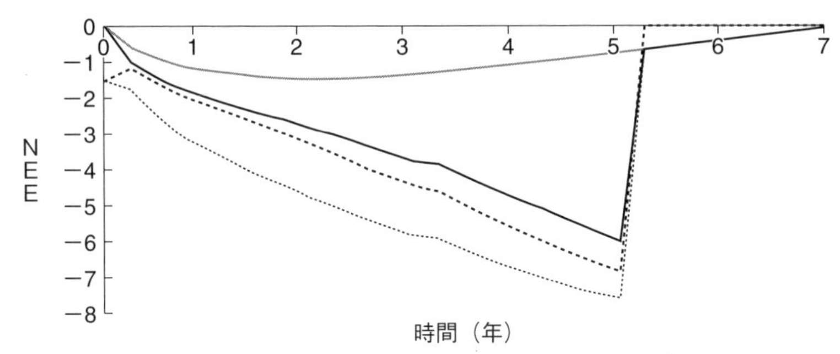

*EE（上）とNEE（下）のネッティングありの場合となしの場合を示している

討する。7.3.4節で述べたように、通貨スワップは為替部分の影響が支配的であるため、これらの取引間の相関は小さく[16]、適度なネッティング効果を生むはずである。図10.21にEEの形状を示しているが、ネッティングファクターは74.2%（EE）と66.5%（NEE）である。これは7.4.2節で議論した単純な近似値である、$1 \div \sqrt{2} = 70.7\%$にかなり近い。

ケース4：5年固定受け金利スワップ

最後に、ベースケースである金利スワップと、その反対（つまり固定受け）の金利スワップで満期が異なるものとの組合せについて検討する。このケー

16　金利・為替間の過去の相関は小さい。

図10.22　金利スワップとその反対の金利スワップのエクスポージャー形状

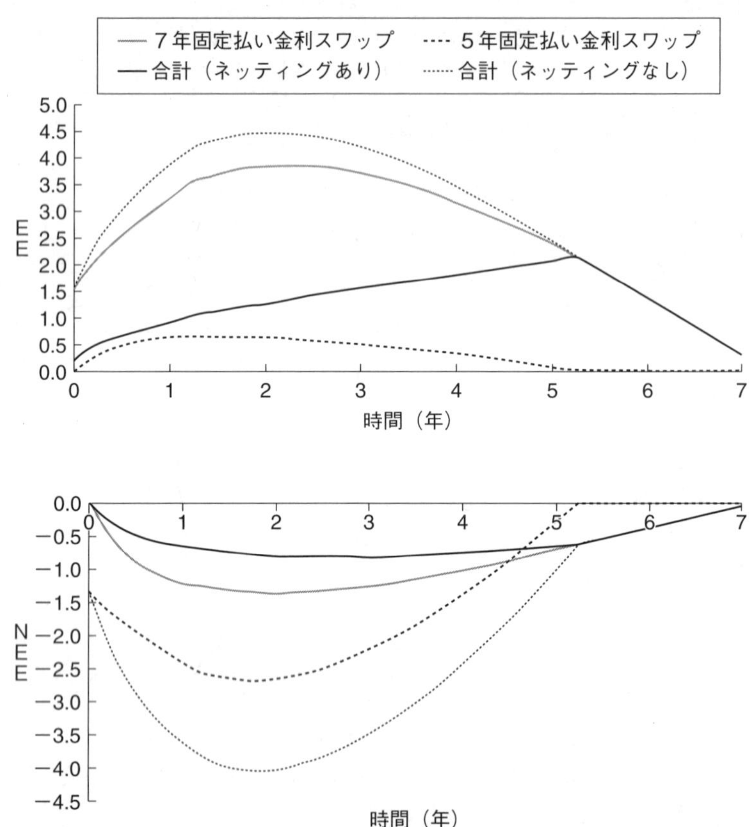

＊EE（上）とNEE（下）のネッティングありの場合となしの場合を示している

スは実務ではあまりみられないものの、構造的に相殺し合うポジションとなっていることから、非常に強いネッティング便益を生む。図10.22にEEとNEEの形状を示しており、ネッティングファクターは44.3％（EE）と26.5％（NEE）となる。なお、ネッティングありのEE合計が7年金利スワップ単独のものより小さくなっている。

10.7 エクスポージャーの配賦

上記の例から、ネッティングの便益がかなり大きくなりうることは明らかであるが、これらの便益を個々の取引に配賦する方法は明確ではない。もし取引のEE（やNEE）を別々に考慮するならば、現実のリスクを過大評価してしまうだろう。しかしながら、ネッティング後のエクスポージャーを複数の取引に分配するための一意的な方法はない。

10.7.1 単純な一期間2取引の例

ここで、正規分布として定義される、平均と標準偏差が異なる二つのエクスポージャーを考えよう。これを図10.23に示した。二つの分布はかなり異なっており、一つ目は平均値が正で、標準偏差はより小さい。二つ目は平均値が負で、標準偏差はより大きい。この結果、取引1と取引2のEEはそれぞれ7.69と7.63[17]と近くなっている。相関ゼロを仮定すると、両取引の期待エクスポージャー合計は10.72となる[18]。

さて、問題は10.72というエクスポージャーをどのように二つの取引に配賦するか、ということである。最もわかりやすい方法は、発生した順番を考えることである。もし取引1が先であれば、定義によりその時点で7.69のEE増加に寄与する。取引2は、単純な引き算により3.03だけになるだろう。もし順番が逆であれば、数字はほぼ逆のものとなるだろう。この方法を**増分（incremental）エクスポージャー**と呼ぶことにしよう。なぜなら、これが増分効果に依存しており、ひいては順番に依存するからである、増分を配賦することは通常最も妥当な手法である。なぜなら本質的に取引とは次々と続いていくものであり、複数の取引が数年越しで行われることもあるからで

17　これらEEの値は付録7Aの式を用いて計算できる。この効果は、インザマネーのオプションが、より大きい原資産のボラティリティをもつアウトオブザマネーのオプションと同じような価値をもつことに似ている。

18　各分布は独立であるので、合成した平均と標準偏差はそれぞれ $6-10=4$、$10^2+30^2=1000$ と計算することができ、付録7Aの式を使うことができる。

図10.23　単純なEEの例に基づく、エクスポージャーを決定する分布

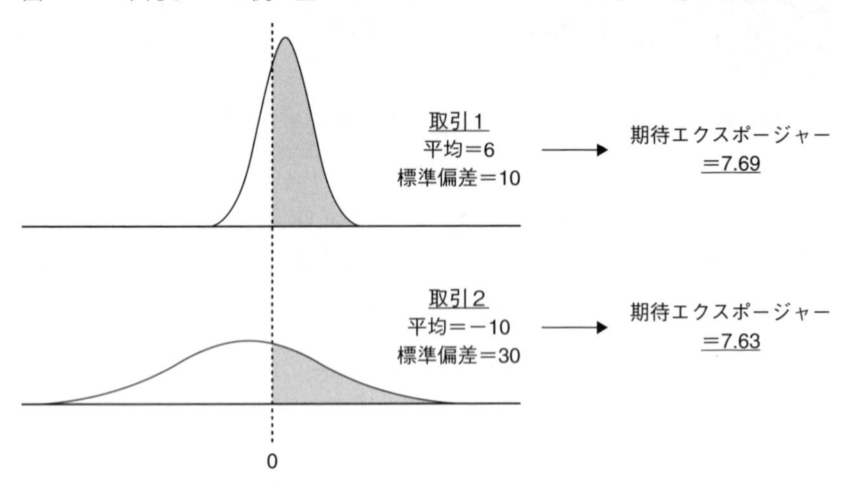

ある。

増分配賦によれば、常に最初の取引により多くのコストが賦課され、2番目の取引がネッティングの便益のすべてを得る。これは不公平にみえるかもしれないが、人生とはもともと不公平なものであるし、将来の取引活動は（普通は）予想できないので、価格提示の基準を構成する用途としては、増分配賦はおそらく唯一の説明可能な手法であろう。また、コスト賦課は取引開始時に決定され、事後的に賦課されるべきではない[19]とする、コスト賦課の考え方とも整合的である。

かわりに、エクスポージャーを順番でみるのではなく、どの取引が先に実行されたかによらず、エクスポージャーの公平な内訳を決定したいとしよう。もし二つの取引が同時に（例：同日の同一カウンターパーティに対する2取引）開始される場合や、エクスポージャーを分析して最大の寄与度をもつ取引を見つけるときには、これに意味があるかもしれない。単独のEEに従って値を単純に**比例配分**することもできるだろう。これはもっともらしくみえるかもしれないが、理論的には厳密ではない。より頑健な方法は**限界エ**

19　このことから、取引の開始時に実際の支払がxVAデスクになされるという、xVAの移転価格の考え方が導かれる。

クスポージャーによるものである。

よく研究の対象となる概念に、限界リスク寄与度（marginal risk contribution）がある。これは個々の構成要素に対して全体のリスク量を配賦する必要があることによる。たとえば、信用ポートフォリオについてはArvanitis and Gregory（2001）で説明されており、また限界VaRに関する議論はJorion（2007）にある。ほとんどの場合[20]、限界寄与度はリスク量のそのウェイトに対する微分として容易に計算可能である（Rosen and Pykhtin（2010））。したがって、限界EEを知るためには、EEの合計を構成取引のエクスポージャーのそれぞれで微分した値を数値的に計算する必要がある。以下において、これに関するより直観的な説明を行うことにする。限界EEは、ほとんどの場合、足し上げれば合計EEとなる。より数学的な詳細は付録10Cにある。

ここでは、二つのエクスポージャーの分布は独立であるという仮定のもとで、限界EEを計算する。全体の結果[21]は表10.3にまとめており、増分エクスポージャーや大雑把な比例配分アプローチとも比較している。取引1より標準EEが小さいにもかかわらず、取引2の限界エクスポージャーは実際かなり目立って大きいことがわかる。より小さな期待値とより大きな標準偏差をもつ分布のほうが、それとは反対の特徴をもつものよりも、全体のエクスポージャーにより大きく寄与しているということになる。

表10.3　図10.23の簡単な例に対するさまざまなEE分解のまとめ

	増分（取引1が先）	増分（取引2が先）	比例配分	限界
取引1	7.69	3.09	5.38	3.95
取引2	3.03	7.63	5.34	6.77
合　計	10.72	10.72	10.72	10.72

*エクスポージャーは互いに独立と仮定している

20　明らかに困難なケースとして、信用極度額や当初証拠金のある担保契約がある場合がある。これについてはRosen and Pykhtin（2010）でより詳細に議論されている。

21　スプレッドシート10.4にあるように、正規分布の場合には解析的な表現ができ、シミュレーションの必要がないので、限界EEの計算はかなり簡単になる。

スプレッドシート10.4　限界エクスポージャーの計算例

つまり、増分エクスポージャーはエクスポージャーが連続して積み上がるときに適しており、実際に実務上そうであることは多い。これが不公平となりうるのは、増分エクスポージャーが各取引のタイミングとそれぞれの特徴に依存する点である。限界エクスポージャーによる配賦は公平ではあるが、新しいエクスポージャーが追加されるたびに変化してしまい、リスクの元となる相手に（直接的にxVAを通して、または間接的にPFEや信用リミットを通して）負担させるには適切でない。このことを示すために、平均7、標準偏差7の正規分布に従う（やはり単体で7.58と似たようなEEとなる）3番目のエクスポージャーを追加することを考えよう。数字の変化を表10.4で示している。限界EEはより公平にみえる一方、3番目のエクスポージャーの効果により初めの二つの取引の大きさが変わることになる（実際、1番目は増加し2番目は減少する）。設定上、増分エクスポージャーでは変化が起こることはない。

それでは、増分エクスポージャーと限界エクスポージャーの実際の例をあげて、これらが実務上どのように役立つかを議論することにしよう。

10.7.2　増分エクスポージャー

最も一般的には、ネッティングセット中のエクスポージャーに対する新規取引の影響を評価するために、エクスポージャーの合算はネッティングセッ

表10.4　表10.3と同じように、取引3を追加したもの

	増分（取引1が先）	増分（取引2が先）	比例配分	限界
取引1	7.69	3.09	4.86	4.45
取引2	3.03	7.63	4.82	5.67
取引3	3.76	3.76	4.79	4.36
合　計	14.48	14.48	14.48	14.48

トレベルで行う。ネッティングセットに含まれないエクスポージャーは通常は単純に加算されるが、唯一のありうる例外としてはFVAがあり、これは第15章で議論する。増分エクスポージャーは以下のように定義される。

$$EE_i^{incremental}(u) = EE_{NS+i}(u) - EE_{NS}(u) \tag{10.2}$$

つまりこれは、ネッティングセットのエクスポージャーに関して、新規取引を追加したもの（$NS+i$）から、元のネッティングセット（NS）のものを引いたものである。同様の式が、NEEやPFEといった別のリスク量や、他の形式での合算を要する計算にも適用される。

10.6.2節で示された例から、増分エクスポージャーを通じたネッティング効果を検討しよう。図10.24は、四つのケース（取引1a、1b、2、3）の取引に10.2式の（i）として基本ケースの取引を追加した場合の増分エクスポージャーを示している。言い換えれば、ネッティングセットには元から四つの取引のうちの一つが含まれると仮定し、7年固定払い金利スワップをこれに追加した場合の影響を検討している。追加取引単独のEEは常に変わらないが、増分EEは既存取引に依存する。

スプレッドシート10.5　増分エクスポージャーの計算

結果は次のように説明できる（すべてのケースに関し、基本ケースの取引（7年固定払い金利スワップ）を加えたときの増分効果を見ていることに注意）。

- **5年固定払い金利スワップ（取引1a）**

この取引とベースケースの取引が似ており、増分EEが単独のEEときわめて近いという類似性を考えれば、影響は実質的にゼロである。

- **5年・5年ペイヤーズ・スワップション（取引2）**

一方向に偏った取引であることから、わずかではあるがEEとNEEの双方にはっきりした影響がある。

図10.24　四つの取引例それぞれに基本ケースの取引（7年固定払い金利スワップ）を追加したときの増分エクスポージャー

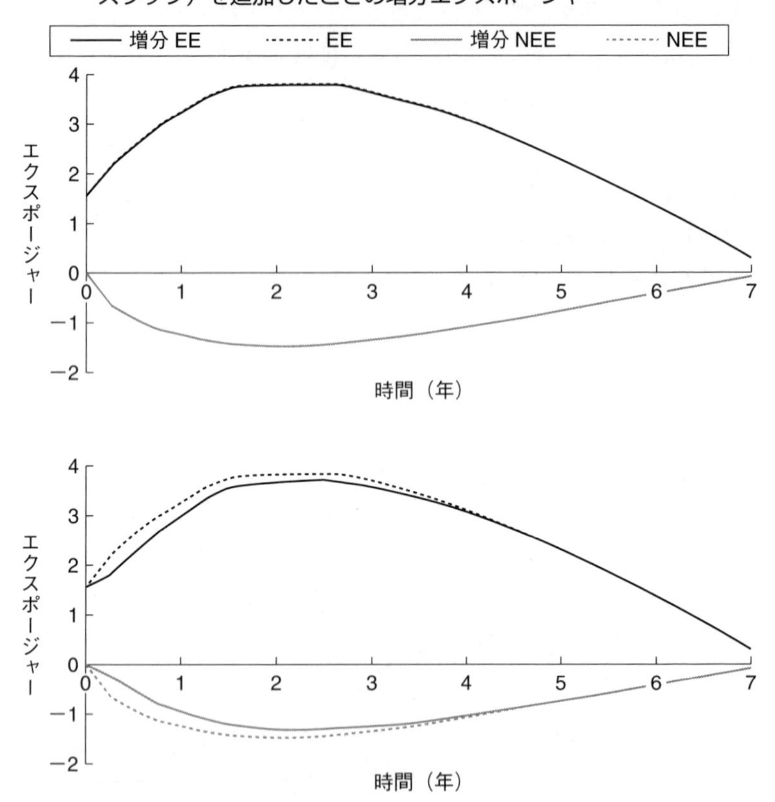

● ドル円通貨スワップ（取引3）

主に金利とドル円の為替レートとの間の相関の低さから、ほかより遥かに大きな影響がある。なお、NEEへの影響はより顕著であり、実際（通貨スワップが満期を迎える5年の時点まで）正になっている。

● 5年固定受け金利スワップ（取引1b）

取引間に構造的な負の相関があるため、強い影響がみられる。なお、NEEでは正負が逆転している一方、EEではそうなっていない。

上記の例で示されているのは、既存のネッティングセット次第で増分エク

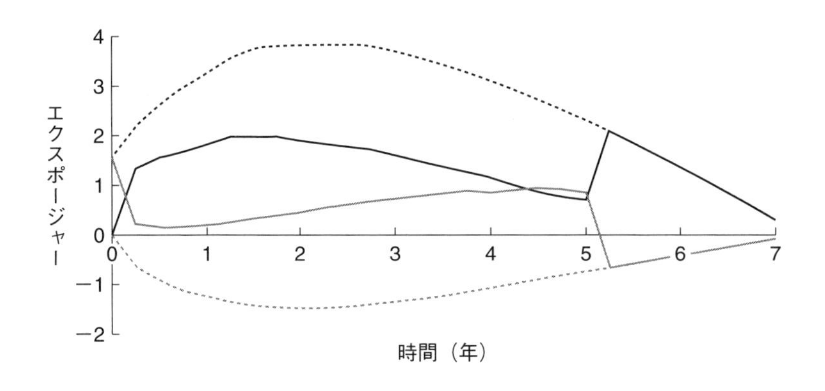

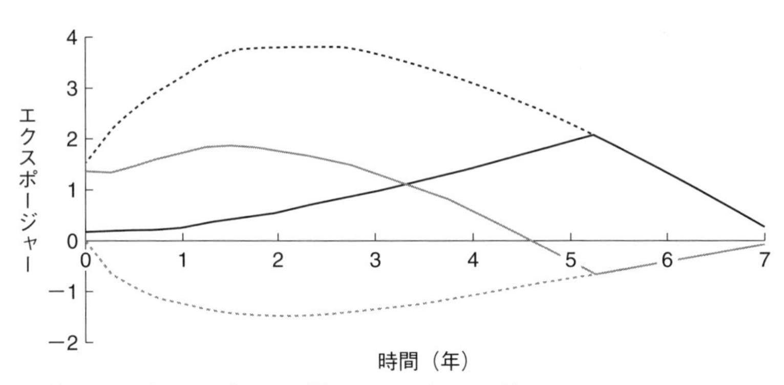

＊グラフは、左ページ上から取引1a、2、右ページ上から3、1b

スポージャーは劇的に変わりうるし、正負が変わることさえある、ということである。追加された、または取り除かれたリスクの真の大きさを理解するには、この効果の特性を正しく把握することが当然非常に重要である。また、同じカウンターパーティとの間の同じ取引であっても、取引当事者が違えばエクスポージャーが異なるであろう。これは、当事者によって既存のネッティングセットが異なるからである。事実カウンターパーティは、より好ましい既存取引をもつ当事者とのほうが取引が容易になることに気づくはずである。この極端な例としては、反対取引（取引解消）を、既存取引を

図10.25　図10.23で示した単純な二つの取引例の限界EEを、正規分布間の相関係数の関数としたもの

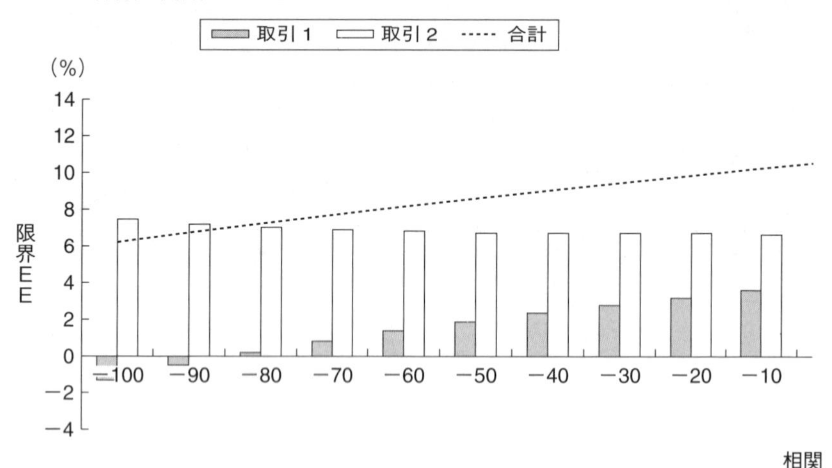

行ったのと同じカウンターパーティとの間で実行するのが最も容易となる場合がある[22]。

10.7.3　限界エクスポージャー

リスク管理において、もともとのリスクがどこから発生するかを問うことはよくあり、また自然なことである。リスク管理の責任者やxVAデスクにとっては、全体のエクスポージャーを表す数字が「分解（drill down）」でき、全体のリスクに対して寄与度が最大の取引がどれなのかが理解できれば便利だろう。これが重要な情報となるのは、取引を解消するか、あるいはさらなる取引を行うかを検討するときである。限界エクスポージャーはこの文脈において有用である。なぜなら取引単位の（単独の）エクスポージャーが近いからといって、全体のネッティング後のエクスポージャーに対する寄与度もまた近いということにはならないからである。

22　ネッティングセット内の他の取引次第でもあるので、これは必ずしも正しくないかもしれない。そのうえ、カウンターパーティがこのことを知っていれば有利な価格を提示しないかもしれない。

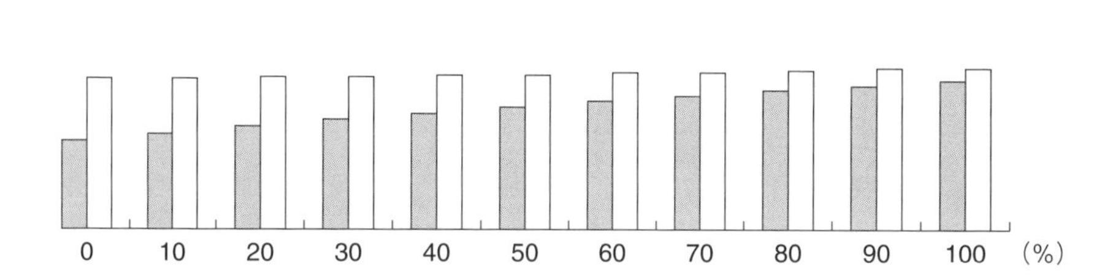

まず、図10.25にあるような範囲の相関係数の値について、10.7.1節の簡単な計算を再度行うことにしよう（計算は上述のスプレッドシート10.4にある）。合計 EE は－100％の相関で最小になり、相関の上昇とともに増加していく。これは全体のネッティング効果が減少するためである。合計 EE の限界的な構成要素の内訳は、相関に非常に大きく依存する。すでにみてきたように、相関ゼロにおいて、全体の EE に対して最大の寄与度となるのは取引２である。負の相関では、より「リスクの高い」取引２は正の限界 EE をもち、負の限界 EE をもつ取引１によって部分的に相殺される。高い相関では、限界 EE はともに正であり、ほとんど同じ大きさとなる（ネッティングの便益がほとんど、またはまったくないため）。

ここで強調されるポイントとしては、低い相関、もしくは負の相関をもつ取引にとって、限界 EE の理解が特に重要ということである。ある取引の限界 EE は、ネッティングセット内における他の取引との関係に依存する。あるネッティングセットにおいてリスクを減少させる（負の限界 EE をもつ）取引は、別のネッティングセットでは同じ特徴をもたないかもしれない。

限界エクスポージャーが意味のある指標だという明らかな理由が二つある。第一に、二つ以上の取引が同時に（または短い間隔で）発生するような場合があり、それゆえ増分配賦は不適切（かつ恣意的）であろうということである。そして第二に、どの取引を解約したり整理したりするかというような意思決定を行うためには、エクスポージャーを構成要素に賦課し直すことが重要な場合があるということである。このため、増分エクスポージャーは新規の単独の取引の定量化には明らかに有用である一方、他の状況では限界エクスポージャーもまた有用な指標となりうる。

スプレッドシート10.6　限界エクスポージャーの計算

ここで、金利スワップ（7年固定払い金利スワップ）と通貨スワップ（ドル円通貨スワップ）を用いて、限界EEの計算の一般的な例をみることにしよう。図10.26は増分配賦（それぞれが先の場合）した場合と限界配賦を行った場合の期待エクスポージャーを示している。なお、1番上の輪郭は全体のエクスポージャーを表しており、すべてのケースで同じとなる。増分配賦された2番目の取引は、1番目の取引に比べてエクスポージャーが小さくなることがわかる。取引が同時に発生したのであれば、限界配賦のほうがより公平かつ適切であろう[23]。14.4.3節では、この例に戻ってそれぞれのCVAの値を示すことにする。

自然な疑問として、取引のエクスポージャーを個々に分けてみるのに比べて、限界エクスポージャーの表すものに何か重要な違いがあるだろうか、ということがある。答えはイエスである。上述の五つの取引（10.6.1節）の期待エクスポージャーの合計をみてみよう。図10.27の下図に期待エクスポージャーの限界配賦を示しており、上図の単独の寄与度（ネッティングの重要性から全体的に相当大きくなる）と比較している[24]。

上記の例で、取引全体のエクスポージャーを削減したいとしよう。たとえばそれは信用リミットを遵守するため[25]かもしれないし、カウンターパー

23　配賦に関する問題は依然いくらか残る。なぜなら、同時に起きた取引同士には限界的に配賦したいと考える一方で、それらの取引の全体的な影響はネッティングセットの既存取引に対して増分的に配賦すべきだからである。

24　前掲図10.23で示している。

図10.26　金利スワップと通貨スワップのEEの内訳

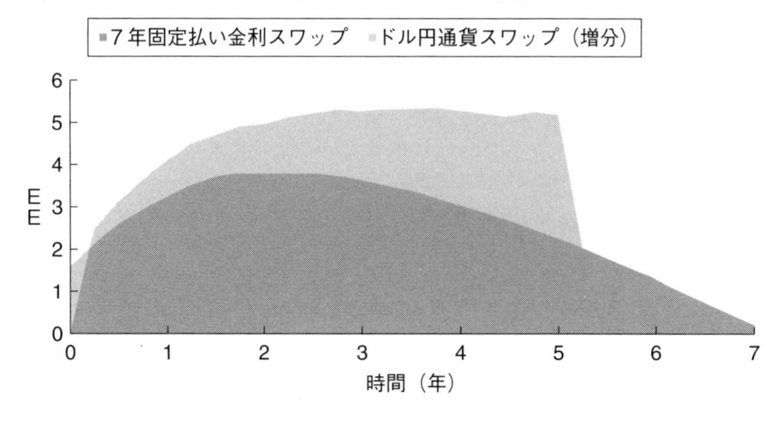

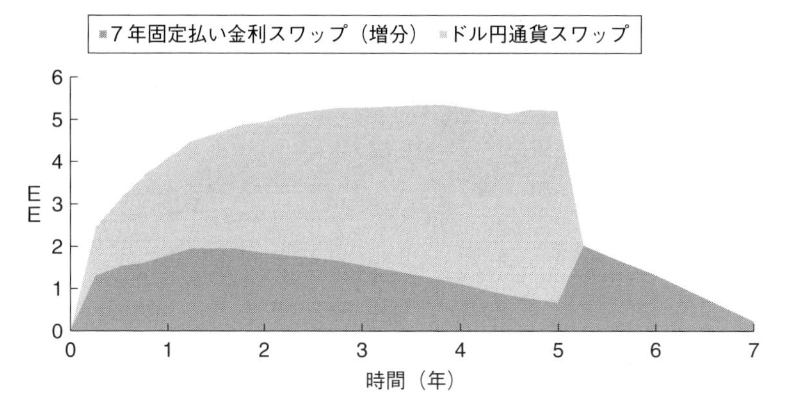

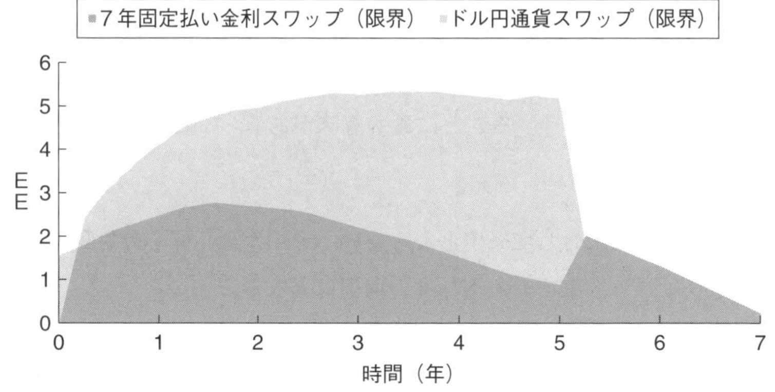

＊上から増分配賦（通貨スワップが先）、増分配賦（金利スワップが先）、限界配賦

図10.27　五つの取引の期待エクスポージャーの単独値（上図）および限界値（下図）

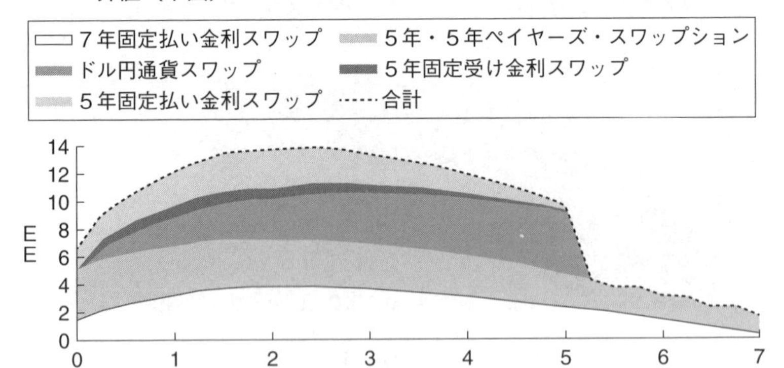

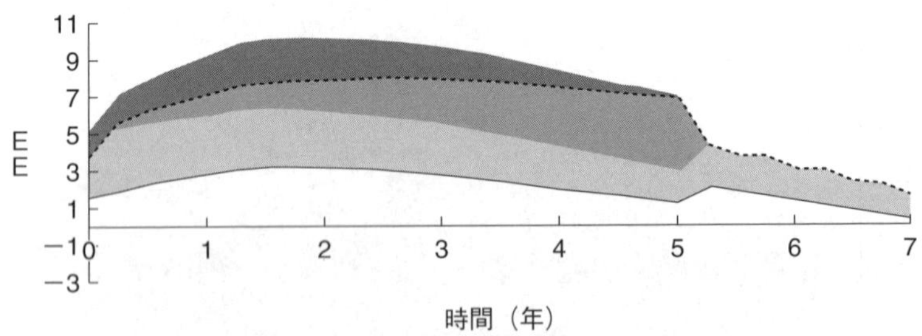

＊なお、後者では固定受け金利スワップの負の寄与による減少が合計に反映されている

ティに対するxVAが過大（しかもすぐにはヘッジができない）と思われるからかもしれない。他のすべてが同条件ならば、より高い限界EE（またはPFE）をもつ取引に注目することに最も意味がある。ここでの関心事は次の2点である。

- 限界配賦は時間に対して一定とならない。そのため、関心の対象となるタイムホライズン次第で最大寄与度の取引は異なる。

25　このような場合には、EEよりはむしろPFEのほうが指標として検討にふさわしいだろう。限界PFEの値はここで示したEEより全体として高い一方、性質上の振る舞いには差がない。

● どの取引が大きな寄与度をもつかを事前に予想するのは、必ずしも容易というわけではない。

図10.27では、単独の寄与度と比較して限界配賦の結果が大きく異なるということを示している。最もわかりやすいのは、固定受け金利スワップが負の寄与度をもつ点である。これは、固定払い金利スワップ（符号が反対の同額の限界エクスポージャーをもつ）とスワップションに対してリスク削減的となるためである。これとは別に、相対的な寄与度が全体的に異なっていることがわかる。

第14章のCVAとDVAの議論で、増分計算および限界計算について再び検討することにしよう。

10.8 まとめ

本章では、エクスポージャーの定量化、ならびに関連するモデル化の前提とその数値計算の実装について議論した。また、パラメーター設定に関する現実世界とリスク中立の間の論争について述べた。さらに、いくつかの実際の取引のエクスポージャーの例をあげ、増分計算と限界計算による指標を用いたエクスポージャーの配賦について議論した。次章では、エクスポージャーに対する担保の影響について議論する。

エクスポージャーと担保効果

統計は判断の代用にはならない。

Henry Clay（1777～1852）

11.1 概　要

前章では、ネッティング条項の取扱いを含む、無担保エクスポージャーの定量化のあらゆる側面を扱った。本章では、それに加えて担保をどのように考慮するかを議論する。大抵の場合、無担保エクスポージャーの定量化後、担保は別個に取り扱うことができる。なぜなら、一般的に担保は対象ポートフォリオの時価にのみ依存するからであり、さらに、担保条項は（常にではないが）大抵、ネッティング条項と同じか、より高いレベルで適用されるからである。

11.1.1　担保の一般的な効果

無担保エクスポージャーは、対象取引のタイムホライズン全体にわたって把握されるべきである。ドリフト、平均回帰性、ボラティリティの期間構造といった分布に関する長期の仮定は重要であり、キャッシュフロー発生日や権利行使日のような取引の詳細条件も考慮しなければならない。担保によって、通常は長期にわたって把握すべきリスクが、ずっと短い期間の、まずは重要となるリスクに変換される。以前議論したように、この期間はマージンリスク期間（Margin Period of Risk）としてよく知られている。これは図11.1で示されており、将来時点でポジションに比して十分な担保があるとき（例：担保契約において信用極度額がゼロ）、主な懸念はマージンリスク期間にわたる比較的少額のリスクとなる。留意すべきは、マージンリスク期間の長さが理由で、（図11.1で示されるように）キャッシュフローなどの側面が重要でなくなりうる点であるが、これについては、以下でより詳しく議論する。実際、カウンターパーティからの十分な担保がある限り、エクスポージャーの複雑なモデル化の一部分はしばしば省略されうる。すると、問題は短期間の市場リスクとなることから、市場リスクのバリューアットリスク（VaR）の手法（3.3.1節）と多くの共通点をもつことになる。

以上のことは一般的には正しいが、これからみるように、担保が全体とし

図11.1　担保が将来エクスポージャーに及ぼす影響の概要図

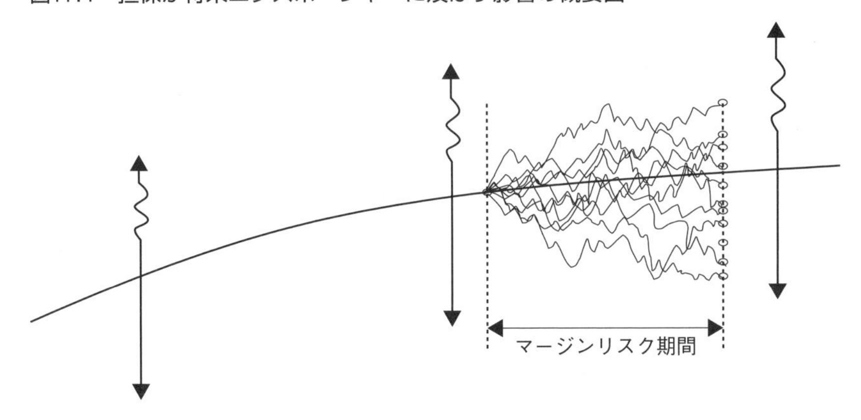

て及ぼす影響はいつも単純というわけではなく、期待されたはずのとおりにリスクを削減できないこともある。さらに、一部の契約条項は評価や定量化が困難となりうる。これらについては本章の後半で取り上げる。また、もう一つ注意すべきは、担保により残余の市場リスクがもたらされるが、これは無担保のリスクのほんの一部であるとはいえ、その定量化（11.3節）やヘッジは、よりむずかしく主観的なものになる点である。

11.1.2　モデル化のアプローチ

7.5.4節で述べたように（ここでは担保の分別保全のような論点は置いておく）、担保のエクスポージャーに対する影響は次のように定式化できる。

$$Exposure_{CCR} = \max(value - C, 0), \tag{11.1}$$

ここで、*value* は必要なクローズアウトの仮定（7.1.3節）に基づいた取引ポートフォリオの価値である。C はこのポートフォリオに対して授受された担保の価値を表しており、この一般的な定式化において、以下の可能性が考えられる。

- $C=0$、担保授受がなされていない

- $C>0$、担保が受け入れられている
- $C<0$、担保が差し入れられている

将来エクスポージャーを定量化するためには、将来において受け入れるであろう（あるいは差し入れるであろう）担保の金額を把握しなければならない。よくあるモデルでは、ある時点tにおいて利用可能な担保は前の時点$t-MPR$におけるポートフォリオの価値（時価）によって決定されると仮定する。

$$Exposure_{CCR} = \max(value_t - C_{t-MPR}, 0) \tag{11.2}$$

マージンリスク期間はパラメーターとして広範に用いられており、担保の処理プロセスにつきものの不確実性や遅延を表すものである。しかしながら、担保に関する紛争（collateral dispute）や市場ボラティリティの増加など、マージンリスク期間は本当に多くの不確実な要素を包含している。次節ではマージンリスク期間についてより詳しく議論し、これが何を表すべきなのか（あるいは表すべきではないのか）を十分に明らかにしたい。

11.2 マージンリスク期間

11.2.1 議論の準備

図11.2は、マージンリスク期間を用いて担保の効果を定量化する際の、一般的な整理を図示している。前章で議論されたように、無担保の時価は計算ずみと仮定する。ある時点tにおける有担保エクスポージャーを定量化するために、前の時点$t-MPR$において要求されていたであろう担保の金額を（最低限）知る必要がある。この担保の金額もまた、その時点の時価（MTM_{t-MPR}）と定義され、（6.2.8節で示したように）計算ずみのはずである。

なお、このマージンリスク期間の定義に関連して、デフォルトの仕組みの

図11.2　担保の効果をモデル化するためのマージンリスク期間の適用の概要図

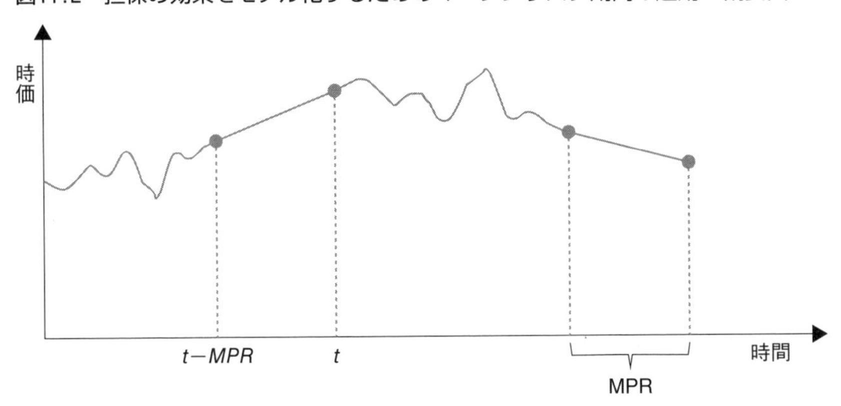

文字どおりの解釈は次のとおりとなる。

(1)カウンターパーティが、担保の差入れを含む契約上の支払の履行を中止する

(2)カウンターパーティがデフォルト状態にあると判断される

(3)取引当事者が(1)からちょうどマージンリスク期間だけ後の時点でクローズアウト処理を開始、即時に完了する。この時点までは、担保の差入れ以外のあらゆる契約上の債務（例：キャッシュフローの支払）が履行され続ける

上記は形式的な考え方である。カウンターパーティがまだデフォルト状態にないと判断される（6.6.2節で議論したデフォルト前の期間）(1)と(2)の間の期間でも、現実的には（約定キャッシュフローなどの）契約上の支払の履行はなされない場合がある。取引当事者自身が契約上の債務履行を中止することができるのは(2)の時点である。クローズアウト処理は即時には完了せず、流動性の低い商品や巨額のポートフォリオの処理には数日を要するだろう。以降の節では、マージンリスク期間の推定においてすべて考慮に入れるべき、数々の複雑な事項について議論する。

11.2.2　アモチゼーション

上述のように、現実にはデフォルトの直後に即時にクローズアウト処理が発生するのではなく、むしろ以下の事象を同時に伴いながら徐々に発生するものとなるだろう。

- カウンターパーティがデフォルト状態に認定される前の支払遅延分
- 取引のヘッジおよび移管
- 担保の流動化

現実の状況を表したものが図11.3である。デフォルト前の期間においては、クローズアウト処理が開始されておらず、リスクは削減されない。デフォルト後の期間においては、上記３項目の結果として徐々にリスクが減少していく。このことが示すのは、マージンリスク期間を単純にデフォルト前の期間とデフォルト後の期間の合計として解釈するべきではないということである。たとえば、デフォルト後の期間をn日間とし、この間リスクが線形に減少するとしよう。これは１日につき$1/n$ずつクローズアウトが行われるのと同義である（５日間かかれば、１日につき20%ずつクローズアウトが実施される）。実効的なデフォルト後の期間（分散を一定とした場合）は次式のようになるだろう[1]。

$$1+\frac{n}{3}\times\left(1-\frac{1}{n}\right)\times\left(1-\frac{1}{2n}\right)\text{日} \qquad (11.3)$$

これが意味するのは、もし実際のデフォルト後の期間が10日間であり、クローズアウト処理が上記のように線形に発生すると考えるならば、モデル化に用いられる実際のマージンリスク期間は、デフォルト前の期間の仮定に3.85日を加算したものとすべきである、ということである。

11.2.3　条件づけ

マージンリスク期間のもう一つの構成要素は、デフォルト事象の発生後の時価のモデル化における条件づけ（あるいは、条件づけを行わないこと）である。伝統的なエクスポージャーの定量化の際に通常暗黙のうちに仮定してい

1　この結果はJorion（2007）を参照。

図11.3　デフォルト前ならびにデフォルト後の期間、およびクローズアウト処理期間におけるリスク削減

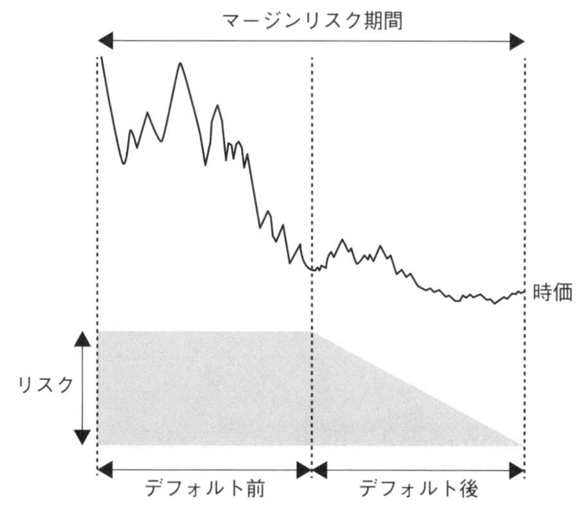

＊デフォルト後の期間において、時価のボラティリティは原資産のリスクに伴って減少する

るのは、対象ポートフォリオの時価の特性（分布の想定）が、カウンターパーティのデフォルト後もそのまま前と同じであり続けるということである。現実には、図11.4で示されるように、デフォルト直後のマーケット環境は前と違っており、きわめて当然にボラティリティが上昇するだろう。特にこのことは、大手金融機関のカウンターパーティに対して重要である。事実、リーマン・ブラザーズの破綻直後、クレジット・デフォルト・スワップ市場のボラティリティは、それ以前の時期に比べて5倍に跳ね上がった（Pykhtin and Sokol (2013)）。担保を差し入れているカウンターパーティは一般的に市場における重要性がより高く、より大きな店頭デリバティブのエクスポージャーを保有する傾向にある。そのようなカウンターパーティのデフォルトが及ぼす影響は、担保条件のいかんにかかわらず、典型的な無担保のカウンターパーティよりももっと大きいと考えられるだろう。

もし、エクスポージャーのシミュレーションで上記の効果を定量化しないのであれば、同様の効果をモデルに含めるためには、より長いマージンリス

図11.4　デフォルトイベント直後に起こると考えられる時価ボラティリティ上昇

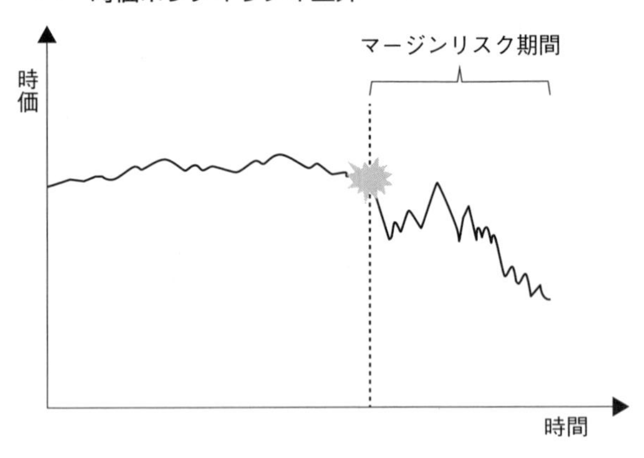

ク期間を適用するのが明確かつ簡単な手法であろう。「ルートT倍法」(7.3.2節）に従うと、あるポジションの年率のボラティリティをσとしたとき、t（年）後の時価の標準偏差は$\sigma\sqrt{t}$に従う。デフォルト直後にボラティリティが2倍になる影響を模倣するには、マージンリスク期間を**4倍**にする必要があるだろう。

11.2.4　紛　　争

マージンリスク期間に内在する構成要素はさらにもう一つあり、それは担保に関する紛争（dispute）の可能性である。事実、このことで規制上のマージンリスク期間が長期化され、バーゼルⅢの一つのポイントとなっている(8.6.3節)。紛争時に従うべきプロトコルでは、合意ずみの金額（undisputed amount）の担保をまず引き渡し、残りの紛争対象の金額（disputed amount）に対して、取引当事者同士で合意すべく交渉に入ることになっている。グローバル金融危機時に多くの金融機関が経験したように、紛争処理の手続は多大な時間がかかるものである。このプロセスを図示したのが図11.5である。理論的には、受け取る担保は、対応する期間における合意ずみの金額と紛争対象の金額の二つに分けられるべきである。これは実務的にはおよそ本質的ではないが、マージンリスク期間ではこの点を無視するべきではない。

図11.5　最終的に担保全額を受領すると仮定した場合の、紛争がマージンリスク期間に与える影響

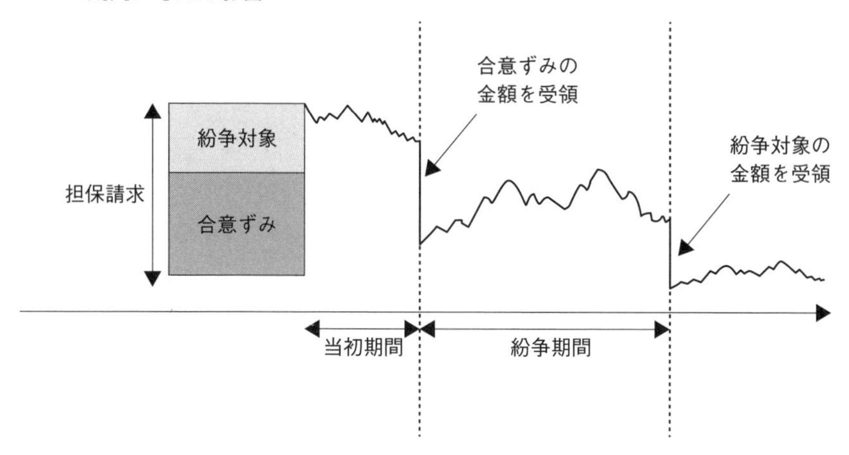

11.2.5　マージンリスク期間の離散化とキャッシュフロー

マージンリスク期間を選択したとして、次はエクスポージャーのシミュレーションの離散化に関連した議論が必要になる。図11.6で示しているように、本質的には二通りの選択肢がある。ルックバックアプローチでは、各エクスポージャーの定量化が必要な時点から$t-MPR$だけさかのぼった時点を計算に加え、その時点で要求されるであろう担保の金額を決定する。連続アプローチ[2]では、マージンリスク期間に等しい時間間隔で全時点のシミュレーションを行う。これには当然コストがより多くかかる。

図11.6に示したルックバックによるやり方は、明らかに低コストではあるものの、さらなる単純化が必要である。ある時点で要求される担保金額は、明らかにその時点で保有している担保金額に依存している（第6章の6.1式を参照)。ルックバックによる離散化手法では、この時点でいくらの担保が保有されているはずかはわからないであろう。たまたまルックバック時点で超過担保の状況にあり、それゆえに実際の担保の要求金額は（もし必要なら）

2　マージンリスク期間の単位での連続性。

図11.6　担保のモデル化における二つの離散化手法

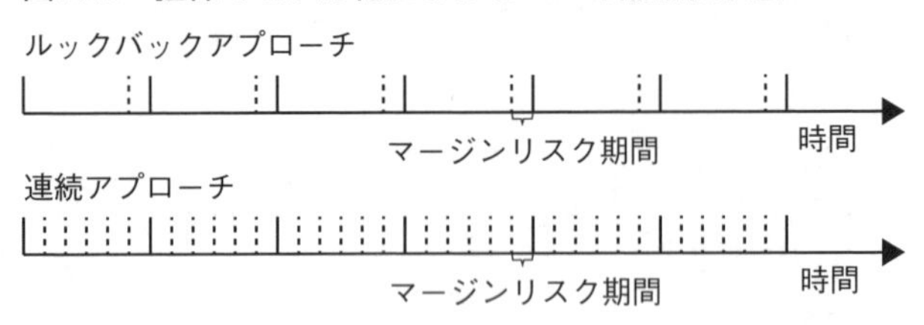

時価の変動分より少額のはずかもしれない。このような理由で、最低引渡金額のような条件はルックバックアプローチでは取り扱うことができない。なぜなら、これを適切に取り扱うためには、その時点における担保残高を知る必要があるからである。連続アプローチにおいては、担保残高が経路として完全に表現されるため、最低引渡金額のような要素も正確に取り扱うことができる。

上記の点と関連しているのは、担保の返還に関する仮定である。マージンリスク期間が表現しているのは、カウンターパーティがデフォルトしようとしていても、それより前のどこかの時点で先に担保差入れが滞る、という事実である。しかし、デフォルト先と取引していた生存側の取引当事者のほうは、マージンリスク期間中に保有している超過担保を返還するであろうか。おそらくデフォルト前の期間においてはそれは起こりうるが、デフォルト後の期間においては起こりえないであろう。もう一つの論点として、マージンリスク期間中のキャッシュフローの取扱いがある。デフォルト側のカウンターパーティと生存側の取引当事者との間では、デフォルト前ならびにデフォルト後の期間中に、キャッシュフローの支払が行われるであろうか。一つのわかりやすい選択としては、次のような保守的な仮定を置くことがあろう。

- 生存側の取引当事者は、担保の授受を行い、キャッシュフローを支払う
- デフォルト側の取引当事者は、担保もキャッシュフローの支払も行わない

しかしながら、これらの仮定は、デフォルトの前なのか後なのかによってさらに変化するかもしれない。なお、バーゼルⅢはこの点について特段要件

を定めておらず（8.6.3節で議論したように）適用すべき最短のマージンリスク期間を定義しているだけである。これが意味するのは、規制資本の計算においてマージンリスク期間は少なくとも10営業日以上でなければならないが、CVA の計算自体にはそれ以外の期間を用いることができる、ということである[3]。

11.2.6　マージンリスク期間のモデル化

前節までの議論から理解すべきは、マージンリスク期間というパラメーターが多くの効果を含んだもので、カウンターパーティのデフォルトシナリオ下でポートフォリオをクローズアウトする実際の期間と、正確に対応するものとは解釈すべきではない、ということである。典型的なエクスポージャーのシミュレーションモデルでは、効率化のため、ポートフォリオ全体がマージンリスク期間の最終日にクローズアウト・再構築されると仮定しており、ボラティリティの上昇や担保の紛争の可能性といった影響は無視している。マージンリスク期間は、明らかに定量化が困難で主観の入るパラメーターではあるが、上記の論点はすべて、その推定において考慮に入れるべきである。

マージンリスク期間中に発生するイベントの正確なモデル化には、いままでほとんど注意が向けられてこなかった。最近の例外としては、Andersen *et al*.（2015）による、キャッシュフロー支払の影響の分析がある。重要なのは、より先進的な担保のモデリングによって増える便益と、マージンリスク期間は本来定量化が困難であるという事実との間でバランスをとることである。11.3節では具体例を用いて、マージンリスク期間中に異なる仮定を置いた場合に生じうる差異を示す。しかしながら、マージンリスク期間自体が非常に不確実なものであるため、より先進的なモデル化は無意味であるか、あまり価値がないという見方もあるだろう。

3　ただし、銀行に対して規制資本のマージンリスク期間の定義に従うことを監査人が要求している事例がある。

11.3 数値例

11.3.1 担保の仮定

ここでは、担保のモデル化から得られる数値結果をいくつか提示する。これまで議論してきたように、シミュレーションによるエクスポージャーをもとに担保金額が計算できるのは、担保契約がネットの時価にのみ依存し、他の市場変数には依存しないという仮定のある場合である[4]。6.2.8節において、信用極度額や最低引渡金額のようなパラメーターの影響を考慮しつつ、要求されうる担保金額の計算の詳細を示した。マージンリスク期間の選択についても議論し、約10営業日という選択が（CVAと規制資本のそれぞれの観点で異なることもあるだろうが）まずまず標準的であることにも触れた。また上述のとおり、ファンディング目的でのマージンリスク期間は無視できると仮定できるかもしれない。なぜなら、非デフォルトシナリオ下のエクスポージャーでなければファンディングは発生しないが、そのシナリオ下では比較的迅速に担保を受け取れると考えられるからである。

スプレッドシート11.1　担保がエクスポージャーに与える影響の定量化

以降で示す担保のシミュレーションでは、以下の仮定を置いている。

- 対象ポートフォリオは金利スワップ３件と通貨スワップ１件で構成され、想定元本の合計は325ポンドである。より詳細な内容はスプレッドシート11.1にある[5]。

4　この仮定が完全に妥当であるとはいえない状況がある。たとえば、担保パラメーターが取引される通貨と異なった通貨で定義されることがあるだろう。実務的にこれが意味するのは、担保パラメーターを適用する際に、為替による換算が必要となるということである。しかしながら、大多数の状況においてはこの仮定は妥当であろうし、有担保エクスポージャーの分析はこの仮定で大きく単純化される。

●エクスポージャーのシミュレーションは、暦日10日の間隔で作成した「連続」グリッド（図11.6）を用いる。これはマージンリスク期間として暦日10日間あるいはその倍数を仮定できることを意味する。
●各々の取引当事者の要求する担保金額は、6.2.8節で示したものと同様に計算する。
●要求された担保は、相手に届くまでに暦日20日[6]を要する（これはバーゼルⅢのもとで要求される10営業日と20営業日の間の長さである）。カウンターパーティへの担保の差入れは即時に完了する。
●20日のマージンリスク期間の仮定で考慮する以外は、担保の紛争に対する仮定はほかには置かない。
●カウンターパーティのデフォルトイベント時において差し入れた担保は、（契約で明示される）当初証拠金を除き取り戻せない。これが仮定しているのは、担保が分別保全された勘定で保有されていない（そして再担保可能）ということである。
●担保はすべて流動性の高い通貨の現金であり（非現金担保については後に議論される）、いかなるミスマッチも為替市場でヘッジ可能である。

一般的な議論を行うため、以下の定義を用いる。

●**担保不足**
信用極度額が設定されている担保契約（例：CSA）を指す。
●**有担保**
信用極度額がゼロであるCSAを指す。
●**超過担保**
信用極度額がゼロであるCSAで当初証拠金（独立担保額と呼ばれることもある。6.2.4節を参照）があるものを指す。

5　本書第2版において初めて用いた、対象ポートフォリオの時価シミュレーションを提供していただいたIBM社に感謝の意を表したい。
6　これは、本シミュレーションでは営業日でなく暦日での10日をステップ幅とした離散化が行われているからである。

表11.1　担保の数値例で用いるベースケースのパラメーター（双方向CSA）

残存期間	取引当事者A （金融機関）	取引当事者B （カウンターパーティ）
当初証拠金	—	—
信用極度額	—	—
最低引渡金額（MTA）	1	1
端数処理単位	0.05	0.05

表11.1で示しているベースケースのパラメーターは有担保のシナリオを表すもので、以降の例においては、つど言及したうえで値を変化させることにする。

11.3.2　マージンリスク期間の影響

まず初めに、上記で定義したパラメーターを用いて、有担保ポジションのリスクを評価してみよう。担保の影響を把握するために、まず図11.7に示されているような単一のシミュレーション経路について考える。担保がエクスポージャーに対して及ぼす影響は、おそらく当初想定していたほどは大きくないことがわかる。第一に、担保金額はエクスポージャーにおおむね追随し

図11.7　単一のシミュレーション経路と、担保がその経路に与える影響

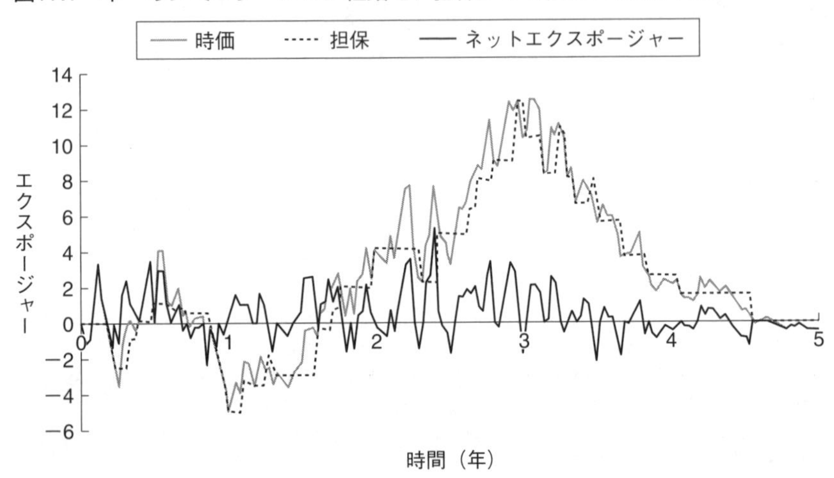

てはいるものの、遅延の効果をもたらすマージンリスク期間と最低引渡金額があるので、完全に一致はしていない。第二に、時価が負である最初の期間のように、担保がエクスポージャーを増加させることもある。こうして差し入れた担保は、その後取引価値が増加してからカウンターパーティがデフォルトした時には取り戻せない[7]。

担保がEEとPFE（後者は信頼水準95%）に及ぼす全体的な影響を図11.8に示した。担保による削減効果はあるものの、まだ相当額のエクスポージャーが残っている。（担保が即時に受け取れないことから）キャッシュフロー

図11.8　有担保と無担保の仮定のうえで計算したEE（上段）と95%PFE（下段）

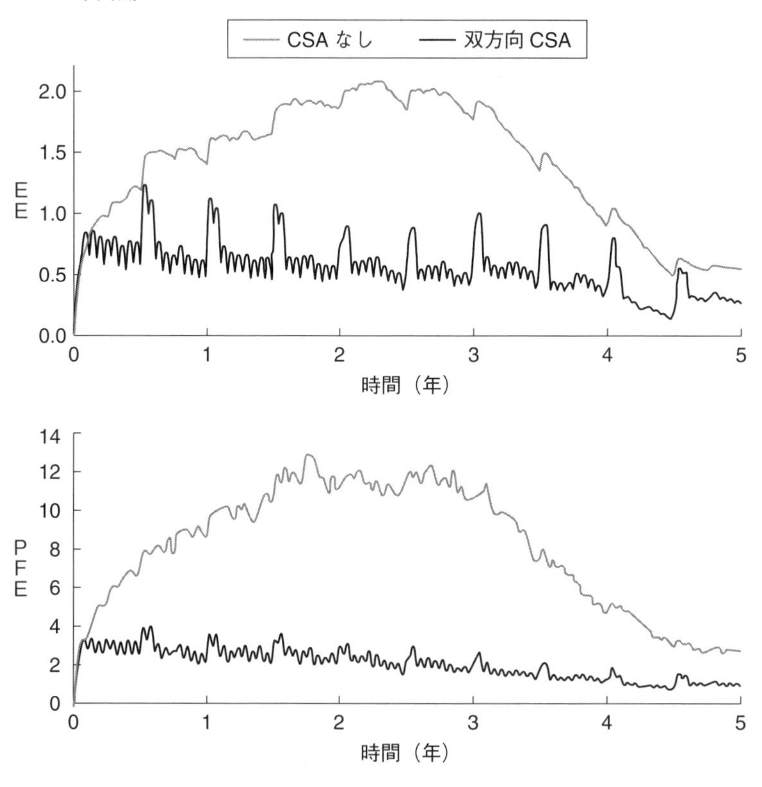

7　これは、6.4.5節で議論した、担保は分別保全されておらず、再担保可能であるとの仮定である。

の支払による大きなスパイクがあり、これによってマージンリスク期間に対応した一定期間にわたるエクスポージャーのピークが発生している。エクスポージャーの全体的な削減分は（EPEとの比較で計ると）2.66倍であり、5年の無担保エクスポージャーであったものを、信用極度額ゼロで担保し、リスクホライズンをわずか20日（満期よりも91倍短い！）としたうえでの削減率と考えれば、驚くほど低いといえる。もう一つ留意すべきは、PFEの削減率のほうは比較的良好であることである。これは、すべてのシミュレーション経路がPFEに等しく寄与するわけではなく、（エクスポージャーが大きいときに）寄与が最大となるシナリオが、最も多額の担保を受け取るシナリオにちょうど対応しているためである（PFEの平均の改善分は3.99倍）。

11.3.3　単純な近似

状況によっては、担保の効果を比較的単純に表現することができる。付録11Aにあるのは、有担保エクスポージャーのPFEとEEの、正規分布の仮定に基づいた単純な式である。たとえば、これまでのケースにおいてEEは以下の式で与えられる。

$$EE(u) \sim 0.4 \times \sigma_P \times \sqrt{MPR} \times (T-u), \tag{11.4}$$

ここで σ_P は満期 T の対象ポートフォリオのボラティリティ（年率）を表す。係数（$T-u$）はアモチゼーションの部分であり、線形に減少すると仮定している[8]。ポジションのボラティリティは、市場リスクVaRの計測でよく知られる分散・共分散分析で推定できる。この近似がポジションの担保条件に対して暗に仮定しているのは、信用極度額、最低引渡金額、端数処理単位ともにゼロということである（ただし当初証拠金はない）。図11.9はこの近似結果を示しており、ほどほどではあるものの、最低引渡金額とキャッ

8　本ケースにおける近似は、かなり大雑把な方法である。なぜなら、金利スワップに対してはこれは無理のない仮定であるが、元本交換がある通貨スワップの場合は無理があるからである。後者のケースではアモチゼーションを仮定するべきではない。またここでは、期間を通してボラティリティが一定であるという仮定も置いている。

図11.9　EEと本文中の単純な近似との比較

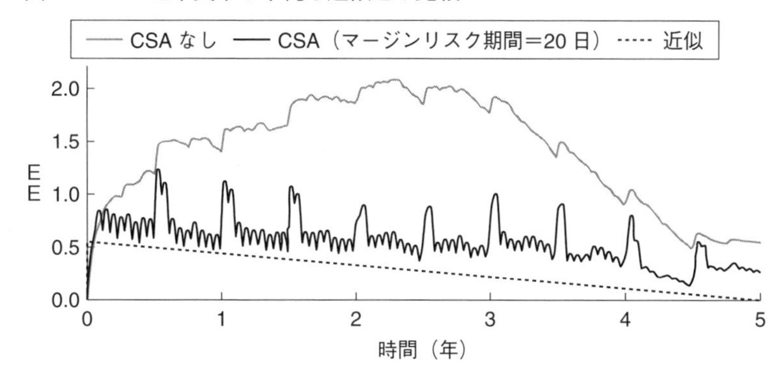

シュフローによるスパイクで起こるエクスポージャーを過小評価してしまっている。

もう一つの単純な近似（付録11B）は、無担保のEPEと有担保のEPEの関係を比率で表すものである。この近似は以下のように表すことができる。

$$\frac{EPE(CSA\text{なし})}{EPE(\text{有担保})} \approx 0.5\sqrt{\frac{T}{MPR}} \tag{11.5}$$

これは8.11式（8.4.4節）で示したSA-CCRの資本計測方法における担保乗数と似ている。これは無担保の取引を有担保とした時のEPEの減少幅の概算としては有用である。同時にこれが示しているのは、当たり前ではあるが、変化前と後のマージンリスク期間の比率の平方根を乗じることによって、マージンリスク期間を変化させたときの影響を推定できることである。図11.10は、マージンリスク期間を暦日10日に短縮して計算したEEと、20日での結果を$\sqrt{10/20}=1/\sqrt{2}$でスケーリングした近似値との比較を示している。

上記のような解析式は、担保の効果を特徴づけるのに有用となりうるものの、以下で議論するように、信用極度額や当初証拠金のような要素が入ってくると、このような近似は徐々に問題含みになることに言及しておく。

図11.10　マージンリスク期間をより短く暦日10日として計算したEEと、前の結果を$1/\sqrt{2}$でスケーリングしたEEの比較

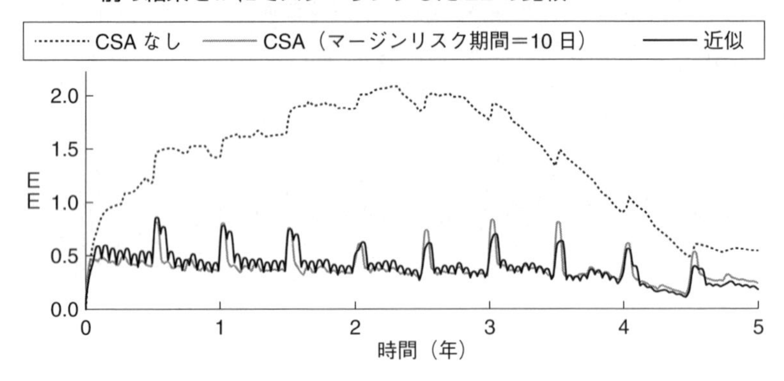

11.3.4　離散化とキャッシュフロー

11.2.5節では、担保のモデル化に関連して、エクスポージャーのシミュレーションの離散化と、キャッシュフロー支払のうち関係する論点について議論した。図11.11では、連続アプローチとルックバックアプローチの双方で計算した有担保のEEを示している。後者のアプローチは、マージンリスク期間中のキャッシュフロー支払から生じる潜在的なリスクを明らかに見逃している。また最低引渡金額の存在のため、一般的により低い数値となる（エクスポージャーならびに担保価値に対して必要となる連続的な計算値が得られず、ルックバックアプローチでは最低引渡金額を考慮することはできない）。これは連続アプローチのほうが明らかに望ましいことを示しているものの、非常に重い計算負荷がかかる。シミュレーション時点は、ルックバックアプローチの40時点に対し、連続アプローチでは183時点となる[9]。

11.3.5　信用極度額の効果

信用極度額の重要な利用目的の一つは、将来エクスポージャーを増加させ

9　連続アプローチでは5年間にわたって10日間隔のシミュレーション時点がある一方、ルックバックアプローチではもともとの20時点（四半期ごとに離散化）に加えて、担保評価のための20カ所のルックバック時点がある。

図11.11　図11.6で示した連続アプローチとルックバックアプローチを用いた有担保のEE

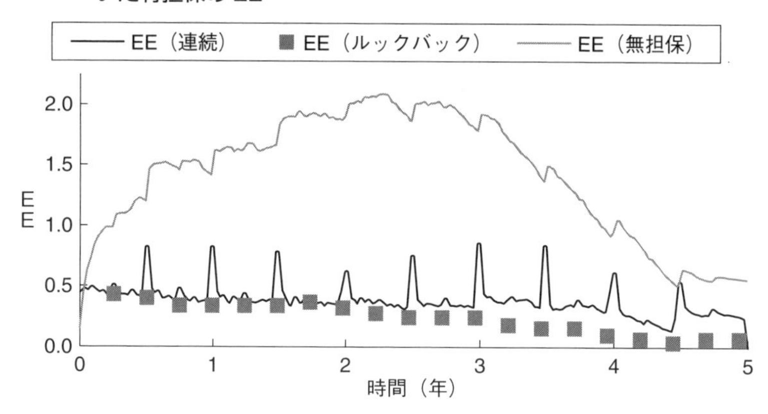

ることと引き換えに、担保のやりとりに伴う事務コストや流動性コストを最小化することである[10]。このリスク削減と事務負担との間のバランスは、担保管理の観点から重要となることがある。信用極度額を低くすれば、エクスポージャーを大きく削減すると同時に流動性コストも高めるだろう。その一方で、担保請求の発生回数を減らすには、より大きなエクスポージャーを許容するしかない。図11.12で、双方向での信用極度額の効果をみてみよう。予想どおり、エクスポージャーの削減は芳しくない（EPEの削減度合いは、上述の信用極度額ゼロのケースにおける2.66倍と比べ、信用極度額が5のケースでは1.50倍しか改善されない）。

信用極度額があると解析的な近似式の導出はより困難になる。しかしながら、Gibson（2005）は、担保に関する信用極度額を取り入れたうえで、有担保エクスポージャーに対する簡素で準解析的な式を導いている。8.4.4節で議論したSA-CCR手法もまた、保守的な方法ではあるが、信用極度額の効果を近似的に取り入れている。

以上のようなエクスポージャーの削減効果の差やそれに対する反応は、信

10　なお、これは金融機関自身の視点から来るものかもしれないし、カウンターパーティの視点から来るものかもしれない。もしCSAが事務負担を増やす見込みであれば、カウンターパーティのほうが担保差入れに合意できないだろう。

図11.12 異なる信用極度額の仮定のもとで計算したEE

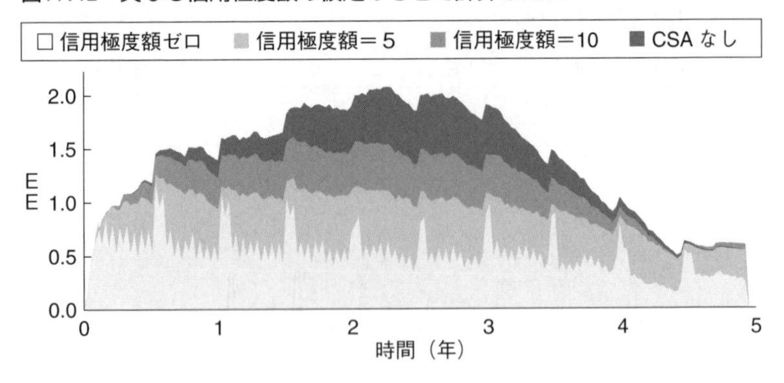

用リミット管理の目的からは理にかなっている（また事実、前に議論し図11.8で示したように、信用極度額ゼロのケースのほうが、若干大きくPFEが改善した)。その一方で、信用極度額の効果に関する論点は、CVAの軽減目的にはそれほど意味はないし有用でもない。この詳細は第14章において議論する。たとえば、中央清算機関の観点からはより大きくエクスポージャーを削減する必要があり、これは当初証拠金を適用することによってのみ達成可能である。

11.3.6 双方向CSAは常にエクスポージャーを削減するか

双方向の担保契約は、いくつかの特定のケースにおいてエクスポージャーを増大させる場合がある。CDSプロテクションの例を考えてみよう。この商品は強くスキューした（skewed）エクスポージャーの分布を生み出す。CDSプロテクションの売りの場合、安定的な（正の）エクスポージャー側と比較して、負のエクスポージャー側はそうではない。この理由は、極端なクレジットスプレッドのワイドニングやクレジットイベントが発生する可能性があるからである。CDSプロテクションの売りポジションでは、結果全体として、担保の受取りよりも差入れのほうがより起こりやすいだろう。これは図11.13に示しているシミュレーション経路の例で示されたとおりである。これをネットした結果は、図11.14に示しているように、担保契約を加

図11.13　シングルネームCDSプロテクションのポジション（プロテクションの売り）の、あるシミュレーション経路と、それを（表11.1で定義した）双方向の担保契約がある場合とない場合とで計算した担保効果

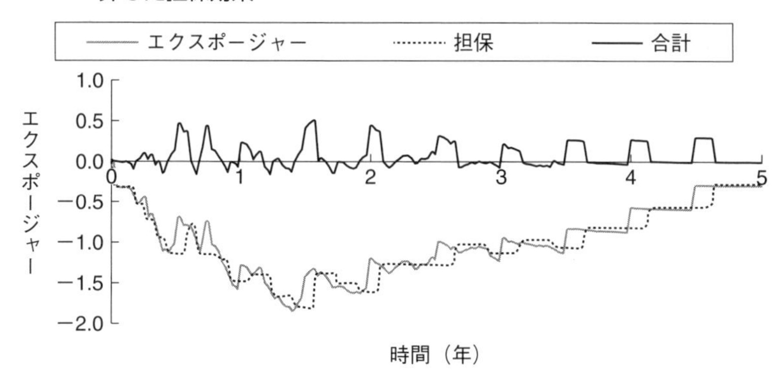

図11.14　シングルネームCDSプロテクションのポジション（プロテクションの売り）のEEを、（表11.1で定義した）双方向の担保契約がある場合とない場合とで計算したもの

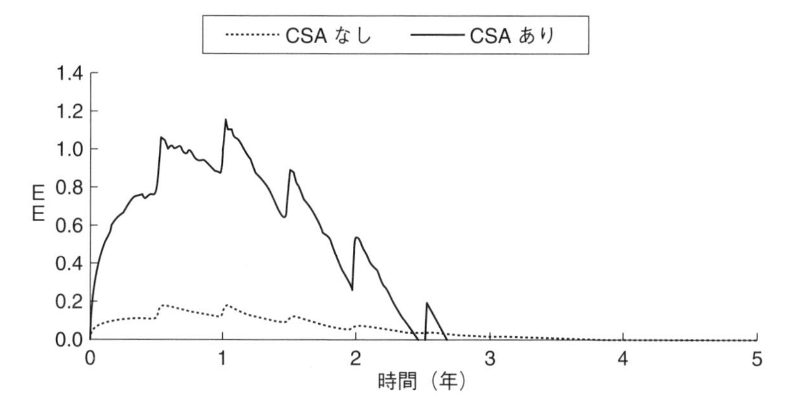

えることで全体的にEEが増加するというものである。担保差入れによるリスクの増加は、担保受取りによるリスクの減少を打ち消して余りある。シングルネームCDSのプロテクション買いのポジション（図11.15）では状況が逆転しており、CSAは有益であるとみられる。

担保の便益をみる際に、エクスポージャー分布のスキューを考慮することが重要となるケースはほかにもある。例をあげるとするならば、オプション

図11.15　シングルネームCDSプロテクションのポジション（プロテクションの買い）のEEを、（表11.1で定義した）双方向の担保契約がある場合とない場合とで計算したもの

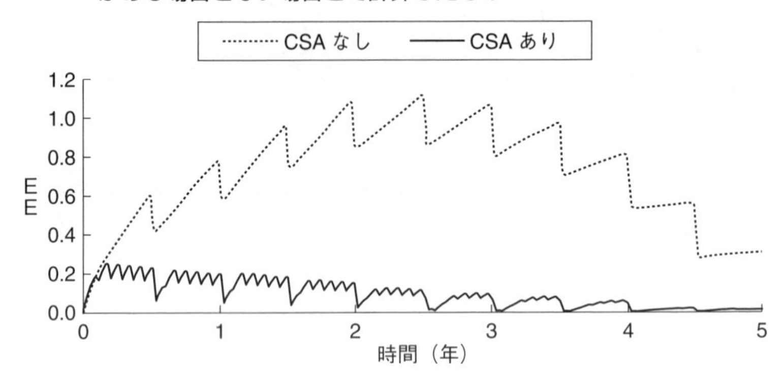

の買いポジション、市場実勢から大きく離れた（off-market）ネッティングセット、誤方向リスクを有するエクスポージャー（第17章）などである。

11.3.7　非現金担保

非現金担保には価格ボラティリティがあり、これを考慮すべきである。なぜなら、担保価値の減少によって無担保エクスポージャーが生じうるからである。このため、差し入れられた証券の価値を実質的に割り引くために、ヘアカット（担保掛け目）が用いられる。ヘアカットの水準は通常、価格と（必要に応じて）為替レートのボラティリティに従って推定される。さらに、典型的なヘアカットでは、証券の種類、信用格付け、満期が考慮される。ヘアカットを導出する明確な方法として、考えられる最悪のケースをカバーできるように、対応する担保のある一定期間の価値変化に基づいて決める方法があり、これは図11.16で示したとおりである。一定期間がどの程度かはその担保の流動性によるだろうが、典型的には数日の範囲内であろう。

正規分布の仮定のもとで、以下の式が容易に得られる。

$$\text{ヘアカット} = \Phi^{-1}(\alpha) \times \sigma_C \times \sqrt{\tau}, \tag{11.6}$$

ここで、$\Phi^{-1}(\alpha)$はヘアカットがカバーする必要のある標準偏差の値を、

図11.16　ヘアカットの推定手法

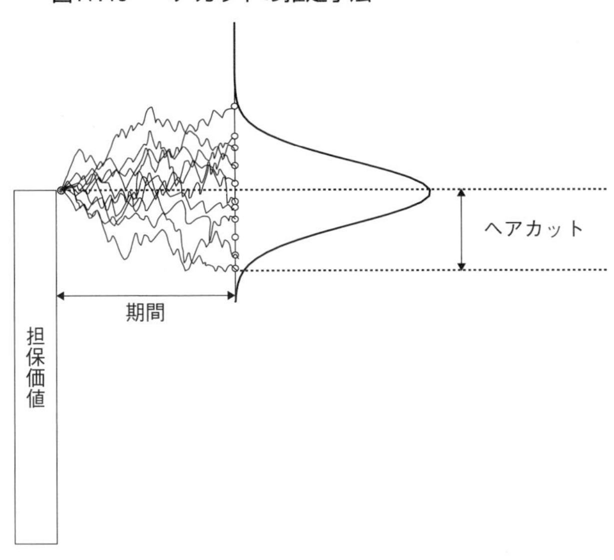

累積正規分布関数の逆関数と信頼水準α（例：99%）で定めたものである。加えて、担保のボラティリティσ_Cと、清算期間（マージンリスク期間の概念に近いが、通常それより短い）τが必要になる。たとえば、表6.7（第6章）では、担保に関する規制上のルールにおいて、信用力の高い10年物国債に対して２%のヘアカットの適用を要求している。信頼水準99%、清算期間を２日と仮定すると、これは金利のボラティリティをおよそ１%[11]とみたものと同等ということになり、理にかなっている[12]。

上記のような手法で適用されるヘアカットは、担保のボラティリティをカバーするだけでなく、エクスポージャー全体を削減するべきものである。なぜなら、99%のケースでは超過担保となり、担保不足になるケースはたった１%しかないからである。事実、マージンリスク期間が短ければ、非常にボラティリティの高い非現金担保を用いたとしても、エクスポージャーはそれほど増加しない。加えて、大きくなったボラティリティは、適度に保守的な

11　$2\%/\Phi^{-1}(99\%)/\sqrt{2/250}=9.6\%$をおおよそのデュレーション8.5年で割ると得られる。
12　表6.7の結果を導くためにこれらの仮定を用いたと解釈されるべきではない。

ヘアカットを設定することで、少なくともニュートラルにはなるだろう。担保の種類について発生しうる主な問題は、担保価値と、エクスポージャーやカウンターパーティの信用力との間に、重要な関連性がある場合にある。これを誤方向担保と呼び、第17章でさらに議論する。

11.3.8 担保と資金流動性リスク

デリバティブのエンドユーザーの多くは、流動性の観点から伝統的に担保の差入れを行ってこなかった。たとえば、EBA（2015b）では以下のように述べられている。

> 担保契約を締結していないカウンターパーティに対して、有担保ベースのオペレーションを行うよう説得するのは、よりいっそう困難である。なぜなら、彼らの大半は頻繁に担保交換を行うための資金部門をもっていないからである。

それにもかかわらず、近年では、多くの取引主体が双方向CSAに基づいた取引へ移行するよう圧力を受けている。これは、無担保取引に伴う多額のコスト負担を銀行が経験したことによるものである。担保契約に入る前に、ファンディングへの影響を分析したうえで「流動性バッファー」を準備し、比較的短い期間で相当の額の高流動性担保を差し入れなければならなくなるようなリスクに対処することが、おのずと重要になるだろう。この流動性バッファーの額を見積もる際には、どれだけの将来期間を考慮に入れるべきか、そしてどのような種類の現金や有価証券でバッファーを構成するべきか、といった主観的な判断の必要が生じる。適用しうる分析形式の一つの例として、図11.17では、上記の例で示したポートフォリオにおける、最悪のケースでの四半期担保流出額を、NEEとPFEとの対比で示している。なお、信用極度額はゼロと仮定しているので、NEEならびにPFEはそれぞれ、差し入れた担保の累計額の期待値ならびに最悪ケースの値をおおよそ表している。

図11.17　信用極度額ゼロの双方向CSAにおける、四半期担保流出額の最悪ケースと、NEEならびにPFEとの対比

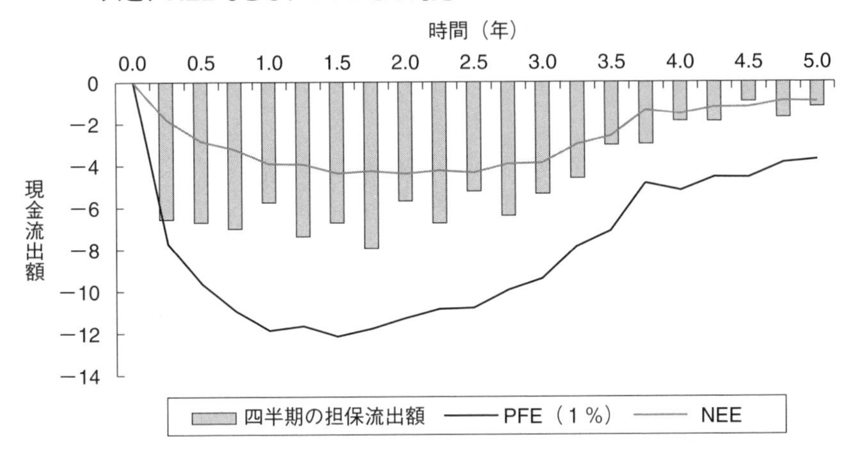

11.4 当初証拠金

11.4.1 当初証拠金がエクスポージャーに与える効果

以前述べたように、当初証拠金（Initial Margin、IM）はこれまでまれであったが、清算集中義務（9.3.1節）と非清算店頭デリバティブ証拠金規制（6.7節）によって、ますます一般的となるだろう。すると次は明らかに、7.5.4節で述べたように、当初証拠金がエクスポージャーに与える効果をみることが問題となる。先述の基本ケース（信用極度額ゼロの変動証拠金の差入れ）を採用し、相対の当初証拠金の差入れを含めると、図11.18のような結果となる。明らかに、当初証拠金の金額が十分に大きければ、エクスポージャーを無視できる水準まで削減できる。なお、当初証拠金は分別保全されるとの仮定により（7.8式）、取引当事者によって差し入れられる当初証拠金は図には現れない。また、この結果は当初証拠金に固定値を用いたものであるため、ポートフォリオの残存期間が短くなり市場変動に対する感応度が低下するにつれて、残余エクスポージャーは縮小していく。

図11.18　相対の当初証拠金に異なる仮定を置いて計算したEE

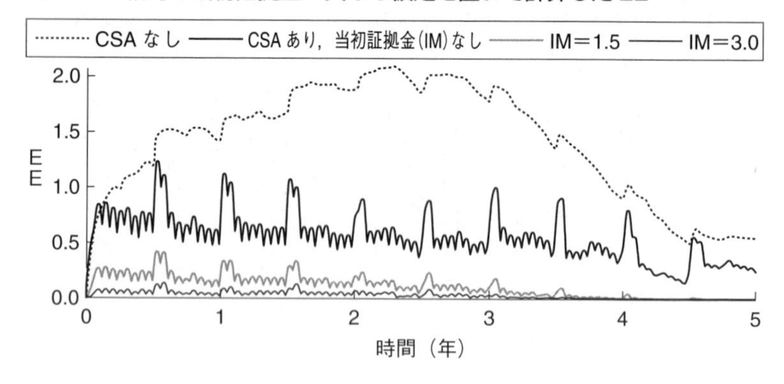

当初証拠金のとらえ方の一つは、カウンターパーティリスクをギャップリスクに変換する、というものである。この場合のギャップリスクの定義は、マージンリスク期間中にエクスポージャーが当初証拠金の額を突き抜けて「乖離する」可能性となる。そうなると、残余エクスポージャーを定量化するのはいっそう困難になる。なぜなら、残余エクスポージャーはより極端なイベントによって変動し、モデルの仮定の影響を強く受けるからである。ギャップリスクを評価する際には、ファットテイル、ジャンプ、極端な相互依存性といった、分布に対する仮定にいっそう注意を払うべきである。ここでのエクスポージャーのモデル化においてはいずれも考慮されていないが、当初証拠金がないケースでは比較的問題にならない。また、中央清算機関のリスク軽減策として、本質的に当初証拠金が第一の防衛線であることを述べておく。当初証拠金の額の決定は、残存するギャップリスクの評価に依存し、これが非常にとらえにくいため、正しく行うのは明らかにむずかしい。

11.4.2　動的な当初証拠金

上記例のように、当初証拠金は静的なものとなることもある（たとえば、元本に対する一定割合となりうる）一方で、動的にもできる。事実、中央清算機関は普通はVaRのようなモデルに基づいて当初証拠金の要求額を定めている（9.3.4節）。今後導入が見込まれる当初証拠金規制においても、適用予定のSIMMのような動的な手法が認められている（ただし、より単純な計算式も適用することができる。6.7.6節参照)。したがって将来的には、確率的な当初証拠金をモデル化できることがますます重要になる。当初証拠金が現在の水準で固定されるという仮定は受け入れられないだろう。なぜなら、あるポートフォリオに対する当初証拠金の必要額は、期間を通して減少していくからである。したがって、これは非常に困難な計算作業となる。なぜなら、エクスポージャーの計算中のシナリオすべてに対して、将来保持されるであろう当初証拠金の計算が要求されることになるからである。Green and Kenyon (2015) では、これを達成できる可能性のある一つの枠組みを示している。

計算負荷の高い、エクスポージャーに対する当初証拠金の効果の計算が、本当に必要なのかどうか疑問に思う人もいるかもしれない。なぜなら、一般的に当初証拠金の計算には高い信頼水準が用いられるからである（規制では、中央清算機関と相対市場の両方に対して、最低でも信頼水準99％を用い、ストレス後のデータを計算に用いることを要請している)。簡単な例として、期待エクスポージャーが正規分布に基づくとし、当初証拠金の金額がこの信頼水準αとなるとしよう。当初証拠金がない場合と比較したときの期待エクスポージャーの減少額（つまり、無担保の期待エクスポージャー額を有担保のそれで割った値）は以下のように示すことができる（付録11C)。

$$R_{\alpha}=[\phi(\sqrt{\lambda}K)-\sqrt{\lambda}K\Phi(-\sqrt{\lambda}K)]^{-1}(2\pi)^{-0.5}, \tag{11.7}$$

$\lambda=\tau_{IM}/\tau_{MPR}$は、当初証拠金の計算で用いられるタイムホライズン（τ_{IM}）をエクスポージャーの定量化に用いたマージンリスク期間（τ_{MPR}）と$K=\Phi^{-1}(\alpha)$で割った比率であり、ここで$\phi(.)$は標準正規分布の密度関数、$\Phi(.)$は標準正規分布の累積分布関数である。

表11.2はさまざまな信頼水準とλの値でもって計算した、期待エクスポージャーの減少度合いを示している。たとえば、正規分布の仮定のもとで、当初証拠金とエクスポージャーの計算に用いたタイムホライズンが等しいとき、99％信頼水準の当初証拠金によって２桁以上の規模（117.7倍）で期待エクスポージャーが削減されることになる。もちろん、マージンリスク期間

表11.2　異なる信頼水準での当初証拠金に対する正規分布に基づいたEE

信頼水準	λ=1	λ=0.5	λ=0.25
90%	8.4	4.0	2.5
95%	19.1	6.6	3.5
99%	117.7	19.1	6.6
99.5%	252.4	29.5	8.5

＊この比率は当初証拠金のない場合のEEをある場合のEEで除した比率と定義される

のホライズンを当初証拠金計算のためのホライズンより大きくすることもできるだろう。たとえば、バーゼルⅢで一部求められているような20日のマージンリスク期間（8.6.3節）に対し、相対の当初証拠金計算は10日だけ（6.7.3節）とする組み合わせである。このケースですら、99%信頼水準の当初証拠金で19.1倍の削減となる。

上記の例示の明らかな欠点として、当初証拠金の推定とエクスポージャーの定量化に用いられる分布が同一という点がある。双方ともストレスデータ的な要素を含んではいるものの、現実にはこれらの分布は異なるであろう。上記は単純な例である一方で、当初証拠金が実際に高い信頼水準で定められるならば、残余エクスポージャーはどのみち当然小さくなるということを示している。

もしこれが当てはまらなかったとしても、だいたい似たように推定された当初証拠金モデルが信頼水準99%あるいはそれ以上で運用され、当初証拠金の計算のためのタイムホライズンがおおよそマージンリスク期間に近いときには、エクスポージャーの定量化モデルが目立った残余リスクを示すとは考えにくい。エクスポージャーモデル中で、どうしたところで十分にリスク削減をもたらす当初証拠金の動的なモデル化などに注力するよりはむしろ、当初証拠金の金額決定の基準のほうに焦点を当てたほうがおそらく良いだろう。

しかしながら上記の分析では、高い信頼水準での当初証拠金が全体のエクスポージャーに対して満額差し入れられることを仮定している。現実には、相対市場において、これは以下の理由で完全には正しくない（6.7.3節）。

- 当初証拠金の規制要件は、規制で定める新たな取引に対してのみ適用され、それ以前の過去の取引に対応する当初証拠金はない（ただし過去の取引が満期になるにつれて、この効果は徐々に減少していく）
- 5,000万ユーロまでの信用極度額が当初証拠金の額に適用できる
- 規制において免除されている取引がある（例：一部の為替取引）

これが意味するのは、取引のポートフォリオ全体としては、どちらかといえば不十分な当初証拠金しかないとみられ、その結果重要な残余エクスポージャーを生むだろうということである。しかしこの効果も、時間とともにより多くの取引が当初証拠金規制の対象になるつれて、小さくなっていくであろう。このため、第16章におけるKVAの議論のなかで再び動的な当初証拠金についてみることにする。

11.4.3 分別保全とファンディングエクスポージャー

担保を分別保全する目的は、担保提供者のカウンターパーティリスクを増加させることなく、担保受領者のカウンターパーティリスクを減少させることである。このため、双方向での当初証拠金の差入れの仮定のもとであったとしても、差し入れられた当初証拠金は、前に図11.18で示したEEには表れない。しかしながら、7.5節で述べたように、分別保全された当初証拠金の差入れによってファンディングコストのほうは増加する。

図11.19は（本章でこれまで解説してきた）前の例でのクレジットエクスポージャーとファンディングエクスポージャーとの比較を示している。7.5.4節で示したように、分別保全にて差し入れられた当初証拠金はクレジットエクスポージャーは増加させないが、ファンディングエクスポージャーは生むのである。当初証拠金があることでクレジットエクスポージャーはゼロに近くなるが、一方で当初証拠金の差入れによってファンディングエクスポージャーは満遍なく発生している。この例におけるファンディングエクスポージャーは、第16章で解説するMVAの源泉となるものである。

図11.19　図11.18で示した相対の当初証拠金が3の例について、クレジットエクスポージャーをファンディングエクスポージャーと比較したもの

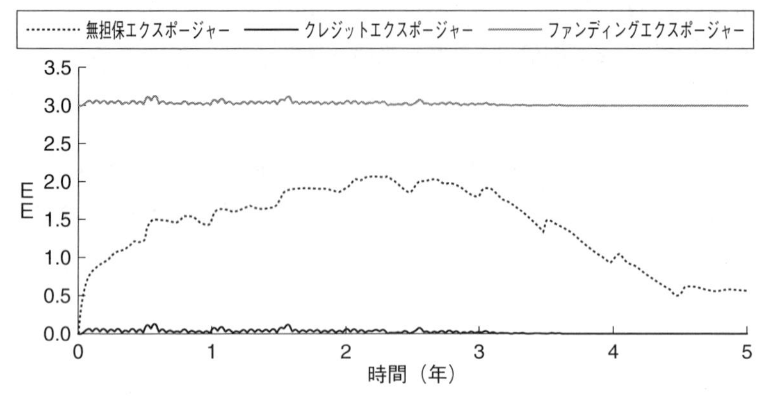

＊無担保エクスポージャーはクレジットとファンディング両方のエクスポージャーにかかわることに注意

11.5 まとめ

本章では、担保がエクスポージャーに与える効果について議論した。まず、エクスポージャーのシミュレーションで担保を考慮する一般的な手法を解説した。多くの例を用いて、信用極度額、当初証拠金、非現金担保といった要因の影響を示し、特定の状況下で担保の効果を見積もる単純な式もいくつか提示した。また、分別保全された担保（当初証拠金）が、クレジットエクスポージャーとファンディングエクスポージャーに与える影響も示した。

第12章

デフォルト確率、クレジットスプレッド、ファンディングコスト

貸し手は借り手よりもよく覚えている。

Benjamin Franklin（1706～1790）

12.1 概　　要

本章では、xVA のコスト要因を代表する、デフォルト確率、ファンディングスプレッド、および資本に対するリターンについて議論していく。カウンターパーティーリスクの定量化において、CVA と DVA を決定するためには、デフォルト確率と対応するリカバリー率が必要となる。流動性の低い債券のデフォルト確率を得るには、かなり主観的な判断がなされる。なぜなら、これらは通常クレジットスプレッドのマッピングの手続を通して算出することが必要だからである。FVA や MVA の決定には、ポジション構築のためのファンディングや当初証拠金の差入れに必要となる、関連するファンディングコストの評価が求められる。ファンディングコストも定義がむずかしい。なぜなら、これは全体のファンディング戦略と同時に、ファンディング需要の性質や担保付利に依存しているからである。KVA を計算するには、資本に対して必要とされるリターンの評価が必要となる。資本コストも主観的に決定されるものであり、税金などの効果とあわせて株主が要求する実効的なリターンがもとになる。こうしたコスト要因にはすべて重要な期間構造の効果があり、それゆえに期間に応じそれぞれ違った影響を及ぼすだろう。

12.2 デフォルト確率

12.2.1 現実世界とリスク中立

10.4節では、エクスポージャーの定量化における現実世界とリスク中立のパラメーターの違いについて議論した。デフォルト確率については、現実世界とリスク中立とでさらに重要な違いがあり、これが近年高まっているCVA の重要性に関する核心部分となっている。

通常、現実世界のデフォルト確率は、対応する信用格付けを通じてデフォルトの過去実績から推定される。リスク中立のデフォルト確率は、債券やCDSといった商品を用いて市場情報から導かれる。リスク中立のデフォルト確率は、相当する現実世界のそれより高くなることが期待される。なぜなら、投資家はリスク回避的であり、デフォルトリスクを引き受けるのにプレミアムを要求するからである。これは実証的に確認されているところであり、たとえば、Altman（1989）では、特定の格付けが付与されている社債ポートフォリオのパフォーマンスを調べ、その利回りが無リスクのベンチマーク（米国債ポートフォリオ）を上回ることを発見した。この高い利回りが示すのは、社債の利回りが実際のデフォルトの損失をカバーするに余りあり、少なからぬ部分が期待デフォルト率とその損失を満たす以上のものとして社債投資家に支払われているということである。

現実世界とリスク中立におけるデフォルト確率の差異を表したのが図12.1である。リスク中立のデフォルト確率のほうがより高いのは、投資家が信用リスクを引き受ける際に要求するプレミアムを含むためである。この図で示すようなリスクプレミアムの性質や振る舞いを理解するための研究が行われてきた（たとえばCollin-Dufresne *et al*.（2001），Downing *et al*.（2005），Longstaff *et al*.（2005））。プレミアムの性質の重要性を理解することは興味深いものの、本書の目的にかんがみて、これ以上立ち入らない。

図12.1　現実世界のデフォルト確率とリスク中立のデフォルト確率の違い

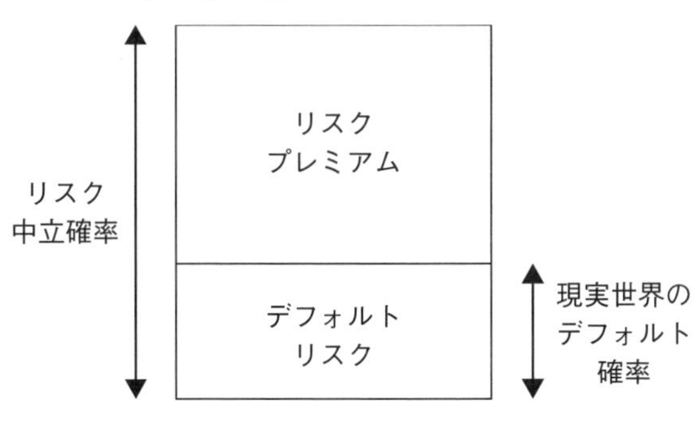

表12.1　現実世界とリスク中立デフォルト確率の間の比較（bps）

信用格付け	現実世界	リスク中立	比率
Aaa	4	67	16.8
Aa	6	78	13.0
A	13	128	9.8
Baa	47	238	5.1
Ba	240	507	2.1
B	749	902	1.2
Caa	1690	2130	1.3

（出典）Hull *et al*.（2005a）

現実世界とリスク中立のデフォルト確率の差異については、多くの実証研究でその特徴が示されている。たとえばGiesecke *et al*.（2010）では、1866～2008年のほぼ150年間にわたる債券利回りのデータを用いて、（利用可能なすべての債券データの）信用スプレッドの平均が、発生したデフォルトによる損失の約2倍になることを明らかにした。より詳細な研究としては、Fons（1987）や、上述のAltman（1989）、Hull *et al*.（2004）などがある。たとえば、Fonsは、リスク中立の1年間のデフォルト確率は、実現したデフォルト確率より約5％高いとした。Hull *et al*.（2004）による、信用格付けごとの現実世界とリスク中立のデフォルト確率は表12.1にある。これをみると、特に信用力が高いところで差異が大きくなっていることがわかる。

12.2.2　リスク中立への移行

初期のカウンターパーティリスクの評価では、CVAの定量化の目的で（ヒストリカルの推定に基づく）現実世界のデフォルト確率を用いることが銀行の間で一般的であった。CVAは一般的にデリバティブの公正価値の構成要素とみなされるものではなかったが、これを背景として、バーゼルⅢのCVA所要自己資本（8.7節参照）では、対象の銀行が実際にCVAをどう計上しているかにかかわらず、リスク中立ベースのCVAの考え方をもとにすることになった。

4.3.4節で議論したように、CVA計算時にリスク中立ベースのデフォルト確率を使用するのが、近年ますます一般的となってきている。たとえば、Ernst and Young（2012）の調査[1]によると、調査参加行19行中13行が、デフォルト確率の推定にリスク中立（市場データ）を用いている。リスク中立への移行を促したのは、会計基準とバーゼルⅢ自己資本規制であった。IFRS13は報告主体に対して、市場で観測可能なインプットを可能な限り用いることを要求しており、バーゼルⅢでは所要資本のもととなるCVA式（8.7.3節）で明確にクレジットスプレッドを参照している。小規模な地方銀行のなかには、現実世界のデフォルト確率をいまだ使用しているところがあるが、これはますます珍しくなってきており、監査人や規制当局に対してその正当性を主張するのがむずかしくなってきている。たとえば、Ernst and Young（2014）では、「ヒストリカルのデフォルト確率を使用するのは、IFRS13上の出口価格の概念と整合的ではないように見受けられる」と述べている。

4.3.4節で議論したように、リスク中立のデフォルト確率を用いることによって、CVAの解釈は、数理計算上（actuarial）の引当金のようなものから、カウンターパーティリスクの市場価格へと変化する。CDS市場の発達とCVAヘッジの普及を考えれば、ある意味これは驚くことではない。他方で、多くのカウンターパーティが「流動性の低いクレジット」であり、リスク中立のデフォルト確率を直接決定できるような観測可能な市場は存在しないということを強調するのは大事である。これが特に当てはまるのは銀行であり、何千ものカウンターパーティをもつものの、その多くが比較的小規模で、その信用力を反映するような社債やCDSがない。欧米以外のように、CDS市場や社債の流通市場の流動性が低かったり、場合によってはそれらの市場が存在しなかったりするような地域でも、これはより重要になる。

流動性の低いクレジットに対してリスク中立のデフォルト確率を用いるという要件により、さらにヘッジの問題が生じる。リスク中立確率はヘッジの存在を暗に前提としているが、対象のカウンターパーティに流動性の高い

1　Ernst and Young CVA Survey 2012, www.ey.com.

CDSがなければ、そのようなヘッジ手段は存在しない。このことが問題なのは、CVAは、（ヒストリカルのデフォルト確率を用いた場合と比較すると）一般的により大きくかつボラティリティが高くなるが、このボラティリティを管理するためのヘッジ商品が入手不可能だからである。この理由から、ヒストリカルのデフォルト確率とリスク中立のデフォルト確率を混ぜ合わせて使うといった、折衷的な手法を用いようとした銀行もあった（上述のErnst and Young（2012）における2行を含む）。もう一つのやり方としては、「流動性の高いクレジット」（つまり活発なCDS市場やそれと同等のものがある場合）にはリスク中立のデフォルト確率を使用し、流動性の低いクレジットへはヒストリカル、または両者を混ぜ合わせた確率を使用するものがあった。

しかしながら、流動性の低いクレジットの場合であっても、一般的に規制当局や監査人はリスク中立のデフォルト確率からの乖離を支持していない。たとえば、欧州中央銀行（ECB）によって課されているCVAチャレンジャーモデルは以下のように述べている[2]。

> CVAチャレンジャーモデルが計算するCVAの推定値は、現在のインデックスCDSカーブと市場の基準であるLGDパラメーターから推定されたベンチマークPD（デフォルト確率）をもとにしている。重要な乖離の原因はすべてわかるはずである。

バーゼルⅢ自己資本規制では、CVAに対する資本賦課として似たような要件を課しており、取得可能なCDSスプレッドの使用を求め、流動性の低いカウンターパーティについては以下のように述べている（BCBS（2011b））。

> そのようなCDSスプレッドが取得できない場合でも、常に銀行は、カウンターパーティの格付け、業種、および地域に基づいた、適切な代理スプレッドを用いなければならない。

（CDSスプレッドを通して）現在のクレジット市場の状況を参照先として用

2 European Central Bank, Asset Quality Review, March 2014.

いるのは、ヒストリカルデータを用いた、後ろ向きの（backward-looking）静的な手法と比べ、より望ましいように見受けられる。しかしながら、この手法の問題は、クレジットスプレッドの多くを占めるデフォルト以外の要素（12.2.1節）や、大部分のカウンターパーティに関しCDSスプレッドが取得できないこと、また元となるCDS市場の流動性の低さにある。さらに、CDSからインプライされたデフォルト確率を用いることによる意図せぬ結果として、8.7.5節で議論した「負の循環」のような逆効果が生じる可能性がある。一部の研究者（例：Gregory（2010））は本要件に対して異を唱え、銀行は流動性の低い信用リスク（たとえば銀行の貸出金勘定）の多くを時価評価の対象としていない、と述べている。しかしながら、主観的なマッピング手法を用いてクレジットスプレッドを決定するのはかなり非科学的にみえる一方で、トレーディング勘定にある社債やローンのような流動性の低い資産を評価する銀行にとっては通常必要となる手続である。それゆえ、明らかに規制当局はリスク中立のデフォルト確率をCVA計算の基礎的な構成要素とみなしており、会計上の公正価値のための出口価格を決定する、明確な基礎となっている。

このような流れで、（特に大手銀行の）市場慣行はリスク中立のデフォルト確率を用いるほうに収束した。たとえば、EBA（2015b）では以下のように述べている。

> CVAの情報収集調査の結果、CVAに関する銀行実務がますます収斂してきていることが浮き彫りとなった。各銀行は次第にまとまってきており、大多数のケースにおいて、CDSスプレッドや代理スプレッドに基づく市場からインプライされたデータを用いて、デリバティブの公正価値におけるカウンターパーティの信用リスクのコストを反映するようになってきている。この統一化は、金融業界の実務慣行の成果であると同時に、EUにおけるIFRS13やバーゼル規制のCVAの枠組みの導入がもたらしたものである。

12.2.3 リスク中立デフォルト確率の定義

リスク中立デフォルト確率とは、市場で観測されるクレジットスプレッドから導かれる確率である。クレジットスプレッドの一意的な定義はなく、以下のような各市場データに関して、少しずつ違ったかたちで定義される。

- シングルネーム CDS
- アセットスワップ[3]スプレッド
- 社債あるいはローン価格
- 代替データまたはマッピング法の利用

以上すべて、(大きくいえば) 同じ量を定義しているが、CDS プレミアムはクレジットスプレッドを直接決定するので、クリーンで直接入手可能な情報源は明らかに CDS 市場である。対照的に、社債価格からクレジットスプレッドを計算しようとすると、国債カーブのようなベンチマークとの比較などといったさまざまな仮定を置く必要がある。観測できる限りでは、CDS と社債からのクレジットスプレッドとの差 (CDS・債券ベーシス) は大きくなりうる。ここでは、クレジットスプレッドの正確な定義には深入りせず、リスク中立のデフォルト確率をどう導き出すのかだけを考えることにする。

スプレッドシート12.1　リスク中立デフォルト確率の計算

リスク中立デフォルト確率の導出に関するより数学的な詳細は、付録12A にある。CVA を定量化するためには、二つの連続するすべての日付の間のデフォルト確率が必要となる。一般的に以下の近似式を用いる。

$$PD(t_{i-1},t_i) \approx \exp\left(-\frac{s_{t_{i-1}}t_{i-1}}{LGD}\right) - \exp\left(-\frac{s_{t_i}t_i}{LGD}\right) \qquad (12.1)$$

$PD(t_{i-1},t_i)$ は、時点 t_{i-1} と t_i の間のデフォルト確率、s_t は満期 t のクレジッ

3　アセットスワップとは、本質的にはシンセティックな債券で、通常変動クーポンである。

表12.2　12.1式のクレジットカーブの例から得られる年率デフォルト確率

時間	クレジットスプレッド	PD
1Y	300bps	4.88%
2Y	350bps	6.13%
3Y	400bps	7.12%
4Y	450bps	7.79%
5Y	500bps	8.16%

* LGDは60%を用いている

トスプレッド、LGDは前提となる期待デフォルト時損失率である（以下で議論する）。なお、この確率は条件付きではない（つまり、カウンターパーティが時点t_{i-1}まで生存しているという条件付きではない）。表12.2では、年率のデフォルト確率を用いた簡単な例でこれを示している。より精緻な表現を得るためには、クレジットスプレッドを補間するのが最も簡単な方法となるだろう。

12.1式はあくまで近似式である。なぜなら、時点t_{i-1}より手前のクレジットスプレッドカーブの形状を考慮していないからであり、カーブが傾くほど近似は悪化する。スプレッドシート12.1では、この単純な式とより正確な計算との比較を行うことができる。

12.2.4　期間構造

スプレッドシート12.2　クレジットカーブの形状がリスク中立デフォルト確率へ与える影響

図12.2に示すような、一定、右上り、右下りの三つの異なったクレジットカーブを考える。累積デフォルト確率のカーブは図12.3で示されている。なお、5年のクレジットスプレッドはすべて300bpsとし、LGDに60%を仮定している。唯一異なるのはクレジットカーブの形状である。5年の累積デフォルト確率は22.12%と一致しているが、5年の前後におけるカーブ形状

図12.2　形状が異なる三つのクレジットカーブ（いずれも５年スプレッドは300bps）

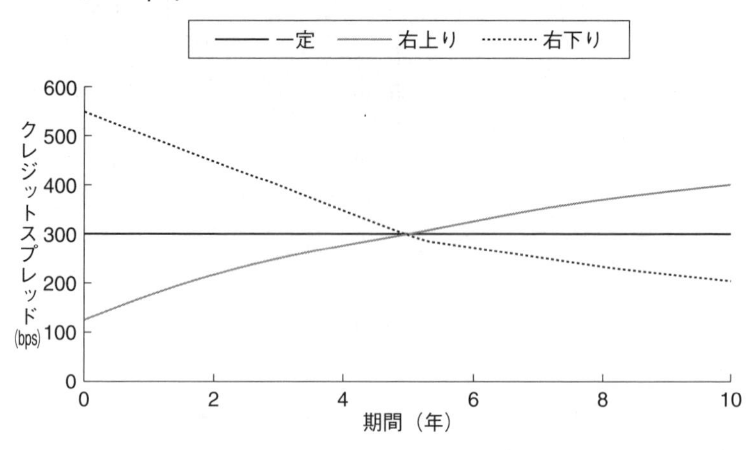

図12.3　一定、右上り、右下りのクレジットカーブにおける累積デフォルト確率（いずれも５年スプレッドは300bps、LGDは60%と仮定）

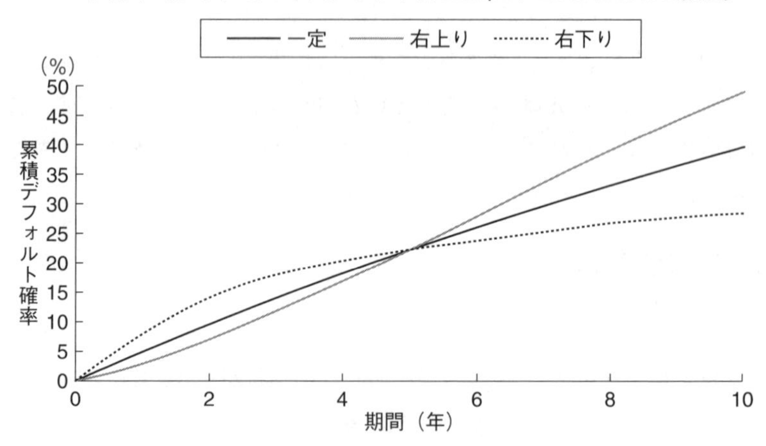

の細かな違いによって、大きく異なった結果が得られる。このことは各カーブの年率のデフォルト確率を示した図12.4をみるとわかる。右上りのカーブでは、初期にデフォルトは起こりにくく、時間が経つごとに起こりやすくなる一方、右下りのカーブでは逆になっている。リスク中立のデフォルト確率を適切に計算するには、クレジットカーブの水準の決定に加え、カーブの細

図12.4　一定、右上り、右下りのクレジットカーブにおける年率デフォルト確率（いずれも５年スプレッドは300bps、LGDは60%と仮定）

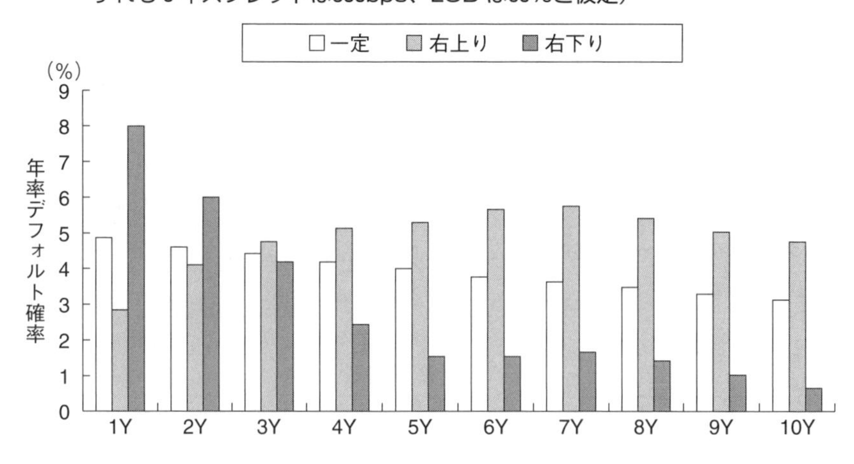

かな形状に対する理解も重要である。情報がない場合には10年まで外挿することになるが、これは結果を大きく左右する。

12.2.5　デフォルト時損失率（LGD）

リスク中立のデフォルト確率を推定するためには、対応するデフォルト時損失率（LGD）を知る必要がある。これはカウンターパーティがデフォルトした際（すべての債権者がその債権額の割合に応じて返済を受ける法的権利をもつ）に損失が見込まれる額をパーセントで示したものである。同様に、１からリカバリー率を引いたものとして定義されることもある。LGDは店頭デリバティブ契約の請求権の優先順位に依存する。通常この優先順位は無担保シニア債とパリパス（同順位）であり、そのためほとんどのCDS契約で無担保シニア債が参照される。しかしながら、時としてデリバティブの優先順位のほうが高かったり（典型的には証券化商品）、あるいは劣後したりすることもあり、そのような場合はLGDの追加の調整が必要となるだろう。

過去実績の分析によれば、リカバリー率は業種、債権の優先順位、経済状況に大きく依存することが示されている。例として、表12.3に一部の銀行のリカバリー値を示したが、実質０%から全額回収まで全体に広がっている。

表12.3　2008年に起きたいくつかのクレジットイベントにおけるCDSオークションによるリカバリー率

参照組織	優先順位	リカバリー率
ファニー・メイ	シニア債 劣後債	91.5% 99.9%
フレディ・マック	シニア債 劣後債	94.0% 98.0%
ワシントン・ミューチュアル		57.0%
リーマン・ブラザーズ		8.6%
カウプシング銀行	シニア債 劣後債	6.6% 2.4%
ランズバンキ	シニア債 劣後債	1.3% 0.1%
グリニトル	シニア債 劣後債	3.0% 0.1%
平均		38.5%

＊ファニー・メイとフレディ・マックの劣後債がシニア債よりも高い水準で取引されている。これはCDSのプロテクションの決済のために引き渡す必要のある債券の流通量が限られていたことによる「引渡し現物の逼迫（delivery squeeze）」のためである

第14章で説明するキャンセル効果のため、リカバリー率（また同様にLGD）の推定はCVAの計算における最重要事項ではない。したがって、リカバリーの評価はクレジットスプレッドカーブの評価ほど重要ではない。

リカバリーにおける最後のポイントは時点に関するものである。CDSはデフォルトの後即座に決済され、債券の保有者は債券を同じ手続（CDSオークション）で決済するか、または単に市場で売却することができる。一方で、直接相対する店頭デリバティブでは、これを適時に決済することができない。オーダーメード的な性質や、ネッティング（と担保）がこの原因の一部である。これが意味するのは、多くの取引が本質的には一つの請求権にまとまってしまっており、個々に取引は行えないということである。そのためしばしば、取引ポートフォリオとしてネットの請求額（すべての担保を引い

たもの）を決定するのがきわめて困難になる（第３章の図3.3を参照）。このことから、以下の二つの異なったリカバリー値が考えられる。

● **処理時リカバリー（settled recovery）**

クレジットイベント後の請求権の処理によるもの、たとえば、デフォルトした債券の売却などで実現できると考えられるリカバリー。

● **実現リカバリー（actual recovery）**

破綻処理手続などの後にデリバティブから回収できた実際のリカバリー。

理論上は処理時リカバリーと実現リカバリーは非常に近いはずであるが、現実には破綻処理プロセスに何年もかかるため著しく異なる可能性がある。このことは図12.5で示されている。この手続に何カ月もかかることもあるが、実際の回収より先に、破産管財人と請求権に関する合意がなされる可能性も当然ある。これにより金融機関は、請求権の売却とリカバリー価値のマネタイズをできる限り早く行うことが可能になる。リーマン・ブラザーズの破綻の際、処理時リカバリーは約９％であったのに比べ、回収で実現されたリカバリーには大幅に高い（30～40％程度）ものもあった。

また留意すべきなのは、デリバティブのリカバリーは他の請求権や保有資産と相殺されることより改善する可能性があることである（例：5.2.5節の相殺についての説明を参照）。このような要素は取引価格には含まれてはいない（会計上のCVAに適用される出口価格の概念に沿っていない）が、デフォルトの処理過程でいくらかの追加的な便益をもたらすだろう。

図12.5　クレジットイベント後のリカバリーに関する清算手続の概略図

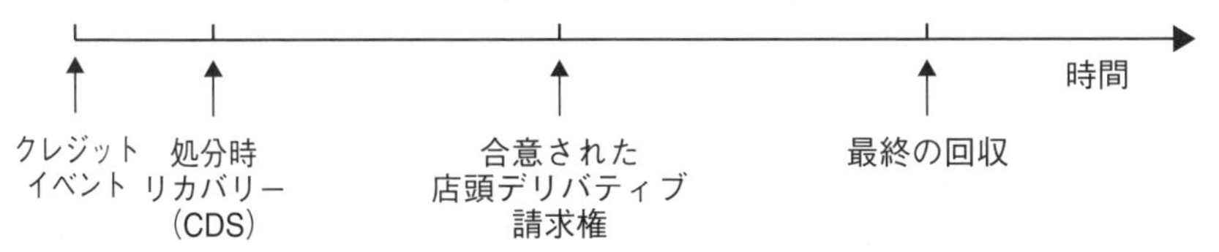

＊処理時リカバリー率は（たとえば、CDS オークションへの参加で）クレジットイベントの直後に得られる。最終的な回収は会社が完全に清算された時に発生する。デリバティブ請求権の実際のリカバリーが実現するのは、処分時のリカバリーと最終的な回収の間の時点となるだろう

12.3 クレジットカーブのマッピング

12.3.1 概　　要

CVAの算出においてクレジットカーブの推定が鍵となるが、これは主観的なインプットである。銀行のカウンターパーティには、ソブリン、国際機関、事業法人、中小企業、金融機関といった取引主体が何百、あるいは（大きいところでは）何千もある。このようなカウンターパーティの大多数は、流動的なCDSの価格情報や社債価格がないだろうし、時には外部格付けすら存在しないかもしれない。このことは、エンドユーザーが比較的少数の（銀行の）カウンターパーティと取引するだけであり、（CDS市場の）必要な情報が十分容易に入手可能なのとは対照的である。流動性の低い銘柄を多く保有する銀行にとって、クレジットカーブのマッピングは非常にむずかしい問題となる。

カウンターパーティのクレジットカーブを決定するための標準的な手法は存在しない。この問題の主観性の高さを考えれば、いくらか基本的な原則が適用できたとしても、違ったやり方が多数存在するのは自然であろう。多くの規制上のガイダンスは通常かなり大まかであり、適切なクレジットスプレッドを決定する際に考慮される格付け、地域や業種といった一般的な観点に言及しているだけである。EBA（2013）ではこの裏付けとなる手法の提案にまで踏み込んでいる。クレジットカーブのマッピングにおいて直面する一般的な課題には以下のようなものがある。

● **参照される金融商品**

上述のとおり（12.2.3節）、CDSや債券などクレジットスプレッド情報の利用可能な情報源は多数存在する。

● **テナー**

12.2.4節で議論したとおり、対象となるカウンターパーティのポートフォリオの満期に至るまで、クレジットスプレッドの期間構造を完全に決定することが重要である。利用可能な市場データがあれば、一部のテナーをほかにマッピングすることがより容易になるであろう。10年超のテナーを決定するのは特に困難であろう。

●優先順位

クレジットスプレッドを決定するために利用する金融商品が、カウンターパーティに対する潜在的なデリバティブ請求権と比較して、優先順位が違うことがあるかもしれない。

●流動性

CDSインデックスのような商品はより流動性が高いものの、クレジットをマッピングするという基本的な観点からはあまり適当とはいえない。ただし、ほかのより関連の強い情報源はむしろ流動性が低いかもしれない。

●地　域

欧米での債務の取引市場には（クレジット取引の）流動性がある程度存在するだろうが、他の地域（例：アジア）では一般的に遥かに限定的である。そのため、地方銀行はクレジットスプレッドの決定において、さらにいっそうの困難に直面すると考えられる。

●ヘッジ

上記の流動性に関する記述に関連して、参照対象となる一部の金融商品はある程度有用なマッピング情報をもたらすだろうが、カウンターパーティリスクのヘッジを可能にするまでではないかもしれない。これには流動性の欠如や実務的な理由（たとえば、社債は空売りができない）が考えられる。

●規制資本の軽減

ヘッジに関連して、さまざまなヘッジから得られる潜在的な規制資本の軽減があるが、これが時折問題となることがある。たとえば、代理銘柄によるシングルネームCDS[4]でのヘッジは効果的とみなされるかもしれないが、規制資本の軽減には寄与しない（8.7.3節）[5]。インデックスヘッジは規制資本の軽減効果が認められているが、その軽減度合いは銀行の見解と一致しないかもしれない。なお、先進的CVA資本賦課を採用している銀行では、クレジットスプレッドのシミュレーションに用いられる個別リスクのモデルとの間で、マッピング手法が整合的である必要がある。

上記の点は、マッピング手法の選択に伴う判断をかなり困難で主観的なものにしてしまうだろう。たとえば、対象となるカウンターパーティのマッピングについて、流通市場で観測される流動性の低い債券価格と、それよりずっと流動性が高く、かつヘッジの提供が可能となるCDSインデックスとでは、どちらが適切であろうか。信用力が同等のシングルネームCDSは優良な参照先と考えられているが、(現在の)バーゼルⅢの取決めでは規制資本の軽減を認められない。これを使うべきだろうか。次節では、一般的なアプローチと、とるべき選択肢について明らかにする。

12.3.2 CDS市場

高い流動性を伴って価格が示されているCDSの銘柄は何百とあり、主には大手事業会社、銀行、ソブリンなどである。ただし近年、CDS市場の流動性は改善されていない。またクレジットインデックスは一般的に流動性がより高い。図12.6は、欧州においてマッピング目的で利用可能な主要なCDS商品の概要である。図を下からみると、最初の選択肢は明らかにシングルネームCDSや、親会社のような適切な代理銘柄へのマッピングとなるだろう。もしそういった情報がなければ、そのカウンターパーティが事業会社なのか、あるいは金融機関やソブリンなのかによって、適切なインデックスにマッピングされることになる。事業会社はその信用力ごとにさらに細分化される(たとえば、iTraxxノン・ファイナンシャルズ、クロスオーバーやハイボラティリティ。表12.4を参照)。

表12.4はグローバルで最も流動性の高いクレジットインデックスの一覧である。インデックスは一般的に、シングルネームCDS市場や債券の流通市

---

4 シングルネームCDSによる代理は、対象となるクレジットスプレッドをうまく表すものとみられている。用いられるのは、類似企業やソブリンとなるだろう。

5 ただし、BCBS (2015) では、シングルネームCDSによる代理でも規制資本軽減の効果を認める提案をしている。

図12.6　欧州のクレジットインデックスに従ったカウンターパーティの分類

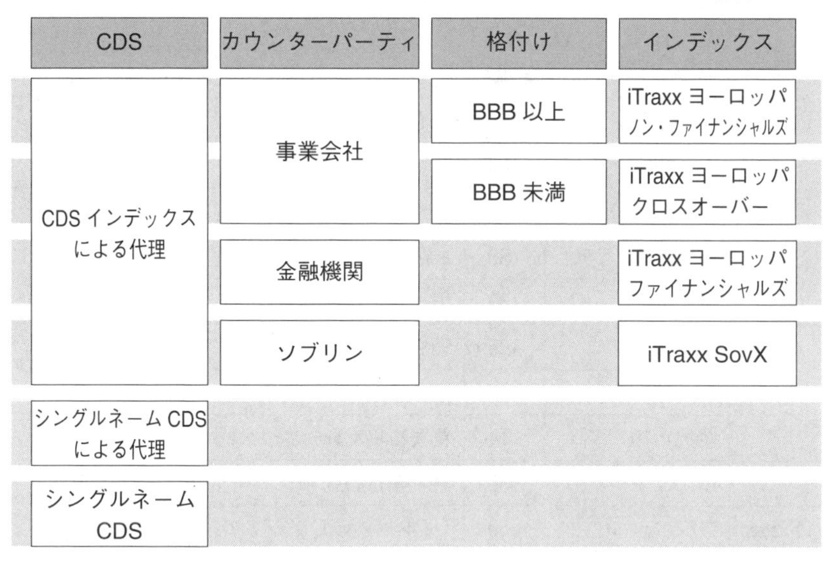

場で取引されている流動性の高いクレジットを参照している。なお、ここには記載されてないが、より詳細な分類もある。たとえば、iTraxxファイナンシャルズはシニアと劣後に分けられ、iTraxx SovXはさまざまな地域（西欧、中東欧・中東・アフリカ、アジア太平洋、中南米、G7、BRIC）に細分化されている。主要な非金融機関のインデックスは業種別のインデックス（テクノロジー・メディア・テレコミュニケーション、工業、エネルギー、小売、自動車）に分かれている。この細分化により精緻に表すことができるかもしれないが、CDS市場における実際の流動性に対してバランスが必要となる。流動性が高いインデックスは3、5、7、10年の満期で取引されており、また流動性が比較的低いものでも5年と10年の満期が最も取引されている。

CVA計算に用いるクレジットスプレッドのためにCDSを使用することに関して、まだいくつかの技術的な課題がある。第一に、ISDA標準のCDSのクレジットイベントは、支払不履行（failure to pay）、リストラクチャリング、破産である。デリバティブの支払の不履行はCDS契約のクレジットイベントのトリガーとはならないかもしれない。契約書にこのような支払義務

表12.4　世界の主要なクレジットインデックスの一覧

	インデックス	参照組織数	備　考
iTraxx ヨーロッパ	主要指数	125	最も活発に取引される投資適格クレジット
	ノン・ファイナンシャルズ	100	非金融機関クレジット
	クロスオーバー	40	非投資適格クレジット
	ハイボラティリティ	30	主要指数のうちスプレッドが最大であるクレジット
	LevX	30	第一順位担保権付ローン CDS
CDX	主要指数	125	最も活発に取引される投資適格クレジット
	ハイイールド	100	ハイイールド・クレジット
	新興市場	14	新興市場 CDS
	LCDX	100	第一順位担保権付レバレッジローン CDS
iTraxx アジア	アジア	50	（日本以外の）アジアの投資適格クレジット
	アジア HY	20	（日本以外の）アジアのハイイールド・クレジット
	日本	50	投資適格の日本企業
	オーストラリア	25	投資適格のオーストラリア企業

の間のクロスデフォルトについて記載するのが理想的であろう。実際たまにそのようなトリガーを明示的に含むCDSがあるが、当然それらは価格がより高くなる。また、CDS契約において引き渡されるのは通常債券やローンでありデリバティブ債権ではない。これにより、12.2.5節で説明したように、デリバティブのLGDとCDSのプロテクションの支払との間に潜在的なベーシスリスクが残ることになる。

（特にシングルネームの）CDS市場の流動性は、グローバル金融危機以降さほどの改善がみられなかった。シングルネームCDS市場の深度と流動性、そしてCVAの計算と管理に関しては全体的な問題がある。それにもかかわらず、（すべての銀行ではないにしろ、少なくとも規制当局や監査人には）依然としてCDS市場は市場からインプライされたクレジットリスクのベストな価格を提供すると信じられており、クレジットカーブのマッピング手法として広く利用されている。

12.3.3 デフォルト時損失率（LGD）

LGDは市場価格から導かれるのが理想的だろうが、リカバリー率をインプライされたものとして求められるような市場は現存せず、一般的に導くのは不可能である。リカバリーロックやリカバリースワップは、取引当事者の間で、関連するリカバリー事象が発生した際に、定められたリカバリー率（契約開始時に固定され、一般的には前に説明された標準のリカバリー率と同じもの）と実現したリカバリー率とを交換するための契約である。リカバリースワップは、財務的に困窮した（distressed）クレジットでごくたまに取引される場合を除き一般的には取引されない。

CDS契約では、対応する参照組織の内容によって決められた想定LGD（たとえば、iTraxxヨーロッパやCDX NAの場合は60％）を用いて取引される。一般的に個別のクレジットカーブはこのような標準的なリカバリー率を用いて表される。時折、より好ましい（低い）LGDが使用されることもあるが、これは以下のような点を反映するためである。

- デリバティブ取引の構造的な優先順位。たとえば、証券化目的の特別目的事業体（SPV）との取引。
- 信用補完やその他の形態のクレジット・サポート。ただし、最終章で議論するとおり、エクスポージャーのシミュレーション中では、デリバティブの担保などの点は一般的にはモデル化されているはずである。
- おそらくは経験に基づく、破綻処理手続に関する有利な仮定。しばしば銀行は、優先順位では同じであるべき場合でも、デリバティブポートフォリオ上のリカバリー率が標準的なものよりも高くなることを経験しているだろう。この理由の一つとして、12.2.5節で言及されたリーマンの事例がある。監査人や規制当局は、確固たる根拠なしにはそのような仮定を受け入れないであろう。

それゆえ、LGDの選択は市場の慣例によって決まるようなもので、市場価格から直接インプライされるものではない。

12.3.4　一般的手法

カウンターパーティに関するクレジットスプレッドの情報には、一般的に三つの違った情報源がある。

●**直接の観測値**

これを用いるのは、対象となる実際のカウンターパーティのクレジットスプレッドが市場で直接観測できる状況である。なお、この情報が存在したとしても、流動性の高いテナーは一つだけ（たとえば、シングルネームCDSで典型的には5年）かもしれない。これは、特に長期の取引では明らかに問題である。クレジットの売り（例:CDSプロテクションの購入）が可能であれば、ヘッジと規制資本軽減の達成が可能となるだろう。

●**シングルネームによる代理**

これは、対象となるカウンターパーティの良い代理だとみなされるような、親会社や対象地域のソブリンなどの別の参照組織が市場で取引されている状況である。これは直接使用されるか、またはよりリスクが高いことを反映する目的でクレジットスプレッドへの上乗せを伴うこともある。このような銘柄でのヘッジはスプレッドヘッジであり、デフォルトヘッジではない。さらに、（上述のとおりBCBS（2015）は変更を提案したものの、現在の規制ルールのもとでは）規制資本の軽減は達成できない。

●**汎用的（generic）な代理**

これはすぐに直接マッピングすることができるようなクレジットスプレッドが決められず、格付け、地域、業種などの、ある種の汎用的なマッピングが必要となる場合である。このようなマッピングにはCDSインデックスが用いられるだろう。これを使えば、デフォルトへのプロテクションは得られないが、スプレッドヘッジを可能にし、部分的な規制資本の軽減をもたらすことができるだろう。

上記の各手法の概要は、表12.5に示されている。

上記のルールは、図12.7に示したデシジョンツリーのようなものに沿って導入する必要がある。通常ベンチマークとして選択するのは観測可能なCDSである。そして債券のような他の商品は、通常はシングルネームCDSの流動性が低い場合にのみ検討されることになる。その他の価格、たとえば債券スプレッドなどは、なんらかの手法を用いて算定されるべきであり、CDS価値と同等のものを推定するためには、おそらくベーシスの調整がなされるだろう。シングルネームによる代理では、認識している高めの（低めの）クレジットリスクを考慮するために、多少スプレッド調整を行いたくなるかもしれない。この調整の理由としてありうるのは、親会社が代理として用いられているが、明示的に保証を与えているわけではなく、子会社がよりリスクを伴うとみなされる、などである。ソブリンCDSは、特にシングルネームCDSが限定的な市場では非常に一般的に用いられる代理銘柄である。ソブリンの信用力に関する追加的な個別リスクを反映するためにスプレッドが加味されるだろう。当然ながら、大幅なスプレッド調整の必要があるとすれば、その代理変数はあまり良い選択ではないことを示唆している。

また留意に値するのは、シングルネームによる代理はボラティリティを上昇させる可能性があることである。なぜなら、代理となる銘柄の個別要因の変動がすべて、マッピングされたクレジットスプレッドに誤って反映されると考えられるからである。

図12.7のデシジョンツリーに関連して、通常銀行は多くの銘柄を汎用的な代理銘柄にマッピングせざるをえないことには注意したい。この理由として

表12.5　さまざまなマッピング手法の比較

	流動性	ヘッジ	規制資本の軽減
直接観測可能	低	スプレッドとデフォルトヘッジ	完全
シングルネームによる代理	中	部分的なスプレッドヘッジのみ	なし
汎用的な代理	高		部分的

は、銀行には比較的小さいバランスシートしかもたない顧客（例：事業会社や中小企業）が多い傾向にあり、それゆえクレジット市場において流動性の高い商品が取引されていないためである。このような顧客に対するエクスポージャーは比較的小さいであろうが、全体としてはおそらく非常に大きくなるので、代理としての汎用的なカーブの構築が重要となるのである。

図12.7　カウンターパーティのクレジットスプレッドのマッピングを目的としたデシジョンツリーの例

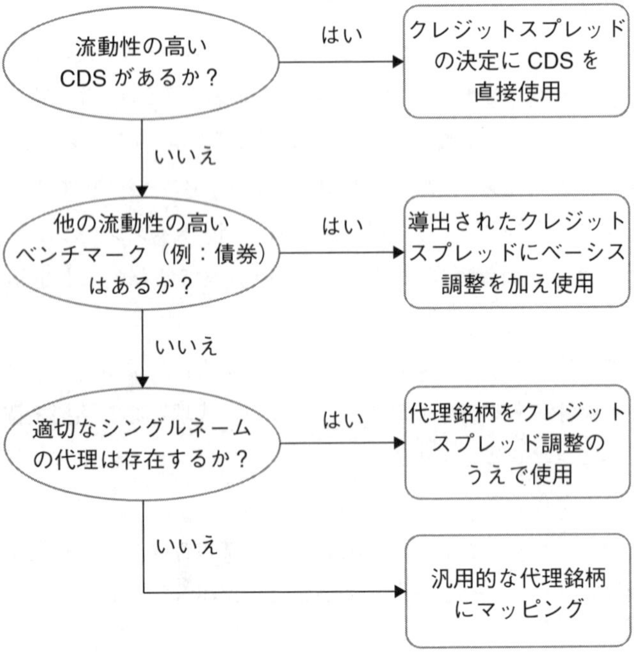

流動性の高いCDSがあるか？
はい → クレジットスプレッドの決定にCDSを直接使用
いいえ ↓

他の流動性の高いベンチマーク（例：債券）はあるか？
はい → 導出されたクレジットスプレッドにベーシス調整を加え使用
いいえ ↓

適切なシングルネームの代理は存在するか？
はい → 代理銘柄をクレジットスプレッド調整のうえで使用
いいえ → 汎用的な代理銘柄にマッピング

12.4 汎用的なカーブの構築

12.4.1 一般的な手法

汎用的なクレジットカーブのマッピングの根源的な目的は、図12.8で示すように、観測可能な市場データに基づいた汎用的なカーブを実現するため、適切に分類されたデータポイントを用いることにある。この図では、数カ所の満期だけしか観測できないCDS市場における例を示している。債券の流通市場の場合は、より多くの満期が観測可能であろう。一部の手法では、テナーごとにデータポイントをまとめ（より流動性の高い価格に対して重みづけをして重視する方法なども用いて）、テナー間を補間することが必要となる。

上記での分類（たとえば、シングルA格付けのカーブ）はかなり大まかであろう。このようにすると、フィッティング対象として多数のデータポイントが得られるものの、カウンターパーティ間の区別がつけにくくなる。対照的に、より細かい分類（例：格付け、地域、業種によるもので、格付けがシングルAで米国の公益事業会社など）によれば、異なったカウンターパーティの間の区別をつけるには良いが、それぞれのカーブを推定するためのデータはより

図12.8　汎用的なカーブの構築手続

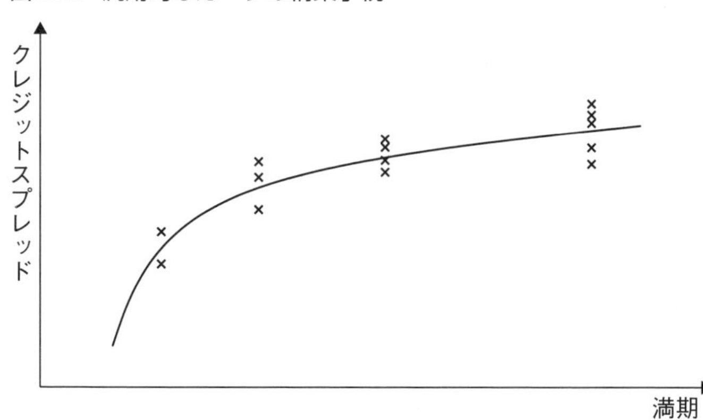

＊グラフでは観測可能なクレジットスプレッドを満期の関数で示している

少なくなる。マッピングにおいては、粒度に関して慎重に検討する必要がある。細かいマッピングが好ましいのは、それぞれの区分に十分なデータポイントが存在する場合のみである。データポイントが少ない場合、ある特定のクレジットの固有リスクが非現実的かつ好ましくないボラティリティを生む危険性がある。

規制当局は一般的に、格付け、国、業種に基づいたマッピングを提案しているが、これを可能とするデータがあるかはっきりわからない場合には、より目の粗い分け方で表すことも許容しているようである。このような区分であっても、一般的にはかなりはっきりした分類が保たれる。たとえば以下のようである。

- **地　域**

　東欧、西欧、北米、中南米、中東、オセアニア、アジア。

- **格付け**

　AAA、AA、A、BBB、BB、B、CCC。外部格付けのない銘柄に対しては、銀行は通常外部格付けにマッピングされた内部格付けを使用する。

- **業　種**

　金融機関、事業会社、ソブリン。

分類手法は銀行によってさまざまであろう。たとえば、大手のグローバル銀行は、自分たちのエクスポージャーは地域的や業種的にみても集中はないと確信しているかもしれない。他方で、地方銀行は必然的に地理的なエクスポージャーの集中度が高く、加えてその銀行の地元となる地域において盛んな特定の業種に対して、大きなエクスポージャーを有しているだろう。

なお、上記の大まかな分類であっても合計 $7 \times 7 \times 3 = 147$ の可能な組合せがある。流動性の高いCDSの数を考えれば、この分類であっても一部の格付け、地域、業種の区分においてCDSの価格が限られていたり、まったくなかったりという問題があることは明らかである。この分類の表し方で通そうとすれば、多くの外挿や補間の仮定や、参照先となるより流動性の高いCDS市場が必要となり、明らかに非現実的である。

12.4.2 サードパーティのカーブ

一部の汎用カーブはサードパーティから取得できる。これがおそらくはお金のかからない解決策であり、また情報の独立性もある（監査人の観点からこれは望ましいだろう）。他方、分類が固定的という欠点があり（時価の極端な変動のような）利用者のコントロールの範囲を超えた振る舞いを引き起こすだろう。

このような汎用カーブの一例はマークイットの業種カーブである[6]。これは、公開格付けのある流動性の高いシングルネームCDSの発行体に関する、無担保シニアのCDSスプレッドに基づいており、1年、5年、10年がある。クレジットスプレッドはテナー間で補間されたうえ、取得可能なデータ数に応じてさまざまに上下の端を切り取ったり平均したりして、最終的なカーブとなっている。カーブは格付け（AAA、AA、A、BBB、BB、B、C）と業種（素材、消費財、消費者サービス、金融、政府、医療、工業、エネルギー、テクノロジー、電気通信サービス、公益事業）に従って構築される。7段階の格付区分と11業種で、あわせて77通りのカーブが可能性として存在する。地域は、現時点では汎用的カーブ構築の構成要素としては考慮されていないが、その予定である。

汎用カーブのもう一つの提供元はS＆Pのグループカーブ[7]である。これもおおむね似た手法を用いており、同じ7段階の格付区分と8業種（素材、景気連動型消費財、景気非連動型消費財、金融、医療、工業、石油・ガス、SSA（ソブリン、国際機関、政府機関））で合計56通りの区分となる。マークイットと同様、地域は現在定義されていない。

12.4.3 マッピングの手法

図12.9では、取引の困難なクレジットの汎用カーブ構築に関する市場慣行を示している。インデックスの利用は当然だが、それに加え、個別にあつら

---

6 www.markit.com
7 www.capitaliq.com

える（bespoke）カーブが格付け、地域、業種の関数としてつくられていることがわかる。当然ながら、格付けによる分類は普及している一方で、地域や業種によるグループ化はあまり普及していない。言い換えれば、銀行は可能ならば三つすべての区分による分類を行うが、必要に応じて業種、あるいは地域の区分も落とすことがある。明らかに、米国や欧州のような地域では最も詳細な分類での定義ができるだろうが、市場がもっと小さい地域では、業種分類はほぼ確実になくす必要があるだろう。内部スプレッドとは、内部で推定したスプレッドを用いている場合に対応し、これは同一または類似のカウンターパーティへのローンのプライシングから推定することができる。これは、外部価格と市場観測値をもとにスプレッドを定義するという考え方とは明らかに折り合いが悪い。

汎用カーブ構築の典型的な手法は、流動性の高いシングルネーム CDS から選択した母集団から、格付け、地域、業種といったなんらかの分類によって、個別にあつらえたカーブをつくりだすというものである。これは、おおむね以下のようにして実現できる。

- 流動性の最低基準（たとえば、三つ以上の価格が観察可能など）によって、利用する CDS の母集団を決定する。

図12.9　取引困難なクレジットカーブの時価評価の市場慣行

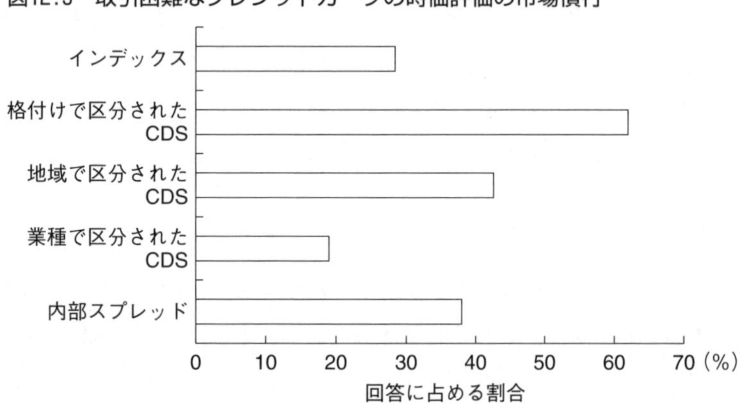

（出典）　Deloitte/Solum CVA survey, 2013

- この母集団を、あらかじめ定められた分類（格付け、場合に応じて地域、業種）ごとに、利用可能なデータ数に応じて区分する。
- 与えられたなんらかの基準に従い、各区分の外れ値を除外する。たとえば、中央値から標準偏差の何倍か以上離れた値など（当然ながら、ある程度大きなデータセットがある場合にのみ可能となる）。
- さまざまな補間と外挿の手法により、欠損データを補完する。
- 関連するデータポイントの平均値や、それぞれの相対的な流動性に応じた加重平均値を用いて、最終的なカーブを決定する。

マッピングのための代替手段の一つとしてインデックスがあり、銀行によっては、ベータで調整したインデックスに直接マッピングを行っていることもある。また、インデックスは欠損データの補完にも用いられることがある。たとえば、カーブ全体の形状はつかめないが、1カ所だけ流動性が高く、うまく把握できるデータポイント（例：5年）がある場合、インデックスカーブの形状から推定したものを用いるのが適切かもしれない（図12.10)。12.2.4節で言及される期間構造の重要性により、カーブの形状に対して理にかなった仮定を置くことは重要である。インデックスは格付けのないところの補完にも利用できる。たとえば、iTraxx や CDX のシングルA

図12.10　関連するインデックスの形状に基づいたカーブ形状決定

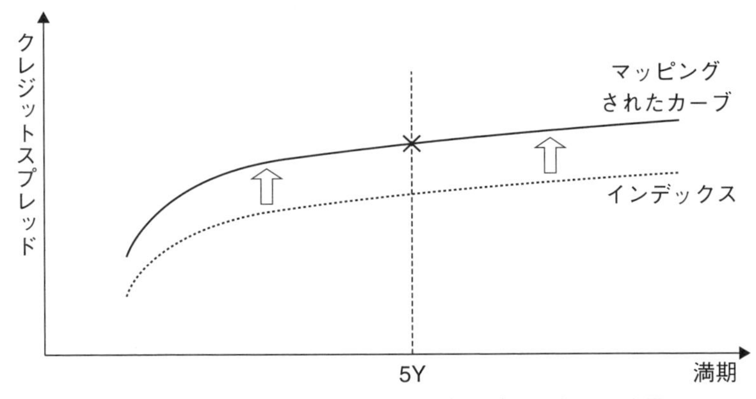

＊「×」印は、対象のカーブ上で既知と仮定する5年のデータポイントを示している

とトリプルBのスプレッドの比率をみて、この比率を用いてある格付カーブから別の格付カーブを推定することで、汎用カーブがより細かく表現できる。

12.4.4 クロスセクションによる手法

上述のマッピング手法は、市場で取得可能な流動性の高いCDSのデータに左右されるが、このデータが限られているという欠点がある。汎用カーブの定義は非常に幅広く、明確な記述はできない一方、CDS市場の流動性の乏しさのため詳細な分類には限界がある。つまり区分によってはデータポイントが限定的かまったくないことがあるだろう。その結果、ある区分に属する銘柄の固有の挙動のために、クレジットスプレッドが大きくジャンプする可能性がある。この挙動は、パラメーター推定対象となるCDSの価格情報が乏しい区分については特に不利なものとなるだろう。

Chourdakis *et al*. (2013) は、多次元回帰などのクロスセクション[8]に基づく、クレジットスプレッドのマッピングに対する代替手法を提案している。この手法も依然、格付け、地域、業種に基づく分類をもとにしたものではあるが、ある区分に属する銘柄へ直接マッピングを行うのではなく、ファクター化の手法を通してスプレッドを計算している。スプレッドの算出に用いるのは以下の五つのファクターである。

- グローバル
- 格付け
- 地域
- 業種
- 優先順位

クロスセクションによる手法の利点は、各ファクターのパラメーター推定

8　なお、この手法は先進的CVA資本賦課（8.7.1節）の一部として求められる個別リスクモデルに関連して提案されたものであり、会計上のCVAの定量化のためのものではない。ただし、後者に用いられる理由はあまりはっきりしていない。

を行うために利用可能なデータがずっと多くなると考えられることである。たとえば、シングルAのファクターは、地域や業種によらず、すべてのシングルAのクレジットを対象に推定される。これにより、よりスムーズな挙動が生み出されるはずである。マークイットは最近、上述のCDS業種カーブのなかでこの手法を採用している

12.4.5 ヘッジ取引

マッピング手法の選択において重要な検討対象となるのは、CVAのヘッジ可能性である。ここで、適切なヘッジ戦略はカウンターパーティの流動性次第である。流動性の高いカウンターパーティならば、シングルネームCDSが最も明らかなヘッジ商品となるだろう。流動性の低いカウンターパーティについては、代理銘柄のシングルネームCDSによるヘッジでは流動性がより低いうえ、規制資本の軽減が（現状では）認められない。このため、マクロヘッジ手段としてクレジットインデックスを用いるのが最も効率的となる。より粒度の高いマッピングを行う手法によれば、裏にある経済的な挙動をより的確に反映できるかもしれないが、そのようなヘッジは非効率になる可能性がある。究極的には、マッピングはヘッジ取引に対する自己充足的予言（self-fulfilling prophecy）となる。なぜなら、マッピングの仕組み自身が最終的にはヘッジの有効性を決定してしまうからである。

汎用カーブによる手法でクレジットリスクをマクロヘッジするためには、ある一つのインデックス、もしくは複数のインデックスに対する「ベータマッピング」の構築が必要となる。これは、最適なヘッジ比率を得るために、インデックスに対する汎用カーブの回帰分析を行うことを指す。そのような回帰分析がどの程度の期間を対象に行われるべきかについては決定的なコンセンサスがない。長期間に対して行えばノイズが小さくなり、短期間であればより精密なものになるだろう。もう一つの重要な検討点は、パラメーター推定の頻度である。日次で行えば、大きく段差のあるような変化の可能性は最小化されるが、運用上負担が大きいかもしれない。実務的な観点からは、定期的な（例：月次）の再推定がより適当であろうが、時価に影響を与

えたり、ヘッジの調整を要したりするような顕著な変動をもたらす可能性が出るだろう。実際一部の銀行では、ベータ調整した後のインデックスに対して直接マッピングをしているところもある。こうすれば再推定日の前後でもより安定的は結果をもたらすだろうが、規制当局や監査人に対する説明はより困難になるだろう。ヘッジ取引のより詳細な内容については第18章で議論する。

12.5 ファンディングカーブと資本コスト

12.5.1 背　景

従来、銀行やその他の金融機関では、デリバティブの価値評価でファンディングコストを考慮することはなかった。これは、下記のような相互に関連する数々の理由によるものであった。

- 銀行は、預金やホールセール市場での資金調達により、比較的容易にファンディングが可能であった。
- 上記により、銀行はLIBOR、あるいはそれ以下のレートでファンディングが可能であり、さらにLIBORは無リスク金利の良い代理変数とみなされていた。
- 銀行は（ファンディングの観点から）一般にデリバティブを短期資産として取り扱い、このため必要に応じて短期のファンディングコストだけを考慮していた。

デリバティブにおけるファンディングコストと、付随するファンディングのリスクは、非常に長期のものであっても滅多に考慮されることはなかった。

上記が劇的に変化したのは、グローバル金融危機時であり、特に2008年のリーマン・ブラザーズ破綻の後である。この時ホールセール市場が枯渇したことで、銀行に対して甚大なファンディングの問題を引き起こし、最終的に銀行は中央銀行の流動性供給に頼らざるをえなくなった。ファンディングコストはそれ以降低下しているが、依然金融危機前と比べると高い水準にある。市場は構造変化（regime shift）を起こしたのであり、いまではファンディングコストは重要な問題である。さらに、金融危機をふまえた規制の整備によって、デリバティブポジションのファンディングはますますコストがかかるようになると考えられる。たとえば以下のとおりである。

●清算集中義務

標準的な店頭デリバティブの中央清算要件によって、CCPに対して当初証拠金と清算基金を差し入れる必要性（9.3節）があるため、顕著なファンディングコストが発生すると考えられる。

●非清算店頭デリバティブ証拠金規制

中央清算されない店頭デリバティブ（6.7節）に対する担保差入れの要件は、やはり主に当初証拠金を通じてファンディングの必要性を増加させるだろう。

●流動性カバレッジ比率（LCR）

これはファンディングに関する30日間のストレスシナリオに耐えうる、十分な適格流動資産（High-Quality Liquid Asset、HQLA）を保有することを銀行に義務づけるものである（8.8.4節）。これは短期のファンディングを制限し、ここからも追加コストが生じるだろう。

●安定調達比率（NSFR）

これは銀行に対してより安定した資金調達源からのファンディングを行うことを要求するもので、やはりさらなるコスト増となるだろう（8.8.4節）。

●所要資本の増加

バーゼルⅢ規制による店頭デリバティブに対する所要資本の増加は、銀行にとって制約となり、ファンディングコストをより増加させると考えられる。

●レバレッジ比率

上記と同様に、店頭デリバティブは、レバレッジ比率（8.8.2節）に影響を与え、ファンディングコストに対しても連鎖反応を引き起こすだろう。

以上のすべてを理由として、銀行はカウンターパーティリスクのようなより伝統的な領域とあわせて、ファンディングコストに対する定量化と管理が必要だということを認識するようになった。このことが、ファンディング価値評価調整（FVA）や証拠金価値評価調整（MVA）の概念を生み出したのである。これらは第16章で詳細に議論する。FVA は一般的にデリバティブ資産のファンディングと関連しており、MVA は当初証拠金を差し入れる必要性から生じる。FVA と MVA の双方でファンディングカーブの定義が必要となることは明らかである。これはCVA にクレジットカーブの定義が必要となることとまったく同じことである。

12.5.2 ファンディングコスト

重要な概念として、ファンディングコストは個別の資産に特有のものであるということがある。たとえば、高信用力の国債は比較的簡単にレポ取引に出せる。したがって、関連するレポ市場を通じた資金調達のコスト（ヘアカットやスプレッド）がファンディングコストになる。レポ市場の存在が意味するのは、その債券を購入するために無担保で資金を借りるコスト（これは相応に高額であろう）を考慮する必要がないということである。

デリバティブ資産は、（ネッティングを通じて）他のデリバティブ負債への担保として効率的に利用することができるものの、レポ取引に出すことはできない。これが示唆するのは、元となるデリバティブのファンディングコストを評価するのに、無担保での期間調達（term funding）のレートが適用可能であろうということである。しかしながら、銀行はさまざまな資金調達源を通して自らのファンディングを行っている。通常、銀行の資金部門は、すべての主要通貨についてファンディングコストのカーブを混合して作成し、内部的なプライシングの目的に利用している。これはしばしば、資金移転価格（Fund Transfer Pricing、FTP）カーブと呼ばれている。結局のところ、12.3節でのクレジットカーブのマッピングと同様、ファンディングカーブの評価は主観的であり、議論の余地が多い。

ファンディングコストはさまざまな別の要因から生じており、各々でその数字は異なっているだろう。変動証拠金と当初証拠金の違いから生じるものは明らかである。変動証拠金は、時価損失に対して差し入れられるので、実際のファンディングコストだとみなされないかもしれない（これはFVAに関するHull-Whiteの論争であり、第15章で詳細を議論する）。当初証拠金は時価損失に対して差し入れられるものではなく、こちらは直接的なファンディングコストとなる。これが、ファンディングコストをFVAとMVAに分けるもう一つの理由である。担保の種類もファンディングコストに関係する。なぜなら、非現金担保の差入れは、適用されるヘアカット次第ではコストが低いとみなされる可能性があるからである。担保の利回りもまた重要である。CSAにおける変動証拠金は一般的に、対応する通貨のOISレートで付利され、またOISレートは無リスク金利の代理として問題が少ないとみられている。このような場合、無リスク金利を超過する部分がファンディングコストとなる。しかしながら、担保の付利金利がOISレートよりも低ければ（たとえば、CCPへの当初証拠金の差入れの場合）、全体のファンディングコストはより高くなり、OISレートでのファンディングですら高いとみなされるかもしれない。実際のところ、分別保全は追加的なファンディングコストを生み出すものと考えられるだろう。受領した当初証拠金を分別保全するのにコストがかかるうえに、そこからリターンは得られないからである。

12.5.3 ファンディングカーブの決定

FVAとMVAに用いるファンディングコストの定義に関しては多くの疑問が生じる。そもそも、上記のとおり、銀行は債務市場を通じた以下のようなさまざまなファンディング手段をもっている。

- 顧客の預金
- ホールセール短期金融市場
- 私募・公募の無担保借入れ（例：通常の債券や仕組み債）
- 私募・公募の担保付借入れ（例：カバードボンド）

もっぱら短期金融市場でファンディングを行っている銀行は、ファンディングコストの評価を長期の無保証の債券発行に基づいて行うべきではないだろう。取引主体の現在のファンディングコストとして参照できる代表的なものとして、他の情報源もいくつか考えられる。たとえば、債券の流通市場やCDS市場である。

もう一つの問題は、おそらく資産のファンディングはその資産の信用度自身に依存するはずだという点である。これは、貸し手は必然的に借り手のバランスシートの質に応じてファンディングレートを求めると考えられるからである。トリプルAのカウンターパーティと取引する銀行は、同様の取引をより低い格付けのカウンターパーティと行うのに比べ、ファンディングコストの増分はより小さいはずである。これが示唆するのは、単一の「ファンディングカーブ」というものを、すべての種類のデリバティブの顧客に適用すべきではない、ということである。

最後の論点は、会計の観点として出口価格の概念から逸脱しないよう、他の市場参加者のファンディングコストを実際に取り入れるようにすべきだということである。またもう一つの疑問は、取引の契約上の満期まで用いるべきか、あるいは取引が必要に応じ早期に解消しうるという事実からもっと短い期間を用いるべきか、という点である。しかしながら、これは困難な問題となりうる。なぜなら、異なるファンディングコストをもつ取引相手のなかから、足元の取引の特徴（たとえば、インザマネーかどうかや、テナーなど）に応じて、見極められながら取引は解消されていくであろう、という議論になるかもしれないからである。

上記はすべて、ファンディングコストの定義をめぐり、これまで市場参加者、会計士、規制当局の間に多くの論争を引き起こしてきた点である。図12.11でわかるように、会計とプライシングの実務の間にみられるさらなる相違点（一部の銀行では、ファンディングコストを計上しないが、取引のプライシングには算入している）もあり、銀行の対応は分かれている。ファンディングをプライシングに織り込む際には、以下のような疑問が生じる。

- ファンディングコストは、どの商品に対して推定されるべきか（例：新規発行、流通市場での債券取引、ファンディングコストの内部的な見積り）。
- 自己のファンディングコストを用いるべきか、（必要に応じて取引を解消するかもしれない）カウンターパーティのファンディングコストを用いるべきか。あるいは、市場参加者全般のファンディングコストに基づき混合されたカーブを用いるべきか。
- 契約上の最終満期に対応した期間調達のレートであるべきか、むしろ期間調達が不要であったり、取引が早期終了できたりするという事実に基づき、より短い期間を想定すべきか。

ファンディングコストを次の二つの構成要素の合計として特徴づけるのも有効である。

- **クレジットファンディングコスト**

これは、無担保でのファンディングコストの一部として求められると考えられる、信用リスクのコストを指す。当然、よりリスクの高い取引当事者に対しては、より高いファンディングコストが期待される。

- **資金流動性リスクプレミアム**

これは、純粋な信用リスクに追加されるコストであり、決して取引主体に特有なものではなく、担保付ファンディングで特に意味をもつと考えられる

図12.11　会計目的、プライシング目的でのファンディングコストの定義の市場慣行

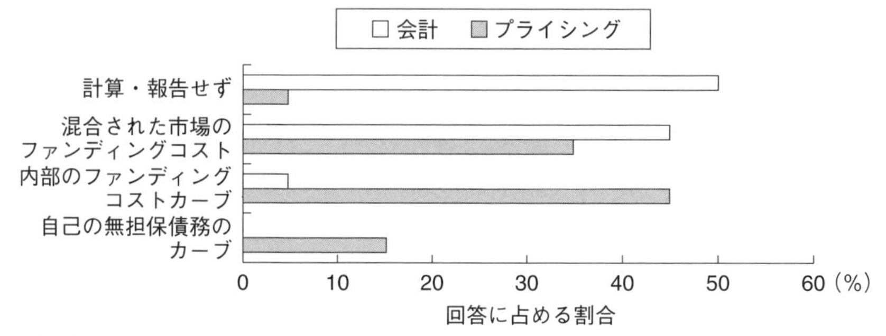

（出典）　Solum CVA survey, 2015

(例：カバードボンド)。

無担保のファンディングコストは上記要素の合計となる。しかしながら、第15章で論じるように、FVA のプライシングでは資金流動性リスクプレミアムだけを含めるのが良いかもしれない。なぜなら、一つ目の要素はCVA によってすでにプライシングされているはずだからである。

第15章では、FVA と MVA の計算に関連して、ファンディングコストの定義をより詳細に議論する。

12.5.4 資本コスト

ここ数年の規制の変化により、銀行は一般的に店頭デリバティブ取引の実際の収益よりも資本に対するリターンに注目するようになった。通常資本コストは資本収益率（Return on Capital）をベンチマークとして定量化される。これは、資本を提供した投資家に対して収益を還元すべく、達成が望まれる数字である。

通常企業は負債と資本の両方で資金調達するため、それぞれのコストは将来の予想を反映するためにフォワードルッキングに計算される必要がある。負債コストは比較的簡単で、支払利息に対する税金の軽減効果調整後の借入金利である。資本コストはより主観的である。なぜならこれは株主に対して支払われる収益であり、銀行の政策で決まるものでありながら、株主の観点からも満足のいく水準を保たなくてはならないからである（そうでなければ、株主は株を売却するだろう)。資本コストは、企業の過去の配当政策か資本資産価格モデル（Capital Asset Pricing Model、CAPM）のようなフォワードルッキングな手法で評価できる。

負債と資本のコストは、しばしば混ぜ合わされ、加重平均資本コスト（Weighted Average Cost of Capital、WACC）とされる。WACC はプロジェクトの予想キャッシュフローの割引率としてしばしば用いられる。しかし、規制が（主に株主資本で構成される）Tier 1 資本の定義と金額について厳しくなってきていることから、店頭デリバティブ取引の資本に対するリターンを評価する際には、銀行は一般的に株主資本のコストに注目するだろう。

銀行の店頭デリバティブのビジネスは、他のビジネスと同様、付随するコストのため、通常資本に対するハードルが課される。想定リターンとして適用されるのは内部のいくらか主観的なパラメーターであり、基準として約8～10%がよく用いられる。しかしながら、このリターンを生み出す収益には課税されるため、(対象地域における) 実効税率も考慮され、実効リターンはより高くなる。Kenyon and Green (2015) はこれをTVA (Tax Valuation Adjustment、税評価調整) と名づけ、より厳密に定義した。その他のコストによって、必要となるグロスのリターンはさらに増加し、銀行が店頭デリバティブ取引に対して目標とする数値はおそらく15～20%近辺となるだろう。従来は、資本に対するハードルに関するガイドラインが示されてきたが、現在ではKVAによりもっと厳密にプライシングされている (第16章)。

規制の影響を受ける店頭デリバティブの金額を考えれば、銀行が従来の資本に対するリターンのハードルを越えるのに苦労しているのは驚くことでもない。これは多くの理由からくるものである。たとえば、利益とネッティングされてしまうコスト (たとえばCVAとFVA) があること、店頭デリバティブへの所要資本の増加、新規資本発行のコストなどである。それでも、デリバティブビジネスからの撤退を実行可能な戦略として考える銀行はほとんどないだろう。資本に対するリターンはその顧客との取引全体で評価され、一つのビジネス領域だけで考えないことが理想的である。店頭デリバティブのリターンは低くなりはするものの、他のビジネス、時には同じ顧客からの収入によって一部肩代わりされることを、最終的に銀行は認める必要があるだろう。

12.6 まとめ

本章では、デフォルト確率、ファンディングコスト、および資本収益率といった、xVAの主たるコスト要因を決定するのに用いられる手法の概要について検討した。また、実確率とリスク中立確率でのデフォルト確率の違い、そしてカウンターパーティのLGDとクレジットスプレッドの推計の際に実務的に用いられる手法について解説した。流動性の低いクレジットをマッピングするための汎用カーブの生成について、期間構造などの重要事項について強調しながら網羅した。ファンディングコストとそこから得られる関連するファンディングカーブの性質についても議論し、最後に店頭デリバティブ取引に適用される資本コストの概念について議論した。

第13章

割引と担保

もし連邦政府をサハラ砂漠の担当にしたら、5年で砂が不足するだろう。　Milton Friedman（1912～2006）

13.1 概　　要

近年、デリバティブのプライシングにパラダイムシフトが起こり、非常に基礎的な原則でさえ変わってきている。本章では価値評価の基準であり共通の出発点であるOISディスカウンティングについて議論する。その後、一部の担保条項の価値評価の問題に関連した論点を検討する。これは通常ColVA（担保価値評価調整）として知られている。一般的に、デリバティブ評価の際に用いられる割引の基本的な前提となるのはOISディスカウンティングとColVAの両方である。ただし、片方向でのCSA（6.2.2節）のような特別な場合もあり、こちらについても議論することにする。

第4章の図4.12では、「基本的な価値評価」として定義されたものを土台としたxVAの構成要素のヒエラルキーを示した。最初の問題は基本的な価値評価をどう定義するかということになろう。これには決まった結論はないが、一つのわかりやすい選択は有担保取引である。実際、デリバティブの大半は、直接相対する取引において、または取引所や中央清算機関を通して、グロスの想定元本額を基準に担保保全がなされている（第3章の図3.2を参照）。

最初の出発点とするために、まず「完全担保」の概念を定義する。この場合、デリバティブの価値評価は容易に、xVAの調整をすることなく可能である。このような概念は（中央清算機関の視点からを除けば多分）ほぼ理論上のものであるが、基本ケースとしては有用である。

13.2 ディスカウンティング

13.2.1 序　　論

デリバティブのプライシングは常にどちらかといえば複雑であった。しかしながら、グローバル金融危機以前は、プレーンバニラ商品のプライシングは十分理解がなされており、もっぱら関心はエキゾチック商品のほうにあった。信用リスクと流動性リスクは無視されていた。なぜならそれらの効果はとるに足らないとみられていたからである。金融商品のプライシングにおける旧来の枠組みは、危機によって顕在化した欠点に対処し、ファンディングや担保契約のような点を適切に考慮するべく大変革の最中にある。

プライシングの前提における比較的新しい変化の一つは、将来キャッシュフローを割り引くのにLIBOR（ロンドン銀行間取引金利）を使用しなくなってきたことである。ファイナンスにおける最も重要な金利の一つがLIBORであり、何兆ドルものデリバティブやローンなどの取引で参照されている。LIBORレートが表すのは、提示された銀行間の無担保貸付金利で、これは銀行への通常3カ月の無担保借入れに対して課される（日次で決定される）金利である。比較的短期間であるものの、貸付側の銀行が借入れ側の銀行に無担保ベースで現金を貸すという意味において、LIBORにはリスクがある。LIBORは他の銀行から借り入れる場合に銀行が課されるであろう金利の平均を表すものとされている。長い間、LIBORは無リスク金利の良い代理変数とみなされ、キャッシュフローを割引くために用いられており、それゆえ「貨幣の時間的価値」を決定したのである。

貨幣の時間的価値と無リスク金利の概念は、本質的には両方とも理論上のものであることに留意する必要がある。それに加えて、本当に長い間標準となっていた、伝統的な無リスクキャッシュフローのLIBORでの割引は、一般に二つの重要な前提をふまえて使用されていた。

- LIBORは無リスク金利（または少なくともその非常に良い代理変数）である。
- 懸案となるような重要なファンディングの問題はない。すなわち、金融機関はLIBORで容易に（担保目的を含め）資金の貸し借りができる。

13.2.2 OISレート

OIS（Overnight Indexed Swap、翌日物金利スワップ）は、一般的に大手銀行がオーバーナイト市場で互いに貸し借りを行うのに適用される（無担保の）金利である。OISレートの例は以下のとおりである。

- ●フェデラル・ファンド金利（米連邦準備翌日物金利）
- ●EONIA（ユーロ翌日物平均金利）
- ●SONIA（ポンド翌日物平均金利）
- ●MUTAN（円無担保コール翌日物金利）

担保の取決めは、カウンターパーティリスクを軽減するために取引当事者が現金や証券を差し入れるためのものであり、通常はISDAクレジット・サポート・アネックス（6.2.1節）の条項に従う。標準的な担保授受の頻度は日次で、担保保有者は通常はEONIAやフェデラル・ファンド金利のような翌日物金利を支払う。第6章で論じたように、店頭デリバティブ市場の発展とともに担保の利用は着実に増加してきた。

OISレートとLIBORは概念的に似ている。双方とも無担保で、前者は1日のタイムホライズンである一方、後者はより長い（例：3カ月）。さらに、OISレートは実際の取引からの平均値である一方、LIBORは単に銀行が意見として述べたレート（から最高と最低の値を除いたもの）の平均値である。実際、LIBORレートの人為的操作に関して過去に問題が発生した[1]。

13.2.3　無リスク金利

伝統的に、無リスク金利には二つの異なった指標があった。まず、LIBORレートには従来から信用リスクはほとんどないと考えられてきた[2]。これは、銀行のデフォルト確率がきわめて小さいことや、期間が短い（3カ月か6カ月）ことによるものである。無リスク金利の代理となるもう一つの選択肢としてトリプルAの国債があり、これもソブリン発行体のきわめて

1　たとえば、“Timeline：LIBOR-fixing scandal”, BBC News, 6 th February 2013, www.bbc.co.uk を参照。

2　たとえば、危機以前のデリバティブのプライシングを論じた論文からの典型的な引用においては、「LIBORは無リスク金利ではないが、参加銀行に非常に強い格付けがあるので無リスクに近い」と述べられている。

高い格付けにより信用リスクがほぼないとみなされていた。LIBOR レートは国債のレートより好ましいと考えられていた。これは、流動性がより高いこと、技術的要因による問題（レポ取引での特殊性や税金の問題のような）がないこと、そして、LIBOR レートとファンディングコストとの間に密接なつながりがあることが理由である。ゆえに、2008年以前の市場の標準的なディスカウント（またはファンディング）カーブは、3カ月か6カ月のLIBOR カーブであった[3]。

グローバル金融危機以前は、OIS と LIBOR との間のベーシスは小さかった（10bps 未満）。しかしながら、図13.1にみられるように、危機によってLIBOR-OIS ベーシスは劇的に広がった。米ドルの3カ月 LIBOR とフェデラル・ファンド金利（OIS）との差は、危機以前は数ベーシスポイントしかなかったが、2008年9月のリーマン・ブラザーズの破綻の混乱により数百ベーシスポイントに急上昇し、以来重要なものとなった。これと同じことが同一通貨の金利交換を表すベーシススワップ・スプレッドにおいてもみられた。たとえば、EURIBOR（ユーロ通貨の LIBOR レート）3カ月に対する6カ月のベーシススワップ・スプレッドは、かつて1bp 未満であったのがリーマン・ブラザーズ破綻後の2008年10月には40bps 以上にまで達した。このことは、6カ月テナーには3カ月テナーに比べて追加的な無担保の信用リスクがあるということを示している。銀行が無リスクだと認識されていたときにはそのような差は存在しなかった。しかし、その神話が崩壊すると即座に、ベーシススワップ・スプレッドは劇的に急上昇したのである。

OIS のテナーの短さとバイアスの少ない提示手続により、OIS のほうがより論理的な「無リスク金利」にみえるであろう。EONIA のような日次の取引が意味するのは、それが最小限の信用リスクしかもたないということである。主要通貨であれば、OIS-LIBOR スワップのような商品を通じて OIS の期間構造を観測できる。LIBOR と OIS の差、もしくは「スプレッド」は、リスクと流動性の重要な指標である。高いスプレッドは通常、主要銀行によ

3　通貨によって、どちらかが最も流動性の高いところであったかもしれない。しかしながら、異なる期間の LIBOR の間の差はきわめて小さかった。

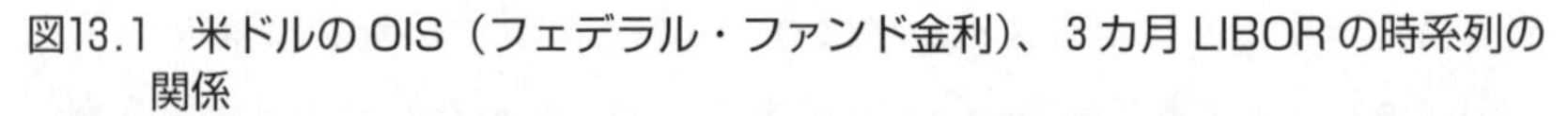

図13.1　米ドルのOIS（フェデラル・ファンド金利）、3カ月LIBORの時系列の関係

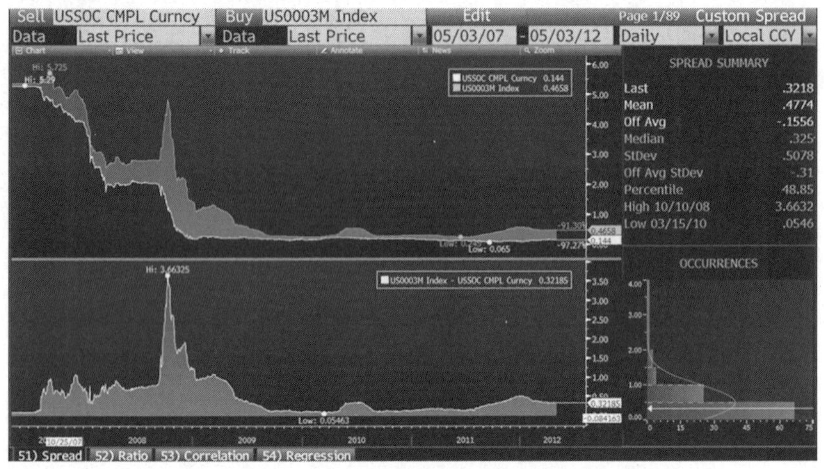

＊上のグラフは各々の水準を表しており、下の線は二つの金利の差を表している
（出典）　Bloomberg（www.bloomberg.com）、許可を得て掲載

る貸出意欲の低下を示すものと解釈される。このベーシスは近年縮小しているものの、LIBORをところかまわず無リスク金利として利用するのは誤りだと考えられている。

13.2.4　完全担保とディスカウンティング

無リスク金利の考え方は有用ではあるが、すでに言及しているように、貨幣の時間的価値を定義する際に用いられる理論的概念にすぎない。しかしながら、一定の条件下ではデリバティブの正しい割引金利が担保の収益率であることを示すことができる。この状況を「完全担保」と定義し、それは以下のとおりである。

- 取引は、その時価に基づいた対称的な（双方向の）担保契約でカバーされており、信用極度額、最低引渡金額、端数処理単位ともにゼロである（つまり、必要な担保金額が寸分違わず受領できる）。
- 超過担保（当初証拠金）はない。

図13.2　担保のディスカウンティングの概念

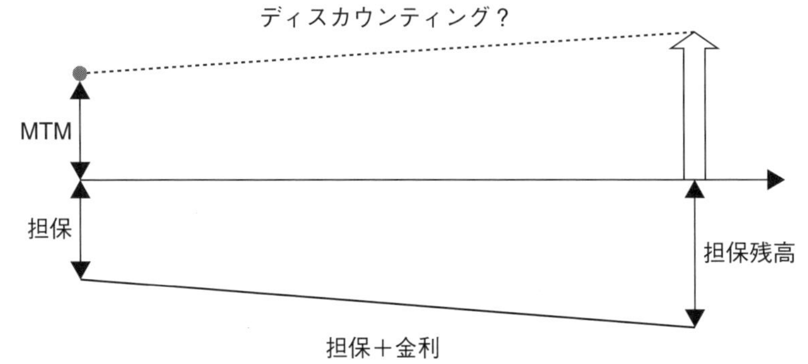

＊単一のキャッシュフローの現在時価から担保残高が生じ、そしてそれは担保の受領者による契約上の金利の支払に従って増加し、最終的なキャッシュフローの支払と相殺することができる。対称的に、時価は担保残高と同一でなければならず、したがって、正しい割引率は担保の収益率となる

- 担保は連続時間で決済される（つまり、担保授受に遅延がない）[4]。
- 担保は再利用でき、分別保全されない。
- クローズアウトコストはない（もしくは同等に、担保契約で参照される時価がすでにそのようなコストを含んでいる）。
- 担保は取引通貨と同じ通貨の現金で支払われる。

上記の仮定のもとでは、保有される（差し入れられる）担保金額は常に取引の正の時価（負の時価）と同額となり、同一通貨建てとなる。Piterbarg (2010) で示されているように、このような状況では、正しい割引率は担保に対して支払われたリターンである。このことは図13.2に定性的に示されており、担保残高と与えられたキャッシュフローとの対称性を表している。ここでの目的は、割引率を決定してキャッシュフローの時価を算出することである。この時価は現時点で保有されている担保額と一致する（完全担保）。この担保は満期時に担保金利を加えて返却されなければならず、キャッシュフローと釣り合う必要がある。もし、取引の担保があるレートで付利されて

4　対応するエクスポージャーが連続時間で変化するということと、デフォルト時には取引が瞬間的にクローズアウトされるということについても仮定する必要がある。

おり、キャッシュフローの割引がそれと別のレートで行われているとしたら、矛盾があり裁定機会につながってしまう[5]。

13.2.5 OISディスカウンティング

担保契約で指定される標準的な担保の付利金利はOISレートである(6.3.4節)。これはOISが無リスク金利だからではなく、(日次の請求により)担保が1日の保有しか保証されていないからである(ただし、実務ではより長く保有されることがあり、この点は重要な検討事項である)。そのため、この状況では「OISディスカウンティング」が正しい価値評価である。上述の完全担保の定義における仮定は、(特に連続時間での担保の決済は)現実においていくらか形式的にみえる一方で、理にかなった出発点であり、業界では一部の取引はこの理論上のかたちに近いと考えられている。それは特に以下の取引である。

- **中央清算される取引**

  中央清算機関からみれば、当初証拠金や清算基金、日次・日中の担保差入れがあるため。

- **インターバンク取引**

  信用極度額がゼロのCSA、小さな最低引渡金額と日次の担保差入れのため。なお、スタンダードCSA(6.4.6節)と導入予定の証拠金規制(6.7節)が要求する担保条項は、「完全担保」に近いとみることができる。

したがって、このような取引に対して近年OISディスカウンティングへの移行がなされたことは驚くことではない。以下でまた議論することになるが、これはすべての取引について理にかなった出発点であり、必要に応じてこの基本ケースにxVAの構成要素を追加することができる。しかしながら、無リスク金利とみなせない限り、無担保取引においてOISレートは適切ではない。

---

5 たとえば、"Goldman and the OIS gold rush: How fortunes were made from a discounting change", *Risk*, 29th May 2013を参照。

13.2.3節で述べたように、OIS レートは無リスク金利のわかりやすい代理変数でもある。しかし、これをもって OIS レートが適切な割引率であることの理由にはできない。担保契約で他のレートが参照されている場合は、そのレートが適切な割引率である。その金利がゼロであるならば割り引かれるべきではない。OIS は単にわかりやすいオーバーナイト運用のベンチマークであり、それゆえに、日次で預けられている現金担保のリターンとして便利に用いられている。しかしながら、OIS は長期間の取引においては「公正な」リターンではない。なぜなら、オーバーナイトのリターンしか受領しない一方で、担保は長期間差し入れられる可能性があるからである。

グローバル金融危機による介入がなかったとしても、OIS ディスカウンティングは価値評価のアプローチとして常により正しい方法であったはずである。しかしながら、図13.1に示されているように、伝統的な LIBOR ディスカウンティングとの差異は危機以前は特段目立たなかった。移行の度合いは商品や地域にもよるが、近年、有担保取引の評価は LIBOR から OIS ディスカウンティングに着実に移行している（たとえば、ISDA（2014）を参照）。

13.2.6 OIS の手法

OIS ディスカウンティングは多くの理由で問題を複雑にしている。単一通貨の金利スワップのプライシングにあたり、かつては将来キャッシュフローの予測とその割引との両方に対して同じ金利（LIBOR）を使用していた。現在は、キャッシュフロー予測のための金利（例：LIBOR）と割引に用いる金利（例：OIS）との差を勘案する必要がある。これはしばしば「デュアルカーブ[6]」プライシングとして知られている。単一通貨の金利スワップのプライシングやリスク管理はいまや、複数のカーブやベーシスリスクを含むエキゾチックな問題となっている。

6　なお、デュアルカーブプライシングは単一通貨の金利の取引に適用されるが、異なる通貨やクロスカレンシーの商品では、さまざまなテナーベーシスとクロスカレンシーベーシスの影響を織り込んだ多くのカーブを必要とするだろう。担保契約によっても、選択次第では理論的にさらに多くのカーブをプライシングの問題に持ち込むことになる。

伝統的な金利カーブの構築は、典型的には次の手順に従う。

- 流動性の高い有価証券（現預金、先物やスワップ）を選択する。
- 重複や補間などの処理について決定する。
- 市場価格に適合するように順番に解いていく「ブートストラップ」法か、もしくはより複雑なアルゴリズムを用いて単一のカーブにフィッティングする。

OIS ディスカウンティングによりこの過程は複雑になる。LIBOR-OIS スワップは一般的に OIS スワップより流動性が高い。このため、標準的な LIBOR ベースのスワップと一緒に、OIS とベーシスカーブ[7]を同時に市場価格と整合的になるよう構築する必要がある。このパラメーター推定においては、ディスカウンティングは OIS に基づくものと仮定されるが、キャッシュフローの予測は参照金利（OIS あるいは LIBOR）でなされる。このデュアルカーブの問題は、標準的で単純なブートストラップ法が適用できないことを意味している。これらの論点に関するさらなる詳細は、たとえば、Mercurio (2010)、Morini and Prampolini (2010)、Kenyon and Stamm (2012) にある。

OIS ディスカウンティングが標準として発展する一方、まだすべての銀行やその他の金融機関に完全に導入されているわけではない。トレーディングデスクが LIBOR ディスカウンティングを使っているところでは、LIBOR-OIS のベーシスが生じており、これはおそらくは xVA デスクによって管理されるべきである。これについては第15章と第18章でさらに詳しく議論する。

7　LIBOR と OIS との間のベーシスを決定するものである。

13.3 完全担保を越えて

13.3.1 完全担保に向けた取組み

すでに述べたように、多くの取引、特にインターバンク取引や中央清算される取引は、OIS ディスカウンティングの想定する理論上の理想形に近い。OIS ディスカウンティングという標準化を目指す取組みとして目立ったものに、次のようなものがある。

●CSA の再交渉

近年の市場慣行として、相対での CSA の再交渉がある。その目的は、13.2.4節で列挙した理想的な特徴に CSA を近づけることであることが多い。これは、担保授受の頻度を上げること（例：日次）であったり、信用極度額や最低引渡金額を縮小したり、差入可能な現金や有価証券を制限するようなことであろう。これには6.4.6節で議論したスタンダード CSA（SCSA）の導入も含まれる。

●非清算店頭デリバティブ証拠金規制

6.7節で議論した、導入予定の証拠金規制では、頻繁な担保授受、信用極度額ゼロ、500,000ユーロ以下の最低引渡金額が要求されている。また、特定の担保種類に対して、特に取引通貨と異なる通貨建ての現金を差し入れる場合、ヘアカットを通じてペナルティが課せられる（表6.7を参照。ただし、6.7.4節で議論したように、EU 規制では現金担保に対するヘアカットは含まれない可能性がある）。米国規制は変動証拠金を現金のみに制限する可能性がある。

●清算集中義務

標準化された店頭デリバティブの清算集中義務（9.3.1節）は重要である。なぜなら、担保に関する CCP の規則はおおむね完全担保の理想形に従っているとみることができるからである。特に、CCP は信用極度額と最低引渡金額がゼロであり、通常は取引通貨の現金担保（変動証拠金）が必要となる。

また、担保請求は日次、一部は日中で行われる。しかしながら、当初証拠金（と清算基金拠出）の要件は明らかに完全担保と相反したものである。これはCCP自体にかかわる問題ではない。実際、これはCCPの完全担保化を保証する以上のものになる。一方、以下で議論するように、清算参加者やクライアント・クリアリングの顧客にとっては、当初証拠金によって完全担保から遠ざかることになる。

以上の説明が当てはまるのは、一般に銀行やその他の金融機関といった、店頭デリバティブ証拠金規制や清算集中義務が免除されず、すでに双方向の担保契約を締結しているところである。以上はエンドユーザーにとってはあまり意味がない。というのも彼らは担保契約がないか、自分に有利な片方向の担保契約下で取引するからである。しかしながら、こういったエンドユーザーもまた、銀行から受け取るプライシングを通して、完全担保の理想形に近づくように圧力を受けている。

13.3.2　xVAの用語

利便性のため、4.4.3節で初めて議論した各xVAについて再度まとめておく。ただし、ここでは完全担保の観点からみることにする。たとえ理論上の理想形からかけ離れていたとしても、OISディスカウンティングの適用はすべての取引について理論的には可能である。ただし、無担保の場合には、OISを無リスク金利としてみる必要があると考えられる。完全担保の観点から、xVAの構成要素は以下のとおりである。

- **担保価値評価調整（ColVA）**

完全担保となる契約に比べて、担保の種類や付利金利が違っていることによる担保調整。これは13.4節で議論する。

- **信用価値評価調整（CVA）**

カウンターパーティリスクに関するネガティブな調整であり、カウンターパーティのデフォルト事象における無担保のエクスポージャーに起因するもの。これは第14章で議論する。

●負債価値評価調整（DVA）

カウンターパーティリスクに関するポジティブな調整であり、自己のデフォルト事象における無担保の負のエクスポージャーに起因するもの。これも第14章で議論する。

●ファンディング価値評価調整（FVA）

不完全担保となる取引の時価相当分をファンディングすることから生じるコストと利益に関する調整。これは第15章で議論する。

●証拠金価値評価調整（MVA）

直接相対する取引や中央清算される取引に対して、当初証拠金を差し入れる必要があることの結果として行うネガティブな調整。中央清算機関に対して清算基金を差し入れる必要性から来るもの（9.3.2節）も含むことがあり、「清算基金価値評価調整（default fund VA）」とでも呼ぶことができるだろう（ただし、ここでは清算基金コストはMVAの一部とみなすことにする）。これは、しばしばIMVAと呼ばれるものであり、第16章で議論する。

●資本価値評価調整（KVA）

不完全担保となっている取引の部分に対して、銀行が規制資本を（適用する計算手法に沿って）保有する必要があることの結果として行われるネガティブな調整。これは第16章で議論する。

なお、上記の用語は、いまではだいたいのところ市場標準になっているものの、書き手によって異なる用語が用いられることがある。また、ここではFVA（無担保の時価相当分やヘッジ取引に対する変動証拠金の差入れに伴うファンディングコスト）とMVA（当初証拠金のファンディングコスト）を区別している。これらのファンディングコストは本質的にまったく異なるものであり、分けて考えるのが適切だろう。

当然のことながら、直接相対する取引と中央清算される取引という異なった契約条項のもとでは、各々のxVAがより重要であったり、そうでなかったりするだろう。契約条項を変更すると、各々のxVAに数値が移っていく

表13.1　さまざまな関係におけるxVAの重要性を示したもの

	ColVA	CVA	DVA	FVA	KVA	MVA
無担保		✓	✓	✓	✓	
片方向担保	(✓)	✓	(✓)	✓	✓	
従来の双方向担保	✓	(✓)	(✓)		✓	
単一通貨の双方向担保	(✓)	(✓)	(✓)		✓	
双方向の当初証拠金による担保保全	(✓)				(✓)	✓
中央清算（直接）		(✓)			(✓)	✓
中央清算（間接）		(✓)			(✓)	✓
中央清算（CCP側）						

*チェックマークはxVAの検討が重要なもので、カッコ付きのチェックマークは重要性が比較的低いもの

かもしれない。たとえば、担保を増加させることによって、CVA、FVA、KVAは減少するが、MVAは増加するという傾向がある。以下で議論する典型的な状況下における、各xVAの重要性を表13.1に示している。

●無担保

無担保取引には、ColVAと当初証拠金および清算基金に関連するものを除く、すべてのxVAの要素がある。

●片方向担保

金融機関に対する片方向の担保契約では、上記と同様であるものの、自己のデフォルトから生じる便益（DVA）は比較的小さいだろう。なぜなら、彼らはこの不測の事態に対して担保を差し入れているからである。原契約の条件によってはColVAが生じるかもしれない。

●従来の双方向担保

この場合、差入担保があるのでCVAとDVAはより小さくなる。担保条件が甘くない限り、FVAはおそらく重要とはならないだろう（第16章を参照）。CSAが比較的柔軟である（例：差入担保の種類に選択肢がある）ことから

ColVAが生じるだろう。KVAは減少するかもしれないが依然無視できず、その減少の程度は規制資本計算に用いる手法に依存するだろう（8.1.4節）。

● **単一通貨の双方向担保**

上記と比較して、取引通貨で担保を差し入れる必要があることから、ColVAはおそらくなくなるだろう（ただし、他の影響もあるかもしれない。これは13.4節で議論する）。FVAは、日次の担保差入れの可能性が高いことや、実質的に現金担保を再利用できることで、おそらく重要とはならないだろう。

● **双方向の当初証拠金による担保保全**

当初証拠金の計算には高い信頼水準が用いられる（6.7.3節で議論したように、99%かそれ以上）ことから、CVAとDVAは非常に小さくなると考えられる[8]。SA-CCRとIMM（8.5.4節でみたように、カレントエスクポージャー方式は除く）のもとでは、KVAもまた小さくなるだろう。差し入れられた当初証拠金（加えて潜在的には、分別保全すべき受け取った当初証拠金）からMVAが生じるだろう。

● **中央清算（直接）**

（清算参加者として）中央清算で直接清算される取引では、当初証拠金と清算基金の要件それぞれからMVAがもたらされる。これらの要素に関係して資本賦課も生じるが、直接相対する取引に対する所要資本（9.3.7節）と比べると比較的小さいだろう。取引通貨建ての現金担保を用いるため、変動証拠金にはColVAはない。理論的には、清算基金と当初証拠金のエクスポージャーを通してCVAが生じるはずであるが、多くの場合意味あるものとみなされることはない。

● **中央清算（間接）**

クライアント・クリアリング取引では、上記と同様であるものの清算基金のエクスポージャーはない。追加的な当初証拠金を清算参加者に差し入れる必要があるので、MVAがより大きくなるだろう。クライアントの構成によっては、CVA部分と資本賦課はより大きくなるかもしれない、なぜなら、ク

8　なお、以前に述べたように、過去の取引については当初証拠金を差し入れる必要はなく、加えて適用に閾値が存在するという点に注意（6.7.3節）。

ライアントは清算参加者（と潜在的にはその清算参加者の他のクライアント）がデフォルトするリスクをいくらか負っているからである。

● **中央清算（CCP側）**

中央清算機関（CCP）の観点からは、重要なxVAは生じない。なぜならCCPは、日中の証拠金、現金の変動証拠金、十分な当初証拠金と清算基金、適時に清算参加者をクローズアウトする権限、などの便益を得ているからである。当然、これがCCPは無リスクであることを意味しているとすべきではない。単に取り立てて大きな評価調整がないというだけである。

上記は、さまざまな状況下でのxVAの重要性に関する一般的な特徴の説明であり、参考として有用である。個別論点に関するさらなる詳細は、本章のこの後と次章以降で述べることにする。

13.4 担保価値評価調整（ColVA）

13.4.1 概　　要

「ColVA」は担保付取引に対する調整に用いられる総称的な用語であり、完全担保契約からの契約条件の乖離にかかわるものである。大まかにいって、検討すべき要素が二つある。

- 担保に対して授受される付利金利の、割引金利と比較した際の差異（例：OISからスプレッドを足し引きしたもので付利される担保）
- 授受可能な担保に対するオプション性（他通貨の現金や非現金担保）

上記の一つ目の要素は、少なくとも取引が対称的な場合は、計算に取り入れるのは非常に簡単である。なぜならそれは、単にキャッシュフローの割引に用いる金利としてOIS以外のものが必要となるだけだからである。これは単に、調整を直接的に行うか（つまり、割引金利を変更するか）、間接的に行うか（つまり、ディスカウンティングの変更を実現するためColVAを通した調整をするか）、というだけの問題である。二つ目の要素はより複雑である。それは、オプション性、OISレートの将来変化、そして契約条件を反映するからである。以下ではこれらの要素を一つずつ検討していこう。

13.4.2　担保レートの調整

完全担保取引の価値評価において、キャッシュフローの割引に用いるべき適切な金利は、担保に付利される金利である。一般的な設定のもとで、ColVAは次のように定義できる。

$$\mathrm{ColVA} = -\sum_{i=1}^{m} ECB(t_i) \times CS_x \times (t_i - t_{i-1}) \times S(t_i), \tag{13.1}$$

ここで、ECB（.）は期待担保残高、CS_xは評価に用いる割引率（例：OISレート）からみた担保に対して支払われる金利のスプレッド、S（.）は同時生存確率（つまり、取引当事者とそのカウンターパーティのどちらもデフォルトしない確率）である。なお、同時生存確率の存在が示唆しているのは、計算する当事者が自己のデフォルト確率による調整を行うべきという点である。これは多少難問であり、したがって一般的にxVAにおいては無視されることもあるだろうが、これについては次章でCVAとDVAに関連して議論する。また、上記のようなかたちで表現される式を計算するにあたり、関連するいくつかの技術的な側面についても次章で議論する。

13.1式で本質的に必要になるのは、取引期間全体にわたるECBの積分である。ここで暗に仮定しているのは、担保スプレッドが差し入れた担保と受け取った担保で対称的ということである。これは一般的には当てはまるが、もしそうでなかった場合、たとえば、もしCSAを結んでいる当事者が担保に異なる金利を付利していた場合は、FVAを分割する方法のように（15.2.1節を参照）、上記を二つの項に分割する必要があるだろう。

当然ながら、担保スプレッド（CS_x）がゼロであればColVAはゼロである。これに加え、検討しうる数々の別のケースがある。

● **無担保**

ECBはゼロになり、したがってColVAはないだろう。

● **強い条件の双方向担保**

信用極度額がゼロで最低引渡金額が小さい場合、ECBは取引の将来時価に沿って推移するだろう（なお、このシナリオはデフォルトが関係しないので、マージンリスク期間の概念を検討する必要はない）。ただし、厳密にいうと担保の受領に遅延があるだろうが、実務では無視されるだろう。この項は期待将来価値（EFV）として定義されるものであり、計算するのはとても簡単である（7.2.1節）。ColVA調整は担保スプレッドCS_xによって割引率を変化させることになるので、評価では直接このレートを用いるのがより適切かもしれない。たとえば、ECBが正、スプレッドも正であるポートフォリオや取引において、ColVAは負になるだろう。これは受領した担保に対して高いリターンを支払わなければならないことを反映している。

● **弱い条件の双方向担保**

担保不足の場合、ECBは信用極度額のような契約条件の水準に依存し、調整を縮小させる傾向があるだろう。信用極度額が増加するにつれてColVAがゼロに向かって減少するのは、無担保の場合と同じである。

● **片方向担保**

片方向の担保契約では、担保は一方向のみで差し入れられることになる。信用極度額がゼロであれば、ECBは期待エクスポージャー（EE）や負の期待エクスポージャー（NEE）にかなり近いだろう。これらは7.2.6節と7.2.7節でそれぞれ定義されている。EEやNEEが意味をもつのは、片方向CSAが計算する当事者にとってそれぞれ有利または不利である場合であろう。たとえば、片方向CSAが不利な場合、ECBはおおよそNEEと等しく、スプレッドが正であればColVAは正になるだろう。これは、差し入れた担保に対して高いリターンを受け取ることを反映している。

なお、上記最初の二つのケースでは、ColVAはそれほど必要ではない。これは、ゼロになるか、単に割引に（担保金利とは）異なったレートを用い

図13.3　さまざまな担保条件の期間５年の金利スワップに関する、期待将来価値（EFV）と期待担保残高（ECB）

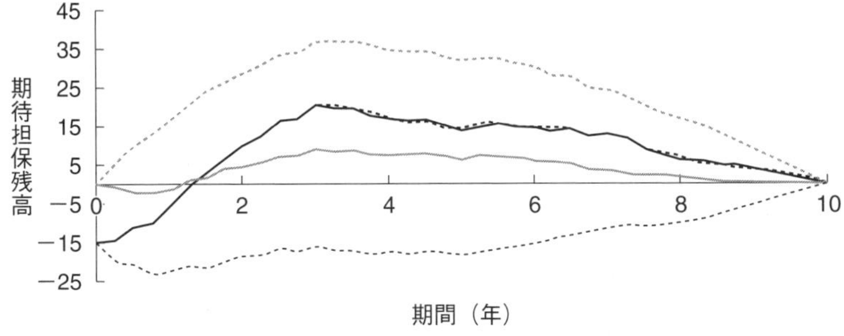

表13.2　図13.3に示したケースに対応する担保価値評価調整

	ColVA	調整後時価
片方向担保（有利）	0.582	−14.318
強い条件の双方向担保	0.211	−14.689
弱い条件の双方向担保	0.090	−14.810
ベースケース	n/a	−14.900
片方向担保（不利）	−0.373	−15.274

るというだけだからである。後の二つのケースはより複雑であり、明示的な調整の計算が必要となる。

以下の例で上記を示すことにする。時価が負の５年金利スワップに対して13.1式に対応するEFVとECBを考え、図13.3に示した。結果として得られるColVA調整は表13.2にあるが、ここではスプレッド（CS_x）を一定の−25bpsと仮定している[9]。次のような複数の理由により、この負の調整には意味があるといえる。

9　ディスカウントファクターと生存確率は無視する。なぜなら、これらは単に乗数として働くだけであり、その他の挙動を変化させないからである。

- 価値評価がLIBORレートによって行われており、これをOISレートに従い調整する必要があるため。
- 担保がOIS－25bpsで付利される旨、CSA契約に既定されているため（これは珍しいが、たとえばカウンターパーティがソブリンや国際機関の場合たまにある）。

なおもちろん、上記前者のケースにおけるスプレッドが期間構造をもつことはあるだろう（後者でも時々、契約上OISレートにゼロの下限が設定されていることがある）。

ポートフォリオのEFVはおおよそ正になっており、したがって双方向CSAにおいて、担保は差し入れるよりも受け取ることが一般的に期待される。ほとんどの場合ColVAは正であり、全体の価値評価額は高くなる。これは受け取った担保に対してより低いリターンを支払う便益によるものである。なお、時価が負の場合は、負のスプレッドに対して負のColVAとなることが通常なら期待される。なぜなら、担保は足元でOIS以下のレートで差し入れられる可能性があるからである。しかしながら、EFVは正になり、全体の平均としては正なので、これは当てはまらない。より具体的には、それぞれ三つのケースは次のように説明される。

- **強い条件の双方向担保**

ECBは取引のEFVにおおよそ等しい。このときColVA調整は正となる。なぜなら、受け取った担保に対してより低い金利を支払い、調整後の時価は基本ケースよりも高いからである。なお、ECBはEFVにほぼ等しいので、これは単に25bps低い金利でポートフォリオを割り引くことに非常に近い。実際、これがおそらくは実務で用いられている評価手法であろう。

- **弱い条件の双方向担保**

双方向CSAにおいて互いに（値が50の）信用極度額がある場合、受け取る担保がより少ないという事実によって上記の効果は減少する。ColVA調整は依然正だが、より小さくなる。取引が部分担保であるため、この要素を反映する簡単な方法はない。

● **片方向担保（有利な場合）**

担保は受け取るのみなので、ECBは高くなり、EEにほぼ等しい。受け取った担保に対してより低いリターンを支払うため、ColVA調整はそれに応じて正になる。

● **片方向担保（不利な場合）**

担保は差し入れるのみである。ECBはNEEにほぼ等しく、差し入れた担保に対してより低いリターンを受け取るため、調整は負になる。

13.4.3 担保のオプション性

担保の取決めは従来からとても柔軟なものである。通常の担保契約では、現金やその他の資産など、一定範囲のものを担保として差し入れることを許容するようになっている。この適格担保の範囲としては、以下の一部またはすべてが含まれることになる（おおむね頻度の高い順にあげている）。

- 各通貨建ての現金
- 国債
- カバードボンドや社債
- 株式
- MBS（不動産担保証券）
- コモディティ（例：金）

また、上記のすべてに対して、契約上のヘアカットが定められることとなる（主要通貨建ての現金はゼロの場合もある）。このため担保を差し入れるほうに、最適な担保を選択する機会が与えられる。この選択が最適となるかは以下の点に依存するだろう。

- 担保に対して支払われるリターン（通常対象通貨のOISレートに対して指定される）
- 要求されるヘアカット（一般的には非現金資産のみが対象）
- 対象担保の利用可能性（ただし、レポやリバースレポ市場が存在する場合、

担保資産は容易に貸し借りできるので、さほど問題ではない)

これによって価値評価の問題が生じるが、これは取引当事者が差入担保を最適化する能力次第である。なお、彼らのカウンターパーティも、受け取った担保について同様のオプションを有している。グローバル金融危機の結果として発生した市場のボラティリティによって、契約上の担保の定義に含まれていた潜在的な担保のオプション性の価値が、劇的に顕在化することとなった。結果として、(特により洗練された) 取引当事者は、この付随するオプション性を評価しマネタイズし始めた。担保管理は、かつては主に受動的なバックオフィスの機能であったが、能動的なフロントオフィス業務へと変化していった。一部の銀行や大手金融機関は、足元の担保管理をかなり最適化するようになった。しかしながら、担保のオプション性の将来価値をプライシングしマネタイズすること、そして担保条件に実際に付随している価値を「確定する」ことは、きわめて難題である。さらに加えて、このオプション性は明らかなゼロサムゲームとなっており、ポートフォリオが大きくインザマネーやアウトオブザマネーの状態となっていない限りは、大抵の担保契約が双方向の性質をもっていることで、多くの状況で全体的な便益は減少してしまう。

初めに、各通貨建ての現金のオプション性についてみてみよう。現金担保のリターンは、対応する通貨の OIS (EONIA、SONIA、フェデラル・ファンド金利) と対応している。これが意味するのは、どの通貨建てで担保を差し入れるかという選択が、受け取るリターンに重大な影響を与えるということである。取引当事者は、最も高い利回りの通貨で最適に担保を差し入れ、「最割安銘柄オプション (cheapest-to-deliver option)」を最大化するはずである。これは、ある時点において最も高い利回りの担保を差し入れることを指しており、その計算は、各通貨で得られる利回りを、適切なフォワード為替レートで基準の通貨に戻したうえで比較することで行われる。通常この調整は、近年拡大してきた通貨ベーシススプレッドで行われる[10]。カウンターパーティ側も担保差入れにおいて同じ最適戦略に従うことが期待されるであろう。明らかにこれはダイナミックな過程である。なぜなら、最割安の担保通貨は時間とともに変化すると考えられるからである。

担保を差し替えることができるかどうかは重要な問いである。これによって、負の時価となっている取引当事者はより高い価値を得るだろう。なぜなら彼らは、差し入れた担保をより最適な選択に基づき差し替えることができるからである（たとえば、ある通貨のOISが他の通貨に対して上昇した場合）。差替えを認めていない（あるいは、合意を必要とする[11]）担保契約はオプション性が小さくなるはずだが、時価がさらに負になるに従い最も高利回りの担保を差し入れていくことにより、依然最適化は可能である。しかしながら、検討すべき点が二つある。

- **正の時価が減少する場合**

このようなケースでは、保有担保を返却する必要があり、担保提供者は特定の資産の返却を求めるかもしれない。

- **負の時価が減少する（よりマイナスとなる）場合**

このケースでは、担保を実際に差し入れなければならず、オプション性が明らかに存在する。

上記のオプション性を価値評価に反映するための最も一般的な手法は、最割安通貨カーブを作成することであり、これを図13.4で模式的に示している。各通貨の担保利回りを予想したうえで、それぞれ基準とする参照カーブに変換し、このうち最大のものを適用対象の参照カーブとして選択する。こうすると、最割安通貨カーブは、通貨ベーシススプレッドによる為替調整を通して、許容されるすべての通貨のカーブを合成したものとなる。このカーブは、対象となっている有担保取引を直接割り引くのに用いられるか、13.1式により適切なColVA調整を計算するためのスプレッドを決定するのに用

10 理想的には、OIS通貨ベーシスが必要となるが、その場合は、LIBOR通貨ベーシス（一般的にはより流動的である）からインプライしたものを使うことができる。

11 なぜなら、カウンターパーティ側の最適戦略は同意しないことであろうと考えられるからである。

図13.4　担保差入れのオプション性に対する本源的価値のプライシングを模式的に示したもの

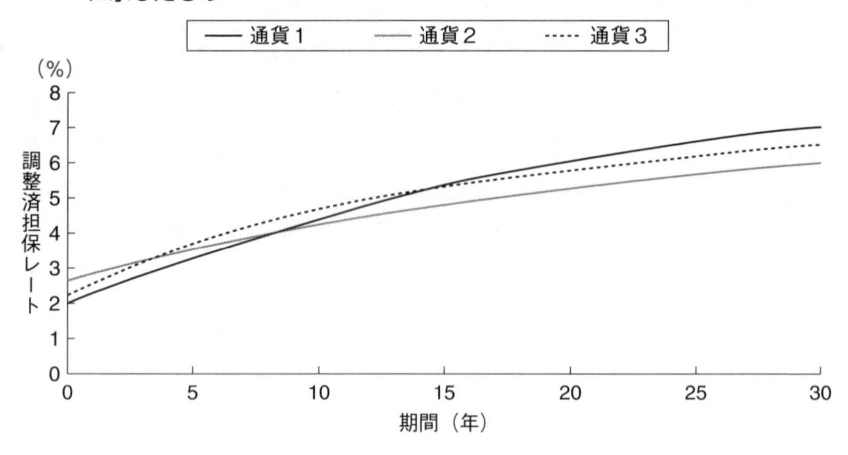

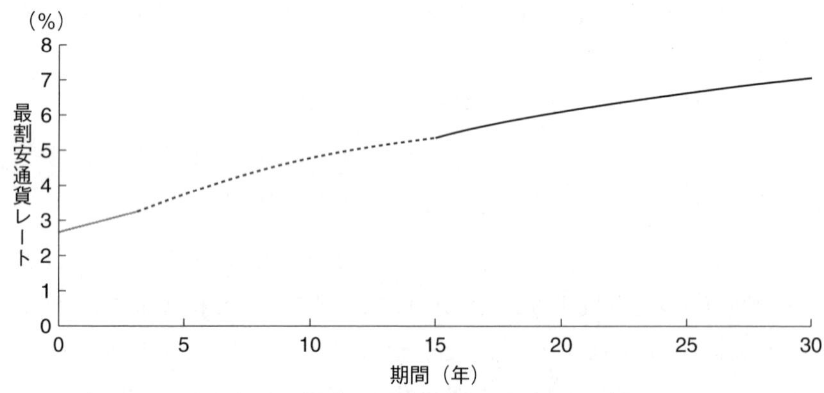

＊上のグラフは、担保の授受が可能な3種類の通貨を基準通貨に換算したものであり、下のグラフは、結果として得られた価値評価に用いる「最割安通貨」カーブである

いられるかのいずれかである。通貨1を基準通貨と仮定すると、このベーシスは図13.5に示すとおりとなる。

（前節の図13.3に示した例のように）ECBが一般的に正であると期待されるポートフォリオでは、価値はより低くなること（負のColVA）が予想されるだろう。なぜなら、カウンターパーティの差し入れる担保が、より高いリターンを求めるからである。ECBが負の時には価値評価が一般的に高くな

図13.5　図13.4からインプライされる最割安通貨スプレッド

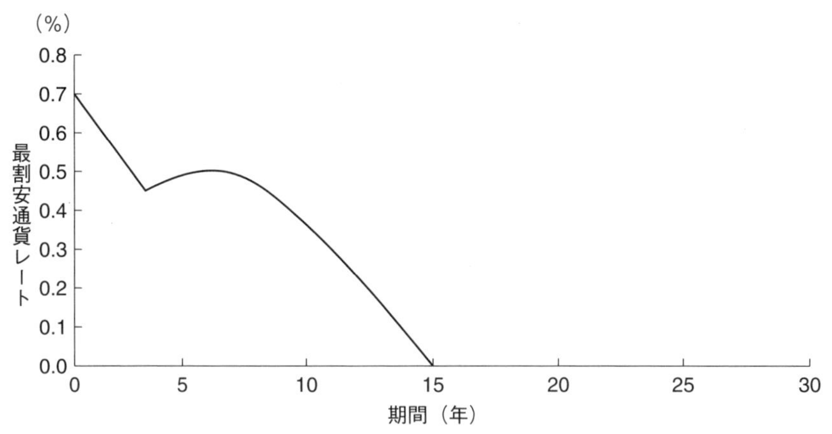

＊通貨1を基準通貨として用いている

るだろう。ただし、全体の効果は明らかに最割安通貨スプレッドの期間構造に依存している。13.4.2節で議論したように、(片方向CSAにおけるような)非対称な条件、信用極度額、格付けトリガーはすべて重要となりうる。

上記の取扱いは比較的簡単である一方で、以下の二つの非常に重要な点を暗に仮定している。

- 担保は常に、担保提供側にとって最も高い金利を得る通貨のみで保有されていると仮定している。これには、担保残高が自由かつ即座に最割安通貨の資産へ差し替えられることが必要となる。実務上はしばしば、このような差替えに関して同意を得なければならない（6.4.2節)。取引当事者が、自分に最適だと考えて担保の切替えを望んでいるとすると、カウンターパーティの最適な行動は、それに同意しないということになるだろう。また、この仮定は法域によるものかもしれない。たとえば、差替えの権利は一般的にニューヨーク法では強制可能なものとみられているが、英国法ではそうではない。しかしながら、伝え聞くところによると、そのような要求を拒否しないという「紳士協定」が存在するといわれている。そうだとしても、担保の差替えにより決済リスクが生じ、関連するトレーディングコストとヘッジコストの原因となるだろう。

- 担保のオプション性の本源的価値のみをとらえ、各カーブが時間経過により連動して動くことによる、オプション性の時間的価値はプライシングしていない。実際、多くの状況において、オプションの本源的価値はゼロである（つまり、調整ずみカーブは図13.4のように交差しない。ただし、交差した場合は時価のジャンプが起こるだろう）。

なお、上記の要素が双方の取引当事者にとって価値をもつため、上記の近似がもたらす価値が高すぎるのか低すぎるのかは明らかではない。また注意すべきなのは、最割安通貨カーブによるプライシングは、結果として複雑なリスク管理上の課題をもたらすと考えられることである。なぜなら、比較的小さな動きでさえ、劇的に異なるリスク特性となりうるからである（たとえば、EURのエクスポージャーはいつの時点でもUSDのエクスポージャーに移行しうる）。図13.6で示すように、この最割安通貨による本源的価値の評価手法は最も一般的である。ただし、一部の銀行はさらに洗練されたオプションベースの価値評価を適用している。この要素を完璧に取り扱うのは難問である。それは、対象取引の期間全体について、すべての適格通貨に関する同時変動を表すモデルが必要になるからである。なおもう一つ、担保の差替えの

図13.6　有担保取引に用いる割引カーブに関連した市場慣行

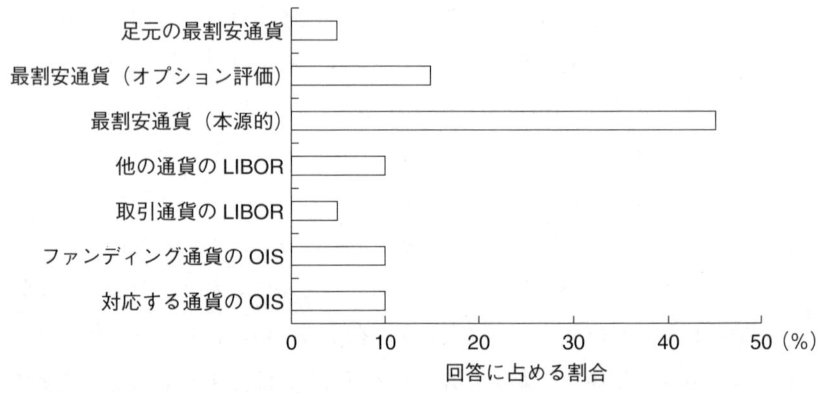

（出典）　Solum FVA survey, 2015

表現をより洗練されたものにすれば、担保残高に対する経路依存の問題になる。つまり、どれだけの担保をすでに差し入れているか（そして、それゆえに差替えの必要があるか）、また（最適な通貨を選ぶことができる）担保をどれだけ差し入れる必要があるか、ということがわからなくてはならない。より洗練された担保のオプション性に対するプライシングについては、たとえば、Fuji and Takahashi（2011）やPiterbarg（2012, 2013）で議論されている。しかしながら市場慣行では、上記概要のような比較的簡便な手法に基づくことが多い。

13.4.4 非現金担保

上記の分析を非現金担保に適用するには、適切なヘアカットを検討する必要がある。ある取引当事者が現金かもしくは有価証券の担保を差し入れるという時に、以下の経済的状況を考える。

- 担保契約によって定義されたリターン（通常はOIS）で1単位の現金を直接差し入れる。
- リバースレポで現金を出し、担保契約で差入れが可能となっている有価証券を渡す。ここで H_{repo} と H_{CSA} はそれぞれレポ市場と担保契約のヘアカットである。

よってここでわかることは、有価証券の適切なレポレートに係数 $(1+H_{CSA})/(1+H_{repo})$ を乗じるべきであり、そのレートを上記で議論した現金のレートと比較することによって、対象の有価証券が最割安銘柄かどうかを判断すべき、ということである。レポのヘアカットが大きく、また、CSAのヘアカットが小さい場合には、その有価証券を差し入れるのがより有利になるだろう。固定的な担保契約上のヘアカットと比較して、どちらかといえばレポ市場のヘアカットは変化するので、この比率は変わるだろう。なお、技術的な要素とバランスシートに関する検討もまた重要となるだろう。容易にレポに出せない非現金担保の差入れには、便益があるかもしれない。また、レバレッジ比率（8.8.2節）といった観点もまた意味があるだろう。加えて、すべての取引当事者が同じようにレポ市場にアクセスできるというわけでもないだろう。

13.4.5 ColVA の終焉

13.3.1節で議論したように、近年の市場慣行の変化によって、担保契約に本来備わっている価値とオプション性の一部は制限されている。近い将来、CSA はより単純になり、ColVA の要素をできるだけ最小化しようとするものもあるだろう。非清算店頭デリバティブ証拠金規制などの規制もまた同様に、ColVA を減少させるような影響があるかもしれない。たとえば、非現金担保や、また「誤った通貨」で差し入れられた変動証拠金にさえ、ヘアカットの要求（6.7.4節）を通してペナルティが科されることによるものがある。

当然のことながら、CCP は価値評価を OIS ディスカウンティングに切り替えてきた。担保の差替えや最割安銘柄担保における一部の問題を軽減するために、CCP の担保条件は CSA のそれよりもずっと簡素になっている。よくみられるのは、担保（変動証拠金）差入れを取引通貨建てで要求するやり方である。クロスカレンシー商品は現在清算対象ではないが、これが明らかな問題を引き起こすと考えられているのが一つの理由である。この混合通貨問題は、CCP の変動証拠金において異なる商品間のネッティングが認識されない理由の一つでもある。それでもまだ、実務的な問題がいくつか存在している。たとえば、ある通貨の OIS に流動的な参照レートがない場合などである。

しかしながら、この ColVA の削減は完全にはいかないだろう。単一通貨の担保契約は、たとえば決済リスクのような追加的な難題を生み出す（6.4.6節で議論したように、スタンダード CSA の発展の主な障害である）。多くのエンドユーザー（たとえば年金基金）は、現金担保差入れへの移行に苦心するだろう。なぜなら、彼らは保有する資産を直接差し入れることを好むからである。問題は多通貨商品（例：通貨スワップ）にも残っている。

なお、ColVA による調整は他の状況でも存在するかもしれない。たとえば、当初証拠金の差入れに関連するものなどである。直接相対する市場とCCPのいずれもが、当初証拠金の差入れをさまざまな異なる資産で行うことを許容しており、変動証拠金にも上記で説明したものと類似のオプション性がある。しかしながら、このような状況では、むしろどのオプション性も、直接調整されるのではなくファンディングコストの決定のなかで取り入れられることになるだろう。

13.5 まとめ

本章では、店頭デリバティブの価値評価の出発点と、xVA計算時に参照するポイントを明確にした。完全担保の概念を紹介し、それが担保金利による割引となることを説明した。これで、多くの有担保デリバティブの価値評価に対して一般的に適用されるOISディスカウンティングが定義される。その後、完全担保の概念に関連するすべてのxVA調整について議論した。最後に、xVAの最初の要素としてColVAを紹介した。これは、担保付利や最割安銘柄オプションなど、担保契約の一部の条件に基づく調整である。

第14章

信用価値評価調整（CVA）と負債価値評価調整（DVA）

数学で苦労していることは気にしなくていいです。もっと苦労しているのが私であることは確かですから。

Albert Einstein（1879～1955）

14.1 概　　要

本章では、xVA ファミリーの次のメンバー、つまり CVA（Credit/Counterparty Value Adjustment）と DVA（Debt/Debit Value Adjustment）を紹介する。比較的標準的な仮定のもとで、クレジットエクスポージャーとデフォルト確率を用い、CVA と DVA をわかりやすく定義できることを示す。その後、計算上の観点から議論を行ったうえで、計算例を示すことにする。

近年 CVA は銀行にとって重要な論点となっている。これは、クレジットスプレッドのボラティリティに加え、関連する会計基準（例：IFRS13）や自己資本規制（バーゼルⅢ）のためである。しかしながら、CVA の計算は銀行にとって大きな関心事となっている一方で、経済的リスクをヘッジすべき多額の店頭デリバティブをもつ、他の金融機関や事業法人にとっても関係があるということにも留意したい。事実、CVA と DVA を財務報告で無視してよいのは重要性が低い場合だけであり、これは店頭デリバティブのヘビーユーザーには当てはまらない。

本章での重要でかつ一般的な仮定は、クレジットエクスポージャーとデフォルト確率[1]とを独立とすることである。これで誤方向リスクを無視することになるが、このことについては第17章で議論する。また、ここでは CVA と DVA を他の xVA とは切り離して議論し、他の xVA は後の章でより詳細に取り扱う。これは重要な留意事項である。なぜなら、xVA は実際には個別に取り扱うことができず、ありうる重複を考慮すべき（第18章）だからである。CVA を取り扱う標準的な参考文献には、Jarrow and Turnbull（1992、1995、1997）、Sorensen and Bollier（1994）、Duffie and Huang（1996）、および Brigo and Masetti（2005a）がある。

1　リカバリー価値も含む。

14.2 信用価値評価調整（CVA）

14.2.1 なぜCVAはわかりにくいのか

債券のように支払が一方向の金融商品の場合、クレジットリスクのプライシングは比較的理解しやすい。単にキャッシュフローの割引時にデフォルトを考慮し、デフォルト事象発生時に起こるすべての支払の価値を足すだけである。しかしながら、多くのデリバティブ商品は、固定、変動、条件付きのキャッシュフローや支払が双方向で発生する。この双方向性はクレジットエクスポージャーを特徴づける性質であり、カウンターパーティリスクの定量化を非常にむずかしくするものである。より技術的なプライシング計算においてこのことは明らかとなるが、債券とそれに類似したスワップを比較した図14.1にこの簡単な説明を示した。債券の場合、キャッシュフローすべてがデフォルト事象におけるリスクにさらされている（その価値の一部は完全に失

図14.1 スワップなどのデリバティブ商品について、カウンターパーティリスクをプライシングする際の複雑さ

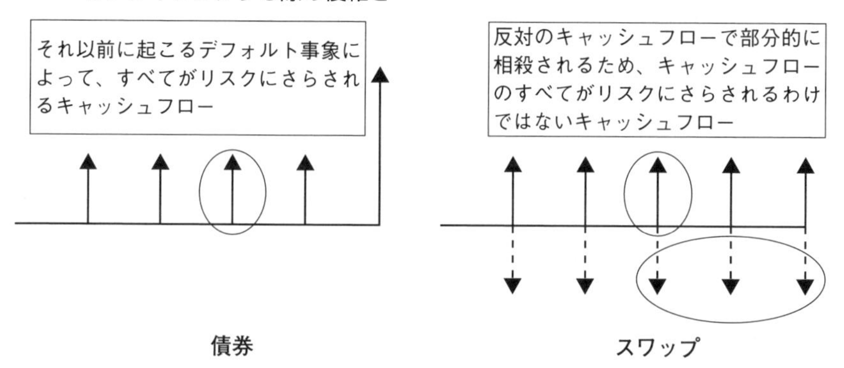

＊債券など負債性商品におけるクレジットリスクのプライシングと比較している。債券では、丸で囲んだキャッシュフローはすべて発行体のデフォルト事象によるリスクにさらされている（リカバリーがより少ない）。しかしスワップでは、同等のキャッシュフローがリスクにさらされるわけではない。これは、デフォルト時点以降の反対方向のキャッシュフロー（丸で囲んだ破線の三つのキャッシュフロー）によって部分的に相殺ができるためである

われる)。一方スワップの場合、キャッシュフローのうち一部のみがリスクにさらされることになる。これは、反対方向のキャッシュフローによって一部が相殺されるからである。この効果[2]によって、スワップに対するリスクのほうが明らかに小さくなる。しかしながら、スワップのキャッシュフローのうち実際にリスクにさらされている割合を特定するのはむずかしい。なぜならそれは、イールドカーブの形状や、フォワードレート、ボラティリティなど多くの要因に依存するからである。

14.2.2 CVAの歴史

CVAはもともと、以下の関係式を通してデフォルトの可能性を考慮するために、デリバティブの無リスク価値に対する調整として導入された。

$$\text{リスク考慮後価値} = \text{無リスク価値} - CVA \tag{14.1}$$

上記の分離は理論的に厳密なものであり、導出の詳細は付録14Aに示している。取引の価値評価とそのカウンターパーティリスク計算の問題を完全に切り分けられるので、この分離は明らかに有用である。無リスク価値の代理(proxy)としてわかりやすいものとしては、OISディスカウンティングがある(13.2.5節)。従来から、14.1式のCVAは、プライシングの目的では「クレジットチャージ」、財務報告の目的では「引当金」あるいは「準備金」とみなされていた。

上記から明らかにわかることは、すべてのCVAの要素を集中的に取り扱い、もともとのトレーダーやビジネスから切り離して「価格を移転する」ことが可能ということである。これは非常に重要である。なぜなら、あるデスクが無リスクの価値評価に責任をもち、別のあるデスクがカウンターパーティリスク部分に責任をもつというように、金融機関内での責任の分離が可能となるからである。取引自体とそれに関連するカウンターパーティリスクとは、別々に価値評価とリスク管理が行われることになるだろう。この考え

2 元本の支払がないことによってもリスクは小さくなるが、これはまた違った論点である。

方はすべてのxVAの要素に対して一般化される（ただし、このような仕組みは常に最適な方法とは限らないかもしれない）。

一見単純な14.1式には、隠れた複雑さがある。それは、取引間で当然にして加法的とはならない点である。ネッティングや担保といったリスク軽減策があるため、CVAの計算はこれらリスク軽減策がカバーする全取引に対して行われなければならない。したがって、第10章でエクスポージャーの配賦を検討したように、CVAの配賦を検討しなければならないだろう。担保の影響もまた加法的ではないだろう。

14.2.3 CVA式

CVA計算の標準的な式は以下のとおりである（詳細は付録14Bを参照）。

$$CVA = -LGD\sum_{i=1}^{m} EE(t_i) \times PD(t_{i-1}, t_i) \qquad (14.2)$$

CVAは、以下の要素に左右される。

●デフォルト時損失率（LGD）

これは、カウンターパーティがデフォルトした場合に失われると予想されるエクスポージャー額の割合である。なお、リカバリー率が用いられることもある。ここで、$LGD=100\%-$リカバリー率である。

●期待エクスポージャー（EE）

これは、$t_i(i=1,m)$と与えられる将来日付における、割引後の期待エクスポージャー(EE)である。EEの計算は第10章で扱った。ディスカウントファクターを分けて表すこともできるが、大抵最も便利なのは、EE計算中で（無リスクの）ディスカウンティングを行うことである。

●デフォルト確率（PD）

この表現では、時点t_{i-1}とt_iの間における限界デフォルト率が必要となる。デフォルト確率の推定は第12章で取り扱った。

ゆえに、CVAはデフォルトの蓋然性（PD）、エクスポージャー（EE）およびデフォルト時に損失となる割合（LGD）に比例する。この式は時間軸が

図14.2　CVA 式（14.2式）の図示

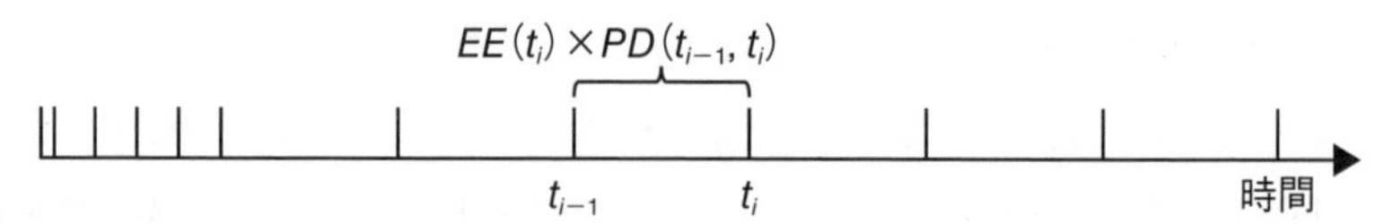

＊ここでは、与えられた時点区間における CVA への寄与分を要素として表している。CVA 式は単に、これをすべての区間について足し合わせ、デフォルト時損失率を乗じたものである

あり、EE と PD は時間によって相当変化することが前に示されている（それぞれ7.3.3節と12.2.4節を参照）。このため、この式では時間について積分することによって、単なる平均値ではなく、EE と PD の正確な分布を考慮しなければならない。なお、CVA は損失を意味するため、マイナスの符号が含まれる。この表現の決まりは、これまで常に従われてきたものではないものの、適切である。なぜなら、一般的に xVA は正負両方の影響をもつからである。図14.2は CVA 式（14.2式）の図による説明である。

CVA を14.2式で計算することのさらに重要な利点は、数式表現中、デフォルト確率のみにデフォルトが現れる点である。これが意味するのは、CVA を計算するためにはシミュレーションの枠組みが必要となる一方で、デフォルト事象はシミュレーションの必要がなく、エクスポージャー（EE）についてだけ行えばいいということである。比較的まれなデフォルト事象のシミュレーションを不要とすることで、計算時間を短縮することができる。

14.2.4　CVA の例

上記の CVA 式について、フォワード契約型のエクスポージャー[3]の簡単な例を用いて説明しよう。ここで用いるのは、7.3.2節における7.3式の簡単な表現、および12.2.3節の12.1式で定義したリスク中立のデフォルト確率である。クレジットスプレッドは300bps、LGD は60％の固定値を用いる。14.2式における時点区分は0.25年と仮定する。これにより評価は合わせて20

3　想定元本に対する割合としての期待エクスポージャーは $EE(t) = 0.01 \times \sqrt{t}$ で得られる。

図14.3　CVA 計算例に用いた割引後の期待エクスポージャー（EE）とデフォルト確率（PD）

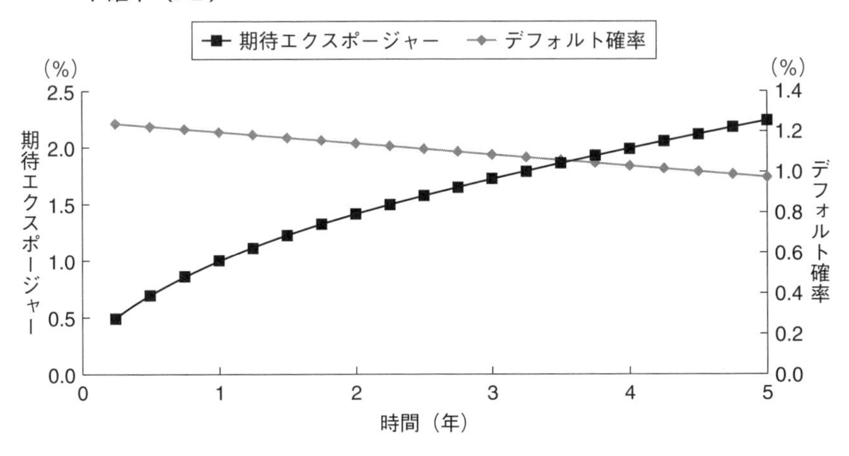

時点で行われる。これらの仮定のもとで、期待エクスポージャーと限界デフォルト確率を示したのが図14.3である。CVA は－0.200％の計算となる。これは想定元本に対するパーセント割合で表したものである（EE はパーセントで表記される）。

スプレッドシート14.1　簡単な CVA 計算

積分の精度に関していうと、正確な結果は－0.193％である。当然ながら、選択する時点を20から増やすことで精度を向上することができる。しかしながら、各時点区分の始点と終点における値の平均を用いてエクスポージャーを近似するのもベストな方法である。

$$EE(t_i) \rightarrow [EE(t_i) \times EE(t_{i-1})]/2 \tag{14.3}$$

これによって、上記の20時点での計算で、さらに正確な結果として－0.192％が得られる。

14.2.5 スプレッドとしてのCVA

独立した値としてCVAを計算するかわりに、スプレッド（年率で賦課）のかたちで表したい場合を考えよう。簡単に計算するとすれば、満期に対応したリスク勘案後の年金現価係数（risky annuity value）[4]でCVAを割ることになる。付録14Bに記載の簡単な式によって係数の4.42を得ることができ、これを先のCVA計算に対して適用する。結果からCVAがスプレッドのかたちで得られ、−0.200％/4.42×10,000＝−4.52bps（年率）となる。

上記の結果を素早く推定する方法もある（付録14C）。これは簡易計算として直観的にみるのに役立つ（他のxVAについても似たような近似が用いられる）。この式では、EEは期間中一定で、その平均値（EPE）に等しいと仮定されている。こうすると、EPEに基づいた以下の近似が得られる。

$$CVA = -EPE \times Spread, \tag{14.4}$$

ここで、CVAはクレジットスプレッド（Spread）と同じ単位で表される。このスプレッドは、対象の取引（もしくはポートフォリオ）の満期（最長の満期）に対応したものであり、EPEは7.2.6節で定義したものである[5]。上記の例で、EPEは1.54％[6]であり、よってCVAの近似値は−1.54％×300＝−4.62bpsとなる。

したがってこの事例では、まずまず良い近似計算ができているとみることができる。この近似式は、スワップのような対称的なエクスポージャーの形状をもつ取引に対しては精度が良くなる傾向にあるが、上記の例で用いたような、エクスポージャーが単調に増加するような場合は精度が低くなる。また、（上記例のように）デフォルト確率が比較的一定となる場合には精度が向

4　リスク勘案後の年金現価係数が表すのは、カウンターパーティがデフォルトしない限り各期間に1単位を受け取ることのできる、キャシュフローの現在価値である。

5　この例ではEEの値の単純平均となるものの、時点間隔が等しくない場合は加重平均となる。近似式では割引前のEPEが必要となるが、（特に短期の取引では）低金利環境における割引による差異は小さいだろう。

6　ここで離散化の間隔は前と同じ0.25年としている。解析的な結果は1.49％である。

上する。実際の計算には用いられないものの、14.4式の近似式は、CVA変動要因を直観的に理解するのに役立つ。なぜなら、クレジットの要素（カウンターパーティのクレジットスプレッド）と市場リスクの要素（エクスポージャーもしくはEPE）に分けることができるからである。

14.2.6 エクスポージャーとディスカウンティング

上述のCVA式ではEEが割引後であると仮定している。一般的にこれはディスカウントファクターを分けて表すよりも、より良い方法である。気をつけなければならないのは、ディスカウントファクターが明示的に必要となる場合である。たとえば、金利系商品の場合、金利が高いということはディスカウントファクターがより小さくなるということであり、逆もまた同様である。こういったコンベクシティ効果を考慮するということは、つまり技術的には「T-フォワード測度」を用いて対応するエクスポージャーを定量化することになる（Jamshidian and Zhu（1997））。こうすることによって、ディスカウントファクターが依存するのは、金利の分布ではなく将来の予想金利の値となる。つまり、ディスカウントファクターを（エクスポージャーの）期待値計算の外に出すことができる。

ディスカウントファクターを分けて取り扱うと便利な場合があるだろう。たとえば、14.4式の近似では、付録14Cにおける導出のなかで説明しているように、EPEが割引前である必要がある[7]。しかしながら、CVA計算を目的としたEEではシミュレーション計算中の過程で割り引かれることが多い。一般的にこれはより実務的な方法といえる。

14.2.7 リスク中立性

第10章では、エクスポージャー定量化の方法について詳細に議論し、14.4式のEEの項もカバーした。10.4節では、現実世界とリスク中立下でのエクスポージャー定量化の相違点について議論した。一般的に、実務的に可能な

7　言い換えると、14.4式でのEPEはなんら割引の効果を含んでいない。

限りCVAはリスク中立の（市場からインプライされた）パラメーターで計算される。プライシングではこのような手法は適切である。なぜなら、ヘッジ商品の観点から価格を定義し、会計基準で求められる出口価格の概念を支持する（2.1節）ものだからである。もちろん、一部のパラメーターはリスク中立にはなりえない。なぜなら、市場で観測されない（例：相関）か、補間や外挿の仮定が必要となる（例：ボラティリティ）と考えられるからである。ボラティリティなどのリスク中立のパラメーターは、現実世界で対応するもの（例：ヒストリカルの推定値）より一般的に高くなるだろう。

論争の多い問題としては、14.4式でデフォルト確率を参照している点がある。リスク中立のデフォルト確率は第12章で議論のうえ定義した。エクスポージャーに対するリスク中立のパラメーターの使用は、プライシング目的においては適切である。しかしながら、リスク中立のデフォルト確率を用いることは、以下のような理由から疑問視されるかもしれない。

- リスク中立のデフォルト確率は現実世界のものより非常に高い（12.2.1節）。
- 一般的に、デフォルトはヘッジすることができない。なぜなら、ほとんどのカウンターパーティには、流動性の高いシングルネームのクレジット・デフォルト・スワップがないからである。
- 銀行のビジネスモデルは一般的に、信用リスクを「積み上げる（warehouse）」ことであり、したがってとっているリスクが現実世界のデフォルトリスクに限定されている。

上記の論点はやや学術的なものであり、ほとんどの銀行（と多くのその他金融機関）は、CVAを報告する際にクレジットスプレッドを用いることが求められる。しかしながら現状では、ヒストリカルのデフォルト確率がCVAの計算に用いられる場合がある。

- デリバティブビジネスをそれほど大規模に行っていない小さな地方銀行は、自身の出口価格は地元の同業他社に対するものであり、その他社もまたヒストリカルのデフォルト確率を用いてCVAを評価している、と主張するだろう。
- 銀行がIFRS13を適用していない、日本などの地域。

上記のような状況では、銀行はCVAをリスク中立の出口価格ではなく、数理計算上の引当金とみなすのだろうが、これはますます珍しいものとなってきている。この問題に関しては、第18章でxVAデスクの役割との関連でさらに議論することにする。

14.2.8 CVAの準解析的手法

特定の商品種別の場合、比較的簡素なCVA式を導出することができる。このような式はネッティングや担保といった側面を考慮していないため限定的な利用にとどまるが、素早く計算でき、CVAの直観的な理解が得られるため意義がある。

一つ目の単純な例としては、ポジションが正の値しかとらない場合のCVAであり、たとえばプレミアムが前払いであるオプションの買いポジションなどがある。この場合、CVAは単純に以下のように示すことができる（付録14D)。

$$CVA \approx -LGD \times PD(0,T) \times V, \tag{14.5}$$

ここで、Tは対象取引の満期、Vは現在の（基準）価値である。$PD(0,T)$は、対象取引の全期間中のどこかの時点でカウンターパーティがデフォルトするという確率を表している。基準となる無リスク価格にこのデフォルト確率を単純に乗じて、デフォルト時損失率の分を調整するというのは直観的である。

もう一つのより洗練された方法は、10.2.2節で述べたSorensen-Bollierの準解析式である。この方法では、14.4式のEEをヨーロピアン・スワップションの価値で置き換えることができる。これは単一通貨のポートフォリオに拡張することが可能であるが（例：Brigo and Masetti（2005b）を参照)、もっと多次元の問題になると使うことができない。

なお、上記のアプローチは、その性質上リスク中立であるため、現実世界でのパラメーター推定とは相いれない（ただし、重大な懸念とはならないかもしれない）。

14.3 クレジットの仮定が与える影響

ここではデフォルト確率とLGDがCVAに与える影響について検討する。検討を要する点はいくつかある。たとえば、クレジットスプレッドの水準、クレジットカーブ全体の形状、LGDやその仮定から来るベーシスリスクの影響などである。以下の例ではすべて、14.2.4節と同じ簡単なCVAの例を取り上げることにする。基本ケースにおいて、クレジットカーブは300bpsで一定、LGDは60%と仮定する。想定元本を100万とすれば、基本ケースのCVAは−1,999となる（パーセント単位での結果は−0.200%）。

14.3.1 クレジットスプレッドの影響

最初に、カウンターパーティのクレジットスプレッドが上昇したときの影響を表14.1で確認しよう。上昇によって明らかにCVAが増加しているが、この影響は線形ではない。これは、デフォルト確率には100%という上限があるためである。これを理解するもう一つの方法は、このスワップの「突発的デフォルトのリスク（jump to default risk）[8]」がゼロという考え方である。なぜなら、現時点の価値がゼロなので、カウンターパーティの即時のデフォルトは（理論的には）なんら損失を生まないからである。カウンターパーティの信用力が悪化するにつれて、CVAは当然減少する（マイナスが大きくなる）が、カウンターパーティがデフォルトに近づくと、あるところからCVAは再び増加する。この点については、ヘッジに関連して重要になるため、第18章で再び議論することとする。

8　この用語は、他の要素が変化せず、カウンターパーティが突然かつ即時にデフォルトする事象を指すのに一般的に用いられる。

表14.1　CVA をカウンターパーティのクレジットスプレッドに対する関数として示したもの

スプレッド（bps）	CVA
150	−1,074
300	−1,999
600	−3,471
1,200	−5,308
2,400	−6,506
4,800	−6,108
9,600	−4,873
デフォルト	0

表14.2　5年と10年のフォワード型取引の CVA を、別々のクレジットカーブ形状のもとで求めたもの

	5年	10年
右上り	−2,179	−6,526
一定	−1,999	−4,820
右下り	−1,690	−2,691

＊すべてのケースで5年クレジットスプレッドは300bps、LGD は60%と仮定している

次にクレジットカーブの形状変化の影響をみてみよう。第12章（12.2.4節）では、右上り、フラット、右下りのクレジットカーブを検討し、5年のクレジットスプレッドにすべて300bps を仮定した。そして、各カーブの累積デフォルト確率は5年のところで同じであるにもかかわらず、限界デフォルト確率は大きく異なる理由について議論した。フラットな一定のカーブではデフォルト確率はほぼ同じ水準である一方、右上り（右下り）のカーブの場合、デフォルトは後ろ（手前）に偏っている。カーブ形状が CVA に与える影響を示したのが表14.2である。5年スワップについて、満期までのスプレッドが固定されているにもかかわらず、カーブの形状ごとにかなり異なった結果となる。事実、右上りのカーブがフラットになると、CVA はおおよそ10%変化する。10年スワップについては、同じ5年スプレッドを外挿しているが、差異はさらに極端になる。右上りのカーブの CVA は右下りのカー

ブの２倍以上になる。これで、マッピングの過程でクレジットカーブの形状が重要なポイントであると強調した（12.4.3節）理由がわかるだろう。

14.3.2 リカバリーの影響

第12章（図12.5参照）の議論では、処理時リカバリーがデフォルト時点（たとえば、CDSオークションによる処理時）の（期待）LGDを決定し、一方で実現リカバリーは結果生じた実際の（期待）LGD（つまり、14.2式で用いたもの）を決定するとした。デフォルト確率の式（12.1式）をCVA式（14.2式）に代入すると以下を得る。

$$CVA = -LGD_{actual}\sum_{i=1}^{m}EE(t_i) \times \left[exp\left(-\frac{S_{t_{i-1}}t_{i-1}}{LGD_{settled}}\right) - exp\left(-\frac{S_{t_i}t_i}{LGD_{settled}}\right)\right], \tag{14.6}$$

ここで、実現したLGD_{actual}と処理時の$LGD_{settled}$が明示的に指定されている。これらは概念的に異なるものの、もしデリバティブに対する請求権がCDSの参照債権と同じ優先順位（通常はそうである）であれば、$LGD_{actual} = LGD_{settled}$（つまり双方の期待LGDは等しい）と仮定すべきである。この場合、14.6式のLGDは、一次のオーダーでは相殺され、このパラメーターの変化に対する感応度は弱くなると予想される[9]。14.4式の単純な近似ではLGDが入っておらず、この相殺は反映されない。

表14.3では、処理時LGDと実現LGDの変化が及ぼす影響を示している。予想どおり、両方のLGDを変化させるとCVAに対する影響はまずまず小さなものとなる。これは相殺効果のためである。LGDが上昇すると、リスク中立のデフォルト確率は下落するが、デフォルト事象での損失が増加する。ネットの影響は二次のオーダーのものだけである。LGDが低下するとこの影響は負となる。LGDが半分になっても、CVAはおよそ10%しか変化しない。処理時LGDと実現LGDに異なる仮定を置くと、CVAは明らかにより顕著に変化する。たとえば、処理時LGDを90%、実現LGDのほうを

9　なぜなら、小さなxに対して$exp(-x) \approx 1-x$となるからである。したがってこれは、スプレッドの値が小さいほど正確になる。

表14.3　基本ケースにおける金利スワップのCVAを、異なったリカバリーの前提で求めたもの

LGD（処理時/実現）	CVA
80% 両方	−2,072
60% 両方	−1,999
40% 両方	−1,862
90%/60%	−1,398

*処理時リカバリー率と実現リカバリー率を同時に変化させたとき（「両方」）と、処理時リカバリーを10%、実現リカバリーを40%変えたときの変化を示している

それより低い60%（12.2.5節で議論したように、これはリーマン・ブラザーズ破綻時の実績値に近い）と仮定すると、CVAはずっと大きく（マイナス幅が小さく）なる。

14.4 CVAの配賦とプライシング

ネッティングや担保などのリスク軽減策によってCVAは減少するが、これはネッティングセットレベルでの計算でしか定量化できない。したがって、プライシングや価値評価の目的では、取引単位でのCVAの配賦を考えることが重要となる。そうすると、大規模な計算を高速に行うといった、計算上の問題の検討が必要になる。

14.4.1 ネッティングと増分CVA

ネッティング契約があるときは、CVAを減少させる効果がありこそすれ、増加させることはありえない（これは7.4節で説明したネッティングの性質から来ている）。ゆえに、ネッティングセット（同一のネッティング契約下にある所与のカウンターパーティに対する一連の取引）について以下が成り立つ。

$$CVA_{NS} \geq \sum_{i=1}^{n} CVA_i, \tag{14.7}$$

ここで、CVA_{NS}はネッティング契約下の全取引に対するCVAであり、

CVA_i は取引 i 単体での CVA である。上述の効果（CVA のマイナス幅が小さくなる）は大きくなりうるので、ネッティングの便益を個別取引それぞれに対してどのように配賦するかが問題となる。この最もわかりやすい方法は、**増分 CVA（incremental CVA）**の概念を用いることである。これは10.7.2節で議論した増分 EE[10]のようなものである。取引 i に対する CVA は、その取引がネッティングセットに対して追加的に与える影響に基づいて計算される。

$$CVA_i^{incremental} = CVA_{NS+i} - CVA_{NS} \tag{14.8}$$

上記の式が示しているのは、ある特定の取引の CVA は、取引が実行された際の CVA 全体に対する寄与分として与えられるということである。よって、個々のセールス要員やトレーダー、現業部門などに CVA を賦課する必要がある場合、これには意味がある。CVA は取引の実行の順番に依存するが、後に続く取引によって変化することはない。xVA デスク（第18章）がこの金額を賦課することで、新規取引による CVA の変化が全体の合計時価に与える瞬間的な影響を、直接打ち消せるだろう。

付録14E に示したように、以下のような非常にわかりやすい増分 CVA の式が導かれる。

$$CVA_i^{incremental} = -LGD\sum_{i=1}^{m} EE_i^{incremental}(t_i) \times PD(t_{i-1}, t_i) \tag{14.9}$$

これは14.2式と同様だが、上述の単独の EE を増分 EE と置き換えている点が異なる。これは驚くことではない。というのも、CVA は EE の線形結合であり、ネッティングによって変わるのはエクスポージャーのみで、クレジットの要素（LGD やデフォルト確率）に対する影響はないからである。増分 EE の定量化の詳細は10.7節で説明した。ネッティング効果のもたらす便益によって増分 EE は負となりうる。これによって CVA は正になり、そのような場合、CVA はコストではなく利益になるだろう。

10　第10章の増分エクスポージャーに関連する議論を見直すのが良いかもしれない。というのも、そこでの多くのポイントが、増分CVAにも当てはまると考えられるからである。

強調するに値するのは、EEとネッティングの性質のため、ネッティング込みの増分CVAがネッティングなしの単独のCVAを下回る（マイナス幅が大きくなる）ことは決してない、という点である。このことの実務的な帰結は、ネッティング契約下で既存取引が存在する取引当事者のほうが新規取引に対してより好ましい条件を提示する可能性が高い、ということである。Cooper and Mello（1991）は、ずいぶん以前にこのような影響を定量化しており、あるカウンターパーティとすでに取引を行っている銀行は、フォワード契約に対してより競争力の高い価格を提示できることを具体的に示した。

ネッティングの取扱いがあるために、CVAの処理はより複雑でしばしば多次元の問題になる。ネッティングを解析的に取り扱うための試みがいくつかなされたことはあるものの（例：14.2.8節で述べたBrigo and Masetti（2005b））、ネッティングを正確に取り入れたCVA計算のためには、通常はエクスポージャー（EE）の定量化のために一般的なモンテカルロシミュレーションが必要となる。新規取引をプライシングするためには、このような計算はほとんど即時に実行されなければならない。

14.4.2 増分CVAの例

ここでは、前の10.7.2節の増分エクスポージャーに関する結果に従い、増分CVAの例をみることにする。前と同じくユーロの固定払い7年金利スワップを対象とし、5通りの異なる既存取引をカウンターパーティと行っていると仮定してCVAを検討したのが表14.4である。

表14.4　4通りの既存取引に関して、ドル固定払い7年金利スワップの増分CVAを計算し、単体の値と比較したもの

既存取引	増分CVA
なし（単体）	−0.4838
ドル固定払い5年金利スワップ	−0.4821
ドル5年・5年ペイヤーズ・スワップション	−0.4628
ドル円5年通貨スワップ	−0.2532
ドル固定受け5年金利スワップ	−0.1683

＊クレジットカーブは300bpsで一定、LGDは60％と仮定している

ここから以下のことを理解することができる。

- 増分 CVA は単独の CVA を下回る（マイナス幅が大きくなる）ことは決してない。なぜなら、ネッティングによってエクスポージャーが増加することはないからである。
- 類似の既存取引（ユーロの固定払い5年金利スワップ）に対しては、増分 CVA はわずかにマイナス値となるだけである。これは、二つの取引が強い正の相関をもつことから起こる。スワップションの場合も一方向であることによってわずかな減少にとどまる。
- 通貨スワップと固定受け金利スワップに対しては、増分 CVA は顕著に増加する（マイナス幅が小さくなる）。後者の場合、正の CVA が期待されたかもしれないが、そうなってはいない（しかし、この逆転効果は、後に DVA でみられる）。

14.4.3 限界 CVA

10.7.3節での議論に従い、CVA 式（14.2式）で単純に限界 EE を用いることによって、似たように限界 CVA を定義することができる。限界 CVA が役に立つのは、ネッティング対象から任意の数の取引単位の寄与分へと CVA を分解し、合計が全体の CVA となるようにしたい場合であろう。新規取引のプライシングでは用いられないかもしれない（新規取引の実行時に限界 CVA がすべて変化し、トレーディング勘定計上額に対して時価調整が生じるという問題のため）。しかし、あるカウンターパーティに対して（おそらく同一のディールに含まれることで）同時に実行した取引をプライシングする場合には、これが必要となるだろう[11]。言い換えれば、限界 CVA は、ある時点における取引単位の寄与分として CVA を配賦するためには適切な方法である。これが役立つのは、報告目的で行う場合や、リストラクチャリング、ノベーション、取引解消を効果的に行えるような取引がどれなのかのアイデア

11　CVA 調整の計算が定期的にしか行われず、対象のカウンターパーティに対して期間内に数件の取引が行われる、といったような制度の場合もこれに含まれるかもしれない。

表14.5　金利スワップと通貨スワップに対するCVAを、増分と限界によって分解した結果を示したもの

	増分 （金利スワップが先）	増分 （通貨スワップが先）	限界
金利スワップ	−0.4838	−0.2587	−0.3318
通貨スワップ	−0.1990	−0.4241	−0.3510
合　計	−0.6828	−0.6828	−0.6828

＊クレジットカーブは300bpsで一定、LGDは60%と仮定している

を得たりしたい場合であろう。

表14.5に示しているのは、前に図10.26でエクスポージャーを示した金利スワップ（固定払い7年金利スワップ）と通貨スワップ（ドル円通貨スワップ）にそれぞれ対応した、増分CVAと限界CVAである。クレジットカーブは300bpsで一定を仮定している。以前もみたように、増分CVAでは最初の取引が多くの部分を賦課される一方で、限界CVAはよりバランスを保った賦課がなされるという効果がわかる。

分解方法が異なることによって、CVAがかなり違った結果につながりうるというのは明らかである。10.6.1節の5件の取引について分解した値を表14.6で比較している。増分CVAは取引の順番に強く依存する。たとえば、通貨スワップの増分CVAは、一つ目の追加シナリオのほうが二つ目と比べてマイナス幅が顕著に小さい。明らかに、CVA賦課額は取引のタイミングに大きく依存する。これは問題をはらんでおり、もしかすると「悪用する」ような行動を引き起こすかもしれない。しかしながら、これが一般的に問題とならないのは、以下二つの理由による。

- 顧客は、典型的には単一のトレーディングデスクまたはセールス要員に「保有されて」おり、ゆえに単に取引ポートフォリオに対するCVA賦課全体にさらされているだけだろう（ただし、タイミングによっては特定の取引が有利にみえるかもしれない）。
- 大半の顧客は、（たとえば、彼らのヘッジの要請によって）比較的一方向の取

表14.6　5件の取引に対するCVAの分解値を、増分（カッコ内は取引の順番）と限界寄与分により行ったもの

	単体	増分 (1-2-3-4-5)	増分 (5-4-3-2-1)	限界
固定払い7年金利スワップ	−0.4838	−0.4838	−0.3287	−0.3776
5年・5年ペイヤーズ・スワップション	−0.5135	−0.4925	−0.3437	−0.4447
ドル円通貨スワップ	−0.4296	−0.1258	−0.4296	−0.2798
5年固定受け金利スワップ	−0.0631	0.1964	0.2587	0.2093
5年固定払い金利スワップ	−0.2587	−0.1964	−0.2587	−0.2093
合　計	−1.7487	−1.1021	−1.1021	−1.1021

＊クレジットカーブは300bpsで一定、LGDは60%と仮定している

引を行うので、ネッティング効果が大きくはならないだろう。

限界的な寄与分を測るほうが公正ではあるものの、トレーダーと現業部門に対するCVA賦課を行うのに、カウンターパーティと新規取引を実行するたびに限界寄与分が変化してしまう、という問題を避けるのは困難である。

14.4.4　スプレッドとしてのCVA

CVAを取引価格に反映する際に検討すべきもう一つのポイントは、アップフロント払いのCVAを継続払いのスプレッドのCVAに変換する方法である。これでたとえば、スワップの支払レートを調節することによって、容易にクライアントにCVAを賦課することができる。そのような変換を行う簡単な方法の一つは、対象となる取引の満期のリスク勘案後のデュレーションでCVAを割る方法であり、14.2.5節で示されている。

しかしながら、スワップのような契約にスプレッドを乗せると、問題が非線形となる。これは、スプレッドそれ自体がCVAに影響を与えるからである。正しい値は再帰的に計算すべきである。こうすれば、CVA賦課額でもって契約に組み込まれているCVAを正確に相殺することが確実になる。この精緻な計算を14.2.5節の例に適用すると、スプレッドに−4.83bpsを得る（以前の−4.79bpsと比較して）。CVA賦課額が比較的小さい場合、この影

図14.4　ネッティング便益の大きなポートフォリオ内にある5年スワップの増分CVA（年率ベーシスポイントでのスプレッド表示）

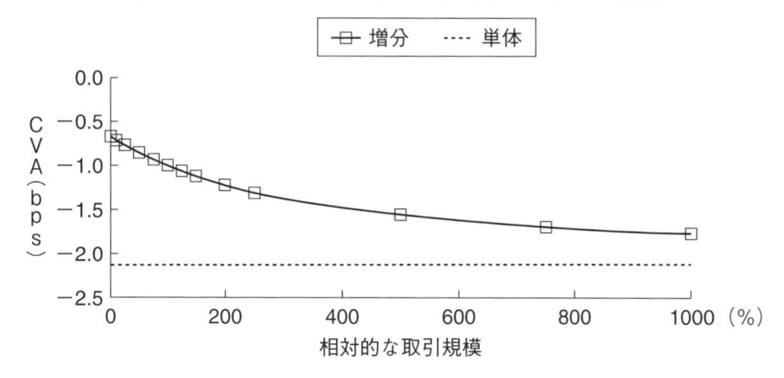

響は小さい。ただし、Vrin and Gregory（2011）は、特定のケース（典型的には、リスクの大きいカウンターパーティや長期の取引において）では、影響が大きくなることを示している。

強調すべきもう一つのポイントは、新規取引の増分CVA上のネッティング便益は、新規取引の相対的な規模にも依存することである。取引規模が大きくなるにつれてネッティング便益は失われ、CVAは単体での値に近づいていく。これを示したのが図14.4である。ここでは5年スワップの増分CVAを新規取引の相対的な規模の関数として示している。取引が小さい場合、CVAは−0.67bpsの下限まで減少する一方、取引が大きい場合は、単体での値（−2.12bps）に近づいていく。ここから、ベーシスポイントでのCVAの提示は、一定の取引規模の場合にのみ有効だということが明らかである。

14.4.5　数値計算上の課題

14.2式によって表されたCVAの計算は、対象取引の将来価値の計算が大量に必要なことからコストがかかる。たとえば、100時点のシミュレーションを一万回行う場合、一つの取引について百万回の価値評価を行わなければならず、CVA計算のボトルネックとなるだろう。通常のプライシング関数では、このレベルの計算能力までは最適化されていないため、CVAに用いるには適当でない可能性がある。さらに、複雑な商品では、モンテカルロや格子ベースのモデルが価値評価によく用いられるため、よりいっそうの問題が生じるだろう。

CVA 計算の効率を改善する第一の、そして最も当たり前の方法は、プライシングの機能を高速化することであろう。これを実現する方法は多数存在し、たとえば以下のようなものがある（後述するエキゾチックに関する議論も参照のこと）。

- 各時点における市場変数に依存しない共通機能（キャッシュフロー生成やフィキシングなど）の括り出し
- プライシング関数の数値計算の最適化
- 近似やグリッド法の活用
- 並列計算

CVA 計算時に検討すべきもう一つの点は、シミュレーションを経路ごとと直接のどちらで行うかである。これについては10.3.2節で議論した。経路ごとのシミュレーションによる評価は、PFE 目的では最適と思われるが、エクスポージャー分布全体にわたって積分した結果である CVA では最適とはいえない。期間５年の金利スワップの CVA 評価を、経路ごとのシミュレーションと直接シミュレーションの二つの手法で比較しよう。前者の場合は、１万通りの経路それぞれについて合計183時点でのエクスポージャーを用いる。後者の手法では固定した時点間隔ではなく、かわりに５年までの間でランダムにデフォルト時点を選ぶ[12]。その後、各時点におけるエクスポージャーを直接計算し、合計183万通りのデフォルト時点を生成する。結果、スワップの価値評価の回数は経路ごとに行う場合と同じになる。二つの手法の CVA 推定値を比較したものが図14.5である。ここで、誤差の棒線は標準偏差１の不確実性を表している。ここから、プライシング関数の呼び出し回数が同じとすれば、直接シミュレーションする手法のほうが、経路ごとのも

12　Li（2000）の手法では、対応する累積デフォルト確率と整合的になるようにこれを行うことができる。

図14.5　経路ごとのシミュレーションと直接シミュレーションの各手法を用いた、期間５年のスワップのCVAの推定

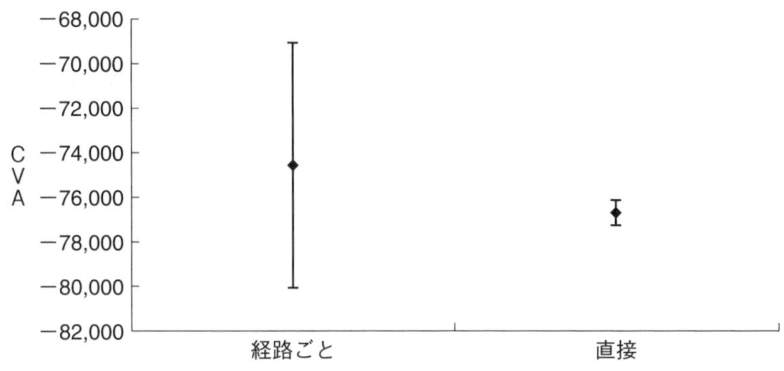

＊それぞれスワップ評価の回数は同じである。経路ごとのアプローチでは183時点で評価している

のよりもかなり正確なCVAとなるということがわかる。経路ごとのシミュレーションによる手法が効率性に劣る理由は、同一の経路上の時点間に相関があり、CVAの数値積分の収束が遅くなるからであろう。

上記の改善はきわめて劇的であり、直接アプローチに比べ標準偏差が9.7分の１に小さくなっている。モンテカルロ誤差はおおむねシミュレーション回数の平方根に比例するので、これは実際には9.7×9.7＝約94倍の速度向上を意味している。言い換えると、94分の１のシミュレーション回数で同じ精度を達成することが可能ということである。これは魅力的に聞こえるかもしれないが、全体的な改善を考えなければならない。アムダールの法則（Amdahl（1967））は、計算の一部分を改善することによる全体の高速化に関する、簡便な式として $((1-P)+P/S)^{-1}$ を提示している。ここで P は改善できる計算の割合、S は相対的な速度の向上度合いである。たとえば、もし90％（$P=0.9$）の時間がプライシング関数に使われており、それが94倍高速化できたとすると、全体の改善は9.1倍となる。直接シミュレーションの手法を適用したCVA計算のほうが速いかもしれないが、それは、モンテカルロモデルのさまざまな部分の計算にかかる正確な時間と、データ取得のようなその他の間接的な部分に依存するだろう。この手法は、担保付取引やエ

キゾチック取引など、経路依存性をもつポートフォリオにはあまり適用されない。

離散時点で計算されたEEを参照するCVAの計算において問題が生じうるのは、継続的にサンプリングした変数をもとに計算する一部の経路依存デリバティブ（たとえば、バリアオプション）の場合である。このとき、Lomibao and Zhu (2005) で紹介されたような近似も必要となるだろう。彼らは「ブラウン橋」として知られる数学的な手法を用いて、実際のエクスポージャーのシミュレーション時点間にある経路依存的な事象の発生確率を計算した。

エキゾチック商品やアメリカン型の特徴をもつ商品については、10.3.3節で議論したように、典型的には以下の三つの手法がある。１番目は近似の利用、２番目はより正確な手法として、事前に計算したグリッドを用いて、裏付けとなる変数の関数として商品の将来価値を得るものである。この２番目の手法は、次元が高くない限りはよく機能する。３番目に、エクスポージャーを近似するのに、アメリカン・モンテカルロのアプローチを用いることができ、あらゆるエキゾチック性や経路依存性を取り扱うことができる。これはCesari *et al*. (2009) で詳細に説明されているもので、xVAの計算に用いるのがますます一般的となってきている。これは汎用的な枠組みを提供するもので、あらゆる商品、たとえ複雑な特徴をもつ商品であったとしても取扱いが可能である。

14.5 有担保のCVA

担保がCVAに与える影響は、第11章で説明した、担保がエクスポージャーに与える影響の評価内容にそのまま沿っている。前のネッティングの影響と同様に、14.2式に示した標準的なCVA式に対する担保の影響を理解するのは簡単である。担保はEEだけを変化させるため、有担保を前提としたEEを用いて同じ式を使用すれば良い。以下の結果では、11.3節で提示したポートフォリオの例を用いることにする。有担保と無担保の場合について、基本ケースのエクスポージャーは図11.8のとおりである。ここで仮定するのは、信用極度額ゼロの双方向CSAで、最低引渡金額0.5、端数処理単位0.1である。CVA計算については、クレジットカーブは500bpsで一定、LGDは40%と仮定している。担保をまったく考慮しない基本ケースのCVAは−0.2932である。

14.5.1　マージンリスク期間の影響

CVAの減少を直接推定するために、11.5式の簡便な近似を用いることもできる。たとえば、マージンリスク期間（MPR）が暦日で30日の場合、近似では−0.075となる[13]。この場合の実際の結果はかなり低く、−0.131となる。近似によって絶対値が小さくなる要因としてありうるのは、最低引渡金額をゼロと暗黙に仮定していること、および担保差入れによるリスクを考慮していないことである（通常どおり、担保は分別保全されないと仮定している）。それでも、CVA減少の概算値をこうして得ることができる。

ここで、前に検討したように、マージンリスク期間の変化が信用限度額ゼ

図14.6　マージンリスク期間がCVAに与える影響

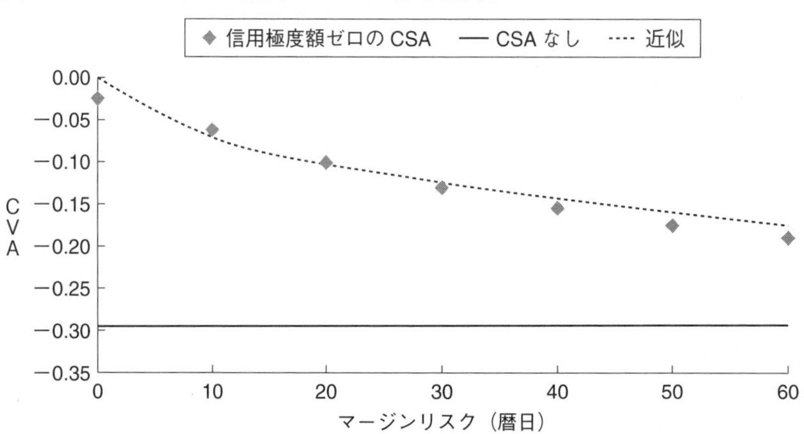

＊無担保のCVAは実線で示し、マージンリスク期間20日の結果をルートT倍法でスケーリングした近似結果も示している

13　$0.5\times\sqrt{365\times5/30}=3.9$倍小さい。

ロのCVA計算に与える影響について図14.6で考えよう。マージンリスク期間がゼロの時には、CVAは明らかに小さく（しかし最低引渡金額と端数処理のためゼロではない)、その後は無担保の価値に近づくように減少していく。マージンリスク期間が暦日で30日（8.6.3節で議論した、バーゼルⅢの要件である20営業日に近い）の場合、CVAは無担保のCVAのほぼ半分である。さらにわかることは、20日の結果をルートT倍法でスケーリングした近似は、ある程度正確ということである（たとえば、20日の結果に$\sqrt{30/20}$を掛ければ、30日の結果が近似できる)。

14.5.2　信用極度額と当初証拠金

図14.7に示しているのは、当初証拠金と信用極度額がCVAに与える影響である。なお、当初証拠金は負の信用極度額とみなすことができる。当初証拠金が大きい場合はゼロとなり、信用極度額が大きくなると無担保のCVA（点線）に向けて低下していくのがわかる。

当初証拠金の増加はCVAを減少させるが、正確な当初証拠金の決定は、きわめて主観的である。このことは、当初証拠金がCVAに与える影響を誤

図14.7　当初証拠金（負の値）と信用極度額（正の値）がCVAに与える影響

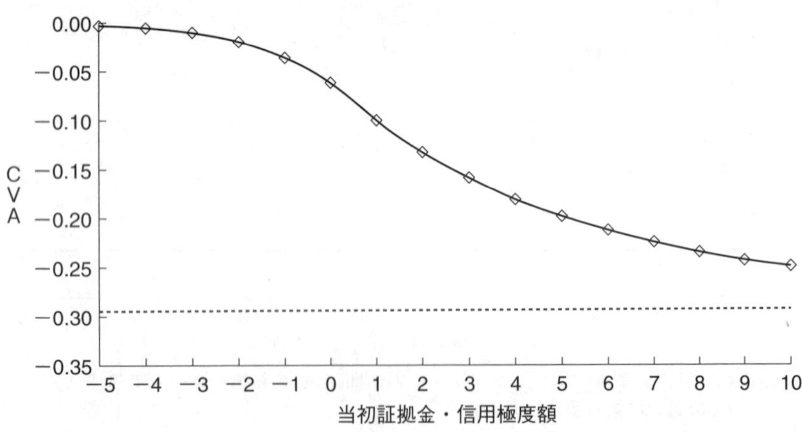

＊取引当事者に有利な片方向CSAを仮定しており、マージンリスク期間は暦日30日としている。点線は無担保のCVA

図14.8　当初証拠金がCVAに与える影響を、y軸を対数軸として示したもの（マイナスをつけたCVA、つまり正の値で示していることに注意）

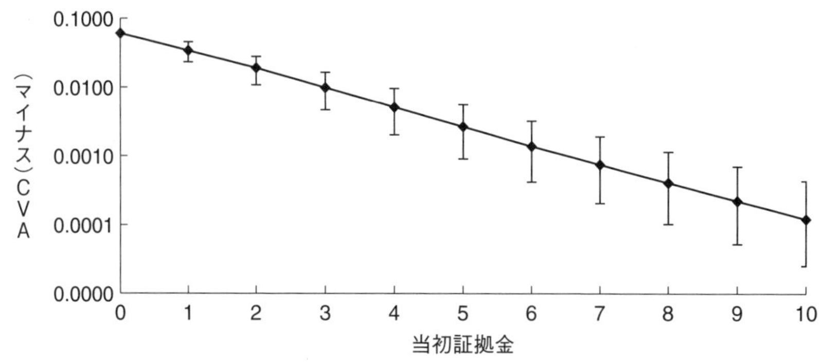

＊同時に示している誤差範囲は、マージンリスク期間の仮定を暦日でプラスマイナス10日とした場合に対応する

差範囲とともに示した図14.8で確認できる。この誤差は、プラスマイナス10日の範囲のマージンリスク期間（つまり20日と40日）に想定している不確実性から来ている。当初証拠金の増加はCVAを顕著に減少させるが、その不確実性は相対的に増加する。

なお、差し入れた当初証拠金は、分別保全される限りは上記の計算のどこにも現れない（7.5.4節）。しかしながら、MVAの観点からみればコストを示すようになる（第16章）。

14.6　負債価値評価調整（DVA）

14.6.1　概　　要

上記のCVAの定義における重要な仮定は、CVA計算をしている当事者がデフォルトすることはないということである。これは、かなり無難で単純な仮定のように思えたかもしれない。事実、これは「ゴーイングコンサーン」という会計上の概念と整合的である。この概念は、事業が無期限に存続するという前提に基づいた財務諸表を要求するものである。しかしながら、以下で説明するように、国際的な会計基準では、取引当事者が自己のデフォルトを負債の評価のなかに考慮することが許容（場合によっては要求）されている。クレジットエクスポージャーは負債の要素（7.2.7節で定義したネガティブエクスポージャー）をもつことから、これは負債価値評価調整（DVA）としてカウンターパーティリスクのプライシングに含むことができる。

DVAは諸刃の剣である。一方では、それはCVAの一部の理論的な問題を解決し、価格の対称性が実現する世界を達成できる。他方では、DVAの性質と、その意味合いや起こりうる予想外の結果に苦心することになる。事実、次章で議論するように、市場慣行ではプライシング面などにおいて一般的にはDVAを無視し、それをファンディングに対する対価（FVA）で置き換えているとみることができる。しかしながら、会計の観点ともたらされるFVAとの関係からDVAを理解するということは、依然重要である。

14.6.2 会計基準とDVA

カウンターパーティのデフォルトに加えて取引当事者自身のデフォルトを考慮すると、CVAとDVAで構成される双方向CVA（Bilateral CVA、BCVA）が得られる。BCVAの使用は、主に会計実務によってもたらされたものである。正式に始まったのは2006年であり、このときFAS157で銀行がDVAの値を記録すべきことが定められた[14]。FAS157では以下のように述べられている。

> 債務不履行リスクには報告主体のクレジットリスクが含まれるため、報告主体は、負債が公正価値で測定される全期間において、負債の公正価値に対する信用リスク（信用状態）の影響を考慮すべきである。

これによって、多くの大手の米系（および一部のカナダ系）銀行が財務諸表上でDVAを報告することになり、一部の大手欧州系銀行もこの実務に

14　米国財務会計基準書（Financial Accounting Standards）第157号の記述。

従った。2.1節で議論したように、DVAの利用は、ヒストリカルのデフォルト確率ではなくクレジットスプレッドの利用と結びついている。しかしながら、会計の観点からはDVAの取扱いは整合的ではなく、多くの銀行はこれを無視した。そのような市場参加者は、ヒストリカル（もしくはリスク中立との混合の）デフォルト確率も一般的に用いているだろう（12.2.2節の議論を参照）。

会計の立場がより明確になったのは、2013年1月のIFRS13の導入からである。このもとではデリバティブは「公正価値」で報告しなければならないが、その定義に関しては以下の文言が含まれている。

> 負債の公正価値には債務不履行リスクの影響が反映される。債務不履行リスクには、報告主体自身の信用リスクが含まれる。

一般的に監査人の解釈では、IFRS13は（クレジットスプレッドから求めた）リスク中立のデフォルト確率を用いたうえで、CVAとDVA両方の要素の報告を要求している、とされてきた。これは近年の実務の収束につながったが、それでもいくつかの例外は存在する。たとえば、日本では銀行がIFRS13のもとで報告を行っていない。さらに、銀行はDVAの報告の実務を収束させてきたが、一方でFVAの導入によってこれがある意味揺るがされることとなっている。これについては次章で議論する。

14.6.3 DVAとプライシング

元来CVAとは、エンドユーザー（例：事業法人）がそのカウンターパーティ（例：銀行）から課される、カウンターパーティリスクに対するコスト賦課である。従来は、銀行の賦課するCVAは、エンドユーザーの信用力や対象となるエクスポージャーと結びついたものであった。課された額について厳然とした疑念を表明することは、エンドユーザーにはむずかしかっただろう。その理由は特に、銀行がデフォルトする確率がほぼないと考えられていた（実際、銀行のクレジットスプレッドは伝統的にきわめて小さく、信用格付けは非常に高かった）からである。2008年までは、リーマン・ブラザーズのような大手銀行がデフォルトするという考えは、ばかばかしい妄想に近かった。

これはグローバル金融危機の間に明らかに変化し、「信用力の高い」金融機関のクレジットスプレッドは劇的に拡大した。銀行は、自分自身の信用力が劇的に悪化しているのが明らかなときに、エンドユーザーに対してさらに多くのCVAを課すために、その理屈づけをするのに奮闘したのである。さらに、インターバンク市場で取引する銀行同士に関してある疑問が起こった。たとえ取引が担保付きであっても、お互いに認識したCVAによる損失を、双方の銀行が報告する必要があるのだろうか（14.5.1節で示したように、信用極度額ゼロのCSAであっても、CVAを完全に除去できるわけではない）。ゆえに、すべての取引当事者がCVAを用いる世界において、果たして担保契約下であってもカウンターパーティ双方が価格に合意できるのだろうか。

DVAの重要な特徴の一つは、上記の問題を解決し、「価格の対称性」を生み出すことである。これによって、理論的には両者が価格に合意できるようになる。しかしながら、留意に値するのは、いずれにせよ市場に対する一般的な要件として価格の対称性が求められるわけではない、ということである。つまり、価格を決定するのは銀行であり、エンドユーザーは与えられた提示価格で取引を行うか否かを決定するのである。さらに、DVAを用いることで他の問題も生じるが、これについては以降で議論することにする。

14.6.4　双方向CVA式

BCVAが意味するのは、CVAの計算が、カウンターパーティに加えて取引当事者自身もデフォルトする可能性があるという仮定のもとで行われる、ということである。付録14Fでは、この仮定のもとでBCVAの式を導出している。二つのデフォルト事象の関係、および関連するクローズアウトの仮定（14.6.5節で議論する）を無視すると、BCVAはCVAとDVAの部分の単純な和として得られる。

$$BCVA = CVA + DVA \tag{14.10a}$$

$$CVA = -LGD_C \sum_{i=1}^{m} EE(t_i) \times PD_C(t_{i-1}, t_i) \tag{14.10b}$$

$$DVA = -LGD_P \sum_{i=1}^{m} NEE(t_i) \times PD_P(t_{i-1}, t_i) \tag{14.10c}$$

添え字のPとCはそれぞれ、CVAを計算する当事者とそのカウンターパーティを示している。CVAの項は14.2式から変わっていない。DVAの項はCVAと対称的になっており、負の期待エクスポージャー（NEE）、当事者の自己のデフォルト確率、LGDに基づいている。NEEの符号からDVAは正となるため、便益となりCVAと打ち消しあう。DVAの項によって、当事者自身がデフォルトしたときに負のエクスポージャーがあれば「利益」が発生する。この文脈で利益というのは奇妙かもしれないが、厳密にいえば正しい。なぜなら、取引当事者は自己のデフォルト事象発生時においてカウンターパーティに対する支払義務のうち一部だけを支払うので、NEEのうちLGDの部分だけ利益を得るからである。7.2.7節で定義したように、負の期待エクスポージャーはEEの反対である。

なお、NEEはカウンターパーティからみた負のEEでもある。これは14.10a式の重要な特徴を示している。つまり、計算当事者のCVA損失はちょうどカウンターパーティのDVA利益になっており、逆もまた同様となる。これはBCVAがもつ価格の対称性という性質である。この価格の対称性をより容易に理解するために、単純な14.4式に戻ってみよう。DVAを含んだ拡張は明らかに次のようになる。

$$BCVA = -EPE \times Spread_C - ENE \times Spread_P \tag{14.11}$$

7.2.7節で定義したように、期待ネガティブエクスポージャー（ENE）はEPEの反対である。ENEはカウンターパーティのEPEの符号を逆にしたものである。もし$EPE = -ENE$と仮定するならば[15]、$BCVA \approx -EPE \times (Spread_C - Spread_P)$が得られる。したがって取引当事者は、カウンターパーティとのクレジットスプレッドの差を取引に賦課するだろう（そしてもしこの差がマイナスであれば、自分でその分を支払わなければならない)。お互いの信用力の差に基づいて取引するためには、信用力の低いカウンターパーティは信用力の高いカウンターパーティに対して支払を行うことになる。理論的には、こうすることによって、たとえカウンターパーティの信用力が低い場合であっても、(計算方法とパラメーターについて合意できると仮定すれば）価格の合意ができるようになる。

14.6.5　クローズアウトとデフォルト相関

上述のBCVAの式では、以下の重要かつ相互に関連する三つの概念を無視していた。

●生　存

CVAとDVAの表現にデフォルトしていない取引当事者の生存確率が含まれていない。たとえば、自身の生存を条件としたうえでのCVA計算を望むかもしれない。なぜなら、カウンターパーティより先にデフォルトすれば損失を被ることはないからである。実際、14.10a〜c式は両者がデフォルトする可能性を含んでおり、明らかな「ファースト・トゥ・デフォルト」効果が存在する。つまり、いずれか1社がデフォルトすると原契約は終了するため、2社目のデフォルトは考慮すべきでない。

●デフォルト相関

上記に関連して、取引当事者とそのカウンターパーティのデフォルト相関が含まれていない。もしこの相関が正であれば、両者はより近い時期にデフォルトする可能性が高く、CVAとDVAに対して影響を与えることが予想されるだろう。

●クローズアウト

最後に、7.1.3節で議論したように、14.10b式と14.10c式で参照してい

15　特に担保付きの関係では、実務上まずまずの近似となることもあるのだが、非対称性が及ぼす影響については以降で議論することにする。

るEEとNEEの定義は、通常は標準的な価値評価の仮定に基づいており、デフォルトシナリオにおいて適切であるような、実際のクローズアウトの仮定を反映したものではない。言い換えると、デフォルト事象下で対象取引の決済はデフォルト時点での時価で行われることが仮定されているが、これはクローズアウトの実態と整合的ではない。クローズアウトの仮定がここで重要なのは、生存側の当事者はもはや「無リスク」ではないと考えられるからである。

上記の各論点についてはこれまでさまざまな研究実績がある。Gregory (2009a) では、生存確率とデフォルト相関がBCVAに与える影響をクローズアウトの問題とは分けたうえで示している。Brigo and Morini (2010) では、片方向の（つまり、エクスポージャーが片側にだけ発生する）場合にクローズアウトの仮定が及ぼす影響について検討している。クローズアウトの仮定の重要性は次のように理解することができる。カウンターパーティがデフォルトした時、取引の価値は生存側に対するDVA利益を依然含んでいるだろう。クローズアウトの仕組み（5.2.6節）は、このようなDVAの実現を促進するだろう。なぜならこの仕組みでは、取引当事者自身の信用力を考慮に入れることが許されると考えられるからである。

上記をふまえると、カウンターパーティがデフォルトした際には潜在的にはどちらかの取引当事者がDVAを得ることができるが、これは「無リスク」評価（7.1.3節）に基づく標準的なBCVA計算では考慮されていない。しかしながら、そのような利益のマネタイズは、たとえば以下のようなクローズアウトの詳細条件に依存する（5.2.6節参照）。

● **市場提示価格**

ここでDVAとは、別のカウンターパーティが取引の再構築において賦課するであろうCVAのことだと自然とみなされるだろう。しかしながら、そのような価格提示は通常有担保ベースで行われ、したがって、無担保取引の確実な市場提示価格を得ることができない限り、DVA利益を請求するのは困難だろう。

●クローズアウト金額

2002年版ISDAドキュメンテーションで定義されている。この定義はDVAをクローズアウト金額に算入する助けとなると思われる。なぜなら請求に実際の提示価格を必要としておらず、「決定当事者の信用力を考慮に入れることができる」と定めているからである。

クローズアウトの仮定は、定義するのが非常にむずかしいだけでなく、定量化も困難である。なぜなら、最終的に現時点のBCVAを定めるためには、起こりうるすべてのデフォルト事象に対応する将来のBCVAを算入することになるからである。これは、むずかしい再帰的な問題を引き起こす。Brigo and Morini (2010) が示したのは、ローンについて、DVAをクローズアウトの仮定に含めることができる(「リスク込みのクローズアウト」)という前提では、計算当事者の生存確率によって相殺がもたらされるということである。これは、片側の状況でリスク込みのクローズアウトのもとでは、14.10式が正しいということを意味している。Gregory and German (2012) が両側のケースを検討して明らかにしたのは、単純な結果は当てはまらないものの、14.10a〜c式で用いた式は、より先進的な手法が存在しない場合おそらく最も良い近似である、ということである。

一般的に、市場参加者は先進的な手法を用いることはせず、単純に生存確率を直接的(あるいは間接的)に算入している。たとえば、Ernst and Young (2012) のCVA調査[16]においては、回答企業19社のうち6社はCVAとDVAについて「条件付き」(生存確率調整後)、7社は無条件(14.10a〜c式)で報告しており、その他は調査時点でDVAを報告していなかった。14.10a〜c式はまさに良い特徴をもっている。それは、CVAとDVAがそれぞれ、カウンターパーティと取引当事者自身のクレジットスプレッドにそれぞれ依存し、スプレッドの動きに対して一般的に単調な振る舞いをする点である。

16 Ernst and Young CVA Survey 2012, www.ey.com.

14.6.6 数値例

スプレッドシート14.2　簡単なBCVAの計算

14.2.4節で示したCVA計算に基づいてBCVAの計算例について検討しよう。この例に対応するEEとNEEを図14.9に示している（EEは以前に図11.8で示した）。このポートフォリオは現時点において時価ゼロであるが、EEならびにNEEの分布はスキューしており、後者（NEE）のほうが大きくなっている。図14.9では、14.5節の初めで定義した、信用極度額ゼロの双方向CSAの影響も示している。マージンリスク期間は暦日で20日を仮定している。なお、CSAによって、エクスポージャー分布がより対称的となる。

カウンターパーティと取引当事者自身のクレジットスプレッド（CDS）カーブはそれぞれ200bpsと100bpsで一定、LGDは両方とも60％と仮定する。無担保と有担保の両ケースについて、CVAとDVAの値を表14.7に示している。無担保のケースでは、DVAがわずかにCVAを上回っている。なぜなら、（たとえもし当事者自身のスプレッドがこれより低かったとしても）

図14.9　無担保の場合と（信用極度額ゼロの双方向）CSAの場合のスワップポートフォリオに対するEEとNEE

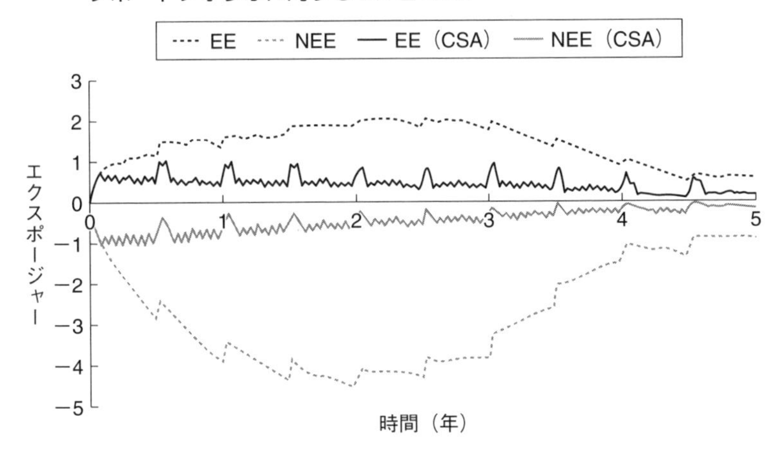

表14.7　スワップポートフォリオに対するCVAとDVAの値

	CSAなし	双方向CSA
CVA	−0.1309	−0.0408
DVA	0.1357	0.0222
BCVA	0.0048	−0.0185

＊カウンターパーティと自己のクレジットスプレッドの仮定はそれぞれ200bps、100bpsであり、LGDは60%と仮定している。双方向CSAがある場合とない場合の結果を示している

NEEのほうがずっと大きいからである。これは、BCVAでは全体としてネットで利益となることを示している。なお、結果としてリスクのあるデリバティブポートフォリオのほうが、BCVAがゼロとなるようなデフォルトを考慮しない同等のポートフォリオよりも価値があることになる。

有担保の結果ではBCVAの符号が変わり、利益でなくコストとなる。これが意味しているのは、双方向CSAへ移行した際に、取引当事者は損失を被り、カウンターパーティはそれと同等の利益を得るということである。このことから、BCVAという対称的な世界では、CSAに価値があることが示される一方、図14.9にみられるようなカウンターパーティリスクの顕著な減少がBCVAの価値評価でみられないことは、問題となるだろう。

CVAだけの世界の結果からは、上記例の両当事者が双方向CSAへ移行すれば評価益を得られるということが示唆されるだろうが、これは明らかに誤りである。他方で、CVAとDVAを扱ったならば、計算当事者は双方向CSAには移行しないだろうということが示唆される。なぜなら、PFEや所要資本の軽減といった他の便益がたとえあったとしても、DVA利益が失われてしまうからである。これもまた誤りであり、むしろFVAやKVAといった他の要素を考慮することが、いかに重要であるかが示されているのである。

14.6.7　DVAと自己の債務

カウンターパーティリスクにおけるDVAの問題は、より大きな問題のな

かの小さな一部分である。その問題とは、負債評価における信用リスクの反映に関する全体的な問題である。一般的な会計基準は、「自己の信用リスク」を負債評価に反映できる（反映すべきである）というところまで発達してきた。たとえば（米国に関連して）、2006年に米国財務会計基準審議会（FASB）[17]は公正価値評価に関連してFAS157を公開し、2007年に導入した。ここでは、当事者の負債の評価に自己の信用力を含めることを認めており、「最も適切な負債の指標は、支払義務を負う取引主体の信用状態を常に反映する」と述べている。2005年の国際会計基準審議会（IASB）によるIAS39の改訂（EUに関連する）もまた、負債の公正価値は、その負債に付随する信用リスクを含むべきである、と結論づけた。この立場は、2013年初めのIFRS13導入によってさらに確固たるものとなっている。

グローバル金融危機以降何年にもわたり、DVAは銀行にとって非常に重要な問題であった。なぜなら、銀行の「自己の信用リスク」が（クレジットスプレッドを通して）前例のないボラティリティとなったからである。銀行のクレジットスプレッドが拡大したり縮小したりするなか、銀行は決算で巨額のDVAの変動を報告した。これを報道した記事は、以下のような調子で、この問題が真剣にとらえられているとは思えないものだった。

> 英国の銀行の利益は40億ポンドにまでふくらむ可能性がある[18]。これは、自らの負債価値の減少を利益として計上することを認めるという、奇妙な会計基準による。
>
> （DVAは）直観に反するが、会計上強力な効果があり、これは自己の信用力が低下した際に銀行が帳簿上の利益を計上することを意味している[19]。

自己の債務にDVAを用いることは論理的である。なぜなら、取引当事者自身の債券の公正価値は、他の取引主体が支払いたいと思う価格だと考えら

17 Financial Accounting Standards Board of the United Statesの略。
18 “Banks' profits boosted by DVA rule”, *The Daily Telegraph*, 31st October 2011.
19 “Papering over the great Wall St Massacre”, efinancialnews, 26th October 2011.

れるからである。しかしながら、当事者がファンディングコストをそれほど発生させずに自己の債券を買い戻すことができるかどうかは疑問である。こうして、株式アナリストの間では、DVA はただの奇妙な会計上の効果にすぎないとみて、継続的な企業の業績評価においては、DVA を除くことが通常となったのである。

14.6.8 デリバティブの DVA

デリバティブの DVA に対しては、おそらく自己の債務の評価よりも厳しい目が向けられてきた。なぜなら、デリバティブの価値評価は非常に注目されていることに加え、厳密なヘッジの議論に基づいているからである。DVA に対する批判は、主にそれが容易に実現可能なものではないという事実から来ている（Gregory（2009a））。他の批判としては、DVA から来る利益は、その他の要素が無視されていることによりゆがんでいる、というものがある。たとえば、Kenyon（2010）の主張によると、もし DVA が使用されると、（デフォルト時にはゼロである）のれん価値もまた、取引当事者自身の信用力によって決まるべきである。クレジットスプレッドが拡大した時には、のれんの損失は DVA の利益を打ち消すだろう。

この議論は、DVA 利益をどの程度実現できるか次第である。DVA を支持する一部の主張では、以下の方法によって DVA はマネタイズ可能であるとしている。

●デフォルト

破綻することで DVA を実現できるのは明白だが、個人が自分の生命保険をマネタイズしようとするのと同様、明らかにこれはあまり良い戦略ではない。

●ポジション解消とノベーション

ポジション解消や、ノベーション、リストラクチャリングを行う当事者は、DVA 利益の一部を認識するよう求めるかもしれない。なぜなら、それはカウンターパーティの CVA 損失によって支払われるからである。たとえば、モノラインは銀行との取引を解消することで多大な利益を生み出した[20]。つまり、銀行にとっては多額のCVA関連損失、モノラインにとってはそれに対応するDVA利益となる。モノラインであるMBIAは、モルガン・スタンレーとの取引を解消することで、数十億ドルのデリバティブのDVAをマネタイズした[21]。しかしながら、このようなことが起こった理由は、モノラインがデフォルトに近かったために、銀行が実際のクレジットイベントの発生前に取引を終了させたかったからである。モノラインの信用力がそれほど劇的に低下していない状況であれば、銀行は取引解消をしたいとは思わなかったであろう。さらに、もし取引を解消した場合、一般的にその取引は再構築する必要があるだろう。すべての条件が変わらないとすると、再構築取引に賦課されるCVAは、取引解消によるDVA利益を一掃してしまうはずである。

●クローズアウト手続

上記（14.6.5節）で議論したように、DVAを実現するもう一つの方法は、カウンターパーティがデフォルトした際のクローズアウト手続中にあると考えられる。リーマン・ブラザーズの破綻時、このような慣行は一般的であった。ただし、巨額のDVA（やその他の）請求については、裁判所から常に支持されたものばかりではなかった。

●ヘッジ

DVAのマネタイズの試みとしてヘッジを使うのはわかりやすい。**カウンターパーティのクレジットを売る**のが、もっとも明らかなCVAヘッジである。これは、債券の売りまたはCDSプロテクションの買いによって実現することができる。実際にはいずれも実行できない可能性はあるものの、理論的にはCVAヘッジとして理にかなった方法である。CVA（損失）のマネタイズは、レポ取引のキャリーまたはCDSプロテクションのポジションにお

20　保険会社は会計基準が異なるため、モノラインはこの利益をDVA利益とはみなさなかった。

21　“MBIA and Morgan Stanley settle bond fight”, *Wall Street Journal*, 14th December 2011を参照。MBIAはモルガン・スタンレーに11億ドルを支払ったが、（モルガン・スタンレーのエクスポージャーの定義では）実際の負債額は数十億ドルあった。その差額は、MBIAが取引解消で得たDVA利益とみることができる。

けるプレミアムを支払うことで行う。しかしながら、DVAのヘッジには、**自己のクレジットを買う**必要があるだろう。これは、自身に対するCDSプロテクションを売る必要があるだろう（そしてこれは不可能である[22]）。したがって、かわりに相関のある類似のクレジット銘柄のプロテクションの売りを行う。これは明らかに重要な問題を引き起こす。なぜなら、銀行はお互いにCDSプロテクションを売り合うことになり、相関が100％未満である限りヘッジは非効率だからである。後者の問題の極端な例としては、一部の銀行がDVAを「ヘッジ」しようとして、デフォルト前のリーマン・ブラザーズのプロテクションを売っていた、というものがある。

DVAのマネタイズに対する上記の議論の多くはかなり説得力に欠ける。このため、驚くことではないが、バーゼル委員会は（オリジナルの文書に記載はないものの）DVA分をCVA資本賦課（8.7節）から控除すべきであると定めた（BCBS（2011c））。これによって、DVA利益によりCVA損失が相殺されるおかげで、リスクが高い銀行のほうが資本賦課が低くなってしまう、という問題を防げるだろう。これは、規制上のCVA定義に焦点を当てた、バーゼルⅢ資本賦課に関する全般的なポイントのうちの一つであり、会計の立場から定義したCVA（とDVA）に関するものではない。その会計基準でさえ、FASBではDVAの問題を認識している。たとえば、DVA損益は、「その他包括利益」として知られる、独立したかたちの利益に表示するものと定めている。

プライシングにDVAを含めることについて、市場慣行はいくらか分かれている。図14.10で示すように、多くの銀行は、DVA利益のうち全部ではないものの、一部を新規取引のプライシングに反映している。DVAを「全部」含めていると回答した銀行でさえ、全取引に対して行っているわけではないだろう（明らかな例外は、DVAがCVAより大きく、銀行同士が「仲値で支払わない（pay through mid）」ような場合である）。

22　この理由は、それが違法であるか、極端な誤方向リスク（17.4.5節）を生じるものだからである。つまり、プレミアムが非常に低くない限り、そのような取引を行おうとする者はいないはずである。

図14.10　プライシングにDVAを含めることについての市場慣行

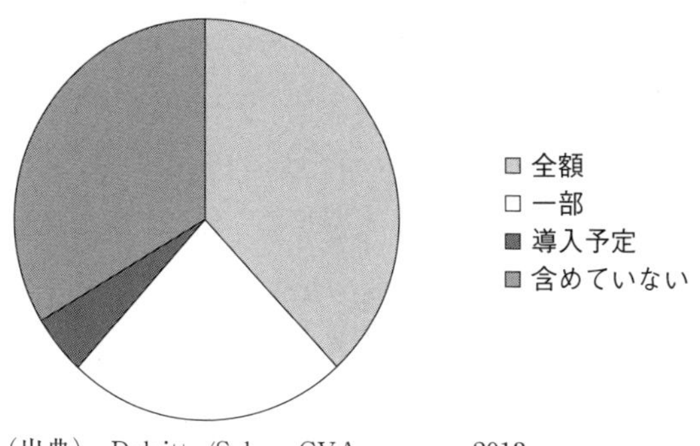

（出典） Deloitte/Solum CVA survey, 2013

市場慣行では一般的に、DVAをファンディング利益とみなすことで、DVAに関する論争を解決してきた。事実、上記のヘッジの議論において、自己の債務の買戻しは、自己のクレジットに対するCDSプロテクションを売るという、明らかに欠陥のある考え方に対する実務的な代替手段とみることができるかもしれない。しかしながら、債務の買戻しは明らかにファンディングへ影響を及ぼすため、これを考慮しなければならないのである。

結果多くの銀行は、DVAを負のエクスポージャー（NEE）から生じるファンディング利益とみなし、それに対応して正のエクスポージャー（EE）から生じるファンディングコストがあるはずだと考えている。このファンディング利益は、DVAを経済的な観点からより現実的にしたものとみることができる。そこで次章では、FVAについて議論することにしよう。

14.7 まとめ

本章では、CVAの計算と推計について述べた。一般的に行われる単純化として、誤方向リスクがないとしており、クレジットエクスポージャー、カウンターパーティのデフォルト、リカバリー率には関連がないことを仮定している。CVA 計算に関連する式とその簡単な例をあげ、新規または既存取引のプライシングを念頭に、増分 CVA と限界 CVA を紹介し解説した。また、担保やネッティングを含む CVA 計算の詳細を議論し、いくつかのより複雑な側面と数値計算の実装について説明した。次に DVA についても議論した。これはカウンターパーティ信用リスクにおいて論争を招く部分であり、自己のデフォルトにより得られる潜在的な利益を評価できることから生じるものである。また、DVA の理論的背景について議論し、それにまつわる問題を取り上げた。最後に、多くの市場参加者が DVA をどのようにファンディング利益としてみなすかを説明した。次章では、ファンディングの問題と FVA の計算に取り組むことにする。

第15章

ファンディング価値評価調整（FVA）

価格とはあなたが払うものであり、価値とはあなたが得るものである。

Warren Buffett（1930～）

本章では、デリバティブ評価におけるファンディング価値評価調整（FVA）を通した、ファンディングの考慮について解説する。ファンディングのコストと利益の性質、そしてそのもととなる数式および事例について述べる。また、前章で触れたような、ファンディングの利益としての負債価値評価調整（DVA）の概念についても議論する。

CVAと同様に、FVAも主として無担保取引に対して考慮される。しかしながら、現実には担保保全が理論的に完全なものとなりえないため、有担保取引においてもFVAは一部考慮されることになる（無視しうる場合もある）。2007年以前は、FVAは特に考慮されていなかった。なぜなら、銀行のような金融機関にとって無担保での資金調達は容易であり、無リスク金利付近で問題なく行われていたためである（2007年以前は、銀行の一般的な信用スプレッドはわずか数ベーシスポイントの水準であったが、以降は数百ベーシスポイントの水準となった）。これが意味するのは、デリバティブ取引、特に無担保取引において、自身のファンディングを価格の構成要素として含むことがいまでは一般的な取扱いとなったということであり、これがFVAの役割である。一方で、FVAの会計上の取扱いについては依然論争が続いている。定量化の観点からすれば、FVAとCVAは多くの点で似通っており、それぞれを計算するための構成要素もその多くが共通している。

15.1 ファンディングとデリバティブ

15.1.1 ファンディングコストとファンディング利益の理由

担保付取引が増えてはいるというものの、いまだ相当割合の店頭デリバティブが無担保取引のままである（例として、図3.2を参照）。これは主に関与するカウンターパーティに起因するところが大きく、事業会社やソブリンのように手元流動性に欠けていたり頻繁な担保請求に対応する事務能力をもたない場合である。一般的に、デリバティブのポートフォリオにおけるファンディングコスト（および利益）は以下の状況において発生すると考えられている。

● **担保不足**

ファンディングコストおよび利益は担保不足の取引で発生する。完全に無担保の取引（CSAのない取引）だけではなく、部分的担保の取引（例：極度額の大きな双方向CSA）の取引においても同様である。取引当事者の一方のみが担保差入れを受ける片方向CSAも、この特殊な例の一つである。

● **再担保が行われない場合や担保の分別保全が必要な場合**

担保を受け入れたとしても、その担保が自身のために利用可能かという問題がある。担保が再担保として利用できない場合や分別保全が必要となる場合は、担保が受け入れられたとしても、ファンディングの観点からは無益とみなされる。

なお、当初証拠金については、証拠金価値評価調整（MVA）として別途考慮されることから、FVAの議論には含めず、本章では変動証拠金の議論に焦点を絞ることにする。通常、変動証拠金は再利用されることから、上記の再担保と担保の分別保全の論点はさほど重要でないともいえよう。しかしながら、もし変動証拠金が、レポ市場で再担保として現金化することが容易でないような有価証券で差し入れられた場合、もしくは（CSAではなく）特殊な担保契約下で差し入れられた場合は、やはりFVAが適用されるだろう。

デリバティブは資産にも負債にもなりうる。資産であるときは、デリバティブはファンディングコストを発生させ、負債であるときは、ファンディング利益を発生させる。CVA（そしてDVA）相当分が大きなデリバティブ取引は、ファンディング相当分も大きい傾向にあるだろう。

ある意味FVAは特に新しい概念ではない。グローバル金融危機以前は、LIBORがキャッシュフローの割引金利として用いられていたが、それはLIBORが無リスク金利だったからではなく（いずれにしろ無リスク金利は理論上の概念にすぎない）、銀行が無担保で行う「短期」のファンディングコストの近似として適当とみなされていたからである。グローバル金融危機以降は、LIBOR 水準の短期資金を当てにすることはもうできない、と銀行は認識したために、FVA を通じてこの上昇したコストを反映させることを模索したのである。

15.1.2　ファンディングコストとファンディング利益の性質

ファンディングコストとファンディング利益の説明の仕方で、最もよく知られている（だが誤解を招きうる）のは次のようなものである。銀行などが行う無担保デリバティブ取引に対してヘッジが行われるが、これは通常は、他の銀行との直接相対取引もしくは取引所や CCP 経由の取引により、担保付きとなっている。なぜなら、銀行は基本的にはフラットな（ヘッジされた）デリバティブブックの運用を目指しているからである。この状況を示したのが図15.1である。ある銀行の対顧取引が正の時価（資産）となっている場合について考えてみよう。これに対応するヘッジ取引は相殺し合うかたちで負の値となっているため、銀行はその分の担保差入れが必要となるだろう。差入担保に対して銀行が受け取るリターンは通常 OIS レートである（6.3.4節参照）。したがって、銀行がこの差入担保を OIS レートで調達できない限り、これにまつわるコストが発生するだろう。近年、ファンディングのコストが顕著となっており、（投資銀行を含む）多くの金融機関にとって、OIS レートでの現金借入れは現実的でない。それゆえに、差入担保を借り入れる際の OIS レートを超えるコストを考慮すべきである。一方、対顧取引で負の時価（負債）となっている場合、銀行はヘッジ取引から担保を受け取

図15.1　ファンディングコストとファンディング利益の源泉

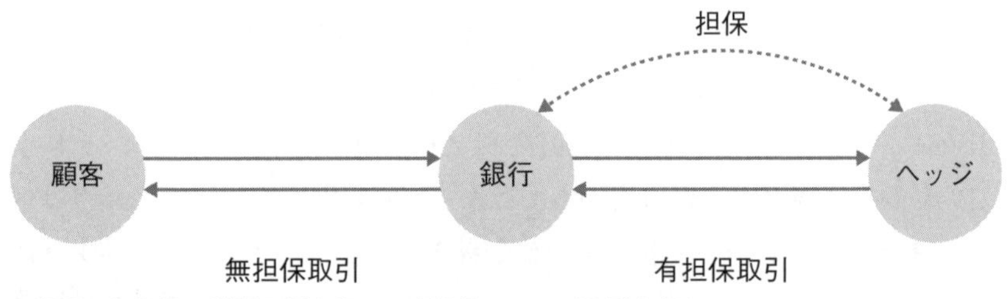

＊銀行は無担保で対顧取引を行い、有担保でヘッジ取引を行う

り、OIS レートで有利に資金調達できたことになるので、ファンディング利益が生み出される。ただし、ファンディング利益は担保の再利用を前提とすることに注意が必要である（例：再担保が可能でなければならない）。

上記のアナロジーはFVAを正当化するためによく用いられる。たとえば[1]、

> あるディーラーが対顧取引においてインザマネーであったとしたら、ヘッジ取引側ではカウンターパーティに担保を提供しなければならず、そのため自社の資金部門から資金を調達しなくてはならない。これはファンディングコストである。対して、もしこのディーラーがアウトオブザマネーの時には、ヘッジ取引側で担保を受け取るため、これが再担保可能であると仮定すれば、受け取った担保を自社の資金部門に貸し出すことができるはずである。これはファンディング利益である。

このアナロジーは、説明目的としては便利なものの、以下のような状況下では誤ったFVAを導くことになりかねず、文字どおりに受け取ってはならない。

● **対象の取引に対するヘッジが行われない場合**

実際に担保の授受が行われないとしても、FVA による調整はすべき。

● **利　鞘**

銀行が取引で得る利鞘分はヘッジ取引側の時価には入らないため、この利鞘分に対応した担保が差し入れられることはない。だがFVAはこの利鞘分にも要求されるだろう。

● **仲介取引やノベーション**

これによって銀行は、アップフロントの支払で、まとまったデリバティブポートフォリオの取引に効率的に取り組めるかもしれない。だが、あわせて行われるヘッジ取引はまずパー（時価ゼロ）であることから、担保差入れは要求されないだろう。もちろんこの場合も、FVA が価格に反映されないと

1　*Risk*, February 2011, pages 18-22.

いうことを意味しない。

●ポートフォリオのリセット（restrike）

もし銀行が一括で現金を授受することで顧客とのデリバティブポートフォリオの時価をリセットし、ヘッジ取引はそのままだとすると、FVAは考慮される（事実、リセットを行う理由の一つがFVAの存在であり、これは第19章で議論される）。

●CSA契約の変更

銀行とその顧客がCSA契約を変更した場合は（例：片方向CSAから双方向CSAへの変更）、ヘッジ側の取引がそのままの場合でもFVAは考慮されるだろう。

上記の点が示すのは、ヘッジを用いた議論は基本的に誤解を招きやすいということである。現実には、ファンディングコストは無担保取引のポートフォリオの時価が正であることから発生する。この部分はまだ現金化されていないため、ファンディングされなくてはならないのである。対照的に、無担保取引の負の時価からはファンディング利益が生まれる。ファンディングエクスポージャーの定義（7.5.1節参照）および担保の再利用の仮定から、担保価値を*Collateral*として以下の式が成り立つ。

$$Exposure_{Funding} = MTM - Collateral \tag{15.1}$$

ファンディングコスト（ファンディング利益）は15.1式の結果が正（負）の場合に発生する。なお7.7式は、担保が分別保全される場合の表現である。図15.1のアナロジーは通用するが、理論的に完全な担保契約（13.2.4節の冒頭での用法を参照）のもとでの完全ヘッジ（すなわち、正反対の取引が常時行われるということ）を仮定しなければならない。ここで、実際のヘッジ取引の有無は関係がない。

ファンディングコスト（利益）の簡単な考え方は次のとおりである。もしある取引が解約された場合、取引当事者は正のエクスポージャー（負のエクスポージャー）を現金で受け取る（支払う）ことになる。であるから、この取引を保持するためには、ファンディングのポジションが存在しなければならない。もう一つの考え方としては、ファンディングコスト（利益）を取引にて授受される現金（例：アップフロントでのプレミアムやスワップ取引のネットのキャッシュフロー）に関連づけるというものである。図15.2では、順イールドのイールドカーブを仮定して、固定払い金利スワップのキャッシュフローと、対応するファンディング必要分の推移を表している（これは7.3.3節でのエクスポージャーの議論に近い）。スワップ開始当初は、固定払いのキャッシュフローは変動受けのキャッシュフローを上回ることが（リスク中立確率のもとで）期待される。これによって正のエクスポージャーが発生、ファンディングを必要とし、実際に現金の支払も行われている。エクスポージャーは当初５回目の利払日[2]まで増加し続け、その後、変動受け額が固定払い額を超え出したところで減少することになる。こうして、取引全体を通して

図15.2　固定払い金利スワップにおける、将来のネットのキャッシュフローによって生じるファンディング必要額

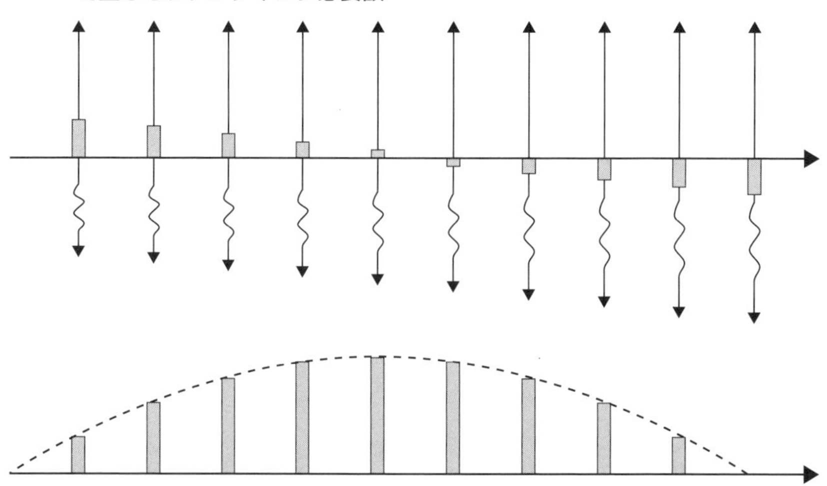

＊灰色の棒は（リスク中立化法に基づく）ネットの将来ファンディングコストを表している。下図は、満期までのネットのキャッシュフローの累積効果、およびその結果として必要となるファンディングを示している

2　図15.2において、エクスポージャーはちょうど中間地点で減少を始める。これは単に図示のためであり、実際の推移はイールドカーブの形状に細かく依存する。

ファンディングコストが発生する。これは、スワップ取引の期待将来価値（EFV）の割引額に基づくものとなる。対して、固定受けの金利スワップは正反対の性質となるため、取引全体を通してファンディング利益を生み出す。

ここで大事なのは、その定義のいかんにかかわらず、エクスポージャーがCVAを変動させるのとちょうど同じように、エクスポージャーがファンディングコストを変動させるという点である。反対に、DVAのように（あるいは、おそらくまったく同じように）負のエクスポージャーがファンディグ利益を変動させるのである。

15.1.3 CVAとDVAの関係

詳しくは15.3.2節で説明するが、ここでCVA、DVA、FVAの間のおおよその関係について整理しておくのは有意義だろう（図15.3）。一般的にFVAは、ファンディングコスト調整（FCA）とファンディング利益調整（FBA）から構成される。これは、双方向CVA（Bilateral CVA、もしくはBCVA）（14.6.4節参照）がCVAとDVAから構成されるのとよく似ている。CVAとFCAが正のエクスポージャーに関連づけられる一方、DVAとFBAは負のエクスポージャーから生じる。また、担保契約における信用極度額は、（CVAとDVAの場合と同様に）FCAとFBAを削減する効果をもつ

図15.3　BCVA（CVAとDVA）とFVA（FCAとFBA）の関係図

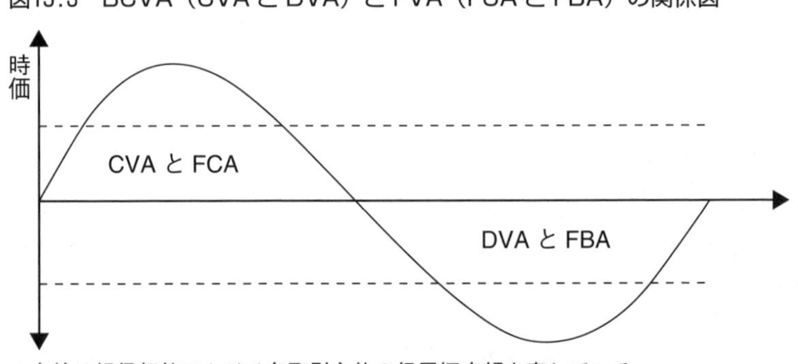

＊点線は担保契約における各取引主体の信用極度額を表している

だろう。この関係は非対称になりうることに注意が必要である。たとえば、（相手側にだけ担保差入れを要求する）片方向CSAでは、相手のFBAを取り除く効果が期待される。なぜなら、相手は負の時価の場合には常に担保の差入れが必要となる一方で、FCAはそのままだからである。

上記は直観的な理解としては有用なものの、各調整項の重複についてはさらなる議論が必要だろう。特に、すでに前章で述べられたとおり、DVAとFBAの重複は広く認識されているところである。

15.1.4 財務諸表におけるFVA

FVAは、財務諸表上で大抵CVAやDVAと一緒に報告されてきた。銀行がプライシングや財務諸表にFVAを含めることについては何かと異論のあるところで、学術界ではFVAをデリバティブ評価に織り込むべきでないと主張されてきた（代表的なものに、Hull and White（2012a）がある）。さらに、FVAは無担保デリバティブポートフォリオをファイナンスするための内部コストと銀行では一般に考えられており、自行のファンディングコストを反映するものだが、この考え方は、相手のファンディングコストを反映するものであろう会計上の出口価格の概念とうまく折り合わない。それにもかかわらず、FVAの導入は過去数年の間に普及してきており、FVAの計上は業界標準となりつつある（図15.4参照）。本書執筆時点で、20行以上の金融機関（主に大手）がFVAを計上しており[3]、その総額は数十億ドル規模となっている。

以上をふまえたうえで、以下の各銀行による報告内容をみると興味深い。

ファンディングコストを反映するため、無担保デリバティブの評価に

3　例：オーストラリア・ニュージーランド銀行（ANZ）、バンクオブアメリカ・メリルリンチ、バークレイズ、BNPパリバ、クレディ・アグリコル、カナディアン・インペリアル商業銀行（CIBC）、シティグループ、クレディ・スイス、ドイツ銀行、ゴールドマン・サックス、HSBC、J.P.モルガン、ロイズ・バンキング・グループ、モルガン・スタンレー、ナショナル・オーストラリア銀行（NAB）、野村證券、ロイヤル・バンク・オブ・カナダ（RBC）、ロイヤル・バンク・オブ・スコットランド（RBS）、ソシエテ・ジェネラル、UBS、ウエストパック銀行。

図15.4　FVAの会計計上に関する市場慣行

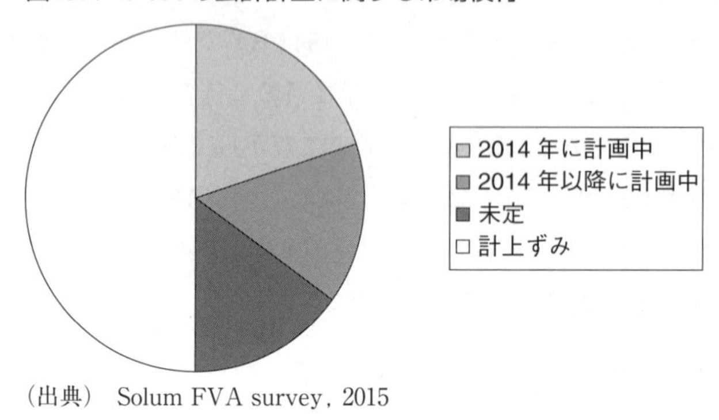

（出典）　Solum FVA survey, 2015

公正価値評価調整（fair-value adjustment）を適用しています。［バークレイズ2012年度年次報告書］

市場価格にファンディングコストが反映されていると当グループが考える一部の無担保デリバティブのポジションに対しては、ネットのファンディングコストを調整すべく、ファンディング価値評価調整を認識しています。［ロイズ・バンキング・グループ2012年度年次報告書］

一般にFVAは、市場での資金調達に伴うリスクプレミアムを反映しており、このプレミアムは、デリバティブポートフォリオのうち無担保の部分や、担保付きであっても受入担保の再利用が契約上認められていない部分に付随するものです。［シティグループ2014年度第３四半期報告書］

弊社では今期より、店頭デリバティブや仕組み債についてファンディング価値評価調整（「FVA」）の枠組みを導入しています。これは無担保でのファンディングのコストと利益を価格評価に反映するという、業界慣行の変化に沿うものです。弊社では今期初めて、市場取引レベルでファンディングコストの存在を明確に観測することが可能となり、この結果、約15億ドルの損失を計上しています。［J.P. モルガン2014年度第４四半

期報告書]

ここで着目すべきは、FVAを、無担保デリバティブのファンディングに対する自社内のコストから来るものと銀行が認識しているのが明らかな一方で、市場でのプライシングへの言及もいくつかある点である。出口価格の概念は、FVAを内部のコストとする見方と完全には相いれないのだが、もしFVAを価格へ反映することが市場慣行ならば、その報告は当然容認される。したがって、FVAの（そしてもちろん他のxVAについての）財務諸表への計上は、自己充足的予言（self-fulfilling prophecy）のように、それを適用することそのものにより支持される可能性がある。

FVAを報告する銀行の重要な側面について、これもJ.P.モルガンの例を用いて説明しよう[4]。J.P.モルガンは、2013年度第4四半期の費用として15億ドルのFVAコスト（以下で述べるように、おそらく本書でFCAと定義するものにより近い）を計上し、その結果将来のFVAとDVAのボラティリティは著しく減少する見込みである、としている。この記述を理解するために、J.P.モルガンが60bpsの実効ファンディングスプレッドを計算に用いたと仮定しよう。これが意味するのは、FVAのスプレッド感応度は1bp当り2,500万ドルということであろう。同期間中、J.P.モルガンのクレジットデフォルトスワップ（CDS）のスプレッドが93bpsから70bpsに縮小したことで、DVAは5億3,600万ドル減少した（損失）。これによれば、DVAの感応度は反対方向に1bp当り2,300万ドルであることを意味する[5]。したがって、仮にJ.P.モルガンの信用スプレッドが1bp拡大すると、ファンディングコストの増加に伴い約2,500万ドルの損失が発生するが、DVAの増加により約2,300万ドルの利益を得るとみられる[6]。ゆえに、これはあたかもFVAがDVAの影響を一部相殺する目的で用いられているかのようにみえる。この、FVAとDVAの重複については、FVAにまつわる批判や定義の問題と

4　当分析は市場情報とJ.P.モルガンの報告書の記述に基づくものであり、彼ら自身の分析ではない。

5　5億3,600万ドルの損失をCDSの変化幅23bpsで割ることで得られる。

6　CDSとファンディングコスト間のベーシスはすべて無視している。

一緒に、後ほど（15.3節）さらに詳しく説明する。

15.2 ファンディング価値評価調整（FVA）

15.2.1 直観的な定義

Piterbarg（2010）による重要な論文の発表以来、FVAの性質を明らかにしようとする理論研究が盛んとなった。FVAの数学的な導出は、Burgard and Kjaer（2011a、2011b、2012b）をはじめ、数々の研究者によって示されている。彼らが同じく示したのは、厳密な式は置いた仮定に依存しており、FVAの定義は一つに定まらない、ということである。例えば、以下で論じる条件設定のもととなるのは、余剰担保は自社債務の買戻しに用いることが可能であり、ゆえにファンディング利益を生む、という仮定である。本書では、このより正式なアプローチとの整合性を保ちつつ、FVA式を直観的に導出する。まず初めに完全な無担保取引を想定するが、その後は部分担保のような場合をいかにして十分自然なかたちで取り扱うかを議論する。

15.1.2節での議論によると、FVAはポートフォリオの時価に伴うファンディングが理由で存在する。FVAの計算には、将来期待される時価をポートフォリオの残存期間にわたって求めることがまず必要となる。これは、7.2.1節で紹介した、期待将来価値（EFV）と定義したものである。したがってEFVは、（それが正の場合には）ファンディングされるべき金額を定め、また、（それが負の場合には）ファンディング利益を生むもととなる金額となる。他のxVAと同様に、EFVを時間について積分し、「評価用金利（例：OIS）に基づくファンディングスプレッド（FS）」と定義されるファンディングコストを期中各時点で考慮に入れることが必要だろう。したがって、直観的なFVA式は次のとおりとなる。

$$FVA = -\sum_{i=1}^{m} EFV(t_i) \times FS(t_i) \times (t_i - t_{i-1}) \times S(t_i) \qquad (15.2)$$

ここで、$FS(t_i)$は時点t_iにおけるフォワード・ファンディングスプレッドであり、EFVは割引後である。$S(.)$は対象の取引当事者のうち一方もしくは双方が生存する確率（デフォルトしない確率）である。この式の結果としては、図15.2の例では負（のファンディングコスト）となる一方、図15.3で示される性質によって、期間全体ではファンディングコストと利益が相殺されるので、FVAはゼロまたは僅少な値となるだろう。上記計算式の実装は多くの場合、CVA的な表現（14.6式）上で、LGDを100%とし、（スポットの）ファンディングスプレッドでクレジットスプレッドを置き換えることでなされる。

15.2式の生存確率による調整は、前章（14.6.5節）でのCVAとDVAに対するクローズアウトの仮定の議論と似ており、デフォルトシナリオにおいてファンディングコストがクローズアウト金額に含まれているか否かで、その有無が決まる。図15.5にあるとおり、FVA計算においてどの生存確率で調整を行うかで市場慣行が分かれている。カウンターパーティの生存確率を用いるのは、よくある割引のアプローチと最も整合性がとれているだろう。なぜならこの方法は、カウンターパーティのデフォルト確率を含むものだからである。加えて、金融機関によってはFCAとFBAに対して異なる調整を行っている。その目的は、たとえば一つには、デフォルトシナリオにおいてファンディングコストは請求するがファンディング利益は支払わない、と

図15.5　FVA計算での生存確率の考慮に関する市場慣行

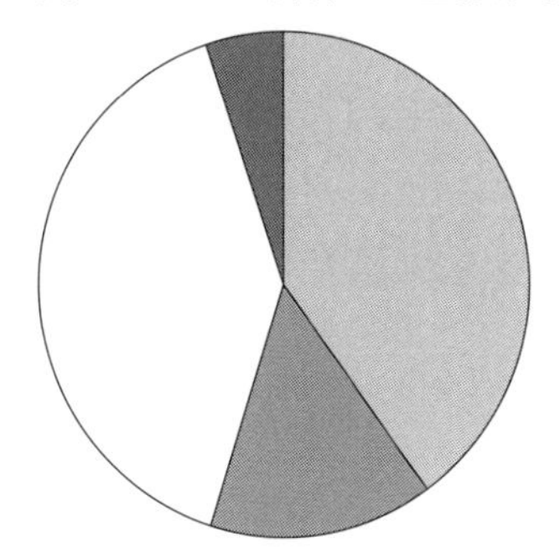

（出典）　Solum CVA Survey, 2015

いう見方を反映するためである。

15.2式が表現しているのは、コストと利益を明示しない、ファンディングに関連する全体の経済価値調整である。この式は、完全に無担保でかつ対称的[7]な場合には問題ないが、その他の部分担保などの場合については有用ではない。しかしながら、この式に非常に簡単な変形を一つ行うことで、より直観的な式が得られる。7.2.3節と7.2.7節における EE と NEE の定義を思い出そう。EE は正の値の期待値、NEE は負の値の期待値である。したがって、ある意味当然にして $EE+NEE=EFV$ が得られ、上記の15.2式は次のとおり展開することができる。

$$\begin{aligned} FVA &= -\sum_{i=1}^{m} EE(t_i) \times FS_B(t_i) \times (t_i - t_{i-1}) - \sum_{i=1}^{m} NEE(t_i) \times FS_L(t_i) \times (t_i - t_{i-1}) \\ &= FCA + FBA \end{aligned} \tag{15.3}$$

この式は、状況によっては問題を不必要に複雑にしてしまうかもしれない。なぜなら、EFV は、主にフォワードレートに依存していて比較的容易に求めることができるが、一方で EE や NEE は、ボラティリティなどの要因に依存するため定量化がより複雑になるからである。しかしながら、15.3式の利点は、FVA をコスト（FCA）と利益（FBA）の要素に分け、CVA と DVA のために計算ずみの値を利用できることにある[8]。この式は、片方向 CSA や他の非対称な場合の取扱いも可能とする。実際に、ファンディングコストと利益が対称的に扱われるべきでないという考えを表すために、異なるファンディングスプレッドを用いることも可能である。15.3式で、調達と運用のファンディングスプレッドをそれぞれ $FS_L(.)$ と $FS_B(.)$ と表すことで、これが表現されている。しかしながら、この場合、FVA の計算は（CVA や DVA がネッティングセットのレベルであるのに対して）ポートフォリオ全体のレベルで行われる必要がある。なぜなら、時価と担保価値の相殺はこのレ

7　ファンディングコストとファンディング利益が同じファンディングスプレッドに基づいていると考える、という意味。

8　担保を考慮すると、15.2.3節で説明するマージンリスク期間の影響で差異が生じる場合がある。

ベルで行うことが可能だからである（詳細は15.2.5節で議論する）。

14.12式と同様、一定のファンディングスプレッドカーブを仮定すると、スプレッドの形式でのFVAの単純な近似式が以下のように得られる。

$$FVA \approx -FS_B \times EPE - FS_L \times ENE \quad (15.4)$$

スプレッドシート15.1　FVAの計算例

15.2.2　割引のアプローチ

運用金利と調達金利が等しい、無担保取引の完全なケースにおいては、FVA式を適用することと、ファンディングスプレッドを加味した金利で割り引くことは同等である。これを示したのが図15.6である（図4.12と比較されたい）。このやり方は、無担保取引のファンディングコストを織り込む単純な方法であり、広く使用されている。

図15.7は無担保取引評価の市場慣行を示している。一般的に、有担保取引と同じ割引率の仮定（例：OISディスカウンティング）を銀行が用いることはない。担保契約がない場合、OISなどの割引金利は、それが無リスク金利の代理とできるとみなされる場合にのみ意味をもつ。一部少数の銀行では、たしかに無担保取引の評価にOISを用いている（そしてFVA調整を加えている）ものの、大多数はLIBORディスカウンティングと回答している。これは、15.1.1節で述べた昔からの考え方である、割引金利は無リスク金利を代理するものではなく、無担保取引のファンディングコストをもとにするべ

図15.6　自己のファンディングコストでの割引と標準的なFVA調整の同等性

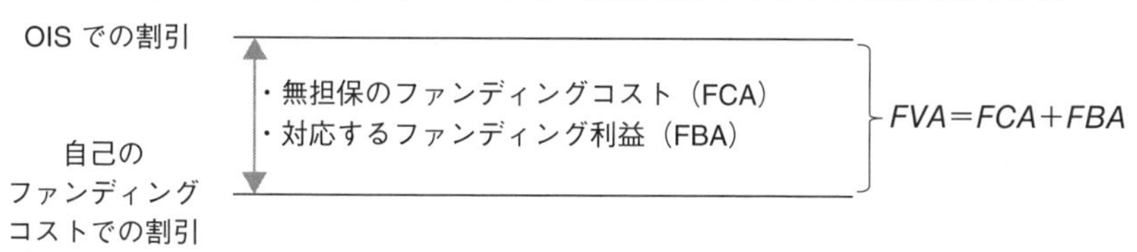

図15.7　無担保取引評価の市場慣行

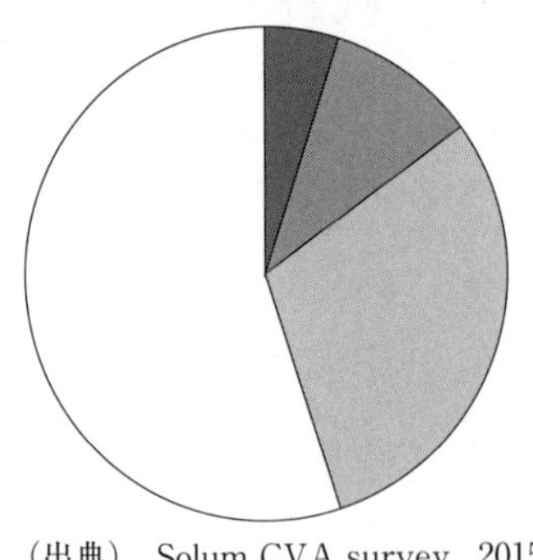

（出典）　Solum CVA survey, 2015

き、という見方と整合的である。

無担保ポートフォリオに対する単純なFVA調整の一例として、前章14.6.6節の例に話を戻そう[9]。図15.8にはEEとNEEの推移が、（その二つの合計である）EFVとともに描かれている。表15.1に示したFVAの値では、フラットで対称的な100bpsのファンディングスプレッドが仮定されている。FVAが全体で正の値となっているのは、このポートフォリオがネットでファンディングの利益を得ている（EFVが負であるFBAがFCAを上回っている）からである。このキャッシュフローをファンディングコスト（もともとの割引金利プラス100bpsのファンディングスプレッド）で割り引くと、同様の結果が得られる。つまり、割引後の評価値はFVAによる利益（0.0640）の分だけ高くなるだろう。

さらに、表15.1の結果には注目すべき点がもう二つある。第一に、生存確率による調整が結果のFVAに大きな影響を与えうる点である。前掲図15.5のとおり、この点については市場の合意が存在しない。第二に、FBAの値は前章の表14.7にあるDVAの値に近いという点である。これはDVAとFBAの二重計上の問題と関連しており、15.3.1節で議論する。

9　前章同様、カウンターパーティと自己の信用スプレッド（CDS）は一定で、それぞれ200bps、100bps、両者ともにLGDは60%であると仮定する。

図15.8　無担保スワップのサンプルポートフォリオの EE、NEE、および EFV

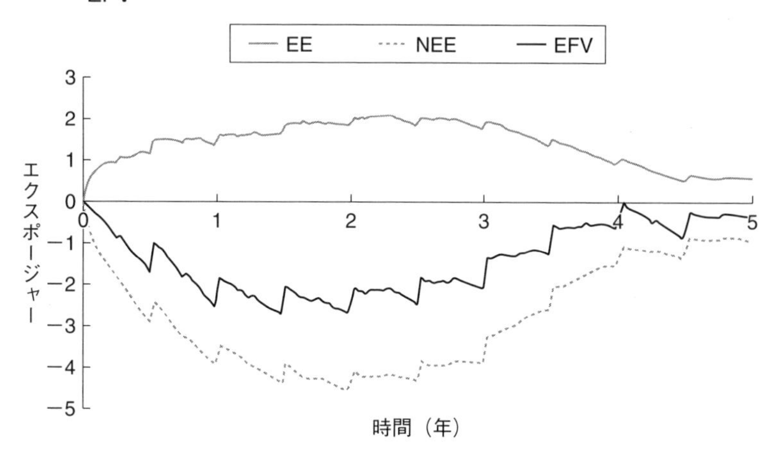

表15.1　四つのスワップ取引からなるポートフォリオに100bps のファンディングスプレッドを仮定したときの FVA

	生存確率調整なし	カウンターパーティの生存確率調整あり	当事者双方の生存確率調整あり
FCA	−0.0690	−0.0640	−0.0617
FBA	0.1377	0.1281	−0.1237
FVA	0.0687	0.0641	0.0620

＊生存確率ごとの調整の適用結果が示されている

15.2.3　より複雑な例

割引カーブに反映する上述の方法は、ファンディングコストを加味するうえで非常に単純な方法ではあるが、明らかな欠点が二つある。第一に、ファンディングコストとファンディング利益の対称性を暗に仮定していること、第二に、信用極度額や片方向 CSA などを扱うことができないことである。これらについて以下でさらに詳しく検討する。15.3式では、対称性を仮定してもファンディングコストによる割引のような単純な計算ができない、複雑な FVA のケースにも直接応用可能である。まず考慮すべきものとしては、以下のような不完全担保のケースがあげられる。

- 信用極度額や最低引渡金額が大きい双方向CSA
- 片方向CSA
- 再担保不可

上記を適切に反映するために必ず必要なのは、EEやNEEを上記のような担保契約に整合的にモデル化することと、その際にクレジットエクスポージャー（7.5.2節参照）の定義ではなく、ファンディングエクスポージャーの定義を用いることである。これは14.5節のCVA計算の箇所ですでに説明した。ただし、一つ注意が必要なのはマージンリスク期間である。

CVAやDVAの計算において、マージンリスク期間は、デフォルトとそれに続くクローズアウト期間（6.6.2節）を考慮するための実質的なタイムホライズンに対応し、典型的には10営業日かそれ以上が用いられている。FVA計算の目的では、これに相当するタイムホライズンは、通常の（デフォルトしていない）シナリオ下で担保受領までにかかる時間であり、ゆえにずっと短い期間とされるだろう。これは実務上問題となるかもしれない。なぜなら、CVA計算ではマージンリスク期間をステップ幅として用いて担保を扱えばよい（11.2.5節参照）が、FVAの計算では理想的には異なるステップ幅を用いることになるからである。

まず初めに、信用極度額の影響について考えよう。正のエクスポージャーは、信用極度額以下ではファンディングコストを発生させるが、それを超えると担保が差し入れられるため、信用極度額がエクスポージャーの上限となり、FCAの項は減少する（前掲図15.3）。対応したかたちで、ファンディング利益を決定する負のエクスポージャーにも上限が決まり（FCAとは額が異なる場合もある）、FBAの項も減少する。図15.9は、先に取り上げたスワップポートフォリオに対して、担保受入れに遅延がないと仮定し、双方の信用極度額を増加させていった場合の影響を示している。信用極度額がゼロの状態においては、FVAは0.5の最低引渡金額によるものであり、ゼロに限りなく近い。信用極度額が増加するにつれFCAとFBAの項も増加し、表15.1

図15.9　双方向 CSA における FVA と信用極度額の関係

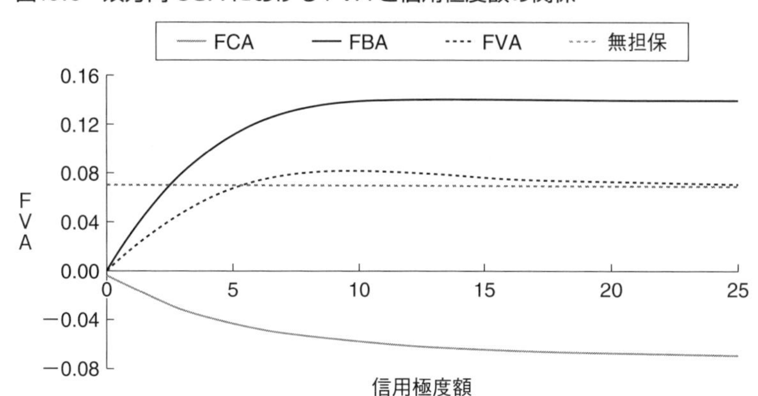

にある無担保（CSA なし）の値0.0641に近づいていく。ポートフォリオの非対称性により、FCA と FBA の増加は同様ではなく、FVA 全体としても無担保の値へ単調に増加することはない。

なお理論上は、双方向 CSA で信用極度額がゼロの場合においてもファンディングコストはわずかながら発生する。なぜなら、OIS 割引の前提の段階で、連続的な担保授受と最低引渡金額ゼロは要求されているからである。しかしながら、市場慣行ではその影響は基本的に無視されている。

片方向 CSA のケースも15.3式の枠組みに自然に当てはめることができる。なぜなら、片方に無限大の信用極度額を設定して EE と NEE をそのまま計算すればよいだけだからである。これは図15.10で示されており、ここではカウンターパーティに有利な片方向 CSA で、取引当事者の信用極度額がゼロの場合を想定している[10]。EE は最低引渡金額によるわずかな影響を除き実質不変だが（担保差入れの必要があるので、ファンディングエクスポージャーは無担保の場合より若干大きい）、NEE については実質的にゼロである。これは、取引当事者にファンディング利益をもたらすような負のエクスポージャーに対して担保を差し入れなければならないためである。このこと

10　このタイプの CSA は、ソブリンや国際機関のような高信用力の取引主体で比較的よくみられる。

図15.10　カウンターパーティに有利な片方向 CSA における EE、NEE と、その無担保取引での値との比較

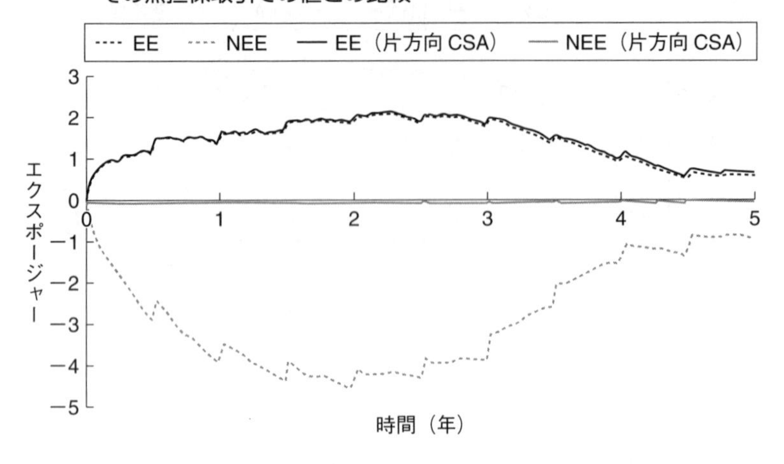

表15.2　ファンディングスプレッド100bsp の仮定のもとでのスワップポートフォリオの FVA の値について、片方向 CSA のケースと無担保のケースの比較

	CSA なし	片方向 CSA
FCA	−0.0690	−0.0760
FBA	0.1377	0.0072
FVA	0.0687	−0.0688

は、FCA が無担保のケースに近い一方で、FBA はほぼ消滅することを意味している。結果は表15.2であり、ここでの FVA は総じてコストとなっている。

15.2.4　条件付 FVA

FVA は条件付きとなりうる点にも注意が必要である。第6章で示した表6.2の格付けにリンクした CSA 条件を考えよう。A+ /A 1 もしくはそれ以下の格付けの取引当事者は、信用極度額をゼロとして担保を差し入れるので、FVA はほとんど発生しないだろう。しかし、もしどちらか一方の取引当事者が格上げされれば、差入担保の必要額が減少するため（信用極度額が

増加するため)、相手側にはFBAの利益とFCAの損失が発生するであろう。信用極度額に対するFVAの変化を例として示したのが最後の表15.3である。ここでわかるのは、自社の信用極度額が増加したときはFVAから利益が出て、カウンターパーティの信用極度額が増加したときは損失が出ることである。注意すべきなのは、これは時価がゼロ（at market）のポートフォリオの例であり、このような影響は、一方の取引当事者による即時の担保差入れの必要性によるものではなく、将来期待される担保差入額の変化により生じる点である。

なお、上記のような影響の評価への反映は、後で定義する格付遷移確率が必要となるため困難である。よって、一般的にはこの影響は無視されるか、反映されたとしても概算となる。これと対照的に、後に16.2.1節で議論する格付依存の当初証拠金差入れの評価では、流動性バッファーの確保が必要なので、通常はすべての影響（一定の数の格付変更）を完全に反映させる。FVAの発展により、格付トリガーなどの契約面の特徴は、取引評価における残された難題とされている。

15.2.5 FVAの配賦

CVAと同様FVAも、プライシングや価値評価の目的で取引単位に割当可能であることが重要である。上記で説明した枠組みの強みの一つは、対称的なケース（ファンディングコストと利益が同じ場合）において取引ごとのFVAが加算可能という点である。これを理解するために、ある新規取引について、期間に対応したネットのファンディングコストを計算するとしよ

表15.3　ファンディングスプレッドを100bpsとした場合の、スワップポートフォリオのFVAと信用極度額の関係

	自社の信用極度額			カウンターパーティの信用極度額	
	0	5	10	5	10
FCA	−0.0034	−0.0009	−0.0009	−0.0459	−0.0607
FBA	0.0042	0.1133	0.1422	0.0030	0.0030
FVA	0.0008	0.1124	0.1413	−0.0429	−0.0577

う。このファンディングコストは、同じ期間に対応する既存のコストを増加させるか利益を減少させるかするが、その影響は同額となる。しかしながら、もしコストと利益に違ったものを考えるならば、そこで重要となるのは、既存ポートフォリオ（全取引）の該当する期間にネットのコストが出るのか利益が出るのかであり、そしてその結果として、非対称性の仮定に基づき新規取引がどのような影響をもたらすかである。

対称的なファンディングを仮定すると都合が良いのは、もしその仮定がなければ、7.4節で説明したネッティング効果と似たようなポートフォリオ効果が生じてしまうからである。しかしながら、CVA はネッティングセットレベルで計算しなければならない一方で、ファンディングについてはポートフォリオ全体で考える必要があり、さらにエクスポージャーの増分計算（10.6節参照）により、取引ごとのファンディングとしてポートフォリオ全体のレベルに割り当てることが必要である。これは、新規取引のプライシングと FVA の既存取引への割当ての際に多大な計算負荷を要求するだろう。Albanece and Iabichino（2013）はこのような状況における数値計算について議論している。

対称的なケースでは、上記の手法は各取引を通した全体のファンディングコストを正しく反映するだろう。たとえば、部分担保の取引でヘッジされている無担保取引のファンディングコストを、それぞれに見合った FVA の合算値として表現することを考えてみよう。無担保の固定受け金利スワップが、全体としてファンディング利益となる状況を想定する。この時対称的に、固定払いのヘッジ側では同額のファンディングコストとなるだろうが、エクスポージャーが信用極度額を超えればヘッジ側は担保を受け取り、このコストは小さくなる。よって、二つの取引の合計としてはファンディング利益となる。これは、「信用極度額を超過した際に、ヘッジ側で担保を受領する一方、無担保取引側では担保差入れを行わないことによる利益」から、「ヘッジ側で担保差入れを行う一方、無担保取引側では担保を受領しないことによるコスト」を引いたものしてとらえることができる。

15.3 FVAの実務的な適用

15.3.1 DVAとの関連

DVAのマネタイズ（14.6.8節）の議論では、現状ではDVAが一般的にファンディング利益として扱われていることに言及した。実際のところ、図15.11に示したDVAとFBAの二重計上（例：Tang and Williams（2010））は一般的に認められるところであり、いずれか一方のみを考慮すべきとされている。14.10c式ならびに15.3式のDVAとFBAの式を比較すると、両者がたしかに同等であることがわかる。なぜなら、両式にNEEの項が存在し、さらに、前者でLGDとデフォルト確率の項となっているところが後者でのフォワード・ファンディングスプレッドに対応し、互いに相似しているからである。したがって、DVAとFBAはいずれも負の時価から生じる利益であるとみることができる。前者はデフォルト時に負の時価のうち支払わない部分として、後者はファンディング利益としてである。この効果を初めて理論的に分析したのはMorini and Prampolini（2010）であり、DVAを明示的に考慮に入れると各取引のファンディング利益を重複して計算することになるため、キャッシュフローを二度割り引くのと同じとなることを示した。

DVAとFBAは概念的にも数学的にも類似しているが、以下のような相違点もある。

●スプレッド

DVAの計算には自社のリスク中立ベースのデフォルト確率が必要である。最も明確な方法は、CDSマーケットを通して定められるようなクレジットスプレッドを用いることである。対して、FBAでは自社のファンディングコストが必要であり、こちらは社債のクレジットスプレッドのほうがより関連が深いだろう。

図15.11　DVA と FBA の関連の図示

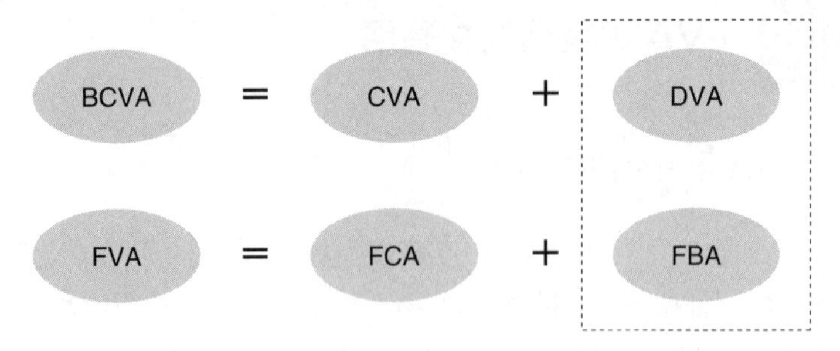

●ポートフォリオ効果

DVA も CVA と同様に、デフォルト時のクローズアウトの手続に従って、ネッティングセット単位で適用されなければならない。上述のとおり FBA は、前提条件に応じて、全カウンターパーティにわたるポートフォリオ全体か、または個別取引の単位で計算することで、その意味をなすだろう。

したがって、DVA か FBA かの選択によって、プライシングと価値評価に与える意味が変わることに加え、規制資本と会計処理の間の一貫性の度合いも決定されることになるのである。

15.3.2　CVA/DVA/FVA の枠組み

ファンディング利益の二重計上を避けることを目的として、カウンターパーティリスクとファンディングを整合的に取り扱うわかりやすい枠組みとしては、以下の二つがありうる。

●CVA と対称的ファンディング（CVA ＋ FCA ＋ FBA）

この方法では、DVA のマネタイズには（自己のデフォルトリスク分として純粋に）問題があることから（14.6.8節参照）、DVA による利益を無視する。

●双方向 CVA と非対称的ファンディング（CVA ＋ DVA ＋ FCA）

この方法では、DVA と一緒にファンディングコストだけを考慮する。

対称的ファンディングは、DVA を認識できないバーゼルⅢ規制資本ルール（14.6.8節）とより整合的である一方、DVA を含めることを要件とするIFRS13などの会計基準（14.6.2節）とは不整合である。さらに、対称的ファンディングのほうが銀行におけるファンディングの取扱いにより近い考え方だろう。そのような銀行の考えでは、「ファンディングデスク」（典型的には資金部門）がファンディングコストと利益の双方を考慮しており、同条件の担保契約上のお互いヘッジ関係にある2取引（カウンターパーティは異なりうる）がコストと利益を完全に打ち消し合い、ネットのファンディングコストはゼロとなっている[11]。その場合、CVA デスクはCVA のみを考慮し、マネタイズすることが困難な利益としてDVA を無視することが許容される。

非対称的ファンディングのほうが明らかに会計基準と整合的だが、バーゼルⅢ規制資本ルールとの折り合いがつかない。また、これに従ってCVA デスクがDVA のヘッジをしようとすると問題が起こりうる。なぜなら、資金部門がもっぱらファンディングコストのみしか考慮しなくなり、ファンディングに付随する利益は考慮しなくなるからである。さらに、DVA を信用リスクのヘッジに含めてしまうと、バーゼルⅢで得られる規制資本の削減効果が小さくなるだろう。

過去数年の間、市場慣行は徐々に発達し、対称的ファンディングがプライシングの観点においていちばん適切であるとの考えに至っている（図15.12）。これはバーゼルⅢ資本要件と整合的であると同時に、DVA が「変わった会計処理」であり、マネタイズが困難であり、デリバティブのファンディングではコストと利益の両方を考慮すべきである、との見方にも沿うものである。

15.3.3 FVA は本当に対称的なのか

FVA の興味深い側面の一つは、取引当事者がファンディング手段としてどのような商品を処分時にもつと仮定するかで異なる枠組みとなることである。たとえば、Burgard and Kjaer（2011b）は、取引からもたらされた現金

---

11 担保受取りのタイムラグは除く（15.3.5節参照）。

図15.12　プライシングにおけるDVAとファンディング利益の考慮に関する実務慣行

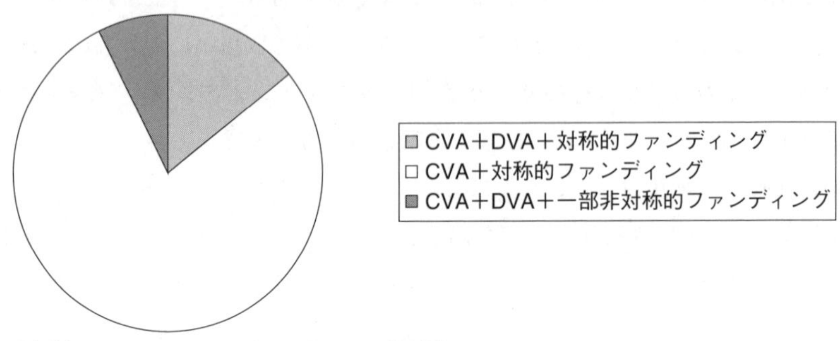

（出典）　Deloitte/Solum CVA Survey（2013）

は社債の買戻しに利用可能であるとし、一方でAlbanece and Iabichino（2013）は、デリバティブブックの余剰現金は不安定なファンディング手段であり、そこからは無リスク金利のみ生み出されると仮定すべきとの見解を示している[12]。さらにBurgard and Kjaer（2012b）は、無担保の借入れと貸出について非対称性を仮定し、無担保の貸出金利は無リスク金利[13]としうる一方、借入金利は無担保でのファンディングレートであることが必要である、としている。デリバティブポートフォリオの負の時価について、すべてファンディング利益として認識するか、まったく実務上の価値なし（つまり、銀行にその負債から恩恵を受けるような業務がない）とするか、の二つの極端な選択肢の間のどこを選ぶかはむずかしい。表15.1のように、もともと現金に余裕のある銀行にとっては、ネットのファンディング利益を取引のプライシングへ反映することを正当化するのはむずかしいだろう。また、市場参加者はファンディングを完全に対称的とは考えていないものの、ファンディングコストが取引全体にわたって加算可能となるような扱いやすい枠組みを必要としているだろう。なお、標準的な対称的ファンディングの枠組みにお

12　さらにBurgard and Kjaer（2012b）では、割引社債のみでのファンディングを仮定した場合に対称的なファンディングとなる一方、自由に売買可能なリカバリー率がゼロでない社債を仮定した場合に非対称的なファンディングとなる、としている。

13　もちろん無担保の貸出からは無リスク（またはOIS）金利以上の利回りを得るが、同時に追加の信用リスクを負うことになる。

いても、FVAが完全に対称的に扱われているとは限らない。たとえば、ファンディングコストと利益について、わずかにずれたファンディングスプレッドを採用することがあるし、また、FCAとFBAに対してそれぞれ異なる生存確率を適用することもあるだろう。

本書執筆時点では、大多数の銀行が上記で述べた枠組みを採用しているものの、市場参加者からは、銀行のFVAに対する過剰にアグレッシブな姿勢（もしくは姿勢自体の欠如）に対して批判する声もあがっている[14]。さらに15.3.5節で議論されるとおり、FVAの実在性や貸借対照表上で反映すべき場所についての論争もある。また、多くの価格情報提供者が対称的ファンディングを想定していることは、コンセンサス価格を提供するTotem（15.3.6節）がおおよそ示すところでもある。

15.3.4 ファンディングレートの決定

12.5.1節では、ファンディングの定量化に関連してファンディングカーブの定義について議論を進めたが、ここではファンディングコストについて、また、クレジットスプレッドと無リスク金利との関係について、少し詳しくみてみよう。図15.13は、ファンディングスプレッドを構成するさまざまな要素の図である。なお、図中の左側の項目はすべて理論上構成される概念なのに対し、右側は市場で観測可能なものとなっている。

13.2.2節で述べたとおり、OISは無リスク金利の明確な代理変数であり、LIBORレートは銀行の短期のファンディングのなかの一部分のレートを表すものとみなせる。これはOISに上乗せされる一般的な銀行の信用リスクと基本的に関連している（たしかにOISとLIBORレートの乖離は、銀行の信用力低下を市場が認識したことが主な理由である）。さらにLIBORの上には、銀行の長期の信用リスクや調達時のリスクプレミアムが乗ることになる。この部分の定義に関していえば、CDS市場が、市場で取引される信用リスクのそのままの価格を提供しているとみなせる。最後に、債券利回りはこの上に

---

14 “Small banks underpricing FVA, dealers claim”, *Risk*, 9 th April 2015.

流動性リスクを追加したものとすることができ（例:Longstaff *et al*.（2005））、この部分は債券保有者が売却時に流動性リスクの対価として受け取るものである。この部分に対応するのは、（慣例によれば）負のCDS・債券ベーシス（債券のスプレッドがCDSのスプレッドより高い状態）である。ただし、これは必ずしも負である必要はなく、従来から常に負だったわけではない。

FVA式で使用するファンディングスプレッドの定義づけはむずかしい。デリバティブのダイナミックな性格やファンディング手段の事情から、銀行ではデリバティブの運用期間に対応づけたファンディング（term funding）[15]が行われているわけではない。伝統的にはファンディングは短期とみなされてきたが、最近の規制（例：流動性カバレッジ比率や安定調達比率、8.8.4節）のために、銀行は短期のファンディングへの依存を減らす方向である。以上が意味するのは、適切なファンディングカーブを定義することは、主観的な判断を伴う困難な問題だということである。

図15.13　各種ファンディングレートとCDS・債券ベーシス（図中では負のベーシスとなっているが、実際はこの限りではない）

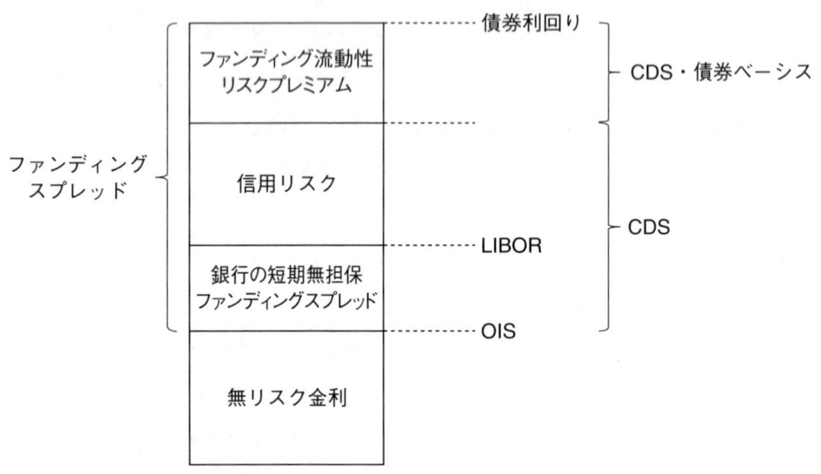

＊無担保のファンディングスプレッドはOISとの関係で定義されている

15　たとえば、期間5年のスワップ取引のファンディングが、満期5年の債券発行により行われるわけではないということ。

15.3.5 Hull and Whiteの主張と会計上の論争

FVAは問題含みである。なぜなら、取引当事者それぞれがデリバティブ価格のなかへファンディングコストを含めることで、CVAとDVAとにあるような価格の対称性が崩れてしまい、価値評価の基礎となる考え方、主にはリスク中立プライシングや会計上の出口価格の概念に用いられる考え方に反するためである。FVAがまた示唆するところは、取引当事者それぞれが独自のファンディングコストを適用するがゆえに、価格の合意ができず、市場に裁定機会が存在しうるということである。

現在に至るまで、プライシングにおけるFVAの妥当性については相当の議論が行われてきた。

特に議論を盛り上げたのはHull and White（2012a）であり、彼らはFVAを価格決定に用いることや財務諸表で報告することは適切ではない、との見解を示した。その主張は主に以下のとおりである。

- 標準的な価格評価理論が求めるところでは、デリバティブのキャッシュフロー評価は、リスク中立の前提のもとで、無リスクの割引金利を用いた期待キャッシュフローを求めることによりなされるべきである。
- 取引の評価は、その取引自体の期待リターンに基づいて行われるべきであり、計算を行う立場である取引主体の平均のファンディングコストに基づくべきではない。
- もしファンディングコストが加味されるのであれば、自分と異なるファンディングコストをもち、それゆえにFVA価格が異なる相手と取引を行うことにより、裁定機会が存在することになる。

Hull and Whiteの見解に異論を唱える研究者もいる（たとえば、Carver（2012）、Castagna（2012）、Laughton and Vaisbrot（2012）、これに対するHull and White（2012b）の反論を参照）。ほかに一般的な見解としては、ファンディングコストの存在を認めると標準的なリスク中立プライシングの仮定に反するというものがある（ただし「逆も真」とはならない）。また注意すべきは、米国債のような資産を購入する際は、一般的にファンディングコストは考慮されない点である。なぜなら、このような資産はレポ取引によりすぐに現金化することができるからである。これに対してデリバティブはレポ取引の対象とはならないため、FVAに意味があると考えられている。たしかに、Burgard and Kjaer（2011b）は、仮にデリバティブ自体が担保として利用可能ならば、FVAは消滅すると述べている。Hull and Whiteの見解には、ほかにも実務上の問題がある。たとえば、彼らによると、銀行の資金部門はファンディングコストをデリバティブデスクに課すべきでない（Hull and White（2014））としているが、たとえその主張が正しいとしても、これは多くの銀行の実情から大きく乖離している。

もしHull and Whiteの見方を否定したとしても、FVAにはいくつかの明確な問題がある。第一に、ファンディングコストは信用リスクを反映しているが、その信用リスクはCVAというかたちでも評価されている点があげられる。第二に、あるデリバティブ取引に適用されるファンディングコストはポートフォリオ全体からの増分であり、取引当事者のファンディングコストの平均ではないという点である。まさにこの理由で、レポ取引を通して自前でファンディング可能な（米国債のような）多くの資産はファンディングコストがゼロとされている。この例を示したのが図15.14である。図の左では、ある銀行が、カウンターパーティに対して、そのクレジットスプレッドである100bpsに基づいたCVAを課すとしている。しかしながら、この銀

図15.14　FVA適用の困難さ

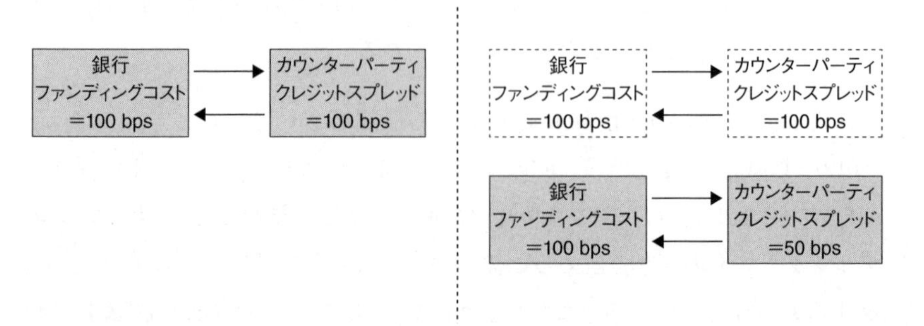

行のファンディングコストもまた100bpsであり、こちらはFVAを通して課されることになる。だが、その銀行のファンディングコストはたしかにカウンターパーティの信用リスクにも関連しているから、これは危うく実質的にCVAを二度課すことになってしまうのであろうか。

Hull and White（2012a）はこの点について、デリバティブデスクにとってのみかけ上の余剰ファンディングコストは、トレーディングの意思決定時には考慮されるべきでないとしている。図15.14の右側において、この銀行が、よりリスクの低い、クレジットスプレッドが50bpsのカウンターパーティと取引するとしよう。実際のところ、この取引によって銀行全体のファンディングコストは下がるであろうが、その場合でも、銀行のより高いファンディングコスト（100bps）に基づいたFVAがこの取引に課されるべきだろうか。信用力の低い資産を購入する際は、信用力の高い資産を購入する際よりも高いファンディングレートが貸し手に課されるはずである。つまり、デリバティブの信用力がそのデリバティブ資産のファンディングコストを左右すべきなのである。しかしながら、デリバティブポートフォリオの信用力は、すでにCVAに反映されてしまっている。

さらに、FVAは会計士にとっても問題を引き起こすことになる。なぜなら、自己のファンディングコストは、出口価格に含まれるべき正しい構成要素には相当しないからである。実際、出口価格にFVAを含めることにはきわめて問題が多い。これを含めると、多額のFCA（またはFBA）を含むデリバティブを解約する際は、より低い（高い）ファンディングコストであるカウンターパーティを探すことが最適となる。これが暗に示すところは、ファンディングスプレッドは取引固有のものであり、市場要因によって変動する、ということではないだろうか。

15.3.6 FVA論争の解決

上記の問題のなかには、上述の論点の真偽に関する検証を何一つ必要としないまま、FVAに対して妥協策をとることで解決されてしまったものもある。一つ重要な考えは、資金流動性リスクプレミアム（図15.13）だけが

FVAとして評価されるべきである、というものである。これはMorini and Prampolini (2010) が示したことであり、彼らによると、この流動性スプレッド（もしくはCDS・債券ベーシス）がネットのファンディングコストとして取引価値に寄与することになる。Hull and White (2014) もこの考え方については賛同しており、「クレジットスプレッドのうちデフォルトリスクに相当しない部分についてのみFVAは正当化できる」と述べている。クレジットスプレッド中の流動性リスクプレミアムに相当する部分は、しばしばCDS・債券ベーシスから推計され、これはCDSスプレッドから債券スプレッドを引いた差分として定義される。もしCDSスプレッドのことをデフォルトリスクのみを反映する「純粋なクレジットスプレッド」と仮定すれば、クレジットスプレッドの流動性に係る要素は、CDS・債券スプレッドの符号を反転させた値と等しくなる。この調整はLVA (Liquidity Value Adjustment、流動性価値評価調整) として知られており、「CVAに加味されていない流動性に係るコスト」を示すものとして定義されるだろう。

プライシングや会計において資金流動性リスクプレミアムが用いられているかどうかは、いつも自明というわけにはいかないが、明示的かどうかにかかわらず、通常は特定することはできる。たとえば、15.1.4節で紹介したシティグループの開示書類では「市中のファンディングリスクプレミアム (market funding risk premium)」について言及されている。また、バークレイズは2012年の年次報告書のなかで、「観測される市場取引の価格水準にどの程度ファンディングコストが織り込まれているか」を見積もるために、FVAの計算にスケーリングファクターを用いていると述べている。銀行は「自己の内部のファンディングコストカーブ」(図12.11) をFVA計算に用いることができるが、このカーブのレートは、債券スプレッドにより示される実際の無担保のファンディングレートより低いものとなるであろう。

すでに説明したさまざまな種類のファンディングレート (図15.13) をふまえながら、上記の考え方を図15.15に示した。銀行は一般的にLIBORを用いて無担保取引を割り引くが、LIBORにはすでに短期のファンディングコストが含まれている。銀行のファンディングコストの完全な反映のために

図15.15　FVAの役割

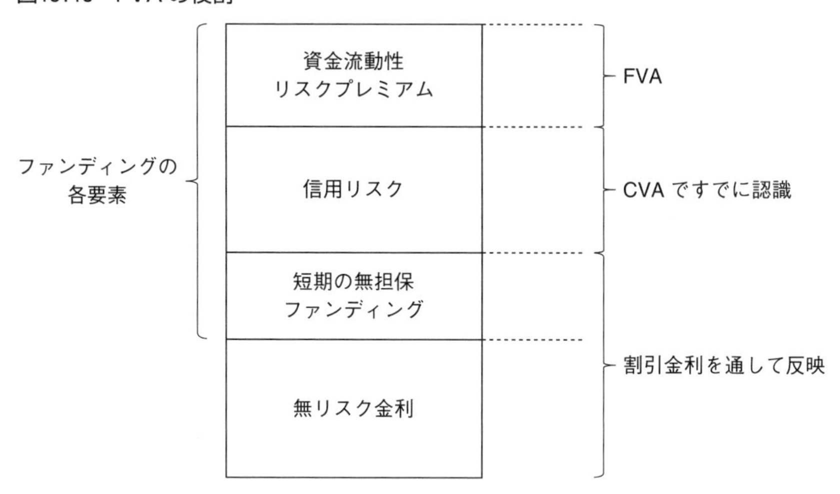

は、自己の信用リスクに係るファンディングコストすべてと資金流動性リスクプレミアムとの両方を加えることが必要になる。しかしながら、前者はすでにCVAを通して評価されているべきものであり、後者だけを含めることになる。

リスク中立によるプライシングはポジションの複製コストに基づくべきであり、ゆえに内部のファンディングコストを参照するべきである。しかしながら、先に会計上の出口価格の観点から述べたとおり、それは取引の移転先であるカウンターパーティのファンディングコストである。もとより問題は、そのカウンターパーティがだれなのか事前にわからないことであり、「最良のカウンターパーティ（つまり、いちばん低いファンディングコストを有する相手)」の選択の際に置く前提は、どのようなものであれ主観的であり、擁護がむずかしい。上記の説明によって支持される、FVAの論争に対するもう一つの現実的な解決策は、内部で見積もるかわりに観測できる他行のファンディングコストから算出した「市場のファンディングコスト」カーブ（図12.11）の使用に移行することである。

なお、この考え方について合意が存在するかどうかは、やや学術的な議論となる。マークイットのTotem[16]サービス（各社が特定の取引の価格を提示することで、その価格分布の情報が得られる）ではコンセンサス価格を提供しており、そこからFVAの水準を抽出できる（19.2.2節参照）。その結果および業界のいくらかの事例が示すところでは、最近では多くの銀行が、ファンディングのプライシングに50bps近辺のスプレッドを用いるところに収束した。このスプレッドの解釈についての定性的な見解は市場参加者によって大きく異なるだろうが、結果としてのFVAにはさほど差がない。ただ、市場でのファンディングレートの水準が著しく変化する際には、FVAのプライシングに使用されるスプレッドもおそらく少なからず変化するだろう。

15.3.7 未解決の問題

FVAの正しい位置づけについては反論もあり、Albanese *et al*.（2015）のように、FVAによる損失は、利益を減少させるべきではなく、かわりに資本の調整として計上されるべきだとの意見もある。いくつかの銀行では、これを念頭に置いてFVA計算のフレームワークが再考されているとの報道もある[17]。Albanese *et al*.の議論では、バランスシート全体でみれば、FVAは社債権者への同額で反対方向の利益と相殺されるものとしている。これは、株主がコストとするファンディングコストは、社債権者にとっては同額の利益となるからである。たしかに、Burgard and Kjaer（2012b）も、デリバティブのファンディング戦略によっては、デフォルト時に社債権者へ想定外の利益または損失をもたらしうると述べている。会計の観点からいうと、上記のようにFVAが相殺されるとするためには、公正価値が株主と社債権者にとっての価値をあわせたものとして表されなければならない（だが、そうではない）。

まとめると、FVAの適用にまつわる問題として、現状少なくとも以下の二点をあげることができる。

- FVAの定義にあたり、どのようなファンディング戦略を仮定すべきか。

16　www.markit.com/product/totemを参照。
17　たとえば、以下を参照。“The black art of FVA, part Ⅲ : a $4 billion mistake?”, *Risk*, 2nd April 2015.

上述の枠組みのように、余剰現金は常に再利用されうると仮定すべきか。

- 公正価値の正しい定義とは何か。株主の観点にのみ着目すべきか、むしろ株主と社債権者の観点をあわせたものをみるべきだろうか。前者の場合は、会計上でのFVA調整は適切である（現在の市場慣行もそうである）が、後者の場合は、FVAが株主から社債権者への内部的な価値の移転を意味することから、調整は不要となる。

もう一つ問題となりうるのは、FVA賦課額が一般的にはカウンターパーティ固有のものではないことだ。経済的にはこのことは納得しがたい。なぜなら、信用力の低いカウンターパーティとの取引はファンディングコストを増加させるだろうし、逆も真だからである。このような効果は場当たり的に適用されるだけかもしれない。たとえば、信用力の高いカウンターパーティに対してはFVAの部分的チャージですまされるなどである。もう一つ言及したいのは、銀行の仕立て方次第では誤ったFVAをチャージすることになろう点である。デリバティブデスクやxVAデスクに対してファンディングレートを通知するのはおそらく資金部門であろう。彼らがファンディングコストを定義する限り、たとえそれが経済的なファンディングコストとして正しいとみられなくても、そのまま転嫁されてしまうだろう。

市場参加者は、一般的にプライシングと公正価値評価の整合性を保っている。すなわち、取引価格に反映される要素は財務諸表上にも反映される。驚くことではないが、研究者の主張のなかには、取引の入口価格（取引価格）は取引主体ごとに固有で主観的なものとなりうる一方、公正価値会計における出口価格は一物一価の法則などの概念を重視せねばならず、ゆえにFVAのような要素を含むべきでない、というものがある。つまり、図12.11にみられるとおり、FVAについて、プライシングと公正価値評価それぞれにおいて依然異なる取扱いがなされているために、取引が起こることによって、プライシングと会計上の公正価値との差に起因する損益が発生しうるのである。

FVAの利用については、大まかな市場慣行がなんらかのかたちで存在しているものの、FVAのプライシングと会計上とでの正確な扱いについては、さらなる論争が生じることは必至だろう。驚くまでもなく、財務諸表上でFVAを報告している銀行の増加を受け、BCBS（バーゼル銀行監督委員会）は、この調整に関する方針を定かにすべく、FVAのプロジェクトを立ち上げたところである[18]。

15.3.8 数値例

ここでは前章の14.6.6節と同じ例を示すが、プライシングには「CVA + 対称的ファンディング」のアプローチ（15.3.2節）によるFVAが含まれている。表15.4が示すところでは、双方向CSAへの移行により今度は好ましい結果になる（表14.7のとおり、これはCVAとDVAだけを考慮する場合には好ましくない結果となる）。これは、CVAとFCAの両方が削減され、その利益の効果がFBA（またはDVA）の削減による損失を大幅に上回るからである[19]。

表15.5では、同じ現象をカウンターパーティの立場から示している。ここで注意したいのは、価格の対称性が崩れており、（理論上は）取引当事者同士による価格の合意に至らないであろう点である。しかしながら、価格の非対称性がもたらすもう一つの帰結は、双方向CSAへの移行により、取引当事者双方が利益を得ることである。

このことが示すのは、FVAなどの調整項が取引当事者双方に利益をもたらすと信じられることにより、CSAなどの契約条件が見直されていくだろう、ということである。この詳細については、19.4節で議論する。

---

18 たとえば以下を参照。"Basel Committee launches FVA project", *Risk*, 24th April 2015.

19 ここではDVAではなくFBAを考えるが、その結果生じる差は僅少である。

表15.4　あるスワップのポートフォリオにおけるCVAとFVAの値を示したもの

	CSAなし	双方向CSA
CVA	−0.1309	−0.0408
FCA	−0.0706	−0.0034
FBA（DVA）	0.1407	0.0042
合　計	−0.0608	−0.0400

＊カウンターパーティと自行のクレジットスプレッドはそれぞれ200bpsおよび100bpsと仮定、双方のファンディングスプレッドはともに100bps[20]、60％のLGDを仮定した。双方向CSAの有無による結果の比較

表15.5　表15.4と同じ例についてカウンターパーティ側からの結果

	CSAなし	双方向CSA
CVA	−0.1357	−0.0222
FCA	−0.1407	−0.0042
FBA（DVA）	0.0706	0.0034
合　計	−0.2058	−0.0230

15.4　まとめ

本章では、ファンディングに関連する問題について解説した。これらは、カウンターパーティの信用リスクやBCVAの問題とさまざまなかたちで深くかかわっている。また、FVAの定義と、デリバティブ取引におけるファンディングコストや利益の発生源について言及した。さらに、CVAやDVA、FVAの間のつながりについても考察した。プライシングや財務諸表における意味づけや、価格の対称性や一物一価の法則を崩してしまうという事実など、FVAの示唆するものには難解なところがある。それゆえにFVAには異論が多い。本章においてFVAの論争を分析し、市場ではある種の妥

20　なお、ファンディングコストが両者同じと仮定されている一方、クレジットスプレッドは異なっている。これは一般的でないと思われるかもしれないが、ファンディングコストは取引当事者の信用リスクを含まないとする考え方とは整合的である。

協策にて運用されている現状について述べた。次章では、ファンディングコストに関連して、当初証拠金を差し入れるコストを反映するMVAと、規制資本を保持するコストを反映するKVAについて議論する。

証拠金価値評価調整（MVA）と資本価値評価調整（KVA）

プルデンシャルで私がいくら保険をかけているかは話したくない。ただこれだけはいえる。私が逝ったら彼らも逝くよ！

Jack Benny（1894～1974）

16.1 概　要

本章では、前章でファンディングについて解説したことに引き続き、当初証拠金と規制資本のコストに焦点を当てる。これら要素の重要性が増しているのは、グローバル金融危機以降の規制改革における非常に重要な点として、以下の二つがあるからである。

●当初証拠金

清算集中義務（9.3.1節）ならびに非清算集中店頭デリバティブ証拠金規制（6.7節）の双方によって、多額の当初証拠金（IM）の差入れが要求される。前章で解説したFVAは一般的に担保不足のケースを取り扱っており、このときデリバティブ時価のうち担保不足の部分がファンディングコストやファンディング利益をもたらすとみなされる。15.1.2節で解説したように、差入担保（のコスト）の文脈でFVAが説明されることがあるものの、本当はFVAはそれ自体によって引き起こされるものではない。それでもやはり、大まかにはFVAは不完全な変動証拠金差入れの結果であり、証拠金価値評価調整（MVA）はFVAから切り離して取り扱うのが適切である。MVAは、差し入れている当初証拠金や流動性バッファーの要求などの、他のすべての超過担保のコストを定量化しようとするものである。

●規制資本

第8章で解説したように、カウンターパーティリスクに対する所要資本はバーゼルⅢの登場でよりいっそう懲罰的になった。CVA所要資本（8.7節）やレバレッジ比率（8.8.2節）といった点は、銀行の資本構造に重要な影響をもたらす。従前から、資本コスト（多くは経済資本であり規制資本ではない）はハードルレートを通じてデリバティブ取引の価格に暗に織り込まれている。しかしながら、自己資本規制の重要性を受けて、現在では規制資本（のコスト）は資本価値評価調整（KVA）を通じてより正確に考慮されるようになっている。この目的は、取引の全期間にわたって必要となる規制資本を保有するコストをプライシングすることである。規制資本にはいくつかの区分（市場リスク資本、デフォルトリスク資本、CVA資本）があり、銀行の所要資本はレバレッジ比率の影響も受ける可能性があるので、KVAは複雑である。

もう一つの重要な特徴は、当初証拠金と資本の計測手法がますます複雑となっている点である。従来は、当初証拠金の金額は元本比何パーセントといった比較的単純な指標を用いて定義されていた。しかし、将来の当初証拠金規制の重要な部分は、SIMM（6.7.7節）のように、おそらく大部分はよりリスク感応的な手法によることになるだろう。より多くの銀行が、よりリスク感応的な手法で所要資本を計算するために内部モデル方式（IMM）の承認（8.3節）を得ようとしている。当初証拠金と所要資本が比較的洗練された手法に従う場合、数値計算の問題としてMVAとKVAの定量化は非常に厄介になる。なぜなら、そのような手法による計算結果を将来の各時点についてすべて予想しないと、全期間にわたるコストを評価できないからである。当初証拠金の受取りは所要資本の減少につながるべきという難問もある。しかしながら、この仮定に基づいてKVAの削減に取り組もうとするのは、よりいっそう厄介である。

16.2 証拠金価値評価調整（MVA）

16.2.1 理論的根拠

MVAは以下の要素に関するコストをカバーする。

●中央清算機関（CCP）によって要求される当初証拠金とその他財務資源

9.3.4節で解説したように、CCPは、清算参加者のデフォルト事象において最悪のケースをカバーするために当初証拠金を要求する。CCPはその他の財務資源の拠出も要求するが、これは主には清算基金の拠出や追加的資金請求の権利（事後的な清算基金への拠出）を通したものである。このような要求は非常にコストがかかる。なぜなら、当初証拠金や清算基金はCCPなどの第三者によって保有され、「無リスク」金利より多くの対価は得られない（典型的にはそれ以下）からである。MVAに当初証拠金だけでなく清算基金拠出のコストを含めることは論理的であると思われる。追加的資金請求の権利やその他の条件付きの損失配分は、資金の裏付けがなく、潜在的に資本に大きく依存するものであるため（9.3.7節）、どちらというとKVAを通して顕在化するだろう。

● 相対取引の当初証拠金

6.7節で解説したように、相対取引のデリバティブは新しく（2016年9月～）導入される規制に従う。この規制では、双方の当事者に当初証拠金の差入れが必要となる。この当初証拠金は分別保全されなければならず、通常は再担保が（6.7.5節で言及したある状況を除いて）できない。また分別保全の必要性からコストがかかるだろう。

● 条件付きの当初証拠金差入れ

一部の担保契約では、特定の状況下において条件付当初証拠金の差入れが要求される。最も一般的なものは格下げによるものである（表6.1の例を参照）。流動性カバレッジ比率（LCR）規制では、3ノッチの格下げ事象発生の際の資金流出をカバーする、流動性バッファーの保有を銀行に求めている。それゆえに、このような資金流出に対して前もって資金を準備する必要がある（8.8.4節）。なお、格付ベースのトリガーを取り除くために、想定される資金流出より少額の当初証拠金[1]を実際に差し入れることは銀行にとって有益であろう。なぜなら、いずれにせよ当初証拠金は流動性バッファーのなかで信用力の高い資産で保有される必要があるからである。時には当初証拠金差入れの代替手段があるかもしれない。たとえば格下げ時の取引の解消である。これは定量化するのがさらによりいっそう困難である。なぜなら、かわりのカウンターパーティが要求するコスト賦課額がいくらか推定する必要があると考えられるからである。なお、一般的に銀行は、条件付トリガーから自分

1　理想的には、追加的なCVAが生じるのを回避するために、この当初証拠金は分別保全されるべきである。

図16.1　条件付きのファンディングの要請に対するプライシングの市場慣行

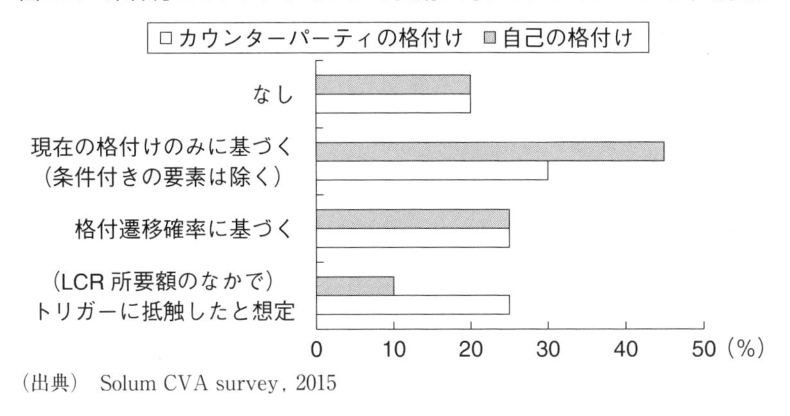

（出典）　Solum CVA survey, 2015

にとって有利になる便益を一つも得られない。この理由は、健全性規制のLCR では、トリガーにあたかも抵触しないと仮定することが求められるためである。図16.1でみられるように、このような条件付きの流動性要求の取扱いに関する市場慣行は割れているが、特に自行の潜在的な格下げに関連して、実際に価格に反映している銀行は多い。

注意したいのは、上記の要請はすべて高コストということである。この理由は、高品質の当初証拠金を差し入れるようになり、通常再担保できず分別保全され、したがって低いリターンしか得られないからである。もし当初証拠金の再担保が許容されるならば、より高いリターンを実現できるかもしれないが、そうするとCVA を通して追加的なカウンターパーティリスクが生じることになるだろう。

16.2.2　当初証拠金推移の形状

MVA の価値評価を図16.2に示している。これは、当初証拠金を保有するコストを対象取引の全期間にわたってプライシングするものである。前に言及したとおり、無条件の部分（例：現在差し入れている当初証拠金）と条件付きの部分（例：流動性バッファー）がある。

図16.2　MVA の条件付き部分および無条件部分

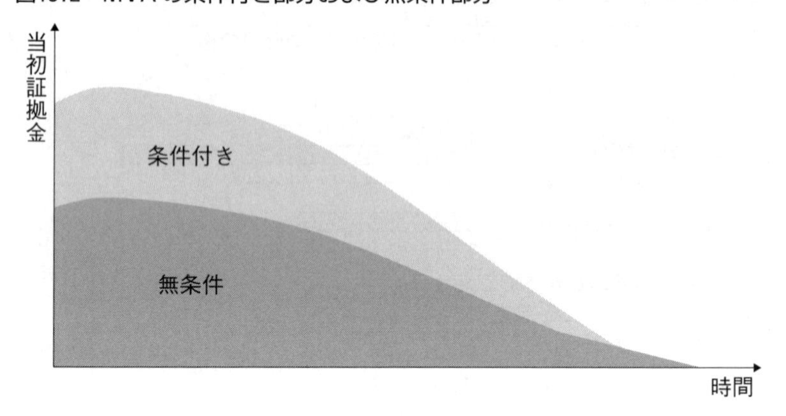

元本の何パーセント（例：表6.1を参照）など金額が確定的な場合もあるかもしれないが、より一般的なのは、定量モデル（例：6.7.7節で議論したSIMM）に基づいた金額が不確実なものである。

店頭デリバティブの当初証拠金必要額は、バリューアットリスク（VaR）や期待ショートフォール（ES）のような基準を用いて計算することが多くなってきている。そしてこれはCCP取引と直接相対取引との双方に当てはまる。典型的な手法は、99%以上の信頼水準のVaRあるいはESを、ヒストリカルシミュレーションによって、タイムホライズンを5営業日（CCP取引）あるいは10営業日（相対取引）として計測するものである（6.7.3節および9.3.4節での議論を参照）。現在のところでは、ストレス期のデータを計算に含めることが一般的となっている。こうすると、連続してボラティリティの低い期間があると過度に低い当初証拠金につながりうるというような、景気循環増幅効果（プロシクリカリティ）の問題が緩和される。この点について、直接相対する市場と中央清算される取引における例は以下のとおりである。

●直接相対取引

BCBS-IOSCO（2015）では、タイムホライズン10日、信頼水準99%に基づく当初証拠金と、金融ストレス期を含む期間に対してパラメーター推定することを推奨している。

● 中央清算

SwapClear[2]は、タイムホライズン5日で、過去10年の期間に対して計算した（したがって直近の金融危機を含む）ヒストリカルシミュレーションを用い、この期間の最悪の六つの損失の平均値を当初証拠金の定義としている。これは、信頼水準99.76％の期待ショートフォールに等しくなる。

図16.3では、期間5年のスワップについて、全期間にわたる当初証拠金のありうる推移を示した。ヒストリカルシミュレーションを用い、期間10日、信頼水準99％のVaR[3]として計算した二つの異なる例を用いている。一つ目は固定した長さのデータ実績（「ルックバック期間」）を3年間としたもの、二つ目は1年間の固定されたストレス期を追加的に含めたものである。現時点の当初証拠金を計算するのは比較的些細なことだろう。CCPでさえも普通に手法を公開している。したがって、予想当初証拠金を取引期間にわたって計算することは可能である。それには、フォワードレートを用いて将来の複数の離散時点における当初証拠金を計算し、対象ポートフォリオを満期に近づけていけばよい。定期的なキャッシュフローをもつ単一取引の場合、この形状は当然、ゼロに向かって単調に減少する。ポートフォリオの場合は、各取引の満期が来ることによって将来の予想当初証拠金が不連続に変化しうる（したがって当初証拠金は期間を通して増加するかもしれない）。しかしながら、実際の当初証拠金を計算する際にも、用いる過去のデータセットが期中に変化することで不連続な変化がみられる。3年間のデータ期間ではこの変化は非常に大きいが、このような期間に存在するプロシクリカリティを考慮すると、驚くべきことではない。事実、直接相対取引とCCPそれぞれの当初証拠金計算基準のどちらからみても、これは受け入れがたい。ストレス期を用いることで、実際に当初証拠金は予測可能性が高まる（遥かに金額が大

2　www.lchclearnet.com/risk_management/ltd/margining/swapclear.asp を参照。
3　よく実務で行われるように、1日間のVaRを計算し、それを$\sqrt{10}$でスケーリングした。

図16.3　期間5年の金利スワップに対する当初証拠金所要額について、現時点からみた予測結果と実際の実現値

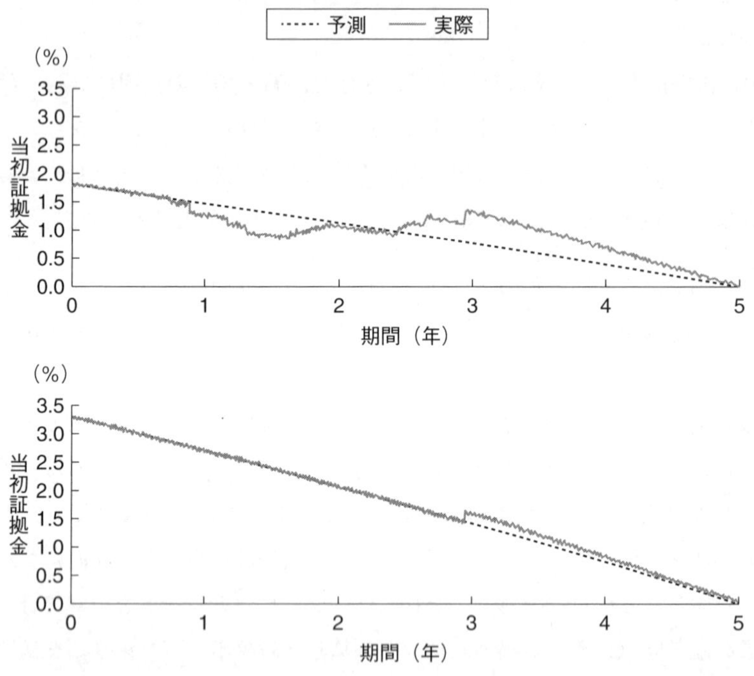

＊ヒストリカルシミュレーションを使用し、信頼水準99%、タイムホライズン10日のVaR計測を仮定している。上段のグラフは3年間のデータを用い、下段のグラフは追加的に1年間のストレス期を用いている

きくなるので、よりコストがかかるが)。なぜなら、信頼水準99%をより整合的に定義できるのはおそらく固定のストレス期間であり、常に変化する3年間の実績ではないからである。

現実には、当初証拠金必要額はさまざまなかたちで変動するが、それは数多くの要因によるものである。

- 取引の満期に伴うポートフォリオ構成の変化（発生時にプライシングできる新規取引を除く）。なお、ポートフォリオ内の取引を相殺している短期の反対取引が満期となって抜け落ちる時に、当初証拠金推移が実際に上昇する

可能性がある。

- ルックバック期間における連続的な変化（特にデータセットのなかに重要な日が入ったり抜けたりするとき）。
- 計算手法の変更。たとえば置いている仮定の変更や、パラメーターの再設定、使用するストレス期の変更など。たとえば、多くのCCPは最近、金利変動の仮定を「相対リターン」から「絶対リターン」に変更していて[4]、金利低下局面では大抵より保守的になる。

上記要素のうち初めの二つは前もって計算可能である一方、三つ目は予測不能であり、将来当初証拠金必要額の予想できないかたちでの変化をもたらすかもしれない。図16.4に示しているのは、金利のモンテカルロシミュレー

図16.4　期間５年のスワップについて当初時点における実際の当初証拠金所要額を計算したもの

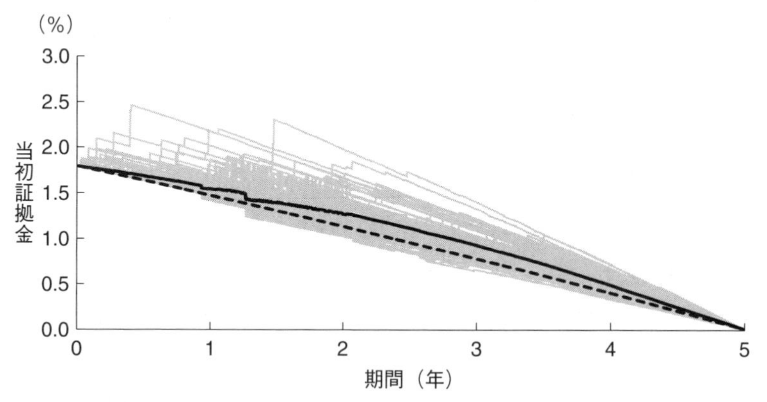

＊金利に関するモンテカルロシミュレーションと、ルックバック期間３年、信頼水準99%、タイムホライズン10日のVaRモデルに基づいている。点線は現時点からみた予想当初証拠金を示している。実線は全シナリオの平均値であり、期待当初証拠金（EIM）と定義される

4　この効果を理解するために、現在の金利が２％とし、ヒストリカルデータにおける変化が３％から3.3％に増加したとしよう。相対リターンではこれを10％の増加と解釈し、金利は2.2％に変化する。一方、絶対リターンは0.3％の増加と解釈し、金利はより高い2.3％に変化する。

ションに基づいた、多数の異なった当初証拠金推移である。計算手法変更の可能性がないとしても、明らかに当初証拠金必要額には期間を通じたある程度の差異がある。その振る舞いは非対称でもある。当初証拠金は大きく増加しうるが、大きな減少はみられない。この理由から、期待当初証拠金(Expected Initial Margin、EIM）必要額は、現時点からみた予測値よりも非常に高いのである。

16.2.3 MVA式

MVA式は次のように書ける。

$$MVA = -\sum_{i=1}^{m} EIM(t_i) \times (FC(t_i) - s_{IM}) \times (t_i - t_{i-1}) \times S(t_i), \tag{16.1}$$

ここで、$EIM(.)$ は割引後の期待当初証拠金、$FC(.)$ は当初証拠金差入れに対応するファンディングコストであり、s_{IM} は当初証拠金からの運用利率、$S(.)$ は（同時）生存確率（例：当事者とカウンターパーティの少なくとも一方がデフォルトしていない確率）である。なお、特にCCPにおいては、当初証拠金はOISより低いレートで付利されうるので、このことを反映して $(FC(t_i) - s_{IM})$ の項はより大きくなるだろう。

当初証拠金差入れには最割安通貨のオプション性（13.4.3節）があるだろう。なぜなら通常は、相対取引とCCP取引のどちらの要件でも、複数通貨や複数種類の有価証券での当初証拠金差入れが認められるはずだからである。これと対照的なのは変動証拠金で、こちらは一般的には取引通貨建ての現金となる。このオプション性が最もはっきり考慮されるのは、ファンディングコストを推定するときである。なお、受け取った当初証拠金もまた、通常は分別保全が必要なためコストが生じ、このコストはMVAに寄与するとされるかもしれない。これは反対側のポートフォリオに対するEIM計算を必要とするだろう。

MVAがEIMの推移を積分するかたちになっており、これによって数値計算上の問題が生じる。なぜなら、伝統的なアプローチでは、エクスポージャーの計算方法と似てはいるものの、各時点における当初証拠金の計算を伴うモンテカルロシミュレーションを必要とするからである。当初証拠金の計算自体にもう一段階別のシミュレーションが必要かもしれないということに注意すると、これは昔からありがちな計算のボトルネックをもたらし、10.3.3節で議論したような、比較的複雑な評価モデルが適用される取引に関するエクスポージャーシミュレーションの計算問題に似たものになる。これを回避する一つのわかりやすい方法は、伝統的なVaRの簡便計算を応用し、デルタやガンマなどで局所的に価値評価を近似することであろう。前の事例のように、この問題を回避するもう一つの方法は、Green and Kenyon (2015)[5]で解説されているアメリカン・モンテカルロ法を用いるものである。しかしながら、留意すべきなのは、EIMの推移を計算するのに正確な数値的手法を用いたとしても、当初証拠金のデータセットの変化や計算方法の変更の可能性など、将来の不確実要因は依然残る、ということである。

なお、16.1式における当初証拠金は、通常は相対取引のカウンターパーティやCCPとの取引ポートフォリオに対して定義される。具体的には以下のとおりである。

●直接相対取引

非清算店頭デリバティブ証拠金規制（6.7.6節）では、四つの資産クラス（金利・為替、株式、クレジット、コモディティ）にわたって当初証拠金を計算することを求めている。モデルベースの手法を用いているとすると、ある特定の資産クラスに含まれる全取引につき一つのポートフォリオ当初証拠金が存在するだろう。

●中央清算

一般的にCCPは、同じ資産クラス内の取引（例：異なる通貨の金利取引）の間で当初証拠金をネッティングするが、資産クラスをまたいではネッティングしない。これが意味するのは、CCPでネッティングされる全取引に対する合計の当初証拠金必要額があるだろう、ということである。

5　Green and Kenyonの議論では、デルタ－ガンマ法のようなVaRの近似では、問題となる長さのタイムホライズンでは極端な変動がかなり含まれるため、大まかすぎる可能性があるとしている。

これはつまり、14.4.1節で定義した増分CVAと似た、「増分MVA」が必要となるだろう、ということを意味する。これは計算負荷をさらに増大させる。なぜなら、新規取引の影響がある場合とない場合の両方でポートフォリオMVAを計算する必要があるからである。この増分MVAの効果は、すでにCME・LCHベーシス[6]の事例などで市場で顕在化している。

中央清算される取引に対しては、16.1式中の当初証拠金必要額に清算基金拠出額を含めると都合が良いかもしれない。さらに、当初証拠金や清算基金の拠出から生じる比較的小さな資本賦課は、この段階で定性的に加味するか、あるいは16.3節で議論する資本価値評価調整（KVA）を通してより正確に評価することになるだろう。

16.2.4 数 値 例

MVAとファンディングコスト調整（FCA）の比較をすると興味深い。前者は短期間（例：10日間）に生じる最悪ケースのポートフォリオ変動に基づくファンディングコストとみることができ、一方、後者はポートフォリオの全期間にわたるファンディングの期待コストである。有担保ポートフォリオ（11.3.2節）については、比較的短いタイムホライズンの効果に対しては前に$0.5\sqrt{T/\tau_{IM}}$による近似を行った。ここで、Tはポートフォリオの満期、τ_{IM}は仮定したタイムホライズンを表す。これによればFCAに比べてMVAのほうが削減されるであろう。しかしながら、当初証拠金は高い信頼水準でとられる一方、FCAは期待コストに基づいているので、当初証拠金はFCAと比べて一定比率分大きくなるだろう。その比率は$\Phi^{-1}(\alpha)/\varphi(0)$と近似できる[7]。したがって以下の近似係数によってFCAとMVAが関連づけられることが期待されるだろう。

---

6 たとえば、"Bank swap books suffer as CME-LCH basis explodes", *Risk*, 15th May 2015を参照。これは、CMEとLCHのポジション方向に偏りがあり、増分IM賦課額に大きな差がもたらされていることによるものである。

7 これは分布のαパーセント点を正の値の平均で割ったものである。

$$2 \times \sqrt{\frac{\tau_{IM}}{T}} \times \frac{\Phi^{-1}(\alpha)}{\varphi(0)} \qquad (16.2)$$

表16.1でMVAの計算例を示す。以前に使用した（11.3節参照）ものと同じ期間5年のスワップポートフォリオを対象に、同じファンディングコストの仮定を置いて計算したものを、以前に15.3.8節で計算したFCA（ファンディングコスト調整）と比較している。タイムホライズン10日、信頼水準99%のとき、MVAはFCAとおおむね同じになる。上式は1.04という値となり[8]、おおむねこのことと整合性がとれている。この例からわかることは、ファンディングの意味で、この特定の満期（5年）ではFCAよりも当初証拠金の状況のほうがわずかに有利ということである。CVAと資本コストのさらなる削減は当初証拠金の枠組みをさらに支持することとなるだろう。ただし、ファンディング利益（FBA）の逸失や流動性の考慮があるので、当初証拠金の状況は魅力が少ないかもしれない。当初証拠金の差入れがxVAの観点から有益とみなされるならば、それはファンディングのタイムホライズンが数年から数日にまで劇的に短くなったことによるものであろう（たとえ後者のケースで最悪のシナリオを考慮したとしても）。このことが暗に示しているのは、当初証拠金差入れはより長期間の取引において有利になり、逆もまた成り立つということである。この点については第19章で取り上げる。

表16.1　スワップポートフォリオに対するMVAの値

	xVA
FCA	−0.0706
MVA（5日間、99%）	−0.0467
MVA（10日間、99%）	−0.0688

＊ファンディングスプレッドは100bpsと仮定している

8　正規分布の仮定を用いて $2 \times \sqrt{10/1250} \times 2.33/0.40$。

16.3 資本価値評価調整（KVA）

16.3.1 理論的根拠

第8章で議論したように、銀行は店頭デリバティブ取引に対して、カウンターパーティリスクに関連した多額の規制資本を保有する必要がある。資本はコストである。なぜなら、投資家は自分の投資に対するリターンを要求するからである。資本コストはもうひとつのかたちのファンディングとしてみることができ、したがってFVAや上述のMVAからの類推が効くだろう。規制資本の要件によって、銀行のバランスシートに対する資金調達における負債と資本との間の分断を招くだろう。

銀行は従来より、資本の利用にリミットを設けたり、達成すべき具体的な資本（リターン）のハードルを取引に要求したりすることで、取引に対する資本賦課を暗黙のうちに行ってきた。これらの措置によって、多額の資本を要する取引をある程度減退させるようになるものの、一方で、規制資本を保持することに伴う全期間のコストを適切に価格に織り込んでいるわけではない。近年において、バーゼルⅢのCVA資本賦課（8.7節）を通した所要資本の増加や、レバレッジ比率（8.8.2節）などその他の資本制約があり、これに資本調達のコストの上昇が相まって、資本価値評価調整（KVA）によって適切に資本をプライシングすることが肝要ということがわかってきた。事実、本書執筆時点でみられるのは、資本のプライシングが、店頭デリバティブのプライシングにおける差異を理由づける最も大きなものの一つのようだということである（図16.5）。この資本ハードルからKVAへの移行は、PFEや信用リミットのモニタリングからCVAのプライシング・報告への移行と似たものとみることができる。

店頭デリバティブやカウンターパーティリスクに関連する所要資本には、次の三つのかたちがある。

図16.5　市場価格の乖離の最も重要な原因に対する市場の見方

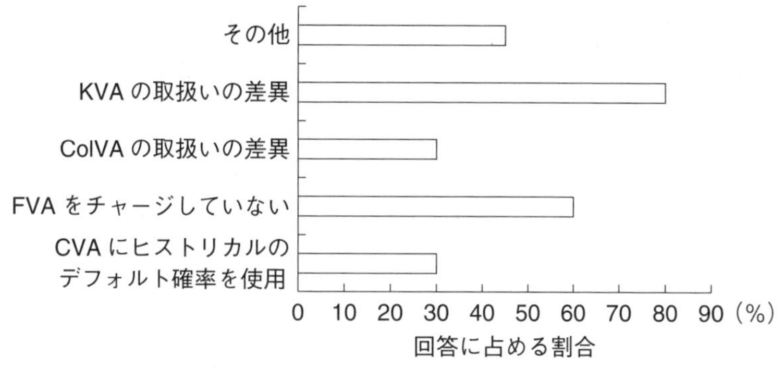

（出典） Solum CVA survey, 2015

●デフォルトリスク資本賦課

この目的は、カウンターパーティがデフォルトする可能性に対して資本を準備することである。これは時にCCR資本賦課として知られる。

●CVA資本賦課

この目的は、実際のデフォルト事象が発生していないときに、クレジットスプレッド変動によるCVAの変化から生じる時価のボラティリティに対して資本を準備することである。

●市場リスク資本賦課

銀行は通常、取引に内在する市場リスクをヘッジしようとするので、市場リスク資本賦課が生じることは期待されない。しかしながら、8.7.5節で議論したように、市場リスク資本の枠組みからは、CVAに関連したヘッジは「むき出し（naked）」にみえることによって、追加の資本賦課をもたらす可能性がある。

上記3点目の要素は多額になりうることが、Kenyon and Green（2014）によって示されている。ここでバック・トゥ・バックのヘッジは非適格ヘッジなので、（用いるカウンターパーティリスク資本の計算手法によらず）擬似的な資本賦課を生み出すだろう。しかしながら、8.7.5節で述べたように、米国やカナダの規制当局はこのようなヘッジを資本賦課から除外しており、欧州やその他の地域はこれに追随することが予想されるかもしれない。BCBS (2015) もまた、そのような市場リスクのヘッジが資本面で効率的となりうるような資本の枠組みを提示している。したがって、ここでは上記のうち、初めの二つの資本賦課のみを考えることにする。また、中央清算機関向けエクスポージャーへの所要資本から生じるKVAも考慮しないが、これは9.3.7節で解説したように（大抵）比較的少額である。16.2.2節で述べたように、これらはMVAの計算において、少額の調整というかたちでより簡単に算入されるかもしれない。

上記については、8.1節や8.7節において、デフォルトリスクやCVA資本賦課の計算を詳細に解説している。これらの資本賦課の計算の際に重要となる三つの手法は、カレントエクスポージャー方式（CEM）、内部モデル方式（IMM）、カウンターパーティ信用リスクエクスポージャーの計測に係る標準的手法（SA-CCR）と呼ばれており、8.2節、8.3節、8.4節でそれぞれ議論し、8.5節で比較例を示した。以下の結果では、デフォルトリスクとCVA資本の和としての、全体の資本賦課に注目することとする。

16.3.2　資本推移の形状

KVAを計算するためには、期間を通した資本の推移を、対象となる各手法で計算することができる必要がある。これは16.2.2節で議論した当初証拠金の推移を計算することと似ている。例として、満期7年、時価ゼロの無担保金利スワップを用いる。シングルA格付けのカウンターパーティを仮定し、クレジットスプレッド200bps、デフォルト確率0.2%とする。格付けは、CVA資本賦課の標準的方式（8.7.2節）のウェイトと、デフォルトリスク資本賦課（8.1式）のデフォルト確率の決定に必要である。先進的手法によるCVA資本賦課（8.7.3節）は、スプレッドとそのボラティリティに左右される。各方式で求めた資本推移の予測値を図16.6に示した。なお、これらはフォワードレートを用いて、期間にわたって資本計算を行った結果である。このような形状は比較的計算しやすいが、将来の所要資本の変動は考慮していない。すべての推移の形状でスワップが満期に近づくにつれゼロへ減

図16.6　満期7年、想定元本1,000の金利スワップに対して、第8章で解説したカレントエクスポージャー方式、SA-CCR、IMMの手法を用いて計算した、カウンターパーティリスク資本賦課の予想

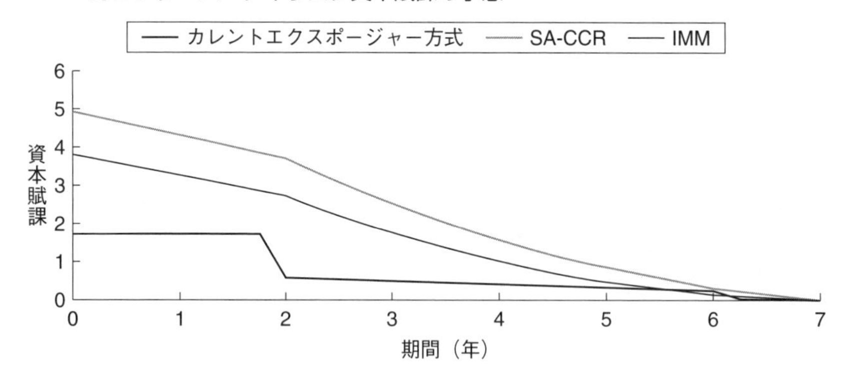

衰するが、カレントエクスポージャー方式では単純なアドオンを用いていることから（表8.1）、かなりぎこちないかたちになっている。

当然ながら、市場ファクターの変動に従って、所要資本のボラティリティは期間を通してとても大きくなりうる。ボラティリティがヘッジされているかどうかにかかわりなく、資本は期間を通して変動する可能性があるという考えをもつことは重要である。このために、標準的なエクスポージャーのシミュレーション（10.3節）を行えば、将来の各時点における新たな所要資本の推移を計算しうる。カレントエクスポージャー方式とSA-CCRは単純な式に基づいた手法なので、計算は比較的容易である。IMMは手法が複雑であるため、所要資本の将来シミュレーションは極端に時間がかかるだろう。なぜなら、この手法自体がモンテカルロ法に基づいているからである。

図16.7で示しているのは、三通りの手法で求めたカウンターパーティリスク資本賦課の変動であり、予測値[9]と期待値を表している。カレントエクスポージャー方式による所要資本は、時価ゼロの取引においてまったく小さくならない（より短期の区分に移るときを除く）。なぜなら、正の時価だけに基づいているため、負の時価の値がまったく相殺効果を生まない（8.2.1節を参

9　上記で言及したように、これは、現在のフォワードレートによって、単一の確定的な所要資本を将来にわたって予想したものである。

図16.7　満期７年、想定元本1,000の金利スワップに対して、カレントエクスポージャー方式（上)、SA-CCR（中)、IMM（下）を用いて行った、カウンターパーティリスク資本の推移を表すシミュレーション

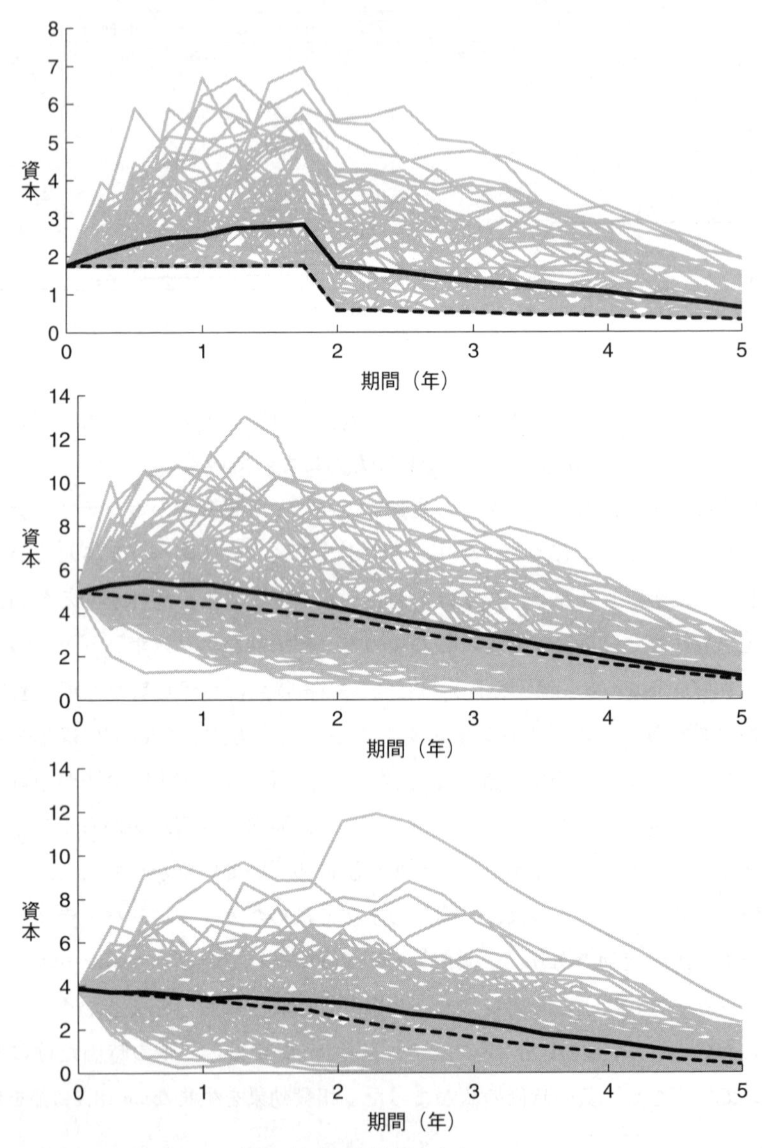

＊点線は予測値を表し、実線は資本の期待値を表す

照）からである。これが意味するのは、資本の期待値が予測値よりも十分高いということである。SA-CCR と IMM アプローチでは、シミュレーションの経路が予測値の周りでより対称的になっている。これは、両アプローチが負の時価のリスク削減効果を認識するという事実による（ただ、8.4.5節で議論したように、SA-CCR の事例では5％のフロアーがある）。これらの手法では、資本の期待値は予測値よりもわずかに高い程度にすぎない。このことは特に IMM のケースで便利である。というのも、資本の期待値の適切な計算には相当量の計算を必要とするはずだからである。しかしながら、将来の所要資本に大きな変動があるということは、カウンターパーティリスク所要資本のヘッジが潜在的に必要であることを示している。

16.3.3 KVA 式

KVA の計算式（例：Green *et al*.（2014））は次のように書ける。

$$KVA = -\sum_{i=1}^{m} EC(t_i) \times CC(t_i) \times (t_i - t_{i-1}) \times S(t_i), \qquad (16.3)$$

$EC(.)$ は16.3.2節の例で示した（割引後の）期待資本の推移である。前節の結果が示すところによれば、真の EC を近似するのに（フォワードレートで）予測した資本を用いるのも理にかなっているかもしれない。一部の場合で比較的軽い過小評価をするだけだろうし、定量化するのはずっと容易である。また、（12.5.4節で議論したように）資本コスト（Cost of Capital、CC）にも何かしらの仮定を置く。これまでの xVA と同様に、$S(.)$ は（同時）生存確率を表す。EC は伝統的に資本コストで割り引かれ、銀行自身の配当政策や CAPM などに基づく。しかしながら、無リスク金利で割り引くか、あるいはまったく割り引くべきでないと主張する人もいる。また、時間の経過とともに資本コストを上昇させる銀行もあるかもしれないが、これはより長期の取引にとって懲罰的となるだろう（これはたとえば、将来の規制変更のコスト認識を価格に織り込むためである）。

なお、上記計算式は銀行のポートフォリオ全体に対して同時に計算されなければならない。デフォルトリスク資本賦課はネッティングセットにわたって加法的であるのに対して、CVA 資本賦課は標準的方式と先進的方式のいずれも、ポートフォリオ単位での計算である。いつものことながら、新規取引の KVA をプライシングするにあたっては、特に IMM 方式の場合、計算が困難となる可能性があるだろう。また留意したいのは、資本を削減するあらゆるヘッジの効果を EC 推移の計算に含めるべき、ということである。前節で述べたように、これには資本軽減をどの程度実際に達成できるかに関する何かしらの主観的な仮定を必要とする。

上で議論したように、EC 推移の形状は、銀行に適用される将来の資本計算の手法によって決定されるだろう。その最も一般的な三つの方式が、カレントエクスポージャー方式、SA-CCR、IMM である。銀行は、積分内の資本計算の手法に関して将来起こりうる変更を取り入れようとするかもしれない。たとえば、SA-CCR が意味をもつのは2017年以降であるし、現在カレントエクスポージャー方式を用いている銀行のなかには、将来のある時点において SA-CCR に移行するか、IMM の当局承認を得ることを目論んでいるところもあるだろう。最後に、銀行はレバレッジ比率（8.8.2節）の影響を計算に反映しようとするかもしれない。それがビジネスの大きな制約になる場合は特にそうだろう。

16.3.4　期間構造の挙動

資本コストの予測値と期待値は、いつでも上記例のように徐々に低減するわけではない。フォワード取引の場合には、定期的なキャッシュフローがないため、資本の推移はほぼ平坦と予測されるだろう。為替フォワードについてこれを示したのが図16.8である。通貨スワップについても似たような挙動がみられるだろう（金利のキャッシュフローによっておそらくわずかには低減するだろう）。

もう一つ重要な期間構造の効果がみられるのは、IMM 方式を採用する場合である。この場合、用いるパラメーターが現実世界（例：ヒストリカルボラティリティ）のものか、リスク中立（例：インプライドボラティリティ）かによって異なる予測となる。図16.8で示しているのは、為替フォワードの期

図16.8　期間10年の為替フォワード取引について、ヒストリカルボラティリティとインプライドボラティリティを用いて求めた期待エクスポージャー（EE）（上）と予測資本賦課（下）

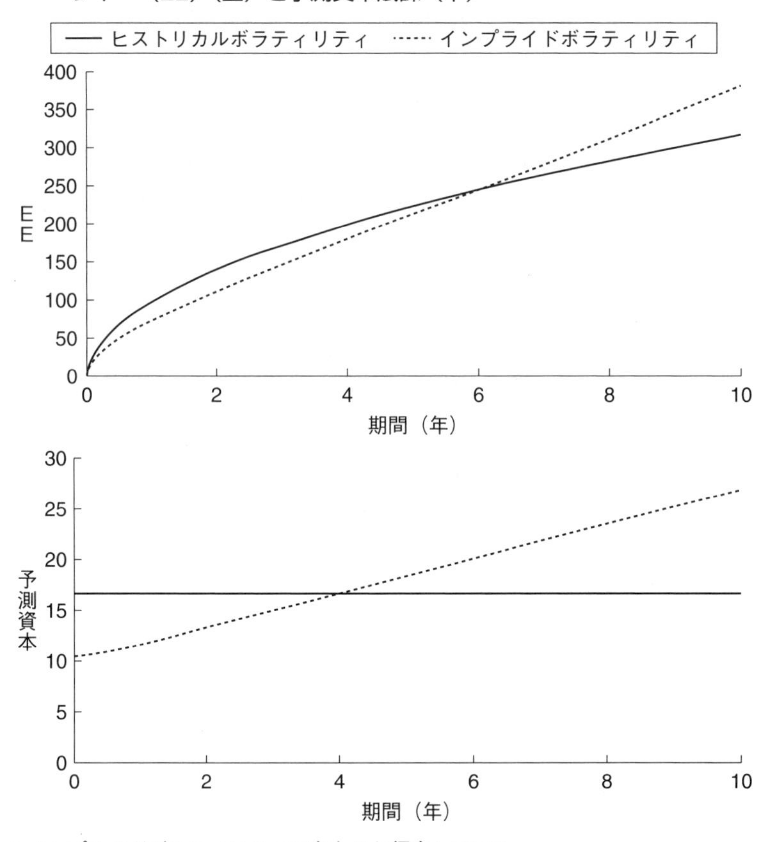

＊インプライドボラティリティは右上りと仮定している

待エクスポージャー（EE）と予測資本を、これらの異なる仮定に基づいて求めたものである。ヒストリカルによるパラメーター推定では、ボラティリティは平坦になり、EEは見慣れた「ルートT倍」のかたちに従う。したがって、予測した資本推移は平坦になる。インプライドボラティリティを用いると、EEの形状は変化し、短期でより低く、長期でより高くなる。これはつまり、期待資本も期間を通して増加することを意味している。

上述の、パラメーターの設定を現実世界のもので行うかリスク中立で行うかという違いは重要である。CVAやFVAなどの調整は一般的にヘッジされ財務諸表に反映されるので、リスク中立でのパラメーターの推定は（10.4節で議論したように）適切である。しかしながら、KVAは通常は直接デスクにチャージされず、ヘッジも財務諸表への反映もなされない。したがって、リスク中立のパラメーターでKVAをプライシングすることが適切かどうかについては一考の余地がある。もちろん、銀行はKVAが将来のある時点でヘッジされるとみることもできるだろうが、そのような場合は、リスク中立アプローチによる資本計算のほうが望ましいかもしれない。

16.3.5　行動上の側面と規制変更

KVAはxVAの要素のなかで最も主観的なものである[10]。これは将来の規制の変更やカウンターパーティの行動を予測することが困難なためである。たとえば、ある取引（特に長期のもの）の資本コストを評価する際に、銀行が現時点で考慮する必要があるのは以下のような点である。

●規制資本の計算手法

銀行のなかには、現在カレントエクスポージャー方式を用いているが、将来のある時点でSA-CCRあるいはIMM方式の適用を見通すところもあるだろう。また、CVAに対する新たな資本計測手法も提案されており、これはBCBS（2015）に示されている。

●規制の変更

規制環境には完全に未知な部分もある一方で、不確実性もある。たとえば、レバレッジ比率は現在、欧州では3％に設定されており、米国では4～6％の値が検討されている。しかしながら、最終的な値は2017年まで決定されない予定である。また、IMM採用行に対してフロアーの設定が提案されている（8.8.3節）が、本書執筆時点ではまだ決定されていない。

●免除項目

欧州の銀行は現在、多くのカウンターパーティに対するCVA資本賦課の

10　“KVA: banks wrestle with the cost of capital”, *Risk*, 2nd March 2015を参照。

免除の恩恵を受けている（8.7.7節）。だが、これはいつか見直されるだろう。各国当局はなんらかの表面的な対応を要請するかもしれないが、完全な見直しは短期的には考えづらい。したがって、実際の所要資本額は未知であり、免除項目が存在するかどうかが価格に多大な影響を及ぼす[11]。

●ヘッジによる資本軽減

インデックスを用いたヘッジは部分的な資本軽減をもたらす。だがその度合いは、クレジットスプレッドなどの市場変数の将来の動向にある程度依存する。特定のカウンターパーティに対する資本は、いまは直接ヘッジできないかもしれない（たとえば、対応するシングルネームCDSの流動性が低いため）。だがそれならば、将来いつかはヘッジされると仮定できるかもしれない。その逆もまたありうる。あるカウンターパーティについて、いまはシングルネームCDSの市場で取引があるかもしれないが、将来そうでなくなることもあるだろう。

さらに、銀行は特定の行動上の要因を将来の所要資本の評価に取り入れるかもしれない。たとえば、ある顧客が取引を早期解消すると予想できる場合には、KVA賦課額の削減につながるだろう。もちろん、これは顧客の取引目的や過去の行動と関連があるだろう。ヘッジファンドは取引を解消する可能性が高い一方で、発行した債券をヘッジしている事業法人はそうではない。

上記の仮定は現時点では適当である。なぜなら、CVAやFVAとは違って、KVAは一般的にヘッジされないためである。したがって、実際の現実世界の所要資本こそが適切なものである。同時にこれが暗に示しているのは、16.3.4節で言及したように、KVAはリスク中立ではなく、現実世界のパラメーターを用いて計算すべき、ということである。セールスやトレーディングデスクの立場からすれば、KVAは通常銀行内のxVAデスクに価格移転されず、それゆえ資本の目標リターンに見合ってもいないし、ブック

11　たとえば、“Sovereigns facing price hike if CVA exemption is axed”, *Risk*, 6 th January 2015を参照のこと。

に損失として将来現れることもないだろう。この実務が将来変わるかについては、16.3.9節で議論する。

16.3.6 数値例

表16.2に示しているのは、16.3.2節で説明した金利スワップに対するKVAの値である。前の無担保の例に加えて、有担保の結果を示している。図16.6の形状から予想されるように、無担保の場合はカレントエクスポージャー方式（CEM）が最も安上がりである。しかし注意したいのは、8.2.2節で議論したように、この方式はネッティングと担保を適切に表現できておらず、ポートフォリオレベルでは好ましくないということである。SA-CCRとIMMにおける近似値（予測値）は、図16.7から予想されるように、実際の（モンテカルロシミュレーションを必要とする）計算値にかなり近い。カレントエクスポージャー方式では、実際の資本は予測値のほぼ倍である。有担保の結果になると、実際の結果と予測結果はもっと近くなる。カレントエクスポージャー方式とSA-CCRは同じ値になっている。なぜなら、担保を常に適切に保有していることを仮定しているからである。当然ながら、有担保の場合、SA-CCRとIMMはカレントエクスポージャー方式よりも低い値となっている。なおこのとき、たとえ足元の資本は減らないにもかかわらず、（正の時価に見合う担保を受け取るとの仮定により）KVAは削減される。

表16.2　想定元本1,000、期間７年の金利スワップに対して、三つの異なる資本計算方式を用いて算定したKVAの値

	無担保		有担保	
	予測	実際	予測	実際
カレントエクスポージャー方式	−0.457	−0.881	−0.457	−0.457
SA-CCR	−1.502	−1.758	−0.451	−0.451
IMM	−0.991	−1.249	−0.343	−0.367

＊資本コストは10%と仮定している。有担保の場合におけるマージンリスク期間は10日を仮定している

16.3.7 KVAとMVA

KVAとMVAは相互に排他的なものではない。しかし、当初証拠金が資本を削減するべきものであることから、ある与えられた状況下では、一方が大きくなれば、もう一方は小さくなることが一般的に期待されるだろう（事実、IMはカウンターパーティから提供される資本とみることができる）。たとえば、無担保取引ではKVAが明らかに大きい一方、中央清算取引ではMVAが最も重要となり、KVAは小さいと期待されるであろう。したがって、当初証拠金金額の増加の影響を考えることは興味深い。この増加によって、KVAが削減される一方、MVAは増加するはずである。

図16.9は、前16.3.6節と同じ例に対して、三通りの資本計算方式によるKVAとMVAを相対取引の当初証拠金に対する関数として示している。ここでは、当初証拠金のファンディングコストは50bpsと仮定している。明らかに、当初証拠金差入れのコストは金額に対して線形に増加するが、それに対応するかたちで、受け取った当初証拠金がKVAの削減に寄与する（当初証拠金を認識しないカレントエクスポージャー方式の場合を除く）。IMMと比較

図16.9　期間7年の金利スワップについて、KVAとMVAを相対取引のIMの関数として描いたもの

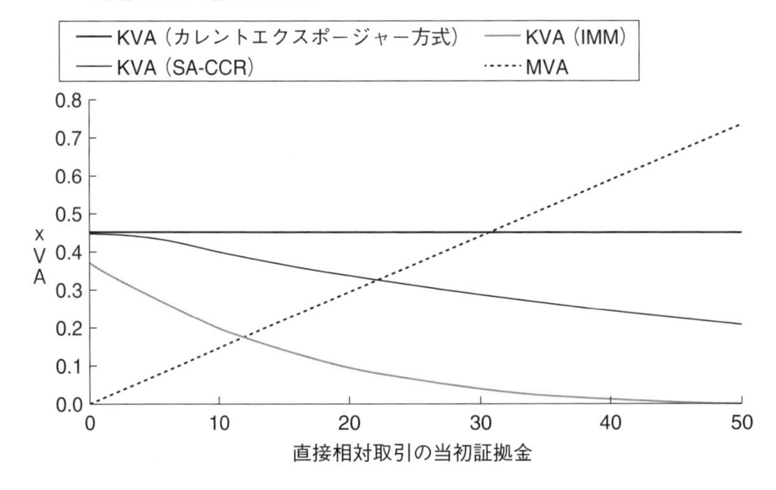

して、SA-CCRの場合はKVA削減で得られる利益はそれほど多くない。これに関係するとみられるのは、SA-CCRが5％のフロアーを用いている（8.12式参照）ことと、アドオンが比較的保守的なことである（8.4.2節）。IMMのもとでは、相対取引で適当な当初証拠金差入れをすれば、全体としては実際得になる。これはおそらく驚くことではない。なぜなら、負債は資本ほどコストがかからないはずだからである。しかしながら、収穫逓減の法則があるため、受け取った当初証拠金一単位当りのKVA削減総額は小さくなっていく。

上記が示しているのは、6.7節で解説した、きたるべき当初証拠金規制（これによって保守的に多額の担保の交換が求められる）は、KVAの削減だけを理由に歓迎されるべきものではない、ということである。これは驚くことではない。なぜなら銀行にとっては、自行で資本を保有するよりも相互に資本を交換するほうが安くなるという、ある種の規制アービトラージの存在が暗に示されているからである。しかしながら、KVAに加えてCVAとFVAを削減するという当初証拠金の恩恵を考慮に入れると、多額の当初証拠金差入れは有益とみなせるかもしれない。これについては第19章で考察する。

16.3.8　重複とヘッジ

各xVA同士の潜在的な重複の問題については上述しており、非常に重要なものとして、CVA、DVA、FVAに関連する重複（15.3.2節）があった。KVAもまた、重複についての問題がいくつかあり、主な問題はCVAとの間に関するものである。

規制や会計基準が暗に求める、リスク中立のデフォルト確率を用いたCVA（12.2.2節）は、カウンターパーティリスクをヘッジする理論上のコストである。しかしながら、KVAが表しているのは、CVAを完全にはヘッジできないことが原因で保有しなければならない資本である。事実、シングルネームCDSを用いて完全な資本軽減を実現することは可能である（8.7.2節）。銀行のなかには、この潜在的な二重計上を修正するために、時にその場限りの調整を行うところもある。たとえば次のように、二つのありうる極端なコストのうち大きいほうを（他の要素に加えて）コスト賦課するなどである。

$$\max(CVA, EL+KVA), \tag{16.4}$$

ここで、第一項は追加的な所要資本なしでカウンターパーティリスクを完全にヘッジしたときのコストを反映しており、第二項が表しているのは、カウンターパーティリスクを抱え込むことで生じるKVA賦課額と期待損失（Expected Loss、EL）である。ELは本質的にはCVAであるが、現実世界のパラメーターを用いて定量化される。これは明確なアプローチのようにみえるかもしれないが、実際は欠陥がある。なぜなら、xVAデスクは一般的にリミット管理の枠組みのもとで運営され、したがって、信用リスクを積み上げることはできないからである。もしCVA（上記の第一項）が賦課されるならば、資本に対するリターンはゼロになることが期待されるだろう。なぜなら、xVAデスクによるヘッジでCVAが消えるからである。そのかわりに、もしELとKVA（上記の第二項）が賦課されるならば、みかけ上はCVAヘッジのために現金でコストを払う必要はなくなるであろう。

上記に対する望ましいアプローチは、通常のCVAに加えて、CVAのヘッジを通して期待される資本軽減を考慮したうえで、資本賦課の一定割合を当てることである。このアプローチはKenyon and Green（2014）でより数学的に示されている。CVAが（CDSなどの適格ヘッジ手段で）ヘッジされている限り、実現する資本軽減は前に議論したようなKVAの計算式に反映されるべきである。

銀行が16.4式のようなその場限りのやり方をいまだに時折用いていると思われるのは、CVAヘッジの問題のためである。8.7.5節では、CVA資本賦課に対するいくつかの批判について議論した。この種の資本賦課に潜む問題のいくつかはすでに明らかである。ある大手銀行がリスクアセット削減計画に伴う多額のCVA損失を報告した（Carver（2013））。言い換えると、カウンターパーティリスク資本を削減することによって、実際にはCVA（DVA、FVA）の会計上の金額のボラティリティを上昇させていた。これは明らかに資本規制のまずい副作用であり、規制があまりリスク感応的ではなく、

CVA、DVA、FVAに関する会計基準や市場慣行と矛盾しているのである（なお、BCBS（2015）における新たな規制資本手法の提案は、この点ではより好ましいかもしれない）。

もう一つ、資本によるファンディング所要額の削減を仮定できるかもしれない、という考えがある。これは前章で議論したFCAの項の削減として表現できるかもしれない（Green *et al*.（2014）で議論されている）。

16.3.9　KVAの報告

一般的に、個々のxVAの要素は、初めは価格への大まかな調整としてばらばらにつくられてきたが、その後、会計的なインプリケーションをもつ標準化された厳格なものへと発展してきた。KVAの重要性がますます高まっていることをふまえると、その前のCVAやFVAのように、最終的に会計的な調整とみなせるのかどうか、という問いが生まれるのは自然である。その一方で、KVAによって計測される資本コストは、FVAによって表現されるファンディングコストと似ているため、当然のものにみえるかもしれない。KVAを会計上認識することの潜在的な利点は以下のとおりである。

●資本に対するリターン

KVAが単にハードルとしてしか使われないなら、これが暗に示しているのは、取引の初年度の資本に対するリターンが非常に大きくなるということである。なぜなら、初年度は取引の利益総額に基づいてリターンが計上されるが、次年度以降はゼロになってしまうからである。KVAを会計項目に取り入れることで、利益を取引期間にわたって少しずつ認識することが許容され、それに従って要求されるリターンを生み出していくことになるだろう。

●インセンティブ

ハードルとしての利用では、銀行のセールスやトレーディング部門は、依然として約定時に取引の利益全額を得られることになる。KVAを会計数値に取り入れることで、利益を繰り延べ、取引期間にわたって徐々に認識できるようになる。これはおそらく、フロント部門の従業員にとって正しいインセンティブを与えるだろう。

●経営管理

他のxVAのように、KVAもxVAデスクにまとめて価格が移転され、適宜管理することができるだろう。これがないと、銀行は規制所要資本の極端に大きな変動に苦しめられるかもしれない。IMMのような計算方式を用いている場合は特にそうである。銀行のなかには、為替の急激な変動などの理由により、規制資本の大きな変動を経験したところがある。

しかしながら、大抵の銀行が比較的長期のデリバティブのブックを保有していることを考えると、上記の事柄を実現するのに必要となるであろう一度限りの調整額は、前章で議論した非常に多額のFVA報告値と比べても大きいものになるだろう。したがって、どのようにすれば銀行が、従業員と株主を満足させながらそのような抜本的な変更を行いうるのかを見出すのは困難である。特に競合他社がそれをやっていなければなおさらである。さらに、FVAは会計的な調整であるべきではないという議論も依然として行われており（15.3.7節）、こちらのほうが、財務諸表へのKVAの反映を検討するより先に解決される必要があるだろう。

16.4 まとめ

本章では、xVAの最後の二つの要素である、MVAとKVAについて議論した。MVAは将来、当初証拠金を相対で差し入れる場合と、中央清算機関に差し入れる場合の両方のコストを算定するにあたり、ますます重要になるだろう。KVAが重要なのは、グローバル金融危機以降、銀行に課される所要資本が増加してきたことをふまえたものである。その目的は、取引期間全体にわたる、規制資本を保有するコストの計算である。ここでは、MVAとKVAの間のバランス、つまり当初証拠金が増加すると規制資本を軽減できるという関係についても解説した。

誤方向リスク

大きくて分厚いパンを食べる時に限って、いつも床に落とすんだ。しかも決まってバターを塗ったほうが下なんだ。

1841年、オハイオ州ノーウォークの新聞より

17.1 概　要

前章までに紹介したxVAの定量化では、誤方向リスク（wrong-way risk、WWR）は無視されてきた。誤方向リスクという用語が一般的に用いられるのは、エクスポージャーとカウンターパーティの信用力の間の好ましくない依存性を示すときである。つまり、カウンターパーティがデフォルトしそうな状況ではエクスポージャーがより大きくなり、逆もそうなるような関係である。このような関係はCVAとDVAにも明らかな影響を及ぼす。加えて、誤方向リスクの性質のなかには他の状況に当てはまるものもあり、担保やファンディング、その他の要因に関する依存性を通して、他のxVAにも影響する。本章の大部分はCVAにおける誤方向リスクの評価に割いているが、その他重要な検討事項についても言及する。誤方向リスクはその認識、モデル化、ヘッジともにむずかしい。これは、おおよそ把握が困難なマクロ経済と、それをもたらす構造的な効果のためである。

誤方向リスクを無視するのが適切な仮定であることも多いと考えられる一方で、このリスクの顕在化の影響は潜在的には劇的になりうる。対照的に、エクスポージャーと信用力の依存性が好ましい場合には「正方向」リスクもまた存在しうる。こちらの状況下では、カウンターパーティリスクとCVAは減少するだろう。本章では、誤方向リスクの原因を特定し、エクスポージャー推定とCVA計算に対するインプリケーションを議論する。また、定量化手法の概要を示し、いくつかの重要な個別事例について考察する。また、担保の誤方向リスクへの影響を分析し、中央清算へのインプリケーションも議論する。

17.2 誤方向リスクの概要

17.2.1 簡単な例

第14章では、CVAが一般的にクレジットスプレッドにエクスポージャーを乗じた値（14.2式）として表すことができる旨を確認した。しかしながら、この掛け算は、別々の変数であるならそれらは独立である、という一つの重要な仮定の上に依って立っている。もしそうでないならば、信用リスク（デフォルト確率）と市場リスク（エクスポージャー）の定量化を同時に行う方法を考えねばならない。

誤方向リスクに対する一つの簡単なアナロジーは、バターを塗った一切れのパンを床に落とすこと（デフォルト）である。多くの人は、そのような場合、パンは悪いほうであるバターを塗った面（エクスポージャー）を下にして落ちる可能性が高いと考える。これは「マーフィーの法則」が原因であり、それによれば「悪いほうに行く余地があるなら、実際に悪いほうに行ってしまう」とされている。この点に関するマーフィーの法則は実験で検証されるに至っており[1]、結果、バターを塗った面を下にして着地する確率は50％でしかなかった[2]。人々は、パンが悪いほうを下にして落ちたときのほうを、幸運にもそうでなかったときより過大評価する傾向にある。誤方向リスクを信じるのは人間の性であるから、デリバティブ市場において誤方向リスクが大幅に過小評価されてきたことのほうがむしろ驚きである。2007年以降の市場における数々の事象は、誤方向リスクが極端に深刻となりうることを示している。金融市場においては、パンはいつもバターを塗った面を下にして落ちるし、バターが両面に塗られていたり、床に落ちる前に爆発したりもするのである。

1　1993年に放映された英国BBCテレビの科学番組 *Q.E.D* より。

2　Matthews（1995）は、マーフィーの法則よりもむしろ、重力のトルクやテーブルの高さにより、バターを塗った面が下に着地しやすいとしている。

17.2.2　典型的な例と経験的根拠

誤方向リスクは、金融市場がしばしばもたらす帰結として自然で不可避なものである。最も簡単な例としては、景気後退時において、住宅ローンの貸し手が不動産価格の下落と住宅所有者のデフォルト率上昇の両方に直面することである。デリバティブの各資産クラスにおける、誤方向リスクを明らかに有する取引の典型例は、以下のとおりである。

●プットオプション

カウンターパーティの好不調と強い相関をもつ発行体の株式（または株価インデックス）を原資産とするプットオプションの購入は、誤方向リスクの明らかな一例である（たとえば、ある銀行株のプットオプションを他の銀行から購入するなど）。このプットオプションは、株価が下がった場合にのみ価値が生じるが、その際カウンターパーティの信用力も悪化している可能性が高い。対して、株式コールオプションは正方向リスクを有する商品に違いない。

●為替フォワードもしくはクロスカレンシー商品

すべての為替契約に対して留意すべきなのは、通貨価値の下落の可能性と、それと同時に起こるカウンターパーティの信用力低下である。特に明確に当てはまるのは、対ソブリン取引において、カウンターパーティの現地通貨で為替フォワードや通貨スワップの支払を行う場合である（より実務的には、ソブリン取引に対応するヘッジ取引を現地の金融機関相手に行うことが多い）。視点を変えると、通貨スワップは、貸し出した通貨と異なる通貨の担保をとったローンとみなせる。もしこの担保の通貨が急激に減価すれば、担保価値も著しく下落する。この関係性はいずれの方向にも作用しうるだろう。つまり、通貨の減価が景気後退を示唆し、それゆえにカウンターパーティの収益機会が縮小するというのもありうるし、かわりに、ソブリンや金融機関、大手事業法人などのカウンターパーティのデフォルトそれ自身が、現地通貨の下落をさらに進めるということもあるだろう。

● 金利系商品

ここで重要となるのは、金利とカウンターパーティのクレジットスプレッドとの関係性の検討である。好景気時にスワップ取引で固定金利を支払っている事業会社は誤方向リスクを有するだろう。なぜなら、景気後退時には金利が下がると見込まれるためである。しかしながら、景気回復時はおそらく金利が上昇するので、固定受け金利スワップは正方向リスクを有するということになるだろう。

● コモディティスワップ

コモディティの生産者（例：鉱業会社）は、自らが被る価格変動リスクをデリバティブでヘッジすることがある。このような契約は正方向リスクを有するはずである。なぜなら、コモディティの生産者はコモディティ価格が上昇した場合にのみヘッジ取引の支払義務を負うが、その際には経営も好調となっているはずだからである。つまり正方向リスクがヘッジ取引（投機取引ではなく）により発生するのである。

● クレジット・デフォルト・スワップ

CDS契約でプロテクションを買った場合は、参照企業のクレジットスプレッドの拡大の結果としてエクスポージャーが発生することになる。しかし一方で、カウンターパーティのクレジットスプレッドのほうは拡大しないことが望まれるだろう！ 参照企業とカウンターパーティの信用力の間に強い関係性がある場合には、極度の誤方向リスクが明らかに存在している。自国のソブリンのプロテクションを売っている銀行は明らかに問題である。それに対して、そのような強い関係性におけるカウンターパーティへのCDSプロテクションの売りは正方向の取引となるはずであり、カウンターパーティリスクは僅少またはゼロとなる。

誤方向リスクの存在については経験に基づく根拠もある。Duffee（1998）は金利下落時の企業の連鎖破綻について説明しており、この現象の最もわかりやすい解釈は、不況によって（中央銀行の介入による）低金利ならびにデフォルト率上昇の両方の状況がもたらされるというものである。これは過去数年の間でも銀行が無担保の固定受け金利スワップのポジションで経験してきたことであり、インザマネーにポジションが動くのと一緒にカウンターパーティ（例:ソブリンや事業法人）の財務状態が潜在的に悪化した。このような現象は、実際にデフォルトが起こらないまでも、クレジットスプレッドと金利の強い連関を通して、誤方向リスクが「クロスガンマ」（第18章）を生んでいるととらえることができる。

上記の為替系商品の例について、Levy and Levin（1999）の研究成果では、ソブリンのデフォルト時における通貨の残存価値に着目し、平均値が17%（トリプルA）から62%（トリプルC）の範囲になったと報告している。これが意味するのは、ソブリンのデフォルト時にその為替レートがどれだけジャンプしうるかである。誤方向リスクによる損失についても明示されている。たとえば、1997～1998年のアジア通貨危機の際、誤方向リスクにより多くのディーラーが甚大な損失に苦しんだ。この原因は、ソブリンのデフォルトと現地企業のデフォルトの間に強い連関があり、加えて現地通貨の著しい下落があったためである。10年後、2007年に始まった信用危機では、モノラインと称される保険会社から保証を購入していた銀行には、誤方向リスクによる甚大な損失が生じた（9.2.4節参照）。

17.2.3　一般・個別誤方向リスク

規制当局は、一般誤方向リスク（マクロ経済における一般的な関係性に起因するもの）と個別誤方向リスク（エクスポージャーならびに担保と、カウンターパーティのデフォルトとの間の具体的な因果関係に起因するもの）の双方を計測し、コントロールすることが不可欠であることを認識した（8.6.5節）。当然ながら、バーゼルⅢでも誤方向リスクの定量化と管理は強く要請された。xVAの正しいプライシングとヘッジのためには、誤方向リスクへの取組みが必須である。表17.1で一般誤方向リスクと個別誤方向リスクを比較した。

表17.1　一般誤方向リスクと個別誤方向リスクの特徴

一般誤方向リスク	個別誤方向リスク
・マクロ経済の挙動に基づく ・ヒストリカルデータから検出しうる ・プライシングモデルに反映できる可能性がある ・適切にプライシングし、管理すべき	・構造的な関係性に基づき、多くは実務経験によってとらえられるものではない ・取引の裏にある、市場、カウンターパーティ、経済的事情の情報がないと検出できない ・モデル化が困難であり、安易な相関の仮定は危険。ストレステストなどの手法により定性的に取り扱うべき ・重大な結果をもたらすおそれがあるため、通常回避すべき

17.2.4　誤方向リスクの課題

誤方向リスクの定量化では、クレジット、担保、ファンディング、エクスポージャーの間の相互関係のモデル化について、なんらかのかたちで検討がなされるだろう。俯瞰的にみると、このモデル化には以下のような数々の難題がある。

●ヒストリカルデータの情報量不足

残念なことに、誤方向リスクはとらえにくく、過去の時系列データによる相関分析といった実証データからは検出されないかもしれない。

●関係性の誤認識

依存関係の特定の方法が不適切かもしれない。たとえば、相関関係によるものではなく、むしろ因果関係、つまり二つの事象が原因とその結果としてつながっていることによるものかもしれない。仮に二つの確率変数間の相関がゼロと計測されたとしても、それらが独立であることを証明するものではない[3]。

3　典型的な例は次のとおりである。確率変数Xが正規分布に従うとする。その際、$Y=X^2$とおく。XとYの相関はゼロであるが、決して独立ではない。

● **影響の方向**

誤方向リスクの方向が不明確なことがある。たとえば、低金利は典型的には景気後退時に起こり、クレジットスプレッドは拡大、デフォルト率は高くなるとみられるかもしれないが、高金利の状況下における信用環境の悪化もありえないことではない。

誤方向リスクは、まさにその成り立ちにより、極端でかつしばしば個別的なものとなる。たとえば、2010年の欧州ソブリン信用危機では、多くの欧州ソブリンの信用力が低下し、ユーロの通貨価値が下落した。しかしながら、ヒストリカルデータではこの関係性を事前に示すことはできなかった。この大きな理由は、問題となったソブリンや通貨のほとんどは、これほどまでの信用悪化を被ったことが過去に一度もなかったからである。

17.3 誤方向リスクの定量化

17.3.1 誤方向リスクとCVA

CVA の式に誤方向リスクを反映させる、おそらく最もわかりやすい方法は、カウンターパーティのデフォルトの条件付きでエクスポージャーを表すことである。14.2式に戻り、これを単純に書き換えると次のようになる。

$$CVA = LGD\sum_{i=1}^{m} EE(t_i \mid t_i = \tau_C) \times PD(t_{i-1}, t_i), \tag{17.1}$$

ここで $EE(t_i \mid t_i = \tau_C)$ は、時点 t_i がカウンターパーティのデフォルト時点（τ_C）であるという条件のもとでの、時点 t_i における期待エクスポージャー(EE) を表している。上式を無条件である14.2式のエクスポージャーと入れ替える。このような条件付エクスポージャー[4]を計算に用いている限り、誤

4　誤方向リスクの効果を表現する方法はほかにもある。たとえば、17.4.2節で紹介する条件付デフォルト確率に着目することも考えられる。

方向リスクの反映としては、すべて正しくなる。

17.1式は、条件付きの期待エクスポージャーが条件なしの場合よりも大きくなりそうな点を定性的に吟味することで、試行錯誤で発見的（heuristic）に誤方向リスクを定量化しようとする方法の根拠となる。誤方向リスクに対する定性的なアプローチの例としては、規制資本賦課における乗数α（8.3.2節）があげられる。より保守的なαを用いるのは、エクスポージャー推定にストレス期のデータを用いる要件（8.6.1節）と一緒にすることで、一般誤方向リスクに部分的にでも資本で備えたいという規制当局の努力によるものである。

代替案として、デフォルト確率と期待エクスポージャーとの関係を正しくモデル化するというのもありうるが、実現はずっとむずかしく、数値計算で困難を生じるかもしれない。考えうるモデル化のアプローチを以下でいくつか議論する。

17.3.2　簡単な例

付録17Aでは、フォワード契約のようなエクスポージャーに対する、条件付期待エクスポージャーの簡単な式を導出している（付録7Bでの無条件の場合の発展形の一つ）。エクスポージャーとカウンターパーティのデフォルトとの間の関係は、単一の相関パラメーターを用いて表現される。この相関パラメーターはかなり抽象的であり、直接に経済的な意味合いをもつものではないが、誤方向リスクの定量化と理解を容易にするのに役立つ。

スプレッドシート17.1　簡単な誤方向リスクの例

図17.1は、誤方向（および正方向）リスクが期待エクスポージャーに与える影響を示している。これでわかるのは、相関が50％になると、誤方向リスクにより期待エクスポージャーはおおよそ倍増するが、マイナス50％の相関では、正方向リスクの影響で少なくとも半分に減少するということである。これは期待したとおりの挙動である。つまり、デフォルト確率とエクスポー

図17.1　簡便なモデルで相関を50%およびマイナス50%とした場合の、誤方向リスク・正方向リスク別の期待エクスポージャー（EE）

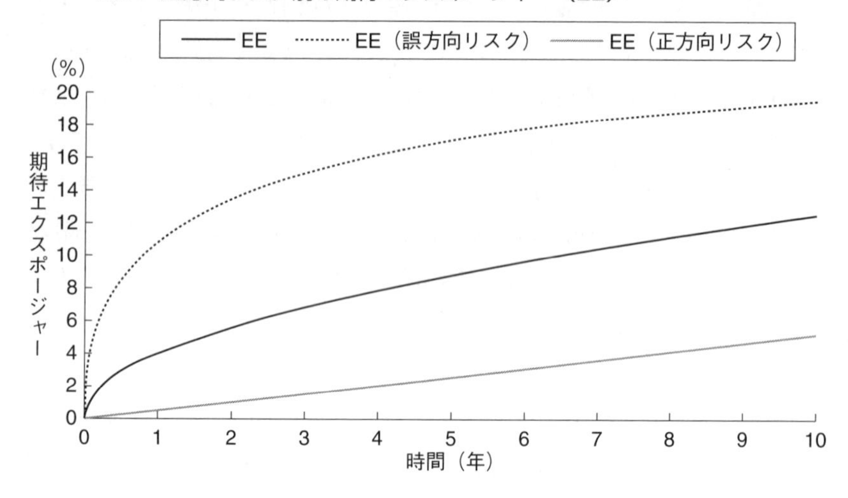

ジャーの間に正の相関があれば、条件付期待エクスポージャー（エクスポージャーが大きい時にデフォルト確率が高くなる）が増加する。これが誤方向リスクである。負の相関は正方向リスクを生じさせる。

さて、この簡便なモデルについてもう少し詳しくみてみよう。カウンターパーティのデフォルト確率が、誤方向リスクを考慮した期待エクスポージャーに対して及ぼす影響を考えよう。図17.2は、カウンターパーティの信用力別の期待エクスポージャーを描いており、カウンターパーティの信用力が高いほどエクスポージャーも増加することを示している。この結果は一見、直観とあわないかもしれないが、信用力の高いカウンターパーティにとってデフォルトはより起こりえない事象なので、万一デフォルトした場合は大きな衝撃となると考えれば納得がいくであろう。ここで示される重要で一般的な結論は、カウンターパーティの信用力が**高まるほど誤方向リスクは増加する**ということである。

17.3.3　誤方向の担保

信用力の高い国債で担保された固定払い金利スワップを考えよう。これは

図17.2　異なる信用力をもつカウンターパーティに対する、誤方向リスクを考慮した場合の期待エクスポージャー

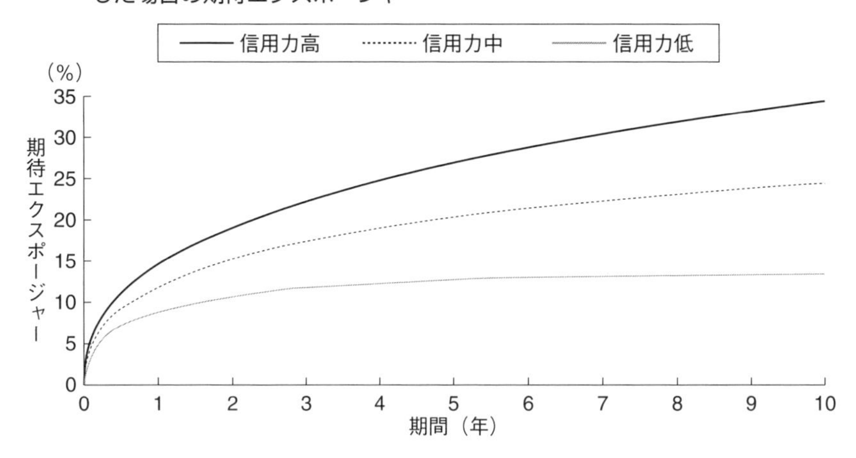

一般誤方向リスクの状況を示しているといえよう。なぜなら、金利が上昇すれば、金利スワップの価値が上昇する一方で、担保の価値は下落すると思われるからである。固定受け金利スワップの場合は状況が逆転し、正方向で好ましい担保のポジションとなるであろう。しかしながら、金利のボラティリティが比較的低いことを前提とすれば、一般にこれは大きな問題ではない。

より顕著な一般誤方向（または正方向）担保の例としては、通貨スワップで、交換される二通貨のうちのいずれかの通貨建ての現金によって担保されるものがありうるだろう。もし保有する担保が支払通貨と同じ通貨建てである場合、為替の変動によってエクスポージャー増加と担保価値減少を同時に招くだろう。この例を示したのが図17.3である。取引期間全体にわたって、将来的に保有しうる担保の金額が増加するに従い、不利な為替の変動で受ける影響もより顕著となる。全体としては、誤方向の担保付きのエクスポージャーは、そうでない普通の担保（取引と無関係な通貨建ての現金担保）付きのエクスポージャーよりも約50%高くなる。なお、マージンリスク期間の存在により、為替リスクの完全なヘッジは不可能である。

また、個別誤方向担保となるケースも考えられ、このとき担保価値とカウンターパーティの信用力との関係として特定のものが存在する。取引当事者

図17.3　誤方向の担保とそうでない普通の担保が、通貨スワップの期待エクスポージャーに与える影響

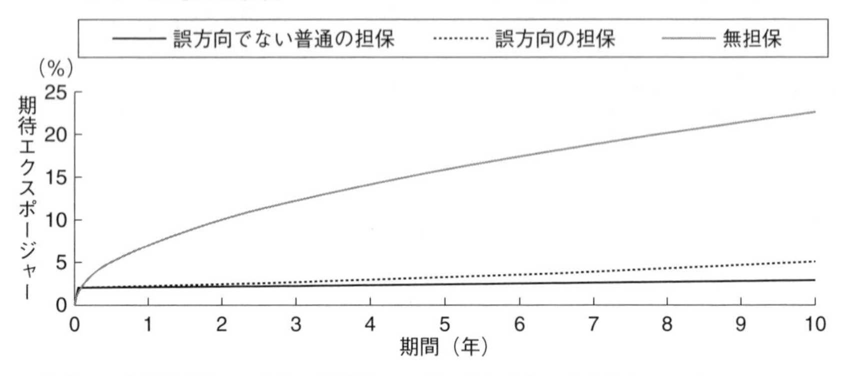

＊前者では支払通貨建ての現金が担保として差し入れられると仮定している

が自社の発行する社債を担保として差し入れている場合がこの例に当てはまる。この場合は明らかに、クレジットエクスポージャーとCVAに対して非常に弱い軽減効果しかもたらさない。だが、7.5.3節で説明したようにFVAは軽減されるかもしれない。自国の国債を担保として差し入れている銀行もここで問題となりうるが、これは担保契約では防げないかもしれない。

17.4　誤方向リスクのモデル化の手法

本節では、誤方向リスクに対して一般的に用いられている手法のうちいくつかについて、各手法の長所と短所に焦点を当てて解説する。

17.4.1　ハザードレートアプローチ

誤方向リスクのモデル化の技法としてよくあるのは、クレジットスプレッド（もしくは、クレジットスプレッドと直接つながりがある数学的概念の「ハザードレート」）に確率過程を導入し、エクスポージャーのモデル化に必要な他の原資産の価格過程と相関をもたせる方法である。クレジットスプレッドの確率過程を通してデフォルトを発生させ、条件付期待エクスポージャーを通

常の方法で、ただしデフォルトが発生した経路についてのみ計算する。このアプローチは比較的実装が容易であり、まず初めにクレジットスプレッドの経路だけを発生させ、デフォルトが観測された場合にのみエクスポージャーの経路をシミュレーションすればよい。必要な相関パラメーターは、クレジットスプレッド[5]と他の関係する市場変数に関する過去の時系列データから直接観測することができる。

金利スワップに対するこのアプローチを説明しよう。金利モデルにはVasicek（1977）モデル[6]を用い、金利の期間構造に一定（スポットレートが長期平均値に等しい）を仮定する。この仮定でエクスポージャーの形状が対称的になり、誤方向・正方向リスクの影響が把握しやすくなるだろう。また、クレジットスプレッドが負にならないように対数正規分布のハザードレートアプローチを仮定し、ボラティリティは80%、カウンターパーティのCDSスプレッドとLGDはそれぞれ500bpsと60%とする。

金利の変化とデフォルト率の変化の間の関係は、一般的に逆方向となることが実証的に示されている[7]。図17.4では、負の相関の場合にデフォルト条件付きで発生させた金利の経路を示している。こうなる理由は、デフォルトが発生するのは概してクレジットスプレッドが拡大した場合であり、負の相関のため、その時には一般的に金利は低くなっているからである。

図17.5は、図17.4の経路から計算したスワップの価値を示している。驚くことではないが、デフォルト発生のシナリオ下で、よりインザマネーになる傾向がある。これが誤方向リスクの効果である。それゆえに、負の相関の場合は高いCVAが期待され、正の相関の場合は低いCVAが期待されるのである。

しかしながら、単純なハザードレートアプローチは、エクスポージャーとデフォルトの間に非常に弱い依存関係を与えるだけである。この例で使用し

5　クレジットスプレッドは代理変数や汎用的なカーブによって決まるケースがあるだろうが、その場合はこれらの過去の時系列データを用いるべきである。

6　平均回帰係数とボラティリティはそれぞれ0.1と1％とした。

7　たとえばLongstaff and Schwartz（1995）、Duffee（1998）、Collin-Dufresne *et al.*（2001）を参照。

た相関は－90％で、相関としてとりうる最低の値に近いにもかかわらず、誤方向リスクの効果は特段強くならない。つまり、この種類の手法は最も実装しやすく取扱いが容易である一方で、生み出す誤方向リスクの効果はおそらく比較的小さいものとなるだけだろう。

図17.4　ハザードレートモデルにおいて、（5年間のどこかの時点で）カウンターパーティのデフォルトが発生したという条件下での金利シミュレーション

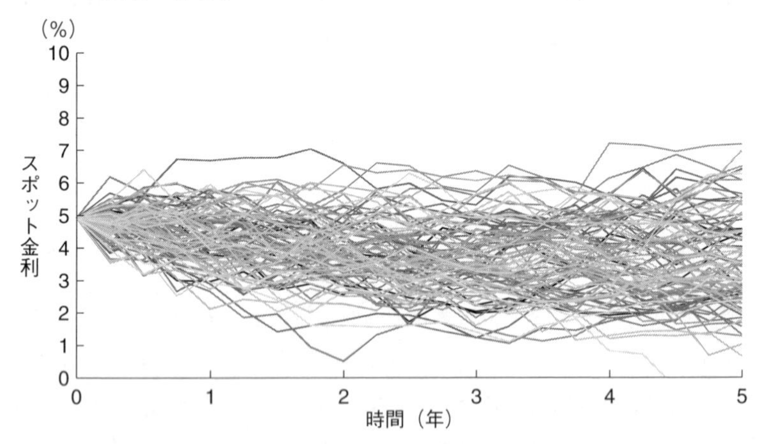

図17.5　ハザードレートアプローチにおいて負の相関を仮定した、カウンターパーティのデフォルトの条件下での固定受け金利スワップの将来価値

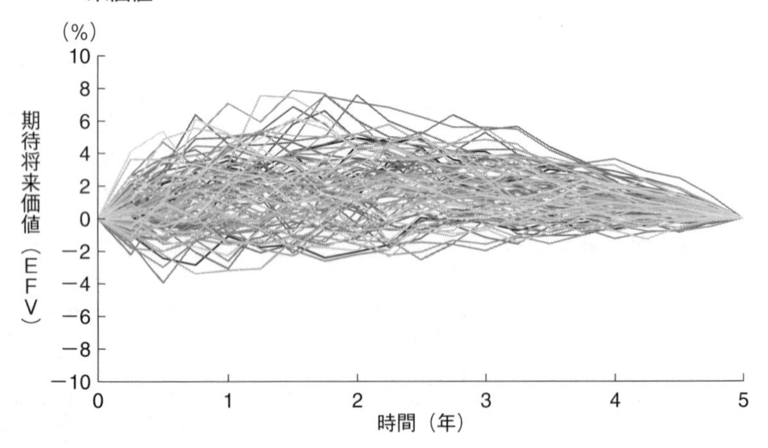

17.4.2　構造型アプローチ

よりいっそう単純で扱いやすい一般誤方向リスクに対するアプローチは、図17.6のように、カウンターパーティのデフォルト時点とエクスポージャーとの同時分布の依存関係を直接特定することである（たとえば、Garcia-Cespedes *et al*. (2010) を参照)。このアプローチでは、エクスポージャー分布とデフォルト分布の双方が二変量確率分布にマッピングされる。誤方向（正方向）リスクと同様に、正の（負の）依存関係は、エクスポージャーが大きい（小さい）状況での早期のデフォルトをもたらすだろう。なお、もともとの無条件のエクスポージャーの分布（周辺分布）から直接実現値をサンプリングできるので、エクスポージャーを再計算する必要はない。本アプローチの長所は、あらかじめ計算されたエクスポージャーの分布を利用でき、本質的にはその既存手法に上乗せするかたちで誤方向リスクが追加される点である。しかしながら、この点は短所でもある。なぜなら、無条件のエクスポージャー分布のなかに誤方向リスクを定義づけるのに必要なすべての情報が含まれている、という仮定が適切でないかもしれないからである。

構造型アプローチの例を、前と同じサンプルポートフォリオ（14.6.6節参照）を用いて示そう。ここでカウンターパーティのCDSカーブは500bpsで

図17.6　一般誤方向リスクのモデル化における構造型アプローチ（ある二変量確率分布を仮定）

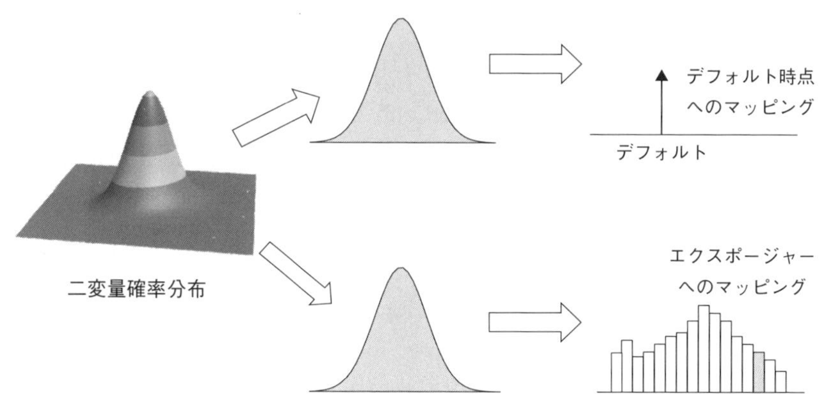

図17.7　構造型アプローチを用いて、さまざまな相関水準のもとで計算された条件付期待エクスポージャー（EE）

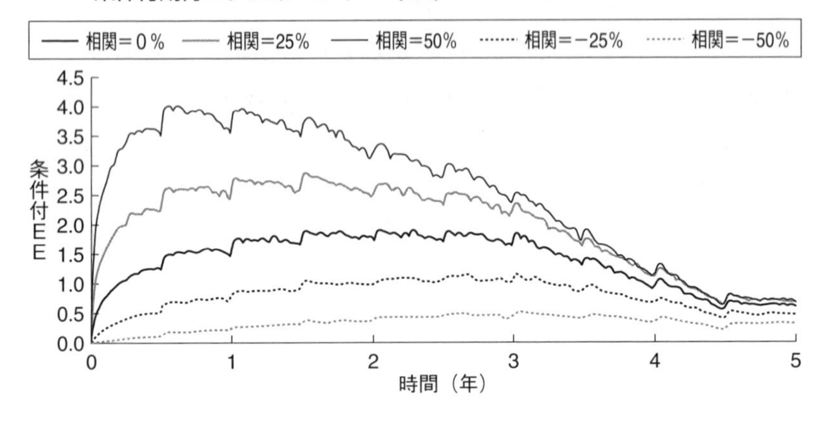

一定、LGDは60％と仮定している。もし二変量正規分布を仮定するならば、さまざまな相関係数の値で計算した条件付期待エクスポージャーは、図17.7のとおりとなる。正（負）の相関では条件付エクスポージャーが大きく（小さく）なっており、誤方向（正方向）リスクを反映しているのがわかる。早期のデフォルトがより予想外の事象であることから、満期が短い場合のほうが相関の変化の影響が大きい。

図17.8は、CVAを相関係数の関数として示したものである。負の相関では正方向リスクによってCVAが減少し、正の相関では増加する。この効果はほどほどに強く、相関が50％においてCVAは約2倍となっている。

構造型モデルの大きな欠点は、上記の相関パラメーターの意味が不明瞭で、値の設定が困難な点である。これに関する議論と相関の推定についてはFleck and Schmidt（2005）やRosen and Saunders（2010）にある。このモデルのより複雑な表現はIscoe *et al*.（1999）やDe Prisco and Rosen（2005）で提示されており、デフォルト過程がエクスポージャーを決定する変数とより直接的に相関している。これにより、相関推定の実現性が増している。

17.4.3　パラメトリックアプローチ

Hull and White（2011）は、より直接的なアプローチを提唱している。こ

図17.8　カウンターパーティのデフォルト時刻とエクスポージャーの間の相関係数の関数としてCVAを描いたもの

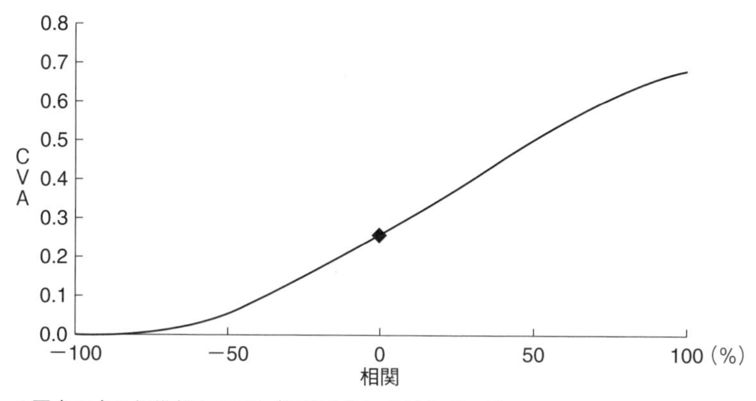

＊図中の点は標準的なCVA（相関０%）を示している

れは、単純な関数的関係によって、デフォルト確率をパラメトリックにエクスポージャーと結びつけるものである。彼らがパラメーターの設定方法として提案しているのは、仮想で置いたシナリオに基づく直観的なものか、もしくはヒストリカルデータにおけるデフォルト確率とエクスポージャーとの間の関係によるものかのどちらかである。後者では、過去時点のポートフォリオ価値の計算と、この価値とカウンターパーティのクレジットスプレッドとの間の関係の分析を行うことが必要となるだろう。もし過去において、ポートフォリオの価値が高いときに平均的水準よりも大きなクレジットスプレッドとなっていれば、誤方向リスクの存在を示唆していることになる。上記のアプローチで明らかに必要なのは、過去データが意味のある関係を示すことに加え、カウンターパーティとの現在の取引ポートフォリオが、過去データによる推定で用いたものと本質的に似ていることである。

Hull and Whiteの誤方向モデルでは、デフォルト確率とエクスポージャーの関係を定めるのは単一のパラメーターbであるが、その影響は構造型モデルにおける相関に似たものとなる。図17.9に示すとおり、bが正の値では誤方向リスク効果と高いCVAを生み出し、負の値では反対に正方向リスク効果を生む。全体的な性質は前節の相関モデルと似ている（より影響は劇的だ

図17.9　Hull and Whiteのアプローチにおける、依存関係を示すパラメーターの関数としてのCVA

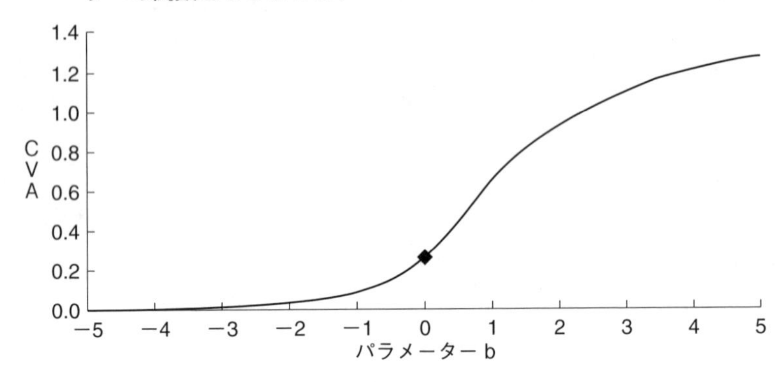

が)。これが経済的に理にかなっているかどうかにかかわらず、このことから、構造型モデルでの100％の相関は極端なケースを示していると解釈されるべきではない。

17.4.4　ジャンプアプローチ

ジャンプアプローチは、個別誤方向リスクの場合により意味をもつだろう。上述の為替のケースがわかりやすい例である。Ehlers and Schonbucher (2006) は、デフォルトが為替レートに及ぼす影響を検討し、17.4.1節で解説したハザードレートアプローチでは過去のデータ実績を説明できない事例を示した。これが暗に意味するのは、デフォルト発生時には為替レートが追加的に大きくジャンプするということである。誤方向リスクを伴う為替エクスポージャーのモデル化については、Levy and Levin (1999) によって提案された簡潔な手法があり、図17.10で示されるように、カウンターパーティのデフォルト時に関連する為替レートがジャンプすると仮定している。このモデル中のジャンプ要因の部分は、通貨の残存価値（residual value、RV）要因としばしば呼ばれるものであり、この仮定においては、カウンターパーティのデフォルト時に通貨が一定割合（1 − RV）減価し、それに従って対応する為替レートにジャンプが発生する、としている。

すでに言及したとおり、Levy and Levin (1999) では、通貨の残存価値の

図17.10　為替商品の誤方向リスクに対する通貨ジャンプアプローチ

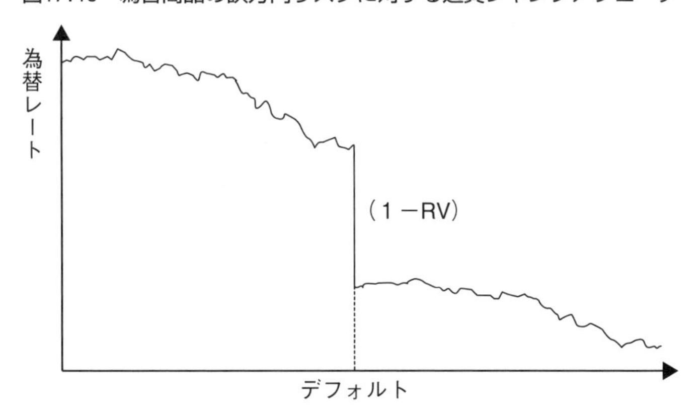

適用による、ソブリンのデフォルト時におけるジャンプ幅の実証推計が、過去の92のデフォルト事象をもとに行われている。結果は表17.2のとおりである。格付けの高いソブリンほどジャンプ幅が大きくなっているが、これはおそらく、高格付ソブリンのデフォルトは金融市場のより深刻なショック下でしか起こらず、ゆえにデフォルト条件付きの為替レートはより大きく動いているはずだからである。このような手法は、Finger (2000) が示しているとおり、ソブリン以外のカウンターパーティにも適用可能である。たとえば大企業のデフォルトは、(ソブリンのデフォルトの影響よりは小さいにしても) その企業の現地通貨に対して非常に大きな影響を与えると期待できるはずである。

図17.11では、この通貨減価アプローチによって実データから推定される条件付期待エクスポージャーを示している (計算式については付録17B参照)。誤方向リスクの影響は時間によらず一定となっている。前のアプローチでは、各将来時点に対して異なる影響を与える可能性がみられたことをふまえると、これは批判の対象となるかもしれない[8]。考え方としては、ソブリンの即時のデフォルトは、通貨の大幅なジャンプ (短期ほど残存価値が小さくな

8　ただし、以下に示す市場データは、一定であるという仮定をおおむね支持するものとなっている。

表17.2　ソブリンのデフォルト時における残存価値の、デフォルト前の格付けごとの値

格付け	残存価値
AAA	17%
AA	17%
A	22%
BBB	27%
BB	41%
B	62%
CCC	62%

（出典）　Levy and Levin（1999）

図17.11　通貨減価による誤方向リスクへのアプローチにおける、為替フォワードの条件付期待エクスポージャー

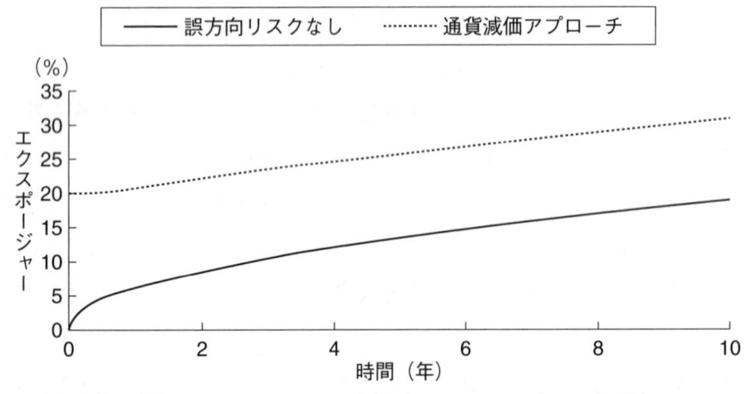

＊残存価値の係数であるRVを80%、為替ボラティリティを15%と仮定

る）を発生させる一方で、以降のデフォルトはそれほど突然の事象ではないことから、影響はより小さくなる（長期ほど残存価値が大きくなる）可能性がある、とできるかもしれない。

通貨減価アプローチはCDS市場の観測結果からも支持される。ほとんどのCDSは米ドル建てで価格が提示されるが、他の通貨と同時に提示される場合も時折見受けられる。たとえば、表17.3はイタリアに対するソブリンの

表17.3　2011年４月時点における、イタリア債 CDS の米ドルおよびユーロ建てでの提示価格（仲値）

満期	米ドル建て	ユーロ建て
1年	50	35
2年	73	57
3年	96	63
4年	118	78
5年	131	91
7年	137	97
10年	146	103

プロテクションを提供する CDS であり、米ドル建てとユーロ建て両方で提示されている。これらの CDS 契約は、同じ定義のクレジットイベントがトリガーとなるはずであり、したがって唯一の違いはデフォルト時に支払われる現金の通貨である。大きな「クウォント」効果が存在することで、ユーロ建ての CDS はすべての満期において約30％安くなっている。これは、５年満期の価格（91/131）を用いた場合、イタリアのデフォルト時におけるインプライド残存価値は約69％[9]となることを示している。つまり、残存価値には、上記アプローチを裏付けるような「時間について均一」という性質がないどころか、2011年中頃に急速に広がった欧州ソブリン危機の数カ月前には現実化しており、イタリアのクレジットスプレッドは表17.3にある2011年４月時点の水準よりも著しく拡大したのである。

欧州ソブリン危機の際、似たような効果が2011年の後半に観察された。たとえば、ユーロのインプライド残存価値は、ギリシャ、イタリア、スペイン、ドイツに対してそれぞれ91％、83％、80％、75％であった[10]。この結果

9　この計算には為替フォワードと通貨ベーシススプレッドの調整が必要となると考えられる。

10　たとえば、“Quanto swaps signal 9 percent Euro drop on Greek default”, Bloomberg, June 2010を参照。

もまた、信用力の高いソブリンほど強い影響を被ることと整合的である。したがって、CDS 市場では通貨の誤方向リスクの効果を観測でき、ヘッジ取引ができる可能性もある。

17.4.5 クレジットデリバティブ

クレジットデリバティブが特別なのは、(ある参照会社に対するプロテクションを別の会社から購入することでは) 誤方向リスクを回避することができず、個別誤方向リスク (例:ある銀行から自国のソブリンのプロテクションを購入) となりうる点である。これまで Duffie and Singleton (1999)、Jarrow and Yu (2001)、Lipton and Sepp (2009) などにより、クレジットデリバティブのカウンターパーティリスクに対処するための数々のアプローチが提唱されてきた。

付録17C では、カウンターパーティリスクを伴う CDS の価格評価を簡潔なモデルを用いて説明している。以下の分析では、担保の影響はまったく考慮しないこととする。CDS リスクは非常に伝播しやすくシステミックな特性をもつことから、担保の影響を評価するのは困難であり、実際にはその影響は限定的かもしれない (たとえば11.3.6節を参照)。同時に留意しておきたいのは、モノラインやクレジットデリバティブ商品組成会社 (CDPC) のような CDS 市場におけるプロテクションの売り手の多くは、いずれにせよ従来から担保契約を結んでいなかったことである (これはたぶん過去の記録にしかすぎないが)。

ここでは、CDS プロテクションの理論的な売買価格を、参照企業とカウンターパーティ (プロテクションの売り手) の相関係数の関数として計算する。参照企業の CDS スプレッドは250bps、カウンターパーティの CDS スプレッドは500bps と仮定する[11]。LGD は両者ともに60%と仮定する。図17.12は、金融機関が CDS プロテクションを買うために支払うべき理論的なプレミアム (CVA を考慮のうえ減額) を示している。プロテクションの売り

11 これらは自身ではカウンターパーティリスクを有していないと仮定する。

図17.12　カウンターパーティリスクを有する場合と通常の（無リスクの）場合を比較した、CDS プロテクション買いの理論プレミアム

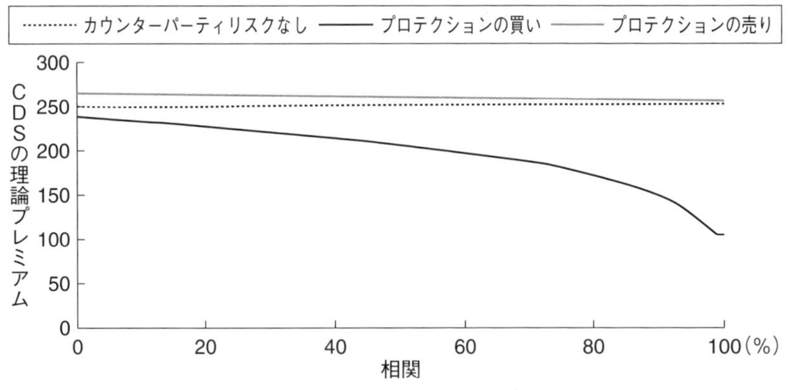

＊カウンターパーティの CDS スプレッドは500bps と仮定

の場合は、プレミアムの増額が必要であろう。図をみると、非常に強い相関の影響がある。プロテクションを買うために、相関60％においては約200bps しか支払わないはずだが、「無リスク」のカウンターパーティには250bps を出すはずとなる。この場合の CVA は50bps（年率）であり、無リスクの CDS プレミアムの５分の１である。極度に高い相関においてはこの影響はさらに厳しく、CVA も巨額となる。相関が100％と最大となったとき、CDS プレミアムは100bps ちょうどのところとなり、その全額がリカバリー価値に対応したものとなる[12]。プロテクション売りの CVA の影響はずっと小さく、正方向リスクのため、相関が増加すればその影響はより小さくなる[13]。

12　リカバリー価値のみに基づくプレミアム（デフォルト時に支払を受け取ることがない場合）は250bps ×40％=100bps である。

13　ゼロまたは低い相関係数においてプロテクションの売り手が損失を被ることがありうるかもしれないが、これが起こるのは、カウンターパーティのデフォルト時に CDS が正の時価となる場合である（この実現には参照企業のクレジットスプレッドの縮小が必要であり、いま一つ考えにくい）。しかしながら、相関係数が高い場合、カウンターパーティのデフォルト時に CDS 時価は負となっている可能性が高く、また、支払は依然必要であるため、プロテクションの売りでは、実質的にカウンターパーティリスクは存在しない。

17.4.6 誤方向リスクと担保

通常、担保はエクスポージャーを軽減する能力によって評価される。誤方向リスクは、潜在的にエクスポージャーの大幅な増加の原因となりうるため、担保が誤方向リスクに与える影響を考慮することは非常に重要である。しかしながら、その影響はタイミングに強く依存するため、特徴を把握するのがきわめて困難である。もしデフォルト前にエクスポージャーが徐々に増加するのであれば担保を受け取れるが、一方でエクスポージャーにジャンプが起こるとなると、担保は役に立たないと考えられる。

担保の影響の特徴を把握するむずかしさを理解するために、まず初めに17.4.2節において一般誤方向リスクに対してとった手法を考える。信用極度額をゼロと仮定してCVAを再計算すると、双方向の担保契約に基づく結果は図17.13のとおりとなる。有担保の場合、誤方向リスクのCVAに対する感応度はむしろ小さく、線の傾きもかなり緩やかである。この理由は（モデルによれば）、誤方向リスクが大きいほど一般的により多くの担保が受け取れるためである。担保の相対的な便益が最大となるのは、誤方向リスクが最大（相関が100%）のときであり、そして担保が負の影響をもたらすのは、担保の差入れが必要となるような極端な正方向リスクが存在する（相関が

図17.13　図17.8で取り上げたスワップポートフォリオのCVAに対する、担保と誤方向リスクの複合的影響（双方向担保契約の場合）

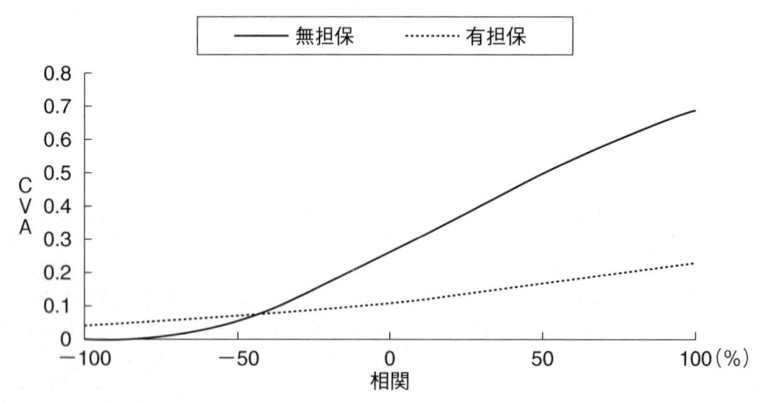

−40%より小さい）ときである。

上記の例では、誤方向リスクのシナリオではより多くの担保が受け取れることから、誤方向リスクの影響のほとんどを担保で削減しているようにみられる。しかしながら、今度は17.4.4節の為替の例における担保の影響を考えてみよう。ここでの影響はかなり自明ではあるが、あえて図17.14に示した。明らかに、ジャンプの効果を担保でカバーすることはできず、エクスポージャーは減価幅の仮定である20%を下回ることができない。このケースでは、担保が誤方向リスクを削減する能力はきわめて限定的である。もし通貨価値の下落が段階的なものであるならば、デフォルトが発生する前にエクスポージャーに対する十分な担保を確保できる。しかしながら、もし通貨の減価がソブリンのデフォルトと非常に強く関連しているのであれば、その結果生じる為替レートのジャンプに対しては、担保の確保は間に合わないだろう。

驚くことではないが、通貨減価アプローチのような手法で計算すると、担保はほぼ無意味という結果になる傾向がある。その一方で、ハザードレートや構造型アプローチのように、より連続的な手法を用いれば、担保は効果的な誤方向リスクの緩和手段という結果になる。真実はおそらく二つの結果の間のどこかにあり、これはカウンターパーティの特性次第である。Pykhtin

図17.14　図17.11で示した為替フォワードの条件付期待エクスポージャーに対する担保の影響

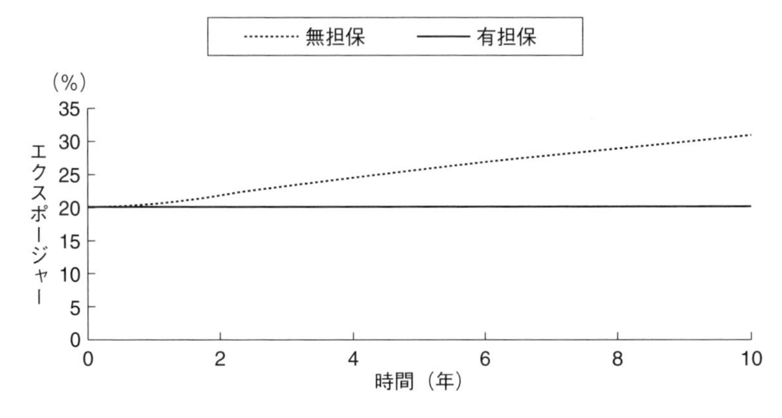

and Sokol (2013) は、誤方向リスクの状況下で担保の便益を定量化するにあたっては、マージンリスク期間中のジャンプやボラティリティの上昇を考慮しなければならない、としている。彼らはまた、銀行のようなシステミック性のより高い取引当事者のデフォルトでは、誤方向リスクはより大きくなるはずだ、とも述べている。全体として彼らのアプローチが示すのは、誤方向リスクが担保保全の有効性にネガティブな影響を与えるということである。興味深いのは、担保を積極的に利用するカウンターパーティ（例：銀行）ほどよりシステミックという傾向があり、このような極端な誤方向リスクの問題にさらされる一方で、システミックでないカウンターパーティ（例：事業会社）は、大抵、そもそも担保を差し入れていないということである。

17.4.7 中央清算と誤方向リスク

中央清算機関（CCP）が信用保全の手段を担保に頼っていることを考えると、特に誤方向リスクにさらされやすいかもしれない。特にCDSのような商品を清算するCCPはそうであろう。CCPの主要な任務は、清算参加者のうちのだれかがデフォルトした時の損失を、その清算参加者自身の拠出した財源の範囲内で補てんすることである（9.3.4節で説明した、いわゆる「デフォルト参加者負担」アプローチ）。デフォルトした清算参加者からの「デフォルト参加者負担」の財源だけではその損失を十分補えない、というリスクにCCPは直面することになる。そのような場合、CCPはその損失を他の清算参加者に負担させることになり、ひいては自身が破綻する危険にさらされかねない。

CCPは信用力とエクスポージャーを切り離しがちである。清算参加者となるためには一定の信用力をもたねばならないが、通常この信用力の定義は、市場にいる外部格付機関ではなくCCP自身が決めたものに従う。これに反して、清算参加者に求められる当初証拠金や清算基金の拠出額のほうは、（CCPに対するエクスポージャーがある）ポートフォリオの市場リスクによって主に[14]決定されるのである。こうして、CCPは暗黙的に誤方向リスクを無視する危険性がある。

CCPが、CDSなどの誤方向リスクが顕著な取引に対して当初証拠金と清算基金を決める際には、誤方向リスク部分の定量化が問題となる。一般的な誤方向リスクの定量化と同様に、これは決して容易な問題ではない。さらに、誤方向リスクが信用力の上昇とともに増えることは、図17.2と表17.2で定量面と実績面からそれぞれ示したとおりである。類似の議論はPykhtin and Sokol (2013) でも行われており、規模の大きいディーラーは、小規模だったり信用力の低いカウンターパーティよりも大きな誤方向リスクを示すとされている。皮肉なことに、これらの観測が示しているのは、当初証拠金と清算基金の拠出を、信用力の高い清算参加者に対してより多く要求すべき、ということである[15]。

上記と関連して、CCPのウォーターフォールは、CDO (Collateralised debt obligation、債務担保証券) と同じような挙動をするのではないか、という考え方がある。この点はMurphy (2013)、Pirrong (2013)、Gregory (2014) など多くの研究者によって指摘されてきた。図17.15がCDOとCCPを比較した図であり、ここでは、CDOにおける「一次損失」は、CCPにおける「デフォルト参加者負担」の当初証拠金、清算基金、CCPの資本によって補てんされている。清算参加者は、自身の拠出した清算基金や他の損失負担分のエクスポージャーを通して、上記の仮想的なCDOにおける二次損失のポジションを保有している。もちろん、そのCDOの詳細条件は未知であり、変化し続ける。なぜなら、その条件はCCPの清算参加者やそれぞれのポートフォリオ、および拠出された当初証拠金などの内容によるからである。しかしながら、明らかなことは、二次損失のエクスポージャーは比較的実現が困難な事象に対応するものであるべき、ということである。なぜなら、もしそうでないのなら、当初証拠金によるカバーがもともと少なすぎた、ということを暗に意味することになるからである。

---

14 CCPのなかには、実際に一部信用力によって証拠金を決めているところもあるが、これは副次的な効果となりがちである。

15 もちろん、信用力が良好な参加者はデフォルトする可能性は低いが、デフォルト時の影響はより深刻なものになるであろう。

図17.15　CCP のウォーターフォールと CDO の構造の比較

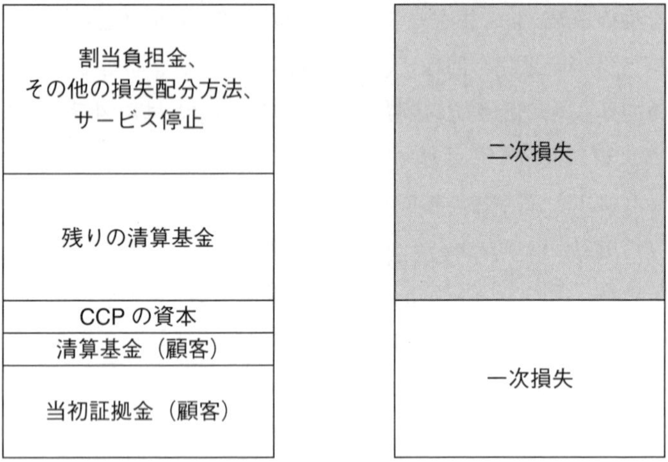

CCP	CDO
割当負担金、その他の損失配分方法、サービス停止	二次損失
残りの清算基金	
CCP の資本	
清算基金（顧客）	一次損失
当初証拠金（顧客）	

したがって、CCP の清算参加者が暗黙のうちにさらされている二次損失のポジションは、CDO の条件としてはむしろシニアとなる。このようなシニアのトランシェは、システミックリスクのエクスポージャーとしてきわめて高い集中があることで有名である（たとえば、Gibson（2004）、Brennan *et al*.（2009）、Coval *et al*.（2009）を参照）。これは、清算基金や、CCP の他の損失配分方法のリスクを考えるにあたって気がかりな点である。

CCP は、受け入れる担保についても誤方向リスクに直面している。CCP はおそらく、幅広い種類の証券を適格なものとして当初証拠金で受け入れるよう圧力を受けるだろう。よりリスクが高く流動性の低い資産を受け入れることで追加のリスクが発生するので、ヘアカット計算がより重視されるものの、もしこれが過小評価されれば、さらにリスクが増加しうる。幅広い種類の証券を受け入れている CCP は、より深刻な逆選択を被る可能性がある。なぜなら、清算参加者（および顧客）は（ヘアカットと比較して）最もリスクの高い担保の差入れを自然と選ぶようになり、CCP に最悪の誤方向リスクをもたらしうるからである（たとえば、欧州の銀行は可能な限り欧州国債の差入れを選ぶだろう）。しかしながら、直接相対するカウンターパーティ間とは異なり、CCP は自分のルールを変更して、この問題を防ぐことができる。

たとえば、さまざまな資産に対して大きいヘアカットを強いることができる。しかしそうすると今度は、清算参加者に流動性の問題を発生させてしまうかもしれない。

17.5 まとめ

本章では、誤方向リスクがカウンターパーティリスクに与える影響について議論した。誤方向リスクはとらえにくいが、潜在的に強力な効果があり、カウンターパーティリスクとCVAを確実に増加させうる。一般誤方向リスクと個別誤方向リスクを比較し、誤方向リスクをモデル化する一般的な手法について、内在する弱点に注目しながら解説した。また、誤方向リスクが担保に与える影響と、中央清算機関における誤方向リスクの効果について考察した。

第18章 xVAの管理

賢くある秘訣とは、何を大目にみるべきかを知ることである。

William James (1842〜1910)

18.1 序　論

本章では、銀行やその他の主要なデリバティブユーザーが、カウンターパーティリスクやファンディング、担保、資本を管理する方法についてみることにする。一般的に大手金融機関は、長年にわたり「CVA デスク」をもち、カウンターパーティリスクのプライシングとヘッジに役立ててきた。これらの部門は「xVA デスク」へと発展し、ファンディング、担保の最適化、資本の削減などを含む、より幅広い任務を負うようになった。近年は小規模な銀行も同様の業務に乗り出してきたが、これはIFRS13やバーゼルⅢなどがもたらしたものである。会計上の必要性やプライシングの最適化のために、他の金融機関（例：国際機関）や非金融機関（大手事業法人）でさえ、なんらかの xVA の機能を設ける必要が生じてきている。

18.2 xVA デスクの役割

18.2.1 動　機

xVA とはデリバティブのプライシングである。従来は、デリバティブのトレーディングとリスク管理はそれぞれが専門的なアセットクラス（例：金利、為替、コモディティ、株式、クレジット）別の縦割りで行われていた。CVA や他の xVA がますます重要になってくるにつれ、これらの要素を管理する必要が明確に生じてきた。しかしながら、xVA はアセットクラス固有のものではないため、すべてのアセットクラスのみならず、これにまつわる信用力や担保、ファンディングや資本への影響に関する幅広い知識が必要となる。それゆえ、以下の二つの主要な目的を果たすために、中枢となる機能を備えることが一般的になってきた。

● プライシング

xVA はさまざまなかたちで不均一に発生する。長期の取引や信用力の低い無担保のカウンターパーティが、最も大きく xVA に貢献しているだろう。カウンターパーティリスクや担保、ファンディング、資本に対する追加的な影響を考慮したうえで、各取引に正確な xVA を賦課することが重要となる。xVA を正しく反映できないということは、正確なプライシングができないということである。

● xVA の管理

新規取引は信用リミットや担保、ファンディング、所要資本に影響を与える。これらは予測不可能であり、このせいで時価に大きなボラティリティが生じうる。したがってこのような要素を、xVA デスクが可能な限り自分のものとして管理することが必要となる。通常の目的は、取引開始時にプライシングされた xVA を取引期間中「固定（lock in）」して、いかなる追加的なコスト（または利益）も生じさせないことであろう。

一般的に xVA デスクは、金融機関内の中枢部門として設立される。必要となる専門性やシステムをすべて集約することには利点がある。また必然的に課題も発生する。たとえば、xVA デスクが過剰なプレミアムを賦課していることで、顧客収益の減少とビジネス機会の喪失を招いている、とみなされてしまう場合である。

18.2.2 役　　割

xVA デスクは以下の一部もしくは全部について責任を負っている。これらは全体として、店頭デリバティブ取引を満期まで保有するコストを表している。

● カウンターパーティリスク

最も一般的で基本的な xVA デスクの役割は、カウンターパーティのデフォルト時にカウンターパーティリスクを負うことに加え、CVA の時価のボラティリティを管理することである。

● 担保の最適化

xVA デスクは、「最割安銘柄」担保（13.4.3節）のプライシングに沿った最も効率的な差入担保を選択することにより、担保の最適化に関与するだろう。担保によって、CVA や FVA、KVA などさまざまな xVA の要素も削減されるため、担保条件の交渉や再交渉は、xVA の管理にあたりきわめて重要な要素となる。

● ファンディングとマージン

xVA デスクは、ファンディングの管理と当初証拠金差入れの要求ならびにコストの管理に責任を負うだろう。これはたとえば、資金部門に対して内部的にヘッジを行うことによるものとなる。CVA、DVA、FVA の重複（15.3.2節）は、この点においても重要となる。

● 資　本

バーゼルⅢ（第8章）では、カウンターパーティリスクに対する所要資本は大きくなる可能性があり、レバレッジ比率（8.8.2節）などの関連する要素もある。将来的な所要資本の増加を管理し、資本の使用を削減する責任をもつだろう。これは、たとえば、クレジット・デフォルト・スワップ（CDS）を用いて CVA をヘッジすることで行われる。

なお、上記の役割の一部は互いに補完的である。たとえば、デフォルト事象（シングルネーム CDS）や全般的なクレジットスプレッドの変化（インデックス CDS）を対象としたカウンターパーティリスクの CDS でのヘッジは、同時に資本軽減をもたらすことも期待されるだろう。しかしながら、後ほど議論するように、これらは常に補完的とも限らない。

プライシングの観点からは、xVA デスクが果たす役割は大きくいって二つある。

● 価格移転

xVA のプライシングは保険の購入と似ている。新規取引開始時には、xVA デスクはトレーディングデスクやセールスデスクに対して現金を実際に支払うよう要求する。そうして今度はトレーディングデスクやセールスデスクがこれを顧客へ賦課することになり、一般的には乗せたマージンはどれもだいたい実現する。オリジネーター（例：トレーディングデスク）がこの要求金額の一部でも顧客に転嫁しない、ということは考えにくい。なぜなら、それは彼ら自身の損失につながるだろうからである（ただし、顧客リレーションの構築や維持のためなどの限られた状況下においては、そうしないかもしれない）。

●ハードル

この場合、xVAデスクはトレーディングデスクやセールスデスクが達成すべきハードルを設けるにとどまり、利益やリスクを実際に移転することはない。オリジネーターのデスクは全額顧客にコストを賦課することについて、促されはするものの、強要されるわけではない。ただし、もしそうしない場合は、取引期間にわたって（たとえば、資本収益率の指標に基づく）望ましい収益を維持できないことを意味する。

従来から、xVAデスクが設立されると、xVAが後者から前者の役割へと変化する傾向にある。小規模な銀行はハードル的なやり方をする傾向にある一方で、大手のより洗練された銀行は価格移転を行っている。会計基準（例：IFRS13）や規制ルール（バーゼルⅢ所要資本、レバレッジ比率）、および市場慣行（FVA、MVA）の影響が拡大するにつれて、能動的にxVAを管理する必要性が増し、それがまた価格移転の必要性へとつながった。しかしながら、xVAの全要素が継続的に価格移転されているわけではない。現状におけるわかりやすい例外は資本である。資本に対して適切なリターンを達成するようなハードルが決められてはいるものの、ほとんどの銀行がいまだKVAをアップフロントで価格移転するまでには至っていない。

なお、好ましい結果（例：カウンターパーティがデフォルトしなかった）であっても、通常はxVAの賦課金額がその発生元に返還されることはない。現実的には、賦課されたxVAプレミアムは間接的に使われるか、もしくは他のコストを相殺するために使われるだろう。たとえば、xVAデスクはCVAプレミアムをオプションの購入に充てるかもしれない。これはCVA

そのものを相殺するものではないが、CVAのボラティリティの管理において一つの要素となる。しかしながら、取引に関連する他のいかなる経済的な判断（たとえば、取引の解消やオプションの権利行使、キャンセル、中途解約、リスク軽減策の変更）もxVAの調整を引き起こすはずである。事実、近年において、銀行はコスト最小化とリターン最大化のために、さまざまなリストラクチャリング（取引の解消、担保条件の変更など）による最適化を積極的に行ってきた。xVAデスクはこのようなリストラクチャリングをプライシングすることによって、そういった状況においてもトレーディングデスクやセールスデスクに対して適切なインセンティブを与えるべきである。

また留意すべきは、新規取引をプライシングする際、ヘッジ活動などの観点がいっそう重要になってくるということである。たとえば、顧客がスワップ取引を実行し、その取引が今度は反対方向のスワップでヘッジされるとしよう。このヘッジ取引のカウンターパーティは金融機関である可能性が高いので、非清算店頭デリバティブ証拠金規制や中央清算の要件によって、当初証拠金コストが発生するだろう。たとえ、もし、もともとの顧客が当初証拠金の差入れを免除されていたとしても、当初証拠金のコスト（MVA）はその顧客に対して賦課されてしまうであろう。

18.2.3 プロフィットセンターかユーティリティ部門か

もう一つの疑問は、xVAデスクが「プロフィットセンター」なのか、それとも「ユーティリティ部門」なのか、という点である。もっとも、二つの用語にさほど差はない。一般的に認められているところでは、xVAデスクとは損益ゼロを目標としたユーティリティ部門のはずである。損益ゼロの目標は、伝統的なトレーディングデスクと比較して、xVAデスクに適切に行動するインセンティブを与えるはずである。xVAを過大に（または過小に）賦課するインセンティブはなく、ヘッジによる積極的な管理や、リスクを低減させる取引の取組みが推進される。理想的な世界では、xVAは取引のコストの総額を示すものであり、この金額を上回る損失が将来に発生する可能性はないだろう。

xVAのヘッジは不完全であるため、上述の理想がきわめて非現実的なのは明らかである。したがって、金融機関がxVAに対する自社のリスクアペタイトを決定することが重要となる。一般的に、xVAのボラティリティを削減しようとするほど長期的なコストは大きくなるだろう。これは特にカウンターパーティリスクに対して当てはまる。信用リスクを積み上げると巨大なCVAボラティリティを招くが、長期的には利益が期待される。なぜなら、実際の信用損失はリスク中立のデフォルト確率（12.2.1節）でプライシングしたものよりも小さいからである。銀行は伝統的に与信活動から生じる信用リスクを積み上げるため、デリバティブに起因するカウンターパーティリスクについても、しばしば同じような見方をしてきた。これは特に小規模な地方銀行に当てはまり、彼らにとっては適切な考えである。なぜなら、CDS市場の流動性が相対的に低いことから、カウンターパーティリスクのヘッジをシングルネーム単位で行うのは、多くの場合不可能だからである。

信用リスクを積み上げるアプローチは、IFRS13やバーゼルⅢの発展によって、年を経るにつれいっそう現実的でなくなってきた。xVAデスクは、慎重に決定したリミットを備え、ヘッジのないむき出しの（open）リスクはあまりとれないようにする必要があるだろう。とはいうものの、また同時に、ヘッジが高価で非効率的な可能性があるときには、余裕をもって戦略的な決断を行うべきである。そうすると、リミットに従ってリスクを積み上げるほうを選ぶかもしれない。xVAの要素のなかには、ヘッジするのが比較的容易なものもあれば、さほど容易ではないものや、ヘッジ不可能なものもあるだろう。これらは18.3節で議論する。

したがって明らかなのは、xVAデスクが損益ゼロの目標をもった場合でも、なんらかの方法による余剰損益の定期的な配分を検討することが重要だということである。この損益の一部は、会計上生じるもの（例：クレジットスプレッドの拡大）かもしれないが、なかには実際に実現するもの（例：デフォルト損失）もあるだろう。前者の場合、オリジネーターで一様に配分するのが最もわかりやすいだろう。ともすればxVA賦課額でウェイトづけできる（つまり、xVAを最も多く支払ったデスクが最も大きな余剰損益を得る）かもしれない。デフォルトなど、シナリオによってはより偏った配分を検討することが適切かもしれない。デフォルト事象においては、債務整理のプロセス（デフォルトしたカウンターパーティと支払請求について交渉するプロセス）も重要であり、xVA デスクは能動的に参加して請求権を最適に管理すべきである。

将来生じうる xVA 損失の配分については、ある種の「建設的なあいまいさ」を維持するのが有益であろう。さもなければ、逆選択の問題が生じてしまい、オリジネーターであるセールスやトレーダーが、すべてのリスクが xVA デスクに完全にパススルーされると認識されているという事実に基づき、不適切な種類の顧客（例：信用力が低い）と取引することを選ぶかもしれない。もし、将来損失の一部でもオリジネーターにさかのぼる可能性があるとすれば、彼らにより適切に行動するインセンティブを与えるだろう。一部のクライアントとのリレーションにおいては、オリジネーターであるトレーダーやビジネス部門が、特に誤方向リスクといった複雑な点に関連して、裏にあるリスク特性を理解するのに最適な立場であろう。もちろん、このような配分方法は状況によっては不公平とみられるかもしれない。

18.2.4 オペレーションと稼働開始

立ち上げ初期段階の xVA デスクにとって特に課題となるのは、取引の対象範囲である。最も大きな xVA を生じさせるような、無担保で長期の取引を行うユーザーに対応するのが大事である。CVA の評価では多くの取引を無視することができる。たとえば、十分に担保されている取引や、信用力の高いカウンターパーティ相手の取引などである。しかしながら、直近の金融危機で銀行が被った最大の xVA 関連損失は、モノライン保険会社との取引から起こったものであり、同じ理由から一般に無視されていた。さらに、xVA は一般的にあらゆる取引になんらかのかたちで適用される（例：表13.1参照）ので、すべての要素を正しく評価することが重要である。また、そうすることによって、ヘッジコスト（例：当初証拠金の要件）のプライシングを行い、もととなった取引を行う顧客に対してコストを賦課することが可能となる。

xVA 賦課額はしばしば店頭デリバティブの価格における重要な決定要因となる。ゆえに、xVA の価格移転に際しては、リアルタイムの xVA 賦課額計算を目的とした堅固で機械化されたプロセスが必要となる。システムの観点からこれを適切に行うのは複雑であることから、やむをえず簡便な方法がしばしば用いられる。リアルタイムのプライシングの実装は、以下のようにさまざまな洗練度で行われている。

● **参照表**

参照表を用いることによって、各グリッドにおける xVA 賦課額を高速に推定できるようになる。参照表は各商品種別や満期、信用力ごとに別々に作成されるだろう。もちろん、このような計算では取引固有の条件やリスク軽減策を考慮することはできないが、とてもシンプルで高速、かつ透明性の高い手法となっている。

● **独立した計算**

与えられた商品に対して（たとえば、スプレッドシートで）独立して xVA のプライシングを行うのは、比較的簡単に実現できる。これで取引固有の条件はより良くとらえられるが、潜在的なリスク軽減策やポートフォリオ効果は無視されてしまう。一方向の（directional）取引については、ネッティングなどの要素の影響は小さいと考えられ、さほど問題にならないこともある。

● **完全シミュレーションによるプライシング**

すべての面（特にネッティング、担保、ポートフォリオ効果）を算入するには、シミュレーションの手法を用いて、取引グループ（通常はカウンターパーティ単位だが、ポートフォリオ単位の場合もある）全体に対して計算をするしかない。実務上は、シミュレーションエンジンを用いて、関連するすべての市場変数を発生させ、既存取引と新規取引の価値を必要なシナリオに基づき全期間で計算する必要がある。これには、非常に高速な処理能力や十分な記憶容量（たとえば、10.3.3節の議論を参照）が必要となる。

カウンターパーティ単位もしくはポートフォリオ単位の正確な増分をプラ

イシングするためには、完全シミュレーションによる定量化が必要となる。おそらく、これは特に以下のような xVA の要素の一部またはそのすべてにおいて求められるだろう。

● **CVA と DVA**

通常、CVA と DVA はネッティングセットまたは担保計算の範囲の単位で必要となる（14.4節）。これはカウンターパーティに対するポートフォリオと同一か、またはその一部となるだろう。

● **FVA**

FVA は担保契約と付随する前提条件によって、独立（取引）単位か、場合によってはポートフォリオ全体で計算する必要があるだろう（15.2.5節）。

● **MVA**

直接相対する取引の当初証拠金計算は、表6.8で示した標準的な掛目表などの簡便化された方法を使わない限りは、ポートフォリオ単位で行われることになる。中央清算される取引については、当初証拠金は CCP におけるクロスマージンの範囲に応じて計算されることになる。通常これは、ある CCP における同じアセットクラス内の全取引が、計算対象のポートフォリオを構成することを意味している。

● **KVA**

デフォルトリスク資本賦課（8.1.2節）はネッティングセット間で加法的であり、ゆえに CVA のそれと似た計算に従う。しかしながら、標準的および先進的 CVA 資本賦課（8.7.3節）やレバレッジ比率（8.8.2節）でさえもポートフォリオ単位での計算が仮定されていることから、KVA のプライシングはおそらくポートフォリオ全体の計算で構成されることになるだろう。ただし、多くの場合は単純な近似を用いるのが理にかなっていると考えられる。

カウンターパーティ単位やポートフォリオ単位の計算をリアルタイムで行うには、当然ながらほかより洗練されたシステムの実装が必要となる。これについては以下で議論する（18.4節）。仮に銀行に比較的洗練された環境があり、正確な増分 xVA をリアルタイムで計算することが可能であるとしても、新規取引のプライシングには何かしら些細とはいえない手計算の部分が含まれる可能性がある。したがって、トレーディングやセールス、マーケティングは比較的単純なプライシングのツールしかもたず、正式な価格を算出するにはxVAデスクに頼らなければならない。一部の市場、たとえば短期為替取引では、数分以内に価格を提示しなければならないため、これを実現するためのオペレーション上の問題が明らかに存在する。

なお、プライシングする必要があるのは新規取引だけではない。プライシングする必要があるものには、取引の解消、リストラクチャリング、リスク軽減策の変更（例：CSAの再交渉）、ノベーション、相対取引のポートフォリオからCCPへの移管（しばしば「バックローディング」と呼ばれる）、さらにあるCCPから別のCCPへのポートフォリオの移管などがある。これらすべてが一つまたは複数のxVAに対して影響を与えるため、ダイナミックに定量化する必要があるだろう。このような状況下でのさまざまなxVAの例は、いくつか次章で示されている。

オプションの行使やキャンセル、追加的終了事由（5.4.2節）の適用など、選択肢が存在する場合の意思決定もまたxVAに依存する。たとえば、現物決済のスワップションの行使は、原資産のスワップのxVA部分をみながら最適に行うべきである。これを怠ると、最適ではない行使につながり、スワップの無リスク価値が正の値でも、xVA調整後の価値がそうでないような事態となる。もしxVAがアップフロントで賦課されると、価格移転の問題が生じる可能性がある。つまりその場合、オリジネーションを行ったトレーダーが最適なところで取引を行使したり中途解約したりするインセンティブを損なうことになるということである。これは、損益の影響を被るのがxVAデスクであることによる（xVAデスクは、トレーダーの最適ではない行動によって損失を被るであろう）。理想的には、これを避けるために、xVAデスクはあらゆる経済的意思決定に対してコストや払戻しを課すようにする。通常業務のなかでは、オプション行使での条件をつけたコスト賦課や、取引のキャンセルに対するリベートを意味することになるだろう。

なお最後に、銀行が顧客へxVAを賦課する際、理論値から調整を加える場合がある。これは以下の例のような多くの理由によって生じる。

●信用リスクの積み上げ（warehousing）

信用リスクを積み上げることで利益が生まれるのであるから、より低いCVA賦課額で良い、とする考え方から来るもの（16.3.8節のコメントも参照）。

●債務整理プロセス

債権の優先順位が高い、または債務整理プロセスでより有利となるとの見方により、LGDを低く仮定する。

●顧客リレーション

顧客リレーションに左右された行動として、将来のより高い収益の取引に期待して賦課額を小さくしたり、取引が早期に解消され全期間のxVAコストは実現しないとの仮定を置いたりする。

●資本の軽減

（たとえば、CDSインデックスを用いた）ヘッジによって資本の軽減が実現し、これによりKVAが削減される。16.3.8節での議論も参照。

●規制と方針の変更

将来の内部方針（例：資本コストやファンディングコスト）の変更や、規制の緩和や強化（例：CVA資本賦課免除の廃止：8.7.7節を参照）について仮定する。

上記のいずれについても、明確に正当化を行い、会計方針とのバランスをとらなければならない。会計上の要件が比較的明確に規定されているCVAについては特にそうである。たとえば、信用リスクを積み上げる見通しによりCVAを低くチャージすることは、会計上の損失につながる可能性が高いだろう。なぜなら、IFRS13ではCVAの定量化にクレジットスプレッドを使用する必要があるからである（12.2.2節）。一方、現状では、たとえKVAが資本収益率のハードルに対する適切なリターンを達成するには不十分なものであったとしても、取引が実行されるかもしれない。この状況は即座に損失につながるわけではないが、取引期間にわたって実際に発生する規制所要資本を考慮して比較すると、リターンは悪くなるだろう。

18.3 xVAのヘッジ

18.3.1 動　　機

xVAで重要なのは、4.4.3節の初めに述べたように、デリバティブの基本的な価値評価とxVAの調整とを切り離すことができる点である。同じことがヘッジについても当てはまる（図18.1）。デリバティブの市場リスクをトレーディングデスクが単独でヘッジする一方で、xVAデスクは彼ら自身の市場リスクのヘッジに努めることができる。xVAを切り離すのが適切であるのは、さまざまな種類のデリバティブがそれぞれのアセット固有の特徴を有しているということとあわせて、xVAは一般的にカウンターパーティリスク、担保、ファンディング、資本に依存するという事実によるものである。それに加えて、デリバティブポートフォリオの基本的な価値評価は加法的である一方で、xVAは一般的にそうではない。これによってxVAのヘッジには、ポートフォリオ単位で行うという特別な取扱いが求められる。さら

図18.1　xVAヘッジの図示

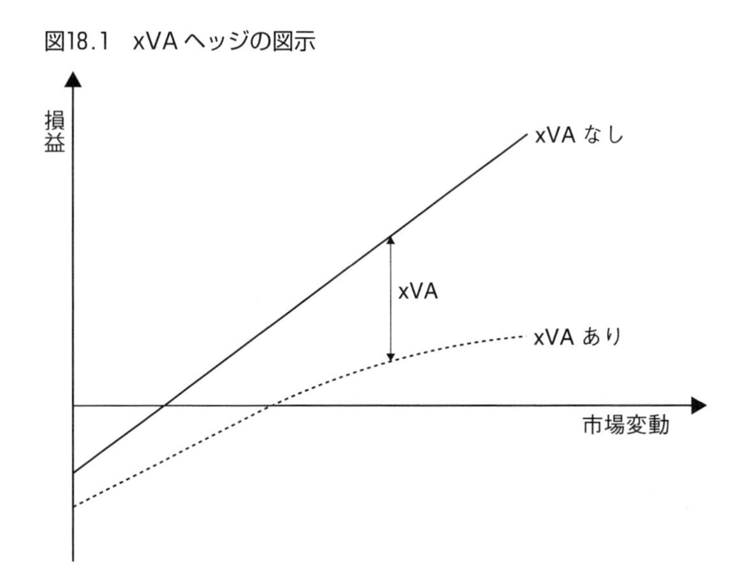

に、xVAは基本的な価値評価よりも複雑になりがちである。基本的な価値評価にはしばしばボラティリティやクロスガンマといった要素も含まれるが、特に線形の商品であればそれほど複雑ではないだろう。

18.3.2 エキゾチックオプションとしてのxVA

xVAは、一連のオプションペイオフによって決まるものとみなすことができる。例としては、エクスポージャーの定義（7.1.4節）や、スワップのエクスポージャーを一連のヨーロピアン・スワップションとして表すSorensen–Bollierのアナロジー（10.2.2節）を参照されたい。これが暗に示しているのは、ヘッジの問題に対して、オプション（もしかすると非常に複雑なもの）のヘッジと似たようなかたちでアプローチすべきということである。しかしながら、いくつか留意すべき重要な検討事項がある。

●契約書上の記述

エクスポージャーにおけるオプションのペイオフは厳密に定義されない。なぜならそれは、デフォルト発生時のクローズアウト価値（5.2節）などの、契約書上の法的な記述に依存するからである。

●複雑性

たとえもしxVAがさまざまなオプションの価格として決定されるとしても、これらのオプションはインザマネーやアウトオブザマネー、長期であるなど、複雑となりうる。したがって、プライシングとヘッジはむずかしいだろう。

●信用力、担保、ファンディング、資本のコスト

一般的にxVAとは、信用力、担保、ファンディング、資本のコストに対してオプションペイオフを合計したものである。これらの根源的なコストは非常に不明瞭で、推定は主観的であり、ヘッジも困難か不可能である。

●相互依存

各変数間（たとえば金利とクレジットスプレッド）の依存性や連関性はヘッジが不可能であり、厄介なクロスガンマ効果をもたらすかもしれない。

●**裁定の欠如**

デリバティブ商品のプライシングにあたって、裁定の有無が鍵となる。プライシングの誤りは、他の市場参加者がその誤った価格で取引を行い、利益確定目的のヘッジを行うことで裁定につながる。しかしながら、xVAのプライシングの誤りは直接裁定可能ではない。というのも、それは通常、二者間の非公開の取引となるからである。

上記の理由により、実利的な観点から、xVAの要素のなかにはヘッジ可能なものもあれば、何とかヘッジはできるがベーシスリスクが残ってしまうもの、またまったくヘッジができないものもある、ということを念頭に置くことは重要である。これを理解するために、簡単な例として金利スワップのCVAに対するヘッジを考えよう。CVAは金利、金利のボラティリティ、クレジットスプレッドに対して感応度をもつため、ヘッジには金利先物または金利スワップ、シングルネームCDSと金利スワップションが必要となるだろう。理論的には、これらのヘッジは単一取引によるものとはならない（例：ベガの詳細にあわせて、複数のスワップションを用いてヘッジすることになる）。理想的には必須であるシングルネームCDSは流動性が低い場合が多く、なんらかのインデックスや他の代理となる銘柄を用いなければならない。また、ヘッジは市場変動の発生に従って頻繁なリバランスを必要とするだろう。最後に、xVAが金利とクレジットに対してヘッジされていたとしても、金利低下とクレジットスプレッド拡大が同時に起こるなどすれば、損益に大きな変動が生じうる（クロスガンマ）。したがって、xVAデスクの機能は一部はトレーディングデスクであり、一部はポートフォリオ管理部門であるといえる。

18.3.3 乖　　離

xVAポートフォリオは、対象とするすべての通貨、アセットクラス、商品種別の取引に含まれる市場パラメーターに対して、一つ残らず感応度をもつことになる。さらに、ボラティリティのリスクがボラティリティに感応度をもたない商品から発生するなど、xVA に特有の感応度もあるだろう。

xVA のボラティリティが益々増加していることで、より多くの銀行がなんらかのヘッジ戦略を考えることとなった。その戦略は最終的には妥協を含んだものとなるのだろう。まず初めに、ヘッジの目的は何なのかという問いが起こる。これには少なくとも以下の三つの異なる側面があると考えられる。

- **実際の経済リスク**
  実際にもととなる経済的な金融リスク（例：デフォルト）
- **会計上の xVA**
  会計実務により生じる xVA の変動（例：クレジットスプレッドの拡大）
- **規制資本**
  規制所要資本

理想的な世界では上記の三つは完全に整合的となるかもしれないが、実際には乖離が大きくなりうる。たとえば、DVA は会計上の xVA の一要素であるが、一般的には経済上現実的なものとはみなされていない（14.6.8節）。その一方で、銀行は一般的に FVA を重要な検討対象とみている（15.1節）が、こちらはいまだ会計基準や規制資本ルールで言及されていない。上記三つのうち重きを置く点は銀行によって異なるだろう。資本に制約がある銀行は規制資本の削減を最優先の目的とする一方で、別の銀行は会計上のボラティリティを減らすことを重視するかもしれない。バーゼルⅢの取決めに従えば、市場リスクヘッジが規制資本を増加させるという潜在的な問題（8.7.5節）も忘れてはならない。ただし、一部の規制当局は免除規定を設けている。EBA（2015b）の報告によると、銀行はこのような資本を費消するヘッジに対して敏感になっている。特に言及されているのは、金利スワップ、為替フォワード、金利オプション、通貨スワップを用いたものである。

最後に、ファンディングコストと資本コストのいかなる変化も、xVA デスクの損益に影響を与える可能性がある。しかしながら、これには一般的に資金移転価格（Fund Transfer Pricing、FTP）カーブや資本収益率ターゲットなど、銀行内部のパラメーターが反映される。これらのパラメーターは安定的であるだろうが、常に変動する市場金利から間接的に影響を受ける(例：図12.11参照)。このような変化はすべて、ヘッジが非常に困難な損益の変動をもたらすが、継続的にこれらのパラメーターを認識することは適切ではない。なぜなら、引き起こされる時価のボラティリティは単なるみせかけだからである。

一般的にxVAは、もととなるクレジット、担保、ファンディング、資本のコストと市場リスクとが組み合わさったものとして表すことができる。次項ではこれらの事項について検討することにする。

18.3.4　市場リスク

xVAの市場リスク感応度は大まかに次のように分類することができる。

●スポットレート、フォワードレート

金利や為替などのスポットレートやフォワードレートに対する感応度。これは一般的にヘッジ可能であり、対応するヘッジ商品に流動性があり、おそらくは上場または中央清算されるものである。

●ボラティリティ

通貨オプションや金利スワップションなど、インプライドボラティリティに対する感応度。これもヘッジ可能であるものの、対応するヘッジ商品は一般的に直接相対の店頭デリバティブ商品で、流動性が低く、取引できない場合がある。たとえば、長期のボラティリティのヘッジは不可能だろう。

●相　関

別々のエクスポージャー変数間（たとえば、2種類の金利など）の相関に対する感応度。これは一般的にヘッジ不可能である。例外としては、クウォント、バスケットオプション、スプレッドオプションなどのエキゾチック商品を用いる方法があるが、通常これらには流動性がない。

なお、市場リスクヘッジは、xVAのうち一部または全部に対してまとめて行うことができる。たとえば、金利ヘッジがそうである。なぜなら、金利の上昇によって、CVAとFVA両方の増加がもたらされる場合があるからである。もしxVAデスクが特定部分（例：KVAによる資本コスト）の変動をヘッジする権限をもっていない場合は、当然それはデスクの損益に含まれることはないだろう。

大規模な取引ポートフォリオの場合はもちろん、比較的シンプルな場合であっても、上記の分類に含まれる感応度は多数ある。たとえば、1本の通貨スワップからは、金利リスク（2通貨分と、おそらくOIS-LIBORベーシスリスク)、金利ボラティリティリスク（2通貨分)、為替リスク、為替ボラティリティリスク、相関リスク（金利間、および金利・為替間）が生じる。また、理想的にはすべてのヘッジを期間構造に沿って考えるべきだが、ヘッジ取引が増加してしまうため、これは多くの場合実務的ではない。

18.3.5　クレジット、ファンディング、資本のヘッジ

市場リスクヘッジはまずまず実務的に可能な一方で、クレジットとファンディングのヘッジはそれほど簡単ではない。クレジットのヘッジは、対応するCDS市場の流動性の低さにより、明らかによりむずかしい。ヘッジ手段となりうるものは以下のとおりである。

●シングルネームCDS

もし流動性があるのならば、これはカウンターパーティの信用力に対する理想的なヘッジである。しかしながら、クレジットスプレッドのヘッジと「突発的デフォルト（jump-to-default)」リスクのヘッジには違いがある。前者はクレジットスプレッドの小さな変化に、後者は実際のデフォルト事象に注目している。また、プロテクションの売り手のカウンターパーティリスクに着目することも大切である。理想的には、信用力が高く、もともとのカウンターパーティとの相関が極小となるカウンターパーティからプロテクションを購入すべきである（もし、CDSが中央清算されていれば、この問題は解決ずみとみなされるだろう)。

●代理のシングルネームCDS

類似のクレジット銘柄を用いたヘッジは効率的とみられるかもしれない

が、ただし、これは明らかに対応するクレジットスプレッドの相関次第である。また重要なのは、その代理のクレジット銘柄が同じ状況下でデフォルトするか否かである。状況次第でデフォルトが発生する場合もあれば（例：代理銘柄がソブリンであり、問題のカウンターパーティを常に救済すると考えられる場合）、発生しない場合もある（例：類似地域・業種の銘柄である場合）。

● **インデックスCDS**

クレジットインデックスはより流動性が高く、一般的なクレジットスプレッド拡大に対するマクロヘッジを行うのに用いられるが、実際のカウンターパーティのデフォルトにおいてはなんらプロテクションは支払われない[1]。インデックスヘッジの便益（およびそれに伴う資本軽減）は、インデックスCDSとシングルネームCDSの間の十分な相関の存在に強く依存しているが、実際にこのような相関が常に観測されるわけではないだろう[2]。

上記から、大抵の金融機関は、会計上のCVAが過度に変動することを避けるために、なんらかのクレジットヘッジを行うのが適切だと考えるであろう。可能ならば、クレジットオプションを用いたコンベクシティの管理や、シングルネームCDSを用いた集中エクスポージャーのヘッジも行うかもしれない。

一般的に、ファンディングコストのヘッジは不可能であるが、xVAデスクがこれらのコストに責任をもつ場合は、クレジットインデックスが代理変数の一つの候補となるだろう。これは明らかに、FVAを目的としたファンディングコストの設定方針次第である。資本コストを株式でヘッジするのは最もわかりやすいだろうが（例：株式の買戻し）、やはりこれも、実際の資本収益率に対するハードルの設定方針次第である。

18.3.6 クロスガンマ

「クロスガンマ」とは、原資産の二つの変数同士がゼロでない相関をもつ

1　参照企業が偶然、当該インデックスに含まれていたというような間接的なものを除く。
2　たとえば、"CDS de-correlation on a threat to CVA hedging, traders warn", *Risk*, 3rd September 2015を参照。

ことによる依存関係を表すのに用いる用語である。最も問題のあるクロスガンマは、クレジットスプレッドと他の市場変数との間のものであり、誤方向リスクと関連があるだろう。クロスガンマの定義は、たとえ、もし二つの変数をそれぞれ独立してヘッジしていたとしても、それらが**同時に**動くと重大な影響を及ぼすということである。現実問題として、金利低下と同時にクレジットスプレッドが拡大するなど、主要な市場変動からクロスガンマを被るかもしれない。このような状況下では、固定受け金利スワップのポジションにおける無担保エクスポージャーが大きくなるほど、より大きなクレジットヘッジが必要となる。しかしこのヘッジコストは、裏にあるクロスガンマ効果に既存の金利ヘッジが対応できていない限りは、ヘッジからの利益でまかなわれることはないだろう。

18.3.7　損益要因分析

xVA に関連した損益の変化を予測・説明できることは重要である。これは、トレーディングデスク自らのヘッジパフォーマンスや、ヘッジされていない重要な変動の原因を理解するために、通常求められるものである。「損益要因分析（P&L explain）」の目的は、損益の変化を、各市場変動に関連したヘッジ可能な単純な要因と、契約条件やデータの変更などヘッジ不可能な要因とに分解することである。xVA の損益要因分析に含める必要のある要素は、以下のとおりである。

- 市場リスク
  - ・時間的価値の減衰（セータ）
  - ・デルタ（金利、為替等）
  - ・ボラティリティ（ベガ）
  - ・クレジットスプレッド
  - ・クロスガンマ
  - ・相関
  - ・デフォルト事象

・ファンディングコストと資本コスト

●トレーディングの意思決定

・新規取引

・取引の解消

・ノベーション

・中途解約

・権利行使の決定

●契約条件その他の変更

・ネッティング条件の変更

・担保条件の変更（CSA の再交渉）

・格付けの変更（たとえば、クレジットスプレッドのマッピングの変更につながるもの）

・モデルの変更や、通常安定的なパラメーター（例：平均回帰係数）の再推定

18.3.8 ヘッジによる規制資本の軽減

規制資本賦課のコストは高いため、ヘッジで実現できる可能性のある資本軽減は歓迎されるだろう。これはCVA と KVA をまとめて削減するものとみられるかもしれない。しかしながら、資本軽減が実現されるか否かは疑わしい。なぜなら資本賦課の決定に用いられる計測手法は、比較的単純で保守的だからである。

バーゼルⅢのもとでは、市場リスクヘッジはいかなる資本軽減ももたらさない。というのも、市場リスクヘッジはCVA 標準的リスク計測方式と先進的リスク計測方式のどちらにも含まれていないからである。実際にこれらの計測手法が暗に仮定しているのは、市場リスクがすでにxVA デスクによってヘッジされているということであり、実際には市場リスクヘッジは資本賦課の増加をもたらすことになる。これを示したのが図18.2である。ここで、無担保取引が有担保取引によってバック・トゥ・バックでヘッジされている

図18.2　所要資本を増加させるxVAの市場リスクヘッジ

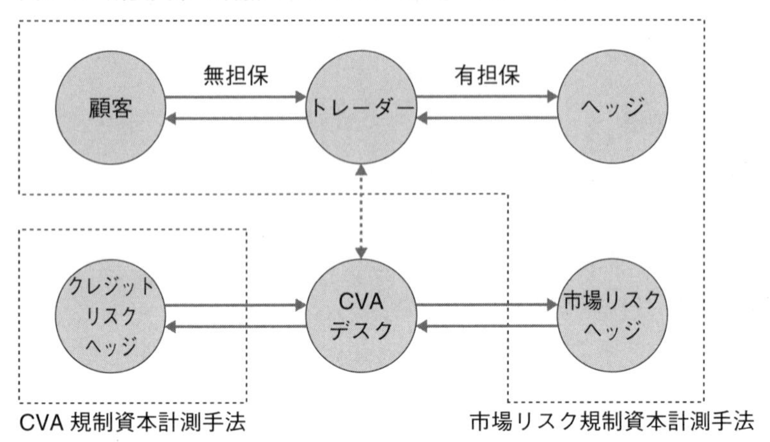

としよう。なおこの場合、市場リスク規制資本の枠組みではネットの市場リスクはゼロとみなされる。この状況に起因するxVAはもちろん存在するが、これに対するいかなる市場リスクヘッジもCVA資本賦課においては認識されない。ゆえに、基本的な市場リスクの取決めのもとで認識されるはずであり、規制資本は増加するだろう。8.7.7節で述べたとおり、一部の規制当局はCVAに関連する市場リスクヘッジを免除することで、所要資本の増加を防いでいる。より良い解決策は、CVA資本賦課の手法を市場リスク資本賦課の手法と統合することだろうが、これは現在、一部の規制当局から複雑すぎるものとみなされている（例：8.8.1節のトレーディング勘定の抜本的見直しの議論を参照）。実現可能性のある解決策がBCBS（2015）で提案されているところである。

現状、カウンターパーティリスク資本の削減が可能なヘッジは、クレジットに関連するものだけである。これにはシングルネームCDSやインデックスのCDS、また、スワップションのようなもっと複雑なヘッジも含まれる[3]。シングルネームCDSによるヘッジが明らかに最も効果的である。これによって、ダブルデフォルト方式（8.1.3節）に基づきデフォルトリスク

3　たとえば、"CVA hedge losses prompt focus on swaptions and guarantees", *Risk*, 28th October 2014を参照。

図18.3　期間6年の単一の金利スワップに対するCVA資本賦課について、シングルネームCDSによるヘッジが与える影響を、標準的方式と先進的方式でそれぞれ示したもの

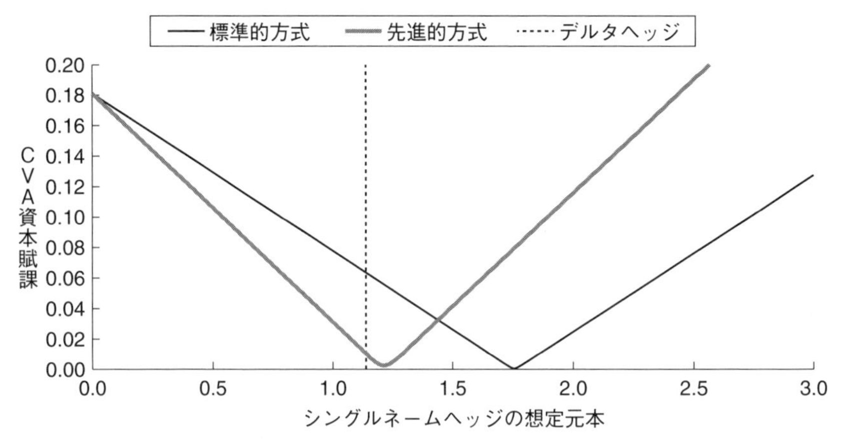

*デルタニュートラルのCDSヘッジも示している（点線）

資本賦課を削減でき、カウンターパーティに対するCVA資本賦課を削減できる。これを単一取引の例で示したものが図18.3である。ここで重要な問題は、（会計上のCVAを最小化するであろう）デルタニュートラルのヘッジが、必ずしも最適な資本軽減をもたらさないことである。標準的CVA資本賦課のほうがエクスポージャー定義がかなり粗いため、この乖離はより深刻である。より洗練された先進的方式を用いるIMM採用行の場合は、このような乖離は小さい。しかしながら、IMMの場合であっても、規制計算とフロント部門の計算の間におそらく乖離が生じるだろう。その要因と考えられるのは以下のとおりである。

- 使用するパラメーターがリスク中立（フロントオフィス）のものか現実世界（規制）のものか。
- 規制資本計算のためのEEPEの決定にストレス期のデータを用いる必要がある（8.6.2節）。
- ストレス期の市場データを用い、通常のやり方でのCVA資本の計算にこ

れを加える必要がある（8.7.3節）[4]。

- 規制資本計算の観点から、乗数αをEEPEに含める必要がある(8.3.2節)[5]。事実、Pykhtin（2012）が述べたように、乗数αの使用はCVAのオーバーヘッジに構造的なインセンティブを与えている[6]。
- 規制資本計算において、EPEではなくEEPEを使用する必要がある（8.3.2節）[7]。

上記の乖離によってxVAデスクは困難な状況に置かれる。なぜなら、自らの計算ならびに会計基準の定義に従ったCVAのヘッジを行うのか、カウンターパーティリスク関連の資本賦課計算に基づく資本軽減の最大化を行うのかの、いずれかを選択しなければならないからである。

実際には、クレジットヘッジのほとんどがインデックスを用いて行われるだろう。図18.4では、前と同じ例について、インデックスヘッジが資本賦課に与える影響を示している。標準的CVA資本賦課のもとでは便益が少ない。この理由はシングルネームの場合と同じだが、加えてインデックスとカウンターパーティのスプレッドの相関が、標準的方式（8.7.2節）では50%と仮定されているからでもある。先進的方式のもとでは通常高い相関がモデル化されるため、資本軽減度合いもより大きくなるが、依然デルタヘッジは資本軽減として最適とはならない。

最後に注意すべきことは、上記の例は単一のカウンターパーティ（と取引）を対象としているが、ポートフォリオ効果も存在し、その場合インデックスによるヘッジがより効果的になりうることである。これを図18.5に示している。ポートフォリオが大きいとインデックスによるヘッジは役に立つ。

4　この影響は限定的かもしれないが、関係はある。それは、ストレスがかかったパラメーターではデルタヘッジの有効性は下がると考えられるからである。

5　これが当てはまるのは、IMM承認が得られているが個別リスクモデルの承認は得られていない銀行であろう（表8.4）。

6　なお、この点と、5項目中の最後の3項目が当てはまるのは、標準的CVA資本賦課を用いるIMM採用行のみである。先進的方式の銀行は8.7.3節の式に従ってCVAをモデル化するので、EEPEを計算したり乗数αを使用することはない。

7　前脚注と同様。

図18.4　期間6年の単一の金利スワップに対するCVA資本賦課について、インデックスCDSによるヘッジが与える影響を、標準的方式と先進的方式でそれぞれ示したもの

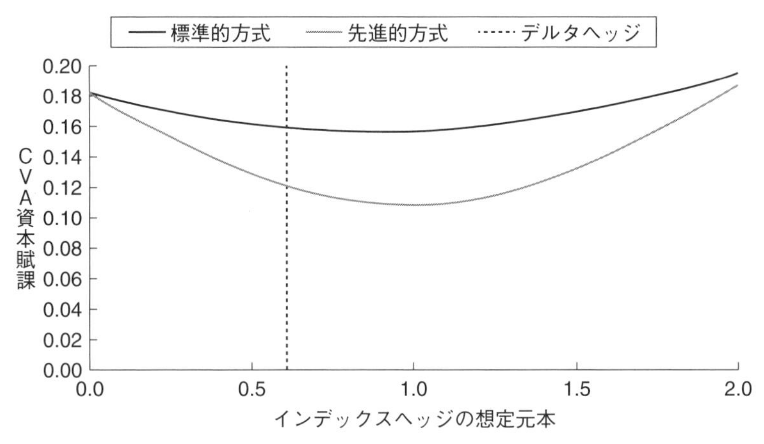

＊点線は損益の分散を最小化するヘッジを表している

これは、個別リスクが分散されており、残るのはインデックスでヘッジ可能なシステミックリスクが多くなるからである。実際にこの効果がより有益となるのは、カウンターパーティのスプレッド間の相関として、比較的低い25%が暗に仮定されている、標準的方式の場合である（8.7.2節）。

18.3.9　市場慣行とヘッジ

多くの銀行が長年にわたりCVAヘッジを行っており、他のxVAの要素（例：FVA）を必要に応じて取り入れている。一般的にヘッジは、その性質上、任意に一定程度行われるが（図18.6）、これはxVAリスクが複雑であり、ヘッジに用いられる商品の流動性が低いか取引がないことによる。市場リスクのヘッジが最も一般的であり、これが特に驚くべきことではないのは、ヘッジに用いられる商品の流動性が最も高く、カウンターパーティリスクがそれほど追加で発生しないからである。クレジットスプレッドリスクがその次に一般的ではあるものの、それほど流動性は高くない。すでに述べたように、一般的に銀行はある程度カウンターパーティリスクを積み上げるほ

図18.5　標準的方式（上段）と先進的方式（下段）においてインデックス CDS ヘッ

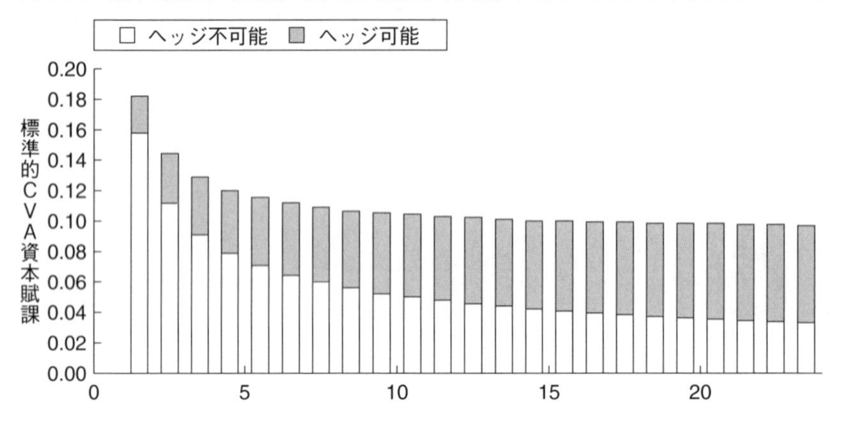

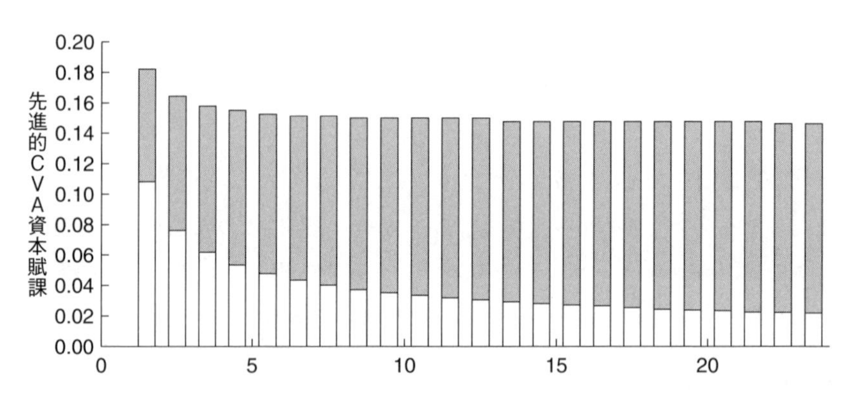

うを好むだろう。クレジットスプレッドのヘッジは一般的に、会計上の損益のボラティリティや資本軽減の必要性によって行われるのであり、実際の経済的リスクを削減するためではない。当然ながら、ベガやガンマ、その他のリスクのヘッジはあまりなされない。

さまざまな感応度に対してリミットを設けることで、損益のボラティリティに対する許容度を決定することが重要である（図18.7）。クレジットスプレッドデルタのリミットを設定するのがおそらく最も大事である。なぜなら、信用リスクを積み上げることで収益性は上がるかもしれないが、一方で

ジがCVA資本賦課に与える影響を、ポートフォリオ規模の増加に従って示したもの

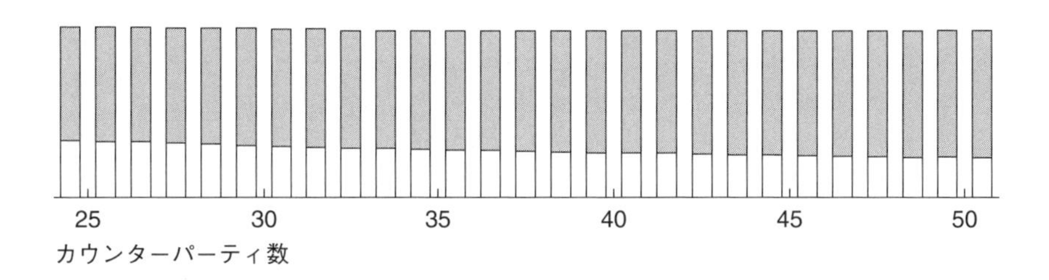

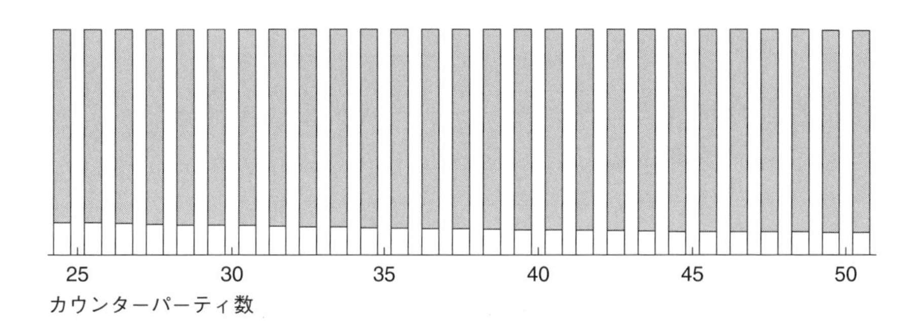

大抵の場合これが会計上のボラティリティを生む最大の要因だからである。ゆえにクレジットスプレッドのヘッジとは、xVAのボラティリティの削減はするが、クレジットリスクのプレミアムをすべて支払うこともしない、という間のバランスである（上述のとおり、このためクレジットオプションが好まれるかもしれない）。他の重要なリミットとしては市場リスクのデルタとベガがあり、これらはともに大きくなりうる。最後に、突発的デフォルトのリミット（カウンターパーティ一つのエクスポージャーが大きくなりすぎるのを避けるためだが、これはむしろ4.3.1節で議論したような信用リミット目的である）

図18.6　CVA感応度のヘッジに関する市場慣行

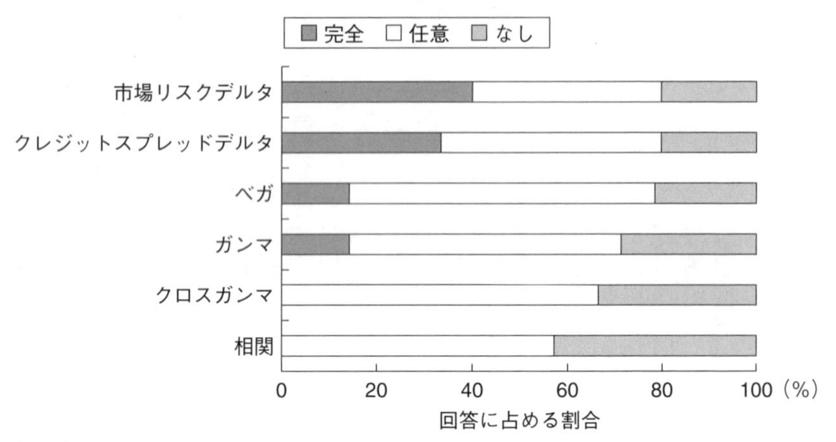

（出典）　Deloitte/Solum CVA survey, 2013

図18.7　CVAリミットに関する市場慣行

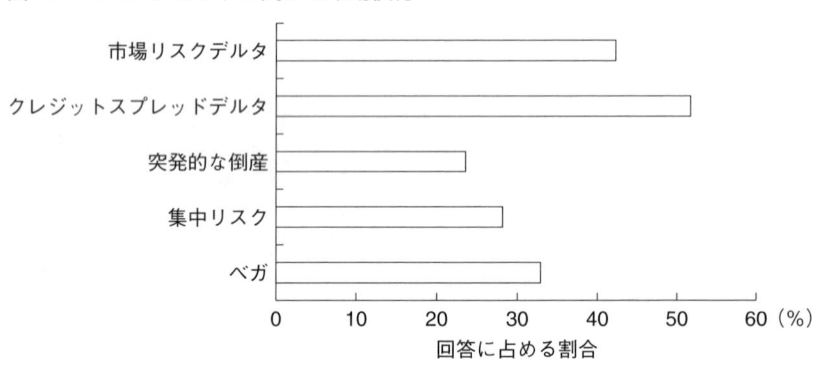

（出典）　Deloitte/Solum CVA survey, 2013

と、（たとえば、ある特定の地域に対する）相関のリミットをもつことが重要である。

18.4 xVAシステム

18.4.1 概　　要

xVAにまつわる複雑さ、正確な即時計算の必要性、および関連する規制要件によって、相当なシステム需要がもたらされている。xVAの感応度計算は高次元の計算であり（例：複数の通貨や為替ペア）著しい非線形性を内包しているため（これが暗に示すのは、期間構造とクロスガンマが重要となりうるということである）、非常に時間がかかる場合がある。つまりは、計算が必要な感応度の数が極端に多くなることがあり、そのため最適化が必要となるということである。このため、多くの銀行やその他店頭デリバティブのヘビーユーザーは、プライシングとリスク管理を適時に行い、報告要件や規制要件を遵守するために、xVAシステムへの投資を集中的に行っている。

xVAシステムを構成する要素は以下のとおりである。

●データ

ほとんどの金融機関では、複数のシステムを有して、契約データ、取引データ、市場データ、ヒストリカルのデータを扱っている。データの収集と蓄積の量は膨大となり、フロントオフィスのトレーディングやバックオフィスのシステム、外部情報ソースなど、さまざまなところからデータを入手しなければならない。必要となるデータは次のものが含まれる。

・取引全件（ヘッジ取引を含む）
・法的主体
・ネッティング契約
・担保契約
・市場データ
・ヒストリカルデータ（ストレス期を含む）
・信用格付け、デフォルト確率、デフォルト時損失率（内部推計と外部ソー

ス）

・クレジットスプレッド

・シミュレーション用の蓄積データ（日中のプライシング用）

●増分の計算をネッティングセット単位やポートフォリオ単位で行えるような、高速なデータ取得も重要となる。

●シミュレーションエンジン

xVAの計算の心臓部となるのはシミュレーションであり、適切な相関構造を用いて、関係するすべてのリスクファクターの推移を効率的に生成できなければならない。さらに「シナリオの一貫性」が維持されるような追加シナリオの生成も可能でなければならない。その目的は、一つにはネッティングセットまたはポートフォリオ全体の再計算なしに日中の計算を行うことである。

●再評価の機能

多数のシナリオを発生させた後、各シナリオのもとで取引すべてに対して再評価を行う必要がある。大抵の一般的な商品は素早く価値評価が行えるものの、場合によっては規模が大きく、評価関数を数兆回呼び出す必要がある。ファイナンスと数値計算の両面から最適化することで、これは著しく高速化することができる。鍵となるポイントは、シミュレーションする変数の許容誤差を遥かに超えるような評価の見直しを行わないことである。不確実性の高い長期のタイムホライズンにおいては特にそうである。この文脈では、価格の多次元補間や近似的な価格関数の使用は必ずしも大きな問題にはならないはずだが、規制当局やユーザーはこのような近似に対して懸念するかもしれない。

●担　保

既存の担保を（それが現金か他の有価証券なのか）把握し、将来の予想担保額を各シミュレーションで計算のうえ、（現在の担保とあわせて）エクスポージャーに与える影響を算出できなければならない。この際、分別保全などの影響を含めなければならず、また、将来の当初証拠金もシミュレーションできねばならない。

●**報　告**

財務諸表上のxVA、リミットの超過、損益要因分析、シナリオ分析といった報告機能を備えるべきである。

●**感応度**

ヘッジと損益要因分析には、市場リスクと信用リスクの両方を含む、関連するすべてのリスクファクターの感応度が必要となる。感応度の数が多いことから、有限差分（「ぶっつけ計算（bump and run）」）法は極端に時間がかかるだろう。

●**バックテストとストレステストのツール**

バーゼルⅢはEPEのバックテストについて、重要な要件を導入している。これには、仮想ポートフォリオの蓄積と遡及、複数の信頼水準とタイムホライズンにおけるPFEの確認が含まれる（8.6.4節）。8.6.6節で議論したように、バーゼルⅢはカウンターパーティリスクのストレステストも要求している。

18.4.2 最 適 化

計算量をこなすためにはなんらかの最適化が必要であり、またxVA計算をほぼ即時に行うためにおそらく必須となる、ということは明らかである。このような最適化はハードウェアやソフトウェア、数値計算手法と関係してくるだろう。通常用いられる手法には次のようなものがある。

●**事前計算**

xVAの即時計算の負荷を回避するため、事前計算を行い中間結果の記録を行うことが一般的となっている（たとえば、10.7.2節を参照）。これには、新規取引のみをシミュレーションし、既存のネッティングセットやポートフォリオについて事前に計算された値を用いることも含まれる。しかしながら、この方法はかなりのデータ記憶領域を必要とし、演算能力の向上やその他の最適化の普及につれ、それほど使われなくなるだろう。

● **数値的最適化**

しばしば、精度の低下を最小限に抑えてスピードを向上しようとするために、乱数生成（超一様分布列で、不必要なノイズ回避のために毎日同じ乱数列を用いる）、キャッシュフローのバケッティング（10.3.3節）、再評価機能の最適化（14.4.5節）といった比較的わかりやすい数値的近似を用いることがある。感応度を計算する際に重要となるのは、ある変数に対して感応度をもたないポジションに対しては再評価を不要とすることである。これを実現するには、アルゴリズム上で行うか（例：もしあるシミュレーションのなかで価値評価の結果が変化しないのであれば、他のシミュレーション中のものも再評価しない）、あるいは各取引を依存する市場データへマッピングすることで行う。

● **アメリカン・モンテカルロ**

14.4.5節で述べたように、アメリカン・モンテカルロ（AMC）は業界でよく普及している最適化の手法である（Cesari *et al*.（2009））。これでスピードが改善するのは、関連する市場変数で評価額を回帰することで、プライシングの負荷がシミュレーション内で吸収されるからである。AMCの実装には手間がかかり、回帰式の特定は簡単ではない。AMCが特に有利となるのは、ポートフォリオに多数のエキゾチック商品（特にバミューダン型のオプション性が内在するもの）を含む場合である。

● **演算処理装置**

並列処理を用いると、xVAの計算が複数のCPUに配分される。しかしながら重要となるのは、計算を均等に分けながらも、（パラメーターの推定などの）繰り返し計算を回避するバランスをとることである。加えて、一部ではGPU（Graphics Processing Unit、画像演算処理装置）など、より計算に特化したハードウェアによるソリューションを利用し実現している。これは従来のCPUによる計算から速度を向上させる可能性を生む一方で、実装の負担と追加費用を伴う。

● **アジョイント自動微分**

xVAに対する最新の応用技術として、徐々に広まっているものの一つにアジョイント自動微分（Adjoint Algorithmic Differentiation、AAD）がある。

AADは感応度の計算に特化したものであり、実装と設計に多大な労力を必要とするものの、任意の数の感応度計算にかかる時間を元の価値評価にかかる時間の固定数倍程度に抑えることを可能にする。これはしばしば4倍とされる（たとえば、Capriotti and Lee（2014）を参照)。計算が必要な感応度の数が多い（数百になることもある）大きなポートフォリオに対しては、AADの実装に要する追加的な負担はおそらくその価値があるだろう。

18.4.3 共通のシステム化か分割か

金融機関にはxVA関連の機能を必要とする多くの異なる分野があるだろう。特に次のようなところである。

- **フロント部門**

  プライシングを目的としたxVAの計算。
- **経理部門**

  取引の日次評価およびその説明を、内部的な管理と外部的な財務報告（会計）の両方の目的で行うこと。
- **リスク管理・規制**

  リミットのモニタリング用のPFEの生成。銀行がIMM承認を受けているかそれを目指している場合は、規制資本計算にも適用されるだろう。

理想的な世界では、xVAのプライシング、価値評価、リスク管理、規制要件はすべて、一つの統合的なソリューションによって対処されるだろう。しかしながら実際には、リスク管理とフロント部門で別のシステムになっているのを目にすることは珍しくない。システムを分けるのは、組織的、または歴史的な理由から来るものかもしれないが、分けても良い理由についての、適切な説明は次のようになる。リスク管理や規制のモデルは、非常に広い取引範囲（取引全体の95％以上）をカバーしなければならない一方で、モデルの洗練度や計算の精密度は、フロント部門でプライシングや価値評価に用いるモデルやシステムほどではない。他方、フロント部門のxVAシステ

表18.1　xVAの実装におけるリスク管理・規制とフロント部門の要件との比較

	リスク管理・規制	フロント部門
目　的	リミットのモニタリングと、カウンターパーティリスクの規制所要資本（IMM）	xVAのプライシングと価値評価
取引の範囲	広い。一部のエキゾチック取引や一般的な原資産を参照する取引のみが除外できる。IMMでモデル化されていない取引の資本賦課は非常に懲罰的となりうる	xVA全体に対して大きな割合を占める一部の取引など、少なくとも整備の初期段階ではかなり狭いだろう
カウンターパーティの範囲	広い。例外は少ない（例：中央清算機関）	十分に担保のある取引や、信用力の高いカウンターパーティを含まないかもしれない
最適なシミュレーション手法	経路（パス）単位（EEPEやPFEなどの計算を可能にするため）	直接（xVAの積分の収束を最適化するため。14.4.5節参照）
パラメーター設定	通常は現実世界ベースだが、リスク中立も一般的となってきている	一般的にはリスク中立
速　度	バッチ処理全体が一晩で計算でき、蓄積されたシミュレーションで日中のリミット超過の確認が可能である限り、重要性は低い	大規模なネッティングセットに対しても日中のCVA計算が非常に高速でなければならず、より重要である。大量の感応度計算も求められる
アーキテクチャ	バッチ処理ベースの運用であり、日中の機能は限られている（例：リミット超過の確認）	より即時に近い計算であり、感応度の計算も必要（AMCやAADを用いるかもしれない）
更新の頻度	まれ。規制要件の変化は頻繁に起こらないため	頻繁。フロント部門の要求が頻繁に変化するため（例：新しい感応度や、FVAなどの新しい指標）

ムでは、(少なくとも短期から中期の商品では)カバー範囲が狭い傾向にあるが、(たとえば、感応度が必要となるため)より高い精度と高速な計算が求められる。表18.1でそれぞれのxVAの実装について比較している。

それにもかかわらずxVAのインフラを共通にしている金融機関もあるが、そのような状況においてもなお、それぞれ違った計算に対応できる必要があるだろう。たとえば、規制上の計算でストレス期のデータが必要となることや、その他いくつか細かい点(例:特定のネッティング条項や中途解約条項の取扱い)がある。このような一貫性の長所と短所について、表18.2に概要を示している。手法を統一する場合は、リスク管理とフロント部門の間で強固な牽制が働く必要があるだろう。また計算の観点からは、一貫性は非効率をもたらす可能性もあることに留意すべきである。たとえば、最適化のなかには、xVAの計算速度を上げる一方で、PFEの定量化には不利になるも

表18.2　xVAの枠組みに一貫性をもたせた場合と別々の場合の長所と短所

	長　所	短　所
単一のxVAソリューション	・リスク管理、会計、社内のプライシングの間で計算に整合性がとれる。これが特に有利となりうるのは、会計と規制資本削減の両方の目的でCVAをヘッジする時である ・KVAと実際の資本に対するリターンとがより整合的となる	・リスク中立でのパラメーター設定による過度のリミット超過、およびバックテスト結果がより不安定になる可能性 ・ストレスパラメーター(例:過去のインプライドボラティリティ)をエクスポージャー計算に用いる必要が依然ある(バーゼルⅢ)
別々のxVAソリューション	・計算手法に関してそれぞれの部門が責任をもつことになる ・他のシステムに影響を与えることなくシステム変更ができる ・各システムに対して最適化を別々に行える	・xVA計算とパラメーター設定が2種類あることにより追加の労力がかかる ・会計、規制資本、社内のプライシングの値に整合性がとれなくなる

のもある。

なお、システムの選択にかかわらず、容易に共有ができるものは常にある。一つの例はデータであり、市場データ、カウンターパーティデータ、取引データ、ネッティング情報、担保条件などの「ゴールデンソース」をもち、複数の環境で利用することができる。

18.4.4 社内開発とベンダーシステム

過去10年ほどの間、数多くのソフトウェアベンダーが、カウンターパーティリスクとxVAのソリューションの開発に多大な投資を行ってきた。この問題に関する大手ベンダーをいくつかあげると、CompatibL、Fincad、IBM（旧Algorithmics）、Markit Analytics（旧QuIC）、Murex、Numerix、Pricing Partners、Quantifi Solutions、RiskMetrics、SunGard、TriOptimaなどがある。当然ながら、各ベンダーのソリューションには大きな違いがあり、以下のような二つの明確な切り口がある。

- **洗練度合い**

  安価で洗練度の劣るソリューションを提供しているベンダーもあれば、高価でずっと洗練されたものを提供しているベンダーもある。

- **適用対象**

  各ベンダーは特定の領域のシステム化により焦点を当てている（例：フロント部門またはリスク管理）。

ベンダーのほとんどは金利、為替、クレジット、インフレ、株式、コモディティなど、通常考えられる範囲の商品をカバーしている。一部には、取引の仕組みを入力する枠組み（汎用的な言語）を実装したものもあり、標準的でない商品を把握するのに用いられ、広い範囲のペイオフやオプション性を表現することが理論上は可能となる。また、エキゾチック商品を取り扱うためにAMCを提供しているものもある。感応度の計算が提供されていることもあるが、感応度の効率的な計算のためにAADを使用するのはまだ一般的ではない。

大手銀行には規模の経済があり、システムの枠組みと開発を完全にコントロールできるので、xVA システムを社内で構築する傾向にあった。小規模な金融機関は、時間のかからない外部ベンダーのソリューションを利用する傾向にあった。一般的に、フロントオフィスにおける xVA のシステム化では社内構築が好まれており、ベンダーによるシステムはリスク管理・規制向けの用途でより普及している。

社内構築と外部ベンダーのソリューションはどちらも、それぞれ長所と短

表18.3　xVA に関する社内開発と外部ベンダーによるソリューションの比較

	社内開発	外部ベンダーのソリューション
導入に要する時間	全面開発には多くの時間とリソースを要する。また、結果として機能提供までに大幅な遅延が生じることがある	導入に要する時間は短縮されるはずだが、社内システムとの統合は依然として時間のかかるプロセスとなる
カバー範囲	対象ポートフォリオによるが、すべての商品をカバーできるまでには時間を要する場合がある	リスクファクターのモデル化とペイオフの記述のために多額の開発投資を行っており、カバー範囲は比較的良好である
柔軟性	将来の開発に柔軟性ができ、機能や導入スケジュールをよりうまくコントロールできる	通常は柔軟性に劣り、開発に時間がかかる。さまざまな点をカスタマイズするために、金融機関は依然自前のリソースを必要とするだろう
サポート	社内のサポートはコントロールが容易である	サポートを外部委託すると、問題や遅延を招くことがある
規制の考慮	モデルの仮定に規制の取決めを組み込まなければならない。システムを規制に準拠させるため、幅広い範囲の商品を対象とすることが必要となる。規制当局が対象外の商品に対して懲罰的な所要資本を課すかもしれない	銀行は過去の規制プロセス（例：IMM 承認）のなかで得た経験を活用することができる

所がある（表18.3）。社内開発のソリューションは、開発過程と将来の柔軟性をうまくコントロールできる。その一方で、土台の限られたところからの社内開発は相当な仕事量となり、多大な時間とリソースを必要とするだろう。多数の対象商品に対して十分なカバーを実現するといった点では特にそうである。

ベンダーによるxVAソリューションを選択する際の検討事項を広く列挙すると、以下のようになる。

- モデル化
  - ・各アセットクラスに対して複数のモデルが利用可能か
  - ・パラメーター設定の選択肢（例：現実世界とリスク中立）
  - ・担保のモデル化の方法（マージンリスク期間、非現金担保、再担保など）
  - ・個別および一般誤方向リスクの取扱い
- 計　算
  - ・xVAの即時計算のための手法
  - ・価値評価の計算時間が突出して長くなるエキゾチックなペイオフや経路依存性に対応する手法（例：AMC）
  - ・計算可能な感応度と、その計算の実装方法（例：有限差分、AAD）
  - ・損益要因分析が実装されているか
  - ・対象のポートフォリオに求められる速度と推奨されるハードウェア要件
- データと実装
  - ・データ取得（市場、契約情報）とベンダー提供のデータ（例：マーケットコンベンションやカレンダー）に対するアプローチ
  - ・商品のカバー範囲と、標準的でないペイオフの表現方法（例：汎用的な記述言語）
  - ・ゼロ時点のプライシングを調整してあわせることが可能か（たとえば、並行に結果をずらしたり段階的にずらすような仕組みの提供。10.3.3節参照）
  - ・（エキゾチック商品のために）ユーザー自身のプライシング・ライブラリまたはプライシング・グリッドを再評価計算に実装することが可能か

- 規制対応とリスク管理のための機能
  - ・PFEと信用リミットの機能
  - ・規制資本計測方式（カレントエクスポージャー方式、SA-CCR、標準的および先進的CVA資本賦課）
  - ・シナリオ分析とストレステストの手法
  - ・そのシステムが一つ以上の銀行においてIMM承認プロセスを通過したかどうか
  - ・レポーティング機能と下流システムへのフィード（例：会計、総勘定元帳）
- 一　般
  - ・当該システムを利用している他の金融機関と、その目的
  - ・コスト構造（当初費用、ライセンスごとのコスト、計算サービス、コンサルタントの1日当りコスト）
  - ・予想導入期間

18.4.5　IMM承認

近年では、（現在の）所要資本を削減するため、カウンターパーティリスクに関するIMM承認を目指す銀行が増えてきた（例えば、BCBS（2014e）を参照）。図8.2はその目標を示している。ほとんどの銀行は、IMM手法によって資本を大幅に節約でき、同時にリスク文化やインセンティブの整合性が改善するなど、他の便益もあると報告している。しかしながら、強調すべき点は、IMM承認を得ることによる潜在的な資本削減の度合いは、さまざまな要素に依存するということである。それには次のようなものが含まれる。

- 対象ポートフォリオの性質、特に取引の種類、（ネッティングに影響を与える）ポジションの方向、テナー
- さまざまな種類のカウンターパーティに対するエクスポージャー合計（事業法人、ソブリン、国際機関、金融機関）
- 担保付取引の性質（信用極度額、担保の種類、紛争の履歴など）
- IMMのモデル化とパラメーター設定における仮定。たとえば、（クレジッ

トスプレッドの変動に関連する）個別リスクモデルや、バーゼルⅢにおけるストレス期間の選択など

●現在の市場状況（クレジットスプレッドと金利の水準）

IMM承認プロセスには多大な時間がかかり、承認プロセスのためにバックテストの履歴を提供する必要もあるだろう。また、所要資本は全体としては低くなるが、その変動はより大きくなる可能性がある点に留意することも重要である。リスク感応的なSA-CCR方式が2017年を期限として導入されることから、規制当局によっては、IMM承認を通して銀行に独自モデルの使用を許可することについて、あまり乗り気でないかもしれない。規制当局はまた、（カレントエクスポージャー方式やSA-CCRと比べて）劇的な資本削減が実現することも望まないと考えられるので、フロアーを設ける（8.8.3節参照）可能性がある。すでに述べたとおり、IMMで捕捉されない取引（図18.8）は、一般的には別建てで保守的に取り扱わなければならないため、資本を大きく消費するかもしれない。また、BCBS（2015）での新しいCVA資本賦課の提案が導入されると、将来IMM承認はあまり意味がなくなるかもしれないということに留意すべきである。なぜなら、IMM方式が必要とされるのが（CVAではなく）デフォルトリスクの資本賦課のみになると考えられるからである。

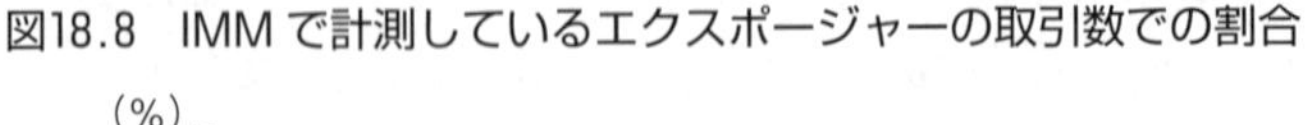

図18.8　IMMで計測しているエクスポージャーの取引数での割合

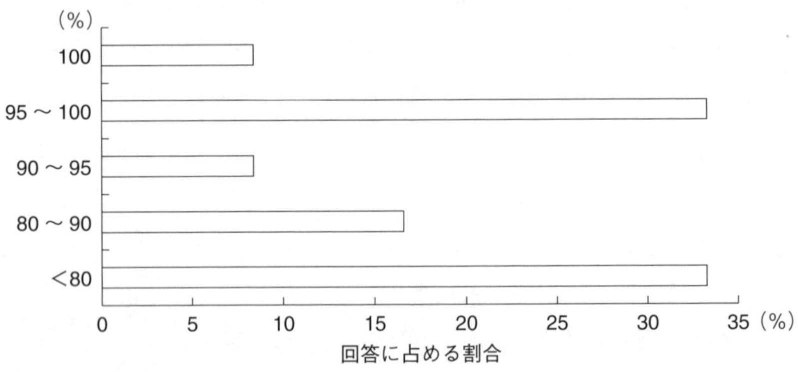

（出典）　Deloitte/Solum CVA survey, 2013

もちろん、資本削減以外にIMMの便益がもう一つある。それは、フロント部門と規制上の式の間でxVAの平仄がとれることである（これは特にヘッジ[8]に関して意味がある）。さらにIMMを使えば、市場でのKVAチャージと、実際の資本賦課を繰り延べたものとを関連づけることができる。IMM承認を受けていない銀行は、リスク評価と経営管理が結びついていない（つまり、取引に対する資本賦課がその真のリスクを適切に反映していない）と感じるかもしれない。また、IMM承認は、取引解消、リストラクチャリング、ノベーション、CCPへのバックローディングなどの、ポートフォリオ最適化の試みを後押しするだろう。なぜなら、IMMでは、経済的リスクの削減と実際に達成する資本軽減とが整合しているからである。

18.5 まとめ

本章では、金融機関内のカウンターパーティリスク管理と、いわゆるxVAデスクの役割について検討した。まず、xVAデスクの役割と責任について、受動的な管理からより能動的な管理まで、さまざまな取組み方の概要を説明した。次にxVAのヘッジについて議論し、多数の変数、CDS市場の相対的な流動性の低さ、クロスガンマや突発的デフォルトのリスクなどの面からくる複雑さについても議論した。また、ヘッジが規制資本に与える影響について分析し、能動的なxVA管理を可能にするシステム要件の概要も述べた。また、最適化の手法や、システム化を社内開発かベンダーシステムで行うかといった論点を確認した。最後に、規制資本を目的としてIMM承認を受けることのメリットについて議論した。

8　たとえば、"Deutsche Bank loses €94 million on CVA mismatch", *Risk*, 13th August 2013を参照。

xVA の最適化

銀行家とは、日が照っているときには傘を貸し、雨が降り出した途端に返してほしがる輩だ。 Mark Twain（1835～1910）

19.1 概　　要

本書のこれまでの章では、xVA の構成要素を個々におおむね分析してきた。本章では、関連する調整のすべてを取り入れた xVA 全体の計算例をいくつか示す。こうすることで、さまざまなトレーディングの状況における各 xVA の相対的な重要性について洞察を深め、そこから生まれる最適化の可能性について検討することを目的としている。

19.2節では、xVA の計算にまつわる市場慣行を議論し、ありうる手法の相違やそのプライシングへの影響を概説する。19.3節の例では、さまざまな状況における xVA のプライシングをみる。取引種類やカウンターパーティ、担保条項によって明らかにさまざまに異なった結果となりうる。銀行に対する当局承認のような、その他のより技術的な点も、ここで一つ触れる点である。年金基金、事業法人、国際機関といったエンドユーザーの典型的な取引行動に基づいたよくある例をいくつか用いて、xVA の内訳がさまざまにみられることを示す。また、直接相対する取引の当初証拠金や中央清算される取引がより一般的になる将来の状況もみる。

その後19.4節では、xVA の構成要素のバランスについて検討し、取引するうえで最適な条件を考える。たとえば、直接相対取引の当初証拠金があれば MVA を通じてコストが増加するが、CVA や KVA など他の要素は減少する。明らかに生じる疑問は、与えられた状況において当初証拠金が（もしあるとすれば）いくらなら最適なのか、ということである。

最後に、xVA の世界がもつ一つの特徴は、取引当事者たちが、彼ら自身がもつ見通しや従わねばならない内外の方針や規制によって、違った風に経済的コストをみるという点である。たとえば、大手銀行はおそらくすべての xVA を必要とみなすだろうが、これは、彼ら自身による取引の経済的な評価と、会計や規制（例：資本）上の要請があわさることで促進されている。エンドユーザーは xVA に対する見方がより限定されているかもしれない。これは、KVA のような要素ではなく、CVA や DVA をはじめとする会計上の要件が理由であるといえるかもしれない。なぜなら、規制資本は銀行特有のものだからである。この結果、「一物一価の法則」が適用されず、エンドユーザーは銀行の賦課しようとする価格に同意しないだろう（ただし、一般的にエンドユーザーは、支払うべき価格が高すぎるとおそらく思うだろう）。関連する点として、担保条件の変更といったある特定のxVAの最適化が、取引当事者双方の観点から最適とみなされるかもしれない。19.5節においてこの例をいくつか示すことにする。

本章における例は単一取引のみであり、近似的なxVA計算に基づいている。このような計算は、実際のxVAの実装として十分に洗練されているとはいえないものの、定性的な特徴を示すには十分理にかなったものであろうし、それが意図するところである。計算の詳細すべてを示しているわけではないが、依頼があれば、正確な前提条件の詳細を喜んで提供することができる。

19.2 市場慣行

19.2.1 xVAに対する一般的なアプローチ

ここ数年でxVAの種類やその相対的な規模は増加してきたが、これを促進したのは規制や市場慣行である。これによって顧客に対するxVA賦課額が上がり、また各銀行間の差が拡大することとなった。時折銀行はそのせいで逃した取引の規模に驚くことになった。表19.1は、xVAを取引のプライシングに算入する際の市場慣行やベストプラクティスの概要と、どのような違いがありうるかを示している。

何年も前、CVAがおそらく取引価格に算入される唯一の重要な要素であったときでさえ、CVA計算には差異があった。多くの銀行が自身のCVA計算をヒストリカルのデフォルト確率に基づいて行っていたと考えられ、クレジットスプレッドを用いたリスク中立のデフォルト確率を適用している銀

表19.1　xVA をプライシングする際の一般的な市場慣行やベストプラクティス、および市場参加者によって異なりうる分野

	一般的な市場慣行・ベストプラクティス	他の違った前提
カウンターパーティリスク (CVA/DVA)	リスク中立アプローチ クレジットスプレッドのマッピング IFRS13での報告 一部あるいはすべてのDVA をファンディング利益に含める	ヒストリカルのデフォルト確率 CVA を財務諸表中に報告しない DVA なし
担保 (ColVA)	有担保取引に対するOISディスカウンティング ColVA の調整 （最低限）本源的価値における最割安担保の価値評価	ColVA 調整を含まない LIBOR ディスカウンティング 最割安担保の価値評価なし
資金調達 (FVA と MVA)	資金流動性コスト DVA との二重計上なし 必要な当初証拠金の評価	FVA を価格に含めない DVA の二重計上あり 当初証拠金コストの無視
資本 (KVA)	期間における予測資本コスト デフォルトリスクとCVA資本の合計が対象	資本ハードルからの乖離 バーゼルⅢ外の資本計算（例：旧来の経済資本計算） 行動に関する仮定（規制の免除、早期解約等）
全体 (xVA)	ビジネスモデルに基づいた正しく経済合理的な組合せ	妥協策として、各調整のさまざまな組合せの最大値を賦課

行と比較すると信用リスクを過小評価しているとみられていた。主にIFRS13の出現によって、この点については足並みがそろってきた（12.2.2節）が、ただし一部の銀行（特に、日本のメガバンクや小規模な地方銀行）は、いまだに「市場のベストプラクティス」から逸脱しているかもしれない。

CVA がより標準的なものとなり、市場のベストプラクティスが定まった一方で、担保、ファンディング、資本の取扱いにますます差異がみられるよ

うになった[1]。小規模な銀行のなかには、有担保取引にいまだにLIBORディスカウンティングを用いており、ColVAによる調整を行っていないところもある。彼らは最割安担保のオプション性（13.4.3節）も無視しているだろう。一部の銀行はFVAを取引の価格に反映していないようである。含めている場合でも、もとになるファンディングコストの解釈に違いがあるだろう。一部の参加者はプライシング時に当初証拠金のコスト（MVA）を無視しているかもしれない。というのも、そのためには通常、中央清算の必要があると思われるヘッジ取引のコストを評価する必要があるからである。

おそらく、市場慣行のなかで差異が最も大きいのは資本のプライシングである。銀行のなかには他行よりも厳しい資本制約を課されているところもあり、当然彼らはより慎重に資本をプライシングするだろう。事実上すべての銀行に暗黙の資本ハードルがあり、これが価格に反映されている一方で、これを適用する方法には、以下のような大きな差がある。

● **資本コスト**

これは一般的に（ネットで）8～10%の範囲であるが、この水準はさまざまであり、満期によって異なるかもしれない。さらに、税率などの面の調整でコストが増加するが、これも銀行によって異なる（12.5.4節）。最後に、将来の所要資本に適用される割引率も（もしあるならば）特により長期の取引において問題となる。

● **資本の指標**

実際に将来要求される規制資本に基づいたものよりもむしろ、（経済資本の推定値のような）別のより簡単な指標が用いられるかもしれない。

● **ハードル内の取引**

一般的に資本はxVAデスクへ価格移転されない（18.2.2節）。したがって、資本ハードルはソフトな目標になることがあり、一定の取引はハードル内での実行が許されるかもしれない。

1　たとえば、"Small banks underpricing FVA, dealers claim", *Risk*, 9th April 2015を参照。

● **予　測**

資本のプライシングが、将来のコストを正しく予測して求めたKVAを通して厳密に行われていないかもしれない（たとえば、16.3.4節における期間構造の議論を参照）。

● **行動に関する仮定**

銀行はその行動に関するさまざまな主観的仮定をプライシングに反映させるかもしれない。たとえば、ある取引が早期に解消される可能性があり、したがってその期間全体に対する所要資本は必要としないかもしれない、という見方がある。現在あるいは将来の規制における免除についても有利にみなされるかもしれない。

● **ヘッジ**

ヘッジは所要資本の削減をもたらすかもしれないが、このことを先験的に予測することは困難である。ヘッジによる資本の削減度合いは、銀行がカウンターパーティリスクを積極的にヘッジしているかどうかや、ヘッジの実行可能性に対する見方によってさまざまだろう。対象取引の全期間を通して、シングルネームCDSの流動性が維持されるとの見通しをもつ銀行は、資本賦課を行わないかもしれない。

上記の項目やその組合せの定量化の詳細にも差異がある。一つの例は、生存確率をxVAに含めるべきか否かである（例：14.6.5節と15.2.1節での議論を参照）。最後に、xVAの組合せが異なる場合がある。銀行のなかには「どちらか一方の（either/or）」シナリオでプライシングしているところもあるからである。例として、16.3.8節で議論したように、CVAとカウンターパーティリスク資本のうち大きいほうをプライシングすることがある。

上記を念頭に置けば、後に19.3節で示す例においてプライシングの仮定の違いが与えうる影響について理解できるようになる。FVAのような点に関する激しい論争や、MVAやKVAなどの定量化の複雑さが原因となって、いつの日か大きな価格の乖離が市場で見つかると考えられる。レバレッジ比率や非清算店頭デリバティブ証拠金規制（多くの市場参加者はおそらくまだ価格に織り込んでいない）といった今後導入される規制の影響によって、将来の乖離は拡大する一方となろう。

19.2.2 Totem サービス

マークイットのTotemサービスはデリバティブのコンセンサス価格を提供している[2]。銀行は仮想取引に対する価格を提出し、他の銀行の提出値の情報を受け取る。これによって横並び比較が可能になり、特定のプライシング事例ごとに自身の価格が外れ値になっているかどうかを知ることができる。Totemサービスは近年拡張され、xVAの提示価格を含むようになった。これを行うために、種々のカウンターパーティ（クレジットスプレッド）、契約の状況（担保条件）、取引（異なった満期とマネーネスの金利スワップ）が定義されている。xVAの総額しか開示されないものの、各状況ごとに結果の範囲が示されることで、かなり多くの情報が提出内容からインプライされる。結果は公表されていないので、以下は伝え聞いている議論である。

Totemはすべての重要な市場データ（イールドカーブ、ボラティリティサーフェス、カウンターパーティのクレジットスプレッド）を提供しており、クレジットカーブのマッピングのような一部の面は比較されない。さらに、資本は現在対象に含まれていない。銀行には取引を行うのに必要な十分な資本の保有を仮定することが求められる。そして、当初証拠金のあるケースは指定されていない。したがって、TotemにはCVA、FVA、ColVAの情報はあるが、KVAとMVAはない。より正確にいうと、現実的には以下の要素に関する情報を引き出すことができる。

●xVAの内訳

多くの異なる担保契約が指定されているので、提示価格を各要素に分けることが可能である。たとえば、双方向CSAの利用かつカウンターパーティの担保を分別保全する場合というのは、ファンディングコスト（FCA）の分

2　www.markit.com/product/totem を参照。

離が目的で用意されたようである。ただし、そのような状況が実際に発生する可能性は低い[3]。このことから、無担保や片方向CSAの提出値を、CVA、FBAやDVAを取り出すために用いることができる。なお、これは非常に簡単というわけではないだろう。それは、有担保取引におけるマージンリスク期間（MPR）のプライシングについて参加者が用いる手法など、よりみえづらい点に依存しているからである（これを無視している銀行も明らかに見受けられるが、そうでない銀行もあるようである）。

●エクスポージャーの定量化

エクスポージャーの形状は直接的にはわからないものの、さまざまな満期やインザマネー、アウトオブザマネーの取引について提出された値をみることで、エクスポージャーの定量化について幅広く横並び比較を行うことが可能なはずである。たとえば、スワップション価格に対するパラメーター設定の情報を取り出すことが可能かもしれないが、それは同様に、使用しているモデルの情報やパラメーター設定が、汎用的なものなのか取引ごとなのかについての情報を与えてくれるかもしれない。

●ファンディングに対するアプローチ

CVAが取り出せることから、全体のファンディングコストとファンディング利益を観測することが可能である。そのためには、指定された片方向CSAで、不利なもの（ファンディングコストのみ）と有利なもの（ファンディング利益のみ）の両方を用いればよい。ここでも何かしらマージンリスク期間を考慮に入れることになろう。受払い両方のポジションが含まれるため、対称的なファンディングの仮定を使っているかどうかは明白であろう。なぜならその場合、払いの取引におけるFCAが受けの取引におけるFBAと等しくなり、逆もまた同様となるからである。

●その他の仮定

生存確率の使用の有無など、よりとらえにくい情報を取り出せる可能性がある（最長満期は30年であり、その場合特にこれは重要な仮定である。なぜなら、

3　7.5.4節で議論したように、変動証拠金は一般的に分別保全されないし、将来の規制で分別保全が要求されることもない。

銀行のこの期間のリスク中立のデフォルト確率は容易に30%以上になりうるからである[4]。

上記の取組みは、特により多くの中小銀行や地方銀行が提出プロセスに加わるにつれて、必然的に市場慣行の収束を後押しするだろう。しかしながら、提出内容は参加者のプライシング方針に完全に従ってはいない可能性があり、誤った安心感をもたらしうる。さらに、本書執筆時点では、Totemの分析には最も主観的なプライシング要素（KVAを通した資本コスト）が含まれていない。

19.3 数値例

スプレッドシート19.1　簡単なxVA計算シート

19.3.1 xVAの仮定

本節では、異なるカウンターパーティ種別や契約条件に対して、xVAのさまざまな計算例を示す。その目的は、デリバティブが現在の市場環境でどのようにプライシングされるかについて、関係する例を示すことである。4.4.3節の解説とその後のさまざまなxVAについての議論（特に、第15章で議論したCVA、DVA、FVAの間の重複）に従い、以下のプライシング調整を用いて計算を行っている銀行を考える。

● CVAとDVA

カウンターパーティのクレジットスプレッドに基づく、カウンターパーティリスクの双方向の価格。単一取引でみるため、ここではネッティング便

4　たとえば、ある銀行のクレジットスプレッドが75bps、LGDが60%と仮定すると、30年のデフォルト確率は31.1%である（12.1式）。

益は考慮しない。

●FCA

ファンディング利益がすでにDVAを通してプライシングされていると仮定したファンディングコスト（以下では、自己のクレジットスプレッドとファンディングのベーシスはゼロと仮定する。したがって、後で述べる小さなマージンリスク期間の部分を除いて、DVAとFBAは等しいとみなせる）。このファンディングスプレッドは対称的とする。よってポートフォリオ効果はないであろう。

●ColVA

なんらかの非標準的な担保条件、あるいは担保契約に内在するオプション性がある場合の調整。

●KVA

取引の全期間において規制資本を保有するコスト（免除は仮定しない）。単一取引でみるため、ここではポートフォリオ効果は考慮しない。潜在的なCVAヘッジによる資本軽減もまったく考慮しない。

●MVA

取引の全期間にわたる当初証拠金差入れのコスト（該当する場合）。

16.3.8節の議論にあったような、上記項目間におけるその他の重複もまったく考慮しない。特に記載がない限り、以下の例では次を仮定する。

- パー（時価がゼロ）の期間10年の金利スワップ。
- カウンターパーティの格付けはトリプルB、クレジットスプレッドは175bps。
- 自己のクレジットスプレッドとファンディングコストは75bps（ファンディングコストは当初証拠金がある場合も同じく適用される）。
- 対象となる銀行は、規制資本の計算にカレントエクスポージャー方式（8.2節）と標準的方式によるCVA資本賦課の式（8.7.2節）を用い、要求資本収益率10%でKVAをプライシングする。
- 担保契約は取引通貨建ての現金であり、担保(当初証拠金を含む)はOISレートで付利される。

- 必要な場合、マージンリスク期間（MPR）はCVA、DVA、KVA[5]の計算において10日と仮定する。FCAの観点からは、担保受領時の遅延はないと仮定する。よって、信用極度額と最低引渡金額がゼロの担保付取引は、FCAの部分がゼロになる。

コストを表すxVAは負の値で示し、対して利益は正の値で示す。なお、以下に示す図はxVA全体の大きさにあわせて標準化されており、したがって、すべてが同一の尺度で表示されているわけではない。銀行を価格提示者（price maker）、エンドユーザーを価格受容者（price taker）とする。ここであげた例においてエンドユーザーとは、事業法人など信用力が中程度のカウンターパーティか、もしくはソブリンまたは国際機関といった信用力の高いカウンターパーティに通常分類されるものとする。

19.3.2 無担保

最初の例として無担保取引をみることにする。図19.1に、固定払い金利スワップと固定受け金利スワップ双方のxVAを示している。カウンターパーティの信用力が比較的低いので、CVAが最も大きく、その次がKVAとなっている。FCAとDVAの一部は互いに相殺されている。固定金利払いと固定金利受けの取引の間で差異が生じているのは、右上りのイールドカーブを仮定したためである。この場合、固定金利払いの期待将来価値は正となる（7.3.3節）ので、CVAとFCAの部分が増加し、DVA利益は減少する。固定金利受けの場合は、反対のことが起こり、合計価格はかなり低くなる。なお、IMMのもとではこれと同じ非対称な効果がKVAでみられるだろう（つまり、固定払い金利スワップのKVAのほうが大きくなる）が、カレントエクスポージャー方式（もしくはSA-CCR方式）を用いると、この点について対称的な資本賦課となる。

5　KVAの場合は、後にIMMの資本計算を考慮する際にこれが関係してくる。

図19.1　固定金利払い（左）と受け（右）の無担保スワップに対するxVAの各要素

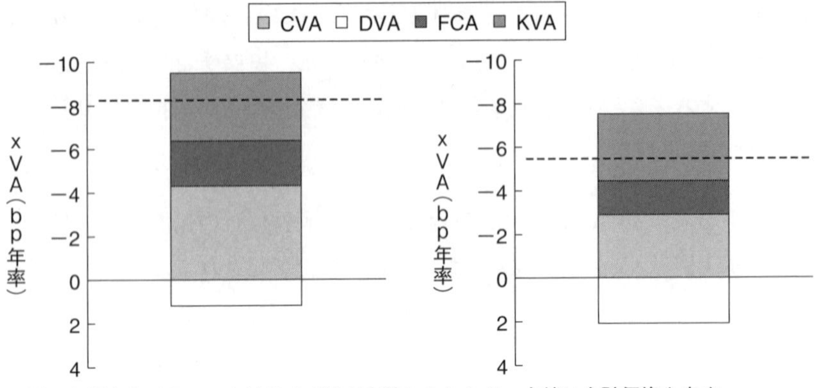

＊用いた仮定とパラメータは19.3.1節で定義したとおり。点線は合計価格を表す

19.3.3　市場実勢から外れた取引

ここでの例では、市場実勢から外れた（off-market）、足元の時価が負の取引を扱う（図19.2）。このような取引のプライシングではDVAが大きくなる。このマネタイズは、（大抵ノベーションや仲介業務で）取引を引き受けた場合に、アップフロントの支払を受け取ることによるファンディング利益を通して実現する。同じ理由で、CVAとFCAの部分は小さくなるが、これは取引がインザマネーになる可能性が低いからである。同様にKVAの部分は削減されない。なぜならカレントエクスポージャー方式は、負の時価がもつリスク削減効果を認識しないからである[6]。合計価格は負になっており、これが暗に示しているのは、銀行は「仲値で支払う（pay through mid）」べき、ということである。銀行はそうはしないだろうが、そのような取引は、市場仲値の水準に近い価格での清算が期待され、適用されるxVA賦課額はゼロか、非常に小さいだろう。また、言及しておく価値があるのは、この取引をノベーションしようとする取引当事者は、最適化のためファンディング

6　なお、カレントエクスポージャー方式の場合でも、もしネッティングを考慮すれば、負の時価は有益となるかもしれない。なぜなら、既存取引のエクスポージャーとNGR（8.2.2節）を削減しうるからである。

図19.2　市場実勢から外れた無担保スワップに対するxVAの各要素

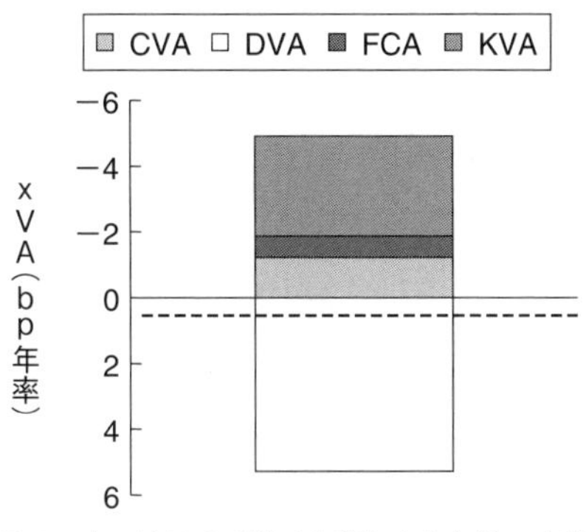

＊用いた仮定とパラメーターは19.3.1節で定義したとおり。点線は合計価格を表す

コストの高いカウンターパーティを選ぶ可能性があるということである。なぜなら、彼らはより大きなDVA（ファンディング）利益を得るためにその取引を引き受けたいと考えられるからである。

なお、この効果はアウトオブザマネーの取引にだけみられるものではない。期待将来価値が著しく負となる場合（たとえば、7.3.3節で示したような、低金利通貨払いの通貨スワップ）でも、DVA（あるいは同等のファンディング利益）部分が大きくなりうる。

19.3.4　部分担保

ここでの例では、双方向CSAのもとでの部分担保を仮定する（図19.3）。ここでは、信用極度額が比較的高く、取引通貨建ての現金担保を差し入れなければならない（これはColVAがないことを意味する）ものとする。このケースでは、担保を受け取ることでCVAとFCAが削減される一方、担保差入れが要求されることでDVAも削減される。ほとんどを占める要素はKVAである。これは8.2.2節で解説したように、カレントエクスポージャー方式では将来の担保が認識されないからである（なお、16.3.6節で議論したように、たとえ現在の資本が削減されないとしても、この例ではKVAはある程度削減される）。部分担保のみでKVAの便益がないため、合計価格は無担保の場

図19.3　部分担保のスワップ取引（信用極度額が大きい双方向担保契約）に対するxVAの各要素

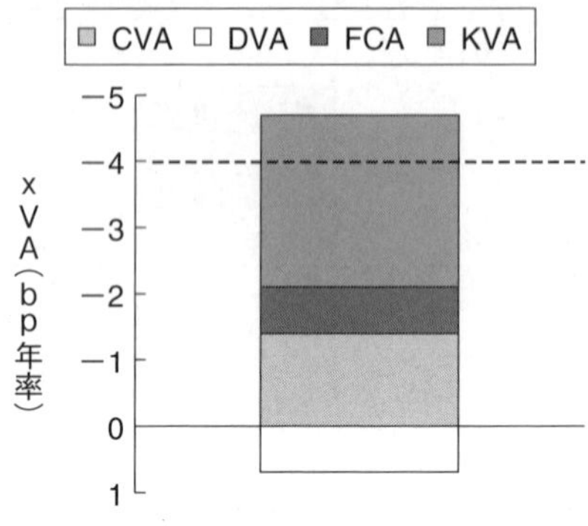

＊その他の仮定とパラメーターは19.3.1節で定義したとおり。点線は合計価格を表す

合に比べると減少するものの、その差は大きくない。この状況は、機関投資家と取引する銀行で、所要資本や資本ハードルによってプライシングが左右されている状況においてみられることが多い。

19.3.5　片方向担保

ここでの例では、同じ銀行に対して片方向CSAを仮定する（図19.4）。このような状況は、従来から高格付けのカウンターパーティの場合に一般的である。ここではカウンターパーティの信用力はトリプルA、クレジットスプレッドは50bps（一定）と仮定する。さらに、銀行は取引通貨建ての現金を差し入れなければならず、この担保はOISマイナス25bpsで付利されると仮定する（その他の仮定はすべてこれまでと同様である）。

まず最初にわかるのは、担保を差し入れる必要があるので、DVAがゼロに近くなっていることである。マージンリスク期間の仮定があることで少額のDVAが存在するが、実際にはおそらくこの部分は無視されるだろう。高い信用力と低いクレジットスプレッドによって、CVAは比較的小さくなっている。しかしながら、ファンディングコストの仮定がカウンターパーティのクレジットスプレッドより大きいせいで、FCAは大きい。以前に15.3.4節で議論したように、この仮定には異論があるかもしれない[7]。最後に、最

図19.4　片方向担保のスワップ取引に対するxVAの各要素（つまり、担保を差し入れるが受け取らず、担保はOISマイナス25bpsで付利される）

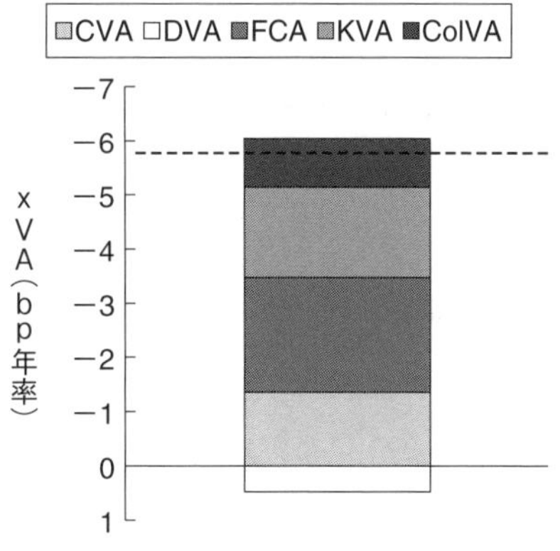

＊カウンターパーティの格付けはトリプルA、クレジットスプレッドは50bpsとした。それ以外の仮定とパラメーターは19.3.1節で定義したとおり。点線は合計価格を表す

も大きいのはKVAである。これは、CVA資本賦課において、トリプルAのカウンターパーティに仮定されているウェイトが比較的高いためであり、そのウェイトは前のトリプルBの場合（8.7.2節）より30%小さいだけである。

担保がOISマイナス25bpsで付利されると仮定しているため、ColVAの要素が加わる。これは銀行が、自身の差入担保に対する付利が通常の価値評価で用いるものよりも低いレートで行われることに対して、上乗せを求めるものとみることができる。なお、もしOISを無リスク金利とすれば、FCAは、このレートよりも高い銀行のファンディングコストに対する上乗せとみることができ、ColVAは、たとえ無リスク金利でファンディングできたとしても、OISより低い付利レートのために差入担保がネガティブ・キャリーになっていることから起こるものとみることができる。

純粋にCVAの観点からだけいえば、この例はカウンターパーティの信用力が非常に高いため、19.3.2節の無担保のケースよりも相当良い。しかしな

7　特に図15.15を参照。

がら、FCAとKVAを考慮すると、状況はわずかに改善されるにすぎない。これが近年、信用力の高いエンドユーザーが担保差入れを検討し始めた（7.5.3節）理由の一つである。自己の債券の差入れが、このような状況において特に最適と考えられる理由もわかる。自己の債券は（再担保可能である限り）FCAを大きく削減するが、CVAやKVAは減少しない（7.5.4節）。この点は次の例で示すことにする。この例ではCVAは最も小さな要素であり、これを削減するために他の形式の担保を差し入れるのは最適ではないと考えられるかもしれない[8]。

19.3.6　完全担保

ここでは完全担保の例を考える。双方向CSAを仮定し、信用極度額ゼロ、最低引渡金額は少額（ただし当初証拠金はない）、カウンターパーティの格付けはトリプルAとする。この場合CVAとDVAは小さくなり、主にマージンリスク期間の前提に左右されることになる。ここで二つの状況を仮定する。第一に、取引主体が自己の債券を担保として差し入れる状況であり、第二に、現金（もしくは一般的に誤方向リスクのない担保）を差し入れる状況である。これらを片方向担保の状況とともに示したのが図19.5である。両方の有担保の状況において、FCA調整はゼロである。なぜなら、非デフォルト時には担保を即時に受け取ると仮定しているからである（なお、もしDVAのかわりにFBAとしてみると、これもゼロになるだろう）。エンドユーザーが自己の債券を差し入れる場合は、再担保可能と仮定する。

自己の債券の差入れは、かなり多くのFCAを削減し、多少は有益であることがわかる。これは、カウンターパーティが、安いであろう自己のファンディングコストを利用することによって、銀行のファンディングコストを軽減するもの、とみることができる。このシナリオにおいて、CVAとKVAは存在し、信用格付けが高いにもかかわらずこれらはいずれも小さくない。しかし有害な流動性コスト（7.5.3節）なしに価格が下がるという、エンド

8　ただし、SA-CCRやIMMといった他の資本計測方式ではKVAも削減される（8.1.4節）。

図19.5　片方向担保取引（左上）、エンドユーザーが自己の債券を差し入れる完全担保取引（右上）、現金による完全担保取引（下）に対するxVAの各要素

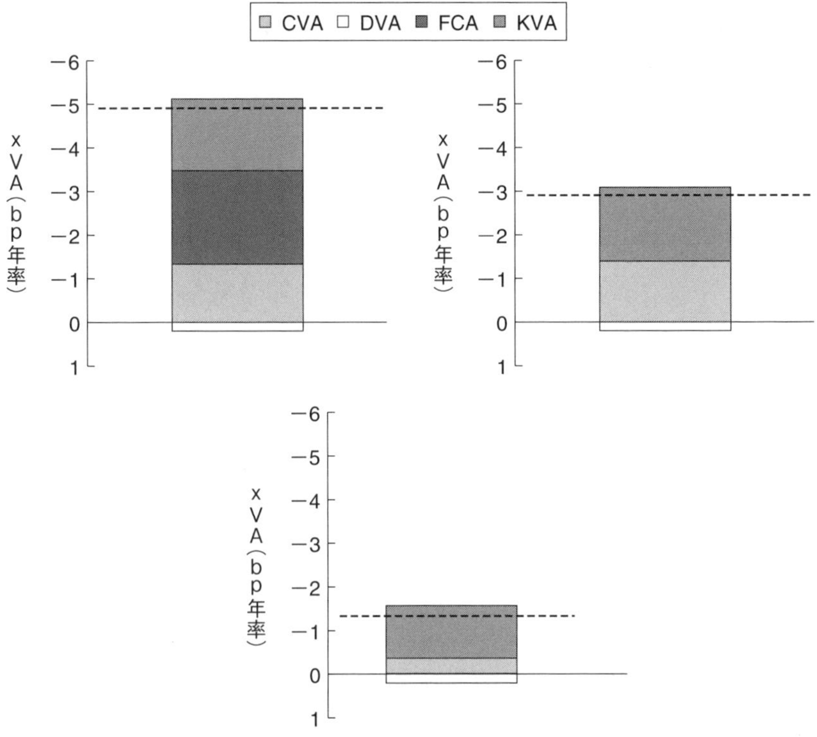

＊完全担保のケースでは、信用極度額ゼロの双方向契約を仮定し、その他の仮定とパラメーターは19.3.1節で定義したとおりである。点線は合計価格を表す

ユーザーの潜在的な利益が見受けられる。もしカウンターパーティの差入担保に誤方向リスクがなければ、CVAをさらに削減できる。すると価格を左右する主要な要素はKVAになるが、上述したカレントエクスポージャー方式では将来の担保が認識されないため、特に大きくなる。これは完全担保取引をより良く取り扱うことの重要性を明確に示しており、IMMやSA-CCR方式で達成できるものである（8.5.2節）。

19.3.7　超過担保（当初証拠金）と中央清算取引

直接相対する取引に導入される規制によって、多額の当初証拠金差入れが

図19.6　超過担保取引に対するxVAの各要素（双方向担保契約において、信用極度額はゼロ、双方向の当初証拠金差入れ）

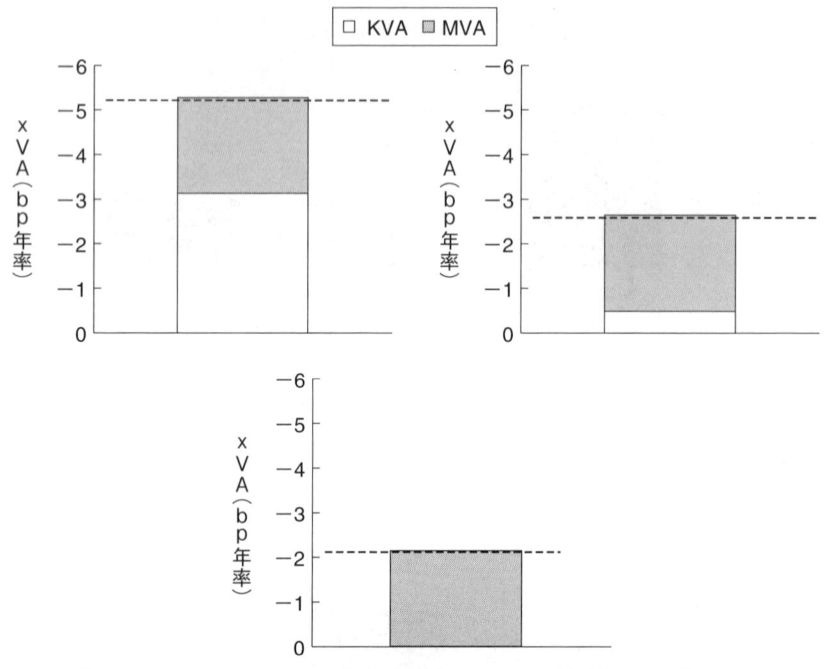

＊それぞれカレントエクスポージャー方式（左上）、SA-CCR（右上）、IMM（下）を用いており、その他の仮定とパラメーターは19.3.1節で定義したとおり。点線は合計価格を表す

要求される可能性がある。図19.6で示しているのはその取決めの結果であり、双方向の担保契約において信用極度額はゼロ、双方向の当初証拠金は分別保全を前提に差し入れると仮定した。当初証拠金の金額は10日間の最悪ケースにおける変動とおおむね整合的となっており、結果としてCVAとDVAは実質ゼロである。なぜなら、マージンリスク期間を通して発生する残余のカウンターパーティリスクすべてを超過担保で取り除けるからである（11.4.2節）。FCAもゼロであるため、残る要素は当初証拠金差入れのコスト（MVA）とKVAのみである。KVAは重要なことから、この例では各資本計測方式で検討することにする。

各方式を比較すると、カレントエクスポージャー方式は超過担保の効果を認識しないため、KVA が大きくなる（ただし、KVA の式では、将来の正の時価を相殺する便益をもたらすと仮定されている)。SA-CCR ではより小さくなるが、IMM ほど小さくはならない（前者では比較的保守的なアドオンと5％のフロアーが適用されるため)。KVA の大きさから SA-CCR の重要性がわかる。これとは別に、取引の経済性を主に左右する要因は MVA であり、当初証拠金の規模とコストが決定的な要素ということもわかる。なお、この例では分別保全のコストを無視したが、現実には、受け取った当初証拠金を分別保全するのにコストがかかるはずであり、そのせいで差入当初証拠金が OIS より低いレートで付利されるかもしれない。

また、この例は中央清算取引の評価とおおむねそろっていることにも注意しよう。中央清算機関（CCP）との取引において検討に値する点は以下のとおりである。

● **CVA**

CCP の高い信用力のために小さいとみなされる可能性が高く、無視されるかもしれない。上記の例のように、DVA と FCA は無視できるほど小さいだろう。

● **MVA**

CCP が要求する当初証拠金とその他拠出のコスト。多くの理由で直接相対する取引の場合よりも大きくなりうるであろう。たとえば、CCP が清算基金や、より保守的な当初証拠金計算手法を用いるなどである。しかしながら、CCP の当初証拠金計算で考慮されるポートフォリオ分散やより短いタイムホライズン（直接相対する取引の10日と比べ、典型的には5日）によって、もっと小さくなりうる。

● **KVA**

これは CCP に対する資本賦課と関連しているであろう（Gregory（2014）でより詳細に議論している)。CCP の当初証拠金と清算基金のエクスポージャーに対して別々の資本賦課があり、これらは無視できるほど小さいというわけではないが、おそらく MVA 部分よりは小さくなる。

19.4 コストと各 xVA のバランス

19.4.1 取引の選択幅

これまでの節における例では、xVA の各要素が、想定された状況でどの程度変化しうるかを示している。最もわかりやすいのは担保の差入れに関連した変化である（なぜなら、そのような契約上の条件の変更は可能性としてはあるからである）。これに従い、どのような契約上の状況が最適かという問いを行うのは興味深い。一般的に、関心の対象としては以下の三つの状況がある。

● **無担保**

この場合、主なコストは、カウンターパーティリスク（CVA）、関連する資本賦課（KVA）、およびファンディング（FCA）から生じる。DVA を通したファンディング利益もありうるものの、CVA、DVA、FCA の用法の細かなところは主観的に決められるものである。

● **完全担保**

担保契約は上記の要素を削減する効果があるが、この削減の程度は主観的であり、規制資本の計測手法における担保の取扱いに依存する。さらに、DVA やファンディングの利益はすべて失われる。しかしながら、カウンターパーティリスクとファンディングの削減が可能なことで、大抵の状況ではより低い価格が期待できるだろう。

● **超過担保**

当初証拠金を受け取るか CCP と取引することによって、CVA と KVA はさらにいっそう削減されるはずである（これも規制資本の取扱いに依存する）。しかしながら、同時に当初証拠金を差し入れる必要があるため、MVA が発生するだろう。

エンドユーザーの制約（例：担保差入れができない）や規制（清算集中義務または非清算店頭デリバティブ証拠金規制）の都合で、上記の間で自由に選択

表19.2　担保に関する各仮定のもとでxVAの各要素が占める割合を定性的に評価したもの

	超過担保	完全担保	無担保
CVA	低コスト	中コスト	高コスト
DVA	低利益	中利益	高利益
FCA	低コスト	低コスト	高コスト
KVA	低/中コスト(注)	中/高コスト(注)	高コスト
MVA	高コスト	―	―

（注）　用いる規制資本計測方式に依存する。

できないことも多いものの、それぞれをコストの観点から考えると興味深い。さらに、なかには選択肢が存在する場合もある。たとえば、小規模な金融機関は通常は有担保ベースで取引するが、自発的に中央清算取引を検討するかもしれない（規模の小ささから当初証拠金拠出も免除されるかもしれない）。国際機関は現在（銀行からみて）無担保になっているかもしれないが、有担保ベースの取引を（または中央清算さえも）検討するかもしれない。双方向の担保契約への移行を検討する大手事業法人もあるかもしれない。

表19.2は、xVAの各要素に対して上記三つの状況におけるコスト（と利益）を比較している。超過担保取引には当初証拠金（MVA）といくらかの資本コストが主に必要になる。もう一方の極端な状況として、無担保取引ではカウンターパーティリスク、ファンディングコスト、資本コストが高くなるが、同時にファンディング利益も大きくなる。完全担保取引には中程度のカウンターパーティリスクと資本コストが存在する。

19.4.2　xVAの最適条件

ここでは、担保差入れなどの点に関して何が好ましいかを理解することを目的として、xVAコストを最適化問題としてみることを考えよう。なお、xVAの要素に基づく定量的分析は、コスト全体の包括的な分析とならない。たとえば、ここではレバレッジ比率（8.8.2節）や流動性カバレッジ比率

(8.8.4節）といった点は評価されない。担保を差し入れるエンドユーザーからみた流動性コスト（11.3.8節）も評価されない。それでもやはり、xVA の総額を評価することで、さまざまな状況における店頭デリバティブ取引の、全体的なコストに関する良い手がかりが得られるはずである。

無担保から有担保、超過担保までの動きをみる簡単な一つの方法は、14.5.2節の図14.7で示したように、信用極度額や当初証拠金に対して xVA をプロットすることである。対称的な担保を仮定するが、そうでなければ、対象の取引当事者にとって有利な片方向 CSA が当然好まれるだろう。担保条件を変化させるものの、信用力など関連する可能性のある他の数値は不変とする（たとえば、一般的に無担保のカウンターパーティはより信用力が低いかもしれない）。19.3.1節で定義したものと同じ例を用いるが、ここでは期間７年の取引を用いる（満期と信用力の影響は後で示す）。また、銀行は規制資本に関して IMM の承認を受けていると仮定する。IMM はリスク感応的であるため、より挙動が滑らかになると期待され、単に規制資本の計測手法が不適切という理由で結果が有利になることはない。

図19.7は、双方向の担保契約から生じる xVA を信用極度額と当初証拠金の関数として示している（当初証拠金は負の信用極度額として表せることに注意）。その挙動は期待どおりであり、担保水準が増加する（信用極度額が低下する）につれて、カウンターパーティリスク、ファンディング、資本の各要素が削減される。そして、取引が超過担保になると当初証拠金コスト（MVA）が増加してくる。なお、受け取った当初証拠金は分別保全を求められると仮定しているので利益ではないのだが、CVA と KVA は実際に減っている。

図19.8では、図19.7の各要素を合計したものを示している。無担保や超過担保のケースは好ましくなく、xVA が最小となるのは、双方向の当初証拠金額が取引元本の約１％という若干量のときである。非清算店頭デリバティブ証拠金規制の基準からするとこれは少なく、規制に基づく信頼水準99%、タイムホライズン10日のもとでは、本来は３倍かそれ以上の大きさ[9]になるとみられる。価格の観点からは、カウンターパーティリスクの削減と、当初

図19.7　期間7年の金利スワップに対するxVAの各要素を、双方向の当初証拠金（x軸の負の値）と双方向の信用極度額（x軸の正の値）の関数として表したもの

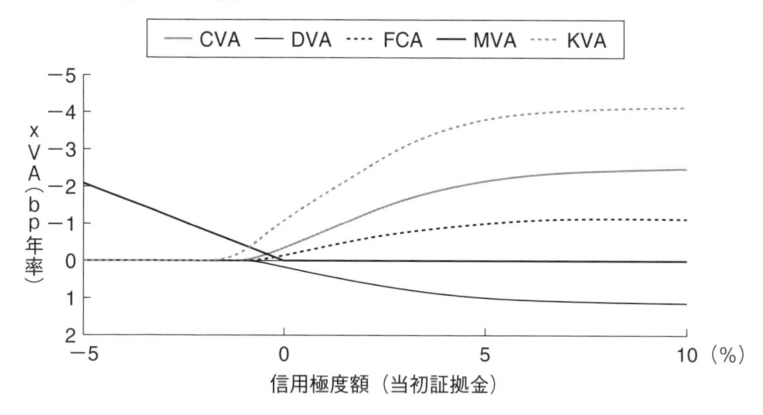

図19.8　図19.7の各要素から求めたxVAの合計

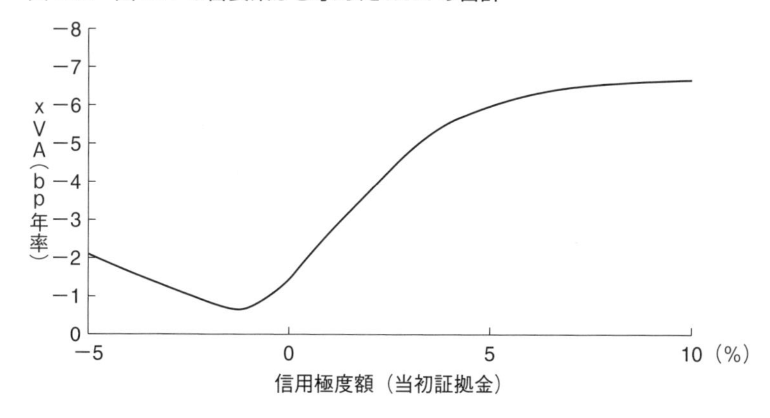

証拠金がもたらす資本のおかげで、少額の当初証拠金は有利になりうる。しかしながら、高い信頼水準での当初証拠金はコストが高く、以前に16.3.7節で示したようにCVAとKVAの削減については収穫逓減の法則があるため、好ましくないかもしれない。

9　たとえば、金利ボラティリティ1%、デュレーション6年、タイムホライズン10日、信頼水準99%と仮定すると、当初証拠金は1%×6×$\sqrt{10/250}$×2.33=2.8%となる。

19.4.3 信用力と満期の効果

図19.9は、前節と同じ例を満期ごとに示したものである。この無担保のケースでは、満期が長くなることでエクスポージャー（例：図7.9を参照）とデフォルト確率の両方が増加するために、xVA が非常に急激に大きくなっていくことがわかる。必要となる当初証拠金のコストも満期とともに増加するが、こちらはより緩やかである（おおむね満期に比例する）。これからわかるのは、当初証拠金は長期の商品ほど有利になるということである。これは、タイムホライズンが、（CVA や KVA を計算する際に考える）取引の満期から、通常５日から10日という短期間に短縮される便益によるものである。

図19.10は、カウンターパーティの信用力ごとの例を示している。この無担保のケースでは、CVA と KVA が増加するため、信用力が下がるにつれてコストが高くなり、それに比べて当初証拠金はますます有益になる。なお、当初証拠金の計算手法においては、通常信用力は（仮にあったとしても）強くリンクしない。これが暗に示しているのは、当初証拠金が信用力の低い取引当事者にとってより有利になるということである（ただし、そのような当事者は、当初証拠金を差し入れる際のファンディングコストや流動性リスクも高いだろう）。

図19.9　期間７年の金利スワップに対する xVA 合計値を満期の関数として示したもの

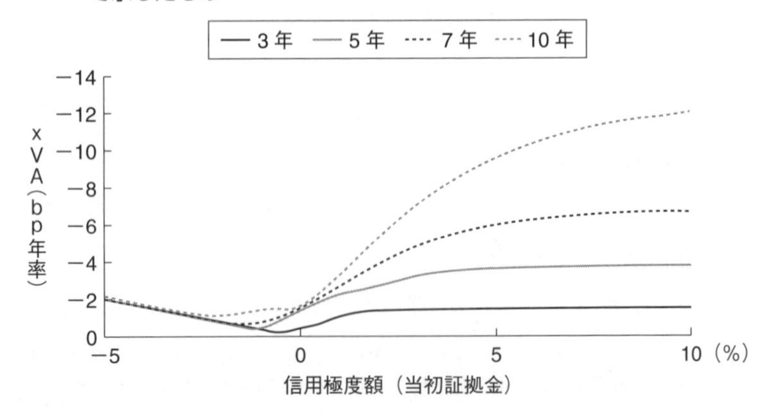

図19.10　xVA合計をカウンターパーティの信用力に対する関数として示したもの

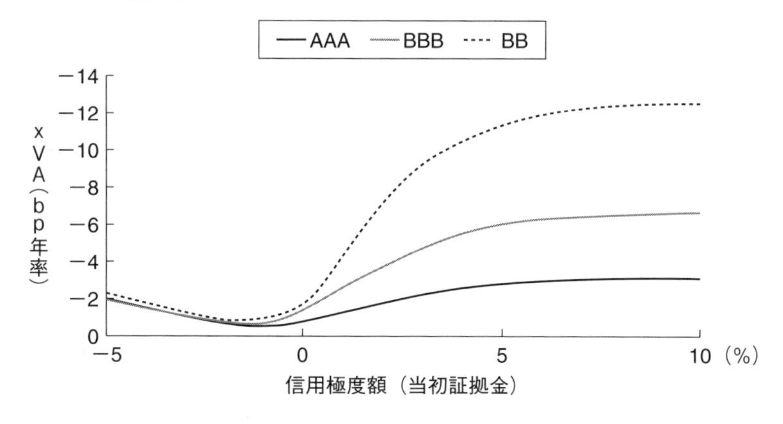

19.4.4　結果のまとめ

以上の結果は、直接相対する（または中央清算される）店頭デリバティブの数多くの重要な側面を浮き彫りにしている。表19.2で示した担保差入れに関する三つの大きな選択肢のなかで、最適なのは有担保のケースである。この場合、すべての要素に対しておおむね中程度のコストがかかるが、カウンターパーティリスクやファンディング、そうでなければ当初証拠金の潜在的に高いコストを回避している。双方向の当初証拠金が少額であれば、それによるカウンターパーティリスクと資本（資本計測方式が当初証拠金に対して感応的と仮定すれば）の軽減によって、好ましい状況が多いかもしれない。だが、収穫逓減の法則があるため、規制が要求するような高い信頼水準での当初証拠金は好ましいようにはみえない。

満期や信用力に関して当初証拠金必要額が有する重要な特徴もいくつか示したが、これらは直接相対や中央清算の市場におけるケースで意味のあるものとなるだろう。当初証拠金（または中央清算）は長い満期の商品に対してより有利となるはずである。この理由は、当初証拠金の世界では、リスクは取引の全期間ではなくロールする数日間のウィンドウで評価されるからである。信用力も（大部分が）無視されるので、デフォルト確率が暗黙のうちに均一化されることによって、信用力の低い取引当事者ほど好ましいコストを享受することになるだろう。

19.5 xVAの最適化

ファンディングと資本に関連する部分があることで、取引当事者間でのxVA最適化に潜在的につながる可能性がある。この最適化のなかには、各xVAの取扱いが異なる取引当事者間にかかわるものもあるかもしれないし(たとえば、ファンディングコストをプライシングで考慮している銀行)、規制上の取扱いの違いから生じるものもあるかもしれない（たとえば、規制資本を保有しなければならず、これを取引価格に反映している銀行)。以下では、これらの最適化の可能性についていくつか分析を行う。これは一般的に次の二つに分類される。

- 仲介（またはノベーション)。取引における当事者が別の当事者に置き換わるもの
- 当事者間での担保条件の再交渉（例：銀行とエンドユーザー）

19.5.1 仲　　介

ノベーションとは、同意のもとで、ある取引当事者から別の当事者へ取引を移転することである。ファンディングコストと資本コストの出現が示唆するのは、より高格付けの銀行が取引に介入する機会が生まれたということである。例として表19.3では、19.3.5節の無担保の例に対して求めたxVA賦課額（銀行に対する片方向CSA）とともに、より高格付けのもう一つの銀行からみた同じ条件の賦課額を計算している。この銀行はファンディングコストが低く、規制資本計算の内部モデル方式について承認ずみとしている。CVAはカウンターパーティの信用力によってのみ変化するので、この部分は変わらない。DVAは当事者の信用力が高いため小さくなるが、このケー

表19.3　19.3.5節で示した例について、当初のカウンターパーティと（より信用力の高い）交代後のカウンターパーティに対して計算したxVA

	当初のカウンターパーティ	交代後のカウンターパーティ
CVA	1.4	1.4
DVA	−0.5	−0.3
FCA	2.1	1.2
KVA	1.7	1.1
合　計	4.7	3.5

スでは片方向CSAであるため、この部分は無視できる。交代後の銀行はファンディングコストがより低いため、FCAが小さくなり、資本計算が有利なためKVAも小さくなる[10]。

この例から、ファンディングコストがより高い低格付けの銀行から、ファンディングコストがより低い高格付けの銀行へ、顧客取引をノベーションするという最適化ができることが示唆される。表19.3から、双方の銀行がこのような取引で利益を得られることがわかる。この例におけるエンドユーザーはどちらかといえば定量的な差にはとらわれないだろう。それは、CVAがわずかに改善される点と[11]、可能性としては高い信用力の銀行と取引することになるという点しか違わないからである。当初取引している銀行がノベーションを望む、他の定性的な理由があるかもしれない（たとえば、バランスシートの許容量に対して空きを増やすなど）。

15.3.5節で議論したHull and Whiteの主張と関連して、この例によってファンディングコストが理由で起こる裁定が示されている。これに基づくと、銀行内部のコストではなく「市場のファンディングコスト」（15.3.6節）によるプライシングを行うことが支持される。すべての銀行が同じ客観的な

10　なお、これはIMMの実装の詳細に依存するが、（第8章で議論したように）IMM採用行は一般的により低い資本賦課を実現している。

11　なお、エンドユーザーのCVAは銀行のDVAの反対であり、担保差入れのため非常に小さい。

規制資本計測手法の使用を求められない限りは、ルールの差の間で潜在的な「裁定」が依然として残るだろう。上記で言及したSA-CCRが導入されたとしても、IMM採用行が複雑でリスク感応的なIMMの利用を禁じられ、この資本コストの計算が等しく求められでもしない限りは、それは実現しそうもない。

19.5.2 リセット

無担保のエンドユーザーのなかには、ヘッジ取引が大きく不利に動いたときに問題となったところもあった。このような状況では、銀行のxVAが増加するだけでなく、信用リミットを超過してしまい、ヘッジ取引の実行や提供ができなくなるかもしれない。一つの解決策としてありうるのは、取引の「リセット（restrike）」を行うことによって、銀行からみた正の時価を縮小させることである。見かけ上、これは、将来の担保所要額と関連する流動性コストとに不確実性を伴わないような、担保契約を締結する効果に似ている。表19.4では、インザマネー取引をアットザマネーに変更する効果を示しており、銀行からみたxVAが非常に大きく削減されている（13.9bps）。これは、エンドユーザーからみたCVAとDVAによるネットの利益の減少分（3.6bps）を上回っている。

もちろん上記では、エンドユーザーが取引をリセットするために銀行へ支

表19.4　インザマネー取引とアットザマネー取引のxVAの例（bp年率）（後者のケースは19.3.2節で示したもの）

銀行からみた場合			エンドユーザーからみた場合		
	インザマネー	アットザマネー		インザマネー	アットザマネー
CVA	−7.0	−4.3	CVA	−0.7	−1.2
DVA	0.7	1.2	DVA	7.0	4.3
FCA	−3.4	−2.1			
KVA	−12.5	−3.1			
合　計	−22.2	−8.3		6.7	3.1

払わねばならなくなる現金の調達能力やそのコストは考慮していない。それでもやはり、担保契約を締結するのとは違って、これは一度限りのコストとなり不確実な流動性の問題はない。上記から生じる潜在的な規制裁定の可能性も存在するため、エンドユーザーにリセットに合意してもらうための資金を銀行が貸し出すかもしれない。このような実務は規制のもたらすインセンティブによるものである。なぜなら、銀行はローンに対してはCVA資本賦課に相当するものを何も被らず、本質的に自らがとる現実の経済的リスクを変えることなくKVAを削減できるからである。EBA（2015b）はこれについて以下のようにコメントしている[12]。

> 銀行からみると、（デリバティブから生じる）カウンターパーティリスクを（ローンから生じる）信用リスクに変換することになる。しかし、ローンがデリバティブ契約の満期までロールされると仮定すると、全体的なリスクの水準は変化していない。にもかかわらず、ネットの資本水準は変化するのである。

19.5.3　無担保から完全担保へ

表19.5は、CSAなし（19.3.2節の無担保のケース）から、信用極度額ゼロ、現金担保の双方向CSA（19.3.6節の完全担保のケース）に変更する効果を示している。純粋にプライシングの観点からみると、完全担保にすることで、FCAがなくなりCVAとKVAが減ることによって、銀行は年率6.9bpsの利益を得る。これはDVA損失を大きく上回っている。この例におけるエンドユーザーはおそらく、反対に同額のネットのCVAとDVAを被ることになる。年率3.1bpsの利益であったものが無視できるくらいまで減るだろう。しかしながら、これがはっきり示唆していることは、担保条件の変更から取引当事者双方が得をすることができるということである。

上記の例が暗に示しているように、近年エンドユーザーのなかには自身の

12　なお、ローンのロールに関するコメントは、エンドユーザーが単にデリバティブをリセットするよりもむしろ、担保契約を締結している場合に当てはまる。

表19.5　19.3.2節（無担保）と19.3.6節（完全担保）のxVAの例（bp年率）

	銀行からみた場合			エンドユーザーからみた場合	
	無担保 （CSAなし）	完全担保 （双方向CSA）		無担保 （CSAなし）	完全担保 （双方向CSA）
CVA	−4.3	−0.3	CVA	−1.2	−0.2
DVA	1.2	0.2	DVA	4.3	0.3
FCA	−2.1	—			
KVA	−3.1	−1.3			
合　計	−8.3	−1.4		3.1	0.1

担保差入れの水準を上げてきたところがある。しかしながら、このような動きが流動性に及ぼす影響をどうやってプライシングするか、という疑問に答えるのは容易ではない。担保を差し入れる必要がないことの「利益」は、エンドユーザーが双方向CSAへ移行する際に放棄する4.3bpsのDVAにみられるが、もう一方で、契約上の担保の要求に備えて保有する流動性バッファーのコストをもっと定性的に評価すれば、これよりもずっと高くつくと考えられるだろう。これはこのバッファーが最悪ケースのシナリオに基づいているからである（11.3.8節の例を参照）。このような流動性コストの評価に基づき、担保差入れの水準を上げるよう動いたエンドユーザーもいる一方で、そうでないものもいるのは、おそらく驚くべきことではない。また、銀行が既存取引から出たxVA利益を進んで支払うかどうかにも依存している。

19.5.4　CCPへのバックローディング

清算集中義務と非清算店頭デリバティブ証拠金規制の一つの特徴は、それらが将来起こる取引にのみ影響を与え、過去の取引には影響しないことである。しかしながら、そこで生じる問題としては、CCPに対して「バックローディング（取引の移管）」を行うのか、そうでなければ、証拠金規制以前に行った取引や、規定の5,000万ユーロの閾値内に収まる取引について自発的に当初証拠金の差入れを行うのか、いずれが最適かということがある。この

表19.6　19.3.2節で示した例について、相対の担保差入れ（信用極度額ゼロ）、相対の当初証拠金差入れ、中央清算の各仮定のもとで計算したxVA

	相対の担保差入れ	相対の当初証拠金	中央清算
CVA	0.5	—	—
DVA	−0.2	—	—
KVA	3.4	0.5	0.4
MVA	—	2.5	3.4
合　計	3.7	3.0	3.9

例を示すために、19.3.2節のケースを取り上げ、信用力が中程度のカウンターパーティ（トリプルB格、クレジットスプレッド175bps）を用いて、担保差入れと超過担保の影響をみることにする。後者のケースでは、直接相対する場合とCCPを通した場合の両方をみる（表19.6）。直接相対の場合には、銀行は資本計算に十分なリスク感応度を備えるIMMを用いていると仮定する。

この例からわかるのは、CVAとKVAの削減額がMVAによる追加的なコストを上回るため、直接相対での当初証拠金取引が好まれるということである。中央清算が好まれないのは、CCPが用いる保守的な当初証拠金の計算手法（の仮定）と清算基金のコストのせいで、（タイムホライズンが短くても）MVAがより大きくなるからである[13]。

一方では、ポートフォリオ効果を考慮に入れることもまた重要である。特にここで意味をもつのは、対象のCCPですでに清算中の取引から生じるMVAの削減だろう。もし清算中のポートフォリオと過去の（清算対象外の）ポートフォリオの間でなんらかの大きな相殺ができるならば、バックローディングは効率的だと思われる。しかしながら、図19.9と図19.10にみられるように、完全担保と超過担保の間のバランスはとらえにくく、いろいろあるなかでも、対象取引の信用力と期間に依存する。したがって、全体の便益を見定めるにあたって、ポートフォリオ効果は重要となるだろう。

13　9.3.4節の議論のとおり。

19.6 まとめ

本章では、現時点での市場慣行に従って、関連するxVAすべてを含んだ現実のプライシング例をいくつか示した。さまざまな状況においてxVAがどれほど大きく変化しうるかを示した。その要因としては適用する担保条件などがある。また明らかなのは、xVAは（おそらくCCP以外にとって）常に重要であり、それぞれの要素の大中小だけの問題だということである。加えて、（担保条件に対称性を仮定したうえで）xVAを最小化する最適なシナリオも示した。おそらくは双方向の当初証拠金による少額の担保差入れを行えば良いように思われる。最後に、xVAに対する市場のアプローチが「一物一価の法則」を破ることをふまえ、どのようにしたら取引当事者の双方が得をするような最適化ができるかを示した。これによって、双方向担保契約への移行や、担保契約に基づく自己の債券の差入れといった、市場の行動の一部を説明することができる。

将　来

われわれが将来について知っている唯一のことは、それがいまとは違うということである。 Peter Drucker（1909～2005）

本書で取り上げた分野は近年劇的に変化し、現在も進化し続けている。この最終章では、xVA の結果として起こりうる将来の方向性と、本書の議論に関連する論点を簡潔に取り上げる。

xVA の概念は現在もまだ発展しており、明確な市場のスタンダードを厳密に定義することはできない。おそらくこの例外となるのは CVA であり、市場におけるベストプラクティスが多少なりとも存在する。最終的には同じことがすべての xVA にも起きるだろうと考えられるものの、そのためには間違いなく多くの知的思考と議論がまず必要となるだろう。FVA、MVA、KVA などをスタンダードとして取り扱うことの帰結として、「一物一価の法則」の理念が永遠になくなることになるだろう。もっとも、会計基準などがこれにどのように反応するかをみるのは興味深い。

銀行は過去数年間、規制の要求を満たすのに苦闘してきたが、これからもそれは続くだろう。彼らが店頭デリバティブ業務によって資本に対し大きなリターンを生み出せる可能性は低く、同じ顧客に対する他の収入を通して、既存のビジネスと店頭デリバティブビジネスとでともに補い合うことが必要となるだろう。銀行はまた、直接相対する取引と中央清算取引との間で、担保条件の変更、取引のバックローディングやヘッジなどの方法を組み合わせて、xVA の最適化を進めるだろう。集中化された xVA デスクはさらに重い責任をもち、多くの作業を扱うことになるだろうし、さらには規制資本の利用（KVA）に対してコスト賦課し、得た利益をより適切に取引期間にわたってビジネス側に割り当てるようになるかもしれない。xVA のコントロールはますます重要となり、その際には、資本（KVA）軽減として最適な CVA 削減のためにヘッジを行うかどうかといった、バランスを考えるようになるだろう。

エンドユーザーは、銀行による高い xVA 賦課額のため、デリバティブ取引を依然割高で厳しいものとみなすだろう。結果として、彼らは従来よりさらにいっそう時間をかけて相手とのリレーションと xVA 賦課額とを理解しようとし、最適な調整を試みるようになるだろう。そのなかには、取引するカウンターパーティの範囲の拡大や、担保差入れ（の増加）、ヘッジ取引の条件の変更（たとえば、店頭商品ではなく先物を使う）などがあるかもしれない。

以上によれば、xVAのモデル、分析やシステムに対する注目が続くことは驚くことではないだろう。柔軟性のみならずスピードも重視されるようになる。新規取引、契約条件の変更、直接相対取引からCCPへのバックローディングや、CCP間の移管に対して、高速にプライシング計算ができるかどうかが決定的な問題となる。銀行の能動的なxVA管理の拡大を支援するためには、多くの感応度とシナリオが必要になるだろう。

もう一つの興味深い動きは、中央清算と直接相対の市場双方における当初証拠金の利用の増加である。これはCVAとKVAを削減する一方でMVAをもたらし、信用力や満期といった多次元の、興味深い最適化問題を引き起こす。そして相対の当初証拠金利用が増加すると今度は、銀行によるIMMなどのより先進的でリスク感応的な規制資本方式の使用が促がされるだろう。これによってさらに注目が高まるのは、CCPそのものに対してと、本当にCCPが「大きすぎて潰せない」のか否かについての理解、およびCCPに対するリスクをどのように評価し定量化すべきか、という点である。

もう一つの重要な特徴はCDS市場の発展だろう。流動性の比較的高い市場においては、xVAヘッジ（主にCVAとKVA）がより現実的となるが、もし流動性が改善しない場合は、IFRS13やバーゼルⅢのCVA資本賦課の趣旨そのものに疑問を呈される可能性がある。いずれにしろ、規制はいつの日か簡素化への道を進み始めるだろう。それぞれの要件や基準間の差異の拡大が、法域間の差異と相まってこれを促すとみられる。BCBS（2015）による最近のCVA規制資本の提案は、この流れをすでに反映したものなのかもしれない。

略 語 集

AAD	adjoint algorithmic differentiation アジョイント自動微分
AIG	American International Group アメリカン・インターナショナル・グループ
AMC	American Monte Carlo アメリカン・モンテカルロ
ATE	additional termination events 追加的終了事由
AVA	additional valuation adjustment 追加的な価値評価調整
Basel Ⅲ	Basel Ⅲ International Banking Regulatory Framework バーゼルⅢ（国際銀行規制の枠組み）
BCVA	Bilateral CVA 双方向CVA
BCBS	Basel Committee on Banking Supervision バーゼル銀行監督委員会
BRIC	Brazil, Russia, India and China ブラジル、ロシア、インド、中国
CAPM	capital asset pricing model 資本資産価格モデル
CCP	central counterparty 中央清算機関
CCR	counterparty credit risk カウンターパーティ・クレジットリスク
CDS	credit default swap クレジット・デフォルト・スワップ
CEM	current exposure method カレントエクスポージャー方式
ColVA	collateral value adjustment 担保価値評価調整
CRD Ⅳ	Capital Requirements Directive Ⅳ 資本要求指令Ⅳ
CSA	credit support annex クレジット・サポート・アネックス
CVA	credit/counterparty value adjustment 信用価値評価調整

Dodd-Frank	Dodd-Frank Wall Street Reform and Consumer Protection Act ドッド＝フランク・ウォール街改革・消費者保護法
DVA	debt/debit value adjustment 負債価値評価調整
EAD	exposure at default デフォルト時エクスポージャー
EBA	European Banking Authority 欧州銀行監督機構
ECB	European Central Bank/expected collateral balance 欧州中央銀行/期待担保残高
EE	expected exposure 期待エクスポージャー
EFV	expected future value 期待将来価値
EMIR	European Market Infrastructure Regulation 欧州市場インフラ規制
EPE	expected positive exposure 期待ポジティブエクスポージャー
ES	expected shortfall 期待ショートフォール
EU	European Union 欧州連合
FAS	Financial Accounting Standards 米国財務会計基準
FASB	Financial Accounting Standards Board 米国財務会計基準審議会
FBA	funding benefit adjustment ファンディング利益調整
FCA	funding cost adjustment ファンディングコスト調整
FTP	fund transfer pricing 資金移転価格
FVA	funding value adjustment ファンディング価値評価調整
FX	foreign exchange （外国）為替
G 7	"Group of Seven" countries (Canada, France, Germany, Italy, Japan, the UK and the USA) G 7諸国（カナダ、フランス、ドイツ、イタリア、日本、英国、米国）

G20	"Group of Twenty" countries (Argentina, Australia, Brazil, Canada, China, France, Germany, India, Indonesia, Italy, Japan, Mexico, Russia, Saudi Arabia, South Africa, South Korea, Turkey, the UK and the USA) G20諸国(アルゼンチン、オーストラリア、ブラジル、カナダ、中国、フランス、ドイツ、インド、インドネシア、イタリア、日本、メキシコ、ロシア、サウジアラビア、南アフリカ、韓国、トルコ、英国、米国)
GPU	graphics processing unit 画像演算処理装置
HQLA	high quality liquid asset 適格流動資産
IAS	International Accounting Standards 国際会計基準
IFRS	International Financial Reporting Standards 国際財務報告基準
IM	initial margin 当初証拠金
IMM	internal model method (エクスポージャーに関する)内部モデル方式
ISDA	International Swaps and Derivatives Association, Inc. 国際スワップデリバティブ協会
KVA	capital value adjustment 資本価値評価調整
LCR	liquidity coverage ratio 流動性カバレッジ比率
LGD	loss given default デフォルト時損失率
LHP	large homogeneous pool 大規模な均質プール
LIBOR	London Interbank Offered Rate ロンドン銀行間取引金利
LVA	liquidity value adjustment 流動性価値評価調整
MPR	margin period of risk マージンリスク期間
MTA	minimum transfer amount 最低引渡金額
MTM	mark-to-market 時価

MVA	margin value adjustment 証拠金価値評価調整
NEE	negative expected exposure 負の期待エクスポージャー
NSFR	net stable funding ratio 安定調達比率
OIS	overnight indexed swap 翌日物金利スワップ
OTC	over-the-counter 店頭
P&L	profit and loss 損益
PD	probability of default デフォルト確率
PFE	potential future exposure 潜在的将来エクスポージャー
QIS	quantitative impact study 定量的影響調査
SA-CCR	standardised approach for counterparty credit risk カウンターパーティ信用リスクエクスポージャーの計測に係る標準的手法
SIFI	systemically important financial institution システム上重要な金融機関
SIMM	standard initial margin model 当初証拠金の標準モデル
SPV	special purpose vehicle 特別目的事業体
VaR	value-at-risk バリューアットリスク
WACC	weighted average cost of capital 加重平均資本コスト
WWR	wrong-way risk 誤方向リスク
xVA	CVA、DVA、FVA、ColVA、MVA、KVA、LVAなど

参考文献

Albanese, C., Andersen, L. and Iabichino, S. (2015) "FVA accounting, risk management and collateral trading", *Risk*, January.

Albanese, C. and Iabichino, S. (2013) "The FVA-DVA puzzle: risk management and collateral trading strategies", working paper.

Albanese, C., D'Ippoliti, F. and Pietroniero, G. (2011) "Margin lending and securitization: regulators, modelling and technology", working paper.

Altman, E. (1968) "Financial ratios, discriminant analysis and the prediction of corporate bankruptcy", *Journal of Finance*, 23, 589–609.

Altman, E. (1989) "Measuring corporate bond mortality and performance", *Journal of Finance*, 44(4 September), 909–22.

Altman, E. and Kishore, V. (1996) "Almost everything you wanted to know about recoveries on defaulted bonds", *Financial Analysts Journal*, Nov/Dec.

Amdahl, G. (1967) "Validity of the single processor approach to achieving large-scale computing capabilities", AFIPS Conference Proceedings (30), 483–5.

Andersen, L. and Piterbarg, V. (2010a) *Interest Rate Modelling Volume 1: Foundations and Vanilla Models*, Atlantic Financial Press.

Andersen, L. and Piterbarg, V. (2010b) *Interest Rate Modelling Volume 2: Term Structure Models*, Atlantic Financial Press.

Andersen, L. and Piterbarg, V. (2010c) *Interest Rate Modelling Volume 3: Products and Risk Management*, Atlantic Financial Press.

Andersen, L., Pykhtin, M. and Sokol, A. (2015) "Modeling credit exposure for margined" counterparties, working paper.

Artzner, P., Delbaen, F., Eber, J.-M., Heath, D. (1999) "Coherent measures of risk", *Mathematical Finance* 9 (July), 203–28.

Arvanitis, A. and Gregory J. (2001) *Credit: The Complete Guide to Pricing, Hedging and Risk Management*, Risk Books.

Arvanitis, A, Gregory, J. and Laurent, J.-P. (1999) "Building models for credit spreads", *Journal of Derivatives*, 6(3 Spring), 27–43.

Baird, D.G. (2001) *Elements of Bankruptcy*, 3rd edn, Foundation Press, New York, NY.

Bank for International Settlements (BIS) (2013) "OTC derivatives statistics at end-December 2013", May, www.bis.org.

Basurto, M.S. and Singh, M. (2008) "Counterparty risk in the over-the-counter derivatives market", November, IMF Working Papers, pp. 1–19, available at SSRN: http://ssrn.com/abstract=1316726.

Basel Committee on Banking Supervision (2004) "An explanatory note on the Basel II IRB risk weight functions", October, www.bis.org.

Basel Committee on Banking Supervision (BCBS) (2005) "The application of Basel II to trading activities and the treatment of double default", July, www.bis.org.

Basel Committee on Banking Supervision (BCBS) (2006) "International convergence of capital measurement and capital standards, a revised framework – comprehensive version", June, www.bis.org.

Basel Committee on Banking Supervision (BCBS) (2009) "Strengthening the resilience of the banking sector, consultative document", December, www.bis.org.

Basel Committee on Banking Supervision (BCBS) (2010a) "Basel III: a global regulatory framework for more resilient banks and banking systems", December (Revised June 2011), www. bis.org.

Basel Committee on Banking Supervision (BCBS) (2010b) "Basel III counterparty credit risk – frequently asked questions", November, www.bis.org.

Basel Committee on Banking Supervision (BCBS) (2010c) "Sound practices for backtesting counterparty credit risk models", December, www.bis.org.

Basel Committee on Banking Supervision (BCBS) (2011a) "Revisions to the Basel II market risk framework", February, www.bis.org.

Basel Committee on Banking Supervision (BCBS) (2011b) "Basel III: a global regulatory framework for more resilient banks and banking systems", June, www.bis.org.

Basel Committee on Banking Supervision (BCBS) (2012) "Basel III counterparty credit risk and exposures to central counterparties – frequently asked questions", December, www.bis.org.

Basel Committee on Banking Supervision (BCBS) (2013a) "Basel III: the liquidity coverage ratio and liquidity monitoring tools", January, www.bis.org.

Basel Committee on Banking Supervision (BCBS) (2013b) "Fundamental review of the trading book: a revised market risk framework, Consultative document", October, www.bis.org.

Basel Committee on Banking Supervision (BCBS) (2014a) "Basel III leverage ratio framework and disclosure requirements", January, www.bis.org.

Basel Committee on Banking Supervision (BCBS) (2014b) "Basel III: the net stable funding ratio", January, www.bis.org.

Basel Committee on Banking Supervision (BCBS) (2014c) "Capitalisation of bank exposures to central counterparties", April, www.bis.org.

Basel Committee on Banking Supervision (BCBS) (2014d) "The standardised

approach for measuring counterparty credit risk exposures", March (rev. April), www.bis.org.
Basel Committee on Banking Supervision (BCBS) (2014e) "Regulatory Consistency Assessment Programme (RCAP) assessment of Basel III regulations – Canada", June, www.bis.org.
Basel Committee on Banking Supervision (BCBS) (2014f) "Capital floors: the design of a framework based on standardised approaches", December, www.bis.org.
Basel Committee on Banking Supervision, Board of the International Organization of Securities Commissions (BCBS-IOSCO) (2015) "Margin requirements for non-centrally cleared derivatives", March, www.bis.org.
Basel Committee on Banking Supervision (BCBS) (2015) "Review of the Credit Valuation Adjustment (CVA) risk framework", consultative document, July, www.bis.org.
Black, F. and Cox, J. (1976) "Valuing corporate securities: some effects of bond indenture provisions", *Journal of Finance*, 31, 351–67.
Black, F. and Scholes, M. (1973) "The pricing of options and corporate liabilities", *Journal of Political Economy*, 81(3), 637–54.
Bliss, R.R. and Kaufman, G.G. (2005) "Derivatives and systemic risk: netting, collateral, and closeout (May 10)", FRB of Chicago Working Paper No. 2005-03, available at SSRN: http://ssrn.com/abstract=730648.
Bluhm, C., Overbeck, L. and Wagner, C. (2003) *An Introduction to Credit Risk Modeling*, Chapman and Hall.
Brace, A., Gatarek, D. and Musiela, M. (1997) "The market model of interest rate dynamics", *Mathematical Finance*, 7(2), 127–54.
Brennan, M.J., Hein, J. and Poon, S.-H. (2009) "Tranching and rating", *European Financial Management*, 15(5), 891–922.
Brigo, D., Chourdakis K. and Bakkar, I. (2008) "Counterparty risk valuation for energy-commodities swaps: impact of volatilities and correlation", available at SSRN: http://ssrn.com/abstract=1150818.
Brigo, D. and Masetti, M. (2005a) "Risk neutral pricing of counterparty risk" in *Counterparty Credit Risk Modelling*, M. Pykhtin (ed.), Risk Books.
Brigo, D. and Masetti, M. (2005b) "A formula for interest rate swaps valuation under counterparty risk in presence of netting agreements", www.damianobrigo.it.
Brigo, D. and Morini, M. (2010) "Dangers of bilateral counterparty risk: the fundamental impact of closeout conventions", working paper.
Brigo, D. and Morini, M. (2011) "Closeout convention tensions", *Risk*, December,

86–90.

Brigo, D., Morini, M. and Pallavicini, A. (2013) *Counterparty Credit Risk, Collateral and Funding: With Pricing Cases for All Asset Classes*, John Wiley and Sons.

Brouwer, D.P. (2012) "System and method of implementing massive early terminations of long term financial contracts", 6th November, US Patent 8,306,905 B2.

Burgard, C. and Kjaer, M. (2011a) "Partial differential equation representations of derivatives with counterparty risk and funding costs", *The Journal of Credit Risk*, 7(3), 1–19.

Burgard, C. and Kjaer, M. (2011b) "In the balance", *Risk*, November, 72–5.

Burgard, C. and Kjaer, M. (2012a) "A generalised CVA with funding and collateral", working paper.

Burgard, C. and Kjaer, M. (2012b) "Funding costs, funding strategies", working paper.

Canabarro, E. and Duffie, D. (2003) "Measuring and marking counterparty risk" in *Asset/Liability Management for Financial Institutions*, L. Tilman (ed.), Institutional Investor Books.

Canabarro, E., Picoult, E. and Wilde, T. (2003) "Analyzing counterparty risk", *Risk*, 16(9), 117–22.

Capriotti, L. and Lee, J. (2014) "Adjoint credit risk management", *Risk*, August.

Carver, L. (2012) "Traders close ranks against FVA critics", *Risk*, September.

Carver, L. (2013) "Capital or P&L? Deutsche Bank losses highlight CVA trade-off ", *Risk*, October.

Castagna, A. (2012) "Yes, FVA is a cost for derivatives desks", working paper.

Cesari, G., Aquilina, J., Charpillon, N., Filipovic, Z., Lee, G. and Manda, I. (2009) *Modelling, Pricing, and Hedging Counterparty Credit Exposure*, Springer Finance.

Chourdakis, K., Epperlein, E., Jeannin, M. and McEwen, J. (2013) "A cross-section across CVA", *Nomura*, February.

Collin-Dufresne, P., Goldstein, R.S. and Martin, J.S. (2001) "The determinants of credit spread changes", *Journal of Finance*, 56, 2177–207.

Cooper, I.A. and Mello, A.S. (1991) "The default risk of swaps", *Journal of Finance*, 46, 597–620.

Coval, J., Jurek, J. and Stafford, E. (2009) "Economic catastrophe bonds", *American Economic Review*, 99(3), 628–66.

Das, S. (2008) "The credit default swap (CDS) market – will it unravel?", 2nd February.

Das, S. and Sundaram, R. (1999) "Of smiles and smirks, a term structure perspective", *Journal of Financial and Quantitative Analysis*, 34, 211–39.

De Prisco, B. and Rosen, D. (2005) "Modelling stochastic counterparty credit exposures for derivatives portfolios" in *Counterparty Credit Risk Modelling*, M. Pykhtin (ed.), Risk Books.

Downing, C., Underwood, S. and Xing, Y. (2005) "Is liquidity risk priced in the corporate bond market?", working paper, Rice University.

Duffee, G. (1998) "The relation between treasury yields and corporate bond yield spreads", *The Journal of Finance*, LIII (6 December).

Duffee, G.R. (1996a) "Idiosyncratic variation of treasury bill yields", *Journal of Finance*, 51, 527–51.

Duffee, G.R. (1996b) "On measuring credit risks of derivative instruments", *Journal of Banking and Finance*, 20(5), 805–33.

Duffie, D. (1999) "Credit swap valuation", *Financial Analysts Journal*, January–February, 73–87.

Duffie, D. (2011) "On the clearing of foreign exchange derivatives", working paper.

Duffie, D. and Huang, M. (1996) "Swap rates and credit quality", *Journal of Finance*, 51, 921–50.

Duffie, D. and Singleton, K.J. (1999) "Modeling term structures of defaultable bonds", *The Review of Financial Studies*, 12(4), 687–720.

Duffie, D. and Singleton, K.J. (2003) *Credit Risk: Pricing, Measurement, and Management*, Princeton University Press.

Duffie, D. and Zhu, H. (2009) "Does a central clearing counterparty reduce counterparty risk?", Stanford University Working Paper No. 46; Stanford University Graduate School of Business Research Paper No. 2022, April.

Edwards F.R. and Morrison, E.R. (2005) "Derivatives and the bankruptcy code: why the special treatment?", *Yale Journal on Regulation*, 22, 91–122.

Ehlers, P. and Schönbucher, P. (2006) "The influence of FX risk on credit spreads", working paper.

Elliott, D. (2013) "Central counterparty loss-allocation rules", Financial Stability Paper No. 20 – April, Bank of England, www.bankofengland.co.uk.

Engelmann, B. and Rauhmeier R. (2006) *The Basel II Risk Parameters: Estimation, Validation, and Stress Testing*, Springer.

Ernst and Young (2014) "Credit valuation adjustments for derivative contracts", April, www.ey.com.

Eurex (2014) "How central counterparties strengthen the safety and integrity of financial markets", www.eurexchange.com.

European Banking Authority (EBA) (2013) "Consultation paper on draft regulatory technical standards (RTS) on credit valuation adjustment risk for the determination of a proxy spread and the specification of a limited number of smaller portfolios under Article 383 of Regulation (EU) 575/2013 (capital requirements regulation – CRR)", July, www.eba.europe.eu.

European Banking Authority (EBA) (2015a) "EBA final draft regulatory technical standards on prudent valuation under Article 105(14) of Regulation (EU) No 575/2013 (capital requirements regulation – CRR)", January, www.eba.europe.eu.

European Banking Authority (EBA) (2015b) "On credit valuation adjustment (CVA) under Article 456(2) of Regulation (EU) No 575/2013 (capital requirements regulation – CRR)", February, www.eba.europe.eu.

Financial Times (2008) "Banks face $10bn monolines charges", June 10.

Finanzmarktaufsicht (FMA) (2012) "Rundschreiben: zu Rechnungslegungsfragen bei Zinssteuerungsderivaten und zu Bewertungsanpassungen bei Derivaten gemäß §57 BWG", www.fma.gv.at.

Finger, C. (2000) "Towards a better understanding of wrong-way credit exposure", RiskMetrics working paper number 99-05, February.

Fitzpatrick, K. (2002) "Spotlight on counterparty risk", *International Financial Review*, 99, 30th November.

Fleck, M. and Schmidt, A. (2005) "Analysis of Basel II treatment of counterparty risk" in *Counterparty Credit Risk Modelling*, M. Pykhtin (ed.), Risk Books.

Fleming, M.J. and Sarkar, A. (2014) "The failure resolution of Lehman Brothers", Federal Reserve Bank of New York Economic Policy Review, December, www.ny.frb.org.

Fons, J.S. (1987) "The default premium and corporate bond experience", *Journal of Finance*, 42(1 March), 81–97.

Fuji, M. and Takahashi, A. (2011) "Choice of collateral currency", *Risk*, 24, 120–25.

Garcia-Cespedes, J.C., de Juan Herrero, J.A., Rosen, D. and Saunders, D. (2010) "Effective modelling of wrong-way risk, CCR capital and alpha in Basel II", *Journal of Risk Model Validation*, 4(1), 71–98.

Gemen, H. (2005) *Commodities and Commodity Derivatives*, John Wiley & Sons Ltd.

German, H. and Nguyen, V.N. (2005) "Soy bean inventory and forward curve dynamics", *Management Science*, 51(7 July), 1076–91.

Ghosh, A., Rennison, G., Soulier, A., Sharma P. and Malinowska, M. (2008) "Counterparty risk in credit markets", Barclays Capital Research Report.

Gibson, M., (2004) "Understanding the risk of synthetic CDOs", Finance and Economics Discussion Paper, 2004–36, Federal Reserve Board, Washington DC.
Gibson, M.S. (2005) "Measuring counterparty credit risk exposure to a margined counterparty" in *Counterparty Credit Risk Modelling*, M. Pykhtin (ed.), Risk Books.
Giesecke, K., Longstaff, F.A., Schaefer, S. and Strebulaev, I. (2010) "Corporate bond default risk: a 150-year perspective", NBER Working Paper No. 15848, March.
Glasserman, P. and Li, J. (2005) "Importance sampling for portfolio credit risk", *Management Science*, 51(11 November), 1643–56.
Glasserman, P. and Yu, B. (2002) "Pricing American options by simulation: regression now or regression later?" in *Monte Carlo and Quasi-Monte Carlo Methods*, H. Niederreiter (ed.), Berlin, Springer.
Gordy, M. (2004) "Granularity adjustment in portfolio credit risk management" in *Risk Measures for the 21st Century*, G.P. Szegö (ed.), John Wiley & Sons Ltd.
Gordy, M. and Howells, B. (2006) "Procyclicality in Basel II: can we treat the disease without killing the patient?", *Journal of Financial Intermediation*, 15, 395–417.
Gordy, M. and Juneja, S. (2008) "Nested simulation in portfolio risk measurement", working paper.
Green, A.D. and Kenyon, C. (2015) "MVA: initial margin valuation adjustment by replication and regression", working paper.
Green, A.D., Kenyon, C. and Dennis, C. (2014) "KVA: capital valuation adjustment", *Risk*, December 2014.
Gregory, J. (2009a) "Being two faced over counterparty credit risk", *Risk*, 22(2), 86–90.
Gregory, J. (2009b) *Counterparty Credit Risk: The New Challenge for Global Financial Markets*, 1st edn, John Wiley and Sons Ltd.
Gregory, J. (2010) "Counterparty casino: the need to address a systemic risk", European Policy Forum working paper, www.epfltf.org.
Gregory, J. (2011) "Counterparty risk in credit derivative contracts" in *The Oxford Handbook of Credit Derivatives*, A. Lipton and A. Rennie (eds), Oxford University Press.
Gregory, J. (2012a) *Counterparty Credit Risk and Credit Value Adjustment: A Continuing Challenge for Global Financial Markets*, 2nd edn, John Wiley and Sons Ltd.
Gregory, J. (2014) *Central Counterparties: Mandatory Central Clearing and Initial*

Margin Requirements for OTC Derivatives, John Wiley and Sons Ltd.

Gregory, J. and German, I. (2012b) "Closing out DVA", working paper.

Hamilton, D.T., Gupton, G.M. and Berthault, A. (2001) "Default and recovery rates of corporate bond issuers: 2000", *Moody's Investors Service*, February.

Hille, C.T., Ring J. and Shimanmoto, H. (2005) "Modelling counterparty credit exposure for credit default swaps" in *Counterparty Credit Risk Modelling*, M. Pykhtin (ed.), Risk Books.

Hills, B., Rule, D. and Parkinson, S. (1999) "Central counterparty clearing houses and financial stability", *Bank of England Financial Stability Review*, June, 122–34.

Hughston, L.P. and Turnbull, S.M. (2001) "Credit risk: constructing the basic building block", *Economic Notes*, 30(2), 257–79.

Hull, J. (2010) "OTC derivatives and central clearing: can all transactions be cleared?", working paper, April.

Hull, J., Predescu, M. and White, A. (2004) "The relationship between credit default swap spreads, bond yields, and credit rating announcements", *Journal of Banking & Finance*, 28(11 November), 2789–811.

Hull, J., Predescu, M. and White, A. (2005) "Bond prices, default probabilities and risk premiums", *Journal of Credit Risk*, 1(2 Spring), 53–60.

Hull, J. and White, A. (1990) "Pricing interest-rate derivative securities", *The Review of Financial Studies*, 3(4), 573–92.

Hull, J. and White, A. (2011) "CVA and wrong way risk", working paper, University of Toronto.

Hull, J. and White, A. (2012a) "The FVA debate", *Risk* (25th Anniversary Edition), August.

Hull, J. and White, A. (2012b) "The FVA debate continues: Hull and White respond to their critics", *Risk*, October.

Hull, J. and White, A. (2014) "Valuing derivatives: funding value adjustments and fair value", *Financial Analysts Journal*.

Hull, J.C., Sokol, A. and White, A. (2014) "Modeling the short rate: the real and risk-neutral worlds", Rotman School of Management Working Paper No. 2403067 (June).

International Monetary Fund (IMF) (2013) "A new look at the role of sovereign credit default swaps" in *Global Financial Stability Report*, Chapter 2, www.imf.org.

International Swaps and Derivatives Association (ISDA) (2003) "Counterparty risk treatment of OTC derivatives and securities financing transactions", June, www.isda.org.

International Swaps and Derivatives Association (ISDA) (2009) "ISDA close-out protocol", www.isda.org.

International Swaps and Derivatives Association (ISDA) (2010) "Market review of OTC derivative bilateral collateralization practices", March, www.isda.org.

International Swaps and Derivatives Association (ISDA) (2012) "Initial margin for non-centrally cleared swaps: understanding the systemic implications", November, www2.isda.org.

International Swaps and Derivatives Association (ISDA) (2013) "CDS Market summary: market risk transaction activity", October, www.isda.org.

International Swaps and Derivatives Association (ISDA) (2014) "ISDA margin study 2014", April, www.isda.org.

Iscoe, I., Kreinin, A. and Rosen, D. (1999) "An integrated market and credit risk portfolio model", *Algo Research Quarterly*, 2(3), 21–38.

Jamshidian, F. and Zhu, Y. (1997) "Scenario simulation: theory and methodology", *Finance and Stochastics*, 1, 43–67.

Jarrow, R.A. and Turnbull, S.M. (1992) "Drawing the analogy", *Risk*, 5(10), 63–70.

Jarrow, R.A. and Turnbull, S.M. (1995) "Pricing options on financial securities subject to default risk", *Journal of Finance*, 50, 53–86.

Jarrow, R.A. and Turnbull, S.M. (1997) "When swaps are dropped", *Risk*, 10(5), 70–75.

Jarrow, R.A. and Yu, F. (2001) "Counterparty risk and the pricing of defaultable securities", *Journal of Finance*, 56, 1765–99.

Johnson, H. and Stulz, R. (1987) "The pricing of options with default risk", *Journal of Finance*, 42, 267–80.

Jorion, P. (2007) *Value-at-Risk: The New Benchmark for Managing Financial Risk*, 3rd edn, McGraw-Hill.

Kenyon, C. (2010) "Completing CVA and liquidity: firm-level positions and collateralized trades", working paper, www.defaultrisk.com.

Kenyon, C. and Green, A. (2013) "CDS pricing under Basel III: capital relief and default protection", *Risk*, 26(10).

Kenyon, C. and Green, A.D. (2014) "CVA under partial risk warehousing and tax implications", working paper.

Kenyon, C. and Green, A.D. (2015) "Warehousing credit (CVA) risk, capital (KVA) and tax (TVA) consequences", working paper.

Kenyon, C. and Stamm R. (2012) *Discounting, LIBOR, CVA and Funding*, Palgrave Macmillan.

Kroszner, R. (1999), "Can the financial markets privately regulate risk? The development of derivatives clearing houses and recent over-the-counter inno-

vations", *Journal of Money, Credit, and* Banking, August, 569–618.
Kupiec, P. (1995) "Techniques for verifying the accuracy of risk management models," *Journal of Derivatives*, 3, 73–84.
Laughton, S. and Vaisbrot, A. (2012) "In defence of FVA: a response to Hull and White", *Risk*, September.
Laurent, J.-P. and Gregory, J. (2005) "Basket default swaps, CDOs and factor copulas", *Journal of Risk*, 7(4), 103–22.
Levy, A. and Levin, R. (1999) Wrong-way exposure, *Risk*, July.
Li, D.X. (2000) "On default correlation: a copula function approach", *Journal of Fixed Income*, 9(4 March), 43–54.
Lipton, A. and Sepp, A. (2009) "Credit value adjustment for credit default swaps via the structural default model", *The Journal of Credit Risk*, 5, 123–46.
Lomibao, D. and Zhu, S. (2005) "A conditional valuation approach for path-dependent instruments" in *Counterparty Credit Risk Modelling*, M. Pykhtin (ed.), Risk Books.
Longstaff, F.A., Mithal, S. and Neis, E. (2005) "Corporate yield spreads: default risk or liquidity? New evidence from the credit default swap market", *The Journal of Finance*, LX (5 October).
Longstaff, F.A. and Schwartz, S.E. (1995) "A simple approach to valuing risky fixed and floating rate debt", *The Journal of Finance*, L (3 July).
Longstaff., F.A. and Schwartz, S.E. (2001) "Valuing American options by simulation: A simple least squares approach", *The Review of Financial Studies*, 14 (1), 113–47.
MacKenzie, D. (2006) *An Engine, Not a Camera: How Financial Models Shape Markets*, MIT Press.
Matthews, R.A.J. (1995) "Tumbling toast, Murphy's Law and the fundamental constants", *European Journal of Physics*, 16, 172–6.
Meese, R. and Rogoff, K. (1983) "Empirical exchange rate models of the Seventies", *Journal of International Economics*, 14, 3–24.
Mercurio, F. (2010) "A LIBOR market model with stochastic basis", available at SSRN: http://ssrn.com/abstract=1583081.
Merton, R.C. (1974) "On the pricing of corporate debt: the risk structure of interest rates", *Journal of Finance*, 29, 449–70.
Moody's Investors Service (2007) "Corporate default and recovery rates: 1920–2006", Moody's Special Report, New York, February.
Morini, M. and Prampolini, A. (2010) "Risky funding: a unified framework for counterparty and liquidity charges", working paper, http://ssrn.com/abstract=1669930.

Murphy, D. (2012) "The doom loop in sovereign exposures", *FT Alphaville Blog*, April.

Murphy, D. (2013) *OTC Derivatives: Bilateral Trading and Central Clearing: An Introduction to Regulatory Policy, Market Impact and Systemic Risk*, Palgrave Macmillan.

O'Kane, D. (2013) "Optimizing the compression cycle: algorithms for multilateral netting in OTC derivatives markets", working paper.

Ong, M.K. (2006) *The Basel Handbook: A Guide for Financial Practitioners*, 2nd edn, Risk Books.

Picoult, E. (2002) "Quantifying the risks of trading" in *Risk Management: Value at Risk and Beyond*, M.A.H. Dempster (ed.), Cambridge University Press.

Picoult, E. (2005) "Calculating and hedging exposure, credit value adjustment and economic capital for counterparty credit risk" in *Counterparty Credit Risk Modelling*, M. Pykhtin (ed.), Risk Books.

Pindyck, R. (2001) "The dynamics of commodity spot and futures markets: a primer", *Energy Journal*, 22(3), 1–29.

Pirrong, C. (2009) "The economics of clearing in derivatives markets: netting, asymmetric information, and the sharing of default risks through a central counterparty", available at SSRN: http://ssrn.com/abstract=1340660.

Pirrong, C. (2011) "The economics of central clearing: theory and practice", ISDA Discussion Papers Series Number One (May).

Pirrong, C. (2013) "A bill of goods: CCPs and systemic risk", working paper, Bauer College of Business, University of Houston.

Piterbarg, V. (2010) "Funding beyond discounting: collateral agreements and derivatives pricing", *Risk*, 2, 97–102.

Piterbarg, V. (2012) "Cooking with collateral", *Risk*, July, 58–63.

Piterbarg, V. (2013) "Stuck with collateral", *Risk*, October, 60–65.

Pykhtin, M. (2012) "Model foundations of the Basel III standardised CVA charge", *Risk*, July, 60–66.

Pykhtin, M. and Sokol, A. (2013) "Exposure under systemic impact?", *Risk*, September, 100–105.

Pykhtin, M. and Zhu, S. (2007) "A guide to modelling counterparty credit risk", *GARP Risk Review*, July/August, 16–22.

Rebonato, R. (1998) *Interest Rate Options Models*, 2nd edn, John Wiley and Sons Ltd.

Rebonato, R., Sherring, M. and Barnes, R. (2010) "Credit risk, CVA, and the equivalent bond", *Risk*, 23(9) 118–21.

Reimers, M. and Zerbs, M. (1999) "A multi-factor statistical model for interest rates", *Algo Research Quarterly*, 2(3), 53–64.

Rosen, D. and Pykhtin, M. (2010) "Pricing counterparty risk at the trade level and CVA allocations", *Journal of Credit Risk*, 6(Winter), 3–38.

Rosen, D. and Saunders, D. (2010) "Measuring capital contributions of systemic factors in credit portfolios", *Journal of Banking and Finance*, 34, 336–349.

Rowe, D. (1995) "Aggregating credit exposures: the primary risk source approach" in *Derivative Credit Risk*, R. Jameson (ed.), Risk Publications, 13–21.

Rowe, D. and Mulholland, M. (1999) "Aggregating market-driven credit exposures: a multiple risk source approach" in *Derivative Credit Risk*, 2nd edn, R. Jameson (ed.), Risk Publications, 141–7.

Sarno, L. (2005) "Viewpoint: Towards a solution to the puzzles in exchange rate economics: where do we stand?" *Canadian Journal of Economics*, 38, 673–708.

Sarno, L. and Taylor, M.P. (2002) *The Economics of Exchange Rates*, Cambridge University Press.

Segoviano M.A. and Singh, M. (2008) "Counterparty risk in the over-the-counter derivatives market", November, IMF Working Papers.

Shadab, H.B. (2009) "Guilty by association? Regulating credit default swaps", (19th August), *Entrepreneurial Business Law Journal*, forthcoming, available at SSRN: http://ssrn.com/abstract=1368026.

Singh, M. (2010) "Collateral, netting and systemic risk in the OTC derivatives market", (November), IMF Working Papers.

Singh, M. and Aitken, J. (2009) "Deleveraging after Lehman – evidence from reduced rehypothecation", March, IMF Working Papers, 1–11, available at SSRN: http://ssrn.com/abstract=1366171.

Sokol, A. (2010) "A practical guide to Monte Carlo CVA" in *Lessons From the Crisis*, A. Berd (ed.), Risk Books.

Sokol, A. (2014) *Long-Term Portfolio Simulation – For XVA, Limits, Liquidity and Regulatory Capital*, Risk Books.

Sorensen, E.H. and Bollier, T.F. (1994) "Pricing swap default risk", *Financial Analysts Journal*, 50(3 May/June), 23–33.

Soros, G. (2009) "My three steps to financial reform", *Financial Times*, 17th June.

Standard & Poor's (2007) "Ratings performance 2006: stability and transition", New York, S&P, 16th February.

Standard & Poor's (2008) "Default, transition, and recovery: 2008 annual global corporate default study and rating transitions", 2nd April.

Tang, Y. and Williams, A. (2010) "Funding benefit and funding cost" in *Counterparty Credit Risk*, E. Canabarro (ed.), Risk Books.

Tennant, J., Emery, K. and Cantor, R. (2008) "Corporate one-to-five-year rating

transition rates", Moody's Investor Services Special Comment.
Thompson, J.R. (2009) "Counterparty risk in financial contracts: should the insured worry about the insurer?", available at SSRN: http://ssrn.com/abstract=1278084.
Vasicek, O. (1977) "An equilibrium characterisation of the term structure", *Journal of Financial Economics*, 5, 177–188.
Vasicek, O. (1997) *The Loan Loss Distribution*, KMV Corporation.
Vrins, F. and Gregory, J. (2011) "Getting CVA up and running", *Risk*, October.
Wilde, T. (2001) "In ISDA's response to the Basel Committee on Banking Supervision's Consultation on the New Capital Accord", May 2001, Annex 1.
Wilde, T. (2005) "Analytic methods for portfolio counterparty risk" in *Counterparty Credit Risk Modelling*, M. Pykhtin (ed.), Risk Books.

事 項 索 引

［き］

［く］

［さ］

［し］

［す］

[せ]

[そ]

[た]

[ち]

[な]

[に]

[ね]

[の]

[へ]

[ほ]

[ま]

[み]

[む]

[め]

[も]

[ゆ]

xVAチャレンジ
——デリバティブ評価調整の実際

2018年1月11日　第1刷発行

著　者　Jon Gregory
訳　者　KPMG／
　　　　あずさ監査法人 金融事業部
発行者　小　田　　徹
印刷所　奥村印刷株式会社

〒160-8520　東京都新宿区南元町19
発　行　所　一般社団法人 金融財政事情研究会
企画・制作・販売　株式会社 き ん ざ い
出版部　TEL 03(3355)2251　FAX 03(3357)7416
販売受付　TEL 03(3358)2891　FAX 03(3358)0037
URL http://www.kinzai.jp/

ISBN978-4-322-12888-8